Gonglu Shuiyun Gongcheng Shigong Qiye Anquan Shengchan Guanli Renyuan Kaohe Peixun Jiaocai

公路水运工程施工企业安全生产管理人员考核培训教材

Gonglu Fence

公路分册

交通运输部工程质量监督局

人民交通出版社

内 容 提 要

本书为交通运输部工程质量监督局组织编写的公路水运工程施工企业安全生产管理人员考核培训教材公路分册,分为法律法规篇、管理篇、技术篇和案例篇。法律法规篇内容为安全生产的法律法规和法律责任;管理篇内容为安全生产管理理论、管理责任和管理基本制度;技术篇内容为公路工程施工现场管理、工序作业安全要点、路基路面工程施工安全控制要点、桥涵工程施工安全要点、隧道工程施工安全控制要点、交通工程设施施工安全控制要求、特殊季节与夜间施工安全控制要点;案例篇共列出了15个公路工程施工安全事故典型案例分析。

本书主要作为公路公路工程施工企业安全生产管理人员复习考核指导用书,亦可供公路工程建设管理的相关专业人员学习使用。

图书在版编目(CIP)数据

公路水运工程施工企业安全生产管理人员考核培训教材.公路分册/交通运输部工程质量监督局编
—北京:人民交通出版社,2011.7
ISBN 978-7-114-08935-0

Ⅰ.①公… Ⅱ.①交… Ⅲ.①道路工程-工程施工-安全生产-技术培训-教材②航道工程-工程施工-安全生产-技术培训-教材 Ⅳ.①U415.12 ②U615.1

中国版本图书馆CIP数据核字(2011)第051696号

书　　名:公路水运工程施工企业安全生产管理人员考核培训教材　公路分册
著 作 者:交通运输部工程质量监督局
责任编辑:沈鸿雁　岑　瑜
出版发行:人民交通出版社
地　　址:(100011)北京市朝阳区安定门外外馆斜街3号
网　　址:http://www.ccpress.com.cn
销售电话:(010)59757973
总 经 销:人民交通出版社发行部
经　　销:各地新华书店
印　　刷:北京盈盛恒通印刷有限公司
开　　本:787×1092　1/16
印　　张:32.75
字　　数:775千
版　　次:2011年7月　第1版
印　　次:2015年4月　第15次印刷
书　　号:ISBN 978-7-114-08935-0
定　　价:80.00元
(有印刷、装订质量问题的图书由本社负责调换)

《公路水运工程施工企业安全生产管理人员考核培训教材》（公路分册）编委会

主　　编： 李彦武

副 主 编： 黄　勇　单长刚

编写组成员： 陈　萍　罗海峰　桂志敬　袁秋红　刘　鹏
陈万球　程　昊　王学军　张凤玲　侯建刚
喻小明　何　祎　胡永生　肖勇刚　陈思安
付渊文　李　伟　吴　永

统　　稿： 桂志敬　喻小明　陈万球　刘　鹏

主　　审： 何　光

审 查 人 员： 孙荣山　程德宏　王　辉　黄淞文　杨黔江
周　钢　李汉文　景兆德　陈彦君　蓝　斌
刘长发

序

近年来，公路水运工程建设进入新一轮大发展、大建设时期，在建项目数量多、分布广、地质状况复杂、施工环境恶劣，这些都给安全管理工作带来新的压力和挑战。对此，我们要从落实科学发展观、构建社会主义和谐社会的高度，增强抓好安全工作的政治责任感和历史使命感，把安全生产工作进一步抓细、抓实、抓好。

抓安全管理，就要抓住安全生产关键因素。分析以往发生的安全生产事故，大多数都与人的不安全行为有关。加强安全教育培训工作，是预防事故的重要环节，是建立安全监管长效机制的重要举措。为不断提高安全培训的针对性，部工程质量监督局组织了国内长期从事公路水运工程安全生产管理方面的专家、学者，对2005年版施工企业三类人员培训教材进行系统梳理，重新编写。在编写过程中，本着立足基层、通俗易懂、服务实用的指导思想，坚持理论与实践相结合，基础知识与实用技术相结合，理论知识与案例分析相结合，突出了针对性、实用性和系统性。

在您阅读本书时，我要真诚地送给您"四个敬畏"，与您共勉。

敬畏生命。生命只有一次，关爱生命是人类社会进步的表现。您要时时想起生命至上，要把职工群众的生命看得与自己的生命同样珍贵，做到生产必须安全，不安全不生产。敬畏生命，才能保障安全。

敬畏法律。敬畏生命要建立在"依法治安"的基础上，法律是合法权益的可靠保障，也是利剑。您应当增强安全法律意识，依法落实安全生产工作，任何时候都不能视国家安全生产法律法规为儿戏，更不能任意逾越法律底线。

敬畏规律。安全生产是有规律的，规律是不能违背的。发展必须以安全生产为基础、前提和保障，不能片面追求经济效益而导致人民生命财产遭受重大损失。您在任何时候都不能盲目超越安全保障能力和客观现实条件，片面追求生产规模和经济效益。

敬畏责任。安全生产是对自己负责，对家人负责，也是对社会负责。每一次事故的警示，都揪人心弦；每一次惨痛的事故，都给亲人留下永远的痛。安全生产牵动人心，关系着每个人。

希望该书的出版，有助于您对安全生产法律有更深的理解，帮助您掌握安全生产管理知识，成为您工作中的良师益友。

交通运输部工程质量监督局局长 李彦武

2011 年 6 月

前　言

为进一步推动和规范安全生产管理人员考核培训工作，贯彻落实《安全生产法》和《建设工程安全生产管理条例》以及《公路水运工程安全生产监督管理办法》（交通部令2007年1号），按照"安全第一、预防为主、综合治理"的基本方针，针对目前公路水运工程施工安全的形式和特点，引入安全生产相关的新法律法规、规范规程和安全生产新理论、新技术、新方法，总结和吸取多年以来公路工程施工、安全管理以及对安全教育培训考核的经验，由交通运输部工程质量监督局组织中国公路建设行业协会、长沙理工大学、重庆交通大学、中交三公局、中交四公局、中铁四局、中铁大桥局和交通运输部公路科学研究院等单位专家学者，在2005年4月第一版基础上对培训教材进行修订编写。

修订教材对原框架结构和章节进行了适当调整，教材内容坚持删旧补新，并按教学考核要求分为法律法规篇、管理篇、技术篇、案例篇四大部分，以增强教材的系统性和完整性。其中法律法规篇增加了《中华人民共和国劳动合同法》、《生产安全事故报告和调查处理条例》、《公路水运工程安全生产监督管理办法》等新增法律行政法规与部门规章，删除了已废止的《企业职工伤亡事故报告和处理规定》等相关内容，对相应部分的内容进行了重新整理和归类划分章节；管理篇按安全生产管理理论、管理职责、基本制度进行修订和划分章节；技术篇依据近期新修订的规范、标准及技术规程的相关内容进行了修订和调整，并根据近年来交通建设工程施工与安全生产事故发生的特点，增加了跨线工程安全管理、深大基坑、拌合站作业、爆破工程、不良地质地段路基工程、改扩建工程、旧桥加固改造、长大隧道施工的预测预报技术、隧道掘进机（TBM）施工、交通工程设施施工安全控制等专题章节；案例篇收集了近几年发生的典型事故的案例分析，增加了应急处置范例。修订后，本教材内容更加丰富，可作为公路工程安全生产管理人员考核培训之用，亦可作为公路工程建设管理人员学习参考之用。

本教材第一章与第二章由陈万球、程昊编写，第三章与第五章由王学军、张凤玲编写，第四章由张凤玲编写，第六章与第七章由喻小明、侯建刚编写，第八章由何祎、程昊编写，第九章由肖勇刚、胡永生编写，第十章由何祎、陈思安编写，第十一章由李伟编写，第十二章由张凤玲、肖勇刚编写，法律法规篇与管理篇由陈万球统稿，技术篇与案例篇由喻小明统稿，以上人员为本书编修做了大量的工作，部分省级交通运输部质监机构和施工企业等方面的专家和学者提供大力支持和帮助。在此表示诚挚的谢意！

编写过程中，尽管我们做了很大努力，但由于水平有限，编写时间紧，难免存在疏漏或不足之处，恳请读者提出宝贵意见，以供今后补充和修改。

教材编写组

2011年6月

目　　录

法律法规篇

管　理　篇

技 术 篇

案 例 篇

法律法规篇

安全生产法律法规是安全生产管理和安全生产技术的制度基础。公路水运工程安全生产管理人员必须熟悉安全生产法律法规的基本内容，掌握法律责任的相关内容，提高法律意识，最大限度地降低法律风险。

第一章　公路水运工程安全生产法律法规

安全生产至关重要，而实现安全生产的前提条件之一是安全法制。健全的安全法制是历史赋予当代人的责任和义务，是维护广大人民群众正当权益的需要，是落实以人为本的科学发展观和构建社会主义和谐社会的需要，是保障公路水运工程开展安全生产工作的根本。

第一节　公路水运工程安全生产法律法规概述

一、安全生产法的概念

安全生产法是调整安全生产人身关系、安全生产财产关系以及安全生产管理关系等有关安全生产方面社会关系的法律规范的总和。安全生产法有广义和狭义之分。广义上的安全生产法，是指国家立法机关颁布制定的调整安全生产关系及相关社会关系的所有法律规范的总和。因此，有关安全技术、安全工程、劳动合同、工伤保险、职业技术培训等方面的法律都属于广义上安全生产法的范畴。广义的安全生产法既可以表现为享有国家立法权的机关制定的法律，也可以表现为国务院及其所属的部委发布的行政法规、决定、命令、指示、规章以及地方性法规规章等，还可以表现为各种安全卫生技术规程、规范和标准。狭义的安全生产法，即专指国家最高立法机关制定的调整安全生产关系及相关社会关系的法律规范，如《中华人民共和国安全生产法》、《中华人民共和国建筑法》等（以下简称《安全生产法》、《建筑法》，本书其他法律按此简写列出）。本书是在广义上使用安全生产法的概念。

二、安全生产法的特点

1. 安全生产法具有很强的科技性

安全生产法具有科技与法相互结合、相互渗透的边缘法的性质，它包括技术规范和社会规范两大类法律规范。安全生产的技术规范是依据自然规律，规定人们在劳动过程中如何运用劳动工具和劳动对象进行生产的一种行为规范，它所调整的是劳动过程中人与自然的关系。当前，科学技术正以惊人的速度发展，科技成果广泛运用于生产当中。随着人类科学技术和生产的迅速发展，依靠科技进步积极采用安全卫生工程技术的规范也在不断增加，因此，在安全生产法律中，技术规范所占比重日益增大。

2. 安全生产法具有广泛的社会性

安全生产法不仅要求企业消除劳动过程中危及人身安全与健康的不良条件和劳动行为，防止各种伤亡事故和职业病的发生；同时也要求消除由于企业发生事故对环境的危害。因此，安全生产法具有更广泛的社会性。因此，不仅在劳动安全法中有着大量的关于安全生产的规定，而且在《刑法》、《环境保护法》等其他法中也有相应的规定。

3. 安全生产法律关系客体的广泛性

安全生产法是保护劳动者在劳动过程中安全与健康和国家及人民财产安全的法律规定。因此，它从人—机—料—法—环境诸方面对它所保护的客体进行保护。

三、公路水运工程安全生产法律体系

安全生产法律体系是一个包含多种法律形式和法律层次的综合性系统。公路水运工程安全生产法律体系按照其立法权限的不同，可以分为六个层次，即：法律、行政法规、部门规章、地方法规和规章、技术标准，以及国际条约。

1. 法律

法律是指全国人民代表大会及其常务委员会制定的有关各项法律，以国家主席令形式发布，在全国范围内施行，其地位和效力仅次于宪法。它是安全生产法律体系的核心。目前已颁布实施的涉及公路水运工程安全生产的法律主要有：《安全生产法》、《行政处罚法》、《建筑法》、《刑法》、《环境保护法》、《公路法》、《港口法》、《劳动法》、《突发事件应对法》、《职业病防治法》、《消防法》和《劳动合同法》等。其中，《安全生产法》是主体性法律。

2. 行政法规

行政法规是指国务院依法制定并以总理令形式发布的有关安全生产的各项法规，其地位和效力次于宪法和法律。已颁布实施的涉及公路水运工程安全生产的行政法规主要有：《建设工程安全生产管理条例》、《安全生产许可证条例》、《生产安全事故报告和调查处理条例》、《特种设备安全监察条例》以及《国务院关于特大安全事故行政责任追究的规定》等。

3. 部门规章

部门规章是指由国务院相关部委制定并以部长令形式发布的各项规章，或由国务院下属几个部委联合制定并发布的规章。已颁布实施的涉及公路水运工程安全生产的部门规章主要有：《公路水运工程安全生产监督管理办法》、《高危行业企业安全生产费用财务管理暂行办法》、《劳动防护用品监督管理规定》、《〈生产安全事故报告和调查处理条例〉罚款暂行办法》、《安全生产违法行为行政处罚办法》、《安全生产领域违法违纪行为政纪处分暂行规定》等。

4. 地方法规和规章

地方法规是指在不与宪法、法律、行政法规相抵触的前提下，由省、自治区、直辖市的人民代表大会及其常务委员会制定并发布的涉及公路水运工程安全生产方面的法规。包括省会（自治区首府）城市和经国务院批准的较大的城市人民代表大会及其常务委员会制定的，报经省、自治区的人民代表大会或其常务委员会批准的各种法规。如《北京市安全生产条例》、《大连市安全生产条例》。

地方规章是指省、自治区、直辖市以及省会城市和国务院批准的较大城市的人民政府，根据法律和国务院行政法规制定并发布的涉及公路水运工程安全生产方面的规章，如《杭州市安全生产责任制规定》等。

5. 技术标准

安全技术标准是安全生产法律体系的重要组成部分。目前颁布实施的公路水运工程安全生产技术标准主要有《公路工程施工安全技术规程》、《水运工程施工安全防护技术规范》等。

6. 国际公约

国际劳工组织自1919年创立以来,共通过了185个国际公约和为数较多的建议书,这些公约和建议书统称国际劳工标准,其中70%的公约和建议书涉及职业安全卫生问题。

目前我国政府已批准的公约有23个,其中4个是与职业安全卫生相关的。分别是《建筑安全和卫生公约》(第167号)、《化学品公约》(第170号)、《职业安全和卫生公约》(第155号)、《职业卫生设施公约》(第161号)。凡经我国政府批准加入的国际劳工公约,除我国声明保留的条款外,我国应保证实施,应属于我国安全生产法律体系的重要组成部分。

总之,迄今为止我国已经建立起以《安全生产法》为主干,以《建筑法》、《建设工程安全生产管理条例》、《安全生产许可证条例》、《生产安全事故报告和调查处理条例》以及《公路水运工程安全生产监督管理办法》等法律法规相匹配的比较完善的公路水运工程安全生产法律体系。

第二节　相关法律概述

这里所说的法律是指狭义上的法律,即指全国人民代表大会及其常务委员会制定的规范性文件,在全国范围内施行,其地位和效力仅次于宪法。我国法律根据制定机关的不同可分为两类:(1)基本法律,由全国人民代表大会制定和修改,如《刑法》、《劳动法》。(2)非基本法律,由全国人民代表大会常务委员会制定和修改,如《安全生产法》、《建筑法》、《劳动合同法》、《突发事件应对法》、《消防法》、《职业病防治法》、《行政处罚法》、《环境保护法》、《公路法》、《港口法》等。

一、《安全生产法》

《安全生产法》是我国安全生产领域的综合性基本法,它是我国第一部全面规范安全生产的专门法律,是我国安全生产法律体系的主体法,是各类生产经营单位及其从业人员实现安全生产必须遵循的行为准则,是各级人民政府及其有关部门进行监督管理和行政执法的依据,是制裁各种安全生产违法犯罪的有力武器。

《安全生产法》由中华人民共和国第九届全国人民代表大会常务委员会第二十八次会议于2002年6月29日通过,自2002年11月1日起施行。

《安全生产法》的立法目的在于加强安全生产监督管理,防止和减少生产安全事故,保障人民群众生命和财产安全,促进经济发展。《安全生产法》确定了我国安全生产管理的基本方针,即坚持“安全第一,预防为主”的方针。《安全生产法》包括七章共九十七条,从生产经营单位的安全生产保障、从业人员的权利和义务、安全生产的监督管理、生产安全事故的应急救援与调查处理四个主要方面做出了规定。

1. 生产经营单位的安全生产保障

1)从事生产经营活动应当具备的安全生产条件

(1)生产经营单位是生产经营活动的基本单元

《安全生产法》作为我国安全生产的基本法律,其法律关系主体是比较广泛的。该法第二条规定:“在中华人民共和国领域内从事生产经营活动的单位(以下统称生产经营单位)的安全生产，适用本法”。这里所称的生产经营单位，是指从事各类生产经营活动的基本单元，具体包括：各类生产经营企业、个体工商户、公民以及其他生产经营单位。在公路水运工程建设活动中，建设单位、施工单位、勘察设计单位和监理单位等均属于生产经营单位。

（2）法定安全生产基本条件

《安全生产法》第十六条规定：“生产经营单位应当具备本法和有关法律、行政法规和国家标准或者行业标准规定的安全生产条件；不具备安全生产条件的，不得从事生产经营活动”。安全生产条件，从广义上讲是指在安全生产过程中，其生产的各个系统、生产作业环境、生产设备和设施，以及与生产相适应的管理组织、管理制度、责任制度、技术措施等，应能满足生产的安全需要，不能导致人员伤害或财产损失。具备安全生产条件是预防和减少安全事故的前提。《安全生产法》和其他有关法律、行政法规对生产经营单位必须具备的安全生产条件作了规定。例如，《安全生产法》规定，生产经营单位的主要负责人必须保证本单位安全生产所必需的资金投入；生产经营单位新建、改建、扩建工程项目的安全设施，应当与主体工程同时设计、同时施工、同时投入生产和使用；生产经营单位安全设备的设计、制造、安装、使用、检测、改造和报废，应当符合国家标准或者行业标准；生产经营单位必须对安全设备进行经常性维护、保养，并定期检测，保证正常运转；生产经营单位必须按照规定配备安全生产管理机构或管理人员，等等。其他有关法律、行政法规、国家标准或行业标准，也针对不同行业安全生产的不同特点，对相关行业生产经营单位应当具备的安全生产条件作了规定。如《安全生产许可证条例》对五类高危行业企业设定了十三个安全生产条件。

不具备安全生产条件的是指不具备《安全生产法》和有关法律、行政法规和国家标准或者行业标准规定的安全生产条件。为了防止和减少生产安全事故，保障人民群众生命和财产安全，对于这一类的生产经营单位，法律取消其从业资格，即不得从事生产经营活动。

2）生产经营单位主要负责人的安全生产职责

《安全生产法》对生产经营单位主要负责人的安全生产职责的规定主要体现在第五条、第十七条、第四十二条中，对此，生产经营单位主要负责人必须要全面完整地把握。

《安全生产法》第五条明确规定：“生产经营单位的主要负责人对本单位的安全生产工作全面负责”。对于公路水运工程施工企业来说，主要指董事长、总经理、安全总监等。

《安全生产法》第十七条第一次以法律形式确定了生产经营单位主要负责人的六大安全生产职责：

（1）建立、健全本单位安全生产责任制。

（2）组织制定本单位安全生产规章制度和操作规程。

（3）保证本单位安全生产投入的有效实施。

（4）督促、检查本单位的安全生产工作，及时消除生产安全事故隐患。

（5）组织制定并实施本单位的生产安全事故应急救援预案。

（6）及时、如实报告生产安全事故。

同时，《安全生产法》第四十二条规定：“生产经营单位发生重大生产安全事故时，单位的主要负责人应当立即组织抢救，并不得在事故调查处理期间擅离职守。”生产经营单位的主要负责人作为本单位的首要领导及安全生产的第一责任人，在事故发生后，应当坚守岗位，组织事故抢救，并积极配合有关部门进行事故调查和处理。这一方面是因为，单位的主要负责人对单位的场地、布局、设备、人员以及其他生产经营状况比较熟悉，有其在场，可以比较顺利地进行事故抢救、事故原因的调查和对事故的处理。另一方面，单位的主要负责人是单位安全生产方面的第一责任人，应对单位发生的生产安全事故负责。特别是如果单位发生的生产安全事故属于重大责任事故，且有关人员的行为构成《刑法》规定的重大责任事故罪、重大劳动安全事故罪以及其他犯罪的规定，还可能要追究单位主要负责人的刑事责任。

3）安全生产资金投入的规定

《安全生产法》将安全投入列为保障安全生产的必要条件之一，从三个方面作出严格的规定。

（1）生产经营单位安全投入的标准

具备法定安全生产条件所必需的资金投入标准，应以安全生产法律、行政法规和国家标准或者行业标准规定生产经营单位应当具备的安全生产条件为基础进行计算。具备法定安全生产条件所需要的安全资金数额，就是生产经营单位应当投入的资金标准。如果投入的资金不能保障生产经营单位符合法定安全生产条件，就是资金投入不足并对其后果承担责任。

（2）安全投入的决策和保障

《安全生产法》第十八条规定，根据不同生产经营单位安全投入的决策主体不同：按公司法成立的公司制生产经营单位，由其决策机构董事会决定投入资金；非公司制生产经营单位，由其主要负责人决定安全投入的资金；个人投资并由他人管理生产经营单位，由其投资人即股东决定投入的资金。

（3）安全投入不足的法律责任

《安全生产法》第八十条规定："生产经营单位的决策机构、主要负责人、个人经营的投资人不依照本法规定保证安全生产所必需的资金投入，致使生产经营单位不具备安全生产条件的，责令限期改正，提供必需的资金；逾期未改正的，责令生产经营单位停产停业整顿"。有前款违法行为，致发生生产安全事故，构成犯罪的，依照《刑法》有关规定追究刑事责任；尚不够刑事处罚的，对生产经营单位的主要负责人给予撤职处分，对个人经营的投资人处 2 万元以上 20 万元以下的罚款。

4）安全生产管理机构和安全生产管理人员的配置

（1）高危行业的生产经营单位必须配置安全生产管理机构或者专职管理人员

《安全生产法》第十九条第一款规定："矿山、建筑施工单位和危险物品生产、经营、储存单位，应当设置安全生产管理机构或者配备专职安全管理人员"。公路水运施工企业属于高危行业，因此，应当依法设置安全生产管理机构或者配备专职安全管理人员。

（2）非高危行业，按照从业人员的数量，配置安全生产管理机构或者安全生产管理人员

《安全生产法》对此又分两种情况分别作出规定：一是强制性规定必须配置机构或者专门人员的，即除矿山、建筑施工和危险物品生产、经营、储存单位以外的其他生产经营单位，其从业人员超过 300 人以上的，应当设置安全生产管理机构或配备专职安全生产管理人员。二是选择性规定，即从业人员在 300 人以下的，可以不设专门机构，但应当配备专职或者兼职的安全生产管理人员，或委托具有国家规定的相关专业技术资格的工程技术人员提供安全生产管理服务。

5）生产经营单位主要负责人、安全生产管理人员资格的规定

《安全生产法》从三个方面对此作出规定:一是生产经营单位的主要负责人和安全生产管理人员必须具备与本单位所从事的生产经营活动相应的安全生产知识和管理能力;二是危险物品的生产、经营、储存单位以及矿山、建筑施工单位的主要负责人和安全生产管理人员,应当由有关主管部门对其安全生产知识和管理能力考核合格后方可任职;三是生产经营单位的特种作业人员必须按照国家有关规定经专门的安全作业培训,取得特种作业操作资格证书,方可上岗作业。

6)从业人员安全生产培训的规定

(1)学习必要的安全生产知识。

(2)熟悉有关安全生产规章制度和安全操作规程。

(3)掌握本岗位安全操作技能。

(4)从业人员须经培训合格方可上岗作业。

《安全生产法》要求从业人员不但要进行安全教育和培训,而且还要经过考试合格才能确认其具备上岗作业的资格。只有经过考试合格的从业人员,才能上岗作业;未经安全生产教育和培训合格的从业人员,不得上岗作业。

7)特种作业人员的范围和资格

《安全生产法》第二十三条第二款规定:“特种作业人员的范围由国务院负责安全生产监督管理的部门会同国务院有关部门确定”。

《安全生产法》第二十三条第一款规定:“生产经营单位的特种作业人员必须按照国家有关规定经专门的安全作业培训,取得特种作业操作资格证书,方可上岗作业”。

8)建设项目安全设施“三同时”的规定

《安全生产法》第二十四条规定:“生产经营单位新建、改建、扩建工程项目的安全设施,必须与主体工程同时设计、同时施工、同时投入生产和使用。安全设施投资应当纳入建设项目概算”。

9)建设项目的安全条件论证和安全评价的规定

《安全生产法》第二十五条规定:“矿山建设项目和用于生产、储存危险物品的建设项目,应当分别按照国家有关规定进行安全条件论证和安全评价”。

10)建设项目安全设施设计和安全条件论证的规定

按照“三同时”的要求,矿山建设项目和用于生产、储存危险物品的建设项目的安全设施设计,应当按照国家有关规定报经有关部门审查,并按照批准的设计施工,审查部门及其负责审查的人员对审查结果负责。未经审查批准的,不得进行施工。建设项目安全设施的设计人、设计单位应当对安全设施设计负责。

11)建设项目安全设施的施工、竣工验收的规定

《安全生产法》第二十六条第二款规定:“矿山建设项目和用于生产、储存危险物品的建设项目的施工单位必须按照批准的安全设施设计施工,并对安全设施的工程质量负责”。

《安全生产法》第二十六条第三款规定:“矿山建设项目和用于生产、储存危险物品的建设项目竣工投入生产或者使用前,必须依照有关法律、行政法规的规定对安全设施进行验收;并验收合格后,方可投入生产和使用。验收部门及其验收人员对验收结果负责”。

12)安全警示标志的规定

《安全生产法》第二十八条规定："生产经营单位应当在有较大危险因素的生产经营场所和有关设施、设备上，设置明显的安全警示标志"。

13）安全设备达标和管理的规定

《安全生产法》第二十九条规定：安全设备的设计、制造、安装、使用、检测、维修、改造和报废，应当符合国家标准或者行业标准。生产经营单位必须对安全设备进行经常性维护、保养，并定期检测，保证正常运转。维护、保养、检测应当做好记录，并由有关人员签字"。

14）特种设备检测、检验的规定

《安全生产法》第三十条规定："生产经营单位使用的涉及生命安全、危险性较大的特种设备，以及危险物品的容器、运输工具，必须按照国家有关规定，由专业生产单位生产，并经取得专业资质的检测、检验机构检测、检验合格，取得安全使用证或者安全标志，方可投入使用。检测、检验机构对检测、检验结果负责"。

15）生产安全工艺、设备管理的规定

《安全生产法》第三十一条规定："国家对严重危及生产安全的工艺、设备实行淘汰制度。生产经营单位不得使用国家明令淘汰、禁止使用的危及生产安全的工艺、设备"。

16）危险物品管理的规定

（1）危险物品安全管理。

《安全生产法》规定，生产经营单位生产、经营、运输、储存、使用危险物品或处置废弃危险物品的，必须执行有关法律、法规和国家标准或行业标准，建立专门的安全管理制度，采取可靠的安全措施，接受有关主管部门依法实施的监督管理。

（2）危险物品的审批监管。

《安全生产法》第三十二条规定："生产、经营、运输、储存、使用危险物品或者处置废弃危险物品的，由有关主管部门依照有关法律、法规的规定和国家标准或者行业标准审批并实施监督管理"。目前，我国已有一些相关法律、法规对此作出了规定，如《化学危险品安全管理条例》、《民用爆炸物品安全管理条例》等。

17）重大危险源管理的规定

生产经营单位对重大危险源实施及时、有效的监控，是《安全生产法》设定的法律义务。《安全生产法》规定了重大危险源的备案制度。《安全生产法》第三十三条规定："生产经营单位对重大危险源应当登记建档，进行定期检测、评估、监控，并制定应急预案，告知从业人员和相关人员在紧急情况下应当采取的应急措施"。这种备案制度不是一般的告知制度，而是一种审查监管制度：一是生产经营单位必须依法备案；二是负责安全生产监管职责的部门有权进行审查、检查；三是发现生产经营单位违法的，有权依法实施行政处罚。

18）生产设施、场所安全距离和紧急疏散的规定

《安全生产法》第三十四条规定："生产、经营、储存、使用危险物品的车间、商店、仓库不得与员工宿舍在同一座建筑物内，并应当与员工宿舍保持安全距离。生产经营场所与员工宿舍应当设有符合紧急疏散要求、标志明显、保持畅通的出口。禁止封闭、堵塞生产经营场所或者员工宿舍的出口"。

19）爆破、吊装等作业现场安全管理的规定

《安全生产法》第三十五条明确两方面要求：一是生产经营单位进行爆破、吊装等危险作

业，应当安排专门人员进行现场安全管理；二是确保操作规程的遵守和安全措施的落实。要制订严格的操作规程和周密的保安措施，禁止违反规程操作和无关人员擅入现场。

20）劳动防护用品的规定

《安全生产法》第三十七条明确要求：一是生产经营单位必须为从业人员提供符合国家标准或者行业标准的劳动防护用品。二是生产经营单位应当监督、教育从业人员按照使用规则佩戴、使用劳动防护用品。

21）交叉作业安全管理的规定

《安全生产法》第四十条规定："两个以上生产经营单位在同一作业区域内进行生产经营活动，可能危及对方生产安全的，应当签订安全生产管理协议，明确各自的安全生产管理职责和应当采取的安全措施，并指定专职安全生产管理人员进行安全检查与协调"。

22）生产经营项目、场所、设备发包或者出租的安全管理

《安全生产法》第四十一条规定："生产经营单位不得将生产经营项目、场所、设备发包或者出租给不具备安全生产条件或者相应资质的单位或者个人。生产经营项目、场所有多个承包单位、承租单位的，生产经营单位应当与承包单位、承租单位签订专门的安全生产管理协议，或者在承包合同、租赁合同中约定各自的安全生产管理职责；生产经营单位对承包单位、承租单位的安全生产工作统一协调、管理"。

23）工伤保险的规定

《安全生产法》第四十三条明确规定："生产经营单位必须依法参加工伤社会保险，为从业人员缴纳保险费"。

（1）保障从业人员的人身安全，是生产经营单位义不容辞的责任。

（2）工伤社会保险是人身保障的经济基础。

（3）民事赔偿是工伤社会保险的必要补充。

（4）工伤社会保险与民事赔偿相互补充，不可替代。

2. 从业人员的权利和义务

1）从业人员的权利

（1）知情权。生产经营单位从业人员有权了解其作业场所和工作岗位存在的危险因素及事故应急措施。

（2）建议权。生产经营单位从业人员有权对本单位的安全生产工作提出建议。

（3）批评权和检举、控告权。生产经营单位从业人员有权对本单位安全生产管理工作中存在的问题提出批评、检举、控告。

（4）拒绝权。生产经营单位从业人员有权拒绝违章作业指挥和强令冒险作业。

（5）紧急避险权。生产经营单位从业人员发现直接危及人身安全的紧急情况时，有权停止作业或者在采取可能的应急措施后撤离作业场所。

（6）依法向本单位提出要求赔偿的权利。

（7）获得符合国家标准或者行业标准劳动防护用品的权利。

（8）获得安全生产教育和培训的权利。

2）从业人员的安全生产义务

（1）自律遵规的义务，即从业人员在作业过程中，应当遵守本单位的安全生产规章制度和

操作规程,服从管理,正确佩戴和使用劳动防护用品。

(2)自觉学习安全生产知识的义务,要求掌握本职工作所需的安全生产知识,提高安全生产技能,增强事故预防和应急处理能力。

(3)危险报告义务,即发现事故隐患或者其他不安全因素时,应当立即向现场安全生产管理人员或者本单位负责人报告。

3.安全生产的监督管理

1)负有安全生产监督管理职责的部门的行政许可职责

《安全生产法》第五十四条将负有安全生产监督管理职责的政府部门统称为"负有安全生产监督管理职责的部门"。

《安全生产法》第五十四条、第五十五条对负有安全生产监督管理职责的部门的行政许可职责从四个方面作出了规定。

(1)依照法律、法规的规定,对涉及安全生产的事项需要审查批准(包括批准、核准、许可、注册、认证、颁发证照等)或者验收的,必须严格依照有关法律、法规和国家标准或者行业标准规定的条件和程序进行审查;不符合法律、法规和国家标准或者行业标准规定的安全生产条件的,不得批准或者验收通过。这项职责主要是通过行政许可解决安全生产主体的市场准入问题。

(2)对未依法取得批准或者验收合格的单位擅自从事有关活动的,负责行政审批的部门发现或者接到举报后应当立即予以取缔,并依法予以处理。

(3)对已经依法取得批准的单位,负责行政审批的部门发现其不再具备安全生产条件的,应当撤销原批准。这是对已经取得安全生产事项行政许可的生产经营单位安全生产条件的动态监督管理职责。

(4)规范行政许可的特别规定。《安全生产法》第五十五条规定:"负有安全生产监督管理职责的部门对涉及安全生产的事项进行审查、验收,不得收取费用;不得要求接受审查、验收的单位购买其指定品牌或者指定生产、销售单位的安全设备、器材或者其他产品"。

2)负有安全生产监督管理职责的部门依法监督检查时行使的职权

《安全生产法》第五十六条对负有安全生产监督管理职责的部门依法对生产经营单位执行有关安全生产的法律、法规和国家标准或行业标准的情况进行监督检查,赋予了三项职权。

(1)现场调查取证权,即安全生产监督检查人员可以进入生产经营单位进行现场调查,单位不得拒绝,有权向被检查单位调阅资料,向有关人员(负责人、管理人员、技术人员)了解情况。

(2)现场处理权,即对安全生产违法作业当场纠正权;对现场检查出的隐患,责令限期改正、停产停业或停止使用的职权;责令紧急避险权和依法行政处罚权。

(3)查封、扣押行政强制措施权,其对象是安全设施、设备、器材、仪表等;依据是不符合国家或行业安全标准;条件是必须按程序办事、有足够证据、经部门负责人批准、通知被查单位负责人到场、登记记录等,并必须在15日内作出决定。

3)安全生产监督检查人员依法履行职责的要求

《安全生产法》对安全生产监督检查人员履行职责提出了要求:一是坚持履行安全生产监督检查人员履行监管执法的行为准则,执政为民,忠于法律,不玩忽职守,不徇私情,不贪赃枉法。二是严格按程序履行职责，规范执法，持证执法，保守秘密。三是监督检查不得影响被检查单位的正常生产经营活动。四是应将检查的时间、地点、内容、发现的问题及其处理情况作出书面记录，并由检查人员和被检查单位的负责人签字；被检查单位的负责人拒绝签字的，检查人员应当将情况记录在案，并向负有安全生产监督管理职责的部门报告。

4）安全生产监督管理部门和人员进行监督检查的规定

《安全生产法》要求生产经营单位对负有安全生产监督管理职责的部门的监督检查人员依法履行监督检查职责，应当予以配合，不得拒绝、阻挠。

5）行政监察机关的职责

《安全生产法》第六十一条规定："监察机关依照行政监察法的规定，对负有安全生产监督管理职责的部门及其工作人员履行安全生产监督管理职责实施监察"。发现违法违纪的，要依法处理。

6）安全生产中介机构的监督管理

《安全生产法》关于安全生产中介机构的监督管理的规定主要包括资质认可和责任追究两个方面。

（1）安全生产中介机构资质的认可

《安全生产法》第六十二条规定："承担安全评价、认证、监测、检验的机构应当具备国家规定的资质条件"。

只有符合国家规定或者国家授权部门规定的资质条件，按照法定程序申请登记并获得批准的，方可从事安全生产中介服务活动。

（2）安全生产中介服务的责任

《安全生产法》第六十二条规定："承担安全评价、认证、检测、检验的机构对其作出的安全评价、认证、检测、检验的结果负责"。

7）安全生产违法行为举报的规定

《安全生产法》关于安全生产违法行为举报的规定包括社会举报和举报受理两个方面。

（1）社会举报

《安全生产法》第六十四条规定："任何单位和个人对事故隐患或者安全生产违法行为，均有权向负有安全生产监督管理职责的部门报告或者举报"。

（2）举报受理

《安全生产法》第六十三条规定："负有安全生产监督管理职责的部门应当建立举报制度，公开举报电话、信箱或者电子邮件地址，受理有关安全生产的举报；受理的举报事项经调查核实后，应当形成书面材料；需要落实整改措施的，报经有关负责人签字并督促落实"。

8）安全生产社会监督、舆论监督的规定

（1）社会监督

《安全生产法》第六十五条规定："居民委员会、村民委员会发现其所在区域内的生产经营单位存在事故隐患和安全生产违法行为时，应当向当地人民政府或者有关部门报告"。

（2）舆论监督

《安全生产法》第六十七条规定："新闻、出版、广播、电影、电视等单位有进行安全生产宣传教育的义务，有对违反安全生产法律、法规的行为进行舆论监督的权利"。

9)对举报安全生产违法行为有功人员的奖励

《安全生产法》第六十六条规定:"县级以上人民政府及有关部门对报告重大事故隐患或举报安全生产违法行为的有功人员,给予奖励。具体奖励办法由国务院负责安全生产监督管理的部门会同国务院财政部门制定"。

4.生产安全事故的应急救援与调查处理

《安全生产法》确立的事故应急救援和调查处理制度,对事故发生前应急救援的准备和事故发生后调查处理的组织分别进行了规范,体现了重在预防的指导思想。事故应急和处理制度主要包括事故应急预案的制定和事故应急体系的建立、高危生产经营单位的应急救援、事故报告、重大事故的应急抢救、调查处理的原则、事故责任的追究、事故统计和公布等内容。

《安全生产法》突破了"重视事后调查处理,忽视事前应急准备"的旧模式,将应急救援纳入事故调查处理制度之中,这对保护人民群众生命和财产安全具有重要意义。

1)地方政府应急救援工作职责

《安全生产法》第六十八条规定:"县级以上地方各级人民政府应当组织有关部门制定本行政区域内特大生产安全事故应急预案,建立应急救援体系"。

事故应急预案应当包括可能发生的特大事故的种类,事故发生的地区、地段、地点或者单位,事故波及地区的人员、道路交通、消防设施和通道,事故可能造成的危害及其应对措施,事故救援的组织指挥,抢救伤害人员的措施以及设施、设备、器材和物品的组织供应,事故现场秩序维持和后期处理措施等。

事故救援体系是实施应急预案的组织保证,应当明确各级救援组织机构的建立及其领导人员,确定内部分设的专门救援组织,如维持现场秩序、疏导交通、消防急救、现场处理、提供医疗和生活物品、发布信息的组织或者部门,明确各自的岗位及其职责,形成一个能够处理突发事故的救援体系。如果发生特大事故,这个体系立即启动,各级领导和工作人员能以最快速度各就各位,各司其职,统一领导,分工负责,有条不紊地开展救援工作,最大限度地救治人员和保护财产,减少损失。

2)生产经营单位生产安全事故的应急救援

(1)高危生产经营单位的事故应急救援

《安全生产法》将事故应急救援的重点放在高危生产经营单位,并作出了强制性的规定。《安全生产法》第六十九条规定:"危险物品的生产、经营、储存单位以及矿山、建筑施工单位应当建立应急救援组织;生产经营规模较小,可以不设应急救援组织的,应当指定兼职的应急救援人员。危险物品的生产、经营、储存单位以及矿山、建筑施工单位应当配备必要的应急救援器材、设备,并进行经常性维护、保养,保证正常运转"。对于这些生产经营单位来说,原则上都要设立应急救援组织,配备应急救援器材、设备,保证其经常处于完好状态。一些小规模并且不适宜建立应急救援组织的小型生产经营单位,如小型加油站、化工用品零售商店等,也必须由专人负责应急救援工作并配备相应的应急救援器材和设备。

(2)重大事故的应急抢救

《安全生产法》第七十一条规定:"负有安全生产监督管理职责的部门接到事故报告后,应当立即按照国家有关规定上报事故情况。负有安全生产监督管理职责的部门和有关地方人民政府对事故情况不得隐瞒不报、谎报或者拖延不报"。《安全生产法》第七十二条规定:"有关地方人民政府和负有安全生产监督管理职责的部门的负责人接到重大生产安全事故报告后，应当立即赶到事故现场，组织事故抢救。任何单位和个人都应当支持、配合事故抢救，并提供一切便利条件"。

3）生产安全事故报告和处置的规定

迅速、及时、准确地报告发生生产安全事故，是生产经营单位和各级地方人民政府及其负有安全生产监督管理职责的部门的法定义务和责任。只有这样，才能尽快组织救援，防止扩大事故，挽回或者减少人员和财产损失。《安全生产法》第七十条和第七十一条对此作出了明确的法律规定。

（1）现场有关人员应当立即报告本单位负责人

生产经营单位发生生产安全事故后，在事发现场的从业人员、管理人员和其他人员有义务采用任何方式以最快的速度立即报告，既可以逐级报告，也可以越级报告，不得耽误。

（2）生产经营单位应当组织抢救并报告事故

生产经营单位负责人接到事故报告后，应当迅速采取有效措施组织抢救，防止事故扩大，减少人员伤亡和财产损失，并按照国家有关规定立即如实报告当地负有安全生产监督管理职责的部门，不得隐瞒不报、谎报或者拖延不报，不得故意破坏事故现场、毁灭有关证据。生产经营单位主要负责人在事故报告和抢救中负有主要领导责任，必须履行及时、如实报告生产安全事故的法定职责。

4）生产安全事故调查处理的规定

（1）事故调查处理的原则

鉴于法律授权国务院制定专门的事故调查处理行政法规，所以，《安全生产法》没有对事故报告和调查处理作出详细的规定。但是法律确定了事故调查处理的原则，即应当按照实事求是、尊重科学的原则，及时、准确地查清事故原因，查明事故性质和责任，总结事故教训，提出整改措施，并对事故责任者提出处理意见。针对事故调查处理工作存在的地方保护、避重就轻、逃脱责任等突出问题，《安全生产法》第七十五条同时规定，任何单位和个人不得阻挠和干涉对事故的依法调查处理。

（2）事故责任的追究

《安全生产法》第七十四条规定："生产经营单位发生生产安全事故，经调查确定责任事故的，除了应当查明事故单位的责任并依法予以追究外，还应当查明对安全生产有关事项负有审查批准和监督职责的行政部门的责任，对有失职、渎职行为的，依照本法第七十七条的规定追究法律责任"。本条规定的责任主体包括生产经营单位的主要负责人、个人经营的投资人和负有安全生产监督管理职责的部门的工作人员。如果违反法律规定应予追究责任的，将要受到法律的制裁。

（3）事故统计和公布

《安全生产法》第七十六条规定："县级以上各级地方人民政府负责安全生产监督管理的部门应当定期统计分析本行政区域内发生生产安全事故的情况，并定期向社会公布"。按照这条规定，凡是发生生产安全事故的单位及各有关部门，都应当依照有关事故报告、统计分析的规定，及时、准确地向当地安全生产监管部门报告，由县级以上地方人民政府安全生产监管部门逐级进行汇总、统计和分析，定期通过公共传媒予以公布。

二、《建筑法》

《建筑法》于 1997 年 11 月由第八届全国人民代表大会常务委员会第二十八次会议通过，1998 年 3 月 1 日起开始施行。

《建筑法》是我国第一部规范建筑活动的法律。该法的颁布实施，对于加强建筑活动的监督管理，维护建筑市场秩序，保证建筑工程的质量和安全，促进建筑业的健康发展，起到了重要作用。《建筑法》的立法目的在于加强对建筑活动的监督管理，维护建筑市场秩序，保证建筑工程的质量和安全，促进建筑业的健康发展。《建筑法》主要适用于各类房屋建筑及其附属设施的建造和与其配套的线路、管道、设备的安装活动，但是，《建筑法》第八十一条规定："本法关于施工许可、建筑施工企业资质审查和建筑工程发包、承包、禁止转包，以及建筑工程监理、建筑工程安全和质量管理的规定，适用于其他专业建筑工程的建筑活动"。可见，《建筑法》同样适用于公路水运工程。

《建筑法》共八十五条，分别从建筑许可、建筑工程发包与承包、建筑工程监理、建筑安全生产管理、建筑工程质量管理等方面作出了规定。其中，第五章"建筑安全生产管理"共十六条，就建筑安全生产管理中若干重要问题作了明确规定，包括：(1)建筑工程安全生产管理必须遵循的基本方针和基本制度(第三十六条)；(2)建筑工程设计必须遵循保证工程安全性能的要求(第三十七条)；(3)对建筑施工企业提出的保证生产安全的要求，包括：对施工企业编制施工组织设计的安全要求(第三十八条)，对施工现场安全管理的要求(第三十九条、第四十五条)，对建立健全企业安全生产责任制的要求(第四十四条)，对建立健全劳动安全生产教育培训制度的要求(第四十六条)，禁止进行危及安全生产的违章指挥、违章作业(第四十七条)，为从事危险作业的职工办理意外伤害保险的要求(第四十八条)；(4)对涉及建筑主体和承重结构变动的装修工程的安全要求(第四十九条)；(5)对房屋拆除作业的安全要求(第五十条)；(6)发生建筑安全事故的处理(第五十一条)；(7)工程建设单位为保证建筑生产安全应履行的义务(第四十二条)；(8)有关行政主管部门对建筑安全生产监督管理的职责(第四十三条)。

以下就建筑工程安全生产管理的基本方针、基本制度以及建筑施工企业的安全生产职责进行归纳总结。

1.建筑工程安全生产管理的基本方针和基本制度

(1)建筑工程安全生产管理必须坚持安全第一、预防为主的方针。

(2)建筑工程安全生产管理必须建立健全安全生产的责任制度和群防群治制度。

2.建筑施工企业的安全生产职责

《建筑法》对建筑施工企业的安全生产职责进行了比较全面的规定，具体来说，有以下八个方面：

(1)编制施工组织设计。

(2)对施工现场安全管理。

(3)建立健全企业安全生产责任制。

(4)建立健全劳动安全生产教育培训制度。

(5)从业人员的权利和义务。

(6)为从事危险作业的职工办理意外伤害保险。

(7)环境保护职责。

(8)事故报告职责。

三、《刑法》及修正案(六)

1997年颁布实施的《刑法》设立了“危害公共安全罪”,迄今为止《刑法》经过了七次修正,其中第六次修正即修正案(六)对“危害公共安全罪”进行了一些修改。从实践中看,公路水运工程安全生产领域中的犯罪主要涉及以下四个方面。

1. 重大责任事故罪

根据《刑法》第一百三十四条以及《刑法修正案》(六)的规定,重大责任事故罪,是指在生产、作业中违反有关安全管理的规定,或者强令他人违章冒险作业,因而发生重大伤亡事故或者造成其他严重后果的行为。重大责任事故罪的犯罪构成是:

(1)犯罪主体。重大责任事故罪主体是一般主体,包括建筑企业的安全生产从业人员、安全生产管理人员以及对安全事故负有责任的分包负责人、无证从事生产、作业的人员等。

(2)犯罪的主观方面。重大责任事故罪在主观方面表现为过失。可以为疏忽大意的过失,即应当预见自己的行为可能发生危害社会的结果,因为疏忽大意而没有预见,由此导致危害社会的结果。也可以为过于自信的过失,即已经预见自己的行为可能发生危害社会的结果,因为轻信能够避免,由此导致危害社会结果的发生。对于违章行为,既可以是无意违反,也可能是明知故犯。

(3)犯罪客体。重大责任事故罪侵犯的客体是工厂、矿山、林场、建筑企业或者其他企业、事业单位的生产安全。

(4)犯罪的客观方面。重大责任事故罪在客观方面有两种表现形式:一种是行为人在生产、作业活动中,不服管理、违反规章制度,因而发生重大伤亡事故或者造成其他严重后果的。另一种表现形式是行为人在生产、作业活动中,强令工人违章冒险作业,因而发生重大伤亡事故或者造成其他严重后果的,即有关生产作业中指挥、管理人员利用职权强令职工违章冒险作业。

本罪立案追诉标准。根据《最高人民检察院、公安部关于公安机关管辖的刑事案件立案追诉标准的规定(一)》(2008年)第八条的规定,构成重大责任事故罪立案追诉标准是:造成死亡一人以上,或者重伤三人以上;造成直接经济损失五十万元以上的;发生矿山生产安全事故;其他造成严重后果的情形。

本罪的刑罚。在生产、作业中违反有关安全管理的规定,因而发生重大伤亡事故或者造成其他严重后果的,处三年以下有期徒刑或者拘役;情节特别恶劣的,处三年以上七年以下有期徒刑。强令他人违章冒险作业,因而发生重大伤亡事故或者造成其他严重后果的,处五年以下有期徒刑或者拘役;情节特别恶劣的,处五年以上有期徒刑。从司法实践来看,重大责任事故罪中的“情节特别恶劣”主要是指下列几种情况:一是造成了特别严重的后果,如致多人死亡;或者致人重伤的人数特别多;或者直接经济损失特别巨大。二是违章行为特别恶劣,如已因违反规章制度受到批评教育或行政处罚而不改正,再次违反规章制度,造成重大事故;或者屡次违反规章制度;或者明知没有安全保证,甚至已发现事故苗头,仍然不听劝阻、一意孤行,拒不采纳工人和技术人员的意见，用恶劣手段强令工人违章冒险作业等。三是事故发生后，行为人表现特别恶劣。如事故发生后，不积极采取抢救措施抢救伤残人员或防止危害后果扩大，只顾个人逃命或抢救个人财物，使危害后果蔓延扩大；或者事故发生后，为逃避罪责，破坏、伪造现场，隐瞒事实真相，嫁祸于人。

2. 重大劳动安全事故罪

根据《刑法》第一百三十五条以及《刑法修正案》（六）的规定，重大劳动安全事故罪是指安全生产设施或者安全生产条件不符合国家规定，因而发生重大伤亡事故或者造成其他严重后果的行为。重大劳动安全事故罪的犯罪构成及其特征是：

（1）犯罪主体。本罪的主体是特殊主体，即直接负责的主管人员和其他直接责任人员。其中，“直接负责的主管人员”包括生产经营单位的负责人、生产经营的指挥人员、实际控制人和投资人。“其他直接责任人员”包括对安全生产设施、安全生产条件负有提供、维护、管理职责的人。

（2）犯罪的主观方面。本罪的主观方面表现为过失，即在主观上都不希望发生危害社会的严重后果。但行为人对安全生产设施或安全生产条件不符合国家规定的，则可能是故意的，也可能是过失。

（3）犯罪客体。本罪的客体是劳动安全。

（4）犯罪的客观方面。本罪的客观方面表现为安全生产设施或者安全生产条件不符合国家规定，因而发生重大伤亡事故或者造成其他严重后果的行为。

本罪的处罚。《刑法修正案》（六）规定：“安全生产设施或者安全生产条件不符合国家规定，因而发生重大伤亡事故或者造成其他严重后果的，对直接负责的主管人员和其他直接责任人员，处三年以下有期徒刑或者拘役；情节特别恶劣的，处三年以上七年以下有期徒刑”。

3. 工程重大安全事故罪

根据《刑法》第一百三十七条的规定，工程重大安全事故罪，是指建设单位、设计单位、施工单位、工程监理单位违反国家规定，降低工程质量标准，造成重大安全事故的行为。本罪的犯罪构成是：

（1）犯罪主体。本罪的主体是特殊主体，仅限于建设单位、设计单位、施工单位、工程监理单位及其责任人员。

（2）犯罪的主观方面。本罪的主观方面表现为过失。但行为人违反国家规定，降低质量标准则可能是故意，也可能是过失。

（3）犯罪客体。本罪的客体是公共安全和国家有关安全管理的法律制度。

（4）犯罪的客观方面。表现为违反国家规定，降低工程质量标准，造成重大安全事故的行为。

本罪的处罚。对直接责任人员，处五年以下有期徒刑或者拘役，并处罚金；后果特别严重的，处五年以上十年以下有期徒刑，并处罚金。

4. 谎报瞒报事故罪

根据《刑法修正案》（六）的规定，谎报瞒报事故罪是指在安全事故发生后，负有报告安全事故职责的人员不报或者谎报事故情况，贻误事故抢救，情节严重的行为。本罪的犯罪构成是：

(1)犯罪主体。本罪的主体是特殊主体，即对安全事故负有报告职责的人员。具体指依照法律、法规和规章，还有是生产经营单位的规章制度，在重大事故发生以后，有义务向主管生产经营的负责人或单位负责人，还有是有关的安全生产监管部门报告事故情况的人。对于施工单位来说，主要是指发生安全事故的施工单位主要负责人以及项目经理。对国家机关来说，主要是指各级安全生产监督管理部门负责人、主管地方各级安全生产监督管理部门的负责人以及地方各级人民政府的主要领导人等。

(2)犯罪的主观方面。本罪的主观方面既可以表现为是过失，也可以表现为是间接故意，是一种复合的罪过。

(3)犯罪客体。本罪的客体是公共安全，也就是不特定的或多数人的生命、健康或重大公私财产安全。

(4)犯罪的客观方面。本罪的客观方面是安全事故发生以后，负有报告职责的人员不报或谎报事故情况，贻误事故抢救，并且具有严重情节的行为。

本罪的处罚。根据《刑法修正案》(六)规定："在安全事故发生后，负有报告职责的人员不报或者谎报事故情况，贻误事故抢救，情节严重的，处三年以下有期徒刑或者拘役；情节特别严重的，处三年以上七年以下有期徒刑"。

四、《劳动法》

《劳动法》于1994年7月5日由第八届全国人民代表大会第八次会议通过，1995年1月1日起施行。劳动法是调整劳动关系以及与劳动关系密切联系的其他关系的法律规范。《劳动法》中有关安全生产的规定主要有以下几个方面。

1. 用人单位在职业安全卫生方面的职责

《劳动法》第五十二条规定："用人单位必须建立、健全职业安全卫生制度，严格执行国家职业安全卫生规程和标准，对劳动者进行职业安全卫生教育，防止劳动过程中的事故，减少职业危害"。根据本条款的规定，职业安全卫生制度包括以下几项内容：用人单位必须建立、健全职业安全卫生制度；用人单位必须执行国家职业安全卫生规程和标准；用人单位必须对劳动者进行职业安全卫生教育。

《劳动法》第五十三条规定："职业安全卫生设施必须符合国家规定的标准。新建、改建、扩建工程的职业安全卫生设施必须与主体工程同时设计、同时施工、同时投入生产和使用"。"职业安全卫生设施"是指安全技术方面的设施、劳动卫生方面的设施、生产性辅助设施(如女工卫生室、更衣室、饮水设施等)。"国家规定的标准"是指行政主管部门和各行业主管部门制定的一系列技术标准。

2. 职业安全卫生条件及劳动防护用品要求

《劳动法》第五十四条规定："用人单位必须为劳动者提供符合国家规定的职业安全卫生条件和必要的劳动防护用品。对从事有职业危害作业的劳动者应当定期进行健康检查"。

3. 建立伤亡事故和职业病统计报告和处理制度

在劳动生产过程中，由于各种原因发生伤亡事故，产生职业病是不可避免的，为了真实地掌握情况，有效地采取对策，预防或防止事故隐患和职业病的发生。在《劳动法》中特别提出了“建立伤亡事故和职业病统计报告的处理制度”。

4. 对劳动者的职业培训

《劳动法》第五十五条规定：“从事特种作业的劳动者必须经过专门培训并取得特种作业资格”。

5. 劳动者在职业安全卫生方面的权利和义务

《劳动法》第五十六条规定：“劳动者在劳动过程中必须严格遵守安全操作规程。劳动者对用人单位管理人员违章指挥、强令冒险作业，有权拒绝执行；对危害生命安全和身体健康的行为，有权提出批评、检举和控告”。

五、《劳动合同法》

2007 年 6 月 29 日第十届全国人民代表大会常务委员会第二十八次会议通过了《劳动合同法》，自 2008 年 1 月 1 日起施行。其立法目的是为了保护劳动者的合法权益，调整劳动关系，建立和维护适应社会主义市场经济的劳动制度，促进经济发展和社会进步。《劳动合同法》中有关安全生产的规定主要有：

(1) 用人单位在制订、修改或者决定有关劳动报酬、工作时间、休息休假、劳动安全卫生、保险福利、职工培训、劳动纪律，以及劳动定额管理等直接涉及劳动者切身利益的规章制度或者重大事项时，应当经职工代表大会或者全体职工讨论，提出方案和意见，与工会或者职工代表平等协商确定。

(2) 用人单位招用劳动者时，应当如实告知劳动者工作内容、工作条件、工作地点、职业危害、安全生产状况、劳动报酬，以及劳动者要求了解的其他情况；用人单位有权了解劳动者与劳动合同直接相关的基本情况，劳动者应当如实说明。

(3) 劳动者拒绝用人单位管理人员违章指挥、强令冒险作业的，不视为违反劳动合同。劳动者对危害生命安全和身体健康的劳动条件，有权对用人单位提出批评、检举和控告。

(4) 用人单位违章指挥、强令冒险作业危及劳动者人身安全的，劳动者可以立即解除劳动合同，不需事先告知用人单位。

(5) 违章指挥或者强令冒险作业危及劳动者人身安全的或劳动条件恶劣、环境污染严重，给劳动者身心健康造成严重损害的，依法给予行政处罚；构成犯罪的，依法追究刑事责任；给劳动者造成损害的，应当承担赔偿责任。

六、《突发事件应对法》

《突发事件应对法》于 2007 年 8 月 30 日由第十届全国人民代表大会常务委员会第二十九次会议通过，自 2007 年 11 月 1 日起施行。《突发事件应对法》作为开展突发事件应对工作的重要法律依据，明确了应急管理主体、原则、体制、机制、程序、责任等内容，全面、系统地规范了突发事件预防与应急准备、监测与预警、应急处置与救援、事后恢复与重建等应对活动。与公路水运工程安全生产相关的内容主要有以下方面。

(1) 所有单位应当建立、健全安全管理制度，定期检查本单位各项安全防范措施的落实情况，及时消除事故隐患；掌握并及时处理本单位存在的可能引发社会安全事件的问题，防止矛盾激化和事态扩大；对本单位可能发生的突发事件和采取安全防范措施的情况，应当按照规定及时向所在地人民政府或者人民政府有关部门报告。

(2)矿山、建筑施工单位和易燃易爆物品、危险化学品、放射性物品等危险物品的生产、经营、储运、使用单位，应当制订具体应急预案，并对生产经营场所、有危险物品的建筑物、构筑物及周边环境开展隐患排查，及时采取措施消除隐患，防止发生突发事件。

(3)公共交通工具、公共场所和其他人员密集场所的经营单位或者管理单位应当制订具体应急预案，为交通工具和有关场所配备报警装置和必要的应急救援设备、设施，注明其使用方法，并显著标明安全撤离的通道、路线，保证安全通道、出口的畅通。

有关单位应当定期检测、维护其报警装置和应急救援设备、设施，使其处于良好状态，确保正常使用。

(4)有关单位和人员报送、报告突发事件信息，应当做到及时、客观、真实，不得迟报、谎报、瞒报、漏报。

(5)受到自然灾害危害或者发生事故灾难、公共卫生事件的单位，应当立即组织本单位应急救援队伍和工作人员营救受害人员，疏散、撤离、安置受到威胁的人员，控制危险源，标明危险区域，封锁危险场所，并采取其他防止危害扩大的必要措施，同时向所在地县级人民政府报告；对因本单位的问题引发的或者主体是本单位人员的社会安全事件，有关单位应当按照规定上报情况，并迅速派出负责人赶赴现场开展劝解、疏导工作。

突发事件发生地的其他单位应当服从人民政府发布的决定、命令，配合人民政府采取的应急处置措施，做好本单位的应急救援工作，并积极组织人员参加所在地的应急救援和处置工作。

(6)公民参加应急救援工作或者协助维护社会秩序期间，其在本单位的工资待遇和福利不变；表现突出、成绩显著的，由县级以上人民政府给予表彰或者奖励。

七、《消防法》

《消防法》于1998年4月29日第九届全国人民代表大会常务委员会第二次会议通过，2008年10月28日第十一届全国人民代表大会常务委员会第五次会议修订。该法的目的在于预防火灾和减少火灾危害，加强应急救援工作，保护人身、财产安全，维护公共安全。《消防法》与公路水运工程安全生产相关的内容有以下几方面。

1.消防设计的审核与验收

建设工程的消防设计、施工必须符合国家工程建设消防技术标准。建设、设计、施工、工程监理等单位依法对建设工程的消防设计、施工质量负责。

按照国家工程建设消防技术标准需要进行消防设计的建设工程，建设单位应当自依法取得施工许可之日起七个工作日内，将消防设计文件报公安机关消防机构备案，公安机关消防机构应当进行抽查。

依法应当经公安机关消防机构进行消防设计审核的建设工程，未经依法审核或者审核不合格的，负责审批该工程施工许可的部门不得给予施工许可，建设单位、施工单位不得施工；其他建设工程取得施工许可后经依法抽查不合格的，应当停止施工。

按照国家工程建设消防技术标准需要进行消防设计的建设工程竣工时，必须报公安机关消防机构进行消防验收；未经消防验收或者消防验收不合格的，禁止投入使用。

2. 工程建设中应当采取的消防安全措施

在设有车间或者仓库的建筑物内，不得设置员工集体宿舍。

进入生产、储存易燃易爆危险物品的场所，必须执行国家有关消防安全的规定，禁止携带火种进入生产、储存易燃易爆危险物品的场所。禁止在具有火灾、爆炸危险的场所使用明火；因特殊情况需要使用明火作业的，应当按照规定事先办理审批手续。

进行电焊、气焊等具有火灾危险的作业人员和自动消防系统的操作人员，必须持证上岗，并严格遵守消防安全操作规程。消防产品的质量必须符合国家标准或者行业标准。

电器产品、燃气用具的质量必须符合国家标准或者行业标准。任何单位、个人不得损坏或者擅自挪用、拆除、停用消防设施、器材，不得埋压、圈占消火栓，不得占用防火间距，不得堵塞消防通道。

八、《职业病防治法》

《职业病防治法》于 2001 年 10 月 27 日第九届全国人民代表大会常务委员会第二十四次会议通过，自 2002 年 5 月 1 日起施行。其立法目的是为了预防、控制和消除职业病危害，防治职业病，保护劳动者健康及其相关权益，促进经济发展。《职业病防治法》与公路水运工程安全生产相关的内容以下几方面。

1. 用人单位的主要职责

用人单位应当履行的职责包括：健康保障义务，为劳动者提供符合国家职业卫生标准和卫生要求的工作场所、环境和条件；职业卫生管理义务；保险义务，用人单位应当依法参加工伤社会保险；报告义务，用人单位应当及时、如实地向卫生行政部门申报职业病危害项目，报告职业病危害事故和职业病危害检测、评价结果；卫生防护义务，用人单位必须设置有效的职业病防护设施，并为劳动者提供个人防护用品；职业病危害检测义务，用人单位应当定期对工作场所进行职业病危害检测、评价；职业病危害告知义务，用人单位应当知悉其产生的职业病危害，不得隐瞒其危害；及时控制职业病危害事故义务；培训教育义务，用人单位对劳动者应当进行上岗前、在岗期间的职业卫生培训和教育；健康监护义务，用人单位应当组织从事接触职业病危害因素的劳动者进行上岗前、在岗期间和离岗时的职业健康检查；落实职业病患者待遇义务；特殊劳动者保护义务，用人单位不得安排未成年人从事接触职业病危害因素的作业；不得安排孕妇、哺乳期的女工从事对本人和胎儿、婴儿有危害的作业；劳动者申请职业病诊断或鉴定时，用人单位应当如实提供职业病诊断所需的有关职业卫生和健康监护等资料。

2. 劳动者的权利

(1)知情权

根据《职业病防治法》的规定，产生职业病危害的用人单位，应当在醒目位置设置公告栏，公布有关职业病防治的规章制度、操作规程、职业病危害事故应急救援措施和工作场所职业病危害因素检测结果。对产生严重职业病危害的作业岗位，应当在其醒目位置，设置警示标识和中文警示说明。向用人单位提供可能产生职业病危害的设备、化学品、放射性同位素和含有放射性物质的材料的，应当提供中文说明书，并在设备的醒目位置设置警示标识和中文警示说明。《职业病防治法》还规定，用人单位与劳动者订立劳动合同(含聘用合同)时，应当将工作过程中可能产生的职业病危害及其后果、职业病防护措施和待遇等如实告知劳动者，并在劳动合同中写明,不得隐瞒或者欺骗。对从事接触职业病危害的作业的劳动者,用人单位应当组织上岗前、在岗期间和离岗时的职业健康检查,并将检查结果如实告知劳动者。劳动者有权了解工作场所产生或者可能产生的职业病危害因素、危害后果和应当采取的职业病防护措施。

(2)培训权

用人单位应当对劳动者进行上岗前的职业卫生培训和在岗期间的定期职业卫生培训,普及职业卫生知识,督促劳动者遵守职业病防治法律、法规、规章和操作规程,指导劳动者正确使用职业病防护设备和个人使用的职业病防护用品。劳动者应当学习和掌握相关的知识,遵守相关的法律、法规、规章和操作规程,正确使用、维护职业病防护设备和个人使用的职业病防护用品。劳动者有权获得职业卫生教育和培训。这些都是职业病防治法规定的内容。

(3)拒绝违章冒险权

根据《职业病防治法》的规定,劳动者有权拒绝在没有职业病防护措施下从事职业危害作业,有权拒绝违章指挥和强令的冒险作业。用人单位若与劳动者设立劳动合同时,没有将可能产生的职业病危害及其后果等告知劳动者,劳动者有权拒绝从事存在职业病危害的作业,用人单位不得因此解除或者终止与劳动者所订立的劳动合同。

(4)检举控告权

《职业病防治法》总则中明确规定,任何单位和个人有权对违反本法的行为进行检举和控告。对违反职业病防治法律、法规以及危及生命健康的行为提出批评、检举和控告,是《职业病防治法》赋予劳动者一项职业卫生保护权利。用人单位若因劳动者依法行使检举、控告权而降低其工资、福利等待遇或者解除、终止与其订立劳动合同,《职业病防治法》明确规定这种行为是无效的。

(5)特殊保障权

未成年人、女职工、有职业禁忌的劳动者;在《职业病防治法》中享有特殊的职业卫生保护的权利。根据《职业病防治法》规定,产生职业病危害的用人单位在工作场所应有配套的更衣间、洗浴间、孕妇休息间等卫生设施。国家对从事放射、高毒等作业实行特殊管理。用人单位不得安排未成年工从事接触职业病危害的作业,不得安排孕期、哺乳期的女职工从事对本人和胎儿、婴儿有危害的作业,不得安排有职业禁忌的劳动者从事其所禁忌的作业。

(6)参与决策权

参与用人单位职业卫生工作的民主管理,对职业病防治工作提出意见和建议,是职业病防治法规定的劳动者所享有的一项职业卫生保护权利。劳动者参与用人单位职业卫生工作的民主管理,是职业病防治工作的特点所决定的,也是确保劳动者权益的有效措施。劳动者本着做好职业病防治工作,应对所在的用人单位的职业病防治管理工作是否符合法律法规规定、是否科学合理等方面,直接或间接地提出意见和建议。

(7)职业健康权

对于从事接触职业病危害的作业的劳动者,用人单位除了应组织职业健康检查外,《职业病防治法》还规定了用人单位应为劳动者建立职业健康监护档案,并按照规定的期限妥善保存。对遭受或者可能会遭受急性职业病危害的劳动者,用人单位应及时组织救治,进行健康检查和医学观察,所需费用由用人单位承担。获得职业健康检查、职业病诊疗、康复等职业病防治服务,是劳动者依法享有的一项职业卫生保护权利。

当劳动者被疑患有职业病时，《职业病防治法》规定用人单位应及时安排对病人进行诊断，在病人诊断或者医学观察期间，不得解除或者终止与其订立的劳动合同。根据这个法律的规定，职业病病人依法享受国家规定的职业病待遇。用人单位应按照国家有关规定，安排病人进行治疗、康复和定期检查；对不适宜继续从事原工作的病人，应调离原岗位，并妥善安置；对从事接触职业病危害作业的劳动者，应给予适当岗位津贴。职业病病人的诊疗、康复费用，伤残以及丧失劳动能力职业病病人的社会保障，按照国家有关工伤社会保障的规定执行。

(8)损害赔偿权

用人单位应当建立、健全职业病防治责任制，加强对职业病防治的管理，提高职业病防治水平，对本单位产生的职业病危害承担责任，这是《职业病防治法》总则中的一项规定。根据这个规定，职业病病人除依法享有工伤社会保险外，依照有关民事法律，尚有获得赔偿权利的，有权向用人单位提出赔偿要求。

3. 劳动者的义务

《职业病防治法》也对劳动者的相关义务作出了规定，如履行劳动合同、遵守职业病防治法律法规规定、遵守用人单位工农业卫生规章、接受职业卫生培训、按规定使用职业卫生防护设施及个人防护用品、遵守操作规程等义务。

九、《环境保护法》

《环境保护法》是我国第一部关于环境保护的综合性的基本法，对于保护和改善环境，防止污染，创造有利于经济建设和社会发展的良好环境，具有十分重要的意义。与公路水运工程安全生产相关的内容有以下几方面。

1. 环境保护责任制度

产生环境污染和其他公害的单位，必须把环境保护工作纳入计划，建立环境保护责任制度；采取有效措施，防治在生产建设或者其他活动中产生的废气、废水、废渣、粉尘、恶臭气体、放射性物质以及噪声振动、电磁波辐射等对环境的污染和危害。

2. 推广环保设备、工艺和技术

新建工业企业和现有工业企业的技术改造，应当采用资源利用率高、污染物排放量少的设备和工艺，采用经济合理的废弃物综合利用技术和污染物处理技术。

3. 环境保护的“三同时制度”

建设项目中防治污染的措施，必须与主体工程同时设计、同时施工、同时投产使用。防治污染的设施必须经原审批环境影响报告书的环境保护行政主管部门验收合格后，该建设项目方可投入生产或者使用。防治污染的设施不得擅自拆除或者闲置，确有必要拆除或者闲置的，必须征得所在地的环境保护行政主管部门的同意。

4. 环境污染的处理报告制度

因发生事故或者其他突然性事件，造成或者可能造成污染事故的单位，必须立即采取措施处理，及时通报可能受到污染危害的单位和居民，并向当地环境保护行政主管部门和有关部门报告，接受调查处理。

十、《公路法》的相关内容

《公路法》于1997年7月3日第八届全国人民代表大会常务委员会第二十六次会议通过，

自 1998 年 1 月 1 日起施行。《公路法》有关安全生产的法律规定主要有以下几方面。

1. 公路施工中的安全管理

《公路法》规定，改建公路时，施工单位应当在施工路段两端设置明显的施工标志、安全标志。需要车辆绕行的，应当在绕行路口设置标志；不能绕行的，必须修建临时道路，保证车辆和行人通行。

2. 公路养护作业中的安全管理

《公路法》规定，为保障公路养护人员的人身安全，公路养护人员进行养护作业时，应当穿着统一的安全标志服；利用车辆进行养护作业时，应当在公路作业车辆上设置明显的作业标志。公路养护车辆进行作业时，在不影响过往车辆通行的前提下，其行驶路线和方向不受公路标志、标线限制；过往车辆对公路养护车辆和人员应当注意避让。

3. 路政管理中的安全管理

《公路法》规定，在大中型公路桥梁和渡口周围两百米、公路隧道上方和洞口外一百米范围内，以及在公路两侧一定距离内，不得挖砂、采石、取土、倾倒废弃物，不得进行爆破作业及其他危及公路、公路桥梁、公路隧道、公路渡口安全的活动。

十一、《海上交通安全法》

1. 概述

《海上交通安全法》于 1983 年 9 月 2 日第六届全国人民代表大会常务委员会第二次会议通过，自 1984 年 1 月 1 日起施行。《海上交通安全法》是新中国成立以来所制定的关于海上交通安全管理的第一部法律。它的颁布，标志着我国海上法制建设进入了一个新阶段。它的实施，对加强海上管理，保证交通安全，促进经济建设和维护国家权益产生了重大的作用和深远的影响。

2.《海上交通安全法》的主要内容

《海上交通安全法》共 12 章 53 条。它适用于中国沿海的港口、内水和领海以及国家管辖的一切其他海域，在沿海水域航行、停泊和作业的一切船舶、设施和人员及船舶、设施的所有人、经营人。

《海上交通安全法》规定了船舶、设施和人员必须具备的技术条件，应当遵守的规定，所享受的权利和应尽的义务及违法者应当承担的法律责任。该法律要求船舶必须进行登记和检验，持有合格的证明文件；船舶应当按照标准定额配备足以保证船舶安全的合格船员，船长、轮机长、驾驶员、轮机员、兼职 CMDSS 限用操作员或专职 CMDSS 无线电电子员，其他船员必须经过相应专业训练；船舶进出港口必须办理进出港签证；在沿海水域进行水上水下施工以及划定相应的安全作业区，必须报经主管机关核准公告，无关的船舶不得进入安全作业区，施工单位不得擅自扩大安全作业区范围；在港区内使用岸线或者进行水上水下施工包括架空施工，必须附图报经主管机关审核同意；不得在港区、航道内进行有碍安全航行的活动；禁止损坏助航标志和导航设施，禁止擅自设置禁航区和打捞沉船沉物；设施的搬迁、拆除，沉船沉物的打捞清除，水下工程的善后处理，都不得遗留有碍航行和作业安全的隐患，在未妥善处理前，其所有人或经营人必须负责设置规定的标志，并将碍航物的名称、形状、尺寸、位置和深度准确地报告主管机关。

该法律还规定了中华人民共和国港务监督机构（现海事局）是对沿海水域的交通安全实施统一监督管理的主管机关。主管机关统一确定海上交通管制区和港口锚地，统一公布禁航区和安全作业区，统一发布航行警告和航行通告，统一组织指挥海难救助等，为维护法律的实施和保障海上交通安全，主管机关有权禁止船舶和设施进出港口，或令其停航、改航、停止作业，或采取其他必要的强制性处置措施。船舶、设施在中国沿海水域发生交通事故，必须及时向主管机关报告，并接受调查处理，由主管机关查明原因，判明责任。交通事故引起的民事纠纷，当事人可申请主管机关调解；也可以直接向人民法院起诉；涉外交通事故引起的民事纠纷，还可根据书面协议提交仲裁机构仲裁。对违法者，主管机关可视情节给予警告、罚款、扣留或吊销职务证书的处罚。当事人对主管机关给予的罚款和吊销职务证书的处罚不服，可在15天内向人民法院起诉，由人民法院进行裁定。期满不起诉又不执行的，由人民法院强制执行。

3.《海上交通安全法》的特点

（1）扩大了海上交通安全的管理范围。

《海上交通安全法》管辖范围自港口扩大至沿海水域，即扩大至沿海的港口、内水和领海及国家管辖的其他一切海域。管理对象由原来的船舶和船员扩大至“在沿海水域航行、停泊和作业的一切船舶、设施和人员以及船舶、设施的所有人、经营人”，提供了加强整个海上交通安全管理的法律依据。

（2）对海上交通事故的处理程序进行了大的改革。

1952年国务院核准公布的《海事处理暂行办法》和1971年交通部颁布的《海损事故调查和处理规则》，将船舶碰撞、触礁、搁浅、触岸、浪损、损害水上水下建筑等交通事故，以及由这些交通事故引起的损害赔偿等民事纠纷，统一归入海事或海损事故的范畴之内。并规定海损事故由海事部门审定处理，或由人民法院裁决，或提请仲裁机构仲裁。这就是通常人们所说的我国海事处理的三条途径，三条途径可以任选其中之一。很长时间内在我国海域发生的海损事故基本都是按这一程序处理的，其中绝大部分是由海事部门进行处理（现海事局）。

海事部门是国家行政机关，不应再继续审理民事案件。《海上交通安全法》一改30年的惯例，按照法制的原则，规定海事部门仅负责对海上交通事故进行调查“查明原因，判明责任”。对交通事故引起的民事纠纷，海事部门不再进行处理，但可进行调解。“不愿意调解或调解不成的，当事人可以向人民法院起诉，涉外案件的当事人，还可以根据书面协议，提交仲裁机构仲裁”。

（3）改变了对行政处罚不服不得起诉的规定。

《海上交通安全法》改变了过去对行政处罚不准起诉的规定，明确海事部门对违法者可给予警告、罚款、扣留或吊销职务证书等处罚。当事人对罚款、吊销职务证书处罚不服，可以在接到处罚通知之日起15天内，向人民法院起诉。这样修改，有助于避免行政机关在处理违法案件时出现适用法律不当的现象，切实保障人民的合法权益不受侵犯。

（4）根据形势的发展变化，制订了新的法律条文。

海上平台与海上交通安全的关系仅次于船舶，在海上交通安全中占有十分重要的位置。对船舶的管理有传统的历史，但对平台的管理则是随着它的出现而开始的。《海上交通安全法》根据平台的性质，将移动式平台列入船舶的范畴，一切按船舶的要求进行管理。将固定式平台列入设施的范围。《海上交通安全法》中第十六条规定了“大型设施和移动式平台的海上拖带,必须经船舶检验部门进行拖航检验,并报主管机关核准”。对平台的人员配备,《海上交通安全法》的第八条规定:“设施应当按照国家规定,配备掌握避碰、信号、通信、消防、救生等专业技能的人员”,这样既能保证自身的安全,也防止造成与其他航行船舶碰撞的危险。另外,在危险货物运输、海难救助、交通事故的调查处理等章节中也都分别对设施作出了规定。这些都是新制定的法律条文。

近年来,随着生产的发展,海上各种形式的水上水下施工越来越多,由于施工地点不当或施工前未进行公告,造成事故危险或存在事故隐患。一些部门擅自划地为界,设置禁航水域,引起一系列的冲突。还有一些单位自行发布航行警告,造成混乱。由于船舶数量的增加,一些单位在锚地的使用上也产生一些争执。《海上交通安全法》第二十条中规定:“在沿海水域进行水上水下施工以及划定相应的安全作业区,必须报经主管机关核准公告。无关的船舶不得进入安全作业区。施工单位不得擅自扩大安全作业区的范围。在港区内使用岸线或者进行水上水下施工包括架空施工,还必须附图报经主管机关审核同意”。

(5)根据我国已经加入了有关海上航行国际公约的实际情况,相关条文实现了与国际接轨。

第三节　相关行政法规

行政法规是由国务院制定的法律规范性文件,颁布后在全国范围内施行。我国的行政法规名称一般称为“条例”或“规定”、“办法”等。

在行政法规层面上,《建设工程安全生产管理条例》、《安全生产许可证条例》、《生产安全事故报告和调查处理条例》、《特种设备安全监察条例》、《国务院关于特大安全事故行政责任追究的规定》、《内河交通安全管理条例》、《民用爆破物品安全管理条例》、《国务院关于进一步加强企业安全生产工作的通知》是公路水运工程安全生产法规体系中主要的行政法规。

一、《建设工程安全生产管理条例》

《建设工程安全生产管理条例》于2003年11月12日国务院第二十八次常务会议通过,自2004年2月1日起施行。

该条例的颁布,是我国工程建设领域安全生产工作发展史上具有里程碑意义的一件大事,是《建筑法》和《安全生产法》在建设工程领域的进一步细化和延伸,标志着我国建设工程领域安全生产管理进入法制化、规范化发展的新时期。该条例详细地规定了建设单位、勘察、设计、工程监理、其他有关单位和施工单位的安全责任,以及政府部门能对建设工程安全生产实施监督管理的责任等。

1. 建设单位的安全责任

(1)向施工单位提供资料的责任

《建设工程安全生产管理条例》第六条规定:“建设单位应当向施工单位提供施工现场及毗邻区域内供水、排水、供电、供气、供热、通信、广播电视等地下管线资料,气象和水文观测资料,相邻建筑物和构筑物、地下工程的有关资料,并保证资料的真实、准确、完整。建设单位因建设工程需要,向有关部门或者单位查询前款规定的资料时,有关部门或者单位应当及时提供”。

建设单位提供的资料将成为施工单位后续工作的主要参考依据。这些资料如果不真实、准确、完整，并因此导致了施工单位的损失，施工单位可以就此向建设单位要求赔偿。

(2)依法履行合同的责任

《建设工程安全生产管理条例》第七条规定："建设单位不得对勘察、设计、施工、工程监理等单位提出不符合建设工程安全生产法律、法规和强制性标准规定的要求，不得压缩合同约定的工期”。

建设单位与勘察、设计、施工、工程监理等单位都是完全平等的合同双方的关系，不存在建设单位是这些单位的管理单位的关系。其对这些单位的要求必须要以合同为根据，并不得触犯相关的法律、法规。

工期并非不可压缩，但是此处的“不得压缩合同约定的工期”指的是不得单方面压缩工期。如果由于外界的原因不得不压缩工期的话，也要在不违背施工工艺的前提下，与合同另一方当事人协商并达成一致意见后方可压缩。

(3)提供安全生产费用的责任

《建设工程安全生产管理条例》第八条规定："建设单位在编制工程概算时，应当确定建设工程安全作业环境及安全施工措施所需费用”。

安全生产需要资金的保证，而这笔资金的源头就是建设单位。只有建设单位提供了用于安全生产的费用，施工单位才可能有保证安全生产的费用。

(4)不得推销劣质材料设备的责任

《建设工程安全生产管理条例》第九条规定："建设单位不得明示或者暗示施工单位购买、租赁、使用不符合安全施工要求的安全防护用具、机械设备、施工机具及配件、消防设施和器材”。

由于建设单位与施工单位的特殊关系，建设单位的明示或者暗示经常被施工单位理解为是强制性的命令。因此，法律明确规定了建设单位不得向施工单位去推销劣质材料，以解除施工单位的进退两难的处境。

(5)提供安全施工措施资料的责任

《建设工程安全生产管理条例》第十条规定："建设单位在申请领取施工许可证时，应当提供建设工程有关安全施工措施的资料。依法批准开工报告的建设工程，建设单位应当自开工报告批准之日起15日内，将保证安全施工的措施报送建设工程所在地的县级以上地方人民政府建设行政主管部门或者其他有关部门备案”。

(6)对拆除工程进行备案的责任

《建设工程安全生产管理条例》第十一条规定："建设单位应当将拆除工程发包给具有相应资质等级的施工单位。建设单位应当在拆除工程施工15日前，将下列资料报送建设工程所在地的县级以上地方人民政府建设行政主管部门或者其他有关部门备案：

①施工单位资质等级证明；

②拟拆除建筑物、构筑物及可能危及毗邻建筑的说明；

③拆除施工组织方案；

④堆放、清除废弃物的措施。

实施爆破作业的，应当遵守国家有关民用爆炸物品管理的规定”。

2. 勘察、设计、工程监理单位的安全责任

《建设工程安全生产管理条例》对这些单位的安全责任作出了明确规定。

勘察单位应当按照法律、法规和工程建设强制性标准进行勘察，提供的勘察文件应当真实、准确，满足建设工程安全生产的需要；勘察单位在勘察作业时，应当严格执行操作规程，采取措施保证各类管线、设施和周边建筑物、构筑物的安全。

设计单位应当按照法律、法规和工程建设强制性标准进行设计，防止因设计不合理导致生产安全事故的发生；设计单位应当考虑施工安全操作和防护的需要，对涉及施工安全的重点部位和环节在设计文件中注明，并对防范生产安全事故提出指导意见；采用新结构、新材料、新工艺的建设工程和特殊结构的建设工程，设计单位应当在设计中提出保障施工作业人员安全和预防生产安全事故的措施建议；设计单位和注册建筑师等注册执业人员应当对其设计负责。

工程监理单位的安全责任主要体现以下几方面。

(1)审查施工组织设计的责任。工程监理单位应当审查施工组织设计中的安全技术措施或者专项施工方案是否符合工程建设强制性标准。施工组织设计是整个施工过程的指导文件，具有十分重要的作用。工程监理单位审查的内容是安全技术措施或者专项施工方案，审查的重点是是否符合工程建设强制性标准。

(2)安全隐患报告的责任。工程监理单位在实施监理过程中，发现存在安全事故隐患的，应当要求施工单位整改；情况严重的，应当要求施工单位暂时停止施工，并及时报告建设单位。施工单位拒不整改或者不停止施工的，工程监理单位应当及时向有关主管部门报告。

(3)依法监理的责任。工程监理单位和监理工程师应当按照法律、法规和工程建设强制性标准实施监理，并对建设工程安全生产承担监理责任。

3. 施工单位的安全责任

1)主要负责人、项目负责人和专职安全生产管理人员的安全责任

(1)主要负责人的安全责任

加强对施工单位安全生产的管理，首先要明确责任人。《建设工程安全生产管理条例》第二十一条第一款规定：“施工单位主要负责人依法对本单位的安全生产工作全面负责”。在这里，“主要负责人”并不仅限于施工单位的法定代表人，而是指对施工单位全面负责，有生产经营决策权的人。

明确施工单位主要负责人对安全生产工作全面负责，是贯彻“安全第一、预防为主”方针的基本要求，也是被实践证明行之有效的“管生产必须同时管安全”原则在法律制度上的具体体现。根据《建设工程安全生产管理条例》的有关规定，施工单位主要负责人的安全生产方面的主要职责包括：

①建立健全安全生产责任制度和安全生产教育培训制度；

②制定安全生产规章制度和操作规程；

③保证本单位安全生产条件所需资金的投入；

④对所承建的建设工程进行定期和专项安全检查，并做好安全检查记录。

(2)项目负责人的安全责任

《建设工程安全生产管理条例》第二十一条第二款规定：“施工单位的项目负责人应当由

取得相应执业资格的人员担任，对建设工程项目的安全施工负责”。

项目负责人（主要指项目经理）在工程项目中处于中心地位，对建设工程项目的安全全面负责。鉴于项目负责人对安全生产的重要作用，国家规定施工单位的项目负责人应当由取得相应执业资格的人员担任。这里，“相应执业资格”目前指建造师执业资格。根据《建设工程安全生产管理条例》第二十一条的规定，项目负责人的安全责任主要包括：

①落实安全生产责任制度、安全生产规章制度和操作规程；

②确保安全生产费用的有效使用；

③根据工程的特点组织制订安全施工措施，消除安全事故隐患；

④及时、如实报告生产安全事故。

（3）安全生产管理机构和专职安全生产管理人员的安全责任

《建设工程安全生产管理条例》第二十三条规定：“施工单位应当设立安全生产管理机构配备专职安全生产管理人员”。

①安全生产管理机构的设立及其职责

安全生产管理机构是指施工单位及其在建设工程项目中设置的负责安全生产管理工作的独立职能部门。

安全生产管理机构的安全责任主要包括：落实国家有关安全生产法律法规和标准、编制并适时更新安全生产管理制度、组织开展全员安全教育培训及安全检查等活动。

②专职安全生产管理人员的安全责任

专职安全生产管理人员是指经建设主管部门或者其他有关部门安全生产考核合格，并取得安全生产考核合格证书在企业从事安全生产管理工作的专职人员，包括：施工单位安全生产管理机构的负责人及其工作人员和施工现场专职安全生产管理人员。根据《建设工程安全生产管理条例》第二十三条的有关规定，专职安全生产管理人员的安全责任主要包括：对安全生产进行现场监督检查。发现安全事故隐患，应当及时向项目负责人和安全生产管理机构报告；对于违章指挥、违章操作的，应当立即制止。

2）总承包单位和分包单位的安全责任

（1）总承包单位的安全责任

《建设工程安全生产管理条例》第二十四条规定：“建设工程实行施工总承包的，由总承包单位对施工现场的安全生产负总责”。这条规定赋予了总承包人施工现场的统一管理权，其中也包括对分包单位的安全生产管理。

同时，为了防止违法分包和转包等违法行为的发生，真正落实施工总承包单位的安全责任，《建设工程安全生产管理条例》进一步强调：“总承包单位应当自行完成建设工程主体结构的施工”。

（2）总承包单位与分包单位的安全责任划分

《建设工程安全生产管理条例》第二十四条规定：“总承包单位依法将建设工程分包给其他单位的，分包合同中应当明确各自的安全生产方面的权利、义务。总承包单位和分包单位对分包工程的安全生产承担连带责任”。

施工现场往往同时有多个分包单位同时在施工现场作业，需要由总承包单位统一协调。但是，由于利益等原因，分包人并不愿意服从总承包单位的管理，基于此，《建设工程安全生产管理条例》第二十四条规定："分包单位应当服从总承包单位的安全生产管理，分包单位不服从管理导致生产安全事故的，由分包单位承担主要责任"。

3）安全生产教育培训

（1）管理人员的考核

《建设工程安全生产管理条例》第三十六条规定："施工单位的主要负责人、项目负责人、专职安全生产管理人员应当经建设行政主管部门或者其他有关部门考核合格后方可任职"。

（2）作业人员的安全生产教育培训

①日常的安全生产教育培训

《建设工程安全生产管理条例》第三十六条规定："施工单位应当对管理人员和作业人员每年至少进行一次安全生产教育培训，其教育培训情况记入个人工作档案。安全生产教育培训考核不合格的人员，不得上岗"。

②新岗位培训

《建设工程安全生产管理条例》第三十七条规定："作业人员进入新的岗位或者新的施工现场前，应当接受安全生产教育培训"。

③特种作业人员的培训

特种作业人员是指从事特殊岗位作业的人员。《建设工程安全生产管理条例》第二十五条规定："垂直运输机械作业人员、安装拆卸工、爆破作业人员、起重信号工、登高架设作业人员等特种作业人员，必须按照国家有关规定经过专门的安全作业培训，并取得特种作业操作资格证书后，方可上岗作业"。

4）施工单位应采取的安全措施

（1）编制安全技术措施、施工现场临时用电方案和专项施工方案

①编制安全技术措施

②编制施工现场临时用电方案

《建设工程安全生产管理条例》第二十六条规定："施工单位应当在施工组织设计中编制安全技术措施和施工现场临时用电方案"。

③编制专项施工方案

《建设工程安全生产管理条例》第二十六条规定，对下列达到一定规模的危险性较大的分部分项工程编制专项施工方案，并附具安全验算结果，经施工单位技术负责人、总监理工程师签字后实施，由专职安全生产管理人员进行现场监督：a. 基坑支护与降水工程；b. 土方开挖工程；c. 模板工程；d. 起重吊装工程；e. 脚手架工程；f. 拆除、爆破工程；g. 国务院建设行政主管部门或者其他有关部门规定的其他危险性较大的工程。

《建设工程安全生产管理条例》第二十六条还规定："对前款所列工程中涉及深基坑、地下暗挖工程、高大模板工程的专项施工方案，施工单位还应当组织专家进行论证、审查"。

（2）安全施工技术交底

《建设工程安全生产管理条例》第二十七条规定："建设工程施工前，施工单位负责项目管理的技术人员应当对有关安全施工的技术要求向施工作业班组、作业人员作出详细说明，并由双方签字确认"。依据 2006 年 12 月 1 日实施的《建设工程项目管理规范》规定，安全技术交底应符合下列规定：

①工程开工前,项目经理部的技术负责人应向有关人员进行安全技术交底;

②结构复杂的分部分项工程实施之前,项目经理部的技术负责人应进行安全技术交底;

③项目经理部应保存安全技术交底记录。

(3)施工现场安全警示标志的设置

《建设工程安全生产管理条例》第二十八条第一款规定:"施工单位应当在施工现场入口处、施工起重机械、临时用电设施、脚手架、出入通道口、楼梯口、电梯井口、孔洞口、桥梁口、隧道口、基坑边沿、爆破物及有害危险气体和液体存放处等危险部位,设置明显的安全警示标志。安全警示标志必须符合国家标准"。

(4)施工现场的安全防护

《建设工程施工现场管理规定》第二十七条作出了一般性的规定:"建设单位或者施工单位应当做好施工现场安全保卫工作,采取必要的防盗措施,在现场周边设立围护设施。施工现场在市区的,周围应当设置遮栏围栏,临街的脚手架也应当设置相应的围护设施。非施工人员不得擅自进入施工现场"。

如果由于监理工程师指令有误而导致施工现场停止施工,产生的费用就要由建设单位承担。也就是说,施工单位可以就此向建设单位索赔,而不是直接向监理单位索赔。

(5)施工现场的布置应当符合安全和文明施工要求

《建设工程安全生产管理条例》第二十九条规定:"施工单位应当将施工现场的办公、生活区与作业区分开设置,并保持安全距离;办公、生活区的选址应当符合安全性要求。职工的膳食、饮水、休息场所等应当符合卫生标准。施工单位不得在尚未竣工的建筑物内设置员工集体宿舍"。

同时,《建设工程安全生产管理条例》第二十九条还规定,"施工现场临时搭建的建筑物应当符合安全使用要求。施工现场使用的装配式活动房屋应当具有产品合格证"。临时建筑物一般包括施工现场的办公用房、宿舍、食堂、仓库、卫生间等。这些设施虽然是临时搭建的,但由于直接用于现场工作人员的生产生活,因此必须符合安全使用要求。

(6)对周边环境采取防护措施

工程建设不能以牺牲环境为代价,施工单位在进行施工时必须要采取措施减少对周边环境的不良影响。

《建设工程安全生产管理条例》第三十条规定:"施工单位对因建设工程施工可能造成损害的毗邻建筑物、构筑物和地下管线等,应当采取专项防护措施。施工单位应当遵守有关环境保护法律、法规的规定,在施工现场采取措施,防止或者减少粉尘、废气、废水、固体废物、噪声、振动和施工照明对人和环境的危害和污染。在城市市区内的建设工程,施工单位应当对施工现场实行封闭围挡"。

《建设工程施工现场管理规定》第三十二条规定:"施工单位应当采取下列防止环境污染的措施:

①妥善处理泥浆水,未经处理不得直接排入城市排水设施和河流;

②除设有符合规定的装置外,不得在施工现场熔融沥青或者焚浇油毡、油漆以及其他会产生有毒有害烟尘和恶臭气体的物质;

③使用密封式的圈筒或者采取其他措施处理高空废弃物;

④采取有效措施控制施工过程中的扬尘；

⑤禁止将有毒有害废弃物用作土方回填；

⑥对产生噪声、振动的施工机械，应采取有效控制措施，减轻噪声扰民”。

(7)施工现场的消防安全措施

《建设工程安全生产管理条例》第三十一条规定："施工单位应当在施工现场建立消防安全责任制度，确定消防安全责任人，制定用火、用电、使用易燃易爆材料等各项消防安全管理制度和操作规程，设置消防通道、消防水源，配备消防设施和灭火器材，并在施工现场入口处设置明显标志”。

(8)安全防护设备管理

《建设工程安全生产管理条例》第三十四条规定："施工单位采购、租赁的安全防护用具、机械设备、施工机具及配件，应当具有生产(制造)许可证、产品合格证，并在进入施工现场前进行查验”。

(9)起重机械设备管理

《建设工程安全生产管理条例》第三十五条规定："施工单位在使用施工起重机械和整体提升脚手架、模板等自升式架设设施前，应当组织有关单位进行验收，也可以委托具有相应资质的检验检测机构进行验收；使用承租的机械设备和施工机具及配件的，由施工总承包单位、分包单位、出租单位和安装单位共同进行验收。验收合格的方可使用。

《特种设备安全监察条例》规定的施工起重机械，在验收前应当经有相应资质的检验检测机构监督检验合格。

施工单位应当自施工起重机械和整体提升脚手架、模板等自升式架设设施验收合格之日起30日内，向建设行政主管部门或者其他有关部门登记。登记标志应当置于或者附着于该设备的显著位置”。

依据《特种设备安全监察条例》第二条，作为特种设备的施工起重机械指的是“涉及生命安全、危险性较大的”起重机械。

(10)办理意外伤害保险

《建设工程安全生产管理条例》第三十八条规定："施工单位应当为施工现场从事危险作业的人员办理意外伤害保险。意外伤害保险费由施工单位支付。实行施工总承包的，由总承包单位支付意外伤害保险费。意外伤害保险期限自建设工程开工之日起至竣工验收合格止。”

根据这个条款，分包单位的从事危险作业人员的意外伤害保险的保险费是由总承包单位支付的。

4. 建设工程安全生产管理的基本制度

《建设工程安全生产管理条例》依据《建筑法》和《安全生产法》的规定，进一步明确了建设工程安全生产管理基本制度。

(1)安全生产责任制度

安全生产责任制度是建筑生产中最基本的安全管理制度，是所有安全规章制度的核心。安全生产责任制度是指将各种不同的安全责任落实到负责有安全管理责任的人员和具体岗位人员身上的一种制度。这一制度是“安全第一、预防为主”方针的具体体现，是建筑安全生产的基本制度。在建筑活动中,只有明确安全责任,分工负责,才能形成完整有效的安全管理体系,激发每个人的安全责任感,严格执行建筑工程安全的法律、法规和安全规程、技术规范,防患于未然,减少和杜绝建筑工程事故,为建筑工程的生产创造出一个良好的环境。

(2)群防群治制度

群防群治制度是职工群众进行预防和治理安全的一种制度。这一制度也是“安全第一、预防为主”的具体体现;同时也是群众路线在安全工作中的具体体现,是企业进行民主管理的重要内容。这一制度要求建筑企业职工在施工中应当遵守有关生产的法律、法规和建筑行业安全规章、规程,不得违章作业;对于危及生命安全和身体健康的行为有权提出批评、检举和控告。

(3)安全生产教育培训制度

安全生产教育培训制度是对职工进行安全教育培训,提高安全意识,增加安全知识和技能的制度。安全生产,人人有责。只有通过对广大职工进行安全教育、培训,才能使广大职工真正认识到安全生产的重要性、必要性,才能使广大职工掌握更多、更有效的安全生产的科学技术知识,牢固树立安全第一的思想,自觉遵守各项安全生产和规章制度。分析许多安全事故,一个重要的原因就是有关人员安全意识不强,安全技能不够,这些都是没有做好安全教育培训工作的后果。

(4)安全生产检查制度

安全生产检查制度是上级管理部门或企业自身对安全生产状况进行定期或不定期检查的制度。通过检查可以发现问题,查出隐患,从而采取有效措施,堵塞漏洞,把事故消灭在发生之前,做到防患于未然,是“预防为主”的具体体现。通过检查,还可总结出好的经验加以推广,为进一步做好安全工作打下基础。由此可见,安全检查制度是安全生产的保障。

(5)伤亡事故处理报告制度

施工中发生事故时,应当采取紧急措施减少人员伤亡和事故损失,并按照国家有关规定及时向有关部门报告的制度。事故处理必须遵循一定的程序,做到“三不放过”(事故原因不清不放过、事故责任者和群众没有受到教育不放过、没有防范措施不放过)。通过对事故的严格处理,可以总结出教训,为制定规程、规章提供第一手素材,做到亡羊补牢。

(6)安全责任追究制度

建设单位、设计单位、施工单位、监理单位,由于没有履行职责造成人员伤亡和事故损失的,视情节给予相应处理;情节严重的,责令停业整顿,降低资质等级或吊销资质证书;构成犯罪的,依法追究刑事责任。

二、《生产安全事故报告和调查处理条例》

《生产安全事故报告和调查处理条例》(以下简称《条例》)于2007年3月28日国务院第一百七十二次常务会议通过,自2007年6月1日起施行。

生产安全事故的报告和调查处理,是安全生产工作的重要环节。《条例》的颁布既是贯彻落实“三个代表”重要思想、科学发展观,坚持安全发展指导原则的法律体现,又是落实依法治国基本方略和依法治安、重典治乱的重大举措。《条例》涵盖了生产安全事故报告和调查处理工作的原则、制度、机制、程序和法律责任等重大问题,并作出了相应的法律规定,实现了事故报告和处理工作的法律化、制度化、规范化。《条例》的实施对于打击安全生产领域违法行为，保障人民群众生命财产安全发挥了重大作用。

1. 适用范围

《条例》的适用范围对于确定其适用的法律问题、法律关系主体、事故种类至关重要。《条例》的适用范围既要体现各行各业的事故报告和调查处理工作的一般规律，又要兼顾某些行业和领域的事故报告和调查处理工作的特殊性。为此，《条例》从以下 5 个方面对其适用范围作出了规定：

(1)普遍适用。《条例》第二条规定："生产经营活动中发生的造成人身伤亡或者直接经济损失的事故的报告和调查处理，适用本条例"。这样规定确立了《条例》在各类事故报告和调查处理立法中的主法地位，具有普遍约束力。鉴于《条例》是《安全生产法》的配套行政法规，因此其适用的空间范围、主体范围和行为范围与上位法是一致的，即适用于在中华人民共和国领域内的生产经营单位从事生产经营活动中发生的造成人身伤亡或者直接经济损失的事故的报告和调查处理，但排除适用的除外。

(2)衔接适用。《条例》第四十五条规定："特别重大以外事故的报告和调查处理，有关法律、行政法规、国务院另有规定的，依照其规定"。为了体现某些事故的报告和调查处理工作的特殊性，并与相关法律、行政法规相衔接，在保证国家行使对各类特别重大事故调查处理的最高行政权和普遍适用《条例》关于事故报告、调查和处理程序的基本规定的前提下，允许一些特殊行业依照有关法律、行政法规和国务院的特别规定报告和调查处理重大事故、较大事故和一般事故，如水上交通事故、煤矿事故等。这样规定，解决了不同种类事故的报告和调查处理是适用普通法还是适用特别法的问题。

(3)选择适用。《条例》第四十四条第一款规定："没有造成人员伤亡，但是社会影响恶劣的事故，国务院或者有关地方政府认为需要调查处理的，依照本条例的有关规定执行"。在实践中也有一些没有造成人员伤亡或者人员伤亡达不到相应等级，但是社会影响恶劣的事故。这类事故是否需要调查处理，其选择决定权属于国务院和有关地方政府。如果决定调查处理的，由有关政府依照《条例》关于该级政府组织事故调查处理的规定执行。

(4)参照适用。《条例》第四十四条第二款规定："国家机关、事业单位、人民团体发生的事故，参照本条例执行"。各类事故中也有一些发生在国家机关、事业单位和人民团体等社会组织，这些事故发生单位虽不同于生产经营单位，但也会造成人身伤亡、直接经济损失或者恶劣的社会影响，具有危害性和违法性，应当依法报告和调查处理。《条例》关于该类事故参照适用的规定，有利于解决国家机关、事业单位、人民团体发生事故的报告和调查处理无法可依的问题。

(5)排除适用。《条例》第二条规定："环境污染事故、核设施事故、国防科研生产事故的报告和调查处理，不适用本条例"。鉴于上述事故的报告和调查处理非常特殊，并且国家已有相关法律规定，所以《条例》对其作出了排除适用的规定。

2. 事故等级的划分

《条例》规定的事故分级要素有三个，可以单独适用。一是人员伤亡的数量(人身要素)。安全生产和事故调查处理都要以人为本，最大限度地保护从业人员的生命安全。事故危害的最严重后果，就是造成人员死亡、重伤(中毒)。因此，《条例》将人员伤亡的数量列为事故分级的第一要素。二是直接经济损失的数额(经济要素)。事故不仅造成人员伤亡,而且经常造成直接经济损失。要保护国家、企业和人民群众的财产权,必须根据造成直接经济损失的多少来区分事故等级。三是社会影响(社会要素)。有些事故的伤亡人数、直接经济损失数额达不到法定标准,但是具有恶劣的社会影响、政治影响和国际影响,也必须列为特殊事故进行调查处理,这是维护社会稳定的需要。

根据生产安全事故造成的人员伤亡或者直接经济损失,事故分为以下等级:

(1)特别重大事故,是指造成30人以上死亡,或者100人以上重伤(包括急性工业中毒,下同),或者1亿元以上直接经济损失的事故。

(2)重大事故,是指造成10人以上30人以下死亡,或者50人以上100人以下重伤,或者5 000万元以上1亿元以下直接经济损失的事故。

(3)较大事故,是指造成3人以上10人以下死亡,或者10人以上50人以下重伤,或者1 000万元以上5 000万元以下直接经济损失的事故。

(4)一般事故,是指造成3人以下死亡,或者10人以下重伤,或者1 000万元以下直接经济损失的事故。

上述所称的“以上”包括本数,所称的“以下”不包括本数。比如,10人以上30人以下,实际上是指10人至29人;3人以上10人以下,实际上是指3人至9人。这可能与其他法律、行政法规中所称的“以上”、“以下”的含义有所不同。因此,条例专门对此作出了明确解释。

需要说明的是,条例规定的事故分级,包括伤亡人数的标准及相关事故等级的名称,与目前实践中掌握、执行的事故分级可能不完全一致。这是条例对事故等级划分作出的新的统一规定。条例实施后,在事故报告和调查处理工作中,有关部门、事故发生单位等各个方面应当对现有的做法作相应的调整,严格按照条例规定的事故等级划分标准开展事故报告和调查处理工作。

3. 事故报告

1)事故报告主体和报告对象

(1)事故发生单位现场人员:报告本单位负责人,紧急情况可直接报告政府有关职能部门。

(2)事故单位负责人:报告县级以上有关政府职能部门。

(3)有关政府职能部门:按照事故大小上报不同级别政府职能部门,同时报告本级人民政府,并通知同级公安等有关部门。紧急情况可越级上报。

(4)有关地方人民政府:报告上一级人民政府。

2)事故报告程序

(1)事故发生单位向政府职能部门报告。

(2)政府部门报告程序。特别重大事故、重大事故逐级上报至国务院安全生产监督管理部门和负有安全生产监督管理职责的有关部门。较大事故逐级上报至省、自治区、直辖市人民政府安全生产监督管理部门和负有安全生产监督管理职责的有关部门;一般事故上报至设区的市级人民政府安全生产监督管理部门和负有安全生产监督管理职责的有关部门。

(3)越级报告。事故发生单位越级报告:情况紧急时,事故现场有关人员可以直接向事故发生地县级以上人民政府安全生产监督管理部门和负有安全生产监督管理职责的有关部门报告；安监部门和有关部门越级报告：必要时，安全生产监督管理部门和负有安全生产监督管理职责的有关部门可以越级上报事故情况。

（4）事故补报。事故发生之日起30日内（道路交通、火灾事故7日内），伤亡人数发生变化，事故发生单位、安监部门和有关部门应及时补报。

3）事故报告时限

事故发生单位事故报告时限为1h；政府职能部门事故报告时限为每级上报时间不得超过2h。

4）事故报告内容

包括事故发生单位概况；事故发生的时间、地点以及事故现场情况；事故的简要经过；事故已经造成或者可能造成的伤亡人数（包括下落不明的人数）和初步估计的直接经济损失；已经采取的措施；其他应当报告的情况。

5）事故报告原则

及时、准确、完整原则和不得迟报、漏报、谎报、瞒报原则。

4. 事故调查

1）事故调查原则

（1）及时、准确查清事故经过、事故原因和事故损失。

（2）查明事故性质，认定事故责任。

（3）总结事故教训，提出整改措施。

（4）对事故责任者依法追究责任。

2）事故调查权

（1）事故调查工作由政府负责。

（2）按照事故大小，事故调查工作由不同级别政府负责。特别重大事故由国务院直接组织事故调查组或国务院授权有关部门调查；重大事故由省级人民政府直接组织事故调查组或授权或委托有关部门调查；较大事故由设区的市级人民政府直接组织事故调查组或授权或委托有关部门调查；一般事故由县级人民政府直接组织事故调查组或授权或委托有关部门调查。

（3）上级人民政府认为必要，可以调查由下级人民政府负责调查的事故。事故发生之日起30日内（道路交通、火灾事故7日内），事故伤亡人数变化而导致事故等级变化，上级人民政府可以另行组织调查。

（4）特别重大事故以下等级事故，事故发生地与事故发生单位不在同一个县级以上行政区域，由事故发生地人民政府负责调查。

3）事故调查组组成

包括：①人民政府；②安全生产监管部门；③安全生产监管有关部门；④监察机关；⑤公安部门；⑥工会；⑦有关专家；⑧人民检察院。

4）事故调查组成员资格

具备事故调查所需的知识和专长；与被调查事故没有直接利害关系；事故调查组长由负责事故调查的人民政府指定。

5）事故调查组职责

(1)查明事故发生的经过、原因、人员伤亡情况及直接经济损失。

(2)认定事故的性质和事故责任。

(3)提出对事故责任者的处理建议。

(4)总结事故教训,提出防范和整改措施。

(5)提交事故调查报告。

6)事故调查组的权利和义务

(1)向有关单位和个人了解情况、查阅有关文件、资料。

(2)发现涉嫌犯罪的,应及时向司法机关移交有关材料。

(3)可委托有关单位进行技术鉴定。

(4)诚信公正、保守秘密。

(5)不得擅自发布有关事故信息。

7)事故调查时限

(1)自事故发生之日起60日内提交事故调查报告。

(2)特殊情况,提交事故报告可延长,但最长不超过60日。

8)事故调查报告内容

(1)事故发生单位概况。

(2)事故发生经过和事故救援情况。

(3)事故造成的人员伤亡和直接经济损失。

(4)事故发生的原因和事故性质。

(5)事故责任的认定以及对事故责任者的处理建议。

(6)事故防范和整改措施。

事故调查组成员在报告上签字,事故调查报告报送负责事故调查的人民政府。

5. 事故处理

(1)事故批复主体

即负责事故调查的人民政府。

(2)事故批复时限

特大重大事故自收到事故调查报告之日起30日内做出批复(最多延长30日);其他事故自收到事故调查报告之日起15日内做出批复。

(3)事故批复落实

依权限和程序,对有关责任人员进行相关处罚;事故发生单位落实整改措施,并接受工会及职工监督;安全生产监管部门和有关部门对整改情况监督检查。

(4)事故处理情况公布

负责事故调查的人民政府或授权有关部门向社会公布事故处理情况。

三、《安全生产许可证条例》

2004年1月13日温家宝总理签发国务院第397号令,公布施行了《安全生产许可证条例》。《安全生产许可证条例》是我国第一部对煤矿企业、非煤矿矿山企业、建筑施工企业和危险化学品、烟花爆竹、民用爆破器材生产企业实施安全生产行政许可的行政法规。

1. 安全生产许可制度的适用范围

《安全生产许可证条例》的适用范围包括空间范围、时间范围和主体及其行为范围。

1）空间的范围

《安全生产许可证条例》的适用范围涵盖了在我国国家主权所及范围内从事矿产资源开发、建筑施工和危险化学品、烟花爆竹、民用爆破器材生产等活动。这里需要指出的是，除了在我国领土、领空范围内从事上述活动的企业以外，领水的范围既包括我国的内陆水域，又包括领海海域和其他海域，既包括领海毗连区，又包括200mmile海洋专属经济区。在我国海域从事矿产资源尤其是石油、天然气等矿产资源开发的生产活动比较多，有关中国企业和中外合资、合作企业的安全生产活动，应当受《安全生产许可证条例》的调整，应当依法申请领取安全生产许可证。

2）时间的范围

依照国务院令第397号令的决定，《安全生产许可证条例》自公布之日起施行。《安全生产许可证条例》在对其公布施行前的矿山企业、建筑施工企业和危险化学品、烟花爆竹、民用爆破器材生产企业是否适用的问题上，作出了特殊的规定。《安全生产许可证条例》第二十二条规定："本条例施行前已经进行生产的企业，应当自本条例施行之日起1年内，依照本条例的规定向安全生产颁发管理机关申请办理安全生产许可证；逾期不办理安全生产许可证，或者经审查不符合本条例规定的安全生产条件，未取得安全生产许可证，继续进行生产的，依照本条例第十九条的规定处罚"。该条规定说明《安全生产许可证条例》对其生效之前的企业，也是适用的。

3）主体及其行为范围

《安全生产许可证条例》对人的效力范围包括从事矿产资源开发、建筑施工和危险化学品、烟花爆竹、民用爆破器材生产等活动的自然人，又包括法人和非企业法人单位。凡是在中华人民共和国领域内从事矿产资源开发、建筑施工和危险化学品、烟花爆竹、民用爆破器材生产等活动的所有企业法人、非企业法人单位和中国人、外籍人、无国籍人，不论其是否领取安全生产许可证，不论其所有制性质和生产方式如何，都要遵守《安全生产许可证条例》的各项规定。

2. 安全生产许可证取得条件

（1）建立、健全安全生产责任制，制定完备的安全生产规章制度和操作规程。

（2）安全投入符合安全生产要求。

（3）设置安全生产管理机构，配备专职安全生产管理人员。

（4）主要负责人和安全生产管理人员经考核合格。

（5）特种作业人员经有关业务主管部门考核合格，取得特种作业操作资格证书。

（6）从业人员经安全生产教育和培训合格。

（7）依法参加工伤保险，为从业人员缴纳保险费。

（8）厂房、作业场所和安全设施、设备、工艺符合有关安全生产法律、法规、标准和规程的要求。

（9）有职业危害防治措施，并为从业人员配备符合国家标准或者行业标准的劳动防护用品。

(10)依法进行安全评价。

(11)有重大危险源检测、评估、监控措施和应急预案。

(12)有生产安全事故应急救援预案、应急救援组织或者应急救援人员,配备必要的应急救援器材、设备。

(13)法律、法规规定的其他条件。

从法律规范的确定性看,《安全生产许可证条例》第六条规定的十三项安全生产条件中能够直接适用的是前十二项,第十三项关于"法律、法规规定的其他条件"的规定,严格地说不是一项具体的安全生产条件,而是一项准用性规定。它可以将分散于相关法律、法规中的有关法律规范联结为一体,更具有可操作性,更能够体现特殊性。

《安全生产许可证条例》第六条第十三项关于"法律、法规规定的其他条件"的规定,是指有关法律、行政法规对高危生产企业的安全生产条件另有规定的,应当从其规定。应当注意的是,"法律、法规规定的其他条件"并不只限于法律、行政法规的直接规定,还包括法律、行政法规规定必须具备的国家标准或者行业标准、安全规程和行业技术规范中设定的安全生产条件。

3.安全生产许可证的管理

1)安全生产许可证的申请

中央管理的建筑施工企业(集团公司、总公司)应当向国务院建设主管部门申请领取安全生产许可证。其他建筑施工企业,包括中央管理的建筑施工企业(集团公司、总公司)下属的建筑施工企业,应当向企业注册所在地省、自治区、直辖市人民政府建设主管部门申请领取安全生产许可证。

依据《建筑施工企业安全生产许可证管理规定》第六条,建筑施工企业申请安全生产许可证时,应当向建设主管部门提供下列材料:

(1)建筑施工企业安全生产许可证申请表。

(2)企业法人营业执照。

(3)与申请安全生产许可证应当具备的安全生产条件相关的文件、材料。

2)安全生产许可证的有效期

根据《安全产生产许可证条例》第九条规定:"安全生产许可证的有效期为3年。安全生产许可证有效期满需要延期的,企业应当于期满前3个月向原安全生产许可证颁发管理机关办理延期手续。企业在安全生产许可证有效期内,严格遵守有关安全生产的法律法规,未发生死亡事故的,安全生产许可证有效期届满时,经原安全生产许可证颁发管理机关同意,不再审查,安全生产许可证有效期延期3年"。

3)安全生产许可证的变更与注销

建筑施工企业变更名称、地址、法定代表人等,应当在变更后10日内,到原安全生产许可证颁发管理机关办理安全生产许可证变更手续。

建筑施工企业破产、倒闭、撤销的,应当将安全生产许可证交回原安全生产许可证颁发管理机关予以注销。

建筑施工企业遗失安全生产许可证,应当立即向原安全生产许可证颁发管理机关报告,并在公众媒体上声明作废后,方可申请补办。

4)安全生产许可证的管理

根据《安全生产许可证条例》和《建筑施工企业安全生产许可证管理规定》，建筑施工企业应当遵守如下强制性规定：

(1)未取得安全生产许可证的，不得从事建筑施工活动。建设主管部门在审核发放施工许可证时，应当对已经确定的建筑施工企业是否有安全生产许可证进行审查，对没有取得安全生产许可证的，不得颁发施工许可证。

(2)企业不得转让、冒用安全生产许可证或者使用伪造的安全生产许可证。

(3)企业取得安全生产许可证后，不得降低安全生产条件，并应当加强日常安全生产管理，接受安全生产许可证颁发管理机大的监督检查。

四、《特种设备安全监察条例》

《特种设备安全监察条例》于2003年3月11日中华人民共和国国务院令第373号公布，2009年1月24日修订，于2009年5月1日正式施行。

《特种设备安全监察条例》(以下简称《条例》)是一部关于我国特种设备安全监督管理的专门法规。《条例》规划了“企业全面负责，部门依法监管，检验技术把关，政府督促协调，社会广泛监督”的特种设备安全工作新格局，确立了行政许可和监督检查两大基本制度，使我国特种设备安全监察工作步入了法制化管理轨道，并进入了创新发展阶段，是特种设备安全监察工作的里程碑。《条例》的颁布实施对于加强特种设备的安全管理，防止和减少事故，保障人民群众生命和财产安全发挥了重要作用。与公路水运工程安全生产相关的主要内容有：

(1)特种设备的使用单位应当建立健全特种设备安全管理制度和岗位安全责任制度。特种设备使用单位的主要负责人应当对本单位特种设备的安全全面负责。

(2)特种设备的使用单位应当保证必要的安全和节能投入。

(3)特种设备使用单位，应当严格执行本条例和有关安全生产的法律、行政法规的规定，保证特种设备的安全使用。

(4)特种设备使用单位应当使用符合安全技术规范要求的特种设备。特种设备投入使用前，使用单位应当核对其是否附有安全技术规范要求的设计文件、产品质量合格证明、安装及使用维修说明、监督检验证明等文件。

(5)特种设备使用单位应当建立特种设备安全技术档案。安全技术档案应当包括以下内容：

①特种设备的设计文件、制造单位、产品质量合格证明、使用维护说明等文件以及安装技术文件和资料；

②特种设备的定期检验和定期自行检查的记录；

③特种设备的日常使用状况记录；

④特种设备及其安全附件、安全保护装置、测量调控装置及有关附属仪器仪表的日常维护保养记录；

⑤特种设备运行故障和事故记录；

⑥高耗能特种设备的能效测试报告、能耗状况记录以及节能改造技术资料。

(6)特种设备使用单位应当对在用特种设备进行经常性日常维护保养，并定期自行检查。特种设备使用单位对在用特种设备应当至少每月进行一次自行检查，并作出记录。特种设备使用单位在对在用特种设备进行自行检查和日常维护保养时发现异常情况的,应当及时处理。特种设备使用单位应当对在用特种设备的安全附件、安全保护装置、测量调控装置及有关附属仪器仪表进行定期校验、检修,并作出记录。

(7)特种设备使用单位应当按照安全技术规范的定期检验要求,在安全检验合格有效期届满前1个月向特种设备检验检测机构提出定期检验要求。检验检测机构接到定期检验要求后,应当按照安全技术规范的要求及时进行安全性能检验和能效测试。未经定期检验或者检验不合格的特种设备,不得继续使用。

(8)特种设备出现故障或者发生异常情况,使用单位应当对其进行全面检查,消除事故隐患后,方可重新投入使用。特种设备不符合能效指标的,特种设备使用单位应当采取相应措施进行整改。特种设备存在严重事故隐患,无改造、维修价值,或者超过安全技术规范规定使用年限,特种设备使用单位应当及时予以报废,并应当向原登记的特种设备安全监督管理部门办理注销。

(9)特种设备的安全管理人员应当对特种设备使用状况进行经常性检查,发现问题的应当立即处理;情况紧急时,可以决定停止使用特种设备并及时报告本单位有关负责人。

(10)锅炉、压力容器、电梯、起重机械、客运索道、大型游乐设施、场(厂)内专用机动车辆的作业人员及其相关管理人员(以下统称特种设备作业人员),应当按照国家有关规定经特种设备安全监督管理部门考核合格,取得国家统一格式的特种作业人员证书,方可从事相应的作业或者管理工作。特种设备使用单位应当对特种设备作业人员进行特种设备安全、节能教育和培训,保证特种设备作业人员具备必要的特种设备安全、节能知识。特种设备作业人员在作业中应当严格执行特种设备的操作规程和有关的安全规章制度。特种设备作业人员在作业过程中发现事故隐患或者其他不安全因素,应当立即向现场安全管理人员和单位有关负责人报告。

五、《国务院关于特大安全事故行政责任追究的规定》

《国务院关于特大安全事故行政责任追究的规定》于2001年4月21日由国务院公布,自公布之日起施行。它是我国第一部专门规范各级人民政府和有关部门安全事故行政责任追究的行政法规。这部行政法规的核心,是建立了事故行政责任追究法律制度,把特大事故责任追究纳入法制化轨道,使之有法可依,是安全生产立法的重大突破。《国务院关于特大安全事故责任追究规定》是在认真分析我国的安全生产现状,深刻反思近几年重特大事故惨痛教训的基础上出台的,具有很强的针对性。特大事故行政责任追究规定的实施,规范了各级人民政府和有关部门领导的安全生产行为,增强了安全生产的责任感和使命感,促进了安全生产法制建设,为推动全国安全生产形势的根本好转发挥了不可替代的、重大的作用。

1. 制定本规定的主要目的以及特大安全事故的类别

(1)制定本规定的主要目的

为了有效地防范特大安全事故的发生,严肃追究特大安全事故的行政责任,保障人民群众生命、财产安全,制定本规定。

(2)特大安全事故的类别

地方人民政府主要领导人和政府有关部门正职负责人对下列特大安全事故的防范、发生,依照法律、行政法规和本规定的规定有失职、渎职情形或者负有领导责任的，依照本规定给予行政处分；构成玩忽职守罪或者其他罪的，依法追究刑事责任：特大火灾事故；特大交通安全事故；特大建筑质量安全事故；民用爆炸物品和化学危险品特大安全事故；煤矿和其他矿山特大安全事故；锅炉、压力容器、压力管道和特种设备特大安全事故；其他特大安全事故。

2.地方各级政府和政府有关部门防范特大安全事故的职责

(1)地方各级政府和政府有关部门防范特大安全事故的一般性职责

地方各级人民政府及政府有关部门应当依照有关规定，采取行政措施，对本地区实施安全监督管理，对本地区或者职责范围内防范特大安全事故的发生、特大安全事故发生后的迅速和妥善处理负责；应当组织有关部门按照职责分工对本地区容易发生特大安全事故的单位、设施和场所安全事故的防范明确责任、采取措施，并组织有关部门对上述单位、设施和场所进行严格检查；必须制订本地区特大安全事故应急处理预案。本地区特大安全事故应急处理预案经政府主要领导人签署后，报上一级人民政府备案。

(2)市(地、州)、县(市、区)人民政府的职责

市(地、州)、县(市、区)人民政府应当组织有关部门对本规定所列各类特大安全事故的隐患进行查处；发现特大安全事故隐患的，责令立即排除；特大安全事故隐患排除前或者排除过程中，无法保证安全的，责令暂时停产、停业或者停止使用。

市(地、州)、县(市、区)人民政府及其有关部门对本地区存在的特大安全事故隐患，超出其管辖或者职责范围的，应当立即向有管辖权或者负有职责的上级人民政府或者政府有关部门报告；情况紧急的，可以立即采取包括责令暂时停产、停业在内的紧急措施，同时报告；有关上级人民政府或者政府有关部门接到报告后，应当立即组织查处。

3.在发生特大事故后，有关方面应采取的措施以及对有关事故责任人的处罚

1)在发生特大事故后，有关方面应采取的措施

(1)上报事故情况

特大安全事故发生后，有关地区人民政府及政府有关部门应当按照国家规定的程序和时限立即上报，不得隐瞒不报、谎报或者拖延报告。

(2)协助事故调查

特大安全事故发生后，有关地区人民政府及政府有关部门应当配合、协助事故调查，不得以任何方式阻碍、干涉事故调查。

(3)组织救助

特大安全事故发生后，有关地方人民政府应当迅速组织救助，有关部门应当服从指挥、调度，参加或者配合救助，将事故损失降到最低限度；省(自治区、直辖市)人民政府应当按照国家有关规定迅速、如实发布事故消息；按照国家有关规定组织调查组对事故进行调查。事故调查工作应当在规定期限内完成，并由调查组提出调查报告。调查报告应当包括依照本规定对有关责任人员追究行政责任或者其他法律责任的意见。省(自治区、直辖市)人民政府应当自调查报告提交之日起30日内，对有关责任人员作出处理决定；必要时，国务院可以对特大安全事故的有关责任人员作出处理决定。

2)重大事故的责任人应受到的行政处罚和应承担的刑事责任

(1)安全生产事项负责行政审批的政府部门或者机构的责任人的法律责任

依法对涉及安全生产事项负责行政审批(包括批准、核准、许可、注册、认证、颁发证照、竣工验收等,下同)的政府部门或者机构,必须严格依照法律、法规和规章规定的安全条件和程序进行审查;不符合法律、法规和规章规定的安全条件的,不得批准;弄虚作假,骗取批准或者勾结串通行政审批工作人员取得批准的,负责行政审批的政府部门或者机构除必须立即撤销原批准外,应当对弄虚作假骗取批准或者勾结串通行政审批工作人员的当事人依法给予行政处罚;构成行贿罪或者其他罪的,依法追究刑事责任。负责行政审批的政府部门或者机构对不符合法律、法规和规章规定的安全条件予以批准的,对部门或者机构的正职负责人,根据情节轻重,给予降级、撤职直至开除公职的行政处分;与当事人勾结串通的,应当开除公职;构成受贿罪、玩忽职守罪或者其他罪的,依法追究刑事责任。

(2)市(地、州)、县(市、区)人民政府责任人的法律责任

市(地、州)、县(市、区)人民政府未依照本规定履行职责,本地区发生特大安全事故的,对政府主要领导人,根据情节轻重,给予降级或者撤职的行政处分;构成玩忽职守罪的,依法追究刑事责任。负责行政审批的政府部门或者机构、负责安全监督管理的政府有关部门,未依照本规定履行职责,发生特大安全事故的,对部门或者机构的正职负责人,根据情节轻重,给予撤职或者开除公职的行政处分;构成玩忽职守罪或者其他罪的,依法追究刑事责任。

(3)发生社会影响特别恶劣的特大安全事故时,对负有领导责任的人员的行政处罚

发生特大安全事故,社会影响特别恶劣或者性质特别严重的,由国务院对负有领导责任的省长(自治区主席、直辖市市长)和国务院有关部门正职负责人给予行政处分。

地方人民政府或者政府部门阻挠、干涉对特大安全事故有关责任人员追究行政责任的,对该地方人民政府主要领导人或者政府部门正职负责人,根据情节轻重,给予降级或者撤职的行政处分。

(4)任何单位和个人均有举报权

任何单位和个人均有权向有关地方人民政府或者政府部门报告特大安全事故隐患,有权向上级人民政府或者政府部门举报地方人民政府或者政府部门不履行安全监督管理职责或者不按照规定履行职责的情况。接到报告或者举报的有关人民政府或者政府部门,应当立即组织对事故隐患进行查处,或者对举报的不履行、不按照规定履行安全监督管理职责的情况进行调查处理。

六、《内河交通安全管理条例》

《内河交通安全管理条例》(以下简称本《条例》),1986 年 12 月 16 日国务院颁布,2002 年 6 月 8 日国务院令 355 号修正,2002 年 8 月 1 日正式实施。本《条例》共十一章九十五条,为内河水上交通安全管理的基本法规。内河水运工程施工必须遵守本《条例》,涉及的主要内容有:

1. 船舶航行必须具备的条件

(1)经海事管理机构认可的船舶检验机构依法检验并持有合格的船舶检验证书。

(2)经海事管理机构依法登记并持有船舶登记证书。

(3)配备符合国务院交通主管部门规定的船员。

(4)配备必要的航行资料。

2. 浮动设施从事有关活动必须具备的条件

(1)经海事管理机构认可的船舶检验机构依法检验并持有合格的检验证书。

(2)经海事管理机构依法登记并持有登记证书。

(3)配备符合国务院交通主管部门规定的掌握水上交通安全技能的船员。

3. 船舶、浮动设施的义务

船舶、浮动设施除应具备上述条件外,本《条例》规定还应当:

(1)保持适于安全航行、停泊或者从事有关活动的状态。

(2)船舶、浮动设施的配载和系固符合国家安全技术规范。

4. 船舶、浮动设施的所有人或者经营人的义务

(1)应当加强对船舶、浮动设施的安全管理,建立、健全相应的交通安全管理制度,并对船舶、浮动设施的交通安全负责。

(2)不得聘用无适任证书或者其他适任证件的人员担任船员。

(3)不得指使、强令船员违章操作。

(4)应当根据船舶、浮动设施的技术性能、船员状况、水域和水文气象条件,合理调度船舶或者使用浮动设施。

(5)按国家规定必须取得船舶污染损害责任、沉船打捞责任的保险文书或者财务保证书的船舶,其所有人或者经营人必须取得保险文书或者财务担保证明,并随船携带其副本。

5. 船舶航行应遵守的规定

(1)船舶在内河航行,应当悬挂国旗,标明船名、船籍港、载重线。

(2)按国家规定应当报废的船舶,不得航行。

(3)船舶在内河航行,应当加强瞭望,注意观察,并采用安全航速航行。

(4)船舶航行时,应当谨慎驾驶,保障安全。应按《内河避碰规则》有关规定进行航路的选择,严格按《内河避碰规则》的规定进行避让。

(5)船舶进出内河港口,应当向海事管理机构办理船舶进出港签证手续。

(6)船舶进出港口和通过交通管制区、通航密集区或者航行条件受限制的区域,应当遵守海事管理机构发布的有关通航规定。任何船舶不得擅自进入或者穿越海事管理机构公布的禁航区。

(7)从事货物或者旅客运输的船舶,必须符合船舶强度、稳性、吃水、消防和救生等安全技术要求和国务院交通主管部门规定的载货或者载客条件;任何船舶不得超载运输货物或者旅客。

(8)船舶在内河通航水域载运或者拖带超重、超长、超高、超宽、半潜的物体,必须在装船或者拖带前24h报海事管理机构核定拟航行的航路、时间,并采取必要的安全措施,保障船舶载运或者拖带安全。船舶需要护航的,应当向海事管理机构申请护航。

6. 船舶停泊应遵守的规定

(1)船舶应当在码头、泊位或者依法公布的锚地、停泊区、作业区停泊;遇有紧急情况,需要在其他水域停泊的,应当向海事管理机构报告。

(2)船舶停泊,应当按照规定显示信号,不得妨碍或者危及其他船舶航行、停泊或者作业的安全。

(3)船舶停泊,应当留有足以保证船舶安全的船员值班。

7. 遇险船舶、浮动设施的救助义务责任

(1)船舶、浮动设施遇险,应当采取一切措施自救。

(2)船舶、浮动设施发生碰撞事故,任何一方应当在不危及自身安全的情况下,积极救助遇险的他方,不得逃逸。

(3)船舶、浮动设施遇险,必须迅速将遇险的时间、地点、遇险状况、遇险原因、救助要求,向遇险地海事管理机构以及船舶、浮动设施所有人、经营人报告。

(4)必须服从海事管理机构的统一调度和指挥。

七、《国务院关于进一步加强企业安全生产工作的通知》

近年来,全国生产安全事故逐年下降,安全生产状况总体稳定、趋于好转,但形势依然十分严峻,事故总量仍然很大,非法违法生产现象严重,重特大事故多发频发,给人民群众生命财产安全造成重大损失,暴露出一些企业重生产轻安全、安全管理薄弱、主体责任不落实,一些地方和部门安全监管不到位等突出问题。为进一步加强安全生产工作,全面提高企业安全生产水平,国务院于2010年7月19日颁发了《国务院关于进一步加强企业安全生产工作的通知》(以下简称《通知》)。《通知》是继2004年《国务院关于进一步加强安全生产工作的决定》之后,国务院在加强安全生产工作方面的又一重大举措,充分体现了党中央、国务院对安全生产工作的高度重视。《通知》进一步明确了现阶段安全生产工作的总体要求和目标任务,提出了新形势下加强安全生产工作的一系列政策措施,涵盖企业安全管理、技术保障、产业升级、应急救援、安全监管、安全准入、指导协调、考核监督和责任追究等多个方面,是指导全国安全生产工作的纲领性文件。《通知》共九部分、三十二条,体现了党中央、国务院关于加强安全生产工作的重要决策部署和一系列指示精神,体现了"安全发展,预防为主"的原则要求和安全生产工作标本兼治、重在治本,重心下移、关口前移的总体思路。

1. 总体要求

《通知》提出了"三个坚持"的工作要求。

(1)坚持以人为本,牢固树立安全发展的理念,切实转变经济发展方式,把经济发展建立在安全生产有可靠保障的基础上。

(2)坚持"安全第一、预防为主、综合治理"的方针,从管理、制度、标准和技术等方面,全面加强企业安全管理。

(3)坚持依法依规生产经营,集中整治非法违法行为,强化责任落实和责任追究。这"三个坚持"是指导和推动加强企业安全生产工作的总体要求,必须贯穿安全生产工作的全过程。

《通知》提出的主要任务是紧紧抓住重特大事故多发的8个重点行业领域。煤矿、非煤矿山、交通运输、建筑施工、危险化学品、烟花爆竹、民用爆炸物品、冶金8个行业领域,事故易发、多发、频发,重特大事故集中、长期以来尚未得到切实有效遏制。当前和今后一个时期,必须从这8个重点行业领域入手,紧紧抓住不放,落实企业安全生产主体责任,强化企业安全管理;落实政府和部门的安全监管责任,推动提升企业安全生产水平。

2. 严格企业安全管理

进一步规范企业生产经营行为。企业要健全完善严格的安全生产规章制度,坚持不安全不生产。加强对生产现场监督检查，严格查处违章指挥、违规作业、违反劳动纪律的“三违”行为。凡超能力、超强度、超定员组织生产的，要责令停产停工整顿，并对企业和企业主要负责人依法给予规定上限的经济处罚。对以整合、技改名义违规组织生产，以及规定期限内未实施改造或故意拖延工期的矿井，由地方政府依法予以关闭。要加强对境外中资企业安全生产工作的指导和管理，严格落实境内投资主体和派出企业的安全生产监督责任。

及时排查治理安全隐患。企业要经常性开展安全隐患排查，并切实做到整改措施、责任、资金、时限和预案“五到位”。建立以安全生产专业人员为主导的隐患整改效果评价制度，确保整改到位。对隐患整改不力造成事故的，要依法追究企业和企业相关负责人的责任。对停产整改逾期未完成的不得复产。

强化生产过程管理的领导责任。企业主要负责人和领导班子成员要轮流现场带班。煤矿、非煤矿山要有矿领导带班并与工人同时下井、同时升井，对无企业负责人带班下井或该带班而未带班的，对有关责任人按擅离职守处理，同时给予规定上限的经济处罚。发生事故而没有领导现场带班的，对企业给予规定上限的经济处罚，并依法从重追究企业主要负责人的责任。

强化职工安全培训。企业主要负责人和安全生产管理人员、特殊工种人员一律严格考核，按国家有关规定持职业资格证书上岗；职工必须全部经过培训合格后上岗。企业用工要严格依照劳动合同法与职工签订劳动合同。凡存在不经培训上岗、无证上岗的企业，依法停产整顿。没有对井下作业人员进行安全培训教育，或存在特种作业人员无证上岗的企业，情节严重的要依法予以关闭。

全面开展安全达标。深入开展以岗位达标、专业达标和企业达标为内容的安全生产标准化建设，凡在规定时间内未实现达标的企业要依法暂扣其生产许可证、安全生产许可证，责令停产整顿；对整改逾期未达标的，地方政府要依法予以关闭。

3. 建设坚实的技术保障体系

加强企业生产技术管理。强化企业技术管理机构的安全职能，按规定配备安全技术人员，切实落实企业负责人安全生产技术管理负责制，强化企业主要技术负责人技术决策和指挥权。因安全生产技术问题不解决产生重大隐患的，要对企业主要负责人、主要技术负责人和有关人员给予处罚；发生事故的，依法追究责任。

强制推行先进适用的技术装备。煤矿、非煤矿山要制订和实施生产技术装备标准，安装监测监控系统、井下人员定位系统、紧急避险系统、压风自救系统、供水施救系统和通信联络系统等技术装备，并于3年之内完成。逾期未安装的，依法暂扣安全生产许可证、生产许可证。运输危险化学品、烟花爆竹、民用爆炸物品的道路专用车辆，旅游包车和三类以上的班线客车要安装使用具有行驶记录功能的卫星定位装置，于2年之内全部完成；鼓励有条件的渔船安装防撞自动识别系统，在大型尾矿库安装全过程在线监控系统，大型起重机械要安装安全监控管理系统；积极推进信息化建设，努力提高企业安全防护水平。

加快安全生产技术研发。企业在年度财务预算中必须确定必要的安全投入。国家鼓励企业开展安全科技研发，加快安全生产关键技术装备的换代升级。进一步落实《国家中长期科学和技术发展规划纲要(2006～2020年)》等，加大对高危行业安全技术、装备、工艺和产品研发的支持力度，引导高危行业提高机械化、自动化生产水平，合理确定生产一线用工。“十二五”期间要继续组织研发一批提升我国重点行业领域安全生产保障能力的关键技术和装备项目。

4. 实施更加有力的监督管理

进一步加大安全监管力度。强化安全生产监管部门对安全生产的综合监管，全面落实公安、交通、国土资源、建设、工商、质检等部门的安全生产监督管理及工业主管部门的安全生产指导职责，形成安全生产综合监管与行业监管指导相结合的工作机制，加强协作，形成合力。在各级政府统一领导下，严厉打击非法违法生产、经营、建设等影响安全生产的行为，安全生产综合监管和行业管理部门要会同司法机关联合执法，以强有力措施查处、取缔非法企业。对重大安全隐患治理实行逐级挂牌督办、公告制度，重大隐患治理由省级安全生产监管部门或行业主管部门挂牌督办，国家相关部门加强督促检查。对拒不执行监管监察指令的企业，要依法依规从重处罚。进一步加强监管力量建设，提高监管人员专业素质和技术装备水平，强化基层站点监管能力，加强对企业安全生产的现场监管和技术指导。

强化企业安全生产属地管理。安全生产监管监察部门、负有安全生产监管职责的有关部门和行业管理部门要按职责分工，对当地企业包括中央、省属企业实行严格的安全生产监督检查和管理，组织对企业安全生产状况进行安全标准化分级考核评价，评价结果向社会公开，并向银行业、证券业、保险业、担保业等主管部门通报，作为企业信用评级的重要参考依据。

加强建设项目安全管理。强化项目安全设施核准审批，加强建设项目的日常安全监管，严格落实审批、监管的责任。企业新建、改建、扩建工程项目的安全设施，要包括安全监控设施和防瓦斯等有害气体、防尘、排水、防火、防爆等设施，并与主体工程同时设计、同时施工、同时投入生产和使用。安全设施与建设项目主体工程未做到同时设计的一律不予审批，未做到同时施工的责令立即停止施工，未同时投入使用的不得颁发安全生产许可证，并视情节追究有关单位负责人的责任。严格落实建设、设计、施工、监理、监管等各方安全责任。对项目建设生产经营单位存在违法分包、转包等行为的，立即依法停工停产整顿，并追究项目业主、承包方等各方责任。

加强社会监督和舆论监督。要充分发挥工会、共青团、妇联组织的作用，依法维护和落实企业职工对安全生产的参与权与监督权，鼓励职工监督举报各类安全隐患，对举报者予以奖励。有关部门和地方要进一步畅通安全生产的社会监督渠道，设立举报箱，公布举报电话，接受人民群众的公开监督。要发挥新闻媒体的舆论监督，对舆论反映的客观问题要深查原因，切实整改。

5. 建设更加高效的应急救援体系

加快国家安全生产应急救援基地建设。按行业类型和区域分布，依托大型企业，在中央预算内基建投资支持下，先期抓紧建设7个国家矿山应急救援队，配备性能可靠、机动性强的装备和设备，保障必要的运行维护费用。推进公路交通、铁路运输、水上搜救、船舶溢油、油气田、危险化学品等行业（领域）国家救援基地和队伍建设。鼓励和支持各地区、各部门、各行业依托大型企业和专业救援力量，加强服务周边的区域性应急救援能力建设。

建立完善企业安全生产预警机制。企业要建立完善安全生产动态监控及预警预报体系，每月进行一次安全生产风险分析。发现事故征兆要立即发布预警信息，落实防范和应急处置措施。对重大危险源和重大隐患要报当地安全生产监管监察部门、负有安全生产监管职责的有关部门和行业管理部门备案。涉及国家秘密的,按有关规定执行。

完善企业应急预案。企业应急预案要与当地政府应急预案保持衔接,并定期进行演练。赋予企业生产现场带班人员、班组长和调度人员在遇到险情时第一时间下达停产撤人命令的直接决策权和指挥权。因撤离不及时导致人身伤亡事故的,要从重追究相关人员的法律责任。

6. 严格行业安全准入

加快完善安全生产技术标准。各行业管理部门和负有安全生产监管职责的有关部门要根据行业技术进步和产业升级的要求,加快制定修订生产、安全技术标准,制定和实施高危行业从业人员资格标准。对实施许可证管理制度的危险性作业要制定落实专项安全技术作业规程和岗位安全操作规程。

严格安全生产准入前置条件。把符合安全生产标准作为高危行业企业准入的前置条件,实行严格的安全标准核准制度。矿山建设项目和用于生产、储存危险物品的建设项目,应当分别按照国家有关规定进行安全条件论证和安全评价,严把安全生产准入关。凡不符合安全生产条件违规建设的,要立即停止建设,情节严重的由本级人民政府或主管部门实施关闭取缔。降低标准造成隐患的,要追究相关人员和负责人的责任。

发挥安全生产专业服务机构的作用。依托科研院所,结合事业单位改制,推动安全生产评价、技术支持、安全培训、技术改造等服务性机构的规范发展。制定完善安全生产专业服务机构管理办法,保证专业服务机构从业行为的专业性、独立性和客观性。专业服务机构对相关评价、鉴定结论承担法律责任,对违法违规、弄虚作假的,要依法依规从严追究相关人员和机构的法律责任,并降低或取消相关资质。

7. 加强政策引导

制定促进安全技术装备发展的产业政策。要鼓励和引导企业研发、采用先进适用的安全技术和产品,鼓励安全生产适用技术和新装备、新工艺、新标准的推广应用。把安全检测监控、安全避险、安全保护、个人防护、灾害监控、特种安全设施及应急救援等安全生产专用设备的研发制造,作为安全产业加以培育,纳入国家振兴装备制造业的政策支持范畴。大力发展安全装备融资租赁业务,促进高危行业企业加快提升安全装备水平。

加大安全专项投入。切实做好尾矿库治理、扶持煤矿安全技改建设、瓦斯防治和小煤矿整顿关闭等各类中央资金的安排使用,落实地方和企业配套资金。加强对高危行业企业安全生产费用提取和使用管理的监督检查,进一步完善高危行业企业安全生产费用财务管理制度,研究提高安全生产费用提取下限标准,适当扩大适用范围。依法加强道路交通事故社会救助基金制度建设,加快建立完善水上搜救奖励与补偿机制。高危行业企业探索实行全员安全风险抵押金制度。完善落实工伤保险制度,积极稳妥推行安全生产责任保险制度。

提高工伤事故死亡职工一次性赔偿标准。从2011年1月1日起,依照《工伤保险条例》的规定,对因生产安全事故造成的职工死亡,其一次性工亡补助金标准调整为按全国上一年度城镇居民人均可支配收入的20倍计算,发放给工亡职工近亲属;同时,依法确保工亡职工一次性丧葬补助金、供养亲属抚恤金的发放。

鼓励扩大专业技术和技能人才培养。进一步落实完善校企合作办学、对口单招、订单式培养等政策,鼓励高等院校、职业学校逐年扩大采矿、机电、地质、通风、安全等相关专业人才的招生培养规模,加快培养高危行业专业人才和生产一线急需技能型人才。

8. 更加注重经济发展方式转变

制订落实安全生产规划。各地区、各有关部门要把安全生产纳入经济社会发展的总体布局，在制订国家、地区发展规划时，要同步明确安全生产目标和专项规划。企业要把安全生产工作的各项要求落实在企业发展和日常工作之中，在制订企业发展规划和年度生产经营计划中要突出安全生产，确保安全投入和各项安全措施到位。

强制淘汰落后技术产品。不符合有关安全标准、安全性能低下、职业危害严重、危及安全生产的落后技术、工艺和装备要列入国家产业结构调整指导目录，予以强制性淘汰。各省级人民政府也要制订本地区相应的目录和措施，支持有效消除重大安全隐患的技术改造和搬迁项目，遏制安全水平低、保障能力差的项目建设和延续。对存在落后技术装备、构成重大安全隐患的企业，要予以公布，责令限期整改，逾期未整改的依法予以关闭。

加快产业重组步伐。要充分发挥产业政策导向和市场机制的作用，加大对相关高危行业企业重组力度，进一步整合或淘汰浪费资源、安全保障低的落后产能，提高安全基础保障能力。

9. 实行更加严格的考核和责任追究

严格落实安全目标考核。对各地区、各有关部门和企业完成年度生产安全事故控制指标情况进行严格考核，并建立激励约束机制。加大重特大事故的考核权重，发生特别重大生产安全事故的，要根据情节轻重，追究地市级分管领导或主要领导的责任；后果特别严重、影响特别恶劣的，要按规定追究省部级相关领导的责任。加强安全生产基础工作考核，加快推进安全生产长效机制建设，坚决遏制重特大事故的发生。

加大对事故企业负责人的责任追究力度。企业发生重大生产安全责任事故，追究事故企业主要负责人责任；触犯法律的，依法追究事故企业主要负责人或企业实际控制人的法律责任。发生特别重大事故，除追究企业主要负责人和实际控制人责任外，还要追究上级企业主要负责人的责任；触犯法律的，依法追究企业主要负责人、企业实际控制人和上级企业负责人的法律责任。对重大、特别重大生产安全责任事故负有主要责任的企业，其主要负责人终身不得担任本行业企业的矿长（厂长、经理）。对非法违法生产造成人员伤亡的，以及瞒报事故、事故后逃逸等情节特别恶劣的，要依法从重处罚。

加大对事故企业的处罚力度。对于发生重大、特别重大生产安全责任事故或一年内发生2次以上较大生产安全责任事故并负主要责任的企业，以及存在重大隐患整改不力的企业，由省级及以上安全监管监察部门会同有关行业主管部门向社会公告，并向投资、国土资源、建设、银行、证券等主管部门通报，一年内严格限制新增的项目核准、用地审批、证券融资等，并作为银行贷款等的重要参考依据。

对打击非法生产不力的地方实行严格的责任追究。在所辖区域对群众举报、上级督办、日常检查发现的非法生产企业（单位）没有采取有效措施予以查处，致使非法生产企业（单位）存在的，对县（市、区）、乡（镇）人民政府主要领导以及相关责任人，根据情节轻重，给予降级、撤职或者开除的行政处分，涉嫌犯罪的，依法追究刑事责任。国家另有规定的，从其规定。

建立事故查处督办制度。依法严格事故查处，对事故查处实行地方各级安全生产委员会层层挂牌督办，重大事故查处实行国务院安全生产委员会挂牌督办。事故查处结案后，要及时予以公告，接受社会监督。

八、《民用爆破物品安全管理条例》

为了加强对民用爆炸物品的安全管理，预防爆炸事故发生，保障公民生命、财产安全和公共安全，《民用爆破物品安全管理条例》（以下简称《条例》）2006 年 4 月 26 日国务院第一百三十四次常务会议通过，自 2006 年 9 月 1 日起施行。与公路水运工程密切相关的内容主要有：

（1）明确了民用爆炸物品从业单位的安全管理责任。规定：民用爆炸物品从业单位的主要负责人是本单位民用爆炸物品安全管理责任人，对本单位的民用爆炸物品安全管理工作全面负责；民用爆炸物品从业单位应当依法设置治安保卫机构或者配备治安保卫人员，设置技术防范设施，建立安全管理制度、岗位安全责任制度，制定安全防范措施和事故应急预案，设置安全管理机构或者配备专职安全管理人员。同时，还具体明确了民用爆炸物品从业单位在生产、销售、购买、运输、爆破作业各个环节中的安全管理责任。

（2）民用爆炸物品从业单位应当加强对本单位从业人员的安全教育、法制教育和岗位技术培训，从业人员经考核合格的，方可上岗作业；对有资格要求的岗位，应当配备具有相应资格的人员。

（3）国家建立民用爆炸物品信息管理系统，对民用爆炸物品实行标识管理，监控民用爆炸物品流向。

民用爆炸物品生产企业、销售企业和爆破作业单位应当建立民用爆炸物品登记制度，如实将本单位生产、销售、购买、运输、储存、使用民用爆炸物品的品种、数量和流向信息输入计算机系统。

（4）申请从事爆破作业的单位，应当具备下列条件：

①爆破作业属于合法的生产活动；

②有符合国家有关标准和规范的民用爆炸物品专用仓库；

③有具备相应资格的安全管理人员、仓库管理人员和具备国家规定执业资格的爆破作业人员；

④有健全的安全管理制度、岗位安全责任制度；

⑤有符合国家标准、行业标准的爆破作业专用设备；

⑥法律、行政法规规定的其他条件。

（5）申请从事爆破作业的单位，应当按照国务院公安部门的规定，向有关人民政府公安机关提出申请，并提供能够证明其符合本《条例》第三十一条规定条件的有关材料。受理申请的公安机关应当自受理申请之日起 20 日内进行审查，对符合条件的，核发《爆破作业单位许可证》；对不符合条件的，不予核发《爆破作业单位许可证》，书面向申请人说明理由。

营业性爆破作业单位持《爆破作业单位许可证》到工商行政管理部门办理工商登记后，方可从事营业性爆破作业活动。

爆破作业单位应当在办理工商登记后 3 日内，向所在地县级人民政府公安机关备案。

（6）爆破作业单位应当对本单位的爆破作业人员、安全管理人员、仓库管理人员进行专业技术培训。爆破作业人员应当经设区的市级人民政府公安机关考核合格，取得《爆破作业人员许可证》后，方可从事爆破作业。爆破作业单位应当按照其资质等级承接爆破作业项目，爆破作业人员应当按照其资格等级从事爆破作业。爆破作业的分级管理办法由国务院公安部门规定。

（7）在城市、风景名胜区和重要工程设施附近实施爆破作业的，应当向爆破作业所在地设区的市级人民政府公安机关提出申请，提交《爆破作业单位许可证》和具有相应资质的安全评估企业出具的爆破设计、施工方案评估报告。受理申请的公安机关应当自受理申请之日起 20 日内对提交的有关材料进行审查，对符合条件的，作出批准的决定；对不符合条件的，作出不予批准的决定，并书面向申请人说明理由。实施的爆破作业，应当由具有相应资质的安全监理企业进行监理，由爆破作业所在地县级人民政府公安机关负责组织实施安全警戒。

（8）爆破作业单位跨省、自治区、直辖市行政区域从事爆破作业的，应当事先将爆破作业项目的有关情况向爆破作业所在地县级人民政府公安机关报告。爆破作业单位应当如实记载领取、发放民用爆炸物品的品种、数量、编号以及领取、发放人员姓名。领取民用爆炸物品的数量不得超过当班用量，作业后剩余的民用爆炸物品必须当班清退回库。爆破作业单位应当将领取、发放民用爆炸物品的原始记录保存 2 年备查。实施爆破作业，应当遵守国家有关标准和规范，在安全距离以外设置警示标志并安排警戒人员，防止无关人员进入；爆破作业结束后应当及时检查、排除未引爆的民用爆炸物品。爆破作业单位不再使用民用爆炸物品时，应当将剩余的民用爆炸物品登记造册，报所在地县级人民政府公安机关组织监督销毁。

（9）民用爆炸物品应当储存在专用仓库内，并按照国家规定设置技术防范设施。储存民用爆炸物品应当遵守下列规定：

①建立出入库检查、登记制度，收存和发放民用爆炸物品必须进行登记，做到账目清楚，账物相符；

②储存的民用爆炸物品数量不得超过储存设计容量，对性质相抵触的民用爆炸物品必须分库储存，严禁在库房内存放其他物品；

③专用仓库应当指定专人管理、看护，严禁无关人员进入仓库区内，严禁在仓库区内吸烟和用火，严禁把其他容易引起燃烧、爆炸的物品带入仓库区内，严禁在库房内住宿和进行其他活动；

④民用爆炸物品丢失、被盗、被抢，应当立即报告当地公安机关。

在爆破作业现场临时存放民用爆炸物品的，应当具备临时存放民用爆炸物品的条件，并设专人管理、看护，不得在不具备安全存放条件的场所存放民用爆炸物品。

民用爆炸物品变质和过期失效的，应当及时清理出库，并予以销毁。销毁前应当登记造册，提出销毁实施方案，报省、自治区、直辖市人民政府国防科技工业主管部门、所在地县级人民政府公安机关组织监督销毁。

第四节　相关部委行政规章

一、《公路水运工程安全生产监督管理办法》

《公路水运工程安全生产监督管理办法》于 2007 年 1 月 25 日经第二次交通部部务会议通过，自 2007 年 3 月 1 日起施行。

随着经济社会的发展，“以人为本、安全为天”、构建和谐社会成为全社会的共识和党中央、国务院的明确要求，这需要交通行业进一步制定切实可行的管理办法，有效抓好安全生产工作，构建和谐交通，为实现交通又好又快发展打下基础。为适应公路水运安全生产管理工作在新形势下的需要，交通部加快了安全生产方面规章制度的制定。

1. 总则的相关内容

1）立法目的

本办法立法目的是为加强公路水运工程安全生产监督管理工作，保障人身及财产安全。

2）适用范围

本办法的适用范围是公路水运工程建设活动的安全生产行为及对其实施监督管理。

本办法所称公路水运工程，是指列入国家和地方基本建设计划的公路、水运基础设施新建、改建、扩建以及拆除、加固等建设项目。

本办法所称从业单位，是指从事公路水运工程建设、勘察、设计、监理、施工、检验检测、安全评价等工作的单位。

3）安全方针

本办法在《安全生产法》"安全第一、预防为主"八字方针的基础上，提出了"安全第一、预防为主、综合治理"的十二字方针。

4）监督管理

公路水运工程安全生产监督管理实行统一监管、分级负责。交通运输部负责全国公路水运工程安全生产的监督管理工作。县级以上地方人民政府交通主管部门负责本行政区域内的公路水运工程安全生产监督管理工作，但长江干流航道工程安全生产监督管理工作由交通部设在长江干流的航务管理机构负责。

交通运输部和县级以上地方人民政府交通主管部门，可以委托其设置的安全监督机构负责具体工作，法律、行政法规规定不能委托的事项除外。

公路水运工程安全生产监督管理部门的主要职责：

（1）宣传、贯彻、执行有关安全生产的法律、法规，按照法定权限制定公路水运工程安全生产管理规章和技术标准。

（2）依法对公路水运工程从业单位安全生产条件实施监督管理，组织施工单位的主要负责人、项目负责人、专职安全生产管理人员的考核管理工作。

（3）建立公路水运工程安全生产应急管理机制，制订重大生产安全事故应急预案。

（4）建立公路水运工程从业单位安全生产信用体系，作为交通行业信用体系建设的一部分，对从业单位和人员实施安全生产动态管理。

（5）受理公路水运工程安全生产方面的举报和投诉，依法对公路水运工程安全生产实施监督检查和相应的行政处罚。

（6）依法组织或者参与调查处理生产安全事故，按照职责权限对公路水运工程生产安全事故进行统计分析，发布公路水运工程安全生产动态信息。省级交通主管部门负责向交通部和国务院其他有关部门报送事故信息。

（7）指导下级交通主管部门开展公路水运工程安全生产监督管理工作。

（8）组织公路水运工程安全生产技术研究和先进技术推广应用。

（9）开展公路水运工程安全生产经验交流，普及安全生产知识。

(10)法律、法规规定的其他职责。

2. 从业单位的安全生产条件

(1)从业单位从事公路水运工程建设活动，应当具备法律、行政法规规定的安全生产条件。任何单位和个人不得降低安全生产条件。

(2)施工单位应当取得安全生产许可证，施工单位的主要负责人、项目负责人、专项安全生产管理人员(以下简称安全生产三类人员)必须取得考核合格证书，方可参加公路水运工程投标及施工。

施工单位主要负责人，是指对本企业日常生产经营活动和安全生产工作全面负责、有生产经营决策权的人员，包括企业法定代表人、企业安全生产工作的负责人等。

项目负责人，是指由企业法定代表人授权，负责公路水运工程项目施工管理的负责人。包括项目经理、项目副经理和项目总工。

专职安全生产管理人员，是指在企业专职从事安全生产管理工作的人员，包括企业安全生产管理机构的负责人及其工作人员和施工现场专职安全员。

(3)交通运输部负责组织公路水运工程一级及以上资质施工单位安全生产三类人员的考核发证工作。

省级交通主管部门负责组织公路水运工程二级及以下资质施工单位安全生产三类人员的考核发证工作。

(4)施工单位安全生产三类人员考核分为安全生产知识考试和安全管理能力考核两部分。考核合格的，由交通运输部或省级交通主管部门颁发《安全生产考核合格证书》。

(5)施工单位的垂直运输机械作业人员、施工船舶作业人员、爆破作业人员、安装拆卸工、起重信号工、电工、焊工等国家规定的特种作业人员，必须按照国家规定经过专门的安全作业培训，并取得特种作业操作资格证书后，方可上岗作业。

(6)施工单位在工程中使用施工起重机械和整体提升式脚手架、滑模爬模、架桥机等自行式架设设施前，应当组织有关单位进行验收，或者委托具有相应资质的检验检测机构进行验收，使用承租的机械设备和施工机具及配件的，由承租单位、出租单位和安装单位共同进行验收，验收合格的方可使用。验收合格后30日内，应向当地交通主管部门登记。

(7)从业单位应当对从业人员进行安全生产教育和培训，保证从业人员具备必要的安全生产知识，熟悉有关的安全生产规章制度和安全操作规程，掌握本岗位的安全操作技能。未经安全生产教育和培训合格的从业人员，不得上岗作业。

3. 各参建单位的安全责任

本办法对建设、勘察、设计、监理、施工等相关参建单位的安全责任进行了规定。

1)建设单位的安全责任

(1)建设单位在编制工程招标文件时，应当确定公路水运工程项目安全作业环境及安全施工措施所需的安全生产费用。

安全生产费用由建设单位根据监理工程师对工程安全生产情况的签字确认进行支付。

(2)建设单位在公路水运工程施工招标文件中应当按照法律、法规的规定对施工单位的安全生产条件、安全生产信用情况、安全生产的保障措施等提出明确要求。

建设单位不得对咨询、勘察、设计、监理、施工、设备租赁、材料供应、检测等单位提出不符合工程安全生产法律、法规和工程建设强制性标准规定的要求。不得随意压缩合同规定的工期。

2)勘察、设计和监理单位的安全责任

(1)勘察单位应当按照法律、法规和工程建设强制性标准进行勘察,重视地质环境对安全的影响,提交的勘察文件应当真实、准确,满足公路水运工程安全生产的需要。

勘察单位应当对有可能引发公路水运工程安全隐患的地质灾害提出防治建议。

勘察单位及勘察人员对勘察结论负责。

(2)设计单位应当按照法律、法规和工程建设强制性标准进行设计,防止因设计不合理导致安全生产隐患或者生产安全事故的发生。采用新结构、新材料、新工艺的工程和特殊结构的工程,设计单位应当在设计文件中提出保障施工作业人员安全和预防生产安全事故的措施建议。设计单位和设计人员应当对其设计负责。

(3)监理单位应当按照法律、法规和工程建设强制性标准进行监理,对工程安全生产承担监理责任。应当编制安全生产监理计划,明确监理人员的岗位职责、监理内容和方法等。对危险性较大的工程作业应当加强巡视检查。监理单位应当审查施工组织设计中的安全技术措施或者专项施工方案是否符合工程建设强制性标准。监理单位在实施监理过程中,发现存在安全事故隐患的,应当要求施工单位整改,必要时,可下达施工暂停指令并向建设单位和有关部门报告。监理单位应当填报安全监理日志和监理月报。

(4)其他单位的安全责任。为公路水运工程提供施工机械设备、设施和产品的单位,应确保配备齐全有效的保险、限位等安全装置,提供有关安全操作的说明,保证其提供的机械设备和设施等产品的质量和安全性能达到国家有关标准。所提供的机械设备、设施和产品应当具有生产(制造)许可证、产品合格证或者法定检验检测合格证明。对于尚无相关国家标准或者行业标准的设备和设施,应当保障其质量和安全性能。

3)施工单位的安全责任

(1)规定了三类人员的安全责任:施工单位主要负责人依法对本单位的安全生产工作全面负责。施工单位应当建立健全安全生产责任制度和安全生产教育培训制度及安全生产技术交底制度,制定安全生产规章制度和操作规程,保证本单位安全生产条件所需资金的投入,对所承担的公路水运工程进行定期和专项安全检查,并做好安全检查记录。

施工单位的项目负责人依法对项目的安全施工负责,落实安全生产各项制度,确保安全生产费用的有效使用,并根据工程特点组织制定安全施工措施,消除安全事故隐患,及时、如实报告生产安全事故。

安全生产技术交底制度,是指公路水运工程每项工程实施前,施工单位负责项目管理的技术人员对有关安全施工的技术要求向施工作业班组、作业人员详细说明,并由双方签字确认的制度。

(2)规定了施工单位安全机构和人员配备要求:施工单位应当设立安全生产管理机构,配备专职安全生产管理人员。施工现场应当按照每5 000万元施工合同额配备一名的比例配备专职安全生产管理人员,不足5 000万元的至少配备一名。

专职安全生产管理人员负责对安全生产进行现场监督检查,并做好检查记录,发现生产安全事故隐患,应当及时向项目负责人和安全生产管理机构报告;对违章指挥、违章操作和违反劳动纪律的，应当立即制止。

(3)对安全生产费用进行了明确规定：施工单位在工程报价中应当包含安全生产费用，一般不得低于投标价的1%，且不得作为竞争性报价。

安全生产费用，应当用于施工安全防护用具及设施的采购和更新、安全施工措施的落实、安全生产条件的改善，不得挪作他用。

(4)施工单位应当在施工组织设计中编制安全技术措施和施工现场临时用电方案，对下列危险性较大的工程应当编制专项施工方案，并附安全验算结果，经施工单位技术负责人、监理工程师审查同意签字后实施，由专职安全生产管理人员进行现场监督：

①不良地质条件下有潜在危险性的土方、石方开挖；

②滑坡和高边坡处理；

③桩基础、挡墙基础、深水基础及围堰工程；

④桥梁工程中的梁、拱、柱等构件施工等；

⑤隧道工程中的不良地质隧道、高瓦斯隧道、水底海底隧道等；

⑥水上工程中的打桩船作业、施工船作业、外海孤岛作业、边通航边施工作业等；

⑦水下工程中的水下焊接、混凝土浇筑、爆破工程等；

⑧爆破工程；

⑨大型临时工程中的大型支架、模板、便桥的架设与拆除；桥梁、码头的加固与拆除；

⑩其他危险性较大的工程。

必要时，施工单位对前款所列工程的专项施工方案，还应当组织专家进行论证、审查。

(5)施工单位应当在施工现场出入口或者沿线各交叉口、施工起重机械、拌和场、临时用电设施、爆破物及有害危险气体和液体存放处以及孔洞口、隧道口、基坑边沿、脚手架、码头边沿、桥梁边沿等危险部位，设置明显的安全警示标志或者必要的安全防护设施。

施工单位应当根据不同施工阶段和周围环境及季节、气候的变化，在施工现场采取相应的安全施工措施。施工现场暂时停止施工的，施工单位应当做好现场防护。因施工单位安全生产隐患原因造成工程停工的，所需费用由施工单位承担，其他原因按照合同约定执行。

(6)施工单位应当将施工现场的办公、生活区与作业区分开设置，并保持安全距离；办公、生活区的选址应当符合安全性要求。职工的膳食、饮水、休息场所、医疗救助设施等应当符合卫生标准。

施工现场临时搭建的建筑物应当符合安全使用要求。施工现场使用的装配式活动房屋应当具有生产(制造)许可证、产品合格证。

(7)施工单位应当在施工现场建立消防安全责任制度，确定消防安全责任人，制定用火、用电、使用易燃易爆材料等各项消防管理制度和操作规程，设置消防通道，配备相应的消防设施和灭火器材。

(8)施工单位应当向作业人员提供必需的安全防护用具和安全防护服装，书面告知危险岗位的操作规程并确保其熟悉和掌握有关内容和违章操作的危害。

作业人员有权对施工现场的作业条件、作业程序和作业方式中存在的安全问题提出批评、检举和控告，有权拒绝违章指挥和强令冒险作业。

在施工中发生可能危及人身安全的紧急情况时，作业人员有权立即停止作业或者在采取必要的应急措施后撤离危险区域。

(9)作业人员应当遵守安全施工的工程建设强制性标准、规章制度，正确使用安全防护用具、机械设备等。

(10)施工单位采购、租赁的安全防护用具、机械设备、施工机具及配件，应当具有生产(制造)许可证、产品合格证，并在进入施工现场前由专职安全管理人员进行查验。

施工现场的安全防护用具、机械设备、施工机具及配件必须由专人管理，定期进行检查、维修和保养，建立相应的资料档案，并按照国家有关规定及时报废。

(11)施工单位应当对管理人员和作业人员进行每年不少于两次的安全生产教育培训，其教育培训情况记入个人工作档案。

施工单位在采用新技术、新工艺、新设备、新材料时，应当对作业人员进行相应的安全生产教育培训。

新进人员和作业人员进入新的施工现场或者转入新的岗位前，施工单位应当对其进行安全生产培训考核。

未经安全生产教育培训考核或者培训考核不合格的人员，不得上岗作业。

(12)施工单位应当为施工现场的人员办理意外伤害保险，意外伤害保险费应由施工单位支付。实行施工总承包的，由总承包单位支付意外伤害保险费。

(13)建设工程实行施工总承包的，由总承包单位对施工现场的安全生产负总责。总承包单位依法将建设工程分包给其他单位的，分包合同中应当明确各自的安全生产方面的权利、义务。总承包单位对分包工程的安全生产承担连带责任。

分包单位应当服从总承包单位的安全生产管理，分包单位不服从管理导致生产安全事故的，由分包单位承担主要责任。

(14)建设单位、施工单位应当针对本工程项目特点制订生产安全事故应急预案，定期组织演练。发生生产安全事故，施工单位应当立即向建设单位、监理单位和事故发生地的公路水运工程安全生产监督管理部门以及地方安全监督部门报告。建设单位、施工单位应当立即启动事故应急预案，组织力量抢救，保护好事故现场。

4. 监督检查

(1)公路水运工程安全生产监督管理部门在职责范围内履行安全生产监督检查职责时，有权采取下列措施：

①要求被检查单位提供有关安全生产的文件和资料；

②进入被检查单位施工现场进行检查；

③纠正施工中违反安全生产要求的行为，依法实施行政处罚。

(2)公路水运工程安全生产监督管理部门对从业单位安全生产监督检查的内容主要有：

①从业单位安全生产条件的符合情况；

②施工单位安全生产三类人员和特种作业人员具备上岗资格情况；

③从业单位执行安全生产法律、法规、规章和工程建设强制性标准的情况；

④从业单位对安全生产管理制度、安全责任制度和各项应急预案的建立和落实情况；

⑤安全生产管理机构或者专职安全生产管理人员的设置和履行职责情况；

⑥员工的安全教育培训情况；

⑦其他应当监督检查的情况。

(3)公路水运工程安全生产监督管理部门应当对公路水运工程下列施工现场的安全生产情况进行监督检查：

①现场驻地；

②施工作业点(面)；

③危险品存放地；

④预制厂、半成品加工厂；

⑤非标施工设备组装厂。

公路水运工程安全生产监督管理部门对易发生生产安全事故的危险工程及施工作业环节应当进行重点监督检查。

(4)公路水运工程安全生产监督管理部门对监督检查中发现的安全问题,应当作出如下处理：

①从业单位存在安全管理问题需要整改的,以书面方式通知存在问题单位限期整改。

②从业单位存在严重安全事故隐患的,责令立即排除。

③重大安全事故隐患在排除前或者在排除过程中无法保证安全的,责令其从危险区域内撤出作业人员或者暂时停止施工。

④建设单位违反安全管理规定造成重大生产安全事故的,对全部或者部分使用国有资金的建设项目,暂停资金拨付。

⑤建设单位未列建设工程安全生产费用的,责令其限期改正并不得办理监督手续;逾期未改正的,责令该建设工程停止施工并通报批评。

被检查单位应当立即落实处理决定,并将整改结果书面报检查单位。责令停工的,应当经复查合格后,方可复工。

(5)公路水运工程安全生产监督管理部门应当建立从业单位信用档案,并将监督检查情况和处理结果及时登录在安全生产信用管理系统中。

(6)从业单位整改不力,多次整改仍然存在安全问题的,公路水运工程安全生产监督管理部门将其列入安全监督检查重点名单,登录在安全生产信用管理系统中,并向有关部门通报。对存在重大安全事故隐患但拒绝整改或者整改效果不明显或者发生重特大安全事故等不再具备安全生产条件的,公路水运工程安全生产监督管理部门应当向安全生产许可证颁发部门通报,建议暂扣或者吊销安全生产许可证,同时向有关资质证书颁发部门建议降低资质等级。

(7)公路水运工程安全生产监督管理部门可委托具备国家规定资质条件的机构,对容易发生重特大生产安全事故的工程项目和危险性较大的工程施工进行安全评价和监测。

(8)公路水运工程安全生产监督管理部门应当健全内部管理制度,加强对监督管理人员的教育培训,提高执法水平。监督管理人员应当忠于职守,秉公办事,坚持原则,清正廉洁。与监督检查对象有利害关系的监督人员,应当回避。

(9)公路水运工程安全生产监督管理部门应当建立举报制度,及时受理对公路水运工程生产安全事故或者事故隐患以及监督检查人员违法行为的检举、控告和投诉。

二、《高危行业企业安全生产费用财务管理暂行办法》

为了建立高危行业企业安全生产投入长效机制，加强企业安全生产费用财务管理，维护企业、职工以及社会公共利益，财政部、国家安监总局于2006年12月8日联合颁布了《高危行业企业安全生产费用财务管理暂行办法》，自2007年1月1日起施行。与公路水运相关的内容主要有：

1. 企业应当建立安全生产费用管理制度

安全生产费用是指企业按照规定标准提取，在成本中列支，专门用于完善和改进企业安全生产条件的资金。安全费用按照“企业提取、政府监管、确保需要、规范使用”的原则进行财务管理。

2. 安全费用的提取标准

建筑施工企业以建筑安装工程造价为计提依据。各工程类别安全费用提取标准如下：

(1)房屋建筑工程、矿山工程为2.0%。

(2)电力工程、水利水电工程、铁路工程为1.5%。

(3)市政公用工程、冶炼工程、机电安装工程、化工石油工程、港口与航道工程、公路工程、通信工程为1.0%。

建筑施工企业提取的安全费用列入工程造价，在竞标时，不得删减。国家对基本建设投资概算另有规定的，从其规定。

总包单位应当将安全费用按比例直接支付分包单位，分包单位不再重复提取。

3. 安全生产费用的使用和管理

1)安全生产费用的使用

安全费用应当按照以下规定范围使用：

(1)完善、改造和维护安全防护设备、设施支出。

(2)配备必要的应急救援器材、设备和现场作业人员安全防护物品支出。

(3)安全生产检查与评价支出。

(4)重大危险源、重大事故隐患的评估、整改、监控支出。

(5)安全技能培训及进行应急救援演练支出。

(6)其他与安全生产直接相关的支出。

2)安全生产费用的管理

企业应当将安全费用优先用于满足安全生产监督管理部门对企业安全生产提出的整改措施或达到安全生产标准所需支出。企业提取安全费用应当专户核算，按规定范围安排使用。年度结余下年度使用，当年计提安全费用不足的，超出部分按正常成本费用渠道列支。集团公司经过履行内部决策程序，可以对所属企业提取的安全费用按照一定比例集中管理，统筹使用。企业应当建立健全内部安全费用管理制度，明确安全费用使用、管理的程序、职责及权限，接受安全生产监督管理部门和财政部门的监督。企业利用安全费用形成的资产，应当纳入相关资产进行管理。企业应当为从事高空、高压、易燃、易爆、剧毒、放射性、高速运输、野外、矿井等高危作业的人员办理团体人身意外伤害保险或个人意外伤害保险。所需保险费用直接列入成本(费用)，不在安全费用中列支。企业为职工提供的职业病防治、工伤保险、医疗保险所需费用,不在安全费用中列支。

三、《劳动防护用品监督管理规定》

《劳动防护用品监督管理规定》于2005年7月8日国家安全生产监督管理总局局务会议审议通过,自2005年9月1日起施行,是目前我国关于劳动防护用品监督管理的重要部门规章。

1. 劳动防护用品违法行为

生产经营单位使用劳动防护用品的情况,是监督管理的重点。生产经营单位有下列违法行为之一的,应当受到依法查处:

(1)不配发劳动防护用品。

(2)不按有关规定或者标准配发劳动防护用品。

(3)配发无安全标志的特种劳动防护用品。

(4)配发不合格的劳动防护用品。

(5)配发超过使用期限的劳动防护用品。

(6)劳动防护用品管理混乱,由此对从业人员造成事故伤害及职业危害。

(7)生产或者经营假冒伪劣劳动防护用品和无安全标志的特种劳动防护用品。

(8)其他违反劳动防护用品管理法律、法规、规章、标准的行为。

2. 监管监察部门的监督检查

各级安全生产监督管理部门和煤矿安全监察部门依法负有对生产经营单位配备和使用劳动防护用品的情况进行监督管理的职责。对发现的违法行为,有权予以纠正或者实施行政处罚。《劳动防护用品监督管理规定》要求安全生产监督管理部门、煤矿安全监察机构依法对劳动防护用品使用情况和特种劳动防护用品安全标志进行监督检查,督促生产经营单位按照国家有关规定为从业人员配备符合国家标准或者行业标准的劳动防护用品。

劳动防护用品主要是国内生产,但也有一些劳动防护用品需要从国外进口。为了加强对进口劳动防护用品的监督管理,《劳动防护用品监督管理规定》第二十九条规定:"进口的一般劳动防护用品的安全防护性能不得低于我国相关标准,并向国家安全生产监督管理总局指定的特种劳动防护用品安全标志管理机构申请办理准用手续;进口的特种劳动防护用品应当按照本规定取得安全标志"。

3. 从业人员的监督

从业人员是企业的主人,依法享有获得劳动防护用品的权利和对本单位配备劳动防护用品及其管理的情况进行监督的权利。他们是劳动防护用品受益者,当然有权维护自身的利益。《劳动防护用品监督管理规定》第二十三条规定:"生产经营单位的从业人员有权依法向本单位提出配备所需劳动防护用品的要求;有权对本单位劳动防护用品管理的违法行为提出批评、检举、控告。安全生产监督管理部门、煤矿安全监察机构对从业人员提出的批评、检举、控告,经查实后应当依法处理"。

4. 工会的监督

工会是维护从业人员权益的群众性组织,依法享有对生产经营单位为从业人员配备劳动防护用品的行为进行监督的权利。为了发挥工会的监督作用,加强对劳动防护用品使用的监督,《劳动防护用品监督管理规定》第二十四条规定:“生产经营单位应当接受工会的监督。工会对生产经营单位劳动防护用品管理的违法行为有权要求纠正,并对纠正情况进行监督”。

四、《〈生产安全事故报告和调查处理条例〉罚款处罚暂行办法》

为防止和减少生产安全事故,严格追究生产安全事故发生单位及其有关责任人员的法律责任,正确适用事故罚款的行政处罚,2007 年 7 月国家安全生产监督总局依照《生产安全事故报告和调查处理条例》的规定,制定了《〈生产安全事故报告和调查处理条例〉罚款处罚暂行规定》。主要内容有:

(1)对事故发生单位及其有关责任人员处以罚款的行政处罚,依照下列规定决定:

①对发生特别重大事故的单位及其有关责任人员罚款的行政处罚,由国家安全生产监督管理总局决定;

②对发生重大事故的单位及其有关责任人员罚款的行政处罚,由省级人民政府安全生产监督管理部门决定;

③对发生较大事故的单位及其有关责任人员罚款的行政处罚,由设区的市级人民政府安全生产监督管理部门决定;

④对发生一般事故的单位及其有关责任人员罚款的行政处罚,由县级人民政府安全生产监督管理部门决定。

上级安全生产监督管理部门可以指定下一级安全生产监督管理部门对事故发生单位及其有关责任人员实施行政处罚。

(2)事故发生单位主要负责人有《生产安全事故报告和调查处理条例》(以下简称《条例》)第三十五条规定的行为之一的,依照下列规定处以罚款:

①事故发生单位主要负责人在事故发生后不立即组织事故抢救的,处上一年年收入 80% 的罚款;

②事故发生单位主要负责人迟报或者漏报事故的,处上一年年收入 40% ~60% 的罚款;

③事故发生单位主要负责人在事故调查处理期间擅离职守的,处上一年年收入 60% ~80% 的罚款;

(3)事故发生单位有《条例》第三十六条规定的行为之一的,依照下列规定处以罚款:

①没有贻误事故抢救的,处 100 万元以上 200 万元以下的罚款;

②贻误事故抢救或者造成事故扩大或者影响事故调查的,处 200 万元以上 300 万元以下的罚款;

③贻误事故抢救或者造成事故扩大或者影响事故调查,手段恶劣,情节严重的,处 300 万元以上 500 万元以下的罚款。

事故发生单位的主要负责人、直接负责的主管人员和其他直接责任人员有《条例》第三十六条规定的行为之一的,依照下列规定处以罚款:

①谎报、瞒报事故的,处上一年年收入 60% ~80% 的罚款;

②伪造、故意破坏事故现场,或者转移、隐匿资金、财产、销毁有关证据、资料,或者拒绝接受调查,或者拒绝提供有关情况和资料,或者在事故调查中作伪证,或者指使他人作伪证的,处上一年年收入 80% ~90% 的罚款;

③事故发生后逃匿的，处上一年年收入100%的罚款。

(4)事故发生单位对造成3人以下死亡，或者3人以上10人以下重伤(包括急性工业中毒)，或者300万元以上1 000万元以下直接经济损失的事故负有责任的，处10万元以上20万元以下的罚款。

(5)事故发生单位对较大事故发生负有责任的，依照下列规定处以罚款：

①造成3人以上6人以下死亡，或者10人以上30人以下重伤(包括急性工业中毒)，或者1 000万元以上3 000万元以下直接经济损失的，处20万元以上30万元以下的罚款；

②造成6人以上10人以下死亡，或者30人以上50人以下重伤(包括急性工业中毒)，或者3 000万元以上5 000万元以下直接经济损失的，处30万元以上50万元以下的罚款。

(6)事故发生单位对重大事故发生负有责任的，依照下列规定处以罚款：

①造成10人以上15人以下死亡，或者50人以上70人以下重伤(包括急性工业中毒)，或者5 000万元以上7 000万元以下直接经济损失的，处50万元以上100万元以下的罚款；

②造成15人以上30人以下死亡，或者70人以上100人以下重伤(包括急性工业中毒)，或者7 000万元以上1亿元以下直接经济损失的，处100万元以上200万元以下的罚款。

(7)事故发生单位对特别重大事故发生负有责任的，处200万元以上500万元以下的罚款。

(8)事故发生单位主要负责人未依法履行安全生产管理职责，导致事故发生的，依照下列规定处以罚款：

①发生一般事故的，处上一年年收入30%的罚款；

②发生较大事故的，处上一年年收入40%的罚款；

③发生重大事故的，处上一年年收入60%的罚款；

④发生特别重大事故的，处上一年年收入80%的罚款。

五、《安全生产违法行为行政处罚办法》

新修订的《安全生产违法行为行政处罚办法》于2007年12月11日以国家安全生产监督管理总局15号令公布，自2008年1月1日起施行。它的公布实施，是健全安全生产法律法规规章体系、加快形成规范的安全生产法治秩序的重要环节，对于进一步惩治安全生产违法行为、规范安全生产行政处罚、促进安全生产状况稳定好转具有重要意义。

1. 修订的必要性

一是适应当前安全生产行政执法工作的需要。2003年5月19日，原国家安全生产监督管理第1号令公布了《安全生产违法行为行政处罚办法》(以下简称原《办法》)。当时，地方各级安全监管部门陆续组建，原《办法》对规范行政处罚实施，制裁安全生产违法行为，发挥了积极作用。但是，随着安全生产工作进入攻坚阶段，各项治本措施的逐步落实，安全生产违法行为日益多样化、复杂化和隐蔽化。因此，需要及时修订原《办法》，强化安全生产行政执法工作。

二是更好地贯彻执行新近出台的安全生产法律、行政法规的需要。原《办法》施行四年来，国家又出台了一些新的安全生产法律和行政法规。其中，有的法律、行政法规及其法条对行政处罚的规定比较原则，处罚幅度较大，需要通过修订原《办法》加以量化、细化，增强可操作性,以保障法律、行政法规的顺利实施。

三是总结行政执法经验、提高行政执法能力的需要。近年来,各地在安全生产执法工作中,积累和创造了一些行之有效的经验和做法,需要上升为规章,为制裁安全生产违法行为提供新的法律武器。另外,各地在执行原《办法》过程中出现并提出了一些具体适用问题,需要通过修订原《办法》加以解决,以保障法律、行政法规的正确实施。

四是进一步严格规范行政处罚程序的需要。从近年发生的行政复议和应诉案例看,有的安全监管监察部门及其执法人员重实体、轻程序,重结果、轻过程的问题仍然比较突出,行政处罚事实不清、证据不足、依据不准、处罚过当等现象时有发生。需要进一步明确并严格行政处罚程序,规范行政处罚行为,增强行政处罚决定的确定力和执行力。

2. 修订的主要内容

新修订的《办法》从执法需要出发,本着量化处罚、细化程序、强化执法、增强可操作性的原则,对原《办法》作出了较大幅度的修订。特别是对行政处罚的程序、适用和执行方面作了进一步的补充和完善。对法律、行政法规已有明确规定,不需要进一步量化、细化的条文,进行了删减;对法律、行政法规已经作出的处罚规定(如对事故责任者的处罚),作出了衔接性规定。

(1)补充了行政处罚的种类

《办法》第五条规定的九种行政处罚,主要依据来自《安全生产法》、《国务院关于预防煤矿生产安全事故的特别规定》和《生产安全事故报告和调查处理条例》等法律、行政法规。如"没收开采出的煤炭以及采掘设备"出自《国务院关于预防煤矿生产安全事故的特别规定》第五条第二款。"责令改正、责令限期改正、责令停止违法行为"是《安全生产法》规定的行政处罚,但鉴于现行法律、行政法规对上述三种行政行为既有规定为行政处罚的,又有规定为现场处理措施的,两种规定极易混淆。为便于区别适用,《办法》第五条第二款增加了"法律、行政法规将前款的责令改正、责令限期改正、责令停止违法行为规定为现场处理措施的除外"的规定,即安全监管监察部门作出此类现场处理措施不需要走行政处罚的程序。

(2)统一了暂扣有关许可证、暂停有关执业资格、岗位证书的期限

对暂扣许可证处罚的期限,由于法律规定不明确,执行中不好掌握。有的地方久扣不决,甚至变相为吊销许可证,致使生产经营单位被迫关停,并由此引发了行政复议和行政诉讼。为此,《规定》第六条第三款增加了"暂扣、吊销有关许可证和暂停、撤销有关执业资格、岗位证书的行政处罚,由发证机关决定。其中,暂扣有关许可证和暂停有关执业资格、岗位证书的期限一般不得超过6个月;法律、行政法规另有规定的,依照其规定"的规定。

(3)允许行政处罚委托乡镇、街办安监机构实施

为了加强安全监管监察行政执法工作,截至2007年6月底,全国省、市、县三级安全监管部门组建了专门的执法机构1 387个(执法总队、支队、大队),共核定编制12 241名,其中约75%属于事业单位、使用事业编制。此外,一些地方的乡镇和城市街道办事处设立的安监机构也承担了一定的安全监管职责,但却没有相应的行政处罚权。为解决这些执法机构和执法人员的行政处罚权问题,依照《行政处罚法》第十九条的授权,《办法》第十二条规定:安全监管监察部门根据需要,可以在其法定职权范围内委托符合行政处罚法第十九条规定条件的组织或者乡镇人民政府、城市街道办事处设立的安全生产监督管理机构实施行政处罚。受委托的单

位在委托范围内，以委托的安全监管监察部门名义实施行政处罚。委托的安全监管监察部门应当监督检查受委托的单位实施行政处罚，并对其实施行政处罚的后果承担法律责任。

(4)完善了与行政处罚相关的一些程序

一是现场处理措施。《办法》第十四条规定，在监督检查中发现事故隐患后，为排除治理事故隐患、防止事故发生和人员伤亡，安全监管监察部门及其行政执法人员应当采取现场处理措施，包括责令立即排除、责令从危险区域撤出作业人员，以及责令暂时停产停业、停止建设、停止施工或者停止使用等。法律、行政法规对责令暂时停产停业、停止建设、停止施工或者停止使用没有规定期限的，其期限一般不超过6个月。这是对《安全生产法》第五十六条第一款第(三)项规定的补充和完善。

二是查封、扣押等行政强制措施。对《安全生产法》第五十六条第一款第(四)项规定的查封、扣押等行政强制措施，《办法》第十五条补充了后续处理的规定。

三是隐患排除治理及其验收。《办法》第十六条规定增加了生产经营单位在隐患排除或者治理后申请验收，以及安全监管监察部门进行验收的程序。

四是《办法》第二十四条至第二十七条，对开展现场检查笔录、证据的调取、证据的先行登记保存、有关物品和场所的勘验检查等工作，作出了更明确的规定。

五是《办法》第三十九条、第四十条分别增加了听证中止和终止的规定。

(5)规范了行政处罚的具体适用

一是对《安全生产法》、《安全生产许可证条例》等法律、行政法规中罚款幅度较大的处罚，《办法》第四十六条、第四十八条进行了分档，以保证处罚的正确、适当。

二是对原《办法》规定的部分安全生产违法行为提高了罚款的额度。《办法》第四十四条、第四十五条将原《办法》第三十七条、第三十八条和第四十七条规定的罚款额度，由1万元以下提高到1万元以上3万元以下。

三是对现行法律、行政法规尚未规定处罚但又常见的违法行为增设了罚款的处罚。主要有:《办法》第四十四条规定的“三违”、“三超”行为，第四十九条规定的为无安全生产许可证非法生产的单位提供生产经营条件的行为，第五十条规定的有关单位及其人员弄虚作假、骗取安全生产许可证及有关批准文件，以及不依法办理安全生产许可证书变更手续的行为，第五十一条规定的未取得相应资格、资质证书从事中介活动的行为。

四是为了精简条文、压缩篇幅，对地方各级安全监管监察部门已经比较熟悉，在法律、行政法规中已有规定且不需要细化的内容作了删除。它们是:原《办法》第三十九条至第四十六条、第五十条至第六十一条、第六十九条。

(6)明确了安全生产违法所得的计算方法

在具体处罚过程中，一些地方安全监管监察部门对如何计算违法所得，希望国家安监总局规定可操作的计算标准。为此，《办法》第五十七条规定，生产、加工产品的，以生产、加工产品的销售收入作为违法所得;销售商品的，以销售收入作为违法所得;提供安全生产中介、租赁等服务的，以服务收入或者报酬作为违法所得。此外，销售收入无法计算的，按当地同类同等规模生产经营单位平均销售收入计算;服务收入、报酬无法计算的，按照当地同行业同种服务平均收入或者报酬计算。需要指出的是，本条规定的销售收入、服务收入和报酬等指的是不扣除成本，全部予以没收。

(7)关于煤矿安全生产违法行为的处罚及其程序

鉴于现行有关法律、行政法规对煤矿安全违法行为及其行政处罚另有特殊的规定,不宜完全适用《办法》。因此,《办法》只对共同的安全生产违法行为和实施行政处罚的程序等内容作出了适用于煤矿的规定。对于法律、行政法规中关于煤矿安全违法行为及其行政处罚的特殊规定,依据《办法》第二条第二款规定,仍然适用原国家局4号令公布的《煤矿安全监察行政处罚办法》。

六、《安全生产领域违法违纪行为政纪处分暂行规定》

《安全生产领域违法违纪行为政纪处分暂行规定》(以下简称《暂行规定》),是我国第一部关于安全生产领域政纪处分方面的部门规章。这部规章对安全生产领域各类违法违纪行为及其处分量纪标准作出明确规定,是查处安全生产领域违法违纪案件的重要依据。《暂行规定》体现了预防为主,是从源头上强化政府安全监管主体、企业安全责任主体应负责任的重要措施。它的颁布实施,对于切实加强安全生产工作、惩处安全生产领域违法违纪行为、促进安全生产法律法规的贯彻实施、落实各级安全生产责任制、保障人民群众生命财产安全、落实科学发展观、构建社会主义和谐社会具有重要意义。《暂行规定》共21条,可归纳为5个层面。

1. 立法的宗旨及其法律依据

《暂行规定》第一条开宗明义,指出制订这部规章的目的是"为了加强安全生产工作,惩处安全生产领域违法违纪行为,促进安全生产法律法规的贯彻实施,保障人民群众生命财产和公共财产安全"。它所依据的法律,主要是《行政监察法》《安全生产法》及其他有关法律法规。

2. 适用范围及其执行主体

《暂行规定》明确了"国家行政机关及其公务员,企业、事业单位中由国家行政机关任命的人员有安全生产领域违法违纪行为,应当给予处分的,适用本规定",明确了"法律法规授权的具有管理公共事务职能的组织以及国家行政机关依法委托的组织及其工勤人员以外的工作人员有安全生产领域违法违纪行为,应当给予处分的,参照本规定执行"。此外,还明确了"企业、事业单位中除由国家行政机关任命的人员外,其他人员有安全生产领域违法违纪行为,应当给予处分的,由企业、事业单位参照本规定执行"。这实际了涵盖了国家行政机关、企事业单位和中介组织中的所有人员。

3. 安全生产领域违法违纪行为的类别和表现

这是《暂行规定》的主体内容,从第四条到第十六条,分国家行政机关及其公务员、国有企业及其工作人员和事业单位、中介组织及其工作人员3个层面作出规事实上。

(1)对国家行政机关及其公务员归纳为7类25种表现

一是不执行或者违背安全生产法律法规的行为;

二是违法违规实施的行政行为;

三是违法违规批准向生产经营单位提供剧毒品、火工品等危险物资或者其他生产经营条件的;

四是干预插手安全生产经营活动以及安全生产行政许可、监督执法、中介活动等行为;

五是对工程项目未按照"三同时"规定组织审查验收,对生产安全事故瞒报、谎报,或者不及时组织抢救等行为;

六是妨碍事故调查处理和不执行事故处理决定的行为；

七是违反规定在煤矿等企业投资入股或者在安全生产领域经商办企业以及徇私舞弊等行为。

(2)对国有企业及其工作人员归纳为5类18种表现

一是生产经营和新建、改扩建等环节的违法违纪行为；

二是由于不履行或者不正确履行安全生产管理职责，导致生产安全事故发生的违法违纪行为；

三是瞒报、谎报事故、擅离职守、逃匿以及妨碍事故调查的违法违纪行为；

四是不执行或者擅自改变事故处理决定的违法违纪行为；

五是违反规定在煤矿等企业投资入股或者安全生产领域经商办企业的行为。事业单位及中介组织比较突出的违法违纪行为，就是出具虚假报告与事实不符的文件、资料，造成安全生产隐患。

4. 政纪处分的种类

针对安全生产领域违法违纪行为的类别和表现，《暂行规定》依据有关法律法规，对公务员的处分种类分为6种：警告、记过、记大过、降级、撤职、开除。对国有企业工作人员的处分种类分为7种：警告、记过、记大过、降级、撤职、留用察看、开除。

5. 与相关法律法规作了衔接

《暂行规定》第十八条规定：有安全生产领域违法违纪行为，需在给予组织处理的，按照有关规定办理。这一条主要是依据有关党政干部引咎辞职的规定作出的。该规定第十九条还规定：有关安全生产领域违法违纪行为，涉嫌犯罪的，移送司法机关依法处理。

《暂行规定》的颁布实施，不仅是从源头上加强安全生产工作的重大举措，也是在安全生产领域深入开展反腐败斗争的迫切要求。对安全生产监管、煤矿安全监察系统来说，是强化安全监督管理执法的一把利剑，有利于规范安全执法行为，有利于打击失职渎职和权钱交易、官商勾结等腐败行为，有利于从源头上防范生产安全事故的发生。因此，我们要认真学习，积极宣传，严格执行，对安全生产领域违法违纪行为坚决打击，决不手软，推进我国安全生产状况进一步稳定好转。

七、《公路水运工程施工企业安全生产管理人员考核管理办法》

为了贯彻落实《安全生产法》、《建设工程安全生产管理条例》、《安全生产许可证条例》和《国务院关于进一步加强安全生产的决定》，加强交通基本建设施工安全生产管理工作，原交通部于2004年出台了《关于开展公路水运工程施工企业安全生产管理人员考核工作的通知》(交质监发[2004]594号)以及《公路水运工程施工企业安全生产管理人员考核实施意见》。上述594号文件和考核实施意见对于规范三类人员的考核管理起到了十分重要的作用。为了进一步规范公路水运工程施工企业主要负责人、项目负责人和专职安全生产管理人员的考核管理，促进公路水运工程安全生产，根据《安全生产法》、《建设工程安全生产管理条例》、《公路水运工程安全生产监督管理办法》，交通运输部于2009年12月9日发布了《公路水运工程施工企业安全生产管理人员考核管理办法》。新的考核管理办法必将积极促进三类人员的考核管理工作。

1. 安全生产三类人员定义

企业主要负责人，对本企业日常生产经营活动和安全生产工作全面负责、有生产经营决策权的人员，包括企业生产经营工作的负责人、企业安全生产工作的负责人等。

项目负责人，由企业法定代表人授权、负责公路水运工程项目施工管理的负责人，包括项目经理、项目副经理和项目总工等。

专职安全生产管理人员，在企业专职从事安全生产管理工作的人员，包括企业安全生产管理机构专职安全员和施工现场专职安全员（以下分别简称为企业专职安全员和施工现场专职安全员）。

2. 分级管理

交通运输部负责考核工作的统一管理。负责公路水运工程施工总承包一级、专业承包一级及以上资质施工企业，以及未分资质等级的专项资质施工企业安全生产三类人员考核管理工作。

省级交通运输主管部门负责工商注册地在本行政区域内的公路水运工程施工总承包二级、专业承包二级及以下资质企业安全生产三类人员考核管理工作。

交通运输部长江航务管理部门负责长江干流航道二级企业的安全生产三类人员考核管理工作。

3. 考核申请

（1）安全生产三类人员考核申请由施工企业统一组织申报，不接受个人申请。中央管理的施工企业总部（集团）及其所属一级企业直接向交通运输部提出考核申请。其他一级企业应向工商注册地的省级交通运输主管部门提出考核申请，经省级交通运输主管部门初步审核合格后报交通运输部。

（2）施工企业提出考核申请时应登录管理系统，在线填报相关信息，并按规定向相应的交通运输主管部门提交下列书面材料：

①企业出具的申请函；

②企业施工资质证书、安全生产许可证等复印件，对未取得安全生产许可证的企业，需提供说明材料；

③个人考核申请表及考核申请汇总表；

④企业聘用劳动合同复印件；

⑤申请人的有效身份证件及学历证书或职称证书等复印件，并附申请人白色背景1寸免冠彩色正面照片1张。

施工企业对申请材料的真实性负责。

（3）安全生产三类人员考核分为安全管理能力考核和安全生产知识考试两部分。能力考核是对申请人申请资格的审核，知识考试是对申请人具备法律法规、安全生产管理、安全生产技术知识情况的测试。能力考核与知识考试均合格后，方可取得考核证书。

（4）申请人应当具备以下条件：

①具有完全民事行为能力；

②与申报企业有正式劳动关系；

③申请项目负责人考核的，年龄不超过65周岁；申请专职安全生产管理人员考核的，年龄

不超过60周岁。

(5)一级企业申请人的能力考核应具备以下条件:

①具有以下学历、职称和工作经历。企业主要负责人,应具有大专及以上学历或中级及以上技术职称且具有3年及以上的土木工程建设经历;项目负责人,应具有大专及以上学历或中级及以上技术职称且具有3年及以上的土木工程建设经历;施工现场专职安全员,应具有中专或同等学历且具有5年及以上的土木工程建设经历,或大专及以上学历且具有1年及以上的土木工程建设经历;企业专职安全员,应具有大专及以上学历或初级及以上技术职称且具有1年及以上的土木工程建设或安全管理经历。

②在申请考核之日前1年内,申请人未有在较大及以上等级安全责任事故中负有责任的情形。

③符合有关国家法律法规规定的要求。二级企业申请人的能力考核条件由省级交通运输主管部门参照制订。申请材料不齐或者不符合申报要求的,交通运输主管部门应当告知申报企业予以补充。未补充或补充后仍不符合要求的,将不予受理。

(6)证书的延期。安全生产三类人员的考核证书有效期满前,应于有效期截止日前3个月内,提出延期申请。有效期满而未申请延期的考核证书自动失效。延期申请按考核申请程序执行。施工企业除登录管理系统在线办理申请外,还应按规定向相应的交通运输主管部门提交如下申请材料:企业出具的延期申请函;个人延期申请表及延期申请汇总表;考核证书有效期内,施工企业发生过生产安全责任事故,本企业人员负有责任的,或因违反安全法律法规,本企业人员受到部或省级交通运输主管部门处罚或者通报批评的,需如实提供有关部门出具的事故认定报告或者处罚、通报文件等;原考核证书。

在考核证书有效期内,安全生产三类人员应当至少参加一次由省级交通运输主管部门组织的、不低于8个学时的安全生产继续教育。中央企业安全生产三类人员可参加交通运输部组织的安全生产继续教育。除中央企业外的一级企业延期申请材料经省级交通运输主管部门书面审核后报部。延期申请符合以下条件的,审核通过,准予延期:按期提出延期申请;按规定接受企业年度安全生产教育培训,参加部或省级交通运输主管部门组织的安全生产继续教育;在管理系统中申请人无不良从业记录;无本办法第二十条所列行为。

经审核准予延期的,由原发证机关在考核证书上加盖专用章,在管理系统中更新考核证书有效期。考核证书有效期每次延期期限为3年,项目负责人延期期限最长不超过65周岁,企业专职安全员和施工现场专职安全员延期期限最长不超过60周岁。

在考核证书有效期内,安全生产三类人员有下列行为之一的,不予延期,必须重新考核:

①企业主要负责人和企业专职安全员所在企业发生1起及以上重大、特大等级生产安全责任事故或2起及以上较大生产安全责任事故且本人负有责任的;项目负责人和施工现场专职安全员承建的工程项目发生过1起及以上一般及以上等级生产安全责任事故且本人负有责任的。

②本人受到交通运输部或者省级交通运输主管部门及安全监管机构行政处罚或通报批评的。

③未参加本企业组织的年度安全教育和交通运输主管部门组织的继续教育的。

④本人或为他人伪造证书或出据虚假证明的。

(7)证书变更。安全生产三类人员因所在企业名称或者个人信息改变等原因需要变更证书的,应由所在企业向原发证机关提出考核证书变更申请,并按照以下要求提交申请材料:施工企业名称变更;申请人工作单位调动;其他个人信息变更;考核证书遗失补办。因申请人工作单位跨省(自治区、直辖市)或在一、二级企业间调动的,变更申请应当先向原发证机关申请注销,原发证机关在调动变更申请表上签署意见,收回原证书;再按照考核申请程序,由新受聘企业向新发证机关提出换发申请,新发证机关应及时给予办理并变更三类人员管理系统信息。

4. 证书的使用及管理

考核证书在全国公路水运工程建设领域通用。建设单位或其委托的工程招标代理机构在编制有关招标文件时,应当明确要求投标施工企业提供本企业拟担任该项目安全生产三类人员的考核证书。在项目实施过程中,应当将安全生产三类人员具备考核证书纳入合同履约内容。

施工企业应当加强项目负责人及施工现场专职安全员的上岗登记和离岗核销管理。工程开工前,应当在管理系统中将参与工程的上述两类人员进行上岗登记。工程结束后或上述两类人员离岗时,应在管理系统中进行评价并核销。从业记录将作为考核证书延期审查的依据。各地交通运输主管部门及其安全监管机构应当对建设项目安全生产三类人员的岗位登记情况进行监督检查。

交通运输主管部门应当加强对安全生产三类人员履行安全管理职责的监督检查,并将安全生产三类人员的违法违规行为或者受到其他处罚的信息在管理系统中予以记录。任何单位或个人均有权向交通运输主管部门举报安全生产三类人员违法违规行为。

八、《国际海上人命安全公约》

1. 概述

海上人命安全问题一直为世人所重视,所有涉及海上安全的国际公约中,最重要的就是《国际海上人命安全公约》,这也是最早的海上安全公约之一。现行有效的《1974 年国际海上人命安全公约》是国际海事组织(IMO)于 1974 年 11 月 1 日在国际海上人命安全会议上讨论通过的,并于 1980 年 5 月 25 日起生效。该公约经两次议定书修正,并按 SOLAS1974 第Ⅷ条的规定,以 SOLAS1974 缔约国政府间会议的形式,或以 SOLAS1974 缔约国政府间会议的形式,作了多次修改。我国于 1980 年 1 月 7 日加入该公约,公约生效之日同时对我国生效。

2. SOLAS1974 制订的主要目的和要求

(1)规定了与安全相应的船舶构造、设备及操作的最低标准。由船旗国负责确保悬挂其国旗的船舶达到这一要求;按规定船舶须持有公约规定的证书,作为该船舶已达到公约标准的证明。

(2)SOLAS1974 公约是以各缔约国政府共同制订原则和相关规定,以增进海上人命安全为目的而缔结的。该公约由 13 个条款和一个附则组成。各缔约国承担义务实施该公约及其附则的各项规定。公约规定附则是公约的组成部分,凡引用该公约时,同时就引用其附则。各缔约国承担义务颁布一切必要的法律、法令、命令和规则,并采取一切必要的其他措施,使该公约完全充分有效。从人命安全的角度出发,保证船舶适合其预定的用途。

(3)SOLAS 公约 1978 年议定书和 1980 年议定书:由于 SOLAS1974 公约的生效条件是拥

有世界商船总吨至少50%的25个国家接受,因此公约生效需要多年的时间。该公约最终于1980年5月25日生效,但在这期间发生了一系列的海上事故,国际海事组织于1978年2月6日在伦敦召开国际油轮安全和防污染会议。会议对于SOLAS1974和《1973年国际防止船舶造成污染公约》作了重要修改,通过了《1978年国际油轮安全和防污染会议最终议定书》(含3个附件),其附件一即是《关于〈1974年国际海上人命安全公约〉的1978年议定书》。议定书于1981年5月1日起生效。该议定书主要针对油轮,其次也对其他船舶提出了要求:所有1 600总吨及以上的船舶必须配备雷达;所有10 000总吨及以上的船舶必须配备两套独立工作的雷达。该议定书还通过了一些改进船舶检验和发证的重要规则。

(4)SOLAS公约1988年议定书:1988年对公约做出的修改,它包括两个方面:全球海上遇险系统(GMDSS)和检验与发证协调系统(HSSC)。议定书于2000年2月3日起生效,1988年SOLAS议定书又相继通过多次修改和修正案。这些修正案已于2006年7月1日起生效。

3. SOLAS1974附则相关内容介绍

(1)第Ⅰ章　总则

对各种类型船舶的检验要求和颁发证书证明船舶符合公约要求是该章的重点。对于货船,在进行初次检验后,应每两年进行一次有关救生设备和其他设备的检验;每年要进行一次无线电设备的检验;对船体、机器和设备,检验期由主管机关从保证船舶状况各方面能达到满意的角度出发,视需要确定。

主要内容包括3节21条:

第1节(适用范围、定义等)共5条。第1节关于公约的适用范围、有关名词的定义、适用公约的例外、免除以及规则的生效等内容作了详细的规定。

第2节共15条。第2节规定了不同用途船舶法定检验的种类和检验的内容。为表明不同种类的船舶达到了公约规定的标准,船舶检验后,应向船舶签发公约规定的不同种类的证书,同时对证书的签发、证书的格式、有效期、证书的监督和证书的承认等内容作了规定。

第3节共21条。第3节规定了各主管机关对船舶事故进行调查和向国际海事组织报告的义务。

适用范围:适用于500总吨及以上从事国际航行的船舶(不适用于军用舰艇和运兵船、非机动船、制造简陋的木船、非营业性的游艇、渔船)。

(2)第Ⅱ章　构造

①第Ⅱ-1章:构造—分舱与稳定、机电设备。

使用范围:除另有明文规定外,适用于1980年5月25日或以后安放龙骨或处于类似建造阶段的船舶。该章主要涉及水密分隔要求及紧急情况下机电设备应满足的功能要求。客船的水密分隔必须保证船舶在假定的破损后,仍将保持在一个稳定的位置。分舱等级,由两个相邻横舱壁的最大允许距离测得,规定了它随船长和船舶用途的不同而不同,对机电设备的要求,目的在于保证各种紧急情况下对于船舶、船员的安全必不可少的功能。

②第Ⅱ-2章:构造—防火、探火和灭火。

适用规定:除另有明文规定外,适用于1980年5月25日或以后安放龙骨或处于类似建造阶段的船舶。该章分为四部分,讲述了船舶防火、探火和灭火的基本原则,固定式灭火系统的要求,消防设备的要求,机器处所的消防配备和特殊布置等通用要求,并根据各种不同种类船舶的特点,规定了船舶防火结构的布置,具体规定了船舶防火、探火和灭火设备布置及配置的方法。

(3)第Ⅲ章　救生设备与装置

现行 SOLAS1974 附则第Ⅲ章主要是对救生设备和装置的要求,分 A 和 B 两个部分,共 37 条。其中,A 部分是通则;B 部分是对船舶和救生设备的要求,包括客船和货船、客船附加要求、货船附加要求三节,规定了适用于所有船舶的一般要求,并根据船型、设备、构造特征规定了应配备的救生设备,确定其容量的方法,以及维修和随时可用性的要求,并有应急和例行演习的程序,同时分别针对客船和货船规定了附加要求。另外,对各救生设备和装置的技术性要求还必须符合 1998 年 7 月 1 日期生效的《国际救生设备(LSA)规则》的规定。

(4)第Ⅳ章　无线电通信设备

现行 SOLAS1974 附则第Ⅳ章主要是对无线电通信设备的要求,分 A、B 和 C 三个部分,共 17 条。A 部分为通则;B 部分强调了缔约国政府的承诺;C 部分规定了船舶分海区应配备的无线电设备的类型以及无线电值班的操作、电源、性能标准、维修、无线电人员、无线电记录等要求。

另外,本章的部分条款的要求还必须考虑到国际电信联盟(ITU)无线电规则的相关规定。

(5)第Ⅴ章　航行安全

现行 SOLAS1974 附则第Ⅴ章主要是有关船舶航行安全的要求,2000 年 12 月召开的第 73 届海上安全委员会以海安会决议 MSC.99(73)通过的 SOLAS 公约修正案,对以前的第Ⅴ章作了全面改写,共 35 条及 1 个附录。除另有明文规定外,该章适用于所有航线上所有船舶,而公约附则的其他章节只适用于从事国际航行的某类船舶。其内容主要是操作性条款,涉及保持对船舶的气象服务、水文服务、冰区巡逻服务、船舶航线服务,提供搜救服务、船舶运输服务、船舶报告系统等。同时,规定了缔约国政府应从安全角度出发保证所有船舶得以充分和有效配员的一般义务。另外,还对安装雷达和其他助航设备的要求以及驾驶台可视范围等作了规定。

(6)第Ⅸ章　船舶安全营运

SOLAS1974 附则第Ⅸ章—船舶安全营运管理于 1994 年 5 月 SOLAS 缔约国大会上获得通过,并新增加入《1974 年国际海上人命安全公约》。ISM 规则作为该章的附则成为强制性规则,于 1998 年 7 月 1 日起,适用于客船、高速客船、500 总吨及以上油船、化学品船、气体运输船、散货船和高速船;于 2002 年 7 月 1 日起,适用于移动式近海钻井装置和 500 总吨及以上其他货船。上述日期后,有关当局将对船舶所持的“安全管理证书”和“符合证明”(副本)进行监督检查。本章共分 6 节,分别为:定义、适用范围、安全管理要求、发证、状况的保持、验证与控制。该规则为港口国监督提供了第一个关于对船舶操作性要求进行监督的程序。ISM 规则基本要求是:由负责船舶营运的公司建立并在岸上和船上实施经船旗国主管机关认可的安全管理体系(SMS),从而使公司能够针对已认定的所有风险制订防范措施,并不断提高岸上及船上人员的安全管理技能,做到安全管理符合强制性规定及规则,最终实现保证海上安全、防止人员伤亡、避免对环境、特别是海洋环境造成危害以及对财产造成损失的目标。

(7)第Ⅺ章　加强海上安全、保安的特别措施

SOLAS1974 附则第 XI 章——加强海上安全的特别措施,为 1994 年 5 月 SOLAS 缔约国外交大会修正案所新增的章节,于 1996 年 1 月 1 日起生效。

第 XI 章涉及对被认可组织的授权，这种被认可的组织应符合 IMO 指定的 A.739（18）决议案“对代表主管机关组织的授权指南”的要求。

100 总吨及以上货船应具有按 IMO 制订的 A.600（15）决议——《国际海事组织船舶识别号方案》规定的“船舶识别号”。这种船舶识别号（即国际海事组织编号，IMO）自船舶建造完工时给予，直到船舶报废拆穿为止始终不变。这对于 IMO 对船舶安全及防污的宏观管理及海难救助中识别船舶都是极为有利的。按公约要求船舶识别号应列入船舶的所有证书，包括副本之中。对 1996 年 1 月 1 日前建造的船舶，应在这一日期或以后换新证书时起生效。关于港口国对操作要求的监督，公约规定缔约国政府正式授权的官员，对停靠该港口的其他缔约国的船舶进行监督，评估船员履行自己职责的能力及对船舶安全营运程序熟悉情况。具体做法是依据 IMOA.742（18）决议“船舶安全和防污染操作要求的监督程序”。进行监督的缔约国政府应采取措施确保被检查的不合格船舶在消除缺陷前不能离港。

2002 年 12 月修正案（海安会决议 MSC.134（76））于 2004 年 7 月 1 日起生效，对第 XI 章以下主要内容进行了修改：将现有第 XI 章重新编号为第 XI-1 章，并新增了第Ⅺ－2 章内容。

第 XI-1 章第 3 条规定，2004 年 7 月 1 日以前建造的船舶，应在不迟于 2004 年 7 月 1 日以后的第一次计划干坞检验之日符合本条 4 和 5 的要求。新增 3.5 条对船舶识别号的位置、颜色、高度、宽度等进行了具体规定。新增了第 5 条连续概要记录的内容。

新增的第 XI-2 章为加强海上保安的特别措施：国际船舶和港口设施保安规则（以下简称 ISPS 规则）对缔约国政府应承担的责任和义务作了相应的规定。

SOLAS1974 附则的第 VI 章货物运输、第 VII 章危险货物的载运、第 VIII 章核能船舶、第 X 章高速船安全措施、XII 散货船安全附加措施，以上五章与施工行业关系不大，因此不做介绍。

4. 应用 SOLAS 公约的方法

有关人员在学习应用 SOLAS 公约时，就要根据本船的建造日期，有针对性地学习、对照相关综合文本的章节规定，检查本船的设备等是否符合公约的要求。否则，如 PSCO 不十分熟悉 SOLAS 公约各次修正案的适用要求，有可能会拿出适用于 1998 年 7 月 1 日或以后安放龙骨或处于相似建造阶段的船舶的要求来衡量 1998 年 6 月 30 日或以前安放龙骨或处于相似建造阶段的船舶，从而造成船舶滞留。

在阅读 SOLAS 公约时，应注意阅读方法：看每一章时，首先要看第 1 条适用范围，按本船的建造日期“对号入座”。如果本船的建造日期与所看 SOLAS 章节的适用范围不同，则应查阅其他版本的综合文本或修正案。举例说明：“A”轮，2003 年 9 月 29 日建造（安放龙骨），查对灭火器的备用灭火剂配备，应查阅 2000 修正案第 II－2 章第 10 条“灭火”中的－3“手提式灭火器”3.3“备用灭火剂”－3.3.1 能够在船上进行再充装的灭火器，其备用灭火剂的数量应按前 10 个灭火器的 100% 和剩下其他灭火器的 50% 进行配备。备用灭火剂的总数不必超过 60 份。船上应备有充装说明。3.3.2 对于不能在船上进行充装的灭火器，应额外配备本条 3.3.1 所确定的相同灭火剂量、形式、能力和数量的手提灭火器以代替备用灭火剂。而“B”轮，2000 年 8 月 7 日建造（安放龙骨），查对灭火器的备用灭火剂配备，应查阅 2001 综合文本第 II－2 章，第 6 条“灭火器”中的 2“应按照主管机关规定的要求配足备用灭火剂”。同样，在 2001 综合文本中的第 III 章“救生设备和装置”第 1 条适用范围中注明“除另有明文规定者外，本章应适用于 1998 年 7 月 1 日或以后安放龙骨或处于类似建造阶段的船舶”。而在 1997 综合文本中的第Ⅲ章第1条适用范围中则注明“除另有明文规定者外，本章应适用于1986年7月1日或以后安放龙骨或处于类似建造阶段的船舶”。这样，在参阅对照检查本船的救生设备时，就要根据本船的建造日期进行核对。但要注意有关“应急训练与演习（Emergency Trainingand Drills）”（1997综合文本中为第18条、2001综合文本中为第19条、2004综合文本中为第19条），应按2004综合文本中第19条进行。

“对号入座”是理解SOLAS公约各次修改案适用的船舶范围的钥匙。

九、《船舶最低安全配员规则》

《船舶最低安全配员规则》（中华人民共和国交通部令2004年第7号）于2004年6月18日经第十五次部务会议通过，自2004年8月1日起施行。

《船舶最低安全配员规则》共5章27条。

第一章　总则，共5条。

本规则依据《海上交通安全法》、《国内河交通安全管理条例》和中华人民共和国缔结或者参加的有关国际条约制定。中华人民共和国国籍的机动船舶的船员配备和管理，适用本规则。本规则对外国籍船舶作出规定的，从其规定。军用船舶、渔船、体育运动船艇以及非营业的游艇，不适用本规则。中华人民共和国海事局是船舶安全配员管理的主管机关。各级海事管理机构依照职责负责本辖区内的船舶安全配员的监督管理工作。本规则所要求的船舶安全配员标准是船舶配备船员的最低要求。船舶所有人（或者其船舶经营人、船舶管理人，下同）应当按照本规则的要求，为所属船舶配备合格的船员，但是并不免除船舶所有人为保证船舶安全航行和作业增加必要船员的责任。

第二章　最低安全配员原则，共4条。

确定船舶最低安全配员标准应综合考虑船舶的种类、吨位、技术状况、主推进动力装置功率、航区、航程、航行时间、通航环境和船员值班、休息制度等因素。船舶在航行期间，应配备不低于按本规则附录一、附录二、附录三所确定的船员构成及数量。其中列明的减免规定是根据各类船舶在一般情况下制订的，海事管理机构在核定具体船舶的最低安全配员数额时，如认为配员减免后无法保证船舶安全时，可不予减免或者不予足额减免。船舶所有人可以根据需要增配船员，但船上总人数不得超过经中华人民共和国海事局认可的船舶检验机构核定的救生设备定员标准。

第三章　最低安全配员管理，共10条。

中国籍船舶应当按照本规则的规定，持有海事管理机构颁发的《船舶最低安全配员证书》。在中华人民共和国内水、领海及管辖海域的外国籍船舶，应当按照中华人民共和国缔结或者参加的有关国际条约的规定，持有其船旗国政府主管机关签发的《船舶最低安全配员证书》或者等效文件。

船舶所有人应当在申请船舶国籍登记时，按照本规则的规定，对其船舶的最低安全配员如何适用本规则附录相应标准予以陈述，并可以包括对减免配员的特殊说明。海事管理机构应当在依法对船舶国籍登记进行审核时，核定船舶的最低安全配员，并在核发船舶国籍证书时，向当事船舶配发《船舶最低安全配员证书》。

在境外建造或者购买并交接的船舶，船舶所有人应持船舶买卖合同或者建造合同及交接文件、船舶技术和其他相关资料的副本（复印件）到所辖的海事管理机构办理《船舶最低安全配员证书》。

海事管理机构核定船舶最低安全配员时，除查验有关船舶证书、文书外，可以就本规则第六条所述的要素对船舶的实际状况进行现场核查。船舶在航行、停泊、作业时，必须将《船舶最低安全配员证书》妥善存放在船备查。

船舶不得使用涂改、伪造以及采用非法途径或者舞弊手段取得的《船舶最低安全配员证书》。船舶所有人应当按照本规则的规定和《船舶最低安全配员证书》载明的船员配备要求，为船舶配备合格的船员。

船舶所有人应当在《船舶最低安全配员证书》有效期截止前1年以内，或者在船舶国籍证书重新核发或者相关内容发生变化时，凭原证书到船籍港的海事管理机构办理换发证书手续。船舶状况发生变化需改变证书所载内容时，船舶所有人应当到船籍港的海事管理机构重新办理《船舶最低安全配员证书》。

在特殊情况下，船舶需要在船籍港以外换发或者补发《船舶最低安全配员证书》，经船籍港海事管理机构同意，船舶当时所在港口的海事管理机构可以按照本规定予以办理并通报船籍港海事管理机构。

第四章　监督检查，共5条。

中国籍、外国籍船舶在办理进、出港口或者口岸手续时，应当交验《船舶最低安全配员证书》。中国籍、外国籍船舶在停泊期间，均应配备足够的掌握相应安全知识并具有熟练操作能力能够保持对船舶及设备进行安全操纵的船员。

无论何时，500总吨及以上（或者750kW及以上）海船、600总吨及以上（或者441kW及以上）内河船舶的船长和大副，轮机长和大管轮不得同时离船。

船舶未持有《船舶最低安全配员证书》或者实际配员低于《船舶最低安全配员证书》要求的，对中国籍船舶，海事管理机构应当禁止其离港直至船舶满足本规则要求；对外国籍船舶，海事管理机构应当禁止其离港，直至船舶按照《船舶最低安全配员证书》的要求配齐人员，或者向海事管理机构提交由其船旗国主管当局对其实际配员作出的书面认可。

第五章　附则，共3条。

规定《船舶最低安全配员证书》由中华人民共和国海事局统一印制。《船舶最低安全配员证书》的编号应与船舶国籍证书的编号一致。《船舶最低安全配员证书》有效期的截止日期与船舶国籍证书有效期的截止日期相同。本规则附录一《海船、轮机部和客运部最低安全配员表》、附录二《海船无线电人员最低安全配员表》和附录三《内河船舶甲板部、轮机部和客运部最低安全配员表》的内容，可由中华人民共和国海事局根据有关法律、行政法规和相关国际公约进行修改。

十、《海上海事行政处罚规定》

1. 概述

由原交通部制订并颁布的《中华人民共和国海上海事行政处罚规定》（8号令）已于2003年9月1日起施行。现将有关内容节选和解读如下：

该规定全面修改了1998年9月2日公布的《水上安全监督行政处罚规定》（交通部第7号

令)。目的是进一步规范海上海事行政处罚行为,保障和监督海上海事行政管理,维护海上交通秩序,防止和减少船舶海上交通事故。该规定分总则、海上海事行政违法行为和行政处罚、程序、附则,共五章,一百三十六条。

2. 海上海事行政处罚适用范围

在中华人民共和国(简称中国)管辖沿海水域及相关陆域发生的违反海上海事行政管理秩序的行为,适用中国有关法律、行政法规和本规定实施海事行政处罚。

在中国管辖沿海水域及相关陆域外但属于中国籍的海船内发生的违反海上海事行政管理秩序的行为,也适用中国有关法律、行政法规和本规定实施海事行政处罚。

中国籍船员在中国管辖沿海水域及相关陆域外违反海上海事行政管理秩序,并且按照中国有关法律、行政法规应当处以行政处罚的行为,也适用中国有关法律、行政法规和本规定实施海事行政处罚。

3. 海上海事行政违法行为

(1)违反船舶所有人、经营人和船舶安全营运管理秩序;

(2)违反船舶、海上设施检验管理秩序;

(3)违反海上船舶登记管理秩序;

(4)违反海上船员管理秩序;

(5)违反海上航行、停泊和作业管理秩序;

(6)违反海上通航安全保障管理秩序;

(7)违反海上危险货物载运安全监督管理秩序;

(8)违反海难救助管理秩序;

(9)违反海上打捞管理秩序;

(10)违反海上船舶污染沿海水域监督管理秩序;

(11)违反海上交通事故调查处理秩序;

(12)其他海事行政违法行为。

新的处罚规定对旧的处罚规定作了较大的修改,是对旧规定存在的不足加以完善。新的处罚规定面更广了,行政处罚不仅针对船公司,并增加了对船员的处罚,因为对所有的法律、法规的遵守以及对公司安全管理制度的落实都要体现在船员能否严格地执行上。

4. 海事行政处罚的种类

(1)警告;

(2)罚款;

(3)撤销船舶检验资格;

(4)吊销船舶国籍证书或临时船舶国籍证书;

(5)没收船舶登记证书;

(6)扣留船员职务证书;

(7)吊销船员职务证书;

(8)吊销海员出境入境证件;

(9)没收违法所得;

(10)没收船舶;

(11)法律、行政法规规定的其他海事行政处罚。

本条前款所称船员职务证书,包括船员培训合格证、船员服务簿、船员适任证书及其他适任证件。

5. 海事行政处罚的特点

海事行政处罚的轻重,应当与海事行政违法行为和承担的海事行政法律责任相适应。海事违法行为轻微并及时纠正,没有造成危害后果的,不予海事行政处罚。海事行政违法行为的当事人有《行政处罚法》第二十七条所列情形之一的,应当依法从轻处以海事行政处罚或减轻海事行政处罚。有海事行政违法行为的中国籍船舶和船员在境外已经受到海事行政处罚的,不得重复给予海事行政处罚。

但对于那些法制意识淡薄屡教不改、事故情节严重造成严重后果的就要课以重罚。新规定不仅对处罚规定名称作了相应的修改,而且增设了一些新的行政处罚条款,对违法行为进行了比较明晰的界定。例如,增加了对违反船舶所有人、经营人和船舶安全营运管理秩序的处罚。

6. 海上海事行政违法行为和行政处罚

1)违反船舶所有人、经营人和船舶安全营运管理秩序

对违反船舶所有人、经营人和船舶安全营运管理秩序,有下列行为之一的,对船舶所有人或船舶经营人处以罚款。

(1)未取得船舶所有人、经营人安全营运与防污染管理体系符合证明而从事航行或其他有关活动。

(2)提供虚假材料或以其他不正当手段骗取船舶所有人、经营人安全营运与防污染管理体系符合证明。

(3)伪造、变造船舶所有人、经营人安全营运与防污染管理体系审核的符合证明。

(4)转让、买卖、租借、冒用船舶所有人、经营人安全营运与防污染管理体系审核的符合证明。

(5)使用伪造、变造的船舶所有人、经营人安全营运与防污染管理体系符合证明从事航行或其他有关活动。

本条前款规定罚款的数额依照下列规定确定:

①属于非经营活动中的违法行为的,处以 200 元以上1 000元以下罚款;

②属于经营活动中的违法行为,有违法所得的,处以违法所得的 3 倍以下、最多不超过 3 万元的罚款;

③属于经营活动中的违法行为,无违法所得的,处以 300 元以上 1 万元以下罚款。

对违反船舶安全营运管理秩序,有下列行为之一的,处以罚款、扣留船员职务证书直至吊销船员职务证书:

①未取得船舶安全管理证书从事航行或其他有关活动;

②提供虚假材料或以其他不正当手段骗取船舶安全管理证书;

③伪造、变造船舶安全管理证书;

④转让、买卖、租借、冒用船舶安全管理证书;

⑤使用伪造、变造的船舶安全管理证书从事航行或其他有关活动。

本条前款规定罚款的数额、扣留船员职务证书的期限和吊销船员职务证书，依照下列规定确定：

①属于非经营活动中的违法行为的，对船舶所有人或经营人处以200元以上1 000元以下罚款；对船长处以200元以上1 000元以下罚款，并可扣留船员职务证书3个月至6个月。

②属于经营活动中的违法行为，有违法所得的，对船舶所有人或船舶经营人处以违法所得的3倍以下、最多不超过3万元的罚款；对船长处以本人违法所得的3倍以下、最多不超过2万元的罚款，并可扣留船员职务证书12个月至24个月。

③属于经营活动中的违法行为，无违法所得的，对船舶所有人或船舶经营人处以500元以上1万元以下罚款；对船长处以300元以上8 000元以下罚款，并可扣留船员职务证书6个月至12个月。

2）违反海上航行、停泊和作业管理秩序的海事行政处罚

（1）违反《海上交通安全法》第六条的规定，船舶未按照标准定额配备足以保证船舶安全的合格船员，依照《海上交通安全法》第四十四条的规定，处以下列行政处罚：

①属于非经营活动中的违法行为的，对船舶所有人或船舶经营人处以300元以上1 000元以下罚款；对船长处以200元以上1 000元以下罚款，并可扣留船员职务证书3个月至6个月。

②属于经营活动中的违法行为，有违法所得的，对船舶所有人或船舶经营人处以违法所得的3倍以下、最多不超过3万元的罚款；对船长处以本人违法所得的3倍以下、最多不超过2万元的罚款，并可扣留船员职务证书3个月至12个月。

③属于经营活动中的违法行为，无违法所得的，对船舶所有人或船舶经营人处以500元以上1万元以下罚款；对船长处以300元以上8 000元以下罚款，并可扣留船员职务证书3个月至6个月。

本条款所称未按照标准定额配备足以保证船舶安全的合格船员，包括下列情形：

①船舶所配船员的数量低于船舶最低安全配员证书规定的定额要求；

②船舶所配船员未持有有效的适任证书；

③船舶未持有有效的船舶最低安全配员证书。

（2）违反《海上交通安全法》第九条的规定，船舶、设施上的人员不遵守有关海上交通安全的规章制度和操作规程，影响船舶、设施航行、停泊和作业的安全，依照《海上交通安全法》第四十四条的规定，处以下列数额的罚款：

①属于非经营活动中的违法行为的，处以100元以上1 000元以下罚款；

②属于经营活动中的违法行为，有违法所得的，处以本人违法所得的3倍以下、最多不超过3万元的罚款；

③属于经营活动中的违法行为，无违法所得的，处以100元以上1万元以下罚款。

本条前款所称不遵守有关海上交通安全的规章制度，包括下列情形：

①在船上履行船员职务，不携带有效船员职务证书；

②在船上履行船员职务，超越船员职务证书所载职务、职能、航区、航线、等级或主机种类；

③在船上履行船员职务，未按照船员值班规则实施值班；

④未获得必要的休息上岗操作；

⑤在船上值班期间，体内酒精含量超过规定的标准；

⑥在船上履行船员职务，服食可能影响安全操作的违禁药物；

⑦不遵守有关海上交通安全的规章制度的其他情形。

本条前款所称不遵守有关海上交通安全操作规程，包括下列情形：

①不采用安全速度航行；

②不按规定的航路航行；

③不遵守避碰规则、雾航规则；

④不按规定停泊、倒车、掉头、追越、抢头；

⑤不按规定显示信号；

⑥不按规定守听航行通信；

⑦不按规定进行试车、试航、测速、辨校方向；

⑧不按规定检修影响船舶适航性能的设备；

⑨不按规定检修通信设备和消防设备；

⑩不按规定保持船舱良好通风或清洁；

⑪不按规定使用明火；

⑫不按规定填写航海日志；

⑬不按规定保障人员上下船舶、设施的安全；

⑭不按照有关海上交通安全操作规程进行其他操作。

(3)违反《海上交通安全法》第九条的规定，船舶、设施上的人员不遵守有关海上交通安全的规章制度和操作规程，影响船舶、设施航行、停泊和作业的安全，造成海上交通事故的，还应依照《海上交通安全法》第四十四条的规定，处以下列行政处罚：

①造成特别重大事故的，对全部责任者、主要责任者，吊销船员职务证书；对次要责任者扣留船员职务证书12个月直至吊销船员职务证书；对相当责任者，扣留船员职务证书24个月或吊销船员职务证书。

②造成重大事故的，对全部责任者、主要责任者，吊销船员职务证书；对次要责任者，扣留船员职务证书12个月至24个月；对相当责任者，扣留船员职务证书18个月或吊销船员职务证书。

③造成大事故的，对全部责任者、主要责任者，扣留船员职务证书24个月或吊销船员职务证书；对次要责任者，扣留船员职务证书6个月；对相当责任者，扣留船员职务证书12个月。

④造成一般事故的，对全部责任者、主要责任者，扣留船员职务证书12个月至24个月；对次要责任者，扣留船员职务证书3个月至6个月；对相当责任者，扣留船员职务证书6个月至12个月。

⑤造成小事故的，对全部责任者、主要责任者，扣留船员职务证书6个月至12月；对次要责任者扣留船员职务证书3个月；对相当责任者，扣留船员职务证书3个月至6个月。

(4)违反《海上交通安全法》第十条的规定，船舶、设施不遵守有关法律、行政法规和规章，影响其他船舶、设施航行、停泊和作业的安全，依照《海上交通安全法》第四十四条的规定，处以下列数额的罚款：

①属于非经营活动中的违法行为的，对船舶或设施所有人、经营人处以200元以上1 000元以下罚款；对船长或设施主要负责人和其他直接责任人员处以100元以上1 000元以下

罚款。

②属于经营活动中的违法行为，有违法所得的，对船舶或设施所有人、经营人处以违法所得的3倍以下、最多不超过3万元的罚款；对船长或设施主要负责人和其他直接责任人员处以本人违法所得的3倍以下、最多不超过3万元的罚款。

③属于经营活动中的违法行为，无违法所得的，对船舶或设施所有人、经营人处以300元以上1万元以下罚款；对船长或设施主要负责人和其他直接责任人员处以100元以上1万元以下罚款。

本条前款所称船舶、设施不遵守有关法律、行政法规和规章，影响其他船舶、设施航行、停泊和作业的安全，包括下列情形：

①不按规定检修、检测影响船舶适航性能的设备；

②不按规定检修、检测通信设备和消防设备；

③不按规定载运旅客；

④不按规定装载货物、车辆；

⑤不符合安全航行限制条件而开航；

⑥不符合安全作业限制条件而作业；

⑦未经批准从事夜航；

⑧强令船员违规操作；

⑨强令船员疲劳上岗操作；

⑩未按船员值班规则安排船员值班；

⑪超过核定航区航行；

⑫未按规定的航路行驶；

⑬不遵守避碰规则、雾航规则；

⑭不采用安全速度航行；

⑮不按规定停泊、倒车、掉头、追越、抢头；

⑯不按规定进行试车、试航、测速、辨校方向；

⑰不遵守航行、停泊和作业信号规定；

⑱不遵守强制引航规定；

⑲不遵守航行通信和无线电通信管理规定；

⑳不按规定保持船舱良好通风或清洁；

㉑不按规定保障人员上下船舶、设施的安全；

㉒不遵守有关明火作业安全操作规程；

㉓未按规定拖带，或非拖带船从事拖带作业；

㉔违反船舶并靠或过驳有关规定；

㉕不按规定填写航海日志；

㉖未按规定报告船位、船舶动态；

㉗不遵守有关法律、行政法规和规章，影响其他船舶、设施航行、停泊和作业安全的其他情形。

(5)违反《海上航行警告和航行通告管理规定》第五条第一款的规定，在中华人民共和国沿海水域从事下列活动，未事先向海事管理机构申请发布海上航行警告、航行通告，依照《海上航行警告和航行通告管理规定》第十七条的规定，责令其停止活动，并可以处2 000元以下罚款：

①改变航道、航槽；

②划定、改动或撤销禁航区、抛泥区、水产养殖区、测速区、水上娱乐区；

③设置或撤除公用罗经标、消磁场；

④打捞沉船、沉物；

⑤铺设、撤除、检修电缆和管道；

⑥设置、撤除系船浮筒及其他建筑物；

⑦设置、撤除用于海上勘探开发的设施和其安全区；

⑧从事扫海、疏浚、爆破、打桩、拔桩、起重、钻探等作业；

⑨进行使船舶航行能力受到限制的超长、超高、笨重拖带作业；

⑩进行有碍海上航行安全的海洋地质调查、勘探和水文测量；

⑪进行其他影响海上航行和作业安全的活动。

(6)违反《海上交通安全法》第三十七条规定，发生海上交通事故的船舶、设施有下列行为之一，依照《海上交通安全法》第四十四条规定，处以警告、罚款，扣留或吊销船员职务证书：

①不互通名称、国籍和登记港；

②不救助遇难人员；

③在不严重危及自身安全的情况下，擅自离开事故现场或逃逸。

本条前款规定罚款的数额、扣留船员职务证书的期限和吊销船员职务证书，依照下列规定确定：

①属于非经营活动中的违法行为的，对船舶、设施所有人或经营人处以 200 元以上1 000元以下罚款；对船长、设施主要负责人处以 100 元以上1 000元以下罚款，并可扣留船员职务证书 3 个月至 6 个月；

②属于经营活动中的违法行为的，对船舶、设施所有人或经营人处以 200 元以上 1 万元以下罚款；对船长、设施主要负责人处以 100 元以上8 000元以下罚款，并可扣留船员职务证书 6 个月至 12 个月。

(7)违反《海上交通事故调查处理条例》规定，有下列行为之一的，依照《海上交通事故调查处理条例》第二十九条的规定，对船员处以警告或 200 元以下罚款；对船舶所有人或经营人处以警告或5 000元以下罚款：

①发生海上交通事故，未按规定的时间向海事管理机构报告或提交《海上交通事故报告书》；

②发生海上交通事故，在国外进行诉讼、仲裁或调解，船舶所有人或经营人未按《海上交通事故调查处理条例》第三十二条规定的时间将判决书、裁决书或调解书的副本或影印件报船籍港的海事管理机构备案；

③发生海上交通事故，未按海事管理机构的要求驶往指定地点，或在未发现危及船舶安全的情况下未经海事管理机构同意擅自驶离指定地点；

④发生海上交通事故，报告或《海上交通事故报告书》的内容不符合《海上交通事故调查

处理条例》第五条、第七条规定的要求，或不真实，影响事故调查或给有关部门造成损失；

⑤发生海上交通事故，不按《海上交通事故调查处理条例》第九条的规定，向当地或船舶第一到达港地的船舶检验机构、公安消防监督机关申请检验、鉴定，并将检验报告副本送交海事管理机构备案，影响事故调查；

⑥拒绝接受事故调查或无理阻挠、干扰海事管理机构进行事故调查的；

⑦在接受事故调查时故意隐瞒事实或提供虚假证明。

(8)海事行政处罚案件由海事行政违法行为发生地的海事管理机构管辖，法律、行政法规和本规定另有规定的除外。

本条前款所称海事行政违法行为发生地，包括海事行政违法行为的初始发生地、过程经过地、结果发生地。

(9)海上海事行政处罚的简易程序：海事行政违法事实确凿，并有法定依据的，对自然人处以警告或处以50元以下罚款，对法人或其他组织处以警告或1 000元以下罚款的海事行政处罚的，可以当场作出海事行政处罚决定。

(10)海事行政执法人员依法当场作出海事行政处罚决定，应当遵守下列程序：

①向当事人出示海事行政执法证件；

②告知当事人作出海事行政处罚决定的事实、理由和依据以及当事人依法享有的权利；

③听取当事人的意见；

④复核当事人提出的事实、理由和证据；

⑤填写预定格式、统一编号的海事行政处罚决定书；

⑥将海事行政处罚决定书当场交付当事人；

⑦当事人在海事行政处罚决定书副本上签字。

(11)当事人可以依法提出陈述和申辩的权利

如果执法人员使用的法律不正确、不适当、当事人应依法保护自己的权利，规定明确了当事人可以依法提出陈述和申辩的权利，海事管理机构应当充分听取，并对当事人提出的事实、理由和证据进行复核。当事人提出的事实、理由或证据成立的，海事管理机构应当采纳。当事人要求组织听证的，海事管理机构应当按规定组织听证。当事人逾期未提出陈述、申辩或逾期未要求组织听证的，视为放弃有关权利。

十一、《海上航行警告和航行通告管理规定》

1992年12月22日国务院印发了《关于〈中华人民共和国海上航行警告和航行通告管理规定〉的批复》(国函〔1992〕204号)，1993年1月11日原交通部发布《中华人民共和国海上航行警告和航行通告管理规定》(交通部令第44号)，自1993年2月1日起施行。

《海上航行警告和航行通告管理规定》共二十五条。

第一条至第四条明确了本规定的制订依据、适用范围、主管机关、海上航行警告和海上航行通告的发布形式。

第五条规定了在中华人民共和国沿海水域从事下列活动，必须事先向所涉及的海区的区域主管机关申请发布海上航行警告、航行通告：

(1)改变航道、航槽；

(2)划定、改动或者撤销禁航区、抛泥区、水产养殖区、测速区、水上娱乐区；

(3)设置或者撤除公用罗经标、消磁场；

(4)打捞沉船、沉物；

(5)铺设、撤除、检修电缆和管道；

(6)设置、撤除系船浮筒及其他建筑物；

(7)设置、撤除用于海上勘探开发的设施和其安全区；

(8)从事扫海、疏浚、爆破、打桩、拔桩、起重、钻探等作业；

(9)进行使船舶航行能力受到限制的超长、超高、笨重拖带作业；

(10)进行有碍海上航行安全的海洋地质调查、勘探和水文测量；

(11)进行其他影响海上航行和作业安全的活动。

军事单位划定、改动或者撤销军事禁航区、军事训练区，由国家主管机关或者区域主管机关发布海上航行警告、航行通告。

第六条规定了组织或者从事本规定第五条第一款所列各项活动的单位，应当在活动开始之日的七天前向该项活动所涉及海区的区域主管机关递交发布海上航行警告、航行通告的书面申请。但是，有特殊情况，经区域主管机关认定，需要立即发布海上航行警告、航行通告的除外。从事本规定第五条第一款第(九)项所列活动的，依照本规定第七条执行。

书面申请应当包括下列内容：

(1)活动起止日期和每日活动时间；

(2)活动内容和活动方式；

(3)参加活动的船舶、设施和单位的名称；

(4)活动区域；

(5)安全措施。

第七条规定船舶从事本规定第五条第(九)项所列活动的，应当在启拖开始之日的三天前向启拖地所在海区的区域主管机关递交发布海上航行警告、航行通告的书面申请。

书面申请应当包括下列内容：

(1)拖船、被拖船或者被拖物的名称；

(2)启拖时间；

(3)起始位置、终到位置及主要转向点位置；

(4)拖带总长度；

(5)航速。

第八条规定海上航行警告、航行通告发布后，申请人必须在国家主管机关或者区域主管机关核准的时间和区域内进行活动；需要变更活动时间或者改换活动区域的，应当依照本规定，重新申请发布海上航行警告、航行通告。

第九条规定船舶、设施在海上发现下列情形，应当尽快向就近的区域主管机关报告：

(1)航海图书上未载明的浅滩、礁石；

(2)异常磁区或者海水变色；

(3)沉船、沉物、危险物、碍航漂流物；

(4)助航标志或者导航设施变异、失常；

(5)其他有碍海上航行安全的情形。

报告内容应当包括发现时间、地点和被发现物的状况。

第十条规定区域主管机关收到有碍海上航行安全的报告或者发布海上航行警告、航行通告的申请后,应当立即核实有关资料,根据实际需要和接收范围,决定发布海上航行警告、航行通告。

第十一条规定区域主管机关对本管辖区域内的下列情形,应当发布海上航行警告、航行通告。

(1)设置、调整或者撤销锚地;

(2)设置或者撤销海难救助区、防污作业区、海上作业重大事故区;

(3)设置、变更或者撤销分道通航制;

(4)设置、撤除、改建、变更或者恢复助航标志和导航设施;

(5)其他有碍海上航行和作业安全的情形。

第十二条规定国家主管机关或者区域主管机关在发布海上航行警告、航行通告以及收到本规定第九条规定的各项报告时,应当及时向海军航海保证部门提供有关资料并通报有关情况。

第十三条规定海岸电台负责并按照规定的时间、频率和要求播发海上航行警告。播发的程序和办法由国务院交通主管部门另行制订。

第十四条规定船舶、设施的有关人员必须按照规定抄收海岸电台播发的海上航行警告。

第十五条规定有关单位收到海上航行通告后,必须采取有效手段,及时通知所属船舶、设施。

第十六条规定对于执行本规定做出显著成绩的单位和个人,由国家主管机关或者区域主管机关给予奖励。

第二十二条规定在渔港水域内新建、改建、扩建各种设施或者进行其他施工作业,由渔政渔港监督管理机关根据本规定和国家其他有关规定发布海上航行通告。

第二十三条规定军事单位涉及海上航行警告、航行通告事宜的管理办法,根据《中华人民共和国海上交通安全法》有关规定,另行制订。

十二、《水上水下施工作业通航安全管理规定》

《水上水下施工作业通航安全管理规定》(交通部令第4号)1998年4月21日第6次部长办公会议通过,自2000年1月1日起施行。

《水上水下施工作业通航安全管理规定》共六章三十条。

第一章　总则,共3条。

明确了本规定的制定依据是《海上交通安全法》、《内河交通安全管理条例》及其他有关规定。

本规定的适用范围:设置、拆除水上水下设施;修建码头、船坞、船台、闸坝,构筑各类堤岸或人工岛;架设桥梁、索道,构筑水下隧道;打捞沉船、沉物;铺设、撤除、检修水上水下电缆或管道;设置用于捕捞、养殖的固定网具设施;设置系船浮筒、浮趸、竹木排筏系缆桩以及类似的设施;进行影响水上交通安全的海洋及气象观测、水文测量、地质调查、科学研究等活动;清除水面垃圾;扫海、疏浚、爆破、打桩、填埋、挖砂、淘金、采石、抛泥沙石;救助遇难船舶,或紧急清除水面污染物、水下污染源；其他影响通航水域交通安全或对通航环境产生影响的施工作业等。

主管部门是中华人民共和国海事局（中华人民共和国港务监督局已更名为中华人民共和国海事局）主管全国施工作业通航安全监督管理工作。各级海事局具体负责其管辖水域内的施工作业通航安全监督管理工作。

第二章 资格和申请，共 6 条。

建设者或施工者（以下统称施工作业者）从事本规定第二条规定的施工作业，应在规定的期限内向施工作业所在地的海事局提出施工作业通航安全审核申请（以下简称申请），接受海事局的审核。

涉及多类型、多科目施工作业的建设工程或涉及多个施工作业者的工程，可由对工程总负责的施工作业者统一向海事局提出书面申请，也可由具体从事某一类型和某一科目的施工作业者就涉及本类型和本科目的施工作业分别向海事局提出书面申请。

申请从事本规定第二条第（一）至第（五）项施工作业的施工作业者应在拟开始施工作业次日 20 天前向海事局提出书面申请。

申请从事本规定第二条第（六）至第（十）、第（十二）项施工作业的施工作业者应于拟开始施工作业次日 15 天前向海事局提出书面申请。

除第二条第（十一）项规定外，从事涉及本规定第二条中其他各项的突击性或临时、零星施工作业，其书面申请可与发布航行警告、航行通告的申请一并提出。

从事本规则第二条第（十一）项施工作业的施工作业者，应于开始施工作业之时 24h 以内向海事局提出口头申请。在口头申请中应将下列有关情况报告海事局：

（1）遇险船舶、设施的情况；

（2）水域污染和清除的情况；

（3）施工作业船舶名称和施工作业方式；

（4）施工作业的地点和起止时间。

施工作业者提出书面申请时，应填写《水上水下施工作业安全审核申请书》（以下简称《申请书》），并提供以下有关资料：

（1）有关主管部门对该项目批准的文件；

（2）与通航安全有关的技术资料及施工作业图纸；

（3）安全及防污染措施计划书；

（4）与施工作业有关的合同或协议书；

（5）施工作业者的资质认证文书；

（6）施工作业船舶的船舶证书和船员适任证书；

（7）施工作业者是法人的，还应提供其法人资格证明文书或法人委托文书；

（8）法律、行政法规、规章规定的其他有关资料。

涉及构筑水上水下固定、永久性建筑物的施工作业项目，其工程可行性研究和初步设计阶段的评审活动应有海事局参加。施工作业项目经海事局审查，符合通航安全要求后，施工作业者方可按本规定第五条规定办理书面申请手续。

在长江、珠江、黑龙江干线及沿海水域、进出港航道、习惯航线上进行架设、构筑桥梁、索道、闸坝、隧道等大型固定性、永久性设施；在港外建设过驳、装卸站点；扩展港区范围，建立新港区、建设新锚地；设定永久性禁航区等相关的施工作业，事前须报海事局批准，其工程可行性研究和初步设计阶段的评审活动应有海事局参加，经审核符合通航安全要求或未符合通航安全要求的情况得到改正后，方可办理施工作业书面申请手续。

施工作业水域涉及两个和两个以上海事局时，施工作业者的申请应向其共同的上一级海事局提出，或向其指定的海事局提出。

第三章　许可证，共 3 条。

海事局收到本规定第五条第一、第二款所述的书面申请后，应自收到书面申请次日起至申请的拟开始施工作业次日 7 日前，作出施工作业是否符合通航安全的决定。符合的，应在上述期限内核发《水上水下施工作业许可证》（以下简称《许可证》）；不符合的，应在上述期限内通知施工作业申请者作相应修改。

海事局自收到本规定第五条第三款所述的书面申请后，应审核其是否符合通航安全的要求。符合的，在核发《许可证》的同时准予办理发布航行警告、航行通告的相关手续。不符合通航安全要求的，应要求施工作业申请者作相应修改。

适用本规定第六条的施工作业，可免办《许可证》。施工作业完成后，施工作业者应于 24h 内将施工作业完成情况报告当地海事局。

《许可证》的有效期由海事局根据施工作业期限及水域环境的特点确定。《许可证》的有效期最长不得超过五年。期满不能结束施工作业时，持证人可于《许可证》有效期期满之日 7 日前到海事局办理延期使用手续，由海事局在原证上签注延期期限并加盖《施工作业审核专用章》（以下简称《专用章》）后方能继续使用；海事局准与办理延期使用手续的次数和延期天数由海事局根据施工作业的实际确定；对于施工作业期超过二年的施工作业者，其《许可证》每满一年应接受海事局审核一次，施工作业状况符合海事局通航安全和防污染要求的，由海事局在原证上签注审核日期并加盖《专用章》后方能继续使用。

施工作业者取得《许可证》后，如作业项目、地点、范围或实施施工作业的单位等发生变更，原申请者须重新申请，领取新的《许可证》，原《许可证》交发证机关注销。

第四章　监督管理，共 10 条。

施工作业水域的通航安全由受理该施工作业申请并核发《许可证》的海事局实施监督管理；未按照本规定取得有效《许可证》的或未获得海事局许可的，不得擅自施工作业。

施工作业者应按海事局确定的安全要求和防污染措施进行作业，并接受海事局的监督检查。

专门从事水文测量、航道建设和沿海航道养护的施工作业者，应按季将测量、建设、养护工程以及施工船舶的安排计划，书面报送海事局备案。

内河航道养护的施工作业，由航道管理部门根据航道维护计划和航道变化情况组织实施，并采取相关安全措施，不适用本规定有关申请和许可证等制度。

实施施工作业的船舶、排筏、设施须按有关规定在明显处昼夜显示规定的号灯、号型。

施工作业者在施工作业期间应按海事局确定的安全要求，设置必要的安全作业区或警戒区，设置有关标志或配备警戒船。在现场作业船舶或警戒船上配备有效的通信设备，施工作业期间指派专人警戒，并在指定的频道上守听。

施工作业者设置警示标志或配备警戒船进行现场巡逻的费用由施工作业者承担。

施工作业者有责任清除其遗留在施工作业水域的碍航物体。

严禁施工作业者随意倾倒废弃物。

划定与施工作业相关的安全作业区，必须报经当地海事局核准、公告。

与施工作业无关的船舶、排筏、设施不得进入施工作业安全作业区。

施工作业者不得擅自扩大施工作业安全作业区的范围。

施工作业结束后，除第二条第（十一）项施工作业外，施工作业者应及时向海事局提交涉及通航安全的竣工报告。工程中有关涉及通航安全的部分经统一组织竣工验收合格后，方可投入使用。

十三、《内河交通事故调查处理规定》

《内河交通事故调查处理规定》（以下简称本《规定》）于2006年11月26日以交通部令2006年12号发布，2007年1月1日生效，共六章三十九条。内河交通事故的调查处理由各级海事管理机构负责实施，内河水运工程发生水上交通事故的调查处理适用于本《规定》。涉及的主要内容如下。

1. 适用范围

（1）适用于船舶、浮动设施在中华人民共和国内河通航水域内发生的交通事故的调查处理。

（2）渔船之间、军事船舶之间发生的交通事故以及渔船、军事船舶单方交通事故的调查处理不适用本《规定》。

（3）因内河交通事故造成水域环境污染事故的，对水域环境污染事故的调查、处理按照我国有关环境保护的法律、法规和有关规定执行。

（4）特大事故的具体标准和调查按国务院有关规定《生产安全事故报告和调查处理条例》（国务院令第493号）执行。

2. 事故分类与等级

本《规定》将内河交通事故分为6个类别，共11种事故：

（1）碰撞、触碰或者浪损。

（2）触礁或者搁浅。

（3）火灾或者爆炸。

（4）沉没（包括自沉）。

（5）影响适航性能的机件或者重要属具的损坏或者灭失。

（6）其他引起财产损失或者人身伤亡的交通事件。

按照人员伤亡和直接经济损失情况，《规则》第五条将内河交通事故分为小事故、一般事故、大事故、重大事故和特大事故。小事故、一般事故、大事故、重大事故的具体标准按照交通部颁布的《水上交通事故统计办法》的有关规定执行。

3. 事故报告方式与内容

船舶、浮动设施发生内河交通事故，必须立即采取一切有效手段向事故发生地的海事管理机构报告。必须在事故发生后24h内向事故发生地的海事管理机构提交《内河交通事故报告书》和必要的证书、文书资料。特殊情况下，不能按上述规定的时间提交材料的，经海事管理机构同意，可以适当延迟。

内河交通事故报告的主要内容包括：船舶、浮动设施的名称，事故发生的时间和地点，事故发生时水域的水文、气象、通航环境情况，船舶、浮动设施的损害情况，船员、旅客的伤亡情况，水域环境的污染情况以及事故简要经过等内容。

4. 事故报告书

《内河交通事故报告书》主要内容包括：

(1)船舶、浮动设施概况(包括其名称、主要技术数据、证书、船员及所载旅客、货物等)。

(2)船舶、浮动设施所属公司情况(包括其所有人、经营人或者管理人的名称、地址、联系电话等)。

(3)事故发生的时间和地点。

(4)事故发生时水域的水文、气象、通航环境情况。

(5)船舶、浮动设施的损害情况。

(6)船员、旅客的伤亡情况。

(7)水域环境的污染情况。

(8)事故发生的详细经过(碰撞事故应当附相对运动示意图)。

(9)船舶、浮动设施沉没的，其沉没概位。

(10)与事故有关的其他情况。

5. 事故现场保护

船舶、浮动设施发生内河交通事故，有关船舶、浮动设施、单位和人员必须严格保护事故现场。

除因抢险等紧急原因外，未经海事管理机构调查人员的现场勘查，任何人不得移动现场物件。

6. 事故调查原则

(1)海事管理机构进行调查和取证，应当全面、客观、公正。

(2)调查人员执行调查任务时，应当出示证明其身份的行政执法证件。

(3)执行调查任务的人员不得少于两人。

(4)当事人有权依法申请与本次交通事故有利害关系或者有其他关系、可能影响事故调查处理客观、公正的调查人员回避。

7. 权利与义务

(1)发生内河交通事故的船舶、浮动设施及相关单位和人员应当接受和配合海事管理机构的调查、取证。有关人员应当如实陈述事故的有关情况和提供有关证据，不得谎报情况或者隐匿、毁灭证据。

(2)其他知道事故情况的人也应当主动向海事管理机构提供有关情况和证据。调查和取证工作需要其他海事管理机构协助、配合的，有关海事管理机构应当予以协助、配合。

(3)根据事故调查的需要，海事管理机构可以责令事故所涉及的船舶到指定地点接受调查。当事船舶在不危及自身安全的情况下，未经海事管理机构批准，不得驶离指定地点。

(4)海事管理机构应当尽量避免对船舶造成不适当延误。船舶到指定地点接受调查的期限自船舶到达指定地点后起算，不得超过72小时。因特殊情况，期限届满不能结束调查的，经上一级海事管理机构批准可以适当延期，但延期不得超过72小时。

8. 处理

(1)对内河交通事故发生负有责任的单位和人员，有关主管机关应当依据有关法律、法规和规章给予行政处罚。涉嫌构成犯罪的，移送司法机关处理。

(2)根据内河交通事故发生的原因，海事管理机构可责令有关船舶、浮动设施的所有人、经营人或者管理人对其所属船舶、浮动设施加强安全管理。有关船舶、浮动设施的所有人、经营人或者管理人应当积极配合，认真落实。对拒不加强管理或者在期限内达不到安全要求的，海事管理机构有权采取责令其停航、停止作业等强制措施。

十四、《潜水员管理办法》

《潜水员管理办法》(交通部令第3号)于1999年6月25日第8次部长办公会议通过，自1999年11月1日起施行。

《潜水员管理办法》共六章三十条。

第一章　总则，共3条。

明确了本办法的制定依据和适用范围及主管部门。

适用范围：本办法适用于在中华人民共和国管辖水域，从事产业潜水作业的潜水员，不适用于从事军事、科研、娱乐和运动的潜水员。

主管部门：中华人民共和国交通部(以下简称交通部)主管潜水员工作。交通部救助打捞局(以下简称救捞局)，具体负责潜水员的培训、考核、发证管理工作。各级海事机构依照本办法负责有关执法工作。

第二章　潜水员培训，共14条。

(1)潜水员培训种类：空气潜水员培训；混合气潜水员培训；饱和潜水员培训。

(2)潜水员的培训由专门的潜水员培训机构(以下简称培训机构)负责。培训机构应符合下列条件：具有符合规定的名称、组织机构和章程以及相应的管理制度；具有符合规定并与培训任务相适应的教员和管理人员；具有满足所进行培训种类要求的固定场所、设施和装备；具有有效的安全保障和急救措施；建立有效的质量保证体系；从事潜水员水下实际操作课程培训的教员，由所在单位推荐，救捞局审核发证，并应持有潜水员证书；具有八年以上潜水经历；具有潜水基础理论知识和一定的教学能力。

培训机构应当取得救捞局签发的潜水员培训许可证(以下简称许可证)。培训机构申请许可证，应向救捞局递交组建负责人签署的书面申请书，并递交以下文件、证件：主要负责人的身份证明；章程和内部管理、组织规章制度；培训场所使用证明和设施、设备、器材的情况；教员的学历、专业、职称、职务及教学经历；教学计划、教学大纲、所选用的教材和有关技术资料；质量保证体系；其他有关规章要求的文件、证件。

救捞局在收到潜水员培训申请书后15个工作日内，对有关情况进行审核，并根据第六条的规定作出批准或不批准的决定。对获得批准的，应当颁发许可证；对未获得批准的，应当书面通知，并说明理由。许可证的内容包括：培训机构的名称、地址、法定代表人；培训的种类、规模和地点；发证日期和有效期。

培训机构改变名称、场所、法定代表人、培训种类和规模，应当向原发证机构申请办理变更手续。培训机构应按交通部批准的潜水员培训计划与培训大纲和许可证核准的培训种类实施培训。潜水员的培训，贯彻理论联系实际、按需施教、讲求实效的原则。培训机构应在每期培训前，向救捞局递交下列材料：培训教学实施计划；本期教学的教员情况及所任教学科目；学员名单及潜水员培训登记表。

通过培训并结业的潜水学员应掌握相应种类的潜水理论，能正确使用操作相应种类的潜水装具和设备进行潜水作业。

培训机构必须保证培训质量。对学习成绩不合格者，不得准予结业。培训机构在每期培训结束后，应当将教学执行情况和学员年龄、学历、培训考试成绩等基本情况报救捞局备案。

救捞局每三年对培训机构进行一次审验，经审验合格的，可继续从事潜水员培训工作；审验不合格的，注销许可证。

第三章　潜水员考核，共5条。

参加潜水员考核的条件：凡年满18周岁，具有高中毕业或同等学历文化程度，自愿从事潜水工作，符合交通部批准的潜水员体格标准并按规定完成潜水培训学习，取得结业证书的公民，均可申请参加潜水员考核；已有四年以上非产业潜水经历的潜水员，可申请潜水员考核；国务院教育行政主管部门核准的大中专院校潜水专业毕业生，可免予考核，直接申请办理空气潜水员证书。

申请潜水员考核的人员应提供的材料：由本人填写的潜水员考核申请表；由县级以上医院、按交通部潜水员体格标准进行体检后出具的体检合格证明。

有关人员申请潜水员考核，除本办法第十九条所列材料外，还应提供的材料：非产业潜水员和退伍转业军队潜水员应提供有效的潜水经历、潜水记录和潜水技术培训的有关材料；申请考核混合气潜水的人员应提供空气潜水员证书的有效证件；申请考核饱和潜水的人员应提供混合气潜水员证书的有效证件；国务院教育行政主管部门认可的大中专院校潜水专业毕业生，应提供毕业证书。

潜水员的考核内容及要求包括思想品德、学习成绩、潜水技能等，具体考核办法和标准由救捞局制订。救捞局在收到潜水员考核申请表等材料15个工作日内完成考核。对考核合格的，发给相应种类的潜水员证书；对考核不合格的，应书面通知考核申请人，并说明理由。对考核中有舞弊行为的，视为不合格。

第四章　潜水员证书，共3条。

潜水员证书适用的范围：持有空气潜水员证书的潜水员，可使用空气从事60m以浅的潜水；持有混合气潜水员证书的潜水员，可使用人工配制的混合气从事120m以浅的潜水；持有饱和潜水员证书的潜水员，可使用饱和潜水系统从事300m以浅的饱和潜水。

潜水员证书的年审要求及内容：潜水员证书每年年审一次，年审合格者证书继续有效；年审不合格者，证书失效。年审包括体格审查、技术审查。未经年审的潜水员证书，自动失效。

初次取得空气潜水员证书的潜水员实行见习期，见习期为一年。

十五、《潜水员管理办法实施细则》

《潜水员管理办法实施细则》(交救发[1999]574号)的主要内容如下。

1. 培训种类和培训内容

1)培训种类

(1)空气潜水员培训。采用自携式轻潜水装具(40m以浅)、通风式重潜水装具和水面需供式轻潜水装具呼吸压缩空气,从事60m以浅的潜水培训。

(2)混合气潜水员培训。采用水面需供式轻潜水装具呼吸混合气体,从事120m以浅的潜水培训。

(3)饱和潜水员培训。采用饱和潜水系统,从事300m以浅的潜水培训。

2)培训内容

(1)空气潜水员培训:按交通部1998年颁发的《民用潜水员培训计划与培训大纲》要求进行培训。

(2)混合气潜水员培训:按混合气潜水员培训暂行规定要求进行培训。

(3)饱和潜水员培训:按饱和潜水员培训暂行规定要求进行培训。

2. 培训机构的条件

1)空气潜水员培训机构

(1)教员资格和数量:理论课教员,应具有大专以上学历,并有一定的教学实践经验;实操课教员,应具有潜水专业中专以上学历,且从事潜水工作八年以上,有一定的理论基础和较丰富的实践经验;理论课教员、实操课教员均不少于四名,其中一名是潜水医学教员。

(2)基础设施:能容纳20人的教室一间;不小于长5m、宽10m、深2.5m的训练池一个;可供使用的深水训练场所一处;水面加压舱室一间。

(3)装具和设备:自携式轻潜水装具十套,须满足每两名学员一套;通风式重潜水装具三套,须满足每五名学员一套;水面需供式轻潜水装具三套,须满足每五名学员一套;具有一套符合《甲板减压舱》(GB\T16560—1996)1类舱的要求,并须持有法定检验机构颁发的有效证书;空气压缩机应满足潜水装具和加压舱供气需要。

2)混合气潜水员培训机构

按混合气潜水员培训暂行规定要求配备。

3)饱和潜水员培训机构

按饱和潜水员培训暂行规定要求配备。

3. 培训机构的申报及考核

(1)培训机构的申报:应按照《潜水员管理办法》中第六条、第七条的标准要求,向交通部救助打捞局(以下简称救捞局)递交潜水员培训机构申请表和申请报告,申请颁发潜水员培训机构许可证。

(2)培训机构的考核:上报材料完备并符合要求,救捞局在收到上报材料后的15个工作日内派出考核小组,对申报单位进行考核。经考核符合条件的,由救捞局颁发相应的潜水员培训机构许可证;对不符合条件的,由救捞局提出整改意见。申报单位整改后提交整改报告,经考核符合条件的颁发相应的潜水员培训机构许可证。考核时间一般不超过3天,考核费用由被考核单位承担。

(3)培训机构的变更:培训机构改变名称、场所、法定代表人,须向救捞局递交变更申请报告,填写潜水员培训机构变更申请表,救捞局视变更情况作出批准或不批准的决定。

培训机构改变潜水员培训种类和规模,须向救捞局递交变更申请报告,填写潜水员培训机构申请表,经救捞局考核后作出批准或不批准的决定。

4. 培训机构的审验

(1) 救捞局每三年对培训机构进行一次审验，审验的主要内容包括：培训计划和培训大纲的执行情况，质量控制、日常教学管理、内部管理等事项。

(2) 培训机构应对三年来开展的潜水员培训情况进行全面的自查，并向救捞局提供以下内容的报告：各类培训的期次、人数、教学、训练等情况；师资、设备等情况；存在的问题。

经审验合格的颁发新许可证；审验不合格的提出整改意见，整改后经审验仍不合格的，注销许可证；未经审验的许可证无效。

5. 潜水员的考核

(1) 潜水员的考核，根据民用潜水员培训计划和培训大纲、混合气潜水员培训暂行规定、饱和潜水员培训暂行规定的要求，对申请人的理论、实操、安全操作规程进行考核，还包括思想品质及体检情况等。考核合格的，发给相应种类的潜水员证书；不合格的，不发给潜水员证书，并书面通知考核申请人，同时说明理由。

(2) 考试试卷由救捞局统一命题，并负责考试的监督、检查、评卷，由培训机构进行考试。

(3) 非产业潜水员和转业军队潜水员按本条规定申请潜水员证书的考核，申请人应提供有效的潜水经历、潜水记录和潜水技术培训的有关材料，由救捞局指定或委托培训机构按本条规定办法进行。

6. 潜水员证书的申办

申办潜水员证书应向救捞局提交以下材料：

(1) 申请人的有关材料：培训结业证书；由申请人填写的《潜水员考核申请表》两份；由县级以上医院，按交通部颁布的潜水员体格标准进行体检后出具的体检合格证明；近期二英寸黑白证件照四张。

(2) 培训机构的材料：申办潜水员证书报告；《潜水员培训办证登记表》一份。

(3) 救捞局要求的其他材料。

7. 潜水员证书年审

潜水员证书经年审合格后，证书继续有效。遇有特殊情况不能及时年审的，可提前或推后，但须事先得到救捞局的批准。救捞局负责对潜水员进行年审考核，年审需要提供的材料：

(1) 由本人填写的《潜水员年审申请表》。

(2) 六个月内的体格检查表。

(3) 潜水员证书。

(4) 有效的潜水经历，潜水员记录簿和潜水技术训练的有关材料。

第五节　相关技术标准

加强安全生产，关键是全面落实“安全第一、预防为主、综合治理”的方针，做到思想认识上警钟长鸣、制度保证上严密有效、技术支撑上坚强有力、监督检查上严格细致、事故处理上严肃认真。其中，技术支撑是一个极其重要的环节。随着建筑生产技术的不断发展，建筑安全生产技术也面临着不断的提高和革新的压力。

本节收录的建筑安全生产技术规范，涉及高处作业和脚手架、其中机械、临时用电、模板工程、环境卫生、爆破拆除工程等,以供安全管理人员在施工生产中查找。

一、技术标准概述

技术标准是保障安全生产的重要技术规范,它是安全生产法律体系的重要组成部分。执行安全技术标准是《安全生产法》规定的生产经营单位的义务,违反法定安全生产技术标准的要求,要承担法律责任。法定安全生产技术标准分为国家标准和行业标准,两者对生产经营单位的安全生产具有同样的约束力。安全生产国家标准是指国家标准化行政主管部门依照《标准化法》制定的在全国范围内适用的安全生产技术规范。安全生产行业标准是指国务院有关部门和直属机构依照《标准化法》制定的在安全生产领域内适用的安全生产技术规范。行业安全生产标准对同一安全生产事项的技术要求,可以高于国家安全生产标准,但不得与其相抵触。目前颁布实施的公路水运工程安全生产技术标准主要有《公路工程施工安全技术规程》(JTJ 076—95)和《水运工程施工安全防护技术规范》(JTS 205-1—2008)。此外,住房和城乡建设部(原建设部)颁布的有关建筑施工技术标准,公路水运施工企业应当参照执行,如下:

《起重机械超载保护装置》(GB 12602—2009);

《建筑施工高处作业安全技术规范》(JGJ 80—1991);

《建筑施工门式钢管脚手架安全技术规范》(JGJ 128—2010);

《建筑施工扣件式钢管脚手架安全技术规范》(JGJ 130—2001);

《建筑机械使用安全技术规程》(JGJ 33—2001);

《建筑工程大模板技术规程》(JGJ 74—2003);

《爆破安全规程》(GB 6722—2003);

《建筑拆除工程安全技术规范》(JGJ 147—2004);

《施工现场临时用电安全技术规范》(JGJ 46—2005);

《塔式起重机安全规程》(GB 5144—2006);

《施工升降机安全规程》(GB 10055—2007);

《施工现场机械设备检查技术规程》(JGJ 160—2008);

《建筑施工模板安全技术规范》(JGJ 162—2008);

《建筑施工碗扣式脚手架安全技术规范》(JGJ 166—2008);

《龙门架及井架物料提升机安全技术规范》(JGJ 88—2010)等。

二、《公路工程施工安全技术规程》(JTJ 076—95)

本标准自1995年10月1日起施行,其主要内容包括:总则;一般规定;施工准备;路基工程;路面工程;桥涵工程;隧道工程;主要工序作业;特殊季节与夜间施工;边通车、边施工地段的交通管理。

1. 总则

总则中规定了“安全第一,预防为主”的方针,确立了“管生产必须管安全”的原则。

2. 施工准备

施工准备包括施工现场,施工测量,场内交通及水电设施,砂、石采集及堆放,施工机械和临时码头等内容。

3. 路基工程

路基工程包括清理场地土方工程、石方工程和防护工程。

4. 路面工程

路面工程包括基层施工、沥青路面、水泥混凝土路面、机械碾压和旧路面凿除等。

5. 桥涵工程

桥涵工程包括一般规定、基础工程、墩台工程、上部工程、混凝土预制场和预制构件运输等。

6. 隧道工程

隧道工程包括一般规定、开挖、凿孔及爆破、洞内运输、支护、衬砌、竖井与斜井、通风及防尘、照明、排水及防火、瓦斯防治。

7. 主要工序作业

主要工序作业包括模板、木工机械、支架、脚手架、钢筋、焊接、锅炉、起重吊装、高处作业、水上作业和潜水作业。

8. 特殊季节与夜间施工

特殊季节与夜间施工包括雨季、冬季、高温季节和夜间施工。

9. 边通车、边施工地段的交通管理

三、《水运工程施工安全防护技术规范》(JTS 205-1—2008)

交通运输部2008年第37号公告公布《水运工程施工安全防护技术规范》(JTS 205-1—2008)。本规范是由交通运输部水运司组织制定的强制性标准。本规范是为统一和规范我国水运工程施工安全防护技术,加强水运施工安全管理,保障从事水运工程施工的从业人员生命安全和职业健康,避免或减少生产安全事故的发生和财产损失而首次制定。本规范于2008年9月10日通过部审,于2008年12月2日发布,自2009年1月1日起实施。

本规范条文中的强制性条文,与原建设部发布的《工程建设标准强制性条文(水运工程部分)》(建标[2002]273号)具有同等效力,必须严格执行。

本标准共分十二章和三个附录,并附条文说明。

第一章　总则,共3条。

此章明确了本规范制定的目的、适用范围及与国家现行有关法律、法规和标准的关系。

第二章　术语,共11条。

第三章　基本规定,共14节44条。

此章主要是为落实国家和行业主管部门颁布的法律、法规和有关安全生产的规定,要求施工企业必须重视安全生产,建立健全管理机构,使安全生产始终处于受控状态,减少人员伤亡和财产损失。内容包括:安全生产责任制;安全生产管理机构;安全生产教育培训;危险源辨识;施工许可;安全生产专项资金;劳动保护;消防;文明施工;施工安全保险;安全检查;应急预案;生产安全事故报告和调查处理;安全技术档案。

第四章　施工安全技术准备

此章主要规定:施工现场总体布置原则;预制场;水上临时设施(临时码头、栈桥、水上平台、跳板、舢板木筏浮筒、锚地等);施工用电;场内道路、材料堆放及加工场地;现场办公与生活区;编制施工安全技术措施;安全技术交底。

第五章　通用作业安全防护,共 14 节 90 条。

此章主要规定:测量作业;模板工程(制造、安装、拆除、存放等);钢筋工程(制作、运送、绑扎、张拉等);混凝土工程(搅拌、运送、浇筑、养护等);电焊气焊施工;起重吊装;高处作业;水上抛石施工(陆用机械上船、抛石船);沉排铺排及充砂袋施工;潜水作业;爆破作业;软基处理(排水板打设、砂桩碎石桩打设、振冲砂、深层拌和、强夯等施工);拆除工程的安全防护技术要求。

第六章　预制构件起吊、出运和安装,共 3 节 42 条。

此章主要规定:预制构件起吊出运(一般构件起吊出运、台车滑道移运沉箱、气囊移运构件、半潜驳装运沉箱、沉箱近程浮运拖带、沉箱远程浮运拖带等);构件安装(一般构件、消浪构件、水下大型构件、套箱、箱梁、圆筒、扶壁和沉箱安装等)的安全防护技术要求。

第七章　桩基施工,共 5 节 62 条。

此章主要规定:陆上锤击、振动、水冲沉桩;水上锤击、振动、水冲沉桩;灌注桩;挖孔桩的安全防护技术要求。

第八章　深基坑支护及开挖,共 5 节 32 条。

此章主要规定:板桩支护;地下连续墙;沉井;基坑降水与排水的安全防护技术要求。

此章主要规定:耙吸式挖泥船;绞吸式挖泥船;链斗式挖泥船;抓斗式挖泥船;铲斗式挖泥船;吹泥船;泥驳及排泥管线拖运架设的安全防护技术要求。

第十章　施工船舶安全操作,共 3 节 33 条。

此章主要规定:自航、非自航式施工船舶共用的安全操作要求;自航式施工船舶(拖轮、锚艇、交通工作船、耙吸船、油船等)特有的安全操作要求;非自航式施工船舶(驳船、起重船、打桩船、砂桩船、混凝土搅拌船、铺排船、半潜驳等)特有的安全操作要求。

第十一章　特殊条件下施工,共 3 节 33 条。

此章主要规定:雨季、冬季、高温季节、热带气旋季节、夜间、能见度不良天气、无掩护海域及其他特殊条件下施工的安全防护技术要求。

第十二章　施工船舶调遣与防风,共 2 节 6 条。

此章主要规定:施工船舶调遣(封仓加固、调遣前准备、调遣拖航)和施工船舶防风(季风季节、防台避台期间)的安全防护技术要求。

第二章　公路水运工程安全生产法律责任

第一节　安全生产法律责任的概念和构成要件

一、安全生产法律责任的概念

安全生产法律责任，是指安全生产法律关系主体在安全生产工作中，由于违反安全生产法律规定所引起的不利法律后果，即：什么行为应负法律责任、谁应负法律责任和应负什么责任的问题。其特征为：

1. 安全生产法律责任的主体范围广泛

安全生产法律责任主体包括各级政府和对安全生产负有监管职责的有关部门、生产经营单位、从业人员、中介机构。

2. 安全生产法律责任是发生在安全生产法律关系中的责任

《安全生产法》第二条规定，从事生产经营活动的单位的安全生产，适用本法。由此可见，不是安全生产法律关系的主体不承担安全生产责任。

3. 安全生产法律责任具有综合性

《安全生产法》针对各种违法行为采取追究行政责任、民事责任，直到刑事责任的方式，组成一个综合性的责任体系，从而最大限度地保护安全生产当事人的利益，维护安全生产的秩序。

二、安全生产法律责任的构成要件

法律责任是由一定条件引起的，其条件就是所谓的构成要件。法律责任的构成要件就是指构成法律责任所必备的客观要件和主观要件的总和。根据违法行为的一般特点可以把法律责任的构成要件概括为主体、心理状态、违法行为、损害事实四个方面。

1. 安全生产法律责任的主体

法律责任需要一定的主体来承担。法律责任构成要件中的主体是指具有法定责任能力的自然人、法人或其他社会组织。并不是实施了违法行为就要承担法律责任，就自然人来说，只有到了法定年龄，具有理解、辨认和控制自己行为能力的人，才能成为责任承担的主体。没有达到法定年龄或不能理解、辨认和控制自己行为的精神病患者，即使其行为造成了对社会的危害，也不能承担法律责任。对他们行为造成的损害，由其监护人承担相应的责任。同样，依法成立的法人和社会组织，其承担法律责任的能力，自成立时开始。

安全生产法律责任的主体有各级政府和对安全生产负有监管职责的有关部门、生产经营单位、从业人员、中介机构等。

2. 行为人有过错

构成法律责任要件的心理状态，是指行为主体的主观故意和主观过失，通称主观过错。故意是指行为人明确自己行为的不良后果，却希望或放任其发生。过失是指行为人应当预见到自己的行为可能发生不良后果而没有预见，或者已经预见而轻信不会发生或自信可以避免。应当预见或能够预见而竟没有预见，称为疏忽；已经预见而轻信可以避免，称为懈怠。过错在不同的法律关系中的重要程度是不同的。在民事法律中一般较少区分故意与过失，过错的意义不像在刑事法律中那么重要，有时民事责任不以有过错为前提条件，比如我国《民法通则》第一百零六条第三款规定："没有过错，但法律规定应当承担民事责任的，应当承担民事责任。"在刑事法律关系中有过错非常重要。

《安全生产法》第四条规定，生产经营单位必须遵守本法和其他有关安全生产的法律、法规，加强安全生产管理，建立、健全安全生产责任制度，完善安全生产条件，确保安全生产。如果行为人对违反安全生产法律规范的行为存在过错，就应当承担相应的法律责任。

3. 违法行为

有行为才有责任，纯粹的思想不会导致法律责任。引起法律责任的行为是违法行为，或者侵害了法定权利，或者不履行法定义务。

安全生产中的违法行为包括积极的行为和消极的行为，《安全生产法》第十六条规定生产经营单位应当具备安全生产条件；不具备安全生产条件的，不得从事生产经营活动。

4. 损害事实

所谓损害事实，指行为人的违法行为对受害方构成客观存在的确定的损害后果。有损害事实包括对人身的、财产的、精神的或者三者兼有的、政治影响等方面。损害必须具有确定性。它意味着损害事实是一个确定的事实，而不是臆想的、虚构的、尚未发生的现象。损害事实是法律责任的必要条件，任何人只有因他人的行为受到损害的情况下才能请求法律上的补救，也只有在行为致他人损害时，才有可能承担法律责任。

行为人违反安全生产法律规范的不当行为应当造成对公共财产或私人财产的损害。当然，损害并不是以实际损害的发生为条件，如果行为人违反安全生产法律规范的不当行为尚未造成严重后果，也应依法给予处罚。

第二节　安全生产法律责任的主要类型

追究安全生产违法行为法律责任的形式有三种，即民事责任、行政责任和刑事责任。

一、安全生产民事责任

1. 民事责任的概念

民事责任是指责任主体违反安全生产法律规定造成民事损害，由人民法院依照民事法律强制其进行民事赔偿的一种法律责任。民事责任的追究是为了最大限度地维护当事人受到民事损害时享有获得民事赔偿的权利。

2. 民事责任的特点

民事责任与同样为法律责任的行政责任和刑事责任相比，具有自己的特点，主要体现在：

(1)民事责任是以财产责任为主的法律责任。民事立法所调整的社会关系,主要是财产关系,如我国民法通则关于保护所有权、债权、继承权等的规定,都是与财产有关的。因此,民事责任是一种以财产责任为主的法律责任。

(2)民事责任是以向相对特定的权利人或者受害人承担责任的法律责任。由于民事权利义务关系是当事人在民事活动过程中所形成的有关民事方面的权利和义务关系,一方权利的实现,是以对方承担一定的义务包括积极的作为或者消极的不作为为基础的,所以民事责任在绝大多数的情况下是以向相对特定的权利人或者受害人承担的法律责任。

(3)民事责任是以等价、补偿性质为主的法律责任。由于民事权利主要是关于财产方面的权利,因此,这种权利一旦受到损害,一般都是要求损害者承担由此而产生的财产损失,即受损害者可以得到与受损害财产相等的补偿。当然,对某些特殊性质的民事责任,法律也规定了惩罚性的民事赔偿责任,比如《消费者权益保护法》第四十九条规定的加倍赔偿,就属于惩罚性的民事赔偿责任。

3. 民事责任的类型

民事责任通常可以分成以下两类:

(1)合同责任或称违约责任。所谓合同责任,是指合同当事人在合同订立后没有按照合同的约定履行自己的义务而应当承担的民事责任,如甲公司与乙公司签订了一个买卖合同,但甲公司最后没有按照合同的约定交货,就要承担相应的合同责任。

(2)侵权责任。所谓侵权责任,是指民事主体因为自己的过错侵犯他人财产权或者人身权造成损害而应当承担的对受害人负责赔偿的民事责任,在现实生活中,侵权行为是经常发生的,如甲公司未经乙公司同意而在相同的商品上使用乙公司的注册商标,构成了侵犯商标权的行为,就要承担相应的民事责任。

4. 承担民事责任的方式

民事法律关系的主体没有按照法律规定或者合同约定履行自己的义务,或者侵害他人合法权益的,要承担相应的民事责任。根据民法通则第一百三十四条的规定,承担民事责任的方式主要有:

(1)停止侵害;

(2)排除障碍;

(3)消除危险;

(4)返还财产;

(5)恢复原状;

(6)修理、重作、更换;

(7)赔偿损失;

(8)支持违约金;

(9)消除影响、恢复名誉;

(10)赔礼道歉。

以上十种承担民事责任的方式,可以单独使用,也可以合并使用。

二、安全生产行政责任

安全生产行政责任是指责任主体违反安全生产法律规定，由有关人民政府和安全生产监督管理部门、公安机关依法对其实施行政处罚的一种法律责任。《安全生产法》第九十四条规定："本法规定的行政处罚，由负责安全生产监督管理的部门决定；予以关闭的行政处罚由负责安全生产监督管理的部门报请县级以上人民政府按照国务院规定的权限决定；给予拘留的行政处罚由公安机关依照治安管理处罚条例的规定决定。有关法律、行政法规对行政处罚的决定机关另有规定的，依照其规定。"行政责任在追究安全生产违法行为的法律责任方式中运用最多。行政责任包括行政处罚和行政处分两种。

(1)行政处罚：责令改正、责令限期改正、责令停产停业整顿、责令停止建设、停止使用、责令停止违法行为、罚款、没收违法所得、吊销证照、行政拘留、关闭 11 种。

(2)行政处分：警告、记过、降级、降职、撤职、开除。

三、安全生产刑事责任

1. 刑事责任的概念

刑事责任是指责任主体违反安全生产法律规定构成犯罪，由司法机关依照刑事法律给予刑罚的一种法律责任。依法处以剥夺犯罪分子人身自由的刑罚，是三种法律责任中最严厉的。

2. 刑罚的基本类型

刑罚包括主刑和附加刑两类。

(1)主刑

主刑也叫基本刑罚，是对犯罪行为人适用的主要刑罚方法，它只能独立适用，不能附加适用，包括管制、拘役、有期徒刑、无期徒刑、死刑五种。

管制，是对犯罪分子不予关押，但限制其一定自由，交由公安机关管束和群众监督改造的刑罚方法。管制是最轻的主刑，适用于罪行较轻的犯罪行为。管制不适用剥夺政治权利的内容。根据刑法的规定，管制的期限为 3 个月以上 2 年以下。数罪并罚时，最高不能超过 3 年。

拘役，是指短期剥夺犯罪分子的人身自由，并就近强制实行劳动改造的刑罚方法。拘役是介于管制与有期徒刑之间的一种较轻的刑罚。根据刑法的规定，拘役的期限为 1 个月以上 6 个月以下。数罪并罚时，最高不能超过 1 年。

有期徒刑，是剥夺犯罪分子一定期限的人身自由，并强制劳动改造的刑罚方法。有期徒刑是我国刑法中适用范围最广泛的一种刑罚。根据刑法的规定，有期徒刑的期限为 6 个月以上 15 年以下。数罪并罚时最高不能超过 20 年。

无期徒刑，是剥夺犯罪分子终身自由，并强制劳动改造的刑罚方法。无期徒刑是仅次于死刑的一种严厉的刑罚，它适用于那些罪行严重，需要与社会永久隔离，但又不必判处死刑的犯罪分子。

死刑，是剥夺犯罪分子生命的刑罚方法。死刑只适用于罪行极其严重的犯罪分子。所谓"罪行极其严重"，是指对国家和人民利益危害特别严重和情节特别恶劣的。对于犯罪时不满 18 岁和审判时怀孕的妇女不适用死刑。

(2)附加刑

附加刑又叫从刑,是补充主刑而适用的刑罚方法。根据刑法的规定,附加刑也可以独立适用。附加刑主要有罚金、剥夺政治权利、没收财产。

罚金,是人民法院判处犯罪分子向国家缴纳一定数量的金钱的刑罚方法。罚金这种刑罚,主要是适用于那些以营利为目的的犯罪。罚金不同于行政罚款,罚金是刑罚处罚,由人民法院依法判决,适用于犯罪分子;罚款是行政处罚,由行政机关依法决定,适用于尚未构成犯罪的一般违法犯罪分子。罚金也不同于刑事附带民事案件中的赔偿经济损失。赔偿经济损失是由于行为人的犯罪行为而使被害人遭受经济损失,依法应当给予被害人的赔偿。它是一种民事制裁方法,不是刑罚方法,赔偿的金钱直接交给被害人,而不像罚金那样归入国库。

剥夺政治权利,是指剥夺犯罪分子参加国家管理和政治活动权利的刑罚方法。剥夺政治权利的内容包括选举权和被选举权,宪法规定的公民所享有的言论、出版、集会、结社、游行、示威自由的权利,担任国家机关职务的权利,担任国有公司、企业、事业单位和人民团体领导职务的权利。剥夺政治权利是一种比较严厉的附加刑。

没收财产,是指司法机关依据刑法的有关规定,将犯罪分子个人所有财产的一部分或者全部强制无偿收归国家所有的刑罚方法。没收财产这种刑罚,只适用那些以其财产作为犯罪的资本,或者贪图非法利益而不惜危害国家和人民利益的犯罪分子。对这些犯罪分子没收财产,一方面可以剥夺他们借以犯罪的物质力量,同时也是针对他们贪利的思想给予必要的惩罚和教育。没收财产与罚金不同,罚金适用于情节较轻的犯罪,没收财产则适用于情节较重的犯罪,罚金是剥夺犯罪分子现实所有的一定数额的金钱,没收财产则是剥夺犯罪分子个人现有财产的一部分或者全部。没收财产与没收违禁物品和供犯罪所用的本人财物不同。没收财产与没收违法所得也不同。

3.关于数罪并罚

数罪并罚,是指一人犯数罪,人民法院对其所犯的各罪分别定罪量刑以后,依照法定原则执行的刑罚。所谓数罪,是指判决宣告以前一人犯数罪;或者判决宣告以后,刑罚执行完毕以前,发现被判刑的犯罪分子还有"漏罪";或者判决宣告以后,刑罚执行完毕以前,被判刑的犯罪分子又犯新罪。数罪并罚不是对数罪所判刑罚的代数相加。对判处有期徒刑、拘役或者管制,采取限制加重原则,即在数刑的总和刑期以下、数刑中最高刑期以上,酌情决定执行的刑期。

第三节　施工单位安全生产法律责任

公路水运工程安全生产法律责任从责任主体看主要是参建各方,包括建设单位、勘察设计单位、施工单位、监理单位等。本节主要从施工单位的角度整理、归类其安全生产法律责任。

一、违反《安全生产法》的法律责任

第八十二条　生产经营单位有下列行为之一的,责令限期改正;逾期未改正的,责令停产停业整顿,可以并处两万元以下的罚款:

(1)未按照规定设立安全生产管理机构或者配备安全生产管理人员的;

(2)危险物品的生产、经营、储存单位以及矿山、建筑施工单位的主要负责人和安全生产管理人员未按照规定经考核合格的；

(3)未按照本法第二十一条、第二十二条的规定对从业人员进行安全生产教育和培训，或者未按照本法第三十六条的规定如实告知从业人员有关的安全生产事项的；

(4)特种作业人员未按照规定经专门的安全作业培训并取得特种作业操作资格证书，上岗作业的。

第八十三条　生产经营单位有下列行为之一的，责令限期改正；逾期未改正的，责令停止建设或者停产停业整顿，可以并处五万元以下的罚款；造成严重后果，构成犯罪的，依照刑法有关规定追究刑事责任：

(1)矿山建设项目或者用于生产、储存危险物品的建设项目没有安全设施设计或者安全设施设计未按照规定报经有关部门审查同意的；

(2)矿山建设项目或者用于生产、储存危险物品的建设项目的施工单位未按照批准的安全设施设计施工的；

(3)矿山建设项目或者用于生产、储存危险物品的建设项目竣工投入生产或者使用前，安全设施未经验收合格的；

(4)未在有较大危险因素的生产经营场所和有关设施、设备上设置明显的安全警示标志的；

(5)安全设备的安装、使用、检测、改造和报废不符合国家标准或者行业标准的；

(6)未对安全设备进行经常性维护、保养和定期检测的；

(7)未为从业人员提供符合国家标准或者行业标准的劳动防护用品的；

(8)特种设备以及危险物品的容器、运输工具未经取得专业资质的机构检测、检验合格，取得安全使用证或者安全标志，投入使用的；

(9)使用国家明令淘汰、禁止使用的危及生产安全的工艺、设备的。

第八十四条　未经依法批准，擅自生产、经营、储存危险物品的，责令停止违法行为或者予以关闭，没收违法所得，违法所得十万元以上的，并处违法所得一倍以上五倍以下的罚款，没有违法所得或者违法所得不足十万元的，单处或者并处二万元以上十万元以下的罚款；造成严重后果，构成犯罪的，依照刑法有关规定追究刑事责任。

第八十五条　生产经营单位有下列行为之一的，责令限期改正；逾期未改正的，责令停产停业整顿，可以并处二万元以上十万元以下的罚款；造成严重后果，构成犯罪的，依照刑法有关规定追究刑事责任：

(1)生产、经营、储存、使用危险物品，未建立专门安全管理制度、未采取可靠的安全措施或者不接受有关主管部门依法实施的监督管理的；

(2)对重大危险源未登记建档，或者未进行评估、监控，或者未制订应急预案的；

(3)进行爆破、吊装等危险作业，未安排专门管理人员进行现场安全管理的。

第八十六条　生产经营单位将生产经营项目、场所、设备发包或者出租给不具备安全生产条件或者相应资质的单位或者个人的，责令限期改正，没收违法所得；违法所得五万元以上的，并处违法所得一倍以上五倍以下的罚款；没有违法所得或者违法所得不足五万元的，单处或者并处一万元以上五万元以下的罚款；导致发生生产安全事故给他人造成损害的，与承包方、承租方承担连带赔偿责任。

生产经营单位未与承包单位、承租单位签订专门的安全生产管理协议或者未在承包合同、租赁合同中明确各自的安全生产管理职责，或者未对承包单位、承租单位的安全生产统一协调、管理的，责令限期改正；逾期未改正的，责令停产停业整顿。

第八十七条　两个以上生产经营单位在同一作业区域内进行可能危及对方安全生产的生产经营活动，未签订安全生产管理协议或者未指定专职安全生产管理人员进行安全检查与协调的，责令限期改正；逾期未改正的，责令停产停业。

第八十八条　生产经营单位有下列行为之一的，责令限期改正；逾期未改正的，责令停产停业整顿；造成严重后果，构成犯罪的，依照刑法有关规定追究刑事责任：

(1)生产、经营、储存、使用危险物品的车间、商店、仓库与员工宿舍在同一座建筑内，或者与员工宿舍的距离不符合安全要求的；

(2)生产经营场所和员工宿舍未设有符合紧急疏散需要、标志明显、保持畅通的出口，或者封闭、堵塞生产经营场所或者员工宿舍出口的。

第八十九条　生产经营单位与从业人员订立协议，免除或者减轻其对从业人员因生产安全事故伤亡依法应承担的责任的，该协议无效；对生产经营单位的主要负责人、个人经营的投资人处二万元以上十万元以下的罚款。

第九十三条　生产经营单位不具备本法和其他有关法律、行政法规和国家标准或者行业标准规定的安全生产条件，经停产停业整顿仍不具备安全生产条件的，予以关闭；有关部门应当依法吊销其有关证照。

第九十五条　生产经营单位发生生产安全事故造成人员伤亡、他人财产损失的，应当依法承担赔偿责任；拒不承担或者其负责人逃匿的，由人民法院依法强制执行。

生产安全事故的责任人未依法承担赔偿责任，经人民法院依法采取执行措施后，仍不能对受害人给予足额赔偿的，应当继续履行赔偿义务；受害人发现责任人有其他财产的，可以随时请求人民法院执行。

从《安全生产法》的上述规定中可以看出，施工单位对安全生产承担的法律责任有行政责任和追究刑事责任。行政责任包括限期改正、停产停业整顿、罚款。罚款金额高低依据违法违章的类别不同而不同。

二、违反《建筑法》的法律责任

第六十四条　违反本法规定，未取得施工许可证或者开工报告未经批准擅自施工的，责令改正，对不符合开工条件的责令停止施工，可以处以罚款。

第六十五条　发包单位将工程发包给不具有相应资质条件的承包单位的，或者违反本法规定将建筑工程肢解发包的，责令改正，处以罚款。

超越本单位资质等级承揽工程的，责令停止违法行为，处以罚款，可以责令停业整顿，降低资质等级；情节严重的，吊销资质证书；有违法所得的，予以没收。

未取得资质证书承揽工程的，予以取缔，并处罚款；有违法所得的，予以没收。

以欺骗手段取得资质证书的，吊销资质证书，处以罚款；构成犯罪的，依法追究刑事责任。

第六十六条　建筑施工企业转让、出借资质证书或者以其他方式允许他人以本企业的名义承揽工程的，责令改正，没收违法所得，并处罚款，可以责令停业整顿，降低资质等级；情节严重的，吊销资质证书。对因该项承揽工程不符合规定的质量标准造成的损失，建筑施工企业与使用本企业名义的单位或者个人承担连带赔偿责任。

第六十七条　承包单位将承包的工程转包的，或者违反本法规定进行分包的，责令改正，没收违法所得，并处罚款，可以责令停业整顿，降低资质等级；情节严重的，吊销资质证书。

承包单位有前款规定的违法行为的，对因转包工程或者违法分包的工程不符合规定的质量标准造成的损失，与接受转包或者分包的单位承担连带赔偿责任。

第六十八条　在工程发包与承包中索贿、受贿、行贿，构成犯罪的，依法追究刑事责任；不构成犯罪的，分别处以罚款，没收贿赂的财物，对直接负责的主管人员和其他直接责任人员给予处分。

对在工程承包中行贿的承包单位，除依照前款规定处罚外，可以责令停业整顿，降低资质等级或者吊销资质证书。

第七十条　违反本法规定，涉及建筑主体或者承重结构变动的装修工程擅自施工的，责令改正，处以罚款；造成损失的，承担赔偿责任；构成犯罪的，依法追究刑事责任。

第七十一条　建筑施工企业违反本法规定，对建筑安全事故隐患不采取措施予以消除的，责令改正，可以处以罚款；情节严重的，责令停业整顿，降低资质等级或者吊销资质证书；构成犯罪的，依法追究刑事责任。

建筑施工企业的管理人员违章指挥、强令职工冒险作业，因而发生重大伤亡事故或者造成其他严重后果的，依法追究刑事责任。

第七十四条　建筑施工企业在施工中偷工减料的，使用不合格的建筑材料、建筑构配件和设备的，或者有其他不按照工程设计图纸或者施工技术标准施工的行为的，责令改正，处以罚款；情节严重的，责令停业整顿，降低资质等级或者吊销资质证书；造成建筑工程质量不符合规定的质量标准的，负责返工、修理，并赔偿因此造成的损失；构成犯罪的，依法追究刑事责任。

第七十五条　建筑施工企业违反本法规定，不履行保修义务或者拖延履行保修义务的，责令改正，可以处以罚款，并对在保修期内因屋顶、墙面渗漏、开裂等质量缺陷造成的损失，承担赔偿责任。

在《建筑法》中，对施工单位的处罚包括责令改正，并处罚款；责令停业整顿，降低资质等级或者吊销资质证；赔偿损失；追究刑事责任。在经济处罚方面还有没收非法所得。

三、违反《劳动法》的法律责任

第九十条　用人单位违反本法规定，延长劳动者工作时间的，由劳动行政部门给予警告，责令改正，并可以处以罚款。

第九十一条　用人单位有下列侵害劳动者合法权益情形之一的，由劳动行政部门责令支付劳动者的工资报酬、经济补偿，并可以责令支付赔偿金：

（1）克扣或者无故拖欠劳动者工资的；

（2）拒不支付劳动者延长工作时间工资报酬的；

（3）低于当地最低工资标准支付劳动者工资的；

（4）解除劳动合同后，未依照本法规定给予劳动者经济补偿的。

第九十二条　用人单位的劳动安全设施和劳动卫生条件不符合国家规定或者未向劳动者提供必要的劳动防护用品和劳动保护设施的，由劳动行政部门或者有关部门责令改正，可以处以罚款；情节严重的，提请县级以上人民政府决定责令停产整顿；对事故隐患不采取措施，致使发生重大事故，造成劳动者生命和财产损失的，对责任人员比照刑法第一百八十七条的规定追究刑事责任。

第九十三条　用人单位强令劳动者违章冒险作业，发生重大伤亡事故，造成严重后果的，对责任人员依法追究刑事责任。

第九十四条　用人单位非法招用未满十六周岁的未成年人的，由劳动行政部门责令改正，处以罚款；情节严重的，由工商行政管理部门吊销营业执照。

第九十五条　用人单位违反本法对女职工和未成年工的保护规定，侵害其合法权益的，由劳动行政部门责令改正，处以罚款；对女职工或者未成年工造成损害的，应当承担赔偿责任。

第九十六条　用人单位有下列行为之一，由公安机关对责任人员处以十五日以下拘留、罚款或者警告；构成犯罪的，对责任人员依法追究刑事责任：

(1)以暴力、威胁或者非法限制人身自由的手段强迫劳动的；

(2)侮辱、体罚、殴打、非法搜查和拘禁劳动者的。

第九十七条　由于用人单位的原因订立的无效合同，对劳动者造成损害的，应当承担赔偿责任。

第九十八条　用人单位违反本法规定的条件解除劳动合同或者故意拖延不订立劳动合同的，由劳动行政部门责令改正；对劳动者造成损害的，应当承担赔偿责任。

第九十九条　用人单位招用尚未解除劳动合同的劳动者，对原用人单位造成经济损失的，该用人单位应当依法承担连带赔偿责任。

第一百条　用人单位无故不缴纳社会保险费的，由劳动行政部门责令其限期缴纳；逾期不缴的，可以加收滞纳金。

第一百零一条　用人单位无理阻挠劳动行政部门、有关部门及其工作人员行使监督检查权，打击报复举报人员的，由劳动行政部门或者有关部门处以罚款；构成犯罪的，对责任人员依法追究刑事责任。

《劳动法》对各类违法行为的处罚很明确、具体，包括责令整改、罚款、赔偿损失、吊销营业执照、拘留、追究刑事责任等，涉及劳动、工商、公安、检察院等行政部门。

四、违反《劳动合同法》的法律责任

第八十条　用人单位直接涉及劳动者切身利益的规章制度违反法律、法规规定的，由劳动行政部门责令改正，给予警告；给劳动者造成损害的，应当承担赔偿责任。

第八十一条　用人单位提供的劳动合同文本未载明本法规定的劳动合同必备条款或者用人单位未将劳动合同文本交付劳动者的，由劳动行政部门责令改正；给劳动者造成损害的，应当承担赔偿责任。

第八十二条　用人单位自用工之日起超过一个月不满一年未与劳动者订立书面劳动合同的，应当向劳动者每月支付两倍的工资。

用人单位违反本法规定不与劳动者订立无固定期限劳动合同的，自应当订立无固定期限劳动合同之日起向劳动者每月支付两倍的工资。

第八十三条　用人单位违反本法规定与劳动者约定试用期的，由劳动行政部门责令改正；违法约定的试用期已经履行的，由用人单位以劳动者试用期满月工资为标准，按已经履行的超过法定试用期的期间向劳动者支付赔偿金。

第八十四条　用人单位违反本法规定，扣押劳动者居民身份证等证件的，由劳动行政部门责令限期退还劳动者本人，并依照有关法律规定给予处罚。

用人单位违反本法规定，以担保或者其他名义向劳动者收取财物的，由劳动行政部门责令限期退还劳动者本人，并以每人五百元以上二千元以下的标准处以罚款；给劳动者造成损害的，应当承担赔偿责任。

劳动者依法解除或者终止劳动合同，用人单位扣押劳动者档案或者其他物品的，依照前款规定处罚。

第八十五条　用人单位有下列情形之一的，由劳动行政部门责令限期支付劳动报酬、加班费或者经济补偿；劳动报酬低于当地最低工资标准的，应当支付其差额部分；逾期不支付的，责令用人单位按应付金额百分之五十以上百分之一百以下的标准向劳动者加付赔偿金：

(1)未按照劳动合同的约定或者国家规定及时足额支付劳动者劳动报酬的；

(2)低于当地最低工资标准支付劳动者工资的；

(3)安排加班不支付加班费的；

(4)解除或者终止劳动合同，未依照本法规定向劳动者支付经济补偿的。

第八十六条　劳动合同依照本法第二十六条规定被确认无效，给对方造成损害的，有过错的一方应当承担赔偿责任。

第八十七条　用人单位违反本法规定解除或者终止劳动合同的，应当依照本法第四十七条规定的经济补偿标准的两倍向劳动者支付赔偿金。

第八十八条　用人单位有下列情形之一的，依法给予行政处罚；构成犯罪的，依法追究刑事责任；给劳动者造成损害的，应当承担赔偿责任：

(1)以暴力、威胁或者非法限制人身自由的手段强迫劳动的；

(2)违章指挥或者强令冒险作业危及劳动者人身安全的；

(3)侮辱、体罚、殴打、非法搜查或者拘禁劳动者的；

(4)劳动条件恶劣、环境污染严重，给劳动者身心健康造成严重损害的。

第八十九条　用人单位违反本法规定未向劳动者出具解除或者终止劳动合同的书面证明，由劳动行政部门责令改正；给劳动者造成损害的，应当承担赔偿责任。

第九十条　劳动者违反本法规定解除劳动合同，或者违反劳动合同中约定的保密义务或者竞业限制，给用人单位造成损失的，应当承担赔偿责任。

第九十一条　用人单位招用与其他用人单位尚未解除或者终止劳动合同的劳动者，给其他用人单位造成损失的，应当承担连带赔偿责任。

在《劳动合同法》中，规定了施工单位多种类型的法律责任，包括改正、警告、罚款、赔偿等，甚至依法追究刑事责任。罚款 500 ~ 2 000 元不等，但赔偿视情况而定。

五、违反《突发事件应对法》的法律责任

第六十四条　有关单位有下列情形之一的，由所在地履行统一领导职责的人民政府责令停产停业，暂扣或者吊销许可证或者营业执照，并处五万元以上二十万元以下的罚款；构成违反治安管理行为的，由公安机关依法给予处罚：

(1)未按规定采取预防措施，导致发生严重突发事件的；

(2)未及时消除已发现的可能引发突发事件的隐患，导致发生严重突发事件的；

(3)未做好应急设备、设施日常维护、检测工作，导致发生严重突发事件或者突发事件危害扩大的；

(4)突发事件发生后，不及时组织开展应急救援工作，造成严重后果的。

前款规定的行为，其他法律、行政法规规定由人民政府有关部门依法决定处罚的，从其规定。

第六十五条　违反本法规定，编造并传播有关突发事件事态发展或者应急处置工作的虚假信息，或者明知是有关突发事件事态发展或者应急处置工作的虚假信息而进行传播的，责令改正，给予警告；造成严重后果的，依法暂停其业务活动或者吊销其执业许可证；负有直接责任的人员是国家工作人员的，还应当对其依法给予处分；构成违反治安管理行为的，由公安机关依法给予处罚。

第六十六条　单位或者个人违反本法规定，不服从所在地人民政府及其有关部门发布的决定、命令或者不配合其依法采取的措施，构成违反治安管理行为的，由公安机关依法给予处罚。

第六十七条　单位或者个人违反本法规定，导致突发事件发生或者危害扩大，给他人人身、财产造成损害的，应当依法承担民事责任。

《突发事件应对法》中，对违法行为，主要有责令停产停业、暂扣或者吊销许可证或者营业执照、罚款、行政处分、治安处罚、追究民事责任等。

六、违反《消防法》的法律责任

第五十八条　违反本法规定，有下列行为之一的，责令停止施工、停止使用或者停产停业，并处三万元以上三十万元以下罚款：

(1)依法应当经公安机关消防机构进行消防设计审核的建设工程，未经依法审核或者审核不合格，擅自施工的；

(2)消防设计经公安机关消防机构依法抽查不合格，不停止施工的；

(3)依法应当进行消防验收的建设工程，未经消防验收或者消防验收不合格，擅自投入使用的；

(4)建设工程投入使用后经公安机关消防机构依法抽查不合格，不停止使用的；

(5)公众聚集场所未经消防安全检查或者经检查不符合消防安全要求，擅自投入使用、营业的。

建设单位未依照本法规定将消防设计文件报公安机关消防机构备案，或者在竣工后未依照本法规定报公安机关消防机构备案的，责令限期改正，处五千元以下罚款。

第五十九条　违反本法规定，有下列行为之一的，责令改正或者停止施工，并处一万元以上十万元以下罚款：

（1）建设单位要求建筑设计单位或者建筑施工企业降低消防技术标准设计、施工的；

（2）建筑设计单位不按照消防技术标准强制性要求进行消防设计的；

（3）建筑施工企业不按照消防设计文件和消防技术标准施工，降低消防施工质量的；

（4）工程监理单位与建设单位或者建筑施工企业串通，弄虚作假，降低消防施工质量的。

第六十条　单位违反本法规定，有下列行为之一的，责令改正，处五千元以上五万元以下罚款：

（1）消防设施、器材或者消防安全标志的配置、设置不符合国家标准、行业标准，或者未保持完好有效的；

（2）损坏、挪用或者擅自拆除、停用消防设施、器材的；

（3）占用、堵塞、封闭疏散通道、安全出口或者有其他妨碍安全疏散行为的；

（4）埋压、圈占、遮挡消火栓或者占用防火间距的；

（5）占用、堵塞、封闭消防车通道，妨碍消防车通行的；

（6）人员密集场所在门窗上设置影响逃生和灭火救援的障碍物的；

（7）对火灾隐患经公安机关消防机构通知后不及时采取措施消除的。

个人有前款第二项、第三项、第四项、第五项行为之一的，处警告或者五百元以下罚款。有本条第一款第三项、第四项、第五项、第六项行为，经责令改正拒不改正的，强制执行，所需费用由违法行为人承担。

第六十三条　违反本法规定，有下列行为之一的，处警告或者五百元以下罚款；情节严重的，处五日以下拘留：

（1）违反消防安全规定进入生产、储存易燃易爆危险品场所的；

（2）违反规定使用明火作业或者在具有火灾、爆炸危险的场所吸烟、使用明火的。

七、违反《职业病防治法》的法律责任

第六十二条　建设单位违反本法规定，有下列行为之一的，由卫生行政部门给予警告，责令限期改正；逾期不改正的，处十万元以上五十万元以下的罚款；情节严重的，责令停止产生职业病危害的作业，或者提请有关人民政府按照国务院规定的权限责令停建、关闭：

（1）未按照规定进行职业病危害预评价或者未提交职业病危害预评价报告，或者职业病危害预评价报告未经卫生行政部门审核同意，擅自开工的；

（2）建设项目的职业病防护设施未按照规定与主体工程同时投入生产和使用的；

（3）职业病危害严重的建设项目，其职业病防护设施设计不符合国家职业卫生标准和卫生要求施工的；

（4）未按照规定对职业病防护设施进行职业病危害控制效果评价、未经卫生行政部门验收或者验收不合格，擅自投入使用的。

第六十三条　违反本法规定，有下列行为之一的，由卫生行政部门给予警告，责令限期改正；逾期不改正的，处两万元以下的罚款：

（1）工作场所职业病危害因素检测、评价结果没有存档、上报、公布的；

(2)未采取本法第十九条规定的职业病防治管理措施的；

(3)未按照规定公布有关职业病防治的规章制度、操作规程、职业病危害事故应急救援措施的；

(4)未按照规定组织劳动者进行职业卫生培训，或者未对劳动者个人职业病防护采取指导、督促措施的；

(5)国内首次使用或者首次进口与职业病危害有关的化学材料，未按照规定报送毒性鉴定资料以及经有关部门登记注册或者批准进口的文件的。

第六十四条　用人单位违反本法规定，有下列行为之一的，由卫生行政部门责令限期改正，给予警告，可以并处两万元以上五万元以下的罚款：

(1)未按照规定及时、如实向卫生行政部门申报产生职业病危害的项目的；

(2)未实施由专人负责的职业病危害因素日常监测，或者监测系统不能正常监测的；

(3)订立或者变更劳动合同时，未告知劳动者职业病危害真实情况的；

(4)未按照规定组织职业健康检查、建立职业健康监护档案或者未将检查结果如实告知劳动者的。

第六十五条　用人单位违反本法规定，有下列行为之一的，由卫生行政部门给予警告，责令限期改正，逾期不改正的，处五万元以上二十万元以下的罚款；情节严重的，责令停止产生职业病危害的作业，或者提请有关人民政府按照国务院规定的权限责令关闭：

(1)工作场所职业病危害因素的强度或者浓度超过国家职业卫生标准的；

(2)未提供职业病防护设施和个人使用的职业病防护用品，或者提供的职业病防护设施和个人使用的职业病防护用品不符合国家职业卫生标准和卫生要求的；

(3)对职业病防护设备、应急救援设施和个人使用的职业病防护用品未按照规定进行维护、检修、检测，或者不能保持正常运行、使用状态的；

(4)未按照规定对工作场所职业病危害因素进行检测、评价的；

(5)工作场所职业病危害因素经治理仍然达不到国家职业卫生标准和卫生要求时，未停止存在职业病危害因素的作业的；

(6)未按照规定安排职业病病人、疑似职业病病人进行诊治的；

(7)发生或者可能发生急性职业病危害事故时，未立即采取应急救援和控制措施或者未按照规定及时报告的；

(8)未按照规定在产生严重职业病危害的作业岗位醒目位置设置警示标识和中文警示说明的；

(9)拒绝卫生行政部门监督检查的。

第六十六条　向用人单位提供可能产生职业病危害的设备、材料，未按照规定提供中文说明书或者设置警示标识和中文警示说明的，由卫生行政部门责令限期改正，给予警告，并处五万元以上二十万元以下的罚款。

第六十八条　违反本法规定，有下列情形之一的，由卫生行政部门责令限期治理，并处五万元以上三十万元以下的罚款；情节严重的，责令停止产生职业病危害的作业，或者提请有关人民政府按照国务院规定的权限责令关闭：

(1)隐瞒技术、工艺、材料所产生的职业病危害而采用的；

(2)隐瞒本单位职业卫生真实情况的；

(3)可能发生急性职业损伤的有毒、有害工作场所、放射工作场所或者放射性同位素的运输、储存不符合本法第二十三条规定的；

(4)使用国家明令禁止使用的可能产生职业病危害的设备或者材料的；

(5)将产生职业病危害的作业转移给没有职业病防护条件的单位和个人，或者没有职业病防护条件的单位和个人接受产生职业病危害的作业的；

(6)擅自拆除、停止使用职业病防护设备或者应急救援设施的；

(7)安排未经职业健康检查的劳动者、有职业禁忌的劳动者、未成年工或者孕期、哺乳期女职工从事接触职业病危害的作业或者禁忌作业的；

(8)违章指挥和强令劳动者进行没有职业病防护措施的作业的。

第六十九条　生产、经营或者进口国家明令禁止使用的可能产生职业病危害的设备或者材料的，依照有关法律、行政法规的规定给予处罚。

第七十条　用人单位违反本法规定，已经对劳动者生命健康造成严重损害的，由卫生行政部门责令停止产生职业病危害的作业，或者提请有关人民政府按照国务院规定的权限责令关闭，并处十万元以上三十万元以下的罚款。

第七十一条　用人单位违反本法规定，造成重大职业病危害事故或者其他严重后果，构成犯罪的，对直接负责的主管人员和其他直接责任人员，依法追究刑事责任。

违反《职业病防治法》的行为，除刑事责任外，其处罚机构一般为卫生行政部门，处罚类别包括警告、限期整改、罚款、责令停产、报请关闭等，罚款最高达30万元。

八、违反《环境保护法》的法律责任

第三十五条　违反本法规定，有下列行为之一的，环境保护行政主管部门或者其他依照法律规定行使环境监督管理权的部门可以根据不同情节，给予警告或者处以罚款。

(1)拒绝环境保护行政主管部门或者其他依照法律规定行使环境监督管理权的部门现场检查或者在被检查时弄虚作假的。

(2)拒报或者谎报国务院环境保护行政主管部门规定的有关污染物排放申报事项的。

(3)不按国家规定缴纳超标准排污费的。

(4)引进不符合我国环境保护规定要求的技术和设备的。

(5)将产生严重污染的生产设备转移给没有污染防治能力的单位使用的。

第三十八条　对违反本法规定，造成环境污染事故的企业事业单位，由环境保护行政主管部门或者其他依照法律规定行使环境监督管理权的部门根据所造成的危害后果处以罚款；情节严重的，对有关责任人员由其所在单位或者政府主管机关给予行政处分。

第三十九条　对经限期治理逾期未完成治理任务的企业事业单位，除依照国家规定加收超标准排污费外，可以根据所造成的危害后果处以罚款，或者责令停业、关闭。

前款规定的罚款由环境保护行政主管部门决定。责令停业、关闭，由作出限期治理决定的人民政府决定；责令中央直接管辖的企业事业单位停业、关闭，须报国务院批准。

第四十一条　造成环境污染危害的，有责任排除危害，并对直接受到损害的单位或者个人赔偿损失。

赔偿责任和赔偿金额的纠纷，可以根据当事人的请求，由环境保护行政主管部门或者其他依照法律规定行使环境监督管理权的部门处理，当事人对处理决定不服的，可以向人民法院起诉。当事人也可以直接向人民法院起诉。

完全由于不可抗拒的自然灾害，并经及时采取合理措施，仍然不能避免造成环境污染损害的，免于承担责任。

九、违反《公路法》的法律责任

第七十五条　违反本法第二十五条规定，未经有关交通主管部门批准擅自施工的，交通主管部门可以责令停止施工，并可以处五万元以下的罚款。

第七十六条　有下列违法行为之一的，由交通主管部门责令停止违法行为，可以处三万元以下的罚款：

(1)违反本法第四十四条第一款规定，擅自占用、挖掘公路的；

(2)违反本法第四十五条规定，未经同意或者未按照公路工程技术标准的要求修建桥梁、渡槽或者架设、埋设管线、电缆等设施的；

(3)违反本法第四十七条规定，从事危及公路安全的作业的；

(4)违反本法第四十八条规定，铁轮车、履带车和其他可能损害路面的机具擅自在公路上行驶的；

(5)违反本法第五十条规定，车辆超限使用汽车渡船或者在公路上擅自超限行驶的；

(6)违反本法第五十二条、第五十六条规定，损坏、移动、涂改公路附属设施或者损坏、挪动建筑控制区的标桩、界桩，可能危及公路安全的。

十、违反《建设工程安全生产管理条例》的法律责任

第六十一条　违反本条例的规定，施工起重机械和整体提升脚手架、模板等自升式架设设施安装、拆卸单位有下列行为之一的，责令限期改正，处5万元以上10万元以下的罚款；情节严重的，责令停业整顿，降低资质等级，直至吊销资质证书；造成损失的，依法承担赔偿责任：

(1)未编制拆装方案、制定安全施工措施的；

(2)未由专业技术人员现场监督的；

(3)未出具自检合格证明或者出具虚假证明的；

(4)未向施工单位进行安全使用说明，办理移交手续的。

施工起重机械和整体提升脚手架、模板等自升式架设设施安装、拆卸单位有前款规定的第(1)项、第(3)项行为，经有关部门或者单位职工提出后，对事故隐患仍不采取措施，因而发生重大伤亡事故或者造成其他严重后果，构成犯罪的，对直接责任人员，依照刑法有关规定追究刑事责任。

第六十二条　违反本条例的规定，施工单位有下列行为之一的，责令限期改正；逾期未改正的，责令停业整顿，依照《中华人民共和国安全生产法》的有关规定处以罚款；造成重大安全事故，构成犯罪的，对直接责任人员，依照刑法有关规定追究刑事责任：

(1)未设立安全生产管理机构、配备专职安全生产管理人员或者分部分项工程施工时无专职安全生产管理人员现场监督的；

(2)施工单位的主要负责人、项目负责人、专职安全生产管理人员、作业人员或者特种作业人员,未经安全教育培训或者经考核不合格即从事相关工作的;

(3)未在施工现场的危险部位设置明显的安全警示标志,或者未按照国家有关规定在施工现场设置消防通道、消防水源、配备消防设施和灭火器材的;

(4)未向作业人员提供安全防护用具和安全防护服装的;

(5)未按照规定在施工起重机械和整体提升脚手架、模板等自升式架设设施验收合格后登记的;

(6)使用国家明令淘汰、禁止使用的危及施工安全的工艺、设备、材料的。

第六十三条　违反本条例的规定,施工单位挪用列入建设工程概算的安全生产作业环境及安全施工措施所需费用的,责令限期改正,处挪用费用20%以上、50%以下的罚款;造成损失的,依法承担赔偿责任。

第六十四条　违反本条例的规定,施工单位有下列行为之一的,责令限期改正;逾期未改正的,责令停业整顿,并处5万元以上10万元以下的罚款;造成重大安全事故,构成犯罪的,对直接责任人员,依照刑法有关规定追究刑事责任:

(1)施工前未对有关安全施工的技术要求作出详细说明的;

(2)未根据不同施工阶段和周围环境及季节、气候的变化,在施工现场采取相应的安全施工措施,或者在城市市区内的建设工程的施工现场未实行封闭围挡的;

(3)在尚未竣工的建筑物内设置员工集体宿舍的;

(4)施工现场临时搭建的建筑物不符合安全使用要求的;

(5)未对因建设工程施工可能造成损害的毗邻建筑物、构筑物和地下管线等采取专项防护措施的。

施工单位有前款规定第(4)项、第(5)项行为,造成损失的,依法承担赔偿责任。

第六十五条　违反本条例的规定,施工单位有下列行为之一的,责令限期改正;逾期未改正的,责令停业整顿,并处10万元以上30万元以下的罚款;情节严重的,降低资质等级,直至吊销资质证书;造成重大安全事故,构成犯罪的,对直接责任人员,依照刑法有关规定追究刑事责任;造成损失的,依法承担赔偿责任:

(1)安全防护用具、机械设备、施工机具及配件在进入施工现场前未经查验或者查验不合格即投入使用的;

(2)使用未经验收或者验收不合格的施工起重机械和整体提升脚手架、模板等自升式架设设施的;

(3)委托不具有相应资质的单位承担施工现场安装、拆卸施工起重机械和整体提升脚手架、模板等自升式架设设施的;

(4)在施工组织设计中未编制安全技术措施、施工现场临时用电方案或者专项施工方案的。

第六十七条　施工单位取得资质证书后,降低安全生产条件的,责令限期改正;经整改仍未达到与其资质等级相适应的安全生产条件的,责令停业整顿,降低其资质等级直至吊销资质证书。

《建设工程安全生产管理条例》上述规定中,施工单位的安全法律责任主要有行政责任和刑事责任两种。其中，行政责任有责令限期改正、停业整顿、罚款、降低资质、吊销资质证书等，罚款处罚最高限额也是30万元。

十一、违反《生产安全事故报告和调查处理条例》的法律责任

第三十六条　事故发生单位及其有关人员有下列行为之一的，对事故发生单位处100万元以上500万元以下的罚款；对主要负责人、直接负责的主管人员和其他直接责任人员处上一年年收入60%～100%的罚款；属于国家工作人员的，并依法给予处分；构成违反治安管理行为的，由公安机关依法给予治安管理处罚；构成犯罪的，依法追究刑事责任：

(1)谎报或者瞒报事故的；

(2)伪造或者故意破坏事故现场的；

(3)转移、隐匿资金、财产，或者销毁有关证据、资料的；

(4)拒绝接受调查或者拒绝提供有关情况和资料的；

(5)在事故调查中作伪证或者指使他人作伪证的；

(6)事故发生后逃匿的。

第三十七条　事故发生单位对事故发生负有责任的，依照下列规定处以罚款：

(1)发生一般事故的，处10万元以上20万元以下的罚款；

(2)发生较大事故的，处20万元以上50万元以下的罚款；

(3)发生重大事故的，处50万元以上200万元以下的罚款；

(4)发生特别重大事故的，处200万元以上500万元以下的罚款。

第四十条　事故发生单位对事故发生负有责任的，由有关部门依法暂扣或者吊销其有关证照；对事故发生单位负有事故责任的有关人员，依法暂停或者撤销其与安全生产有关的执业资格、岗位证书；事故发生单位主要负责人受到刑事处罚或者撤职处分的，自刑罚执行完毕或者受处分之日起，5年内不得担任任何生产经营单位的主要负责人。

为发生事故的单位提供虚假证明的中介机构，由有关部门依法暂扣或者吊销其有关证照及其相关人员的执业资格；构成犯罪的，依法追究刑事责任。

《生产安全事故报告和调查处理条例》对施工单位的安全生产法律责任进行了较为具体的规定。在这些规定中，行政责任主要是罚款、依法暂扣或者吊销其有关证照；对单位罚款处罚的额度进行了规定。罚款额度最低10万元，最高500万元。

十二、违反《国务院关于特大安全事故行政责任追究的规定》的法律责任

第十七条　特大安全事故发生后，有关地方人民政府应当迅速组织救助，有关部门应当服从指挥、调度，参加或者配合救助，将事故损失降到最低限度。

十三、违反《特种设备安全监察条例》的法律责任

第八十三条　特种设备使用单位有下列情形之一的，由特种设备安全监督管理部门责令限期改正；逾期未改正的，处2 000元以上2万元以下罚款；情节严重的，责令停止使用或者停产停业整顿：

(1)特种设备投入使用前或者投入使用后30日内，未向特种设备安全监督管理部门登

记，擅自将其投入使用的；

（2）未依照本条例第二十六条的规定，建立特种设备安全技术档案的；

（3）未依照本条例第二十七条的规定，对在用特种设备进行经常性日常维护保养和定期自行检查的，或者对在用特种设备的安全附件、安全保护装置、测量调控装置及有关附属仪器仪表进行定期校验、检修，并作出记录的；

（4）未按照安全技术规范的定期检验要求，在安全检验合格有效期届满前 1 个月向特种设备检验检测机构提出定期检验要求的；

（5）使用未经定期检验或者检验不合格的特种设备的；

（6）特种设备出现故障或者发生异常情况，未对其进行全面检查、消除事故隐患，继续投入使用的；

（7）未制订特种设备事故应急专项预案的；

（8）未依照本条例第三十一条第二款的规定，对电梯进行清洁、润滑、调整和检查的；

（9）未按照安全技术规范要求进行锅炉水（介）质处理的；

（10）特种设备不符合能效指标，未及时采取相应措施进行整改的。

特种设备使用单位使用未取得生产许可的单位生产的特种设备或者将非承压锅炉、非压力容器作为承压锅炉、压力容器使用的，由特种设备安全监督管理部门责令停止使用，予以没收，处 2 万元以上 10 万元以下罚款。

第八十四条　特种设备存在严重事故隐患，无改造、维修价值，或者超过安全技术规范规定的使用年限，特种设备使用单位未予以报废，并向原登记的特种设备安全监督管理部门办理注销的，由特种设备安全监督管理部门责令限期改正；逾期未改正的，处 5 万元以上 20 万元以下罚款。

第八十五条　电梯、客运索道、大型游乐设施的运营使用单位有下列情形之一的，由特种设备安全监督管理部门责令限期改正；逾期未改正的，责令停止使用或者停产停业整顿，处 1 万元以上 5 万元以下罚款：

（1）客运索道、大型游乐设施每日投入使用前，未进行试运行和例行安全检查，并对安全装置进行检查确认的；

（2）未将电梯、客运索道、大型游乐设施的安全注意事项和警示标志置于易于为乘客注意的显著位置的。

第八十六条　特种设备使用单位有下列情形之一的，由特种设备安全监督管理部门责令限期改正；逾期未改正的，责令停止使用或者停产停业整顿，处 2 000 元以上 2 万元以下罚款：

（1）未依照本条例规定设置特种设备安全管理机构或者配备专职、兼职的安全管理人员的；

（2）从事特种设备作业的人员，未取得相应特种作业人员证书，上岗作业的；

（3）未对特种设备作业人员进行特种设备安全教育和培训的。

第八十七条　发生特种设备事故，有下列情形之一的，对单位，由特种设备安全监督管理部门处 5 万元以上 20 万元以下罚款；对主要负责人，由特种设备安全监督管理部门处 4 000 元以上 2 万元以下罚款；属于国家工作人员的，依法给予处分；触犯刑律的，依照刑法关于重大责任事故罪或者其他罪的规定，依法追究刑事责任：

(1)特种设备使用单位的主要负责人在本单位发生特种设备事故时,不立即组织抢救或者在事故调查处理期间擅离职守或者逃匿的;

(2)特种设备使用单位的主要负责人对特种设备事故隐瞒不报、谎报或者拖延不报的。

第八十八条　对事故发生负有责任的单位,由特种设备安全监督管理部门依照下列规定处以罚款:

(1)发生一般事故的,处10万元以上20万元以下罚款;

(2)发生较大事故的,处20万元以上50万元以下罚款;

(3)发生重大事故的,处50万元以上200万元以下罚款。

第八十九条　对事故发生负有责任的单位的主要负责人未依法履行职责,导致事故发生的,由特种设备安全监督管理部门依照下列规定处以罚款;属于国家工作人员的,并依法给予处分;触犯刑律的,依照刑法关于重大责任事故罪或者其他罪的规定,依法追究刑事责任:

(1)发生一般事故的,处上一年年收入30%的罚款;

(2)发生较大事故的,处上一年年收入40%的罚款;

(3)发生重大事故的,处上一年年收入60%的罚款。

第九十条　特种设备作业人员违反特种设备的操作规程和有关的安全规章制度操作,或者在作业过程中发现事故隐患或者其他不安全因素,未立即向现场安全管理人员和单位有关负责人报告的,由特种设备使用单位给予批评教育、处分;情节严重的,撤销特种设备作业人员资格;触犯刑律的,依照刑法关于重大责任事故罪或者其他罪的规定,依法追究刑事责任。

第九十八条　特种设备的生产、使用单位或者检验检测机构,拒不接受特种设备安全监督管理部门依法实施的安全监察的,由特种设备安全监督管理部门责令限期改正;逾期未改正的,责令停产停业整顿,处2万元以上10万元以下罚款;触犯刑律的,依照刑法关于妨害公务罪或者其他罪的规定,依法追究刑事责任。

特种设备生产、使用单位擅自动用、调换、转移、损毁被查封、扣押的特种设备或者其主要部件的,由特种设备安全监督管理部门责令改正,处5万元以上20万元以下罚款;情节严重的,撤销其相应资格。

十四、违反《安全生产许可证条例》的法律责任

第十九条　违反本条例规定,未取得安全生产许可证擅自进行生产的,责令停止生产,没收违法所得,并处10万元以上50万元以下的罚款;造成重大事故或者其他严重后果,构成犯罪的,依法追究刑事责任。

第二十条　违反本条例规定,安全生产许可证有效期满未办理延期手续,继续进行生产的,责令停止生产,限期补办延期手续,没收违法所得,并处5万元以上10万元以下的罚款;逾期仍不办理延期手续,继续进行生产的,依照本条例第十九条的规定处罚。

第二十一条　违反本条例规定,转让安全生产许可证的,没收违法所得,处10万元以上50万元以下的罚款,并吊销其安全生产许可证;构成犯罪的,依法追究刑事责任;接受转让的,依照本条例第十九条的规定处罚。

冒用安全生产许可证或者使用伪造的安全生产许可证的,依照本条例第十九条的规定处罚。

第二十二条　本条例施行前已经进行生产的企业，应当自本条例施行之日起1年内，依照本条例的规定向安全生产许可证颁发管理机关申请办理安全生产许可证；逾期不办理安全生产许可证，或者经审查不符合本条例规定的安全生产条件，未取得安全生产许可证，继续进行生产的，依照本条例第十九条的规定处罚。

十五、违反《中华人民共和国内河交通安全管理条例》的法律责任

(1)应当报废的船舶、浮动设施在内河航行或者作业的，由海事管理机构责令停航或者停止作业，并对船舶、浮动设施予以没收。

(2)船舶、浮动设施未持有合格的检验证书、登记证书或者船舶未持有必要的航行资料，擅自航行或者作业的，由海事管理机构责令停止航行或者作业；拒不停止的，暂扣船舶、浮动设施；情节严重的，予以没收。

(3)船舶未按照国务院交通主管部门的规定配备船员擅自航行，或者浮动设施未按照国务院交通主管部门的规定配备掌握水上交通安全技能的船员擅自作业的，由海事管理机构责令限期改正，对船舶、浮动设施所有人或者经营人处1万元以上10万元以下的罚款；逾期不改正的，责令停航或者停止作业。

(4)按照国家规定必须取得船舶污染损害责任、沉船打捞责任的保险文书或者财务保证书的船舶所有人或者经营人，未取得船舶污染损害责任、沉船打捞责任保险文书或者财务担保证明的，由海事管理机构责令限期改正；逾期不改正的，责令停航，并处1万元以上10万元以下的罚款。

(5)船舶、浮动设施发生内河交通事故的，除依法承担相应的法律责任外，由海事管理机构根据调查结论，对责任船员给予暂扣适任证书或者其他适任证件6个月以上直至吊销适任证书或者其他适任证件的处罚。

(6)船舶、浮动设施的所有人或者经营人指使、强令船员违章操作的，由海事管理机构给予警告，处1万元以上5万元以下的罚款，并可以责令停航或者停止作业；造成重大伤亡事故或者严重后果的，依照《刑法》关于重大责任事故罪或者其他罪的规定，依法追究刑事责任。

(7)船舶在内河航行、停泊或者作业，不遵守航行、避让和信号显示规则的，由海事管理机构责令改正，处1 000元以上1万元以下的罚款；情节严重的，对责任船员给予暂扣适任证书或者其他适任证件3个月至6个月直至吊销适任证书或者其他适任证件的处罚；造成重大内河交通事故的，依照《刑法》关于交通肇事罪或者其他罪的规定，依法追究刑事责任。

(8)船舶、浮动设施发生内河交通事故后逃逸的，由海事管理机构对责任船员给予吊销适任证书或者其他适任证件的处罚；证书或者证件吊销后，5年内不得重新从业；触犯刑律的，依照《刑法》关于交通肇事罪或者其他罪的规定，依法追究刑事责任。

十六、违反《民用爆破物品安全管理条例》的法律责任

(1)违反本条例规定，未经许可购买、运输民用爆炸物品或者从事爆破作业的，由公安机关责令停止非法购买、运输、爆破作业活动，处5万元以上20万元以下的罚款，并没收非法购买、运输以及从事爆破作业使用的民用爆炸物品及其违法所得。

(2)违反本条例规定，从事爆破作业的单位有下列情形之一的，由公安机关责令停止违法

行为或者限期改正，处10万元以上50万元以下的罚款；逾期不改正的，责令停产停业整顿；情节严重的，吊销《爆破作业单位许可证》：

①爆破作业单位未按照其资质等级从事爆破作业的；

②营业性爆破作业单位跨省、自治区、直辖市行政区域实施爆破作业，未按照规定事先向爆破作业所在地的县级人民政府公安机关报告的；

③爆破作业单位未按照规定建立民用爆炸物品领取登记制度、保存领取登记记录的；

④违反国家有关标准和规范实施爆破作业的。

爆破作业人员违反国家有关标准和规范的规定实施爆破作业的，由公安机关责令限期改正，情节严重的，吊销《爆破作业人员许可证》。

(3)违反本条例规定，有下列情形之一的，由国防科技工业主管部门、公安机关按照职责责令限期改正，可以并处5万元以上20万元以下的罚款；逾期不改正的，责令停产停业整顿；情节严重的，吊销许可证：

①未按照规定在专用仓库设置技术防范设施的；

②未按照规定建立出入库检查、登记制度或者收存和发放民用爆炸物品，致使账物不符的；

③超量储存、在非专用仓库储存或者违反储存标准和规范储存民用爆炸物品的；

④有本条例规定的其他违反民用爆炸物品储存管理规定行为的。

(4)民用爆炸物品从业单位的主要负责人未履行本条例规定的安全管理责任，导致发生重大伤亡事故或者造成其他严重后果，构成犯罪的，依法追究刑事责任；尚不构成犯罪的，对主要负责人给予撤职处分，对个人经营的投资人处2万元以上20万元以下的罚款。

十七、违反《公路水运工程安全生产监督管理办法》的法律责任

第四十三条 违反本办法规定，按照《中华人民共和国安全生产法》、《建设工程安全生产管理条例》、《安全生产许可证条例》的相关规定，给予行政处罚。

十八、违反《高危行业企业安全生产费用财务管理暂行办法》的法律责任

第二十四条 企业未按本办法提取和使用安全费用的，安全生产监督管理部门应当会同财政部门责令其限期改正、予以警告。逾期不改正的，由安全生产监督管理部门按照相关法规进行处理。

十九、违反《劳动防护用品监督管理规定》的法律责任

第二十五条 生产经营单位未按国家有关规定为从业人员提供符合国家标准或者行业标准的劳动防护用品，有本规定第二十一条第(一)、(二)、(三)、(四)、(五)、(六)项行为的，安全生产监督管理部门或者煤矿安全监察机构责令限期改正；逾期未改正的，责令停产停业整顿，可以并处五万元以下的罚款；造成严重后果，构成犯罪的，依法追究刑事责任。

第二十六条 生产或者经营劳动防护用品的企业或者单位有本规定第二十一条第(七)、(八)项行为的，安全生产监督管理部门或者煤矿安全监察机构责令停止违法行为，可以并处三万元以下的罚款。

二十、违反《〈生产安全事故报告和调查处理条例〉罚款处罚暂行规定》的法律责任

第十二条　事故发生单位有《生产安全事故报告和调查处理条例》第三十六条规定的行为之一的，依照下列规定处以罚款：

(1)没有贻误事故抢救的，处100万元以上200万元以下的罚款；

(2)贻误事故抢救或者造成事故扩大或者影响事故调查的，处200万元以上300万元以下的罚款；

(3)贻误事故抢救或者造成事故扩大或者影响事故调查，手段恶劣，情节严重的，处300万元以上500万元以下的罚款。

第十四条　事故发生单位对造成3人以下死亡，或者3人以上10人以下重伤(包括急性工业中毒)，或者300万元以上1 000万元以下直接经济损失的事故负有责任的，处10万元以上20万元以下的罚款。

第十五条　事故发生单位对较大事故发生负有责任的，依照下列规定处以罚款：

(1)造成3人以上6人以下死亡，或者10人以上30人以下重伤(包括急性工业中毒)，或者1 000万元以上3 000万元以下直接经济损失的，处20万元以上30万元以下的罚款；

(2)造成6人以上10人以下死亡，或者30人以上50人以下重伤(包括急性工业中毒)，或者3 000万元以上5 000万元以下直接经济损失的，处30万元以上50万元以下的罚款。

第十六条　事故发生单位对重大事故发生负有责任的，依照下列规定处以罚款：

(1)造成10人以上15人以下死亡，或者50人以上70人以下重伤(包括急性工业中毒)，或者5 000万元以上7 000万元以下直接经济损失的，处50万元以上100万元以下的罚款；

(2)造成15人以上30人以下死亡，或者70人以上100人以下重伤(包括急性工业中毒)，或者7 000万元以上1亿元以下直接经济损失的，处100万元以上200万元以下的罚款。

第十七条　事故发生单位对特别重大事故发生负有责任的，处200万元以上500万元以下的罚款。

《〈生产安全事故报告和调查处理条例〉罚款处罚暂行规定》中，对事故责任单位的罚款，最低10万元，最高500万元。

二十一、违反《安全生产领域违法违纪行为政纪处分暂行规定》的法律责任

第十一条　国有企业及其工作人员有下列行为之一的，对有关责任人员，给予警告、记过或者记大过处分；情节较重的，给予降级、撤职或者留用察看处分；情节严重的，给予开除处分：

(1)未取得安全生产行政许可及相关证照或者不具备安全生产条件从事生产经营活动的；

(2)弄虚作假，骗取安全生产相关证照的；

(3)出借、出租、转让或者冒用安全生产相关证照的；

(4)未按照有关规定保证安全生产所必需的资金投入，导致产生重大安全隐患的；

(5)新建、改建、扩建工程项目的安全设施，不与主体工程同时设计、同时施工、同时投入

生产和使用,或者未按规定审批、验收,擅自组织施工和生产的;

(6)被依法责令停产停业整顿、吊销证照、关闭的生产经营单位,继续从事生产经营活动的。

第十二条　国有企业及其工作人员有下列行为之一,导致生产安全事故发生的,对有关责任人员,给予警告、记过或者记大过处分;情节较重的,给予降级、撤职或者留用察看处分;情节严重的,给予开除处分:

(1)对存在的重大安全隐患,未采取有效措施的;

(2)违章指挥,强令工人违章冒险作业的;

(3)未按规定进行安全生产教育和培训并经考核合格,允许从业人员上岗,致使违章作业的;

(4)制造、销售、使用国家明令淘汰或者不符合国家标准的设施、设备、器材或者产品的;

(5)超能力、超强度、超定员组织生产经营,拒不执行有关部门整改指令的;

(6)拒绝执法人员进行现场检查或者在被检查时隐瞒事故隐患,不如实反映情况的;

(7)有其他不履行或者不正确履行安全生产管理职责的。

第十三条　国有企业及其工作人员有下列行为之一的,对有关责任人员,给予记过或者记大过处分;情节较重的,给予降级、撤职或者留用察看处分;情节严重的,给予开除处分:

(1)对发生的生产安全事故瞒报、谎报或者拖延不报的;

(2)组织或者参与破坏事故现场、出具伪证或者隐匿、转移、篡改、毁灭有关证据,阻挠事故调查处理的;

(3)生产安全事故发生后,不及时组织抢救或者擅离职守的。生产安全事故发生后逃匿的,给予开除处分。

第十四条　国有企业及其工作人员不执行或者不正确执行对事故责任人员作出的处理决定,或者擅自改变上级机关批复的对事故责任人员的处理意见的,对有关责任人员,给予警告、记过或者记大过处分;情节较重的,给予降级、撤职或者留用察看处分;情节严重的,给予开除处分。

《安全生产领域违法违纪行为政纪处分暂行规定》中对施工单位的处罚主要是对单位个人的行政责任,无刑事责任。

二十二、违反《公路水运工程施工企业安全生产管理人员考核管理办法》的法律责任

第十一条　一级企业申请人的能力考核应具备下列条件:

(2)在申请考核之日前1年内,申请人未有在较大及以上等级安全责任事故中负有责任的情形。

第二十条　在考核证书有效期内,安全生产三类人员有下列行为之一的,不予延期,必须重新考核:

(1)企业主要负责人和企业专职安全员所在企业发生1起及以上重大、特大等级生产安全责任事故或2起及以上较大生产安全责任事故,且本人负有责任的;项目负责人和施工现场专职安全员承建的工程项目发生过1起及以上一般及以上等级生产安全责任事故,且本人负有责任的;

(2)本人受到部或者省级交通运输主管部门及安全监管机构行政处罚或通报批评的；
(3)未参加本企业组织的年度安全教育和交通运输主管部门组织的继续教育的；
(4)本人或为他人伪造证书或出据虚假证明的。

二十三、违反《中华人民共和国船舶最低安全配员规则》的法律责任

(1)对违反本规则的船舶和人员，依法应当给予行政处罚的，由海事管理机构依据有关法律、行政法规和规章的规定给予相应的处罚。

(2)海事管理机构的工作人员滥用职权、徇私舞弊、玩忽职守的，由所在单位或者上级机关给予行政处分；构成犯罪的，依法追究刑事责任。

二十四、违反《中华人民共和国海上航行警告和航行通告管理规定》应负的法律责任

(1)违反本规定第五条第一款第八条规定的，由国家主管机关或者区域主管机关责令其停止活动，并可以处2 000元以下罚款。

(2)未依照本规定第六条、第七条规定的时间申请发布海上航行警告、航行通告的，国家主管机关或者区域主管机关可以给予警告，可以并处800元以下罚款。

(3)对违反本规定第十四条规定的责任人员，根据情节，国家主管机关或者区域主管机关可以给予警告、扣留职务证书或者吊销职务证书。

(4)违反本规定，造成海上交通事故的，除依法承担民事赔偿责任外，国家主管机关或者区域主管机关可以根据情节给予罚款、扣留职务证书或者吊销职务证书；构成犯罪的，依法追究刑事责任。

(5)当事人对罚款、扣留职务证书或者吊销职务证书的处罚决定不服的，可以自接到处罚决定通知之日起15日内向中华人民共和国港务监督机构申请复议，也可以直接向人民法院提起诉讼；期满不申请复议也不提起诉讼又不履行的，作出处罚决定的主管机关可以申请人民法院强制执行。

二十五、违反《中华人民共和国水上水下施工作业通航安全管理规定》的法律责任

(1)有下列行为或情况之一的，责令正在进行施工作业的船舶、排筏和施工作业设施立即停止施工作业：

①应书面申请《许可证》而未取得，擅自进行施工作业的；
②所持《许可证》已失效，仍然进行施工作业的；
③未按《许可证》要求进行施工作业的；
④未按规定采取安全和防污染措施进行施工作业的；
⑤未按有关规定申请发布航行警告、航行通告即行施工作业的；
⑥施工作业与航行警告、航行通告中公告的内容不符的；
⑦未按本规定第十六条的规定报备季度作业计划的；
⑧施工作业水域内发生水上交通事故，危及周围人命、财产安全的；
⑨施工作业水域附近发生或将发生重大事件，海事局认为有必要暂停施工作业的。

(2)未按本规定取得《许可证》，擅自构筑、设置水上水下建筑物或设施的，除可按《中华人

民共和国水上安全监督行政处罚规定》进行处罚外，责令构筑、设置者限期搬迁拆除。

（3）违反本规定第十九条规定，不清除遗留在施工作业水域的碍航物体的，可责令其限期清除；在限定的期限内不清除的，海事局可强制清除，有关费用由施工作业者承担。

（4）违反本规定第二十条规定的，责令其立即改正，并处以30 000元以下的罚款。

（5）违反本规定第二十二条规定，未申请验收即擅自投入使用的，责令其按规定申请验收，并可对其处以1 000元至30 000元的罚款。

（6）工程存在着危害通航安全的缺陷，限期改正而不加以纠正，擅自投入使用的，海事局可按《中华人民共和国水上安全监督行政处罚规定》的有关规定予以处罚。

二十六、违反《中华人民共和国潜水员管理办法》的法律责任

（1）培训机构有下列行为之一者，由救捞局视情节给以警告、限期整改；有违法所得的，可处以违法所得三倍以下罚款，最高不超过30 000元罚款；没有违法所得的，可处10 000元以下罚款：

①未经核准更改或调整培训计划的；

②教员资质不符合要求的；

③未经批准易地从事培训的；

④不按培训规范进行培训或弄虚作假的；

⑤未取得许可证或超越许可证核准的培训种类、规模开展潜水员培训的；

⑥违反其他有关潜水员培训管理规定的。

（2）有下列行为之一者，各级海事机构可以责令停止潜水作业，并视情节给予30 000元以下的罚款：

①使用失效潜水员证书；

②无潜水员证书人员进行潜水作业；

③租借、转让、冒用、涂改、变造、伪造、买卖潜水员证书。

第四节　施工单位安全生产管理人员的法律责任

一、施工单位主要负责人的法律责任

1. 施工单位主要负责人的安全职责

施工单位主要负责人，是指对本企业日常生产经营活动和安全生产工作全面负责、有生产经营决策权的人员，包括企业法定代表人、企业安全生产工作的负责人等。

《安全生产法》、《建设工程安全生产管理条例》以及《公路水运工程安全生产监督管理办法》对施工单位主要负责人的安全生产职责进行了明确规定。

1)《安全生产法》的规定

第五条规定："生产经营单位的主要负责人对本单位的安全生产工作全面负责"。

第十七条规定："生产经营单位的主要负责人对本单位安全生产工作负有下列职责：

（1）建立、健全本单位安全生产责任制；

(2)组织制定本单位安全生产规章制度和操作规程;

(3)保证本单位安全生产投入的有效实施;

(4)督促、检查本单位的安全生产工作,及时消除生产安全事故隐患;

(5)组织制定并实施本单位的生产安全事故应急救援预案;

(6)及时、如实报告生产安全事故。"

2)《建设工程安全生产管理条例》的规定

第二十一条规定:"施工单位主要负责人依法对本单位的安全生产工作全面负责。施工单位应当建立健全安全生产责任制度和安全生产教育培训制度,制定安全生产规章制度和操作规程,保证本单位安全生产条件所需资金的投入,对所承担的建设工程进行定期和专项安全检查,并做好安全检查记录"。

3)《公路水运工程安全生产监督管理办法》的规定

第二十条规定:"施工单位主要负责人依法对本单位的安全生产工作全面负责。施工单位应当建立健全安全生产责任制度和安全生产教育培训制度及安全生产技术交底制度,制定安全生产规章制度和操作规程,保证本单位安全生产条件所需资金的投入,对所承担的公路水运工程进行定期和专项安全检查,并做好安全检查记录。"

从上述规定可以看出,施工单位负责人对本单位的安全生产工作"全面负责"。

2. 施工单位主要负责人的安全生产法律责任

在我国现行的《安全生产法》、《建设工程安全生产管理条例》、《生产安全事故报告和调查处理条例》以及《〈生产安全事故报告和调查处理条例〉罚款处罚暂行规定》中,对施工单位主要负责人的安全生产法律责任进行了明确规定。

1)《安全生产法》的规定

第八十条规定:"生产经营单位的决策机构、主要负责人、个人经营的投资人不依照本法规定保证安全生产所必需的资金投入,致使生产经营单位不具备安全生产条件的,责令限期改正,提供必需的资金;逾期未改正的,责令生产经营单位停产停业整顿。

有前款违法行为,导致发生生产安全事故,构成犯罪的,依照刑法有关规定追究刑事责任;尚不够刑事处罚的,对生产经营单位的主要负责人给予撤职处分,对个人经营的投资人处 2 万元以上 20 万元以下的罚款"。

第八十一条规定:"生产经营单位的主要负责人未履行本法规定的安全生产管理职责的,责令限期改正;逾期未改正的,责令生产经营单位停产停业整顿。

生产经营单位的主要负责人有前款违法行为,导致发生生产安全事故,构成犯罪的,依照刑法有关规定追究刑事责任;尚不够刑事处罚的,给予撤职处分或者处 2 万元以上 20 万元以下的罚款。

生产经营单位的主要负责人依照前款规定受刑事处罚或者撤职处分的,自刑罚执行完毕或者受处分之日起,五年内不得担任任何生产经营单位的主要负责人。"

第八十九条规定:"生产经营单位与从业人员订立协议,免除或者减轻其对从业人员因生产安全事故伤亡依法应承担的责任的,该协议无效;对生产经营单位的主要负责人、个人经营的投资人处 2 万元以上 10 万元以下的罚款。"

第九十一条规定:"生产经营单位主要负责人在本单位发生重大生产安全事故时,不立即组织抢救或者在事故调查处理期间擅离职守或者逃匿的，给予降职、撤职的处分，对逃匿的处十五日以下拘留；构成犯罪的，依照刑法有关规定追究刑事责任。

生产经营单位主要负责人对生产安全事故隐瞒不报、谎报或者拖延不报的，依照前款规定处罚。”

从《安全生产法》的上述规定中可以看出，施工单位主要负责人对安全生产承担的法律责任有行政责任和刑事责任两种。其中，行政责任主要有降职、撤职、罚款、责令限期改正、不得担任主要负责人 5 种。罚款处罚最高限额是 20 万元。

2)《建设工程安全生产管理条例》的规定

第六十六条规定：“违反本条例的规定，施工单位的主要负责人、项目负责人未履行安全生产管理职责的，责令限期改正；逾期未改正的，责令施工单位停业整顿；造成重大安全事故、重大伤亡事故或者其他严重后果，构成犯罪的，依照刑法有关规定追究刑事责任。

作业人员不服管理、违反规章制度和操作规程冒险作业造成重大伤亡事故或者其他严重后果，构成犯罪的，依照刑法有关规定追究刑事责任。

施工单位的主要负责人、项目负责人有前款违法行为，尚不够刑事处罚的，处 2 万元以上 20 万元以下的罚款或者按照管理权限给予撤职处分；自刑罚执行完毕或者受处分之日起，5 年内不得担任任何施工单位的主要负责人、项目负责人。”

《建设工程安全生产管理条例》上述规定中，施工单位主要负责人的安全法律责任主要有行政责任和刑事责任两种。其中，行政责任有责令限期改正、罚款、撤职、不得担任项目负责人 4 种，罚款处罚最高限额也是 20 万元。

3)《生产安全事故报告和调查处理条例》的规定

第三十五条规定：事故发生单位主要负责人有下列行为之一的，处上一年年收入 40% ~ 80% 的罚款；属于国家工作人员的，并依法给予处分；构成犯罪的，依法追究刑事责任：

(1)不立即组织事故抢救的；

(2)迟报或者漏报事故的；

(3)在事故调查处理期间擅离职守的。

第三十六条规定：事故发生单位及其有关人员有下列行为之一的，对事故发生单位处 100 万元以上 500 万元以下的罚款；对主要负责人、直接负责的主管人员和其他直接责任人员处上一年年收入 60% ~ 100% 的罚款；属于国家工作人员的，并依法给予处分；构成违反治安管理行为的，由公安机关依法给予治安管理处罚；构成犯罪的，依法追究刑事责任：

(1)谎报或者瞒报事故的；

(2)伪造或者故意破坏事故现场的；

(3)转移、隐匿资金、财产，或者销毁有关证据、资料的；

(4)拒绝接受调查或者拒绝提供有关情况和资料的；

(5)在事故调查中作伪证或者指使他人作伪证的；

(6)事故发生后逃匿的。

第三十八条规定：事故发生单位主要负责人未依法履行安全生产管理职责，导致事故发生的，依照下列规定处以罚款；属于国家工作人员的，并依法给予处分；构成犯罪的，依法追究刑事责任：

(1)发生一般事故的,处上一年年收入30%的罚款;

(2)发生较大事故的,处上一年年收入40%的罚款;

(3)发生重大事故的,处上一年年收入60%的罚款;

(4)发生特别重大事故的,处上一年年收入80%的罚款。

第四十条规定:"事故发生单位对事故发生负有责任的,由有关部门依法暂扣或者吊销其有关证照;对事故发生单位负有事故责任的有关人员,依法暂停或者撤销其与安全生产有关的执业资格、岗位证书;事故发生单位主要负责人受到刑事处罚或者撤职处分的,自刑罚执行完毕或者受处分之日起,5年内不得担任任何生产经营单位的主要负责人。"

《生产安全事故报告和调查处理条例》对施工单位主要负责人的安全生产法律责任进行了较为详细的规定。在这些规定中,行政责任主要是对个人罚款处罚的额度进行了规定。最高罚款额度是上一年年收入60%~100%。

4)《〈生产安全事故报告和调查处理条例〉罚款处罚暂行规定》的规定

《〈生产安全事故报告和调查处理条例〉罚款处罚暂行规定》是专门性的安全生产罚款行政处罚的特别规章,它对施工单位主要负责人的罚款行政处罚进行最为详尽的规定。

第十一条规定:事故发生单位主要负责人有《条例》第三十五条规定的行为之一的,依照下列规定处以罚款:

(1)事故发生单位主要负责人在事故发生后不立即组织事故抢救的,处上一年年收入80%的罚款;

(2)事故发生单位主要负责人迟报或者漏报事故的,处上一年年收入40%~60%的罚款;

(3)事故发生单位主要负责人在事故调查处理期间擅离职守的,处上一年年收入60%~80%的罚款。

第十三条规定:事故发生单位的主要负责人、直接负责的主管人员和其他直接责任人员有《条例》第三十六条规定的行为之一的,依照下列规定处以罚款:

(1)谎报、瞒报事故的,处上一年年收入60%~80%的罚款;

(2)伪造、故意破坏事故现场,或者转移、隐匿资金、财产、销毁有关证据、资料,或者拒绝接受调查,或者拒绝提供有关情况和资料,或者在事故调查中作伪证,或者指使他人作伪证的,处上一年年收入80%~90%的罚款;

(3)事故发生后逃匿的,处上一年年收入100%的罚款。

第十八条规定:事故发生单位主要负责人未依法履行安全生产管理职责,导致事故发生的,依照下列规定处以罚款:

(1)发生一般事故的,处上一年年收入30%的罚款;

(2)发生较大事故的,处上一年年收入40%的罚款;

(3)发生重大事故的,处上一年年收入60%的罚款;

(4)发生特别重大事故的,处上一年年收入80%的罚款。

二、项目负责人的法律责任

1.施工单位项目负责人的安全职责

项目负责人,是指由企业法定代表人授权,负责公路水运工程项目施工管理的负责人,包括项目经理、项目副经理和项目总工。

《建设工程安全生产管理条例》以及《公路水运工程安全生产监督管理办法》对施工单位主要负责人的安全生产职责进行了明确规定。

1)《建设工程安全生产管理条例》的规定

第二十一条(第二款)规定:"施工单位的项目负责人应当由取得相应执业资格的人员担任,对建设工程项目的安全施工负责,落实安全生产责任制度、安全生产规章制度和操作规程,确保安全生产费用的有效使用,并根据工程的特点组织制定安全施工措施,消除安全事故隐患,及时、如实报告生产安全事故。"

《安全生产法》对生产经营单位主要负责人的安全职责进行了明确规定,但是对施工单位项目负责人的安全职责并未规定。明确规定施工单位项目负责人的安全职责最早见于本条例。与生产经营单位主要负责人相比,施工单位项目负责人的安全职责重点在于落实安全生产的制度和措施。

2)《公路水运工程安全生产监督管理办法》的规定

第二十条(第二款)规定:"施工单位的项目负责人依法对项目的安全施工负责,落实安全生产各项制度,确保安全生产费用的有效使用,并根据工程特点组织制定安全施工措施,消除安全事故隐患,及时、如实报告生产安全事故。"

本办法规定的项目负责人的安全责任是对《建设工程安全生产管理条例》的有机延伸和拓展。

2. 施工单位项目负责人的安全生产法律责任

《安全生产法》、《建设工程安全生产管理条例》、《生产安全事故报告和调查处理条例》以及《〈生产安全事故报告和调查处理条例〉罚款处罚暂行规定》中,对施工单位项目负责人的安全生产法律责任也进行了明确规定。

1)《安全生产法》的规定

第九十条规定:"生产经营单位的从业人员不服从管理,违反安全生产规章制度或者操作规程的,由生产经营单位给予批评教育,依照有关规章制度给予处分;造成重大事故,构成犯罪的,依照刑法有关规定追究刑事责任。"

对项目负责人的法律责任,《安全生产法》没有做出特别的规定,只是在第九十条中以"从业人员"为责任主体列出,规定了依据有关的规章制度给予行政处分和追究刑事责任两种。

2)《建设工程安全生产管理条例》的规定

第六十二条规定:违反本条例的规定,施工单位有下列行为之一的,责令限期改正;逾期未改正的,责令停业整顿,依照《中华人民共和国安全生产法》的有关规定处以罚款;造成重大安全事故,构成犯罪的,对直接责任人员,依照刑法有关规定追究刑事责任:

(1)未设立安全生产管理机构、配备专职安全生产管理人员或者分部分项工程施工时无专职安全生产管理人员现场监督的;

(2)施工单位的主要负责人、项目负责人、专职安全生产管理人员、作业人员或者特种作业人员,未经安全教育培训或者经考核不合格即从事相关工作的;

(3)未在施工现场的危险部位设置明显的安全警示标志,或者未按照国家有关规定在施工现场设置消防通道、消防水源、配备消防设施和灭火器材的;

(4)未向作业人员提供安全防护用具和安全防护服装的;

(5)未按照规定在施工起重机械和整体提升脚手架、模板等自升式架设设施验收合格后登记的;

(6)使用国家明令淘汰、禁止使用的危及施工安全的工艺、设备、材料的。

第六十四条规定:违反本条例的规定,施工单位有下列行为之一的,责令限期改正;逾期未改正的,责令停业整顿,并处5万元以上10万元以下的罚款;造成重大安全事故,构成犯罪的,对直接责任人员,依照刑法有关规定追究刑事责任:

(1)施工前未对有关安全施工的技术要求作出详细说明的;

(2)未根据不同施工阶段和周围环境及季节、气候的变化,在施工现场采取相应的安全施工措施,或者在城市市区内的建设工程的施工现场未实行封闭围挡的;

(3)在尚未竣工的建筑物内设置员工集体宿舍的;

(4)施工现场临时搭建的建筑物不符合安全使用要求的;

(5)未对因建设工程施工可能造成损害的毗邻建筑物、构筑物和地下管线等采取专项防护措施的。

第六十五条规定:违反本条例的规定,施工单位有下列行为之一的,责令限期改正;逾期未改正的,责令停业整顿,并处10万元以上30万元以下的罚款;情节严重的,降低资质等级,直至吊销资质证书;造成重大安全事故,构成犯罪的,对直接责任人员,依照刑法有关规定追究刑事责任;造成损失的,依法承担赔偿责任:

(1)安全防护用具、机械设备、施工机具及配件在进入施工现场前未经查验或者查验不合格即投入使用的;

(2)使用未经验收或者验收不合格的施工起重机械和整体提升脚手架、模板等自升式架设设施的;

(3)委托不具有相应资质的单位承担施工现场安装、拆卸施工起重机械和整体提升脚手架、模板等自升式架设设施的;

(4)在施工组织设计中未编制安全技术措施、施工现场临时用电方案或者专项施工方案的。

第六十六条规定:违反本条例的规定,施工单位的主要负责人、项目负责人未履行安全生产管理职责的,责令限期改正;逾期未改正的,责令施工单位停业整顿;造成重大安全事故、重大伤亡事故或者其他严重后果,构成犯罪的,依照刑法有关规定追究刑事责任。

作业人员不服管理、违反规章制度和操作规程冒险作业造成重大伤亡事故或者其他严重后果,构成犯罪的,依照刑法有关规定追究刑事责任。

施工单位的主要负责人、项目负责人有前款违法行为,尚不够刑事处罚的,处2万元以上20万元以下的罚款或者按照管理权限给予撤职处分;自刑罚执行完毕或者受处分之日起,5年内不得担任任何施工单位的主要负责人、项目负责人。

本条例中有四条内容涉及项目负责人的安全法律责任,是我国现行法律法规中对项目负责人的安全法律责任的最为详尽的规定。尤其是第六十六条的规定全面而具体。在这些规定中,行政责任有责令限期改正、承担赔偿责任、罚款和撤职。构成犯罪的,追究刑事责任。

3)《生产安全事故报告和调查处理条例》的规定

第三十六条规定:事故发生单位及其有关人员有下列行为之一的,对事故发生单位处100

万元以上500万元以下的罚款;对主要负责人、直接负责的主管人员和其他直接责任人员处上一年年收入60% ~100%的罚款;属于国家工作人员的,并依法给予处分;构成违反治安管理行为的,由公安机关依法给予治安管理处罚;构成犯罪的,依法追究刑事责任:

(1)谎报或者瞒报事故的;

(2)伪造或者故意破坏事故现场的;

(3)转移、隐匿资金、财产,或者销毁有关证据、资料的;

(4)拒绝接受调查或者拒绝提供有关情况和资料的;

(5)在事故调查中作伪证或者指使他人作伪证的;

(6)事故发生后逃匿的。

第四十条规定:事故发生单位对事故发生负有责任的,由有关部门依法暂扣或者吊销其有关证照;对事故发生单位负有事故责任的有关人员,依法暂停或者撤销其与安全生产有关的执业资格、岗位证书;事故发生单位主要负责人受到刑事处罚或者撤职处分的,自刑罚执行完毕或者受处分之日起,5年内不得担任任何生产经营单位的主要负责人。

为发生事故的单位提供虚假证明的中介机构,由有关部门依法暂扣或者吊销其有关证照及其相关人员的执业资格;构成犯罪的,依法追究刑事责任。

本条例中有以上两条规定了项目负责人的法律责任。除刑事责任外,行政责任规定了罚款、暂停或者撤销其与安全生产有关的执业资格证书。

4)《〈生产安全事故报告和调查处理条例〉罚款处罚暂行规定》的规定

第十三条规定:事故发生单位的主要负责人、直接负责的主管人员和其他直接责任人员有《条例》第三十六条规定的行为之一的,依照下列规定处以罚款:

(1)谎报、瞒报事故的,处上一年年收入60% ~80%的罚款;

(2)伪造、故意破坏事故现场,或者转移、隐匿资金、财产、销毁有关证据、资料,或者拒绝接受调查,或者拒绝提供有关情况和资料,或者在事故调查中作伪证,或者指使他人作伪证的,处上一年年收入80% ~90%的罚款;

(3)事故发生后逃匿的,处上一年年收入100%的罚款。

三、专职安全生产管理人员的法律责任

1. 专职安全生产管理人员的安全职责

专职安全生产管理人员,是指在企业专职从事安全生产管理工作的人员,包括企业安全生产管理机构的负责人及其工作人员和施工现场专职安全员。

《建设工程安全生产管理条例》以及《公路水运工程安全生产监督管理办法》对专职安全生产管理人员的安全生产职责进行了明确规定。

1)《建设工程安全生产管理条例》的规定

第二十三条规定:“专职安全生产管理人员负责对安全生产进行现场监督检查。发现安全事故隐患,应当及时向项目负责人和安全生产管理机构报告;对违章指挥、违章操作的,应当立即制止。”

本条例对专职安全生产管理人员的安全职责强调了三点:现场检查、隐患报告和违章制止。

2)《公路水运工程安全生产监督管理办法》的规定

第二十一条(第二款)规定:"专职安全生产管理人员负责对安全生产进行现场监督检查,并做好检查记录,发现生产安全事故隐患,应当及时向项目负责人和安全生产管理机构报告;对违章指挥、违章操作和违反劳动纪律的,应当立即制止。"

与《建设工程安全生产管理条例》相比较,本办法除了规定专职安全生产管理人员现场检查、隐患报告和违章制止三大职责外,还规定了做好检查记录的职责要求。

2. 专职安全生产管理人员的安全生产法律责任

1)《安全生产法》的规定

与项目负责人相同,略。

2)《建设工程安全生产管理条例》的规定

第六十二条(同项目负责人,略)。

第六十四条(同项目负责人,略)。

第六十五条(同项目负责人,略)。

3)《生产安全事故报告和调查处理条例》的规定

第三十六条(同项目负责人,略)。

第四十条(同项目负责人,略)。

4)《〈生产安全事故报告和调查处理条例〉罚款处罚暂行规定》的规定

第十三条(同项目负责人,略)。

关于安全生产领域的行政处罚,国家安监总局、监察部联合发布的《安全生产领域违法违纪行为政纪处分暂行规定》(2006 年)以及国家安监总局颁布的《安全生产违法行为行政处罚办法》(2007 年)作了更为详细的规定。

管 理 篇

安全生产管理是企业生产管理的一个重要组成部分。公路水运工程安全生产管理人员必须熟悉安全生产的管理理论，掌握先进的安全生产管理理念和方法，明确各自安全生产管理职责，正确运用安全生产的各项管理制度，推动企业的安全文化建设。

第三章　公路水运工程安全生产管理理论

第一节　安全生产管理的概念、要素和方针

一、安全生产管理的概念

1. 安全、本质安全

1）安全

安全是指生产系统中人员免遭不可承受危险的伤害。在生产过程中，不发生人员伤亡、职业病或设备、设施损害或环境危害的条件，是指安全条件。不因人、机、环境的相互作用而导致系统失效、人员伤害或其他损失，是指安全状况。

2）本质安全

本质安全是指设备、设施或技术工艺含有内在的能够从根本上防止发生事故的功能。

具体包括两方面的内容：

（1）失误安全功能。指操作者即使操作失误，也不会发生事故或伤害，或者说设备、设施和技术工艺本身具有自动防止人的不安全行为的功能。

（2）故障安全功能。指设备、设施或技术工艺发生故障或损坏时，还能暂时维持正常工作或自动转变为安全状态。

上述两种安全功能应该是设备、设施和技术工艺本身固有的，即在它们的规划设计阶段就被纳入其中，而不是事后补偿的。

本质安全是安全生产管理预防为主的根本体现，也是安全生产管理的最高境界。实际上，由于技术、资金和人们对事故的认识等原因，目前还很难做到本质安全，只能作为我们的奋斗目标。

2. 安全生产、安全生产管理

1）安全生产

安全生产是为了使生产过程在符合物质条件和工作秩序下进行，防止发生人身伤亡和财产损失等生产事故，消除或控制危险、有害因素，保障人身安全与健康、设备和设施免受损坏、环境免遭破坏的总称。

2）安全生产管理

安全生产管理是管理的重要组成部分，是安全科学的一个分支。所谓安全生产管理，就是针对人们生产过程的安全问题，运用有效的资源，发挥人们的智慧，通过人们的努力，进行有关决策、计划、组织和控制等活动，实现生产过程中人与机器设备、物料、环境的和谐，达到安全生产的目标。

安全生产管理的目标是，减少和控制危害，减少和控制事故，尽量避免生产过程中由于事故所造成的人身伤害、财产损失、环境污染以及其他损失。

安全生产管理包括安全生产法制管理、行政管理、监督检查、工艺技术管理、设备设施管理、作业环境和条件管理等。

安全生产管理的基本对象是企业的员工，涉及企业中的所有人员、设备设施、物料、环境、财务、信息等各个方面。

安全生产管理的内容包括：安全生产管理机构和安全生产管理人员、安全生产责任制、安全生产管理规章制度、安全生产策划、安全培训教育、安全生产档案等。

3. 事故、事故隐患、危险、危险源与公路水运工程危险源

1）事故

在生产过程中，事故是指造成人员死亡、伤害、职业病、财产损失或其他损失的意外事件。

事故的分类方法有很多种，我国在工伤事故统计中，参照《企业职工伤亡事故分类》（GB 6441—1986），综合考虑起因物、引起事故的诱导性原因、致害物、伤害方式等，将危险因素分为20类，分别为物体打击、车辆伤害、机械伤害、起重伤害、触电、淹溺、灼烫、火灾、高处坠落、坍塌、冒顶片帮、透水、放炮、瓦斯爆炸、火药爆炸、锅炉爆炸、容器爆炸、其他爆炸、中毒和窒息及其他伤害等。

2）事故隐患

事故隐患泛指生产系统中可导致事故发生的人的不安全行为、物的不安全状态和管理上的缺陷。

3）危险

危险是指材料、物品、系统、工艺过程、设施或场所对人、财产或环境具有产生伤害的潜能，有可能失败、死亡或遭受损害的境况。危险是指某一系统、产品或设备或操作的内部和外部的一种潜在的状态，其发生可能造成人员伤害、职业病、财产损失、作业环境破坏的状态。危险的特征在于其危险可能性的大小与安全条件和概率有关。危险概率则是指危险发生（转变）事故的可能性即频度或单位时间危险发生的次数。危险的严重度或伤害、损失或危害的程度则是指每次危险发生导致的伤害程度或损失大小。

4）危险源

从安全生产角度，危险源是指可能造成人员伤害、疾病、财产损失、作业环境破坏或其他损失的根源或状态。

5）公路水运工程危险源

公路水运工程危险源是指在公路水运工程施工过程中可能造成人员伤亡、财产损失的施工作业活动、危险物质、不良自然环境条件等。

二、安全生产管理五要素

安全文化、安全法制、安全责任、安全科技、安全投入是保障安全生产的“五要素”。

1. 安全文化

安全文化即安全意识，是安全生产的灵魂。建设安全文化，就是提高全民的安全素质，最终达到保障员工的生命安全。围绕安全生产建设安全文化，其重点就是要加强安全宣传教育，

普及安全常识,强化全社会的安全意识,强化公民的自我保护意识。

2. 安全法制

安全法制是安全生产的利器。要保证安全生产工作的顺利进行,必须坚持“以法治安”,用法律法规来规范生产工作者的行为,使安全生产工作有法可依、有章可循,建立安全生产法制秩序。坚持“依法治安”,必须“立法”、“懂法”、“守法”、“执法”。“立法”要建立、修订、完善安全生产管理相关的规定、办法、细则等,为强化安全生产管理提供法律依据。“懂法”,要实现安全生产法制化,“立法”是前提,“懂法”是基础。只有生产工作者学法、懂法、知法,才能为“以法治安”打好基础。“守法”,要把依法治安落实到安全生产管理全过程,必须把各项安全规章制度落实到安全生产管理全过程。“执法”,要坚持“以法治安”,离不开监督检查和严格执法。为此,要依法进行安全检查、安全监督,维护安全法规的权威性。

3. 安全责任

安全责任是安全生产的核心,必须层级落实安全责任。牢固树立安全责任意识,要以全面落实安全生产责任制为核心,坚持事前预防、事中监督、事后处理,多管齐下,使各个环节、各个阶段、各个岗位的安全责任都能得到有效落实。

4. 安全科技

安全科技是安全生产的动力。发展安全生产必须依靠先进的科学技术,创新安全科技将劳动者从繁重的体力、脑力劳动中解放出来,从风险大、危害大的作业环境和生产岗位上解放出来。应用先进的安全装置、防护设施、预测报警技术都是解放生产力、保护生产力、发展生产力的最重要途径,安全科学技术是安全生产的先导,是科学生产的延伸,是安全生产的强力技术支持和巨大的动力源泉。

5. 安全投入

安全投入是安全生产的保障,也是安全生产的物质及非物质保障,是保护生产力、提高生产力的重要表现形式。安全生产的硬件、软件的改造与更新,安全生产环境的改善必须投入,有投入才会有更高的回报。有计划的安全投入一方面要见其实效,但不可忽视安全投入的迟后效应和公益效应,厚积薄发的巨大潜力。

三、安全生产管理的方针

1. 我国各阶段的安全生产方针

方针是一个国家或政党确定的引导事业前进的方向和目标,是为达到事业前进的方向和一定目标而确定的一个时期的指导原则。从 1949 ~ 2009 年的 60 年间,我国安全生产方针在逐渐演变,这种演变随着我国政治和经济的发展在渐进。根据历史资料,我们发现我国安全生产方针大体可以归纳为三次变化,即:“生产必须安全,安全为了生产”;“安全第一,预防为主”;“安全第一,预防为主,综合治理”。

从我国安全生产方针的演变,可以看到我国安全生产工作不同时期的不同目标和工作原则。

1)“生产必须安全,安全为了生产”方针(1949 ~ 1983 年)

据《当代中国的劳动保护》一书介绍,1952 年,当时的劳动部部长李立三根据毛泽东提出的“在实施增产节约的同时,必须注意职工的安全、健康和必不可少的福利事业;如果只注意前一方面，忘记或稍加忽视后一方面，那是错误的”这个指示精神，提出了“安全生产方针”这6个字。不过，当时仅限于这6个字，而没有确定其内涵。后来，时任国家计委主任的贾拓夫把安全生产方针这6个字丰富为“生产必须安全，安全为了生产”。

1952年12月，原劳动部召开了第二次全国劳动保护工作会议。这次会议，着重传达、讨论了毛泽东主席对劳动部1952年下半年工作计划的批示。当时的劳动部部长李立三根据这一批示，提出了“安全与生产要同时搞好”的指导思想。在这次会议上，明确提出了安全生产方针，即：“生产必须安全，安全为了生产”的安全生产统一的方针。

1954年7月13日，李立三部长在全国劳动保护工作座谈会上的总结中指出：“在国家进入计划经济建设时期，一切工作要求计划化，因此在企业管理上正在推行与加强计划管理、技术管理和建立责任制。劳动保护工作也必须加强计划性，逐步建立正常的工作秩序；同时，必须根据生产发展的需要，继续贯彻安全生产方针，正确掌握通过国家经济建设的发展，逐步改善劳动条件的原则，从组织领导上、计划上、制度上进行建设工作，其工作重点应放在基本建设、重工业和伤亡事故与职业病较多的厂矿工地企业。”

1958年9月15日，劳动部副部长毛齐华在第三次全国劳动保护工作会议上的总结中强调劳动保护工作的方针政策时指出：必须从生产出发，为生产服务。

1960年4月20日，劳动部部长马文瑞在第四次全国劳动保护工作会议上的总结中，就如何看待劳动保护工作时指出：“我们在劳动保护工作上必须贯彻‘从生产出发，为生产服务’的方针。要搞好生产，必须具备安全的条件，而安全是为了搞好生产，不是为安全而安全。如果消极地求安全，而不去积极地克服种种不安全的因素以求得安全，那就会有碍生产建设，也是不对的。”

1981年6月20日，国家劳动总局副总局长章萍在全国安全生产工作会议上的讲话中指出：“在组织生产时一定要把安全工作放在首位，把安全工作作为完成各项计划和生产建设任务的前提条件，作为头等大事来抓。这是生产本身的需要，也是社会主义制度的要求。‘安全第一’的指导思想是长期适用的，而且是各行各业普遍适用的。安全和生产有没有矛盾？搞好安全和生产是一致的，没有矛盾。不安全和生产则有矛盾。因此，当出现了不安全的问题，首先应该排除不安全的因素，必要时也可以停止生产，排除了不安全因素后，再进行生产。这就是说‘生产必须安全，安全促进生产’。如果在生产中不按客观规律办事，只讲需要，不讲可能，只顾产量，不顾安全，而往往是破坏生产，完不成任务。真正的全面的生产观点应该是‘优质、高产、安全、低消耗’的观点。”

1982年5月，国家劳动总局副总局长章萍在第三期全国行署、市劳动局长培训班的讲话指出：“有些同志认为强调安全生产，安全就会影响生产。‘渤2’（1979年11月25日，石油工业部海洋石油勘探局‘渤海2号’钻井船在渤海湾内翻沉，造成船上72名职工死亡）事故后强调了一下安全，就认为影响了生产，使生产人员缩手缩脚，不敢干了。去年下半年生产下降，是‘渤2’事故影响使人不敢抓生产了，这种看法当然是错误的。事实上，不抓安全是破坏了生产，发生事故影响了生产，大量的事故就是这样。绝不是安全工作做多了做好了影响生产。”

1983年4月1日，劳动部部长赵守一在全国安全生产工作会议和全国培训工作会议上的讲话中指出：“改革的目的就是为了人民的幸福，为了促进生产力的发展。但这里有一个尖锐的问题，就是要发展生产力，首先必须保护生产力，而我们有些同志却恰恰忽视了这一点。伤亡事故的严重表明了我们有些同志并没有把世间第一个最宝贵的是人这个道理搞清楚，而是‘目中无人’！生产管理部门总认为他们是管生产的，不管人的安全。他们不了解一个最基本的常识：生产是靠人来进行的。”

2）“安全第一，预防为主”方针（1984～2004年）

据《当代中国的劳动保护》一书中介绍，文化大革命后，国家劳动总局劳动保护局局长章萍提出了在生产中贯彻安全生产方针，实际上就是贯彻“安全第一，预防为主”的思想，经全国讨论后，认为这一提法比较科学，有利于安全生产和遏制事故的发生。1984年，主管安全生产的劳动人事部在呈报给国务院成立全国安全生产委员会的报告中把“安全第一，预防为主”作为安全生产方针写进了报告，并得到国务院的正式认可。1987年1月26日，劳动人事部在杭州召开会议把“安全第一，预防为主”作为劳动保护工作方针写进了我国第一部《劳动法（草案）》。从此，“安全第一，预防为主”便作为安全生产的基本方针而确立下来。

2002年，《中华人民共和国安全生产法》由第九届全国人民代表大会常务委员会第二十八次会议于2002年6月29日通过，自2002年11月1日起施行。“安全第一，预防为主”方针被列入《安全生产法》。

这项方针在《安全生产法》中再次规定，一是表明它是正确的，二是表明它适用于所有的安全生产管理中。在法律上确立“安全第一，预防为主”的方针，就是要求在生产经营活动中将安全放在第一位，十分重视安全生产，采取一切可能的措施保障安全，防止一切可能防止的事故，生产必须安全，安全是生产的先决条件。实现这些要求，执行“安全第一，预防为主”的方针，是一项法定的义务、法定的责任，是在法律面前必须严肃对待的大事，是要依法坚持的长期方针、基本方针。

《国务院关于进一步加强安全生产工作的决定》（国发[2004]2号）中指出：“适应全面建设小康社会的要求和完善社会主义市场经济体制的新形势，坚持‘安全第一，预防为主’的基本方针，进一步强化政府对安全生产工作的领导，大力推进安全生产各项工作，落实生产经营单位安全生产主体责任，加强安全生产监督管理；大力推进安全生产监管体制、安全生产法制和执法队伍‘三项建设’，建立安全生产长效机制，实施科技兴安战略，积极采用先进的安全管理方法和安全生产技术，努力实现全国安全生产状况的根本好转。”

3）“安全第一，预防为主，综合治理”方针（2005年至今）

1978年以来，全国国有统配煤矿贯彻执行“安全第一，预防为主，综合治理，全面推进”的方针，出现了持续稳定发展的势头，产量逐年增长，安全状况有所好转。统配煤矿百万吨死亡率呈逐年下降趋势。

把“综合治理”充实到安全生产方针当中，始于中国共产党第十六届中央委员会第五次全体会议通过的《中共中央关于制定十一五规划的建议》，并在胡锦涛总书记、温家宝总理的讲话中进一步明确。

《中共中央关于制定十一五规划的建议》指出：“保障人民群众生命财产安全。坚持安全第一、预防为主、综合治理，落实安全生产责任制，强化企业安全生产责任，健全安全生产监管体制，严格安全执法，加强安全生产设施建设。切实抓好煤矿等高危行业的安全生产，有效遏制重特大事故。”

中共中央政治局常委、国务院总理温家宝于2006年1月23～24日，在北京召开的全国安全生产工作会议上指出："加强安全生产工作，要以邓小平理论和'三个代表'重要思想为指导，以科学发展观统领全局，坚持'安全第一、预防为主、综合治理'，坚持标本兼治、重在治本，坚持创新体制机制、强化安全管理。"

中共中央总书记胡锦涛于2006年3月27日下午主持中共中央政治局第30次集体学习时强调："加强安全生产工作，关键是要全面落实'安全第一、预防为主、综合治理'的方针，做到思想认识上警钟长鸣、制度保证上严密有效、技术支撑上坚强有力、监督检查上严格细致、事故处理上严肃认真。"

把"综合治理"充实到安全生产方针之中，反映了近年来我国在进一步改革开放过程中，安全生产工作面临着多种经济所有制并存，而法制尚不健全完善、体制机制尚未理顺，以及急功近利地只顾快速不顾其他的发展观与科学发展观体现的又好又快的安全、环境、质量等要求的复杂局面，充分反映了近年来安全生产工作的规律特点。

2009年1月16日，国家安全生产监督管理总局在京召开2009年全国安全生产工作会议。国家安全监管总局党组书记、局长骆琳作了题为《深入开展三项行动、全面加强三项建设，扎扎实实做好"安全生产年"各项工作》的工作报告。骆琳说，经国家安监总局党组研究、国务院安委会全体会议审议同意，2009年全国安全生产工作的总体思路和要求是：认真学习领会和全面贯彻落实党中央、国务院关于加强安全生产工作的一系列指示精神和决策部署，以学习实践科学发展观活动为动力，坚持以人为本，坚持安全发展，坚持"安全第一、预防为主、综合治理"的方针，坚持近期与长远、治标与治本、预防与查处相结合，以深入开展"安全生产年"活动为主线，以有效防范、坚决遏制重特大事故为目标，扎实开展安全生产宣传教育、安全生产执法、安全生产治理"三项行动"，切实加强安全生产法制体制机制、安全生产能力、安全生产监管队伍"三项建设"，推动安全生产状况的持续稳定好转，为实现到2010年全国安全生产状况明显好转的目标奠定坚实基础。

2. 现阶段我国安全生产管理方针及其含义

"安全第一、预防为主、综合治理"是现阶段我国安全生产管理方针。它是一个完整的统一体系，且三者之间存在内在的严密逻辑关系：坚持安全第一，必须以预防为主，实施综合治理；只有认真治理隐患，有效防范事故，才能把"安全第一"落到实处。

"安全第一"体现在生产经营单位应当把生产、安全、效益等看成一个有机的整体，当这些指标发生矛盾或冲突时，要将安全放在第一位。

"预防为主"主要体现为"六先"，即：

(1)安全意识在先。宣传、普及安全意识是各级人民政府机关及有关部门和生产经营单位的重要任务，规定"各级人民政府及其有关部门应当采取多种形式，加强对有关安全生产法律、法规和安全生产知识的宣传，提高职工的安全生产意识"。要求"生产经营单位应当对从业人员进行安全生产教育和培训，保证从业人员具备必要的安全生产常识，熟悉有关的安全生产规章制度和安全操作规程，掌握本岗位的安全操作技能"，"从业人员应当接受安全生产教育和培训，掌握本职工作所需的安全生产知识，提高安全生产技能，增强事故预防和应急处理能力"。只有增强全体公民特别是从业人员的安全意识，才能使安全生产得到普遍的和高度的重视，极大地提高全民的安全素质，使安全生产变为每个公民的自觉行动，从而为实现安全生产的根本好转奠定浓厚的思想基础和群众基础。

(2)安全投入在先。生产经营单位应具备法定的安全生产条件。"生产经营单位应当具备的安全投入,由生产经营单位的决策机构、主要负责人或者个人经营的投资人予以保证,并对安全生产所需的资金投入不足导致的后果承担责任。"

(3)安全责任在先。实现安全生产,必须建立健全各级人民政府及有关部门和生产经营单位的安全生产责任制,各负其责,齐抓共管。国务院和地方各级人民政府应当加强安全生产工作的领导,支持督促各有关部门依法履行安全生产监督管理职责。"生产经营单位的主要负责人对本单位的安全生产工作全面负责"。法律的上述规定就是为了增强各有关部门及其工作人员和生产经营单位主要负责人的责任感,切实履行自己的法定职责。

(4)建章立制在先。预防为主需要通过生产经营单位制定并落实各种措施和规章制度来实现。安全规章制度不健全或者废弛,安全管理措施不落实,势必埋下不安全因素和事故隐患,最终导致事故。因此,建章立制是实现预防为主的前提条件。

(5)隐患整改在先。预防为主,主要是为了防止和减少生产安全事故,在一般情况下,大部分事故发生前都有安全隐患。如果事故防范措施周密,从业人员尽职尽责,管理到位,都能使隐患得到及时消除,可以避免或者减少事故。

(6)监督执法在先。各级人民政府及其安全生产监督管理部门和有关部门强化安全生产监督管理,加大行政执法力度,是预防事故、保证安全的重要条件,放在事前、事中监管上。要加大日常监督检查和重大危险源监控的力度,重点查处在生产经营过程中发生的且未导致事故的安全生产违法行为,发现事故隐患应当依法采取监管措施或者处罚措施,并且严格追究有关人员的安全责任。

"综合治理"是关键,体现在:主动排查,综合治理各类隐患,把事故消灭在萌芽状态;事故发生后,要查明事故的原因,分清事故责任,以便有针对性地制定防止同类事故再次发生的各项措施;同时对事故责任者、企业,还必须按照"有章必循、违章必究、依章处分"的原则,对违章者批评教育,并依照有关规章制度给予处分,令其吸取教训,从而也对广大员工起到警示的作用,使其意识安全生产规章制度的严肃性,并从中教育全体人员要认真履行国家安全生产法规,遵守生产经营单位安全生产规章制度,杜绝有法不依、违章作业、违章指挥的现象,防止类似事故发生;同时,综合治理要运用好经济手段、法律手段,从发展规划、行业管理、安全投入、科技进步、经济政策、教育培训、安全文化以及责任追究等方面着手,建立安全生产长效机制。

第二节　安全生产管理原理与方法

一、海因里希事故因果连锁理论

在20世纪初,资本主义工业化大生产飞速发展,机械化的生产方式迫使工人适应机器,包括操作要求和工作节奏,这一时期工伤事故频发。1936年,美国学者海因里希曾经调查研究了75 000件工伤事故,发现其中的98%是可以预防的。在这些可以预防的事故中,以人的不安全行为为主要原因的事故占89.8%,而以设备和物质不安全状态为主要原因的事故只占10.2%。

海因里希在《工业事故预防》一书中提出了著名的"事故因果连锁理论",海因里希认为伤害事故的发生是一连串的事件,按照一定的因果关系依次发生的结果。

(1)海因里希把工业伤害事故的发生、发展过程描述为具有一定因果关系的事件的连锁，即：

①发生人员伤亡是事故的结果；

②事故的发生产生于人的不安全行为和物的不安全状态；

③人的不安全行为或物的不安全状态是由于人的缺点造成的；

④人的缺点是由于不良环境诱发的，或者是由先天的遗传因素造成的。

(2)海因里希最初提出的事故因果连锁过程包括如下五个因素：

①遗传及社会环境。遗传因素及社会环境是造成人的性格上缺点的原因。遗传因素可能造成鲁莽、固执等不良性格；社会环境可能妨碍教育、助长性格上的缺点发展。

②人的缺点。人的缺点是使人产生不安全行为或造成机械、物质不安全状态的原因，它包括鲁莽、固执、过激、神经质、轻率等性格上的、先天的缺点，以及缺乏安全生产知识和技能等后天的缺点。

③人的不安全行为或物的不安全状态。所谓人的不安全行为或物的不安全状态是指那些曾经引起过事故，或可能引起事故的人的行为，或机械、物质的状态，它们是造成事故的直接原因。例如，在起重机的吊钩下停留，不发信号就启动机器，工作时间打闹，拆除安全防护装置等都属于人的不安全行为；没有防护的传动齿轮，裸露的带电体，或照明不良等都属于物的不安全状态。

④事故。事故是由于物体、物质、人或放射线的作用或反作用，使人员受到伤害或可能受到伤害的、出乎意料的、失去控制的事件。坠落、物体打击等能使人员受到伤害的事件是典型的事故。

⑤伤害。伤害指直接由于事故产生的人身伤害。

海因里希用多米诺骨牌来形象地描述这种事故因果连锁关系，得到图3-1那样的多米诺骨牌系列。在多米诺骨牌系列中，第一块倒下（事故的根本原因发生），会引起后面的连锁反应而倒下，其余的几块骨牌相继被碰倒，第五块倒下的就是伤害事故（包括人的伤亡与物的损失）。如果移去连锁中的一块骨牌，则连锁被隔断，发生事故的过程被中止。

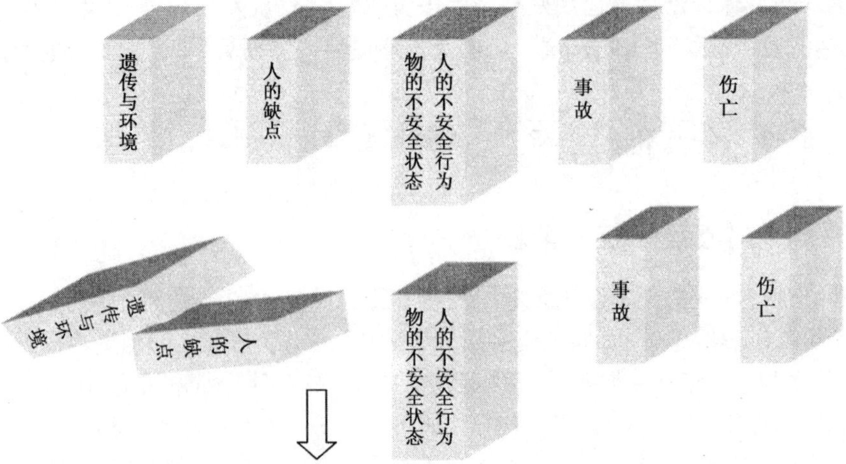

图3-1　事故因果连锁关系的多米诺骨牌系列

该理论的最大价值在于使人认识到：如果抽出了第三块骨牌，也就是消除了人的不安全行为或物的不安全状态，即可防止事故的发生。企业安全工作的中心就是防止人的不安全行为，消除机械的或物质的不安全状态，中断事故连锁的进程而避免事故发生。

海因里希的工业安全理论阐述了工业事故发生的因果连锁论，人与物的关系，事故发生频率与伤害严重度之间的关系，不安全行为的原因，安全工作与企业其他管理机能之间的关系，以及安全与生产之间的关系等工业安全中最重要、最基本的问题。该理论曾被称作“工业安全公理”。

但海因里希理论也有明显的不足，如它对事故致因连锁关系的描述过于绝对化、简单化。事实上，各块骨牌（因素）之间的连锁关系是复杂的、随机的。前面的牌倒下，后面的牌可能倒下，也可能不倒下。事故并不是全都造成伤害，不安全行为或不安全状态也并不是必然造成事故，等等。尽管如此，海因里希的事故因果连锁理论促进了事故致因理论的发展，成为事故研究科学化的先导，具有重要的历史地位。

二、博德事故因果连锁理论

博德在海因里希事故因果连锁理论的基础上，提出了与现代安全观点更加吻合的事故因果连锁理论。

博德事故因果连锁过程同样为五个因素，但每个因素的含义与海因里希所提出的含义都有所不同。

1. 管理缺陷

对于大多数生产企业来说，由于各种原因，完全依靠工程技术措施预防事故既不经济也不现实，需要具备完善的安全管理工作，才能防止事故的发生。如果安全管理上出现缺陷，就会使得导致事故基本原因的出现。必须认识到，只要生产没有实现本质安全化，就有发生事故及伤害的可能。因此，安全管理是企业的重要一环。

2. 基本原因

为了从根本上预防事故，必须查明事故的基本原因，并针对查明的基本原因采取对策。基本原因包括个人原因及与工作有关的原因。关键在于找出问题的基本的、背后的原因，而不仅仅是停留在表面的现象上。这方面的原因是由于上一个环节——管理缺陷造成的。个人原因包括缺乏安全知识或技能，行为动机不正确，生理或心理有问题等；工作条件原因包括安全操作规程不健全，设备、材料不合适，以及存在温度、湿度、粉尘、有毒有害气体、噪声、照明、工作场地状况（如打滑的地面、障碍物、不可靠支撑物）等有害作业环境因素。只有找出并控制这些原因，才能有效地防止后续原因的产生，从而防止事故的发生。

3. 直接原因

人的不安全行为或物的不安全状态是事故的直接原因。这种原因是最重要的，在安全管理中必须重点加以追究的原因。但是，直接原因只是一种表面现象，是深层次原因的表征。在实际工作中，不能停留在这种表面现象上，而要追究其背后隐藏的管理上的缺陷原因，并采取有效的控制措施，从根本上杜绝事故的发生。

4. 事故

从实用的目的出发，往往把事故定义为最终导致人员肉体损伤、死亡、财物损失的、不希望的事件。但是,越来越多的安全专业人员从能量的观点把事故看做是人的身体或构筑物、设备与超过其限值的能量的接触,或人体与妨碍正常施工生产活动的物质的接触。因此,防止事故就是防止接触。通过对装置、材料、工艺的改进来防止能量的释放,训练工人提高识别和回避危险的能力,通过个体防护(佩戴个人防护用具)来防止接触。

5. 损失

人员伤害及财物损坏统称为损失。人员的伤害包括工伤、职业病、精神创伤等。

在许多情况下,可以采取适当的措施,使事故造成的损失最大限度地减少。例如,对受伤者进行迅速正确的抢救,对设备进行抢修以及平时对有关人员进行应急训练等。

三、亚当斯事故因果连锁理论

亚当斯事故因果连锁理论是亚当斯提出的一种与博德事故因果连锁理论类似的因果连锁模型,在该理论中,事故和损失因素与博德理论相似。这里把人的不安全行为和物的不安全状态称作"现场失误",其目的在于提醒人们注意人的不安全行为和物的不安全状态的性质。亚当斯事故因果连锁模型用图文的形式表现如图 3-2 所示。

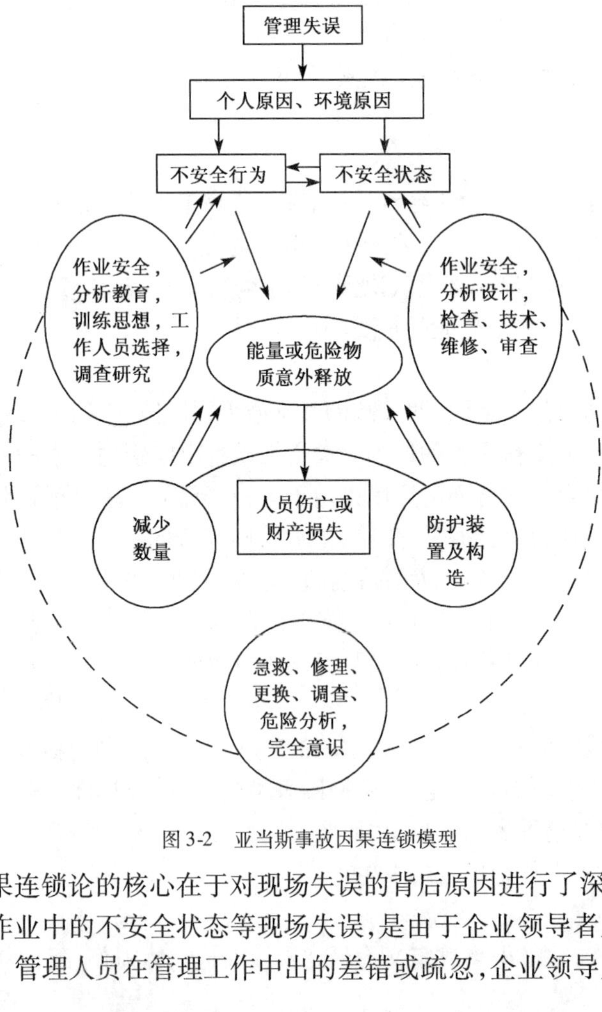

图 3-2　亚当斯事故因果连锁模型

亚当斯事故因果连锁论的核心在于对现场失误的背后原因进行了深入的研究。操作者的不安全行为及生产作业中的不安全状态等现场失误,是由于企业领导者及事故预防工作人员的管理失误造成的。管理人员在管理工作中出的差错或疏忽,企业领导人决策错误或没有做出决策等失误，对企业经营管理及安全工作具有决定性的影响。管理失误反映企业管理系统中的问题。它涉及管理体制，即如何有组织地进行管理工作，确定怎样的管理目标，如何计划、实现确定的目标等方面的问题。管理体制反映作为决策中心的领导人的信念、目标及规范，它决定各级管理人员安排工作的轻重缓急、工作基准及指导方针等重大问题。

四、人机轨迹交叉理论

轨迹交叉论的基本思想是：伤害事故是许多相互联系的事件顺序发展的结果。这些事件概括起来不外乎人和物（包括环境）两大发展系列。当人的不安全行为和物的不安全状态在各自发展过程中（轨迹），在一定时间、空间发生了接触（交叉），能量转移于人体时，伤害事故就会发生。而人的不安全行为和物的不安全状态之所以产生和发展，又是受多种因素作用的结果。

轨迹交叉理论的示意图见图3-3。图中，起因物与致害物可能是不同的物体，也可能是同一个物体；同样，肇事者和受害者可能是不同的人，也可能是同一个人。

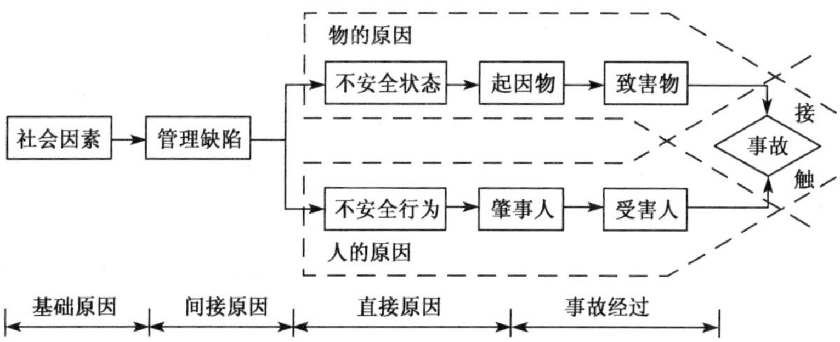

图3-3　轨迹交叉事故模型

轨迹交叉理论反映了绝大多数事故的情况。在实际生产过程中，只有少量的事故仅仅由人的不安全行为或物的不安全状态引起，绝大多数的事故是与两者同时相关的。例如，日本劳动省通过对50万起工伤事故调查发现，只有约4%的事故与人的不安全行为无关，而只有约9%的事故与物的不安全状态无关。

在人和物两大系列的运动中，二者往往是相互关联，互为因果，相互转化的。有时人的不安全行为促进了物的不安全状态的发展，或导致新的不安全状态的出现；而物的不安全状态可以诱发人的不安全行为。因此，事故的发生可能并不是如图3-3所示那样简单地按照人、物两条轨迹独立地运行，而是呈现较为复杂的因果关系。

人的不安全行为和物的不安全状态是造成事故的表面的直接原因，如果对它们进行更进一步的考虑，则可以挖掘出二者背后深层次的原因。这些深层次原因的示例见表3-1。

轨迹交叉理论作为一种事故致因理论，强调人的因素和物的因素在事故致因中占有同样重要的地位。按照该理论，可以通过避免人与物两种因素运动轨迹交叉，来预防事故的发生。同时，该理论对于调查事故发生的原因，也是一种较好的工具。

事故发生的原因 表 3-1

基础原因(社会原因)	间接原因(管理缺陷)	直接原因
遗传、经济、文化、教育培训、民族习惯、社会历史、法律	生理和心理状态、知识技能情况、工作态度、规章制度、人际关系、领导水平	人的不安全状态
设计、制造缺陷、标准缺乏	维护保养不当、保管不良、故障、使用错误	物的不安全状态

五、"破窗原理"与安全管理

美国斯坦福大学心理学家詹巴斗曾做过一项试验:将两辆外形完全相同的汽车停放在杂乱街区,一辆车窗打开且车牌被摘掉,另一辆车封闭如常。结果三天之内打开车窗的那辆车被破坏的面目全非,另一辆车则完好无损。后来,詹巴斗又把这辆车的玻璃敲了个大洞,车上所有的窗户只一天时间都被打破,车内的东西全部丢失。

以此试验为基础,美国政治学家威尔逊提出了著名的"破窗理论",即如果有人打坏了建筑物的一扇窗户玻璃,打碎玻璃者未受到惩罚,而这扇窗户又未得到及时修理,在公众麻木不仁的氛围里,别人就可能受到暗示性的纵容去打烂更多的窗户玻璃,最终造成千疮百孔积重难返的局面。

人的行为会接受周围环境的暗示。在杂乱无章的环境中,人就变得随意;在井井有条的环境中,就会变得小心谨慎。同样,安全管理的优劣,直接影响操作者的心理。从以往发生的事故来看,有不少事故是由违章操作引起的,按照"破窗理论"来分析,开始有人违章操作没有引起足够的重视,也没有及时制止和进行教育,致使违章的人越来越多,最终导致事故的发生。

要想制止违章操作,杜绝事故的发生,我们应该从源头做起,即发现违章操作就要及时对其制止和进行教育,同时以点带面展开讨论,使广大职工形成共识:违章操作必然导致事故,必须严格禁止。必要时还可以对屡教不改者进行严厉的处罚,这样可以给人另一种暗示,那就是规范操作不容置疑,每个人都必须养成遵守操作规程的好习惯。

公路水运工程施工的安全生产是一项复杂的系统工程,涉及人员、设备和管理等诸多方面。为搞好安全生产,施工企业制定了较为完善的安全管理规章制度,这些制度在反违章保安全过程中发挥着重要作用。但是,在具体的安全管理过程中,总会有怀着侥幸心理的人去钻制度的空子,或者"无意"地破坏了制度,成为第一个"打破玻璃者"。"破窗理论"提醒我们抓安全生产必须未雨绸缪、防微杜渐,既要及时修理"第一块被打碎的窗户玻璃",又要给第一个"打碎玻璃者"以警示,采取措施防范后面再打玻璃现象的发生。作为管理者来说,如果缺乏捍卫制度的责任心,或者碍于人情世故对违规者放任自流,容忍了"第一块玻璃"被打碎,没有给违规者任何警戒惩罚,那么就会暗示周围的人打碎"一块玻璃"无关大局,纵容更多的人加入"破窗者"的行列,加剧车窗破坏的进度。这样再好的安全管理制度也会形同虚设,丝毫起不到警戒约束的作用,给企业的安全生产留下隐患,将危及人身和设备安全。

千里之堤,以蝼蚁之穴溃。"破窗理论"警示我们任何制度都有被破坏的可能,任何管理上的疏忽都可能酿成大的祸端。因此必须持之以恒,堵塞各种可能造成事故的漏洞,狠抓规章制度的落实,维护安全制度的权威性,绝不能让制度管理流于形式,绝不给任何威胁安全生产局面的人或行为以可乘之机。

亡羊补牢虽为美,莫若当初早筑篱。“破窗理论”还启示我们严格落实制度和提前采取防范措施是确保安全的关键所在。对管理者来说,要在细微处入手,从点滴抓起,只有坚持小题大做和“三不放过”,做到违章必纠和执法必严,才能确保各项安全管理制度得以落实。同时,对企业员工来说,要养成自觉遵守规章制度的习惯,摒弃侥幸心理,时刻保持高度的警惕性,把每一个事故苗头消灭在萌芽状态,这样才能防患于未然。只有人人都不去打“玻璃”,人人都争做“玻璃”的守卫者,企业安全的这扇窗户才能更明亮更结实。

要在企业管理中避免“破窗理论”效应的发生我们要从三方面来防范。

(1)制度的制定要切实可行,执行起来有很强的操作性,员工一目了然,清楚知道自己的岗位职责,哪些行为是违反规章制度的,将受到什么样的出发。也就是从制度层面杜绝“破窗理论”的效应。

(2)执行制度要严格,管理者要及时发现被打破的“第一块玻璃”,并对打破玻璃的人作出处罚,防止此类行为的进一步扩散。制度执行要程序化、规范化、严格化,各级管理者要明确管理职责,管理失职就将受到处罚,也就是从管理层面杜绝“破窗理论”的效应。

(3)要建立遵章守纪的良好环境,所谓冰冻三尺,非一日之寒。企业任何重大问题的出现,均是由日常的、细小的问题堆积而成。好的员工在“破窗”的环境中,也会去打破玻璃。加强环境建设,就是企业文化建设。和谐、先进的企业文化,能造就员工良好的心态,良好的习惯。“破窗”就不会发生,也就是从文化层面杜绝“破窗理论”的效应。

第三节　安全生产风险管理

一、风险与风险管理

1. 关于风险与风险管理的基本概念

(1)风险:指的是损失的不确定性,对于工程项目管理而言,风险是指可能出现的影响项目目标实现的不确定因素。

(2)风险量:指的是不确定的损失程度和损失发生的概率。若某个可能发生的事件其可能的损失程度和发生的概率都很大,则其风险量就很大,如图3-4中的风险区A。

若某事件经过风险评估,它处于风险区A,则应采取措施,降低其概率,即使它移位至风险区B;或采取措施降低其损失量,即使它移位至风险区C。风险区B和C的事件则应采取措施,使其移位至风险区D。

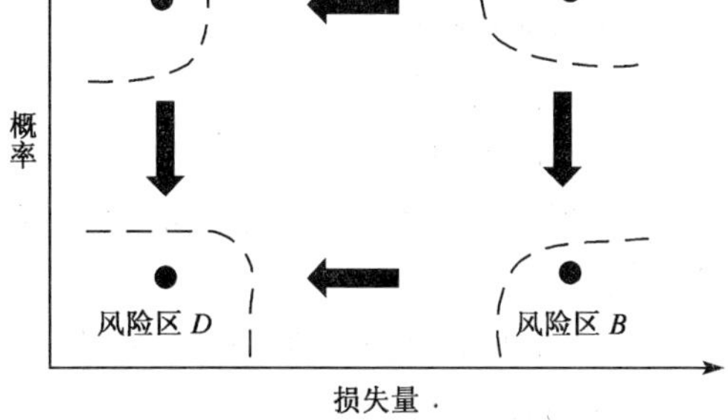

图3-4　事件风险量的区域

(3)风险管理:是为了达到一个组织的既定目标而对组织所承担的各种风险进行管理的系统过程,其采取的方法应符合公众利益、人身安全、环境保护以及有关的法规的要求。

2. 工程项目风险管理及风险管理的目标

风险管理是为了达到一个组织的既定目标，而对组织所承担的各种风险进行管理的系统过程，其采取的方法应符合公众利益、人身安全、环境保护以及有关法规的要求。风险管理包括策划、组织、领导、协调和控制等方面的工作。

建筑工程项目的风险管理是一个体系和制度，通过它，项日的管理方能做到：

(1)识别项目中可能带来问题的因素，并在这些因素真正发生之前进行控制，减少风险带来的影响。

(2)注重项目的统一目标，使所有过程都围绕着项目目标而努力，并且能够事先考虑那些影响项目安全的各种因素。

(3)利用“上兵伐谋”的道理，在项目早期对影响项目的因素进行分析，并在今后的决策中对这些因素继续进行监控、分析。

(4)制订明确的过程来管理风险，而且融入项目管理过程中，使得项目管理过程更加完善。

(5)为今后的项目管理积累经验和历史数据，以获得更高的项目管理水平。

3. 风险管理的内容

风险管理包括策划、组织、领导、协调和控制等方面的工作。风险管理的工作流程如下：

(1)风险辨识，分析存在哪些风险。

(2)风险分析，对各种风险衡量其风险量。

(3)风险控制，制订风险管理方案，采取措施降低风险量。

(4)风险转移，如对难以控制的风险进行投保等。

二、全面风险管理的过程与方法

全面风险管理是用系统的、动态的方法进行风险控制，以减少项目实行过程中的不确定性。它不仅使各层次的项目管理者建立风险意识，重视风险问题，防患于未然，而且在各个阶段、各个方面实施有效的风险控制，形成一个前后连贯的管理过程。

1. 全面风险管理的四大含义

全面风险管理有四个方面的含义：一是项目全过程的风险管理，从项目的立项到项目的结束，都必须进行风险的研究与预测、过程控制以及风险评价，实行全过程的有效控制以及积累经验和教训；二是对全部风险的管理；三是全方位的管理；四是全面的组织措施。

2. 全面风险管理的原则

运用全面风险管理的方法进行建筑工程项目的风险管理需要遵循的原则：

(1)确定项目的目标，做好项目前期工作，并文档化。

(2)经过分析的某些不确定风险可以在计划过程中忽略，以更多的精力控制那些确定的风险因素。

(3)计划时应当为项目多留余地，如多准备一套应急方案，这对大型项目更为重要。

(4)项目过程中要随时掌握风险的真实情况。

(5)尽量避免风险因素变成问题。

(6)工程项目的参与方应当相互沟通,共同了解风险因素,并齐心协力控制风险因素。

(7)充分利用历史项目的经验以及风险管理数据。

(8)业主和承包人需要合理分担并共同应对风险,在合同中确定业主和承包人之间的风险责任。

3. 全面风险管理的过程

一般将风险管理分为五个过程:

1)风险的预测和识别

风险的预测和识别是指通过一定的方式,系统而全面地识别出影响建设工程目标实现的风险事件,并加以适当归类的过程,必要时,还需要对风险事件的后果作出定性的估计。

风险的预测和识别的过程主要立足于数据收集、分析和预测。要重视经验在预测中特殊作用(定性预测)。为了使风险识别做到准确、完善和有系统性,应从项目风险管理的目标出发,通过风险调查、信息分析、专家咨询及实验论证等手段进行多维分解,从而全面认识风险,形成风险清单。

风险识别的结果是建立风险清单,识别的核心工作是“工程风险分解”和“识别工程风险因素、风险事件及后果”。

2)风险分析和评估

这一过程将工程风险事件发生的可能性和损失后果进行定量化,评价其潜在的影响。它包括的内容是:确定风险事件发生的概率和对项目目标影响的严重程度,如经济损失量、工期迟延量等;评价所有风险的潜在影响,得到项目的风险决策变量值,作为项目决策的重要依据。风险分析的评估可以采用定性和定量两类方法。定性风险评价方法有专家打分法、层次分析法等,其作用是区分不同风险的相对严重程度以及根据预先确定的可接受的风险水平作出相应的决策。从广义上讲,定量风险评价方法也有许多,如敏感性分析、盈亏平衡分析、决策树、随机网络等。风险分析与评价流程如图3-5所示。

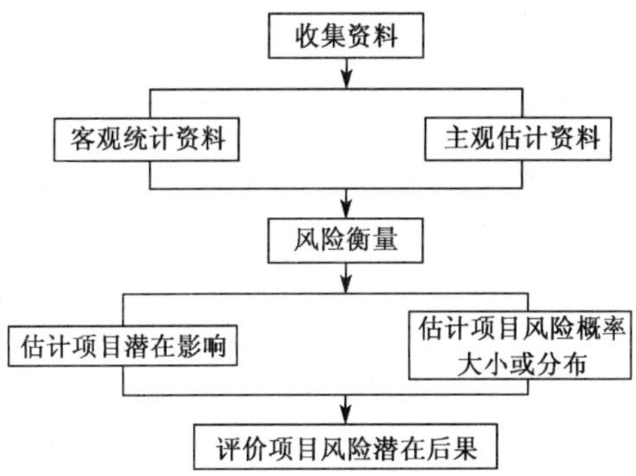

图3-5　风险分析与评价过程

3)风险控制对策的规划

风险对策的规划是确定工程风险事件最佳组合的过程。一般来说来,风险管理中所运用的对策有以下四种:风险回避、损失控制、风险自留和风险转移。这些风险对策的适用对象各不相同,需要根据风险评价的结果,对不同的风险事件选择最适宜的风险对策,从而形成最佳的风险对策组合。

4)实施决策

风险管理人员在选择风险对策时,要根据建设工程的自身特点,从系统的观点出发,从整体上考虑风险管理的思路和步骤,从而制定一个与建设工程总体目标相一致的风险管理原则。这一原则需要指出风险管理各基本对策之间的联系,为风险管理人员进行风险对策提供参考。实施决策的内容是制订安全计划、损失控制计划、应急计划,确定保险内容、保险额、保险费、免赔额和赔偿额等,并签订保险合同。

5）检查

检查是指在项目实施过程中，不断检查以上四个步骤的实施情况，包括计划执行情况及保险合同执行情况，以实践效果评价决策效果。还要确定在条件变化时风险处理方案，检查是否有被遗漏的风险项目。对新发现的风险应及时提出对策。

4. 全面风险管理的方法

1）风险识别的方法

风险识别是根据风险的来源等特征对风险因素进行统计，并对风险的各种影响因素分类统计，最后汇编成册。风险识别主要采用的方法包括：文件审查、信息收集技术、核对表、假设分析和图解技术。

2）风险分析的方法

风险分析可利用加权平衡法，对风险因素划分优先级。分析方法可参考表3-2。

风险分析的加权平衡表　表3-2

序号	分类	因素	权重	影响大小（1～100）	影响总计	加权平衡值
1	A	a				
2		b				
3		c				
4	B	d				
5		e				
6		f				
7	C	g				
合计			100			

根据表3-2，可绘制出风险因素优先级对比图，如图3-6所示。

计算结束后，可以给出按照风险轻重缓急排序的项目风险清单。

3）风险管理沟通的方法

在对建筑工程进行全面风险管理时，可将表3-3作为项目中风险管理任务安排与沟通的工具。

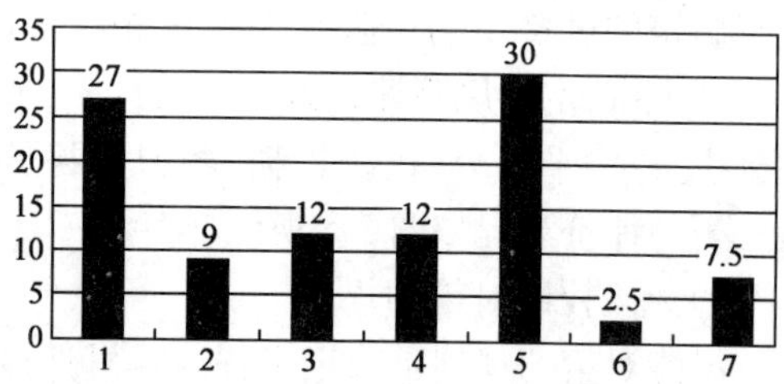

图3-6　风险因素优先级对比图

项目风险管理任务安排表　表3-3

编号：	分类：	优先级：
描述：		
可能性：	影响：	频率：
前提条件：		
控制方法：		
责任方：	影响时期：　年　月　日——　年　月　日	

表3-3记录了工程项目中针对某个风险因素管理的相关信息。其中“描述”记录该风险因素的具体特征，如风险因素的来源等；“可能性”指该风险因素发生问题的概率，可分为高、中、低三档；“影响”指描述风险因素一旦实际发生，将对项目产生的影响；“频率”指为控制该风险因素而采取行动的周期，可以是每天、每周或每月一次；“前提条件”描述该风险因素在什么环境下容易转化成问题；“控制方法”描述如何控制该风险因素，以及风险发生时如何减轻风险带来的影响。

三、危险源识别与风险评价

1. 关于危险源辨识与风险评价的基本概念

(1)危险源：危险源是指可能造成人员伤害、疾病、财产损失、作业环境破坏或其他损失的根源或状态。

(2)事故：是造成人员死亡、伤害、职业病、财产损失或其他损失的意外或偶发事件。也即人们在实现其目的的行动过程中，突然发生迫使暂停或永远终止其行动目的的意外或偶发事件。

(3)损失：是指非环境的、非计划的或非预期的经济价值的减少。一般可分为直接损失和间接损失两种。

2. 危险源的分类

在一般情况下，我们对危险因素和有害因素不加以区分，统称为危险、有害因素。危险、有害因素主要是指客观存在的危险、有害物质或能量超过一定限值的设备、设施和场所，也就是所谓危险源。

尽管危险、有害因素各有其表现形式，但从本质上讲，造成危险、有害的后果的原因无非是：存在危险、有害的物质或能量(称为第一类危险源)；危险、有害的物质或能量可能失去控制(称为第二类危险源)，导致危险、有害物质的泄漏、散发或能量的意外释放。因此，存在危险有害物质、能量，危险有害物质、能量失去控制，是危险、有害因素转换为事故的根本原因。

一起事故的发生往往是两类危险源共同作用的结果所造成的。两类危险源相互关联、相互依存。第一类危险源的存在是事故发生的前提，在事故发生时释放出的危险、有害物质和能量是导致人员伤害或财物损坏的主体，决定事故后果的严重程度；第二类危险源是第一类危险源造成事故的必要条件，决定事故发生的可能性。因此，危险源识别的首要任务是识别第一类危险源，在此基础上再识别第二类危险源。

危险源的分类是为了便于对危险源进行识别和分析，危险源的分类方法有多种。

1)按诱发危险、有害因素失控的条件分类

危险、有害物质和能量失控主要体现在人的不安全行为、物的不安全状态和管理缺陷三个方面。

在《企业职工伤亡事故分类》(GB 6441—1986)中，将人的不安全行为分为操作失误、造成安全装置失效、使用不安全设备等13大类；将物的不安全状态分为防护、保险、信号等装置缺乏或有缺陷，设备、设施、工具、附件有缺陷，个人防护用品、用具缺少或有缺陷，以及生产(施工)场地环境不良四大类。

管理缺陷方面可参考以下分类：

对物(含作业环境)性能控制的缺陷，如设计、监测和不符合处置方面要求的缺陷。

对人的失误控制的缺陷，如教育、培训、指示、雇佣选择、行为监测方面的缺陷。工艺过程、作业程序的缺陷，如工艺、技术错误或不当，无作业程序或作业程序有错误。用人单位的缺陷，如人事安排不合理、负荷超限、无必要的监督和联络、禁忌作业等。对来自相关方（供应商、承包人等）的风险管理的缺陷，如合同签订、采购等活动中忽略了安全健康方面的要求。

违反安全人机工程原理，如使用的机器不适合人的生理或心理特点。此外一些客观因素，如温度、湿度、风雨雪、照明、视野、噪声、振动、通风换气、色彩等也会引起设备故障或人员失误，是导致危险、有害物质和能量失控的间接因素。

2）按导致事故和职业危害的直接原因进行分类

根据《生产过程危险和有害因素分类与代码》（GB/T 13861—2009）的规定，将生产过程中的危险、有害因素分为4类，即人的因素、物的因素、环境因素和管理因素。此种分类方法较之GB/T 13861—1992版，其分类更为具体、详细、科学合理。

人的因素包括：心理、生理性危险和有害因素（负荷超限、健康状况异常、从事禁忌作业、心理异常、辨识功能缺陷以及其他心理、生理性危害因素）；行为性危险和有害因素（指挥错误、操作错误、监护错误、其他错误以及其他行为性危险和有害因素）。

物的因素包括：物理性危险和有害因素（设备、设施、工具附件缺陷，防护缺陷，电伤害，噪声，振动危害，电离辐射，非电离辐射，运动物伤害，明火，高温物质，低温物质，信号缺陷，标志缺失，有害光照），化学性危险和有害因素（爆炸品，压缩气体和液化气体，易燃液体，易燃固体、自燃物品和遇湿易燃物品，氧化剂和有机过氧化物，有毒品，放射性物品，腐蚀品，粉尘与气溶胶），生物性危害危险和有害因素（致病微生物、传染病媒介物、致害植物）

环境因素包括：室内作业场所环境不良（室内地面滑，室内作业场所狭窄，室内地面不平，室内梯架缺陷，地面、墙和天花板上的开口缺陷，房屋基础下沉，室内安全通道缺陷，房屋安全出口缺陷，采光照明不良，作业场所空气不良，室内温度、湿度、气压不适，室内给排水不良，室内涌水），室外作业场所环境不良（恶劣气候与环境，作业场地和交通设施湿滑，作业场地狭窄，作业场地杂乱、作业场地不平，航道狭窄、有暗礁或险滩，脚手架、阶梯或活动梯架缺陷，地面开口缺陷，建筑物和其他结构缺陷门和围栏缺陷，作业场地基础下沉，作业场地安全通道缺陷，作业场地安全出口缺陷，作业场地光照不良，作业场地空气不良，作业场地温度、湿度、气压不适，作业场地涌水），地下（含水下）作业环境不良（隧道/矿井顶面缺陷，隧道/矿井正面或侧面缺陷，隧道/矿井地面缺陷，地下作业面空气不良，地下火，冲击地压，地下水，水下作业供养不当），其他作业环境不良（强迫体位，综合性作业环境不良）。

管理因素包括：职业安全卫生组织机构不健全，职业安全卫生责任制不落实，职业安全卫生管理规章制度不完善，职业安全卫生投入不足，职业健康管理不完善。

3）按引起的事故类型分类

参照《企业职工伤亡事故分类》（GB 6441—1986），综合考虑事故的起因物、致害物、伤害方式等特点，将危险源及危险源造成的事故分为16类。此种分类方法所列的危险源与企业职工伤亡事故处理调查、分析、统计、职业病处理及职工安全教育的口径基本一致，也易于接受和理解，便于实际应用。

（1）物体打击，指落物、滚石、锤击、碎裂崩块、碰伤等伤害，包括因爆炸而引起的物体打击。

（2）车辆伤害，是指企业机动车辆在行驶中引起的人体坠落和物体倒塌、飞落、挤压伤亡事故，不包括起重设备提升、牵引车辆和车辆停驶时发生的事故。

(3)机械伤害，是指机械设备运动(静止)部件、工具、加工件直接与人体接触引起的夹击、碰撞、剪切、卷入、绞、碾、割、刺等伤害，不包括车辆、起重机械引起的机械伤害。

(4)起重伤害，是指各种起重作用(包括起重机安装、检修、试验)中发生的挤压、坠落、(吊具、吊重)物体打击和触电。

(5)触电，包括雷击伤害。

(6)淹溺，包括高处坠落淹溺，不包括矿山、井下透水淹溺。

(7)灼烫，指火焰烧伤、高温物体烫伤、化学灼伤(酸、碱、盐、有机物引起的体内外灼伤)、物理灼伤(光、放射性物质引起的体内外灼伤)，不包括电灼伤和火灾引起的烧伤。

(8)火灾。

(9)高处坠落，是指在高处作业中发生坠落造成的伤亡事故，不包括触电坠落事故。

(10)坍塌，是指物体在外力或重力作用下，超过自身的强度极限或因结构稳定性破坏而造成的事故，如挖沟时的土石塌方、脚手架坍塌、堆置物倒塌等，不适用于矿山冒顶片帮和车辆、起重机械、爆破引起的坍塌。

(11)放炮，是指爆破作业中发生的伤亡事故。

(12)火药爆炸，指生产、运输、储藏过程中发生的爆炸。

(13)化学性爆炸，是指可燃性气体、粉尘等与空气混合形成爆炸性混合物，接触引爆能源时，发生的爆炸事故(包括气体分解、喷雾爆炸)。

(14)物理性爆炸，包括锅炉爆炸、容器超压爆炸、轮胎爆炸等。

(15)中毒和窒息，包括中毒、缺氧窒息、中毒性窒息。

(16)其他伤害，是指除上述以外的危险因素，如摔、扭、挫、擦、刺、割伤和非机动车碰撞、轧伤等。(矿山、井下、坑道作业还有冒顶片帮、透水、瓦斯爆炸危险因素。)

4)按职业健康分类

参照卫生部、劳动与社会保障部、总工会等颁发的《职业病范围和职业病患者处理办法的规定》和《职业病目录》，将生产性粉尘、毒物、噪声和振动、高温、低温、辐射(电离辐射、非电离辐射)及其他危险、有害因素分为7类。

3. 危险源的识别

1)危险源识别的方法

识别施工现场危险源方法有许多，如现场调查、工作任务分析、安全检查表、危险与可操作性研究、事件树分析、故障树分析等，现场调查法是安全管理人员采取的主要方法。

(1)现场调查方法。通过询问交谈、现场观察、查阅有关记录，获取外部信息，加以分析研究，可识别有关的危险源。

(2)工作任务分析。通过分析施工现场人员工作任务中所涉及的危害，可识别出有关的危险源。

(3)安全检查表。运用编制好的安全检查表，对施工现场和工作人员进行系统的安全检查，可识别出存在的危险源。

(4)危险与可操作性研究。危险与可操作性研究是一种对工艺过程中的危险源实行严格审查和控制的技术。它是通过指导语句和标准格式寻找工艺偏差，以识别系统存在的危险源，并确定控制危险源风险的对策。

(5)事件树分析。事件树分析是一种从初始原因事件起,分析各环节事件“成功(正常)”或“失败(失效)”的发展变化过程,并预测各种可能结果的方法,即时逻辑分析判断方法。应用这种方法,通过对系统各环节事件的分析,可识别出系统的危险源。

(6)故障树分析。故障树分析是一种根据系统可能发生的或已经发生的事故结果,去寻找与事故发生有关的原因、条件和规律。通过这样一个过程分析,可识别出系统中导致事故的有关危险源。

上述几种危险源识别方法从着眼点和分析过程上,都有其各自特点,也有各自的适用范围或局限性。因此,安全管理人员在识别危险源的过程中,往往使用一种方法,还不足以全面地识别其所存在的危险源,必须综合地运用两种或两种以上方法。

2)危险源辨识的步骤

危险源辨识的步骤可分为以下几步:

(1)划分作业活动;

(2)危险源辨识;

(3)风险评价;

(4)判断风险是否容许;

(5)制订风险控制措施计划。

3)危险源识别应注意的事项

应充分了解危险源的分布。

从范围上讲,应包括施工现场内受到影响的全部人员、活动与场所,以及受到影响的社区、排水系统等,也包括分包商、供应商等相关方的人员、活动与场所可施加的影响。

从状态上,应考虑以下三种状态:

(1)正常状态,指固定、例行性且计划中的作业与程序;

(2)异常状态,指在计划中,但不是例行性的作业;

(3)紧急状态,指可能或已发生的紧急事件。

从时态上,应考虑到以下三种时态:

(1)过去,以往发生或遗留的问题;

(2)现在,现在正在发生的,并持续到未来的问题;

(3)将来,不可预见什么时候发生且对安全和环境造成较大的影响。

从内容上,应包括涉及所有可能的伤害与影响,包括人为失误,物料与设备过期、老化、性能下降造成的问题。

弄清危险源伤害与影响的方式或途径。

确认危险源伤害与影响的范围。

要特别关注重大危险源与重大环境因素,防止遗漏。

对危险源与环境因素保持高度警觉,持续进行动态识别。

充分发挥全体员工对危险源识别的作用,广泛听取意见和建议。

4. 风险评价

在识别出危险源后,进行风险评价,给出安全生产风险,按照安全生产的实际情况和管理要求确定可接受风险标准,为采取风险控制措施提供科学依据。因此风险评价是安全生产风险管理的主要内容。

1)风险评价的目的

风险评价的目的一是要给出安全生产风险的高低,二是要给出安全生产风险的级别,为安全生产风险管理提供依据。

2)常用风险评价方法分类

按照风险评价结果的量化程度,评价方法可分为定性风险评价法和定量风险评价法。

(1)定性风险评价方法

定性风险评价方法主要是根据经验和直观判断能力对生产系统的工艺、设备、设施、环境、人员和管理等方面的状况进行定性的分析,评价结果是一些定性的指标,如是否达到了某项指标、事故类别和导致事故发生的因素等。属于定性风险评价方法的有安全检验表、专家现场询问观察法、因素图分析法、事故引发和发展分析、作业条件危险性评价法(格雷厄姆-金尼法或LEC法)、故障类型和影响分析、危险可操作性研究等。

定性风险评价方法的特点是容易理解、便于掌握,评价过程简单。目前定性风险分析方法在国内外企业安全管理工作中被广泛使用。但定性风险评价方法往往依靠经验,带有一定的局限性,评价结果有时因参加评价人员的经验和经历等有相当的差异。同时由于评价结果不能给出量化的危险度,所以不同类型的对象之间评价结果缺乏可比性。

(2)定量风险评价方法

定量风险分析评价方法是运用基于大量的实验结果和广泛的事故资料统计分析获得的指标或规律(数学模型),对生产系统的工艺、设备、设施、环境、人员和管理等方面的状况进行定量的计算,评价结果是一些定量的指标,如事故发生的概率、事故的伤害(或破坏)范围、定量的危险性、事故致因因素的事故关联度或重要度等。

3)风险评价方法的选择原则

在进行风险评价时,应该在认真分析并熟悉评价系统的前提下,选择风险评价方法。风险评价方法选择应遵循充分性、适应性、系统性、针对性和合理性的原则。

(1)充分性原则。充分性是指在选择评价方法之前,应该充分分析评价的系统,掌握足够多的评价方法,并充分了解各种评价方法的优缺点、适应条件和范围,同时为评价工作准备充分的资料。

(2)适应性原则。适应性是指选择的评价方法应该适应评价的系统。要评价的系统可能是有多个子系统构成的复杂系统,评价的重点各子系统可能有所不同,各种评价方法都有其适应的条件和范围,应该根据系统和子系统、工艺的性质和状态,选择实行适应的评价方法。

(3)系统性原则。系统性是指评价方法与评价的体系所能提供的风险评价初始条件和边界条件应形成一个和谐的整体,也就是说,评价方法获得的可信的评价结果,是必须建立在真实、合理和系统的基础数据之上的,评价的系统应该能够提供所需的系统化数据和资料。

(4)针对性原则。针对性是指所选择的评价方法应该能够提供所需的结果。由于评价的目的不同,需要评价提供的结果可能是:危险有害因素类别、事故发生的原因、事故发生的概率、事故后因、系统的危险性等,评价方法能够给出所要求的结果才能被选用。

(5)合理性原则。在满足评价目的、能够提供所需的评价结果的前提下,应该选择计算过程最简单、所需基础数据最少和最容易获取的评价方法,使评价工作量和要获得的评价结果都是合理的,不要使评价出现无用的工作和不必要的麻烦。

4)风险评价方法的选择过程

不同的评价系统选择不同的风险评价方法,风险评价方法选择过程有所不同,一般可按图 3-7 所示的步骤选择风险评价方法。

在选择评价方法时,应首先详细分析评价的系统,明确通过评价要达到的目标,即通过评价需要给出哪些、什么样的评价结果,然后应收集尽量多的评价方法,将评价方法进行分类整理,再就是明确评价的系统能够提供的基础数据、工艺和其他资料,最后是根据评价要达到的目标以及所需的基础数据、工艺和其他资料,选择适用的评价方法。

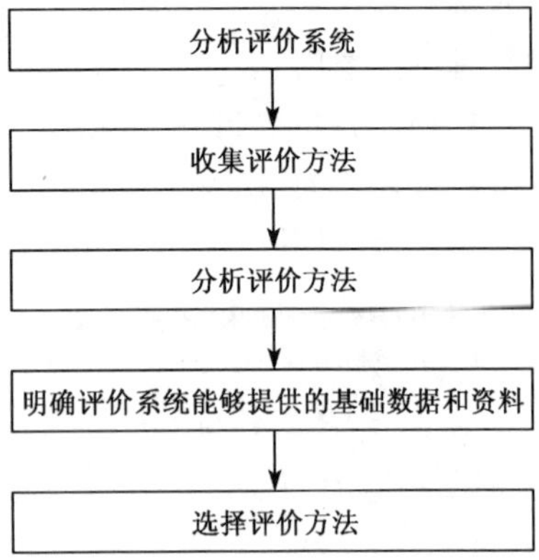

图 3-7　评价方法选择过程

5)事故风险等级评价方法

(1)风险大小的计算

根据风险的概念,用某一特定危险情况发生的可能性和它可能导致后果的严重程度的乘积来表示风险的大小,可以用式(3-1)表达:

$$R = pf \tag{3-1}$$

式中:R——风险的大小;

p——危险情况发生的可能性;

f——发生危险造成后果的严重程度。

(2)风险等级的划分

根据式(3-1)计算风险的大小,可以用近似的方法来估计。首先把危险发生的可能性(p)分为“很大”、“中等”和“极小”三个等级;然后把发生危险可能产生后果的严重程度(f)分为“轻度损失(轻微伤害)”、“中度损失(伤害)”和“重大损失(严重伤害)”三个等级;p 和 f 的乘积就是风险的大小(R),可以近似按级别分为:“可忽略风险”、“可容许风险”、“中度风险”、“重大风险”和“不容许风险”共 5 级,如表 3-4 所示。

风险等级评估表　　表 3-4

后果(f) 风险级别(大小)	轻度损失 (轻微伤害)	中度损失 (伤害)	重大损失 (严重伤害)
很大	III	IV	V
中等	II	III	IV
极小	I	II	III

注:I-可忽略风险;II-可容许风险;III-中度风险;IV-重大风险;V-不容许风险。

(3)危险情况发生的可能性

在确定危险情况发生或造成伤害的可能性时,应以法规和行为准则所要求的危险源控制措施为指导,考虑已实施和已符合要求控制措施的充分性。此外,除了前面所述的危险源提示表列出的 20 项设问的信息外,还宜考虑以下方面的因素:

暴露人数;

暴露在危险源中的频次和持续时间;

服务(如供电、供水)中断;

装置、机械部件和安全装置的失灵;

暴露于恶劣气候；

个体防护装备所提供的保护和个体防护装备的使用率；

不安全行为(无意识的错误或故意违反程序)，通常包括：

①可能不知道哪是危险源；

②可能不具备执行工作任务所需的知识、体能或技能；

③低估了所暴露的风险；

④低估了安全工作方法的实用性和有效性。

对危险情况发生的可能性一般可用很大、中等和极小三种情况来判断。在危险情况发生的可能性很小的情况下，还可以用可能、不可能和极不可能三种情况来判断。

(4)发生危险造成后果或产生伤害的严重程度

在确定发生危险造成的后果或造成伤害的严重程度时，除了评价前面所述的危险源提示表所列20项设问情况所造成的后果外，还宜考虑以下方面：

可能受到影响的身体部位。

伤害的性质可分为轻微伤害、伤害和严重伤害。

①表面损伤、轻微割伤和擦伤、粉尘对眼睛的刺激、烦躁和刺激(如头痛)、导致暂时性不适的疾病属轻微伤害；

②划伤、烧伤、脑震荡、严重扭伤、轻微骨折、耳聋、皮炎、哮喘、与工作有关的上肢损伤、导致永久性轻微功能丧失的疾病属伤害；

③截肢、严重骨折、中毒、复合伤害、致命伤害、职业癌症、其他导致寿命严重缩短的疾病、急性不治之症属严重伤害。

造成财产损失的大小。

四、公路水运施工安全事故发生的内在规律性

公路水运施工中发生的生产安全事故，包括造成人员伤亡的和未造成人员伤亡的事故。

公路水运施工安全事故的发生都是由于存在事故要素并孕育发展的结果，在未及时发现和消除存在的事故要素，或者阻止其孕育和发展的情况下，则事故必将发生，这就是由其内在规律性所决定的事故发生的必然性。由于相同的事故要素会存在于不同的建筑工地及其施工过程的不同阶段，由其必然性又形成了安全事故的多发(常发)性和反复性。在安全防范意识不强、不能警钟长鸣和居安思危(可能发生事故)的情况下，或者认为根据当时的安全工作、安全作业条件、安全技术措施和安全工作经验“不会”、“不可能”、“不应当”出事故时，一旦出了事故，就会产生“意外”或者“偶然”的感觉。这种感觉上的“偶然性”和“意外性”，其实都是没有很好地掌握事故发生的内在规律的必然性的表现。

当能够及时发现和消除存在的事故要素，或者及时阻止其孕育和发展(这就是我们常讲的“消除事故隐患”)时，则安全事故就不会发生，这就是生产安全事故的可预防性或可防止性。

因此，只有认真研究和掌握事故发生的内在规律，才能有效地确保生产安全和防止事故的发生。

1. 事故五要素及其引发事故时的7种组合

1)引发事故的五个基本因素及其存在或表现形式

不安全状态、不安全行为、起因物、致害物和伤害方式是引发生产安全事故的五个基本因素，简称“事故五要素”，其定义与存在或表现形式分述于下。

(1)不安全状态

在建筑工程施工中存在的不安全状态,是指在施工场所和作业项目之中存有事故的起因物和致害物,或者能使起因物和致害物起作用(造成事故和伤害)的状态。

当在施工的场所和作业状态之中存在有起因物和致害物时,它们就可以通过自身的孕育发展或者在不安全行为的激发启动下,引发事故,因而是一种不安全的状态。而某些场所状态,虽并不存在某种事故的起因物和致害物,但却可以使其起作用,例如,毗邻在施工程建筑的无防护(没有搭设防护棚)通道这一场所状态,其本身并不存有落物伤害事故的起因物和致害物,但却可以使得其所毗邻的在施工程建筑的高空落物(事故的起因物、致害物)起作用(伤害通道中的行人),因此,也是一种不安全状态。

施工场所状态指为施工场所提供的工作(作业)与生活条件的状态,包括涉及安全要求的场地(地面、地下、空中)、周围环境、原有和临时设施以及使用安排状态;作业项目状态为分项分步工程进行施工时的状态,包括施工中的工程状态,脚手架、模板和其他施工设施的设置状态和各项施工作业的进行状态等。

一般说来,凡是违反或者不符合安全生产法律、法规、工程建设标准和企业(单位)安全生产制度规定的状态,都是不安全状态。但建设工程安全生产法律、法规、标准和制度没有或未予规定的状态,也会成为不安全状态。因此,应当按照前述的定义,针对具体的工程条件、现场安排和施工措施情况,研究、认识可能存在的不安全状态,并及时予以排除。

不安全状态有4个属性:事故属性(属于何种事故),场所属性(在何种场所存在),状态属性(属于何种状态)和作业属性(属于何种施工作业项目),并可按这4个属性划分相应不安全状态的类型,列入表3-5中。从表中可以看出,4种划分方法从4个不同的侧面反映出不安全状态的存在与表现形式,且在它们之间存在着相互补充、交叉、渗透、作用和影响的关系。由于其中的任何一个侧面都不能全面和完整地反映出在建筑施工中可能存在的不安全状态,因此,不应只按一种划分去研究和把握,而应将其综合起来,并根据主管工作的范围有所重点地去实施管理(消除不安全状态的安全管理工作),使相应的侧面成为主要负责人、管理部门和有关管理人员分抓的重点,或者作为企业(单位)在某一时期、某一工程项目、某一施工场所或某种作业的安全生产工作中的重点。一般情况下,负责全面工作的企业主要负责人和大的、综合性工程项目负责人,宜以其事故属性为主(为核心)并兼顾其他属性抓好消除不安全状态的工作;企业安全管理部门和从事安全措施技术与设计工作的人员宜以其状态属性为主兼顾其他属性做好相应工作;而现场管理和施工指挥人员则应以其场所和作业属性并兼顾其他属性做好工作。所谓"兼顾",就是将主抓属性中未能涉及的或直接涉及的其他属性的项目与要求考虑进来。

公路水运工程施工不安全状态类型表　　表3-5

划分方法 (不同属性)	不安全状态的类型
按引发事故的类型划分(事故属性)	①引发坍塌和倒塌事故的不安全状态;②引发倾倒和倾翻事故的不安全状态;③引发冒水、透水和坍陷事故的不安全状态;④引发触电事故的不安全状态;⑤引发断电和其他电气事故的不安全状态;⑥引发爆炸事故的不安全状态;⑦引发火灾事故的不安全状态;⑧引发坠落事故的不安全状态;⑨引发高空落物伤人事故的不安全状态;⑩引发起重安装事故的不安全状态;⑪引发施工船舶和机械设备事故的不安全状态;⑫引发物击事故的不安全状态;⑬淹溺事故的不安全状态;⑭引发中毒和窒息事故的不安全状态;⑮引发其他事故的不安全状态

续上表

划分方法（不同属性）	不安全状态的类型
按施工场所的安全条件划分（场所属性）	①现场周边围挡防护的不安全状态；②周边毗邻建筑、通道保护的不安全状态；③对现场内原高压线和地下管线保护的不安全状态；④现场功能区块划分及设施情况的不安全状态；⑤现场场地和障碍物处理的不安全状态；⑥现场道路、排水和消防设施设置的不安全状态；⑦现场临时建筑和施工设施设置的不安全状态；⑧现场施工临电线路、电气装置和照明设置的不安全状态；⑨洞口、通道口、楼电梯口和临边防护设施的不安全状态；⑩现场警戒区和警示牌设置的不安全状态；⑪深基坑、深沟槽和毗邻建（构）筑物坑槽开挖场所的不安全状态；⑫起重吊装施工区域的不安全状态；⑬预应力张拉施工区域的不安全状态；⑭试压和高压作业区域的不安全状态；⑮安装和拆除施工区域的不安全状态；⑯整体式施工设施升降作业区域的不安全状态；⑰爆破作业安全警戒区域的不安全状态；⑱水上水下施工作业场所的不安全状态；⑲特种和危险作业场所的不安全状态；⑳生活区域、设备及材料存放区域设置的不安全状态；㉑恶劣气候条件下，施工船舶作业、航行引发的水上各类事故；㉒其他场所的不安全状态
按设置和工作状态划分（状态属性）	①施工用临时建筑自身结构构造和设置中的不安全状态；②脚手架、模板和其他支架结构构造和设置中的不安全状态；③施工中的工程结构、脚手架、支架等承受施工荷载的不安全状态；④附着升降脚手架、滑模、提模等升降式施工设施在升降和固定工况下的不安全状态；⑤塔式起重机、施工升降机、垂直运输设施（井架、泵送混凝土管道等）设置的不安全状态；⑥起重、垂直和水平运输机械工作和受载的不安全状态；⑦施工船舶施工设施安全防护、保险装置设置的不安全状态；⑧现场材料、模板、机具和设备堆（存）放的不安全状态；⑨易燃、易爆、有毒材料保管的不安全状态；⑩缺氧、有毒（气）作业场所安全保障和监控措施设置的不安全状态；⑪高处作业、水下作业安全防护措施设置的不安全状态；⑫施工机械、电动工具和其他施工设施安全防护、保险装置设置的不安全状态；⑬坑槽上口边侧土方堆置的不安全状态；⑭采用新工艺、改变工程结构正常形成程序措施执行中的不安全状态；⑮施工措施执行中出现某种问题和障碍时所形成的不安全状态；⑯其他设置和工作状态中的不安全状态
按施工作业划分（作业属性）	①立体交叉作业的不安全状态；②夜间作业的不安全状态；③冬期、雨期、风期作业的不安全状态；④应急救援作业的不安全状态；⑤爆破作业的不安全状态；⑥降水、排水、堵漏、止流沙、抗滑坡作业的不安全状态；⑦土石方挖掘和运输作业的不安全状态；⑧材料、设备、物品装卸作业的不安全状态；⑨洞室作业的不安全状态；⑩起重和安装作业的不安全状态；⑪整体升降作业的不安全状态；⑫拆除作业的不安全状态；⑬电气作业的不安全状态；⑭电热法作业的不安全状态；⑮电、气焊作业的不安全状态；⑯洞室、压力容器和狭窄场地作业的不安全状态；⑰高处和架上作业的不安全状态；⑱预应力作业的不安全状态；⑲脚手架、支架装拆作业的不安全状态；⑳模板及支架装拆作业的不安全状态；㉑钢筋加工和安装作业的不安全状态；㉒试验作业的不安全状态；㉓水平和垂直运输作业的不安全状态；㉔顶进和整体移位作业的不安全状态；㉕深基坑支护作业的不安全状态；㉖混凝土浇筑作业的不安全状态；㉗维修、检修作业的不安全状态；㉘水上、水下作业的不安全状态；㉙其他作业的不安全状态

消除不安全状态的工作关系示于图3-8中。

（2）不安全行为

在建筑工程施工中存在的不安全行为，是指在施工作业中存在的违章指挥、违章作业以及其他可能引发和招致发生安全事故发生的行为。不安全行为可以分为以下4类：①违章指挥——在施工作业中，违反安全生产法律、法规、工程建设和安全技术标准、安全生产制度和规定的指挥；②违章作业——违反安全生产法律、法规、标准、制度和规定的作业；③其他主动性不安全行为——其他由当事人发生的不安全行为；④其他被动性不安全行为——当事人缺乏自我保护意识和素质的行为（会受到伤害物或主动不安全行为的伤害）。其中的“其他主动性不安全行为”包括违反上岗身体条件、违反上岗规定和不按规定使用安全护品三种行为，故共

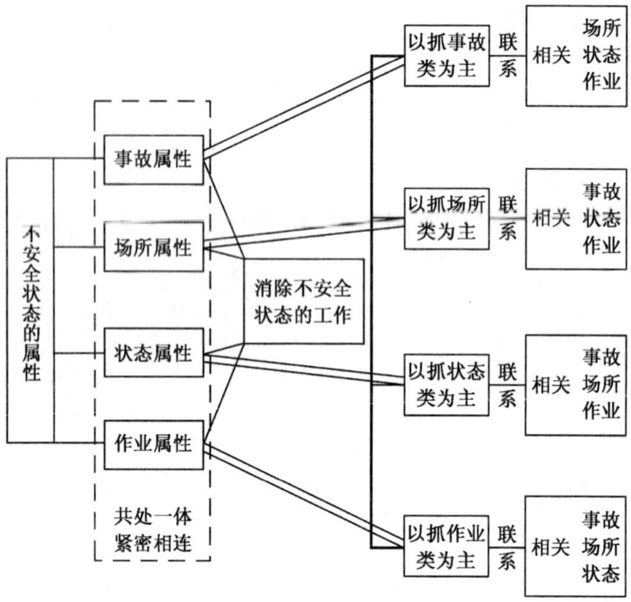

图 3-8　消除不安全状态的工作关系

有六种(类)不安全行为,列入表 3-6 中。

常见不安全行为的表现形式表　　表 3-6

类　别	常见表现形式
违反上岗身体条件规定	①患有不适合从事高空水上、水下和其他施工作业相应的疾病(精神病、癫痫病、高血压、心脏病等);②未经过严格的身体检查,不具备从事高空、井下、高温、高压、水上、水下等相应施工作业规定的身体条件;③妇女在经期、孕期、哺乳期间从事禁止和不适合的作业;④未成年工从事禁止和不适合的作业;⑤疲劳作业和带病作业
违反上岗规定	①无证人员从事需证岗位作业;②非定机、定岗人员擅自操作;③单人在无人辅助、轮换和监护情况下进行高、深、重、险等不安全作业;④在无人监管电闸的情况下从事检修、调试高压、电气设备作业;⑤在无人辅助拖线情况下从事宜扯断动力线的电动机具(如蛙石打夯机)作业
不按规定使用安全防护用品	①进入施工现场不戴安全帽、不穿安全鞋;②高处作业不佩挂安全带或挂置不可靠;③水上作业不穿救生衣;④进行高压电气作业或在雨天、潮湿环境中进行有电作业不使用绝缘护品;⑤进入有毒气环境作业不使用防毒用具;⑥电气焊作业不使用电焊帽、电焊手套、防护镜;⑦在潮湿环境不使用安全(电压)灯和在有可燃气体环境作业不使用防爆灯;⑧其他不使用相应安全护品的行为
违章指挥	①在作业条件未达到规范、设计和施工要求的情况下,组织和指挥施工;②在已出现不能保证作业安全的天气变化和其他情况时,坚持继续进行施工;③在已发现事故隐患或不安全征兆、未予消除和排除的情况下继续指挥冒险施工;④在安全设施不合格,工人未使用安全护品和其他安全施工措施不落实的情况下,强行组织和指挥施工;⑤违反有关规范规定(包括修改、降低或取消)的指挥;⑥违反施工方案和技术措施的指挥;⑦在施工中出现异常情况时,做出了不当的处置(可能导致出现事故或使事态扩大)决定;⑧在技术人员、安全人员和工人提出对施工中不安全问题的意见和建议时,未予重视、研究并做出相应的处置,不顾安全地继续指挥施工

续上表

类　　别	常见表现形式
违章作业	①违反程序规定的作业；②违反操作规定的作业；③违反安全防（监）护规定的作业；④违反防爆、防毒、防触电和防火规定的作业；⑤使用带病施工船舶、机械、工具和设备进行作业；⑥在不具备安全作业条件下进行作业；⑦在已发现有事故隐患和征兆的情况下，继续进行作业
缺乏安全意识，不注意自我保护和保护他人的行为	①在缺乏安全警惕性的情况下发生的误扶（不可靠物）、误入（“四口”）、误碰（致伤物）、误触（带电物）、误食（毒物）、误闻（有毒气体）情况以及滑、跌、闪失、坠落的行为；②在作业中出现的工具脱手、物品飞溅掉落、碰撞和拖拉别人等行为；③在出现异常和险情时不及时通知别人的行为；④在前道工序中留下隐患而未予消除或转告下道工序作业者的行为

注：当在施工中因某种情况需要对规范和技术措施作某些变动和修改，并已经过主管部门审查同意（应有书面审批依据）时，不算违章指挥。不安全行为在施工工地不同程度的存在，带有普遍性，常与其安全工作的环境氛围有关。当安全工作的环境氛围淡薄时，不安全行为就会大量存在和不断滋长。适于不安全行为存在和滋长的环境为：①不正规的工程施工工地和施工队伍；②违法转包和建设费用缺口很大的工地；③领导不重视、安全无要求、安全工作无专人管理的工地；④无安全工作制度和安全工作岗位责任制度或者制度不健全的工地；⑤不按规定进行集中和日常安全教育培训的工地；⑥在一段时间内未出生产安全事故，思想麻痹、安全工作放松的工地。因此，营造良好的安全工作氛围是减少和消除不安全行为存在和滋长的重要条件。

(3) 事故的起因物、致害物和伤害方式

直接引发生产安全事故的物体（品），称为“起因物”；在生产安全事故中直接招致（造成）伤害发生的物体（品），称为“致害物”；致害物作用于被伤害者（人和物）的方式，称为“伤害方式”。

在某一特定的生产安全事故中，起因物可能是唯一的或者为多个。当有多个起因物存在时，按其作用情况会有主次和前后（序次）之分、组合和单独作用之分。在某一特定的伤害事故中，致害物也可能是一个或多个。在同一生产安全事故中，起因物和致害物可能是不同的物体（品）或同一物体（品）。

起因物和致害物的存在构成了不安全状态和安全（事故）隐患，不及时发现并消除它们时，就有可能引发或发展成为事故。而一旦发生生产安全事故时，对起因物和致害物的分析确定工作，又是判定事故性质和确定事故责任的重要依据。

起因物和致害物的类别有两种划分方法：一种为按其自身的特征划分，见表3-7所列，表中同时注出了其变为起因物和致害物的条件；另一种为按其引发的事故划分，见表3-8，并分别列出了相应事故的起因物和致害物。

按自身特征划分的起因物和致害物　　表3-7

自 身 特 征	可成为起因物和致害物的物体（品）
单件硬物	①工程结构件；②脚手架的杆（构）配件；③模板及其支撑件；④机构设备的传动件、工作件和其他零部件；⑤附着固定件；⑥支撑（顶）和拉结件；⑦围挡防护件；⑧底座和支垫件；⑨连（拼）接件；⑩安全限控、保险件；⑪平衡（配重）件；⑫电器件；⑬吊具、索具和吊物；⑭梯笼、吊盘、吊斗；⑮手持和电动工具；⑯照明器材；⑰钢材、管件、铁钉及其他硬物件；⑱阀门和压力控制设备

续上表

自 身 特 征	可成为起因物和致害物的物体(品)
线路管道	①电气线路;②控制线路和系统;③泵送混凝土管道;④煤气和压缩空气管道;⑤氧气和乙炔气管道;⑥液压和油品管道;⑦压力水管道;⑧其他管线
施工船舶、机械设备	①塔吊和起重机械(具);②土方机械;③运输车辆;④泵车;⑤搅拌机;⑥其他机械设备;⑦附着升降脚手架;⑧脚手架和支架;⑨整体提(滑、倒)升模板;⑩生产和建筑设备;⑪施工船舶;⑫其他机械和整体式施工设施
易燃和危险物品	①易燃的材料、物品;②易爆的材料物品;③外露带电物体;④亚硝酸钠和其他有毒化学品;⑤一氧化碳、瓦斯和其他有毒气体;⑥炸药、雷管
作业场所、地物和地层状态	①高温、高湿的作业环境;②密闭容器、洞室和狭窄、通风不畅作业环境;③地基;④毗邻开挖坑槽的房屋和墙体等地物;⑤涌水层、滑坡层、流沙层等不稳定地层;⑥临时施工设施;⑦挡水、挡土、护坡措施;⑧水上水下的作业环境;⑨各种地面堆物
其他	①飓风、热带气旋、暴雨、大雪、雷电等恶劣和灾害天气;②突然停、断电;③爆炸的冲击波和抛射物;④地震作用;⑤其他突发的不可抗力事态
注释(成为起因物和致害物的诱发条件)	当表列物体(品)有以下情况之一时,就有可能成为事故的起因物、致害物:①本身的规格、材质和加工不符合标准(或规定)要求;②本身已发生变形、损伤或磨损;③设计缺陷;④安装和维修缺陷;⑤各种带病使用情况;⑥超额定状态(超载、超速、超位、超时等)或设计要求工作;⑦超检(维)修期工作;⑧杆构件和零部件脱离正常工作位置;⑨出现各种不正常工作状态;⑩出现变形、沉降和失衡状态;⑪发生超出设计考虑的意外事态;⑫任意改变施工方案和安全施工措施的规定;⑬出现不安全行为;⑭安全防(保)护措施和安全装置失效情况;⑮出现破断、下坠事态;⑯危险场所和危险作业的安全保障、监控工作不到位;⑰其他诱发条件

部分常见伤害事故的起因物和致害物　　表3-8

<table>
<tr><th>事 故 类 型</th><th>起 因 物</th><th>致 害 物</th></tr>
<tr><td rowspan="2">物体(击)打击</td><td colspan="2">由各种原因引起的同一落物、崩块、冲击物、滚动体、摆动体以及其他足以产生打击伤害的运动硬物</td></tr>
<tr><td>引发其他物体状态突变(弹出、倾倒、吊落、滚动、扭转等)的物体,如撬杠、绳索、拉曳物和障碍物等</td><td>产生状态突变的模板、支撑、钢筋、块体材料和器具等,以及作业人员</td></tr>
<tr><td rowspan="5">高处坠落</td><td colspan="2">由于不当操作或其他原因造成失稳、倾倒、掉落并拖带施工人员发生高空坠落的手推车和其他器物</td></tr>
<tr><td>脚手架面未满铺脚手板,脚手架侧面和"临边"未按规定设防护</td><td rowspan="4">吊落的施工人员受自身重力运动伤害</td></tr>
<tr><td>"四口"未加设盖板或其他覆盖物</td></tr>
<tr><td>失控掉落的梯笼和其他载人设备</td></tr>
<tr><td>高处作业未佩挂安全带</td></tr>
<tr><td rowspan="5">机械和起重伤害</td><td colspan="2">进行车、刨、钻、铣、锻、磨、镗加工时的工作部件</td></tr>
<tr><td>未上紧的夹持件</td><td>脱(飞)出的加工件</td></tr>
<tr><td>没有、拆去或质量与装设不符合要求的安全罩</td><td>机械的转动和工作部件</td></tr>
<tr><td>超重的吊物</td><td rowspan="2">失稳、倾翻的起重机</td></tr>
<tr><td>软弱和受力不均衡的地基、支垫物</td></tr>
</table>

续上表

<table>
<tr><th>事故类型</th><th>起因物</th><th>致害物</th></tr>
<tr><td rowspan="9">机械和起重伤害</td><td>变形、破坏的吊具(架),破断、松脱、失控的索具</td><td rowspan="2">倾翻、吊落、折断、前冲的吊物</td></tr>
<tr><td>破断、松脱、失控的索具</td></tr>
<tr><td>失控、失效的限控、保险和操作装置</td><td>失控的臂杆、起重小车,索具吊钩、吊笼(盘)和机械的其他部件</td></tr>
<tr><td>滑脱、折断的撬杠</td><td rowspan="2">失控、倾翻、吊落的重物和安装物</td></tr>
<tr><td>失稳、破坏的支架</td></tr>
<tr><td>启闭失控的料笼、容器</td><td>掉落、散落的材料、物品</td></tr>
<tr><td>拴挂不平衡的吊索</td><td rowspan="2">严重摆动、不稳定回转和下落的吊物</td></tr>
<tr><td>失控的回转和限速机构</td></tr>
<tr><td colspan="2" style="display:none"></td></tr>
<tr><td rowspan="4">触电伤害</td><td colspan="2">未加可靠保护、破皮损伤的电线、电缆</td></tr>
<tr><td>架空高压裸线</td><td>误触高压线的起重机臂杆和其他运动中的导电物体</td></tr>
<tr><td>未设或设置不合格的接零(地)、漏电保护设施</td><td>带(漏)电的电动工具和设备</td></tr>
<tr><td>未设门或未上锁的电闸箱</td><td>易发生误触的电器开关</td></tr>
<tr><td rowspan="11">坍塌伤害</td><td colspan="2">由流沙、涌水、沉陷和滑坡引起的塌方</td></tr>
<tr><td colspan="2">过高、过陡和基地不牢的堆置物</td></tr>
<tr><td>停于坑槽边的机械、车辆和过重堆物</td><td rowspan="2">塌落的土方、机械、车辆和堆物</td></tr>
<tr><td>没有或不符合要求的降水和支护措施</td></tr>
<tr><td>受坑槽开挖伤害的建(构)筑物的基础和地基</td><td>整体或局部沉降、倾斜、倒塌的建(构)筑物</td></tr>
<tr><td>设计和施工存在不安全问题的临时建筑和设施</td><td rowspan="5">整体或局部坍塌、破坏的工程建筑、临时设施及其杆部件和载存物品</td></tr>
<tr><td>发生不均匀沉降和显著变形的地基</td></tr>
<tr><td>附近有强烈的震动和冲击源</td></tr>
<tr><td>强劲的自然力(风、雨、雪等)</td></tr>
<tr><td>因违规拆除结构件、拉结件或其他原因造成破坏的局部杆件和结构</td></tr>
<tr><td>受载后发生变形、失稳或破坏的支架或支撑杆件</td><td>发生倾倒、坍塌的现浇结构、模板、设备和材料物品</td></tr>
<tr><td rowspan="3">火灾伤害</td><td colspan="2">火源与靠近火源的易燃物</td></tr>
<tr><td colspan="2">雷击、导电物体与易燃物</td></tr>
<tr><td colspan="2">爆炸引起的溢漏的易燃物(液体、气体)和火源</td></tr>
</table>

续上表

事故类型	起因物	致害物
中毒、窒息和爆炸伤害	一氧化碳、瓦斯和其他有毒气体	
	亚硝酸钠和其他有毒化学品	
	密闭容器，洞室和其他高温、不通风作业场所	
	爆炸（破）引起的飞石和冲击波	
	保管不当的雷管和其他引爆源	爆炸的雷管和炸药
	“瞎炮”与引起其爆炸的引爆物	飞溅块体和气浪
其他	朝天钉子、突出的铁件、散落的钢筋、管子和其他硬物，以及伸入作业空间的杆件和其他硬物	

伤害方式包括伤害作用发生的方式、部位和后果。对人员伤害的部位为身体的各部（包括内脏器官），伤害的后果分为轻伤、重伤和死亡。而伤害作用发生的方式则有以下 18 种：碰撞、击打、冲击、砸压、切割、绞缠、掩埋、坠落、滑跌、滚压、电击、灼（烧）伤、爆炸、射入、弹出、中毒、窒息、穿透。

对伤害方式的研究，一可改进和完善劳动（安全）保护用品的品种和使用，二可相应加强针对那些没有适用安全护品的伤害方式的安全预防和保护措施。

2）事故要素作用的 7 种组合

在发生的生产安全事故中，五种事故要素可能同时存在，或者部分存在。某些由人为作用引起的事故，其不安全行为同时也是起因物和致害物，而起因物和致害物有时是同一个，因此形成引发事故的 7 种作用组合，见表 3-9 所列。

事故要素在引发事故时的 7 种组合　　表 3-9

类　型	事故要素的组合
E 型	不安全状态，不安全行为，起因物，致害物，伤害方式
D-1 型	不安全状态，起因物，致害物，伤害方式
D-2 型	不安全行为，起因物，致害物，伤害方式
D-3 型	不安全状态，不安全行为，起因（致害）物，伤害方式
C-1 型	不安全状态，起因物（致害物），伤害方式
C-2 型	不安全行为，起因物（致害物），伤害方式
B 型	不安全行为（起因物、致害物），伤害方式

不安全状态或不安全行为的存在（或者二者同时存在）是事故的“起因”，伤害方式直接导致“后果”，而起因物和致害物则是“事故的载体”，它将起因和后果连接起来。当没有不安全状态和不安全行为存在时，也就没有起因物和致害物的存在，或者即使存在，也不能起作用而引发事故（例如，架空的高压裸线是起因物，没有不安全状态和不安全行为造成触及高压线时，就不会引发触电事故）；而当有效地控制起因物和致害物，使其不能起作用时，即使有不安全状态和不安全行为存在，也不会导致伤害事故的发生（但不安全行为又是起因物和致害物的情况除外）。

2. 施工安全隐患和事故征兆

1）施工安全隐患的构成、类别和检查

在建筑施工中能够或者有可能引发生产安全事故的现存问题称为“施工安全隐患”，简称“安全隐患”。只有及时发现和消除在施工各个阶段、各个部位和各个环节上存在的安全隐患，才能避免生产安全事故的发生。因此，必须掌握安全隐患的构成、类别、基本表现形式和检查要求。

(1)安全隐患的构成

在生产安全事故的五个基本要素中，由于致害物和伤害方式一般只有在事故发生时方能表现出来，因此，有不安全状态、不安全行为和起因物存在时，就构成了安全隐患，其构成方式有以下三种：

第一种：不安全状态 + 起因物；

第二种：不安全行为 + 起因物或者不安全行为(同时也是起因物)；

第三种：不安全状态 + 不安全行为 + 起因物。

(2)安全隐患的类别

按安全隐患可能引发的事故种类划分一般可划分为以下 12 种：用电事故安全隐患；火灾事故安全隐患；爆炸事故安全隐患；坍塌事故安全隐患；施工机械和设备倾翻、倾倒事故安全隐患；施工机械和施工设施局部损坏(折断、垮塌等)事故安全隐患；自升(滑升、提升、爬升、倒升)式整体施工装置(模板、脚手架、工作台等)坠落和失控事故安全隐患；窒息和中毒事故安全隐患；高处作业和交叉作业伤害事故的安全隐患；安全防护设施、护品的配置与使用不到位的安全隐患；违章指挥和违章作业事故安全隐患；预防灾害措施不到位事故的安全隐患。

按安全隐患涉及的安全工作方面划分可以划分为 5 种：安全作业环境和条件缺陷隐患；安全施工措施缺陷隐患；安全工作制度缺陷隐患；安全岗位责任不落实隐患；现场安全监控管理工作不到位隐患。

安全隐患的检查。检查安全隐患就是为了及时发现和消除它的存在，以避免其发展为生产安全事故。

制订和落实齐全到位的安全预防措施、检查和及时发现与消除安全隐患、及时发现事故征兆并立即采取应急处置措施，是施工(生产)安全管理工作中防止生产安全事故发生的三道关口。由于在发现事故征兆时，不一定都能有时间和条件阻止事故的发生(多数只能做到应急撤离人员)，因此，把好检查、发现和消除安全隐患这第二道关，就显得异常重要了。

对安全隐患的检查工作，应当采取阶段检查与日常检查相结合，全面检查与专项检查相结合，安全管理部门、专职安全管理人员检查，施管人员检查与班组检查相结合，以及安全隐患检查与安全生产教育相结合(在进行安全生产教育之后，随即进行相应的安全隐患检查；在检查、发现和消除安全隐患的过程中，相应进行安全生产教育)。

检查、发现和消除安全隐患，是一项必须认真、细致和深入进行的工作，应特别注意以下各点：

①认真查找在施工中以各种形式存在的不安全状态、不安全行为和引发事故的起因物：

②认真查找由于不安全状态和起因物的存在，可能已经有初期表现的事故征兆；

③按照安全隐患的分类，确定安全隐患的类别，并及时采取相应消除与应急处置措施。

2)施工安全事故的征兆

在施工生产安全事故发生之前所显示出的即将或可能要出事的迹象谓之事故的征兆。如能及早地发现并及时采取应急排险措施，则有可能阻止事故的发生；即使不能阻止其发生时，也可以及时撤出人员和采取应急保护措施，减轻事故的伤害和损失。因此，事故征兆是事故发生的内在规律性的又一重要组成部分。

事故的征兆通常出现在事故的起因物开始起动到事故发生的这段孕育和发展的时段内，但也有相当多的事故是突发性的，如物体（击）打击、高空坠落、机械和触电伤害等，几乎没有孕育过程，因而即使有征兆，也很难及时做出应急反应。一些涉及面大，且伤害和损害也严重的事故，如各类坍塌、倾翻、破坏事故，一般都或长或短地存在着相应的孕育和发展过程，从而显示出某种事故征兆。研究、认识和掌握这些征兆，具有重大作用，同时也是一项细致而且困难的工作。

（1）事故征兆的类别

事故征兆的类别有以下两种划分：

按征兆出现的顺序划分可分为早期、中期和晚期三类：

早期征兆——在事故起因物起动后初现的迹象，如初现的变形、开裂和滑移等；

中期征兆——早期征兆的发展与扩大迹象，如变形迅速发展、裂缝显著扩大，以及局部开始出现过大的滑移、沉降乃至损坏迹象；

晚期（临发）征兆——在事故发生前出现的原有状态面临突变的迹象，如即将发生断裂、脱离、倾倒等险情，预示事故即至。

按征兆所示的事故划分：一般都有某种征兆提前出现的事故有基坑（槽）坍（塌）方、脚手架和多层转运平台倾倒、脚手架局部垮架、脚手架垂直坍塌、支撑架垮架和倒塌、独立墙体倒塌、建筑物倒塌、机械设备倾翻、自升式施工设施的坠落、火灾等。

在研究事故征兆时，一般将两种分类结合起来，即按事故的类别分别研究其前期、中期和晚期征兆及发现征兆后的相应处置措施。

（2）常见的事故征兆

表3-10和表3-11分别列出了一些事故发生前的常见征兆和有孕育过程事故的一般可能出现的征象。虽然不少事故都有一定的孕育和发展过程，总会有一些迹象显露出来，但由于事故发生前的状态和起因物千变万化，使其事故征兆及其显示程度也不尽相同，因此，不应只注意表列的征象，而应更广泛深入地研究可能出现的异常迹象，以便及早发现异常并及时采取应对措施。

部分事故发生前的常见征兆表　　表3-10

事故类别	早期征兆	中期征兆	晚期（临发）征兆
基坑（槽）坍塌和其他塌方	①坑槽边壁（坡）或洞室顶、壁轻度渗水、涌沙、落渣；②出现剥离层裂纹和小块剥离	①渗水、涌沙、落渣情况加剧；②剥离层裂纹扩展、加大；③底部（或其他部位）土（石）层开始大块剥离；④深度裂纹（缝）向上（或向下）扩展	①坑槽底部土（石）块大面积剥离，上部土（石）体裂纹急剧扩展到地面上；②由局部开始的塌方连续不断，迅速扩展
脚手架和多层转运栈桥（平台）架倾倒	①脚手架靠转运架一侧立杆的基础出现较为明显的沉降；②脚手架立杆上部明显地向转运架一侧倾斜；③连墙件有初期的拉、压或剪切变形	①早期出现的变形迅速扩大；②架子上部出现晃动；③立杆根部明显脱离其支垫物或位置	上部急剧向外倾倒，并伴发异常的响声（多为杆件、连接件破坏时的伴发声）

续上表

事故类别	早期征兆	中期征兆	晚期(临发)征兆
脚手架局部垮架	①脚手架局部的平(横)杆和脚手板出现显著的弯曲变形和损伤;②局部连接件出现裂纹或松动下滑	①早期出现的变形和损伤继续发展;②连接件裂纹扩展或严重下滑;③连接点开始变形	①脚手板、平(横)杆出现折断或滑脱;②局部构架结构出现严重变形;③可能会有异常响声出现
脚手架垂直坍塌	下部和长度大的立杆开始出现侧向拱曲变形	①成片立杆自下至上出现明显的多波拱曲变形;②节点和连接件出现破坏迹象	开始出现节点和连接件破坏的异常声响
支撑架跨架和坍(倒)塌	直接承受模板和设备荷载的受弯与受压杆件开始出现明显变形	①变形迅速扩大;②立杆根部位移;③节点开始出现破坏迹象	①部分杆件开始折断掉落;②支撑结构出现严重变形或失稳迹象
独立墙体倒塌	①墙体开始出现不均匀沉降裂缝;②墙体开始出现倾斜	①裂缝和倾斜继续发展;②墙体内外出现贯通裂缝	①墙体下部开始出现滑移;②伴有拉裂和错动作用产生的异常声响
建筑物倒塌	基础和主要承重结构(及构件)出现明显的沉降、开裂或倾斜变形	①变形、裂缝和倾斜加速扩展;②基础错动;③部分构件或结构开始出现破坏迹象	建筑物出现倒塌前的晃动、严重倾斜和发出开始破坏产生的异常声响
机械设备倾翻	①一侧开始出现明显沉降,另一侧开始上抬;②一侧缆绳、锚固设施开始出现松动	①机械设备明显出现倾斜;②缆锚点出现被拉出或破坏迹象	机械设备严重倾斜,伴有锚拉点开始破坏时的早期声响
火灾事故	①绝缘皮线过热、发软、变色;②保险丝熔断;③初期引(暗)燃产生的焦煳味;④电、气焊火花(星)落在易燃物上	①开始出现明显的烟雾;②开始燃烧的焦煳味变浓;③已有开始燃烧的声响	①明火初起;②烟雾和焦煳味浓烈;③燃烧的声响加剧

有孕育过程事故一般可能出现的征兆　　表 3-11

序次	事故征兆(迹象)
1	水平杆、构件出现不断发展的弯曲变形
2	水平杆、构件出现45°斜裂纹并向扩大和贯通发展
3	基础(地)出现不断发展的沉降、滑(位)移变形
4	结构节点和连接件出现开裂、松脱、拔出等损伤和初期破坏情况
5	连墙、附着、锚拉构造及其支承结构出现损伤和初期破坏情况
6	结构、机械、设备的状态急剧地改变
7	施工设施出现晃动、倾斜、下坠、扭转以及其他改变稳定状态的变化
8	部分杆配件、零部件发生位置变化或破坏
9	基坑沟槽边坡出现不断发展的渗水、涌沙、裂纹、剥落和塌方
10	出现异常的烟雾、气味和声响

3. 施工安全事故发生的内在规律和特性

1)施工安全事故发生的内在规律

(1)事故发生的内在规律图解

事故的五个基本要素形成三类安全隐患;在未能及时发现和消除的情况下,起因物开始启动,向三期事故征兆发展;在未能及时发现和采取应急处置措施的情况下,发生由事故五要素的七种组合形式事故。这就是造成事故发生的基本的内在规律。

而防止事故发生的安全措施也就在事故发生的内在规律中产生,可以分为前期预防、中期消除(隐患)和晚期应对(征兆)。前期预防的任务是“四消除一保护”(消除不安全状态、消除不安全行为、消除起因物、消除致害物的存在和针对伤害方式进行保护),中期消除隐患的任务是及时进行“两消除一制止”(消除存在的不安全状态、消除存在的起因物和制止存在的不安全行为),晚期应对事故征兆的任务是“两阻止一撤离”(阻止起因物继续作用,阻止事态继续发展和及时撤离人员)。在这三个阶段所采取的安全措施之间,具有前后交叉、连接和延续的关系,即前一阶段措施的缺陷和执行效果的问题,要由后一阶段予以弥补,如果仍然未能制止住,则事故将必然发生。

以上所述施工安全事故发生的内在规律和预防、制止事故发生的安全措施示于图3-9中。

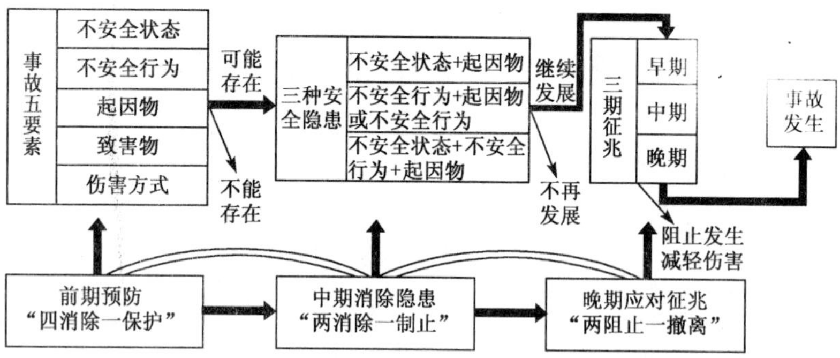

图3-9　事故发生的内在规律及三期安全措施

(2)研究和把握事故内在规律的基本要求

研究、认识事故的内在规律是为了把握它,并据此采取有效的预防、消除、阻止和保护措施,以避免事故的发生或者降低其伤害和损失。具体要求为:①掌握各种事故的因素在施工过程与安全管理工作中存在的具体表现及其内在联系;②掌握事故要素得以存在、孕育、发展、起动与造成伤害作用所需的条件和因素;③消除蕴发事故、因素应当采取的安全技术与管理措施。此外,还应从事故发生的内在规律中正确认识事故的特性(必然性、偶然性、多发性、可防性和难控性)。

使得事故要素得以存在、孕育、发展、启动和作用的条件与因素很多,可归纳为认识因素、技术因素、条件因素和管理因素四个方面,列入表3-12中。

2)施工安全事故发生的特性

施工安全事故的发生都有其内在的规律,并遵守其内在规律。事故发生所表现出的必然性和可防性,分别是内在规律作用的结果和掌握内在规律的结果;而事故发生也会表现出偶然性和难控性,其原因多为没有很好掌握其内在规律的表现,应当从这一角度去掌握事故发生的特性。

使得事故要素得以存在、孕育、发展、启动和作用的因素 表3-12

类　别	使得事故要素得以存在、孕育、发展、启动与作用的条件和因素
主观认识方面	①对安全工作认识不足，乃至缺乏应有的认识；②对安全工作的法律责任认识不足，乃至无视安全法律的要求；③对防范安全事故的发生抱有“未必会发生事故”的侥幸心理；④满足于已取得的安全工作成绩，滋生麻痹思想，放松安全工作要求；⑤为利益驱使，降低乃至无视安全工作要求
安全技术水平方面	①主要负责人、技术人员和安全工作人员达不到相应的安全工作素质要求；②安全技术研究工作开展不够，习惯于一般化的管理；③缺乏高素质的安全技术研究人才，对重大（要）工程的安全技术研究不够；④对事故信息的收集和研究不够
工程和施工条件方面	①对工程安全施工的有关条件摸底不够，存在疏忽或未能考虑的问题；②基于各种原因，达不到确保施工安全的作业环境和条件；③基于各种原因违反程序施工、冒险施工、违规施工，以及使用不合格材料与带病机械设备；④对高安全要求的施工和作业要求缺乏相应的安全保障条件
安全管理工作方面	①没有建立起包括组织、制度、技术、投入和信息等方面的全面的施工安全保证体系，或者不健全和执行不严格；②没有实行严格的安全教育，职工安全素质（意识和能力）低下；③没有建立起以安全责任为核心的严格的安全管理及其监督保证，各级人员的安全责任没有落实；④没有实行严格的安全交底制度，安全宣传和警示工作不到位

（1）事故发生的必然性和可防性

当在施工过程中存在由事故要素构成的安全隐患未能被及时发现和消除时，它就会继续其孕育、发展和起动；当在事故蕴发过程中的各种迹象（征兆）又未能被及时发现并给以紧急阻止、排除时，则事故必然发生，这是由事故内在规律所决定的必然性。事故发生的必然性也直接暴露了安全生产工作中三期防范的缺陷与相应施管人员的责任。由于前期预防工作的不到位和缺陷，使得不安全状态、不安全行为和起因物得以存在；由于中期检查工作的不到位和缺陷，使得安全隐患未能被及时发现和消除，并得以继续其蕴发；由于后期检查工作的不到位和警觉意识的缺陷，使得事故蕴发的迹象被忽视、而未能及时进行有效的阻止。因此，安全生产工作的不到位和缺陷，就使得事故的发生有可能变为必然，并形成了事故多方位和反复出现的多发性。

引发事故的基本要素及其蕴发过程是有规律性的，但我们认识和掌握了各类事故的基本要素及其蕴发规律，并深入细致地做好前期预防、中期检查和后期阻止工作时，就可以防止事故的发生，这就是事故的可防性。除了自然灾害和其他不可抗力因素作用引发的事故（这类事故也有一定的可防性）外，其他各类事故，应当都是完全可以防止的。之所以未能完全防止，则是由于我们还未能完全认识它，并相应做好防止其发生的安全工作所导致。

（2）事故发生的偶然性和难控性

施工安全事故有多发（经常发生的）事故和偶发事故（偶然发生的事故），偶发事故所表现出的偶发性常有以下两种含义：

①少见或者想不到会发生的事故，包括事故的类型和事故发生的原因。这里有三个这类事故的例子：20 世纪 60 年代，在东北某炼油厂加氢车间停产检修工程中，因电焊引燃了未予排净的油品，从而引起接续的两次爆炸，造成 43 人死亡，而其中相当一部分的遇难者是发生第一次爆炸后的围观者；20 世纪 70 年代在北京某炼油厂工地发生了担负安装火炬燃烧头的直

升机坠毁事故和检修凉水塔排风扇的工人被“搅肉”的事故。前者为了换转180m高火炬（废气燃烧塔）的燃烧头，动用了当时最先进的直升机，试验时一切正常，安装那天还安排了隆重的现场观摩。在飞机起吊将燃烧头已放置在火炬上时，突然刮来一阵风，使吊绳扭转摘不出吊钩，驾驶员怕放脱吊绳会伤及架顶的安装工，只好降低飞行高度，造成机尾触塔后坠毁燃烧的惨痛事故；后者电工上塔维修排风扇前，曾拉掉车间的电闸，并已安排人员看管电闸，后该管闸人员有事离开时又安排另一工人看管，在中午吃饭时，该工人被朋友喊走时忘了看管任务，不知情者误合上了闸，致使作业电工被开始转动的排风扇搅碎。

②在对其安全工作放心的情况下竟然也会出现的事故。这里也有两个典型的脚手架和支架事故例子；一是20世纪80年代初在北京发生的装修脚手架垂直坍塌例子；发生事故的施工单位的安全工作一向很好，在下边（地面上）的人员还按以往经验，在脚手架倾倒时，根据自救经验往里躲，结果造成重大伤亡；另一是20世纪末发生在南京的高模板支撑架在浇筑屋盖混凝土时刻坍塌的重大伤亡事故。为了建设好这一工程，还专门从上海调来有施工同类工程经验、安全工作优秀的队伍。因此，客观上的“少见”和主观上的“想不到”是事故发生的偶然性的基本表现。它既反映出在建筑技术发展的情况下会出现一些过去没有发生或很少见的事故，也反映了我们对安全工作以及事故是否发生的认识还与实际情况有相当的距离，即我们的安全工作及防止事故发生的实践还不能使我们做出符合实际的判断。因此，偶然性是我们还未掌握的事故的必然性的反映。

“多发事故难控、偶发事故难防”，搞安全工作的同志大都有这样的体会。无论是事故的多发性，或是事故的偶发性，反映的都是事故的难控性。所谓难控性，就是对事故的预防控制难以达到完全杜绝各类大小事故发生的要求。

之所以存在事故的难控性，并成为使各级施工管理人员常常提心吊胆、难以摆脱的“梦魇”，这是因为在我们的安全工作中还存在不少对影响实现杜绝或有效控制事故发生要求的因素，归纳起来有“六个研究、认识、掌握不够”、“五个不到位”和“四个不高”。它们是：

六个研究、认识、掌握不够：对事故发生内在规律的研究、认识和掌握不够；对“高、难、新、特”工程施工安全保障要求的研究、认识和掌握不够；对造成事故发生的反复性（多发性）和偶然性原因及其解决措施的研究、认识和掌握不够；对已发生各类事故的细节及引发因素的研究、认识和掌握不够；对安全作业的环境条件、安全施工措施和安全管理工作的全面性、切实性、有效性、保证性及其影响因素的研究、认识和掌握不够；对全面落实各级施管人员的安全责任及监督工作的研究、认识和掌握不够。

五个不到位：全面的施工安全保证体系建立、健全和落实工作不到位；对职工的安全生产教育工作不到位；班前安全交底和班中检查工作不到位；安全监控管理工作不到位；应急预案及其配置工作不到位。

四个不高：主要负责人和专职安全工作人员的安全工作素质不高；技术人员的安全技术工作素质不高；作业人员的安全素质不高；安全投入不高（达不到相应要求）。

因此，我们应当努力解决好上述“六、五、四”中所存在的问题和不足，做好各项施工安全工作，警钟长鸣、保持对事故的高度警惕性，就一定能够较好地解决难控性，实现可防性的要求。

五、风险控制

1. 风险控制策划的原则

风险评价后，应分别列出所找出的所有危险源和重大危险源清单。有关单位和项目部一般需要对已经评价出的不容许的和重大风险（重大危险源）进行优先排序，由工程技术主管部门的有关人员制订危险源控制措施和管理方案。对于一般危险源可以通过日常管理程序来实施控制。

风险控制策划可以按照以下顺序和原则进行考虑：

（1）尽可能完全消除有不可接受风险的危险源，如用安全品取代危险品。

（2）如果是不可能消除有重大风险的危险源，应努力采取降低风险的措施，如使用低压电器等。

（3）在条件允许时，应使工作适合于人，如考虑降低人的精神压力和体能消耗。

（4）应尽可能利用技术进步来改善安全控制措施。

（5）应考虑保护每个工作人员的措施。

（6）将技术管理与程序控制结合起来。

（7）应考虑引入诸如机械安全防护装置维护计划的要求。

（8）在各种措施还不能绝对保证安全的情况下，作为最终手段，还应考虑使用个人防护用品。

（9）应有可行、有效的应急方案。

（10）预防性测定指标是否符合监视控制措施计划的要求。

2. 风险控制措施计划

不同的组织、不同的工程项目需要根据不同的条件和风险量来选择适合的控制策略和管理方案。表 3-13 中所表示的是针对不同风险水平的风险控制措施计划表的范例。在实际应用中，应该根据风险评价所得出的不同危险源的风险量大小（风险水平），选择不同的控制策略。

基于不同风险水平的风险控制措施计划表　　表 3-13

风　险	措　施
可忽略的	不采取措施且不必保留文件记录
可容许的	不需要另外的控制措施，应考虑投资效果更佳的解决方案或不增加额外成本的改进措施，需要监视来确保控制措施得以维持
中度的	应努力降低风险，但应仔细测定并限定预防成本，并在规定的时间期限内实施降低风险的措施。在中度风险与严重伤害后果相关的场合，必须进一步评价，以更准确地确定伤害的可能性，以确定是否需要改进控制措施
重大的	直至风险降低后才能开始工作。为降低风险有时必须配给大量的资源。当风险涉及正在进行中的工作时，就应采取应急措施
不容许的	只有当风险已经降低时，才能开始或继续工作。如果无限的资源投入也不能降低风险，就必须禁止工作

3. 危险源的控制方法

1）第一类危险源的控制方法

防止事故发生的方法：消除危险源、限制能量或危险物质、隔离。

避免或减少事故损失的方法：隔离、个体防护、设置薄弱环节、使能量或危险物质按人们的意图释放、避难与援救措施。

2）第二类危险源的控制方法

减少故障：增加安全系数、提高可靠性、设置安全监控系统。

故障——安全设计：包括故障——消极方案（故障发生后，设备、系统处于最低能量状态，直至采取校正措施之前不能运转）；故障——积极方案（故障发生后，在没有采取校正措施之前使系统、设备处于安全的能量状态之下）；故障——正常方案（保证在采取校正行动之前，设备、系统正常发挥功能）。

第四节　国内安全生产管理的格局和长效管理机制

一、安全组织机构保证体系

安全组织机构保证体系主要包括安全生产管理委员会（小组）、安全生产专职管理机构和专职安全生产管理人员。《建设工程安全生产管理条例》第二十三条规定："施工单位应设立安全生产管理机构，配备专职安全生产管理人员"。

1）根据工程施工特点和规模，设置项目安全生产最高权力机构——安全生产委员会（小组）。

（1）安全生产委员会（或安全生产领导小组）的职责主要包括：负责贯彻执行国家有关安全生产、建设工程安全生产、劳动保护、环境保护、消防等法律法规；对工程项目安全生产的重大事项做出决策；制订工程项目的安全生产规划和各项安全管理制度；定期进行全面的安全生产大检查，召开专门会议，分析安全生产事务，并制定包括消除重大安全隐患的预防措施；协助上级主管部门进行伤亡事故的调查、分析和处理等。

（2）安全生产委员会由工程项目经理、主管生产和技术的副经理、安全部负责人、分包单位负责人，以及人事、财务、机械、工会等有关部门负责人组成。

（3）安全生产领导小组由工程项目经理、主管生产和技术的副经理、专职安全管理人员、分包单位负责人，以及人事、财务、机械、工会等负责人组成。

（4）安全生产委员会（或安全生产领导小组）主任（或组长）由工程项目经理担任。

2）设置安全生产专职管理机构，并配备一定素质和数量的专职安全管理人员。

（1）安全生产专职管理机构的主要职责主要包括：协助工程项目工程经理开展各项安全生产业务工作；定时准确地向工程项目经理和安全生产委员会（小组）汇报安全生产情况；落实国家有关安全生产、建设工程安全生产、劳动保护、环境保护、消防等法律法规、标准规范和工程建设法制性标准；编制并适时更新安全生产管理制度；组织开展全员安全教育培训及安全检查活动；监督安全生产措施的落实；及时整改各种安全事故隐患以及日常的安全检查等。

（2）设置安全生产总监（工程师）职位。其职责为：

①协助工程项目经理开展安全生产工作，为工程项目经理进行安全生产决策提供依据；

②每月向项目安全生产委员会(或小组)汇报本月工程项目安全生产状况；

③定期向公司(厂、院)安全生产管理部门汇报安全生产情况；

④对工程项目安全生产工作开展情况进行监督；

⑤有权要求有关部门和分部分项工程负责人报告各自业务范围内的安全生产情况；

⑥有权建议处理不重视安全生产工作的部门负责人、班组长、工长及其他有关人员；

⑦组织并参加各类安全生产检查活动；

⑧监督工程项目正、副经理的安全生产行为；

⑨对安全生产委员会或领导小组做出的各项决议的实施情况进行监督；

⑩行使工程项目副经理的相关职权。

(3)专职安全生产管理人员职责是负责施工现场安全生产巡视督查，并做好记录；发现现场存在安全事故隐患时，应及时向企业安全生产管理机构和工程项目经理报告；对于违章指挥、违章操作的，应当立即制止等。

(4)建设工程项目应当成立由施工单位项目经理负责的安全生产管理小组，小组成员应包括企业派驻到项目的专职安全生产管理人员。

工程项目采用新技术、新工艺、新材料或致害因素多、施工作业难度大的工程项目，施工现场专职安全生产管理人员的数量应当根据施工实际情况，在上述规定的配置标准上增配。

3)工程总承包单位对工程安全负总责，分包队伍按规定建立安全组织保证体系，其管理机构以及人员纳入工程项目安全生产保证体系，接受工程项目安全部的业务领导，参加工程项目统一组织的各项安全生产活动，并按周向项目安全部传递有关安全生产的信息。班组长、分包专业队长是兼职安全员，负责本班组工人的健康和安全，负责消除本作的安全隐患，对施工现场实行目标管理。

二、安全生产的目标管理

1. 安全目标管理

安全目标管理是施工项目重要的安全管理措施之一。它通过确定安全目标，明确责任，落实措施，实行严格的考核与奖励，奖励企业员工积极参与全员、全方位、全过程的安全生产管理，严格按照安全生产的奋斗目标和安全生产责任制的要求，落实安全措施，消除人的不安全行为和物的不安全状态，实现施工生产安全。施工项目推行安全生产目标管理能进一步优化企业安全生产责任制，强化安全生产管理，体现“安全生产，人人有责”的原则，使安全生产工作实现全员管理，有利于提高企业全体员工的安全素质。

2. 安全生产目标管理内容

安全生产目标管理的基本内容包括目标体系的建立、目标的实施，以及目标成果的检查与考核。

(1)确定切实可行的目标值。采用科学的目标预测法，根据需要和可能，采取系统分析的方法，确定合适的目标值，并研究围绕达到目标应采取的措施和手段。

(2)根据安全目标的要求，指定实施方法，做到有具体的保证措施，并力求量化，以便于实施和考核，包括组织技术措施，明确完成程序和时间、承担具体责任的负责人，并签订承诺书。

(3)规定具体的考核标准和奖惩方法。要认真贯彻执行《安全生产目标管理考核标准》。考核标准不仅应规定目标值,而且要把目标分解为若干具体要求来考核。

(4)项目制定安全生产目标管理计划时,要经项目分管领导审查同意,由主管部门与实行安全生产目标管理的单位签订责任书,将安全生产目标管理纳入各单位的生产经营目标管理计划,主要领导人应对安全生产目标管理计划的指定与实施负第一责任。

(5)安全生产目标管理还要与安全生产责任制挂钩。层层分解,逐级负责,充分调动各级组织和全体员工的积极性,保证安全生产管理目标的实现。

3. 目标管理的设定与实施管理

安全生产目标的设定一般由企业安全管理部门根据企业本年度安全生产工作的实际情况来确定,并经有关领导批准后实施。当然,企业在编制安全生产目标时,一定要经过广泛的论证,以确保目标的可行性。

1)安全生产目标设定的内容和范围

伤亡事故控制目标:如企业千人重伤率、千人死亡率、伤害频率和火灾事故的控制指标等。

安全教育培训目标:如全员安全教育率、全员安全教育次数和教育时间、特种作业人员上岗持证率、特种作业人员教育复审率、厂长(经理)和安全管理人员上岗教育、新员工"三级"安全教育、班组长教育、变换工种教育和复岗教育等。

尘毒有害作业场所达标率目标:主要指作业场所的尘毒检测合格率等。

重大危险源和事故监控管理目标:如对事故隐患整改的目标等。

安全检查的目标:如安全检查的次数、特种设备检查率等。

现代化的科学管理方法应用的目标:如安全检查表的运用范围、电化教育运用、事故树分析方法等。

安全标准化班组达标率目标。

2)安全生产目标实施的管理

安全生产目标实施的管理是指在落实保证措施计划,促使目标实现的过程中所进行的管理活动。安全生产目标实施的管理,主要实行以各级目标责任者的自主管理或自我控制为主,同时辅之以上级的组织、指挥、控制与协调。在目标体系建立以后,各级目标的实现,主要依靠各级目标责任者根据设定的目标,在实施相应的保证措施计划过程中,围绕有关薄弱环节主动进行各种自我控制活动来完成。这种主动的自我控制活动,通常称之为自主管理。

自主管理应遵照以下基本原则:

(1)以实现既定目标为目的。

(2)在不违背单位基本制度的前提下,不强调目标责任者对目标实施过程采取统一的格式。鼓励目标责任者在管理技术和专业上创新。

(3)具有共同目标或相关的责任者,要主动协调关系,互相支持,密切配合。

(4)遇有影响目标实施的重大问题,应及时向上级反映,请示协助解决。

(5)目标实施的进程及效果,要按月做好记录,并进行分析评价,不断修正措施计划。

三、安全管理的模式

当前,我国在安全生产管理领域构建了一个以政府部门、企业和生产项目各方现场安全管理相结合的安全管理系统。总体可以概括为三个层面:第一个层面是国家政府部门,通过各种法律、法规和条例对安全生产管理进行强制性约束;第二个层面是鼓励企业通过《职业健康安全管理体系—规范》(GB/T 28001—2001),使企业的安全管理走向国际化、标准化;第三个层面是具体生产项目各方的现场安全管理,结合现场情况,各参与方通过安全生产要素管理,群众参与监督,使安全生产落到实处。

国务院2004年1月9日颁发了《国务院关于进一步加强企业安全生产工作的通知》(国发[2010]23号)。该《决定》指出:要努力构建"政府统一领导、部门依法监管、企业全面负责、群众参与监督、社会广泛支持"的安全生产工作格局。

(1)政府统一领导。指国务院以及县级以上地方人民政府有关部门对建设工程安全生产进行的综合和专业的管理。主要是监督有关国家法律、法规和方针政策的执行情况,预防和纠正违反法律、法规和方针政策的现象。

(2)部门依法监管。指各级建设行政主管部门要组织贯彻国家的法律、法规和方针政策。依法制定建设行业的规章制度和规范标准,对建设行业的安全生产工作进行计划、组织、监督检查和考核评价,指导企业搞好安全生产。

(3)企业全面负责。指施工单位主要负责人依法对本单位的安全生产工作全面负责,同时也包括建设单位、勘察单位、设计单位、工程监理单位及其他与建设工程安全生产有关的单位必须遵守安全生产法律、法规的规定,保证建设工程安全生产,依法承担建设工程安全生产责任。所有有关单位都必须坚决贯彻执行国家的法律、法规和方针政策,建立和保持安全生产管理体系。

(4)群众参与监督。指群众组织和劳动者个人对于建设工程安全生产应负的责任。工会是代表群众的主要组织,工会有权对危害职工健康安全的现象提出意见、进行抵制,也有权越级控告,工会也担负着教育劳动者遵章守纪的责任。

(5)社会广泛支持。指提高全社会的安全意识,形成全社会广泛"关注安全、关爱生命"的良好氛围。

四、职业健康安全管理体系简介

1. 基本概念

职业健康安全管理体系是总的管理体系的一个部分,便于组织对与其业务相关的职业健康安全风险的管理。它包括为制定、实施、实现、评审和保持职业健康安全方针所需的组织结构、策划活动、职责、惯例、程序、过程和资源。

2. 主要术语和定义

(1)危险源:可能导致伤害或疾病、财产损失、工作环境破坏或这些情况组合的根源或状态。

(2)危险源识别:识别危险源的存在并确定其特性的过程。

(3)事件:导致或可能导致事故的事情。

(4)相关方:与组织的职业健康安全绩效有关的或受其职业健康安全绩效影响的个人或团体。

(5)不符合:任何与工作标准、惯例、程序、法规、管理体系绩效等的偏离,其结果能够直接或间接导致伤害或疾病、财产损失、工作环境破坏或这些情况的组合。

(6)目标:组织在职业健康安全绩效方面所要达到的目的。

(7)职业健康安全:影响工作场所内员工、临时工作人员、合同方人员、访问者和其他人员健康和安全的条件和因素。

(8)职业健康安全管理体系:总的管理体系的一个部分,便于组织对与其业务相关的职业健康安全风险的管理。它包括为制定、实施、实现、评审和保持职业健康安全方针所需的组织结构、策划活动、职责、惯例、程序、过程和资源。

(9)组织:具有自身职能和行政管理的公司、集团公司、商行、企事业单位、政府机构或社团,或是上述单位的部分或结合体,无论其是否法人团体,公营或私营(注:对于拥有一个以上运行单位的组织,可以把一个单独的运行单位视为一个组织)。

(10)绩效:基于职业健康安全方针和目标,与组织的健康安全风险控制有关的,职业健康安全管理体系的可测量结果(注:绩效测量包括职业健康安全管理活动和结果的测量。“绩效”也可称为“业绩”)。

(11)风险:某一特定危险情况发生的可能性和后果的组合。

(12)风险评价:评估风险大小以及确定风险是否可容许的全过程。

(13)安全:免除了不可接受的损害风险的状态。

(14)可容许风险:根据组织的法律义务和职业健康安全方针,已降至组织可接受程度的风险。

(15)持续改进:为改进职业健康安全总体绩效,根据职业健康安全方针,组织强化职业健康安全管理体系的过程(注:该过程不必同时发生在所有活动的所有领域)。

3. 职业健康安全管理体系的基本运行模式

职业健康安全管理体系遵循了PDCA管理模式:策划(PLAN)——实施(DO)——检查(CHECK)——改进(ACTION),即策划出管理活动要达到的目的和遵循的原则;在实施阶段实现目标并在实施过程中体现以上原则;检查和发现问题,及时采取纠正措施,保证实施与实现过程不会偏离原有目标与原则,实现过程与结果的改进提高,如图3-10所示。

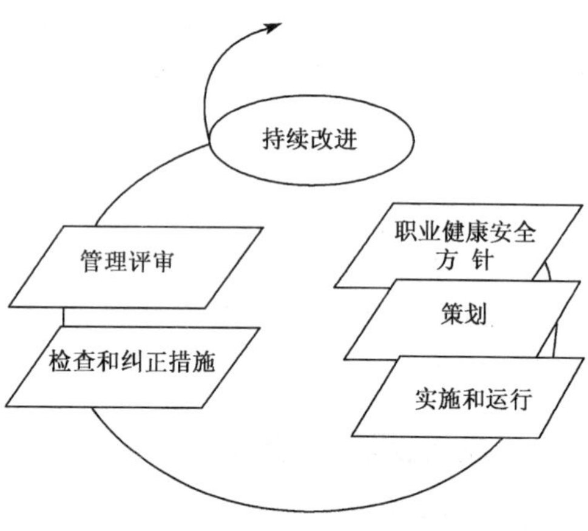

图3-10　职业健康安全管理体系运行模式

4. 职业健康安全管理体系的基本要素及其内容要求

1)总要求

组织应建立并保持职业健康安全管理体系。

2)职业健康安全管理体系方针

职业健康安全管理体系方针见图3-11。

组织应有一个经最高管理者批准的职业健康安全方针,该方针应清楚阐明职业健康安全总目标和改进职业健康安全绩效的承诺。

职业健康安全方针应:

(1)适合组织的职业健康安全风险的性质和规模。

(2)包括持续改进的承诺。

(3)包括组织至少遵守现行职业健康安全法规和组织接受的其他要求的承诺。

(4)形成文件,实施并保持。

(5)传达到全体员工,使其认识各自的职业健康安全义务。

(6)可为相关方所获取。

(7)定期评审,以确保其与组织保持相关和适宜。

职业健康安全方针的内容应包括"两个承诺":承诺持续改进,承诺遵守有关法规和其他要求。

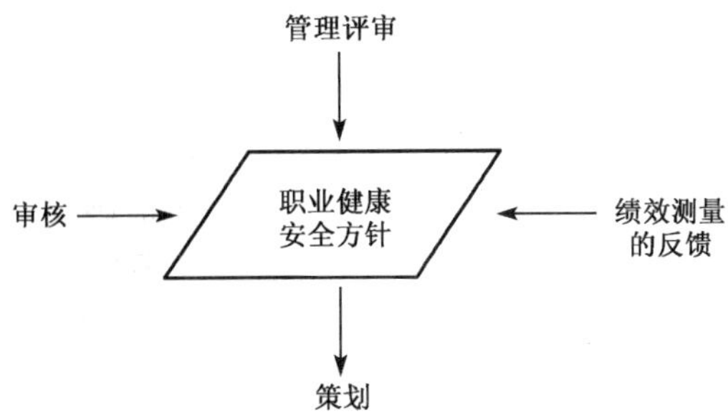

图 3-11　职业健康安全管理体系方针

3)策划

(1)对危险源辨识、风险评价和风险控制的策划

组织应建立并保持程序,以持续进行危险源辨识、风险评价和实施必要的控制措施。这些程序应包含:常规和非常规活动;所有进入工作场所的所有人员(包括合同方人员和访问者)的活动;工作场所的设施(无论由本组织还是由外界所提供)。

组织应确保在建立职业健康安全目标时,考虑这些风险评价的结果和控制的效果,将此信息形成文件并及时更新。

(2)法规和其他要求

组织应建立并保持程序,以识别和获得适用法规和其他职业健康安全要求。组织应及时更新有关法规和其他要求的信息,并将这些信息传达给员工和其他有关的相关方。

(3)目标

组织应针对其内部各有关职能和层次,建立并保持形成文件的职业健康安全目标。如可行,目标宜予以量化。

组织在建立和评审职业健康安全目标时,应考虑:法规和其他要求;职业健康安全危险源和风险;可选择的技术方案;财务、运行和经营要求;相关方的意见。

目标应符合职业健康安全方针,包括对持续改进的承诺。

(4)职业健康安全管理方案

组织应制订并保持职业健康安全管理方案,以实现其目标。方案应包含形成文件的:为实现目标所赋予组织有关职能和层次的职责和权限;实现目标的方法和时间表。

组织应定期并且在计划的时间间隔内对职业健康安全管理方案进行评审,必要时应针对组织的活动、产品、服务或运行条件的变化对职业健康安全管理方案进行修订。

4)实施和运行

(1)结构和职责

对于组织的活动、设施和过程的职业健康安全风险有影响的从事管理、执行和验证工作的人员,应确定其作用、职责和权限,形成文件,并予以沟通,以便于职业健康安全管理。

职业健康安全的最终责任由最高管理者承担。组织应在最高管理层指定一名成员(如:某大组织的董事会或执委会成员)作为管理者代表承担特定职责,以确保职业健康安全管理体系正确实施，并在组织内所有岗位和运行范围执行各项要求。

管理者应为实施、控制和改进职业健康安全管理体系提供必要的资源（注：资源包括人力资源、专项技能、技术和财力资源）。

组织的管理者代表应有明确的作用、职责和权限，以便：确保按本标准建立、实施和保持职业健康安全管理体系要求；确保向最高管理者提交职业健康安全管理体系绩效报告，以供评审，并为改进职业健康安全管理体系提供依据。

所有承担管理职责的人员，都应表明其对职业健康安全绩效持续改进的承诺。

（2）培训、意识和能力

对于其工作可能影响工作场所内职业健康安全的人员，应有相应的工作能力。在教育、培训和（或）经历方面，组织应对其能力做出适当的规定。

组织应建立并保持程序，确保处于各有关职能和层次的员工都意识到：符合职业健康安全方针、程序和职业健康安全管理体系要求的重要性；在工作活动中实际的或潜在的职业健康安全后果，以及个人工作的改进所带来的职业健康安全效益；执行职业健康安全方针和程序，实现职业健康安全管理体系要求，包括应急准备和响应要求方面的作用和职责；偏离规定的运行程序的潜在后果。

培训程序应考虑不同层次的：职责、能力及文化程度；风险。

（3）协商和沟通

组织应具有程序，确保与员工和其他相关方就相关职业健康安全信息进行相互沟通。组织应将员工参与和协商的安排形成文件，并通报相关方。

员工应能够：参与风险管理的方针和程序的制订和评审；参与商讨影响工作场所职业健康安全的任何变化；参与职业健康安全事务；了解谁是职业健康安全的员工代表和指定的管理者代表。

（4）文件

组织应以适当的媒介（如：纸或电子形式）建立并保持下列信息：描述管理体系核心要素及其相互作用；提供查询相关文件的途径。

重要的是，按有效性和效率要求使文件数量尽可能少。

（5）文件和资料控制

组织应建立并保持程序，控制本标准所要求的所有文件和资料，以确保：文件和资料易于查找；对文件和资料进行定期评审，必要时予以修订并由授权人员确认其适宜性；凡对职业健康安全体系的有效运行具有关键作用的岗位，都可得到有关文件和资料的现行版本；及时将失效文件和资料从所有发放和使用场所撤回，或采取其他措施防止误用；对出于法规和（或）保留信息的需要而留存的档案文件和资料予以适当标志。

（6）运行控制

组织应识别与所认定的风险有关的、需要采取控制措施的风险有关的运行和活动。组织应针对这些活动（包括维护工作）进行策划，通过以下方式确保它们在规定的条件下执行：对于因缺乏形成文件的程序而可能导致偏离职业健康安全方针、目标的运行情况，建立并保持形成文件的程序；在程序中规定运行准则；对于组织所购买和（或）使用的货物、设备和服务中已识别的职业健康安全风险，建立并保持程序，并将有关的程序和要求通报供方和合同方；建立并保持程序，用于工作场所、过程、装置、机械、运行程序和工作组织的设计，包括考虑与人的能力相适应,以便从根本上消除或降低职业健康安全风险。

(7)应急准备和响应

组织应建立并保持计划和程序,以识别潜在的事件或紧急情况,并做出响应,以便预防和减少可能随之引发的疾病和伤害。组织应评审其应急准备和响应的计划和程序,尤其是在事件或紧急情况发生后。如果可能,组织还应定期测试这些程序。

5)检查和纠正措施

(1)绩效测量和监视

组织应建立并保持程序,对职业健康安全绩效进行常规监视和测量。程序应规定:适合组织需要的定性和定量测量;对组织的职业健康安全目标满足程度的监视;主动性绩效测量,即监视是否符合职业健康安全管理方案、运行准则和适用的法规要求;被动性绩效测量,即监视事故、疾病、事件和其他不良职业健康安全绩效的历史证据;记录充分的监视和测量的数据和结果,以便于后面的纠正和预防措施的分析。

如果绩效测量和监视需要设备,组织应建立并保持程序,对此类设备进行校准和维护,并保存校准和维护活动及其结果的记录。

(2)事故、事件、不符合、纠正和预防措施

组织应建立并保持程序,确定有关的职责和权限,以便:

①处理和调查:事故;事件;不符合。

②采取措施减小因事故、事件或不符合而产生的影响。

③采取纠正和预防措施,并予以完成。

④确认所采取的纠正和预防措施的有效性。

这些程序应要求,对于所有拟定的纠正和预防措施,在其实施前应先通过风险评价过程进行评审。为消除实际和潜在不符合原因而采取的任何纠正或预防措施,应与问题的严重性和面临的职业健康安全风险相适应。

组织应实施并记录因纠正和预防措施而引起的对形成文件的程序的任何更改。

(3)记录和记录管理

组织应建立并保持程序,以标志、保存和处置职业健康安全记录以及审核和评审结果。职业健康安全记录应字迹清楚、标志明确,并可追溯相关的活动。职业健康安全记录的保存和管理应便于查阅,避免损坏、变质或遗失。应规定并记录保存期限。应按照适于体系和组织的方式保存记录,用于证实符合本标准的要求。

(4)审核

组织应建立并保持审核方案和程序,定期开展职业健康安全管理体系审核,以便:

①确定职业健康安全管理体系是否:符合职业健康安全管理的策划安排,包括满足本标准的要求;得到了正确实施和保持;有效地满足组织的方针和目标。

②评审以往审核的结果。

③向管理者提供审核结果的信息。

审核方案,包括日程安排,应基于组织活动的风险评价结果和以往审核的结果。审核程序应既包括包括审核的范围、频次、方法和能力,又包括实施审核和报告审核结果的职责和要求。

如果可能,审核应由与所审核活动无直接责任的人员进行。

6）管理评审

组织的最高管理者应按规定的时间间隔对职业健康安全管理体系进行评审，以确保体系的持续适宜性、充分性和有效性。管理评审过程应确保收集到必要的信息以供管理者进行评价。管理评审应形成文件。

管理评审应根据职业健康安全管理体系审核的结果、环境的变化和对持续改进的承诺，指出可能需要修改的职业健康安全管理方针、目标和其他要素。

五、国内安全生产管理的长效管理机制

1. 安全生产长效机制的定义与内涵

安全生产长效机制是指在职业活动过程中的安全与健康，所涉及工作领域（核心要素）的功能及其各领域（核心要素）间能够长期有效地相互影响、相互作用的过程和方式。

安全生产长效机制的基本内涵是以企业自主活动为中心的、以政府安全生产监督与指导体系为保障的、以研究与服务机构体系为科技支撑的、以社会参与体系为公众监督促进的、四方体系有机结合并融入社会经济过程的国家安全生产可持续性发展过程与方式。

2. 我国安全生产长效机制的形成阶段

安全生产问题是一个综合的复杂问题，涉及政府监管、法律法规、安全技术、经济发展、社会文化、企业管理、劳动者素质等各个方面。建立安全生产的长效机制，实现其长治久安，无疑是一个复杂的社会经济系统工程。基于系统工程理论和现代化国家的发展经验，一个国家安全生产长效机制的建立，大致可划分为四个阶段：内容设计阶段、要素构建阶段、整合运行阶段和反馈完善阶段。

在安全生产长效机制的内容设计阶段，由于安全生产问题突出，在认识到仅依靠事后补救和处理警示已无法起到安全生产的长期保证作用后，开始探索应建立怎样的安全生产长效机制。在该阶段结束后，就建立安全生产长效机制的必要性和紧迫性、安全生产长效机制应包括的各个组成要素等内容达成共识。在安全生产长效机制的要素构建阶段，开始长效机制各方面要素的建设，包括安全意识培养、安全法规和安全管理标准制定、监管体制建立、安全科技进步、安全文化建设、安全经济政策制订等方面的内容。随着这些方面要素逐步到位，到这个阶段结束时，安全生产长效机制的基本架构就形成了。在安全生产长效机制的整合运行阶段，通过整合，各个长效机制要素开始协同发挥作用，安全生产的长效机制开始全面运行。该阶段是安全生产的长效机制全面形成并开始运行的阶段。而安全生产长效机制的反馈完善阶段，是根据环境变化和经济发展周期以及在机制运行过程中发现的新问题，不断进行信息反馈，逐步修改和完善安全生产的长效机制，使得这个机制逐步成熟并有效地发挥安全生产的长期保障作用。

从这四个阶段与安全生产事故数量的关系看：第一阶段属于安全生产事故高发阶段，安全生产事故数量呈不断上升趋势。第二阶段属于安全生产事故持续高发阶段，安全生产事故数量很大，安全生产形势十分严峻，但安全生产事故数量上升势头开始得到遏止。在第三个阶段，随着安全生产长效机制形成并逐步发挥作用，安全生产事故数量开始下降。经过第四阶段安全生产长效机制的不断完善，安全生产事故数量将维持在一个较低的水平。现在世界上实现了工业化的发达国家，基本都走过这四个阶段，形成了有效的安全生产长效机制，保证了生

产活动的长治久安。

我国正处于安全生产长效机制的要素构建阶段。自1993年以来,伴随着我国工业化进程的加速,我国进入了安全生产事故的持续高发期。2001年、2002年、2003年、2004年和2005年安全生产事故死亡人数分别为130 491人、139 393人、137 070人、136 755人和127 089人;在“十五”期间,每年安全生产事故死亡的人数都在12万人以上。近年来,我国煤矿事故死亡人数是世界主要产煤国煤矿死亡总人数的4倍以上,百万吨煤死亡率是美国的160倍,印度的10倍;百万吨钢死亡率是美国的20倍,日本的80倍;特种设备的事故发生率是发达国家总数的5~10倍;万车死亡率约为美国的10倍;近10年民航运输飞行平均重大事故率是世界平均水平的1.5倍,航空发达国家的3.9倍。这都表明我国安全生产形势十分严峻。

连续多年安全生产事故的持续高发,引起了国家对安全生产的高度重视,中央和地方政府采取了一系列措施。2002年11月1日,《中华人民共和国安全生产法》颁布实施,成为我国第一部全面规范安全生产的基本法,与之配套还出台了一批安全生产部门规章和地方性法规;大批安全生产法规、规章的制定和完善,使安全生产各方面工作逐步做到有法可依。2003年,十届全国人大一次会议将国家安全生产监督管理局调整为国务院直属机构,综合管理全国安全生产工作,这为安全生产确立了基本的管理体制框架。

国家安全生产监督管理局成立后,开始大力推进安全生产的长效机制建设,努力通过抓好完善工作机制、队伍建设和法制建设“三件大事”,构建安全生产法律法规、信息工程、技术保障、宣传教育和培训、特大事故应急救援“五个支撑体系”,推进思想观念和职能、事故防范机制、对非公有制企业安全监管、科学技术等“五个创新”,以实现安全生产工作的五个转变。一是安全生产工作从人治向法治转变,依法规范,依法监管,建立和完善安全生产法制秩序;二是安全生产工作从被动防范向源头管理转变,建立安全生产行政许可制度,严格市场准入,管住源头,防止不具备安全生产条件的单位进入生产领域;三是安全生产工作从集中开展安全生产专项整治向规范化、经常化、制度化管理转变,建立安全生产长效管理机制;四是安全生产工作从事后查处向强化基础转变,在各类企业普遍开展安全质量标准化活动,夯实安全生产工作基础;五是安全生产工作从以控制伤亡事故为主向全面做好职业健康工作转变,把职工安全健康放在第一位。

各地方政府也对安全生产长效机制建设十分重视,例如,黑龙江省专门出台了《关于建立煤矿安全生产长效机制的决定》,在风险抵押金、工伤保险、约束激励机制等方面做出明确规定。

从上可见,一方面,我国安全生产事故持续高发、安全生产形势严峻;另一方面,国家已充分认识到建立安全生产长效机制的必要性和紧迫性,并对安全生产长效机制的构成要素有了统一的认识,努力推进安全生产长效机制建设。这表明我国安全生产长效机制的建设已经走过了第一阶段,进入了安全生产长效机制要素构建阶段。

3.强化安全长效机制的重要手段——工程保险制度

1)工程保险的作用

保险是一种受法律保护的分散风险、消化损失的经济制度。公路工程保险属于工程保险的组成部分。保险的种类很多,工程投保的险种应按标书中合同条件的规定以及该项目所处的外部条件、工程性质及业主与承包人对风险的评价和分析来决定。其中,合同条件的规定是决定的主要因素。凡是合同条件要求保险的项目一般都是强制性的。工程保险的作用包括以下几个方面：

(1)保障项目财务的稳定性。业主和承包人以少量的固定成本通过投保将可保风险转移给保险人，从而解除自己在承保风险发生时遭受损失的经济补偿责任，可以减少影响工程概算的不确定因素，保障项目财务的稳定性，降低融资风险，增强业主或承包人抵御风险的能力。

(2)加强工程风险的防范和控制。尽量减少保险事故的发生符合保险公司的利益，所以，保险公司在提供工程保险时，首先会对申请人的资信、施工能力、管理水平、索赔记录等进行全面的严格审核，并实行差别费率。其次，保险公司还会增加对工程施工的防灾防损要求，在保险服务中，保险公司可以凭借自己多年对各种工程的承保、风险管理和事故理赔经验，积极参与被保险工程的防灾减损工作，对大型工程和安装工程试运行阶段派出自己的监督管理人员监督工程的实施，提出安全管理意见。

(3)改善项目融资的条件。通常，一个工程项目的建设除了工程所有人投资的部分自有资金外，大部分都是来自银行贷款。由于工程建设周期长，面临的风险较多，发生大的损失事故后，往往会影响工程的按期完工和对银行贷款的本息偿还，银行为了防范借款人的还贷风险，往往将足够的保险作为工程贷款的先决条件。对业主来讲，购买足够的保险，可以保障还贷的安全性，提高自己的信用水平。

(4)减少经济纠纷。工程建设比较复杂，参与工程建设的单位较多，有些风险事故发生后，会导致业主和承包人之间、总包人和分包人之间对风险所致的经济损失由谁来承担发生纠纷，在投保工程保险后，工程的各方都是共同的被保险人，那么，属于保险责任范围内的损失，保险公司就会负责赔偿，有利于减少经济纠纷。

2)公路、水运工程保险的种类

工程保险包括财产保险和人身伤亡保险。目前，我国公路、水运工程保险主要有：建筑工程一切险和安装工程一切险、建筑意外伤害保险、第三者责任险、工伤事故险、机器设备损坏险等。

(1)建筑工程一切险和安装工程一切险

建筑工程一切险承保各类土木建筑工程，如房屋、公路、铁路、桥梁、隧道、堤坝、电站、码头、飞机场等工程，在建造过程中因自然灾害或意外事故所导致的损失。安装工程一切险则专门承保各类安装工程，如电力、石油、钢结构等机械装置和设备的安装工程，在安装和试车考核过程中因自然灾害或意外事故所导致的损失。

在这里，自然灾害通常指地震、海啸、雷电、飓风、台风、龙卷风、风暴、暴雨、洪水、水灾、冻灾、冰雹、地崩、山崩、雪崩、火山爆发、地面下陷下沉及其他人力不可抗拒的破坏力强大的自然现象；意外事故通常指不可预料的以及被保险人无法控制并造成物质损失或人身伤亡的突发性事件，通常包括火灾和爆炸。

建筑工程一切险对工程项目提供全面保障，既对在施工期间工程本身、施工船机设备所遭受的损失予以赔偿，又对因施工给第三者造成的物资损失或人员伤亡承担赔偿责任。

建筑工程一切险的保险契约生效后，投保人就成为被保险人，但保险的受益人同样也是被保险人。受益人必须是在工程进行期间承担风险责任或具有利害关系，即具有可保利益的人，具体包括业主、总承包人、分包人、监理工程师以及与工程有密切关系的单位和个人。如果被保险人不止一家，则各家接受赔偿的权利以不超过其对保险标的的可保利益为限。

(2)建筑意外伤害保险

建筑意外伤害保险，是我国《建筑法》和《建设工程安全生产管理条例》强制要求施工单位必须投保的险种。《建设工程安全生产管理条例》第三十八条规定："施工单位应当为施工现场从事危险作业的人员办理意外伤害保险。意外伤害保险费由施工单位支付。实行施工总承包的，由总承包单位支付意外伤害保险费。意外伤害保险期限自建设工程开工之日起至竣工验收合格止"。

①意外身故保险金

被保险人自意外伤害发生之日起在约定的时间内（一般为 180 日）因同一原因死亡的，保险人按保险金额给付死亡保险金，保险合同对该被保险人保险责任终止。

②意外残疾保险金

被保险人自意外伤害发生之日起在约定的时间内（一般为 180 日）因同一原因身体残疾的，保险人根据约定的《人身保险残疾程度与保险金给付比例表》按保险金额及该项身体残疾所对应的给付比例给付残疾保险金。

(3)第三者责任险

第三者责任险承保在工程施工过程中因发生意外事故造成工地及邻近地区第三者人身伤亡、疾病或财产的损失。

(4)工伤事故险

工伤事故险包括工伤保险和人身意外险。

工伤保险：《工伤保险条例》2003 年 4 月 27 日颁布，2004 年 1 月 1 日起施行。该险种为强制保险。《工伤保险条例》规定：

中华人民共和国境内的各类企业、有雇工的个体工商户（以下称用人单位）应当依照本条例规定参加工伤保险，为本单位全部职工或者雇工缴纳工伤保险费。

中华人民共和国境内的各类企业的职工和个体工商户的雇工，均有依照本条例的规定享受工伤保险待遇的权利。

有雇工的个体工商户参加工伤保险的具体步骤和实施办法，由省、自治区、直辖市人民政府规定。

工伤保险费的征缴按照《社会保险费征收暂行条例》关于基本养老保险费、基本医疗保险费、失业保险费的征缴规定执行。

人身意外险：又称人身意外伤害保险，为商业险。一般是承包人对其施工人员进行的人身意外事故保险。

(5)机器设备损坏险

机器设备损坏险承保大型机械设备在使用期间发生损坏的损失，如水运工程中各类施工船舶（打桩船、起重船、挖泥船等）的保险，船舶保险主要有船舶保险全损险、船舶保险一切险、航次险等。

4.近几年交通施工行业内关于安全生产管理的几个阶段性工作

1)专项整治工作

按照国务院召开的2006 年全国安全生产工作会议部署，在全国重点行业开展建筑施工安全专项整治工作。国务院安委会办公室组织原建设部、原交通部、铁道部、水利部、原信息产业部和电监会的有关安全监管机构进行了认真研究，制订了《建筑施工安全专项整治工作方案》。原交通部根据相关要求，发布了《交通建设安全专项整治工作实施方案》(交质监发[2006]189 号)，方案主要体现了“打基础、抓关键、早预防”的思想。

(1)整治目标

通过专项整治，完善施工安全监管体制，强化企业主体责任，集中精力解决当前交通建设过程中影响安全的突出问题，提高安全生产水平和从业人员安全意识；遏制隧道、桥梁等危险工程施工安全事故的多发势头；实现交通建设生产安全事故死亡人数较 2005 年总体下降 3% 以上的目标。

(2)整治原则

整治工作务求实效，不走过场，坚持统一部署与分级实施相结合，行业督查与企业自查相结合，行政手段和经济手段相结合，短期整治与长期规范相结合，做到整治一处，改正一处，不留隐患。

(3)整治范围和内容

结合行业特点和当前建设安全生产管理现状，专项整治工作以 1 000m 以上的隧道和墩高 10m 以上且单孔跨径 40m 以上的桥梁为主。隧道工程重点整治坍塌、涌水突泥、瓦斯爆炸等事故隐患；桥梁工程重点整治支架垮塌、高空坠落、基础塌陷、吊装设备失稳等事故隐患。施工管理重点整治“三类人员”持证情况、专项施工方案和预案制订落实情况等。

(4)主要阶段

第一阶段(2006 年 4 ~ 5 月)全面启动；

第二阶段(2006 年 6 ~ 8 月)建设项目自查自纠；

第三阶段(2006 年 8 ~ 9 月)省内初验；

第四阶段(2006 年 9 ~ 11 月)监督抽查；

第五阶段(2006 年 11 ~ 12 月)总结评估。

2)隐患排查工作

为贯彻落实《国务院办公厅关于进一步开展安全生产隐患排查治理工作的通知》(国办发明电[2008]15 号)和《关于交通行业开展 2008 年安全生产隐患排查治理工作的实施意见》(交海发[2008]81 号)精神，做好 2008 年“隐患治理年”各项工作，2008 年 3 月 18 日交通部质监总站发布《2008 年交通基础设施建设安全生产隐患排查治理工作实施意见》(厅质监字[2008]48 号)。

(1)工作目标

在 2007 年施工安全专项整治活动和隐患排查治理专项行动的基础上，进一步突出重点，深入排查治理交通基础设施建设过程中的事故隐患，实现“两项达标”，做到“四项严禁”，基本建立“五项制度”(详见交质监发[2007]145 号文)；进一步加强施工安全监管体制和机制建设，推动安全生产责任制的落实，逐步建立隐患治理长效机制。

(2)排查治理原则

按照“排查要认真、整治要坚决、成果要巩固、杜绝新隐患”的总体要求，务求实效，不走过场；坚持统一部署与分级实施相结合、督查与自查相结合、行政手段和经济手段相结合、短期治理与长期规范相结合;做到排查不留死角,治理不留后患。

(3)排查治理范围

凡列入基本建设计划的交通基础设施建设项目均应纳入排查治理范围;凡参与上述在建工程的管理、设计、施工、监理等工作的从业单位均应参加排查治理活动。排查治理应突出“六个重点”,即:

①近三年发生较大以上事故两次以上的地区;

②近年来事故频发、安全经费投入不足的项目及从业单位;

③易受台风、风暴潮、暴雨、洪水、暴雪、雷电等极端天气以及地质灾害影响发生事故的在建项目和施工驻地;

④去年排查出的重大隐患;

⑤高速公路中1 000m以上的隧道,墩高在10m以上且单孔跨径40m以上的桥梁,20m以上的高边坡和道路交叉工程,以及农村公路建设中的大桥、长隧道和10m以上的高边坡;

⑥万吨级及以上沿海港口码头、500吨级及以上内河港口码头、航电枢纽、船闸以及山区航道整治工程等。

(4)排查治理内容

排查治理要突出“两查”,即:查制度措施制订与落实情况,查风险较大工程隐患防范情况。

查制度措施制订与落实情况具体包括:

①安全生产责任制建立及落实情况;

②安全生产费用提取、安全生产风险抵押金等政策的执行情况;

③隐患排查治理的制度制订及落实情况;

④设计文件中防范生产安全事故的技术措施的制订及落实情况;

⑤风险性较大工程施工专项方案的制订及落实情况;

⑥施工设备、机具检测检验情况;

⑦施工现场安全警示标志的设置情况;

⑧安全教育培训,特别是生产一线职工(包括农民工)的教育培训,以及施工企业“三类人员”的持证上岗执行情况;

⑨应急预案制订及演练情况。

查风险较大工程隐患防范情况具体包括:

①隧道工程坍塌、涌水突泥、瓦斯爆炸等事故隐患防范情况;

②桥梁工程支架垮塌、高处坠落、基础塌陷、吊装设备失稳等事故隐患防范情况;

③高边坡工程坍塌、高处坠落等事故隐患防范情况;

④边通车边施工的工程、交叉施工的工程等衍生事故隐患防范情况;

⑤港口工程及通航建筑物的结构或岸坡的坍塌、滑移,基础塌陷,吊装设备失稳,高处坠落,淹溺等事故隐患防范情况;

⑥航道工程施工船舶倾覆、碰撞、吊装设备失稳、人员落水等事故隐患防范情况;

⑦爆破工程引发的事故隐患防范情况;

⑧施工临时用电使用不当引发的事故隐患防范情况;

⑨施工驻地选择不当引发的事故隐患防范情况。

(5)排查治理方法

排查治理工作要坚持“四个结合”:一是与施工安全专项整治结合起来,狠抓薄弱环节,解决影响安全生产的突出矛盾和问题;二是与日常安全生产监管结合起来,完善应急体系,建立长效机制;三是与安全生产督查结合起来,联合安全监管部门开展抽查、互查,加强督促指导;四是与强化企业安全管理和技术进步结合起来,强化安全标准化、制度化建设,夯实安全管理基础,提升本质安全度。

各地可采用问卷调查、座谈交流、现场观摩、公告公示等不同形式,摸清底数,建立本地区事故隐患数据库,区分隐患性质与程度,梳理归类,实施动态监控。交通部制定《交通基础设施建设安全生产隐患排查治理公示销号实施要点》供各地参考执行。

各地要逐级建立隐患排查治理信息报送制度,每个时段最后一周内将本地区工作进展情况(含电子稿)报部领导小组办公室。

(6)重点时段

第一时段(2~4月):围绕确保全国“两会”期间安全生产,做好安排部署和排查治理工作。

第二时段(5~9月):围绕汛期安全做好排查治理工作。

第三时段(10~12月):针对第四季度安全生产工作特点和冬季雨、雾、雪天气多发的特征,深入推进排查治理工作。

3)“平安工地”建设工程

为深入贯彻党中央、国务院关于加强安全生产工作的部署和要求,认真落实2010年全国交通运输工作会议精神,切实加强交通运输建设安全生产“双基”(基层和基础)工作,促进交通建设领域安全生产形势持续稳定好转,交通运输部决定开展公路水运工程“平安工地”建设活动。2010年3月22日质监总站发布《关于开展公路水运工程平安工地建设活动的通知》(交质监发[2010]132号)。

(1)指导思想和工作目标

指导思想:以科学发展观为指导,贯彻安全第一、预防为主、综合治理的方针,坚持抓基础、抓示范、抓关键的原则,大力推进行业安全管理标准化。

工作目标:通过开展“平安工地”建设活动,切实将安全生产法律法规、技术标准落实到基层,全面夯实安全工作基础,做到施工现场安全防护标准化、场容场貌规范化、安全管理程序化,建设各方安全生产责任落实,安全培训教育坚持有效,施工安全风险得到有效控制。实现杜绝重特大事故、遏制较大事故、减少事故总量的目标,创建一大批“零伤亡”工程,推进行业安全管理水平整体提升。

(2)活动时间和参加范围

活动从2010年开始,2011年结束,为期两年。

凡列入国家和地方基本建设计划的公路水运基础设施项目,均应参加活动。活动由建设单位牵头,以施工合同段为单位开展,设计、监理和监测等单位参加。

(3)实施步骤

①第一年:创建示范年。

2010 年 3 月底前，交通运输部印发《公路水运工程“平安工地”建设活动实施方案》，并组织召开全国电视电话会议，进行动员部署。各地应结合实际，制订、印发本地区“平安工地”建设活动实施方案，并将“平安工地”建设活动部署到所有的工程项目和施工合同段。“平安工地”建设活动应根据《建设工程安全生产管理条例》、《公路工程施工安全技术规程》、《水运工程施工安全防护技术规范》等有关法规和规范，重点围绕以下 6 个方面开展。

· 安全制度建立和安全责任制落实情况；

· 危险性较大工程专项方案制订、审查和执行情况；

· 劳动用工登记和岗前安全培训教育情况；

· 隐患排查治理情况；

· 施工场地总体布设、施工驻地建设、施工作业安全防护达标情况；

· 安全专项费用落实和使用情况。

各省在广泛推动建设活动开展的同时，应确定一批省级示范工程和示范工地进行重点指导，及时总结经验，组织观摩交流。省级示范工程和示范工地一般应选择具有一定规模，施工难度和技术风险较高的工程和施工合同段。

各省应在 2010 年 8 月底前将省级示范工程和示范工地名单报交通运输部，交通运输部将适时组织全国或区域性现场观摩和经验交流活动。

②第二年：达标推广年。

各省在总结“平安工地”建设示范经验基础上，根据有关法律法规和技术标准，制定、印发本地区“平安工地”达标标准。所有交通基础设施建设项目及从业单位必须严格按照达标标准开展施工活动。建设单位负责对本项目逐标段开展“平安工地”达标验收。验收不合格的，应立即停工整改。省级交通运输主管部门根据达标标准组织监督抽查，确保全省交通建设施工现场安全防护水平和安全管理水平整体提升。

在“平安工地”建设活动期间，各级交通运输主管部门应将有关企业参加建设活动情况纳入诚信考核体系，并与招投标和资质管理挂钩，形成现场安全监管与建设市场监管的有效联动机制。

活动结束后，各省应及时做好“平安工地”建设活动总结，巩固活动成果，对达标工程和达标工地进行表彰，并做好向交通运输部推荐等有关工作。交通运输部在各地开展“平安工地”建设活动基础上，研究制定行业“平安工地”达标标准，将“平安工地”建设活动制度化，不断规范全国公路水运建设施工现场安全管理工作，同时对在“平安工地”建设活动中涌现出来的具有代表性的“零伤亡”工程和相关省份进行表彰。

5. 现阶段我国安全生产长效机制建设出现的问题和需采取的措施

(1) 针对当前安全生产领域非法违法现象严重、由非法违法所导致的重特大事故多发问题，着力研究如何加强安全生产法制建设，完善安全生产法律法规和规章标准，坚持有法必依、执法必严、违法必究，依法严厉打击各种非法违法行为，建立正常的安全生产法治秩序。

(2) 针对当前隐患排查治理中存在的不深入、不扎实，甚至搞形式、走过场问题，着力研究如何建立安全生产隐患排查治理长效机制，在认真总结经验教训的基础上，进一步健全完善重大隐患辨识评估、申报备案、分级管理、挂牌督办、举报奖励、整改治理、监督检查等制度，以及重大危险源监控制度，实现隐患排查治理制度化、规范化和经常化。

(3)针对企业安全基础薄弱问题,着力研究如何"靠加大投入和科技进步保安全,靠加强管理和落实责任保安全,靠强化职工培训和提高素质保安全"。紧紧抓住安全投入、安全管理和安全培训三项基础性工作,在科技进步、落实责任和提高素质三个关键环节上狠下功夫,把综合治理方针和"标本兼治、重在治本"的要求真正落实到企业。

(4)针对目前安全生产监管体制、机制方面存在的不健全、不完善问题,着力研究如何健全完善"政府统一领导,部门依法监督,企业全面负责,群众监督参与,社会广泛支持"的安全生产工作格局,以及"国家监察、地方监管、企业负责"的煤矿安全生产责任体系;建立健全安全生产支撑保障体系;探索建立安全生产激励约束机制、部门联合执法机制和企业安全诚信机制。

(5)针对一系列重特大事故暴露出的煤矿、非煤矿山(尾矿库)、危险化学品、烟花爆竹、交通运输、建筑施工等方面存在的薄弱环节和突出问题,着力研究如何深化煤矿瓦斯治理和整顿关闭,进一步巩固发展煤矿安全两个攻坚战的成果;深入开展重点行业领域的安全专项整治,推动实现全国安全生产状况的明显好转。

(6)针对目前安全生产监管监察工作中存在的标准不高、要求不严、抓落实不够、履职能力不强等实际问题,着力研究如何进一步加强安全监管监察队伍的思想政治建设、作风建设和业务建设,更好地履行党和人民赋予的神圣职责;加强党风廉政建设,严防以权谋私和失职渎职等行为。

第五节　国外安全生产管理理念和监管模式

一、国外安全生产管理理念和模式

1. 国外安全生产管理理念

安全问题是伴随着社会生产的产生而产生和发展的,只要有生产,就会有不安全的因素,就会有杜绝伤害、保障劳动者健康与安全的要求。根据国外经验,发达国家人均 GDP 在 1 000 ~ 3 000美元时是事故高发期。目前我国已进入这一时期,经济的高速发展与从业人员素质低、经济结构不合理的矛盾十分突出,我国的安全生产管理进入高风险阶段。2005 年我国人均 GDP 为 1 703 美元,2006 年达到了 2 042 美元。根据"十一五"规划,按现行汇率计算,2010 年我国 GDP 将达到 3.2 万亿美元,人均 GDP 将达到 2 400 美元,第二产业仍是主体。目前我国每年仅安全事故造成的损失初步测算每年 1 000 亿元,加上间接损失达 2 000 亿元,占 GDP 的 2.5%。发达国家的安全管理实践经验证明,通过体系化管理,建立全方位、全过程、全天候的风险识别、控制与管理,实现系统无缺陷、管理无漏洞、设备无故障,逐步达到人、机、环境的和谐统一,最终是可以实现本质性安全的。

安全生产管理理念是在社会大生产的过程中,伴随着人们的生产安全与健康意识的提高和科学技术的进步而逐渐发展起来的,从最初的宿命思想到可控思想,从单独因素到系统因素,从单一关注伤亡到将健康与安全统一考虑,这都是不断进步的表现。从事故学理论的产生、后来的风险控制论,直到现在的安全哲学理论、安全逻辑科学、安全法学理论、安全信息理论、安全行为科学理论、安全心理学、安全经济理论、安全工程理论、安全仿生理论、安全文化理论、事故灾变理论等等，其他学科的理论也不断与安全生产理念相结合，这些对于现代安全管理水平的提高和科技进步都发挥着重要作用。

1)安全系统工程

安全系统工程最早起源于航空部门，第二次世界大战后，复杂的火箭导弹技术迅速发展，同时在制作、维护、运用中发生的事故使人们认识到没有“系统安全”的系统是个无用的废物，因此，提出在系统的构思、设计、制作、使用、维护全过程中考虑到安全保障子系统的问题，形成“安全工程”的思想，逐步形成安全系统的工程体系。

现代化大生产的细密分工使得人们必须建立一个生产系统才能使生产得以顺利进行，从而使生产具有系统性，随之生产事故也因此具备了系统性，也使生产事故的影响波及于整个生产系统以至于波及社会。生产安全及生产事故的控制管理必须由生产系统中安全保障子系统来负担，即必须从系统性这一点上来处理生产安全问题。所谓系统性，是指生产系统的总体性决定生产安全的总体性，即对事故的总体控制采用 4E 科学，即从法规(Enforcement)、工程(Engineering)、教育(Education)，经济(Economic)方面入手。系统性包括生产系统内外的各种关联性。这些关联性包括了复杂性、非线性、模糊性、随机性等特性。这些关联性必须得到很好的协调，否则将产生内部或外部的冲突而发生事故。

2)安全经济学

安全经济学是近几年发展起来的一门科学，是研究生产安全中的经济关系、经济形式，分析并阐述安全生产投资、安全生产效益、安全生产事故损失的数量与变化，从而在人、财产、安全三方面取得最佳效益，研究用经济手段调整与生产事故有关的各种关系及人的活动，从而对生产事故实现最优控制。

安全经济学将安全状态划分为绝对安全和相对安全。绝对安全观认为：安全就是无事故，无危险。但这种理想状态是不存在的。相对安全观认为：安全是指客体或系统对人类造成的可能的危害低于人类所能允许的承受限度的存在状态。1998 年，美国哈佛大学劳伦斯教授在稳定性和风险管理国际会议的论文观点认为：“安全就是被判断为不超过允许限度的危险性，也就是指没有受到伤害或危害，或损坏概率低的通常术语。”即安全是相对危险，世界上没有绝对安全。安全即意味着人员和财产遭受损失的可能性是可以接受的，若这种可能性超过了可以接受的水平即为不安全。

安全经济学研究的是事故发生、预警、预防三者间中的经济关系，对生产事故的控制有重要的意义。从理论上讲，安全有两大经济功能：第一，安全能直接减轻或免除事故或危害事件给人、社会和自然造成的损害，实现保护人类财富、减少无益消耗和损失的功能；第二，安全能保障劳动条件和维护经济增值过程，实现其间接为社会增值的功能。安全经济学研究经济投入和产出的关系，发现生产安全是有经济效益的。这个效益包括企业自身安全生产所产生的效益以及对社会的安全作用而提供的社会效益。生产安全的投入所产生的效益与产品产生利润的时间规律有所不同。对产品而言，只要产品售出，利润即产生，而生产安全的投入一般分为投资无利期、微利期、持续强利期、利益萎缩期、失效期五个时期。

当安全投入量为零时，无安全可言或完全处于自然状态。投入量越大，安全度越高。一般而言，安全投入量与安全程度的关系是非线性的，根据经济学中边际效用递减规律，当其他条件不变时，随着投入量的加大，每增加一个单位的投入量所提高的安全度是递减的。在安全经济学中为了考察生产安全与经济增益之间的关系，综合上述两层关系提出安全程度与经济效益的关系：生产事故产生损失，称之为负效益，生产安全使之避免损失，负效益的减少与效益的增加等效。当安全程度为1时，即绝对安全，不存在生产事故损失。当安全程度为0时，无丝毫安全可言，此时损失极大。一般而言，损失额随安全程度的变化是指数型的，显然，要求的安全程度越高需要的经济投入越多，即安全标准越高，安全成本越高，从经济学的角度可看出他们的关系是指数型的。安全利润曲线表明，对于一个生产系统而言，太低的安全度不仅带来对人和环境以及社会的伤害，而且在经济上也是不合理的。但追求极高的安全度，在经济上也是不合理的，因为此时的安全成本可能达到负担不起的水准上。

依据抽样调查安全生产基本数据的研究表明，我国在20世纪90年代的安全生产贡献率大约是3%。而实际不同行业由于危险性及安全生产作用的不同，其经济的贡献也不一样，高危险行业则高达7%。在安全经济学上，预防性的“投入产出比”高于事故整改的“产出比”，即1元事前预防=5元事后投资，这一安全经济的基本定量规律是指导安全经济活动的重要基础。在工业实践中，还可以得到一个安全效益的“金字塔法则”，即设计时考虑1分的安全性，相当于加工和制造时10分的安全效果。

3）行为安全理论

根据国外的专家对事故的统计表明，事故中98%的原因是人为的，而只有2%的事故是自然的，即人的不正常行为，导致了事故的后果。如果人们在生产中能够按照理性进行工作，排除利益和其他外界环境的干扰，人为的不利因素将会在事故中不复存在，生产安全就可以实现。安全监管监察部门若能把握职工及管理人员决策过程中的认知行为及其原因的话，无疑是有利于采取主动的预防措施，从而提高预防的效果。行为安全理论正是据此产生，它是生产安全实践发展的结果，是现代安全科学和心理学、决策科学相结合而产生的一种交叉性、边缘性的新兴理论。它从心理学的角度来研究行为主体的认识行为和决策过程，并以这种对决策心理研究的成果为依据去探讨人们行为的微观过程，从而能很好地解释安全事故的原因所在。

从生产事故统计可知，绝大多数的事故是人为造成的，而只有少量的事故是自然事故，所以安全的监督监察应加大对从业人员的行为进行监察，通过法律法规制定严格约束人们行为的条款，规范人们行为，使人们行为理性化操作。建立安全教育培训体系，加大对从业人员的培训和教育提高从业人员的素质，则是保障安全生产的重要措施之一。

4）事故致因理论

美国20世纪50年代统计，在75 000件伤亡事故中，天灾占2%，即98%的可以预防的。在可以防止的全部事故中，从人的系列分析，由于人为的不安全行为造成的全部事故占88%，与不安全行为无关的占12%；从物的系列分析，属于机械不安全状态和物质危害所造成的事故占78%。日本1969年制造业歇工8天以上的事故中，因人不安全行为产生的占86%；因机械物质不安全状态产生的占14%。日本1997年使制造工业歇工4天以上的104 638件事故统计表明，从人的系列分析，属于不安全行为的为98 910件，占94.5%；不属于不安全行为的占5.5%；从物的不安全状态分析，由于物的不安全状态而发生的事故为87 317件，占83.5%，不属于不安全状态的占16.5%。在人的连锁系列中，不安全行为是基于生理、心理和动作几个方面而产生的；后者又取决于遗传、社会环境。人有行动自由性生产劳动易受环境条件所造成心理上的影响，因而易于发生误动作。人同机器相比，因易于自由行动，故其可靠性差。但是,正因为人有行动自由性,才能使人具有积极研究安全生产手段的特有功能。

生产现场包含着来自人和物两方面的多种隐患,为确保安全作业,就必须分析和查清隐患,并加以消除,将事故消灭在发生之前,做到预防为主。在多数情况下,由于企业管理不善,使工人缺乏教育和训练或者机械设备缺乏维护、检修以及安全装置不完备,导致了人的不安全行为或物的不安全状态。人的不安全行为和物的不安全状态的产生和发展,是受多重因素作用的结果,同时人与物两因素又互为因果。如有时设备的不安全状态导致人的不安全行为,而人的不安全行为又促进设备出现不安全状态。但从构成伤亡事故的人与物两方面来看,人的失误占绝大多数,即使某类伤亡事故完全来自于机械或物质的危害,但机械还是由人设计和操纵的,物也是由人支配的。从设计开始,经过现场的种种加工程序,直到使用的整个过程中,各阶段都可能产生不安全状态。事故发生的原因有:①设计上的缺陷:设计中产生的事故隐患;②制造上的缺陷:包括使用材料的缺陷及加工方法、工艺和技能上的缺陷;③维修、保养和使用上的缺陷:机械系统随着时间的延续,产生磨损、耗伤、腐蚀等故障,致使发生事故的可能性增高;④使用时超过机械的定额负荷,操作技术不熟练以及缺乏安全作业的技巧等都能导致不安全状态,增长了机械伤人的可能性。人和物轨迹相交的时间和地点,就是发生伤亡事故的"时空"。若排除了机械设备或处理危险物质过程中的人的隐患,消除了人的疏忽,则两个连锁系列进行的方向发生了转变,事故系列的连锁中断,两系列运动轨迹则不能相交,危险就不会出现,即可达到安全生产。从这一意义上说,构建人力资源保障体系,加强人员的教育培训,提高人员的素质,是消除和减少人的不安全行为的直接有效办法;建立安全装备保障体系,对危险和重要装备进行安全认证以及加强在用设备的管理,是消除物的不安全状态的有效措施。

由此可见,事故是多重原因决定的,任何特定事故都具有若干事件和情况联合存在或同时发生的特点。构成事故最基本因素有人、物、自然环境和社会环境,事故不是在真空之中,它总是与某种自然环境、劳动条件、社会因素以及各级管理机构等有关诸因素紧密联系的。这些因素以及它们之间所有的复杂相互关系,都是值得认真研究的。

2. 国外安全生产管理模式

鉴于安全生产在社会化大生产中的重要作用,国外发达国家经过几十年的努力,已普遍建立了较为完善的管理模式和科学的运行机制,并加大资金保障力度,对促进安全生产整体水平的提高发挥着重要作用。这主要体现在以下几个方面:

1)用法律手段规范安全管理

在安全生产法律法规方面,国外安全法规十分完备,具有很强实用性和可操作性,并根据实际情况的发展,适时对安全生产法律法规、标准规范进行及时修改、补充和完善,以正确调整各种关系。

在20世纪60年代至70年代期间,美国政府除了管理价格和企业标准外,国会通过了一系列法律保护安全、健康和环境,国家试图通过越来越严格的社会管制保护从业人员的健康和安全。美国的建筑安全法律属于整个职业安全与健康法律体系的一部分。1970年颁布的《职业安全与健康法》是美国现有的职业及建筑安全法规体系的基础。美国的职业安全及建筑安全法规体系如图3-12所示。

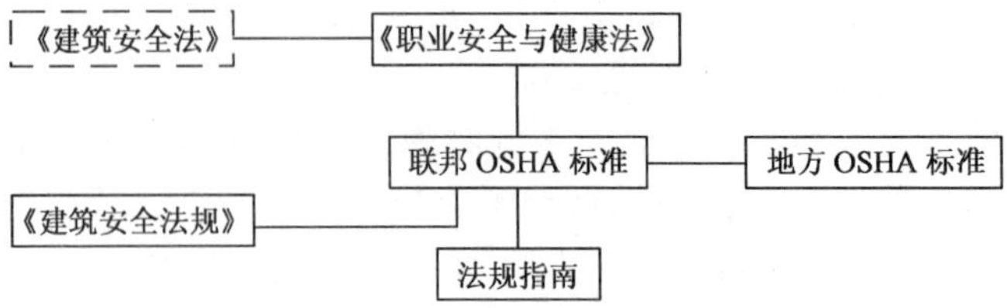

图 3-12　美国的职业安全及建筑安全法规体系

英国现有的健康与安全法规是在《劳动健康安全法》(HSWA 1974)的基础上发展起来的。英国职业及建筑安全法规体系可以分为四个层次,如图 3-13 所示。

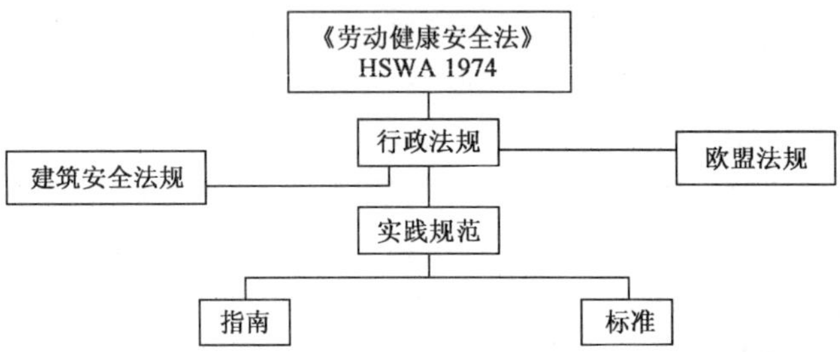

图 3-13　英国职业及建筑安全法规体系

2)用经济手段促进安全管理

美国和英国作为发达国家,政府对安全问题的干涉除了通过法律手段以外,主要依靠根据劳工赔偿法建立的保险体系。利用保险机制保障,劳动人员因职业原因遭遇的工伤事故伤害后可及时获得经济补偿,这是国际通用的方法。发达国家职业伤害保险制度中普遍强调重视工伤事故的预防,并通过多种措施来达到这一目的。职业安全法规体系与保险体制的结合是发达国家安全管理的主要特点。而以职业安全法规体系为主还是保险体系为主,不同国家有不同的选择。

国外没有专门针对建筑行业实施的强制性的职业伤害保险制度,建筑行业的雇员与其他行业的雇员一样处于职业伤害保险制度的保障范围之内。但由于建筑行业的事故高发性,职业伤害保险管理部门会在建筑行业的工伤预防方面重点投入人力、物力和财力。

美国没有全国统一的职业伤害保险立法,各州自行制定相关法律,根据各州劳工补偿法,职业伤害保险属于强制性保险,称为劳工补偿保险,各州设劳工补偿保险局管理劳工补偿保险。

英国的职业伤害保险制度由国民保险计划和雇主责任保险两部分构成,没有特别的经济刺激机制。

但是,在大多数欧洲大陆的国家,如德国、法国和西班牙等,劳工伤害保险制度和和根据法规建立的机构体系,是进行安全管理的主要依据。

在政府财政支持方面,发达国家也普遍加大对安全生产保障的资金支持力度,使安全生产保障有足够的、长期的、稳定的财政资金投入,将保证安全生产作为公益性的工作予以支持。美国职业安全健康管理局(OSHA)2001 财政年度经费为 4.26 亿美元,主要用于支持职业安全健康方面的各项工作。美国矿山安全健康监察局财政拨款大约 2 亿美元,其中一半左右用于矿山安全和健康技术保障。联邦政府向国家职业安全与健康研究院提供的资金支持也多达2.12亿美元。除此之外,美国的26个州也分别有自己的经费投入,如阿拉斯加州2000年度在职业安全方面的投入为262.2万美元,其中联邦政府投入131.1万美元。英国的职业安全健康工作主要由安全健康委员会(HSC)和安全健康执行局(HSE)负责管理,2001～2002年度,实际由HSE执行完成的经费为2.027亿英镑。澳大利亚每年投入大量资金进行安全科研工作,1985年煤炭科研经费为3 710万美元,1995年增加到6 140万美元,经费大部分来自国家财政拨款。日本、韩国、泰国等国家的安全科研机构都会从国家得到大量的财政资金支持。

3)用文化手段加强安全管理

在安全技术培训体系方面,国外发达国家十分重视职工的安全技术培训工作,不仅在法律法规方面有明确、具体的要求,建立有较完备的安全培训机构,也确实重视和加强安全技术培训的监督管理,使其为安全生产发挥应有的重要作用。如美国就建立了完善的管理体系、培训体系和制约保障机制。美国安全与健康监察局负责技术培训的部门是教育、政策与发展司,其主要职能是贯彻执行为促进全国安全和健康而制订的安全与健康教育及培训方案,并实施州拨款计划,每年培训经费大约1 000万美元。美国安全与健康监察局还充分利用Internet建立远程安全培训体系,充分利用MSHA的安全培训环境,提高安全技术培训的时效性。为了保证从业人员必备的安全素质,国外对从业人员安全资格都有明确的要求和法定的认证程序。在英国,成为一名正式矿工前后要用3年左右的时间,经过地面知识培训、井下知识培训、生产实习和实际操作等多个环节,并必须取得采矿合格证书。在德国,矿长必须由现职工程师提拔,26岁以上,持有采矿毕业证书和国家高级采矿学位证书,通过采矿资格审查委员会采矿法的考试和采矿工程师学会准会员考试部门的考试,才能正式上岗。技术工人必须为正式职工,再经过3年的学习培训,考试合格取得技工证书。

在安全生产宣传教育方面,国外发达国家均十分重视安全生产的宣传教育,充分利用各种传媒,采用各种手段开展安全生产宣传教育。在美国,一些安全教育资源(影视片、资料、书籍等)免费提供。随着信息技术、网络技术的不断发展,国外已开始大量利用网络进行安全宣传教育和远程安全技术培训。国外职工的安全意识和自我保护能力普遍很强,这是国外长期重视和加强安全生产宣传教育的结果。

4)用科技手段支持安全管理

在技术保障方面,国外普遍建立了较完备的安全技术保障体系,应用先进的现代信息传输系统,公布相关安全信息和技术支持内容,以促进各种新技术迅速在现场得到推广,加强了技术与实践的结合。美国安全技术科学研究研发工作由政府科研机构、企业研究与发展机构、高等院校和民间咨询机构四部分组成。较大的公司一般设有研究与发展部,高等院校按政府合同开展基础研究和技术开发。此外,还有一支重要的研究与开发力量,即各类民间科技咨询公司。以矿山安全技术支持体系为例,美国矿山安全技术支持体系以矿山安全与健康监察局(MSHA)匹兹堡安全健康技术中心、国家职业安全与健康研究所为主体,其他研究机构、高等院校和中介机构也为矿山安全生产提供技术支持。匹兹堡安全健康技术中心在围绕MSHA的职能范围,为日常安全监察、事故救灾处理和调查职能提供各种技术支持的同时,也注意为矿山日常安全生产管理提供技术支持。国家职业安全与健康研究院除获得联邦政府科研拨款外,还建立了全国职业安全与健康研究计划(NORA),吸收了500家公司、机构和个人提供的资助和委托项目资金。

在装备保障方面,发达国家都建立了完善的设备安全认证体系。美国矿山设备材料安全认证由MSHA技术保障司下属认证中心负责。美国《联邦法典》"矿产资源"卷对认证标准、技术要求和认证申请程序有明确具体的规定。法国职业安全与卫生,实行双元制监察体制。劳动和社会保障部下设16个地区监察机构并建有16个测量实验室。法国矿山设备安全监察执行欧盟的《机械安全指令》(Directives98/37/EC),并实行CE安全标志。除CE标志外,法国政府和欧盟其他成员国还要求对某些特别危险设备如木工机械、矿山设备、冲压机等机械设备的制造厂进行质量管理体系认证和产品形式安全认证。欧盟各成员国都认可了这类第三方认证机构;荷兰执行欧盟的《机器设备安全指令》,低风险设备或产品由制造商自己认证,高风险设备或产品由授权的认证机构认证。法律要求强制性认证的机器设备或产品,必须由就业与社会事务部指定的机构进行检测和认证。

在信息保障方面,发达国家信息已成为最重要的一种资源,是生产力、竞争力和经济增长的关键因素。信息还是政府决策和管理的基础,在市场经济条件下尤其重要。发达国家采用Internet网作为技术平台进行技术交流,优点突出,充分利用现代网络信息技术的研究成果,消除了传统技术交流方式的欠缺之处。美国矿山安全与健康监察局(MSHA)设置了项目评估与信息资源司,对相应的信息给予管理。矿山安全与健康监察局共有2 000多名安全监察人员,主要通过信息网络对全国2 000多个煤矿的安全监察执法进行管理;通过跨地区分支机构和地区办事处采集第一时间的事故隐患,采取强有力的行政执法措施,减少和避免事故发生。对灾害事故救护也大量采用现代通信、信息网络、数据库、视频等技术,大大提高了救护效率。MSHA认证中心将所有被认证的产品用文件方式通过Internet网公布,读者可以任意下载。

5)用应急救援手段支持安全管理

在事故应急救援方面,体系非常完整。在工业发达国家,应急救援工作已经成为整个国家危机处理的一个相当重要的组成部分。尤其是进入20世纪90年代以后,一些工业发达国家把应急救援工作作为维护社会稳定、保障经济发展、提高人民生活质量的重要工作内容。事故应急救援已成为维持国家管理正常运行的重要支撑体系之一。例如,美国、日本和欧盟的一些国家都已经建立了运行良好的应急救援管理体制,包括应急救援法规、管理机构、指挥系统、应急队伍、资源保障和公民知情权等,形成了比较完善的应急救援系统,并且逐渐向建立标准化应急管理体系(SEMS)方向发展,使整个应急管理工作更加科学、规范和高效。国外对各类事故事件的应急救援高度重视。根据国家对应急管理的集中程度,各国应急体制基本分为三种类型:第一类,高度集中管理。主要体现在国家层面上的高度集中,成立了专门负责规划、协调应急工作的政府部门,代表性的国家有美国和俄罗斯;第二类,相对集中,分类统一。国家设有专门的常设机构,负责自然灾害、事故灾难、公共卫生和社会安全等领域,但不同部门的重大突发事件应急管理工作分属各部门进行管理,代表性的国家有日本等;第三类,地方、部门分散管理。国家层面没有专门的常设机构,应急管理以地方政府或国家部门为主,各地方、各部门按照明确的相关法律、法规、预案等要求维系应急机制的通畅。一些法律健全的小国多采用这种方式,如瑞士等。应该说,发达国家的安全生产管理经过了一百多年的发展,已经取得了很大的成就并日趋成熟,这些先进的安全生产管理理念和模式十分值得我们借鉴和学习。

二、国外安全生产监管模式

在政府监管方面,发达国家安全生产监督管理总体上具有立法和执法分开、依法设立机构、机构相对集中的特点。职业安全与职业健康统一由一个机构管理,事故调查处理机构集由权威机构来承担。

1. 美国的监察手段

在美国,职业安全与健康监督管理由劳工部负责,劳工部设立职业安全与健康局和矿业安全与健康局,交通运输安全则由其他监察等机构负责,与道路交通有关的是警察局、交通局、车检所,他们都是独立的政府部门。国家运输安全委员会(NTSB-National Trans-Potation Safety Board)是1972年由国会成立的运输事故调查机构,不属于政府的运输部门,每年预算由国会直接拨款,与政府部门资金上没有任何关系,其总部设在华盛顿,核心部门是事故调查办公室和事故善后办公室,分别负责航空、铁路、公路、水运、管道等运输行业的事故调查以及事故善后工作。

职业安全与健康局(OSHA)负责对建筑工地实施监察以保证雇主遵守相应的职业安全与健康标准,并按照《职业安全与健康法》(OSHAct)中的"一般条款"要求保证雇员在安全与健康的环境中工作。对工作现场的监察是由OSHA的监察员(Compliance Inspector)进行的。这些人员经过专门的OSHA标准培训,可以识别出工作现场的危险源。OSHA的监察活动一般包括检查、检查结果、申诉和咨询服务等方面。

OSHA的检查一般都不事先通知,而且检查根据情况的重要和紧急程度划分为六个优先级,第一优先级是可能马上导致事故的重大隐患的报告,第二级是导致三人以上住院的严重伤害事故,第三级是雇员的投诉,第四级是其他政府机构的建议,第五级是目标导向的检查,第六级是常规例行检查。根据建筑安全专项检查计划,如果承包人可以提供合格的项目安全与卫生计划,并且为之配备能胜任的人选,那么OSHA的监察员就会重点做两件事:一是事先检查项目安全计划是否有效,二是到现场检查四大伤害危险源。通过这样的方式,监察员的监察能更加有效。

另一方面,为了加强对煤矿安全监察工作的督察,联邦矿业安全与健康监察局(MSHA)于2007年6月28日组建了直接对劳工部副部长负责的监察办公室,其职责是对联邦矿业安全与健康监察局的矿山安全监察活动进行执法监督检查。这一新部门的工作人员经常深入矿山一线进行安全监察复查,履行职责,以保证联邦矿业安全与健康监察局的一线执法活动体现联邦政府的意志和政策,符合办案程序。

在这个执法领域里,美国煤矿安全生产监督机构强调独立性,其成功之处为垂直的煤矿安全监管体制架构,轮岗式的监管人事制度,雷霆式的监管执法力度,并在机制上防止监察人员与矿主、地方政府形成共同利益同盟。MSHA在美国11个地区设有办公室和65个矿厂办公室,这些办公室与矿主没有利益关系,也和各州、县政府没有从属关系,各地的联邦安全监察员每两年必须轮换对调。任何煤矿发生3人以上死亡事故,当地的安全监察员不得参与事故调查,而需由联邦办公室从外地调派安全监察员进行事故调查。矿山安全与健康检查局通过强制性执行采矿业安全与健康作业标准,来实现消除采矿业死亡事故、减少严重性非死亡事故的发生率,最终达到有效改善全国矿山作业条件,降低安全事故的目标。

2. 英国的监察手段

英国现行的健康与安全监管体制，是依据 1974 年颁布的《工业场所健康与安全法》建立起来的。英联邦健康与安全委员会（HSC），是相对独立的机构，主席由政府任命，9 位副主席分别由企业业主、工会和有关独立中介机构各 3 名代表组成。该委员会的宗旨是使从事危险工作的经营者负责保护工人和公众免受相关危害，其主要职能是健康与安全方面的立法及法律的修订工作、保护工人健康安全和保障工人福利、保护公众不受因工作导致的健康和安全方面的影响、监控易燃易爆等危险品的使用和储存安全、资助健康与安全方面的科研和培训，并提供相关服务。

英国健康与安全委员会下设健康与安全执行局（HSE），对危险性行业的职业健康与安全工作实行国家监察、垂直管理，是相对独立的健康与安全行政执法机构。HSE 的雇员约有 4 000多人，包括监察员、政策专家、技术专家、科学专家和医疗专家，其中监察员有 1 000 多人。

HSE 中的现场监察处由 7 个地区科和 1 个全国建筑科组成。全国建筑科由一线监察员组成，主要负责对各建筑工地的安全活动给予建议和支持，进行日常检查和事故调查，并处理雇员投诉。全国建筑科的负责人也是 HSE 的建筑安全总监察，负责每年建筑安全监察活动的计划和总结等工作。此外，HSE 的安全政策处下设负责指定管理政策的部门。

在有工人投诉、公众成员质询、继续原先检查或调查事故时，HSE 不作事先通知便有权进入工作场所进行预防性检查活动，而且监察员可以根据 HSC 出版的《执法政策说明》自行决定采取何种执法方式。HSC 政策要求监察力度应该与存在的危险成正比，以最严重的危险或危险物为主要检查目标。

为了区分优先检查程度，HSE 广泛应用了电脑系统。许多数据库记录了从以前的接触和检查中了解的雇主、雇员和活动场所的信息，以及危险过程、危险物和事故历史等。也正是由于 HSE 的各机构更多的时间用在对公司进行绩效评估和守法支持方面，数据表明 1991 年英国有 1/2 的工作场所已 3 年未被检查。

3. 日本的监察手段

日本政府多年来在一切经济活动中通过制定和完善有关法律法规，实施一系列的安全对策和措施，使生产过程中的事故大幅下降，伤亡人数不断减少，成为世界上安全生产成本最低的国家之一。为了加强安全生产和减少伤亡事故的发生，日本政府制定了《劳动安全卫生法》、《矿山安全法》、《劳动灾难防止团体法》等一系列法律法规。由于法律健全、措施得当、各方重视，日本的安全生产问题基本得到了有效控制。

实际上，日本人认为，比制定安全生产法律法规更重要的是建立一支强有力的安全监督队伍。根据《矿山安全法》，日本建立了一整套独立的矿山安全监察体系，实施高效的监督管理。监察人员严格按照有关法律，对安全业务、设施状况、应急机制等进行检查，发现问题立即彻底解决。

值得一提的是，日本的监察机构十分重视安全的超前管理和过程管理。不是事故发生以后再去调查、追究责任，而是事先监督、落实各种防范措施，消灭事故隐患。因此，日本矿山在实施某些特殊的项目时，必须事先制订方案，并报政府安全监督部门批准。在实施过程中，政府安全监督部门的人员现场监督指导，有效地防止了不安全因素的发生和扩大。

第四章　公路水运工程从业单位安全生产管理责任

我国法律法规如《建筑法》、《安全生产法》、《建设工程安全生产管理条例》、《国务院关于进一步加强企业安全生产工作的通知》、《公路水运工程安全生产监督管理办法》等对公路水运工程从业单位的安全生产管理职责进行了明确规定。党的十七大也对安全生产工作提出了新的要求，明确了安全生产的指导原则、工作重点、关键环节和根本任务。强调要"坚持安全发展，强化安全生产管理和监督，有效遏制重特大安全事故"，"完善突发事件应急管理机制"，"保障人民生命财产安全"。在以"安全发展"为核心的安全生产理论指导下，明确各级安全生产管理人员职责，全面落实公路水运工程施工企业安全生产主体责任，强化安全生产责任意识，这对使各级安全生产管理人员都能做到各司其职、各尽其责意义重大。因此，要明确各级安全生产管理人员的责任，对于有效遏制重特大安全生产事故的发生将起到积极的作用。

第一节　公路水运工程从业单位安全生产管理责任

一、施工单位的安全生产责任和义务

(1)施工单位对列入建设工程概算的安全作业环境及安全施工措施所需费用，应当用于施工安全防护用具及设施的采购和更新、安全施工措施的落实、安全生产条件的改善，不得挪作他用。

(2)施工单位应当设置安全生产管理机构，配备专业齐全的安全生产管理人员，并向各施工现场派驻经考核合格的安全生产专职管理人员。在工程项目施工中开展安全生产的计划、布置、检查、总结、评比工作。

(3)施工单位应当根据工程项目特点制订各项安全生产管理制度和有针对性的安全技术措施或方案，编制安全生产事故应急预案，对达到一定规模的危险性较大的分部分项工程编制专项施工方案，并附具安全验算结果，经施工单位技术负责人、总监理工程师签字后实施，由专职安全生产管理人员进行现场监督。

(4)施工现场的安全生产管理由施工单位负责。工程施工实行总承包的，总承包单位应当对全部工程施工现场的安全生产管理负责；总承包单位依法将工程分包给其他单位的，分包单位应当按照分包合同的约定对其分包工程施工现场的安全生产管理向总承包单位负责，总承包单位对分包工程施工现场的安全生产管理承担连带责任。

(5)开工前，施工单位应根据有关规定做好保障安全生产的准备工作，并按建设单位的要求将本项目安全生产的有关材料上报建设单位。

(6)施工单位项目管理或者专职技术人员应在工程开工前向一线作业班组、作业人员进行安全技术措施和操作规范交底,并书面告知危险岗位的操作规程和违章操作的危害。施工单位应当向作业人员提供安全防护用具和安全防护服装,作业人员有权对施工现场的作业条件、作业程序和作业方式中存在的安全问题提出批评、检举和控告,有权拒绝违章指挥和强令冒险作业。

(7)施工单位应当对安全生产管理人员和作业人员每年至少进行一次安全生产教育培训,教育培训情况应当记入个人业绩档案,安全生产教育培训或者考核不合格的,不得上岗作业。

(8)施工单位使用的起重机械和整体提升脚手架、挂篮和架桥机等自升式架设设施的使用达到国家规定的检验检测期限的,必须经具有专业资质的检验检测机构检测。经检测不合格的,不得继续使用。

(9)施工单位应当接受建设单位、监理单位及地方政府安全监督机构对其安全生产的监督检查。对于检查单位下达的整改意见通知,施工单位要立即予以整改。

(10)施工单位应根据国家有关规定和本项目安全生产事故应急预案的要求,建立应急救援组织,配备必要的应急救援器材及设备,并定期进行演练。

(11)施工现场发生安全事故时,施工单位应采取有效措施抢救人员和财产,保护事故现场,并立即向建设、监理单位和相关部门报告,因抢救人员、疏导交通等原因需要移动现场物件的,应当做出标志,绘制现场简图并做出书面记录,妥善保护现场重要痕迹、物证,有条件的应当拍照或录像。

二、建设单位的安全生产责任和义务

(1)建设单位对施工项目安全生产负有领导和管理责任,应根据所管项目的特点建立健全自身的安全生产监管体系。

(2)建设单位在编制工程概算时,应当确定交通建设工程安全设施、安全作业环境及安全施工措施所需费用。项目实施过程中,应落实工程项目安全设施与主体工程“三同时”工作,即同时设计、同时施工、同时投入使用。

(3)建设单位应在招标文件中对施工单位的安全生产管理、保障方案和技术措施提出明确的要求。严格履行基本建设程序,将工程发包给具有相应资质等级的从业单位。

(4)建设单位应按照国家有关规定以及合同要求对从业单位的安全行为加强管理,与中标单位签订安全生产合同,督促其建立健全安全保障体系和安全生产责任制,并定期进行检查,处理违规行为。

(5)建设单位不得以任何理由要求设计、施工和监理单位违反有关建设工程安全生产的法律法规、规章和标准、操作规程的规定进行设计、施工及监理。不得采用明示或者暗示的方式,要求施工企业使用不符合安全施工要求的建筑材料、构配件、安全防护用具、机械设备、施工机具及配件、消防设施和器材。

(6)建设单位应当向施工单位提供与工程相关的供水、排水、供电、供气、供热和邮电通信等地下管线资料。涉及构造物承重结构变更的工程,建设单位应当在施工前委托原设计单位或有相应资质条件的设计单位提供变更设计图纸,按照有关规定办理审批手续。

(7)建设单位必须在开工前督促各参建单位严格按照《公路水运工程安全生产监督管理办法》的要求,建立、健全安全生产保证体系。并采用各种方式监督、检查各参建单位安全生产保证体系的运行和安全生产责任制的落实,对未建立、健全安全生产保证体系和未落实安全生产责任制的单位,要求其进行整改。

(8)对存在安全隐患的施工现场,要求施工单位立即予以整改,对安全生产实施奖惩等。

三、监理单位的安全生产责任和义务

(1)监理单位是工程项目安全生产的管理单位,对建筑工程安全生产承担监理责任,监理单位必须明确内部安全生产责任制,设置专职安全生产监理人员。

(2)应将安全生产管理内容纳入监理规划和监理细则中,制订安全生产监理管理办法,监督施工现场安全生产保证体系的建立、运行和安全生产责任制的落实,监督施工单位安全生产教育的实施、安全生产管理三类人员的持证情况、安全隐患排查和治理情况等。

(3)监理单位的专职安全生产监理人员要对施工现场的安全生产进行日常检查,建立安全监理日志,并对危险性较大工程或重点工序进行旁站监理。

(4)严格检查施工企业资质、安全生产许可证,以及三类人员、特种作业人员的考核和持证上岗情况。

(5)及时、严格审核施工组织设计中的安全技术措施或专项施工方案是否符合工程建设强制性标准。对于不按方案组织施工、不符合工程建设强制性标准、存在较大安全隐患的,监理单位必须责令施工单位立即停工整改,施工单位拒不整改或不停止施工的,监理单位必须及时向建设行政主管部门及建设单位报告。

(6)督促施工单位将起重机械设备等特种设备和设施向当地安全生产监督部门和技术质量监督部门进行备案登记。

(7)根据工程项目特点,确定施工现场具体的监理人员,明确其安全监督责任;组织施工单位及有关方就安全监理实施细则的内容、安全监理人员的分工协作等事项向施工单位交底,确定监理程序,以便安全监理工作的顺利开展。

(8)严格按照要求对施工单位履行工程建设强制性标准和专项安全施工方案的情况进行监督;制止违规作业,发现严重违规施工和存在安全事故隐患的,应当要求施工单位停工整改,并检查整改结果,施工单位拒不改正的,应向当地建设行政主管部门报告。

(9)发生生产安全事故后,监理单位必须参与事故调查处理、抢险救援,并监督施工单位严格按生产安全应急救援预案组织实施。

四、咨询、勘察设计单位安全责任和义务

(1)咨询或设计单位要对工程实施过程和投入运营后的安全风险进行评估。对项目的安全生产条件及安全设施提出相应的安全应对方案,在综合分析的基础上,协助项目编制安全风险防范方案。

(2)勘察单位应当按照国家有关安全生产法律、法规和工程建设强制性标准进行勘察,提供的勘察文件应当全面、真实、准确,满足建设工程安全生产的需要。勘察作业时,应当严格执行操作规程,采取措施保证各类管线、设施和周边建筑物、构筑物的安全。在工程所在区域地质灾害

严重或工程建设活动可能引发地质灾害时，勘察单位还应对地质灾害防治方案提出建议。

(3)设计单位应当按照法律、法规和工程建设强制性标准进行设计，防止因设计不合理导致生产安全事故的发生。设计单位应当考虑施工安全操作和防护的需要，对涉及施工安全的重点部位和环节在设计文件中注明，并对防范生产安全事故提出指导意见。具有较大安全风险的建设项目安全设施设计文件还须报相应安全生产监督管理部门审查。对于采用新结构、新材料、新工艺的建设工程和特殊结构的建设工程，设计单位应当在设计中提出保障施工作业人员安全和预防生产安全事故的措施建议，设计单位和执业人员应当对其设计负责。

(4)施工过程中，施工单位发现工程设计不能满足施工作业安全条件的，应当及时向建设单位提出，建设单位应当按照程序向设计单位提出，设计单位对工程设计应当及时予以修改，并出具修改方案或变更设计图纸。

第二节　公路水运工程施工企业安全生产管理人员职责

一、公路水运工程施工企业安全生产管理人员的划分

按照《公路水运工程安全生产监督管理办法》规定，公路水运工程施工企业各级安全管理管理人员分为企业主要负责人、项目负责人和专职安全生产管理人员，即常说的安全生产管理三类人员。

(1)企业主要负责人(A类)，是指对本企业日常生产经营活动和安全生产工作全面负责、有生产经营决策权的人员，包括企业法定代表人、经理、企业安全生产工作的负责人等。

(2)项目负责人(B类)，由企业法定代表人授权，负责公路水运工程项目施工管理的负责人，包括项目经理、项目副经理和项目总工。

(3)专职安全生产管理人员(C类)，在企业专职从事安全生产管理工作的人员，包括企业安全生产管理机构专职安全员(C1类)和施工现场专职安全员(C2类)。

二、法定代表人的安全生产职责

公路水运工程施工企业法定代表人是本单位安全生产工作的第一责任人，对安全生产工作全面负责。应根据企业实际情况，合理调配企业的人力、财力、物力，满足企业安全生产的需要。对分管负责人、技术负责人和安全生产部门负责人下达安全生产管理目标，并适时监督检查，评估本单位安全生产管理工作实效。主要履行以下职责：

建立健全本单位安全生产责任体系，抓好企业安全生产法律法规、方针政策、标准规范的贯彻落实。

按照有关法律、法规和规定，设置和配备与安全生产工作相适应的管理机构和人员，保证本单位安全生产投入的有效实施，改善从业人员工作条件。

将安全生产工作作为本单位管理中的一项重要工作，建立激励机制，建立健全以安全生产责任制、安全操作规程、安全培训教育、安全监督检查、重大危险源监控、事故隐患整改等为主要内容的规章制度，并负责全面贯彻实施。

每年对本单位安全生产形势进行调查研究，全面掌握本企业安全生产情况，将安全生产工

作纳入议事日程的重要内容，研究解决本企业安全生产工作的相关问题。

督促、检查本单位的安全生产工作，及时消除生产安全事故隐患。

组织制订并实施本单位的生产安全事故应急救援预案。

及时如实报告生产安全事故。

其他应当承担的责任。

三、分管生产安全负责人的安全生产职责

公路水运工程施工企业分管生产安全负责人是本单位安全生产工作的直接责任人，对企业安全生产负直接领导责任，主要履行以下职责：

负责本单位落实关于安全生产的法律法规、方针政策等重大事项的贯彻落实情况的督查检查和督促指导，亲自抓部署、抓督促、抓检查、抓落实。

负责落实企业安全生产责任制，组织制订企业安全生产各项规章制度和年度管理目标，并监督落实。

按照相关规定负责审核企业年度安全生产专项资金投入计划，督促本单位按规定比例提取安全费用，并督促落实到位。

定期组织召开安全生产专门会议，分析安全生产状态，总结经验教训，布置阶段性工作，解决存在的问题，制订防范措施。

对承建工程项目进行安全生产进行检查督察，加强对事故隐患和职业危害的监控预防措施，定期组织企业安全生产管理人员和从事危险性较大工种的作业人员进行教育培训，真正做到防患于未然。

组织制订应急救援预案，组织开展应急救援演练，依法做好生产安全事故报告和应急救援工作。

采用职业安全健康管理体系认证、风险评估、安全生产条件认证和安全评价评估等方法改进安全管理，落实安全防范措施，提高安全生产管理水平。

合理调配企业专职安全生产管理人员，并对其工作进行监督、指导以及考评，监督检查，定期检查企业各部门、分支机构以及各施工项目安全生产情况，对出现的问题及时督办等。

四、分管技术工作负责人的安全生产职责

公路水运工程施工企业分管技术工作负责人，对本单位的安全生产负技术领导责任，主要履行以下职责：

负责组织制订本单位安全技术规程和现场安全生产、文明施工管理标准并监督执行执行。

定期主持召开本单位安全技术会议，分析本单位的安全生产形势，研究解决安全技术问题。

负责新设备、新技术、新工艺和新材料的安全技术保障工作。

施工生产过程中，保证安全防护措施符合要求，确保新建工程项目安全措施与主体工程同时设计、同时施工、同时验收投产，把好设计审查和竣工验收关。

根据相关技术标准和规范、规定要求，对所承担建设工程项目的施工组织设计进行审批，并组织相关专家对项目中危险性较大专项工程施工方案进行论证。

参与重大伤亡事故的调查，从技术方面分析事故原因，提出技术鉴定意见，制订防范和改进安全生产事故的技术措施。

对职工进行经常性的安全技术教育。

其他应当承担的责任。

分管物资设备、经营管理、人力综合、财务管理等其他工作的负责人，在各自职责范围内承担相应的责任。

五、安全管理机构专职安全员的安全生产职责（C1类）

公路水运工程施工企业安全管理机构专职安全员对分管的安全生产工作负直接管理责任，主要履行以下职责：

承担本单位安全生产委员会以及安全生产各项日常工作，贯彻落实安全生产委员会的各项决议，协助主管领导检查落实情况。

贯彻落实有关建设工程安全生产的法律法规和政策性规定，监督、指导企业分支机构和各承建项目严格执行国家、地方有关安全生产技术标准和规范，负责组织起草本单位安全生产规章制度和安全操作规程。

指导和评价企业各部门和分支机构以及所承担建设工程项目的安全生产管理工作，并负责企业分支机构和所承担建设工程项目专职安全生产管理人员的管理、指导和考评。

对企业所承担建设工程项目施工组织设计中的安全技术措施提出指导性意见。并协助企业技术负责人组织专家对所承担建设工程项目中危险性较大的专项工程施工方案进行论证。

负责组织开展安全生产检查活动，定期组织对企业各施工项目安全生产专项检查，发现安全生产问题和隐患及时责成项目部限期或停工整改，并督促整改到位。情节严重的，应立即向企业分管负责人汇报。针对检查发现的问题，制订防范措施。

参与编制企业重大生产事故救援预案，并审查企业各施工项目的重大生产事故救援预案，定期组织相关人员进行演练。

负责企业安全生产信息的收集、统计、上报，定期制订安全生产专项资金投入计划，并对企业安全生产相关投入情况进行统计、核实。监督企业各项目施工安全生产费用的投入和使用情况。

生产安全事故发生后及时组织相关人员进行救援或采取有效措施，保护现场并及时报告，积极协助有关部门调查处理。

其他应当承担的责任。

六、项目经理的安全生产职责

认真贯彻执行国家有关安全生产的法律法规标准和规范，建立本项目的安全生产保证体系，组织编制本项目安全生产各项管理规章制度和管理方案和项目重大生产事故应急救援预案。

根据企业下达的年度安全生产、文明施工总目标，确定项目的安全生产、文明施工管理目标，并与分包单位、作业班组签订安全生产、文明施工管理责任书，督促分包单位编制各项安全生产管理规章制度、落实项目安全防护和文明施工各项措施。

工程项目开工前，按照《公路水运工程安全生产监督管理办法》的要求，完善项目开工安全生产条件，保证本项目安全费用的提取和有效使用，对安全培训和安全技术交底进行监督检查。

定期召开安全生产会议，组织安全生产检查和分析，针对存在的安全隐患，制订相应的整改和预防措施并落实。

组织本项目安全生产事故隐患排查整治工作，对发现的安全隐患，及时提出整改意见。对重大安全隐患，督促制订整改措施，并指定专人负责。

编制本项目安全措施和分部分项工程安全施工要点，制订项目安全保障措施或管理方案，组织施工现场施工临建设施的验收等工作。

组织制订项目施工现场生产安全事故应急救援预案，并组织演练。

发生事故后，积极组织抢救人员，按照规定的程序及时报告，积极配合事故的调查处理，并制订防止同类事故发生的安全技术和管理措施。

其他应当承担的责任。

七、项目主管生产安全副经理的安全生产职责

协助项目经理认真贯彻执行国家安全生产方针、政策、法规，落实各项安全生产管理制度。

每月主持召开一次项目安全生产会议，分析安全生产动态，研究、解决安全生产中的重大问题，及时将安全生产情况向项目经理汇报。

落实施工组织设计、施工方案中各项安全技术要求，组织实施项目总体和施工各阶段安全生产工作规划，严格执行安全技术措施审批制度，不断改善施工工作条件，保证安全生产。

随时掌握安全生产动态，保证安全保障体系工作的正常运转，配合项目经理组织定期、不定期安全生产检查，及时消除事故隐患，制止违章指挥和违章作业，杜绝重大事故的发生。

对施工过程中的安全技术交底、安全施工措施的落实执行情况进行监督检查。

组织工程项目安全生产的宣传教育工作，负责组织领导分包施工队伍各类人员的安全教育培训和考核审查工作。

负责因工伤亡事故的现场的保护、伤员抢救及协助事故调查、报告与处理。

负责组织制订、审核安全生产应急救援预案，组织应急预案的演习和评审工作，组织项目部安全技术人员进行危险源辨识和风险评价工作。

其他应当承担的责任。

八、项目总工程师的安全生产职责

认真贯彻执行国家安全技术标准、规范、规程和安全生产规章制度，对项目的安全技术工作负直接责任，结合项目工程特点，主持工程项目的安全技术交底。

负责编制工程项目施工组织设计、分部分项安全技术方案和专项方案，保证其可行性与针对性，并随时检查、监督、落实。

负责向专业技术人员进行特殊或关键部位的安全技术交底，并监督实施。

组织对从事特殊施工人员进行安全技术和施工人员的安全操作规程的日常培训，及时解决施工中出现的安全技术问题。

工程项目应用新技术、新工艺、新材料,要及时上报,经批准后方可实施,并严格执行相应的安全技术措施与安全操作规程与要求。

参加安全生产检查,对施工中存在的不安全因素,从技术方面提出整改意见和办法予以消除;参加因工伤亡及重大未遂事故的调查,从技术上分析事故原因,提出防范措施和意见。

负责应急救援和抢险工作的专家组织工作;参与生产安全事故的调查、分析及处理工作,协助总指挥(项目经理)进行技术方面的咨询和决策及技术协调。

其他应当承担的责任。

项目分管物资设备、经营、人力综合、财务等其他工作的负责人,在各自职责范围内承担相应的责任。

九、项目专职安全生产管理人员的安全生产职责(C2 类)

负责贯彻执行有关安全生产的法律、法规、规范、政策、标准,参与编制本项目安全生产各项管理规章制度和管理方案,分解、监督落实项目安全生产管理责任,并签字确认。每月定期对项目各管理岗位安全生产责任落实情况进行考评,并形成记录。

根据企业下达的年度安全生产总目标,确定项目的安全生产管理目标,并协助项目负责人与分包单位、作业班组签订安全责任书,督促落实、执行。

参与安全生产各项措施与方案的编制,严格监督检查施工班组对各项安全生产规章制度和安全操作规程的执行情况。配合有关部门做好对施工人员的三级安全教育、各工种换岗教育和特殊工种培训取证工作,并记录在案,健全各种安全管理台账。

对施工现场进行安全生产日常巡查和定期检查,制止违章指挥和违章作业,及时排除施工现场安全隐患,制订防范措施,当安全与生产发生冲突时,有权制止冒险作业,签发限时整改通知单。

在分部分项工程或重点部位、重点环节施工前,应及时督促现场技术员对施工作业人员进行安全技术交底。安全技术交底内容应当明确工程作业特点和所存在的重大危险源,提出危险源的具体预防措施和相应的安全标准以及相关应急救援预案的内容,并做好交底记录。

收集整理工程项目施工安全重大危险源清单,并经项目负责人审核确认后,负责在施工现场醒目位置予以公示。制订重大危险源管理方案和保证措施,建立重大危险源的监控管理制度,对施工现场安全重大危险源实施动态监控。

检查劳动保护用品的质量,以及监督检查现场操作人员正确使用,对进入现场使用的各种安全用品及机械设备,配合材料部门进行验收检查工作。

负责项目特种作业人员持证情况的验证工作,参与施工现场施工起重设备、挂篮、架桥机等临时设施及安全防护设施验收工作,并保存验收记录。对不符合规定要求的,应及时向项目负责人和企业安全生产管理机构书面报告。

参加因工伤亡和重大未遂事故的调查,分析事故原因,提出改进意见和防范措施,并监督检查执行情况。负责项目一般事故的调查、分析,提出处理意见,协助处理重大工伤事故,并参与制订纠正和预防措施,防止事故再发生。

对项目安全生产管理资料进行归档整理。资料要与工程进度同步,内容要完整、真实有效。

其他应当承担的责任。

第五章　公路水运工程施工安全生产管理基本制度

第一节　安全生产管理制度

一、建立安全生产管理制度的必要性

施工企业是公路工程建设施工项目中的安全主体，要全面落实安全生产责任，就必须根据自身特点和实际状况，建立健全适合本单位的各项安全生产管理制度。通过制度来提高全体从业人员的安全意识、安全知识和安全操作技能。安全生产管理制度是约束企业各级安全管理人员在安全生产工作中的行为准则，是安全生产法律法规的要求与本单位的安全生产实际紧密联系的桥梁和纽带。建立一整套规范有效的安全生产管理制度，是企业做好安全生产工作的前提。

二、建立安全生产管理制度的目的和意义

实践证明，安全生产事故大多都是由于违章指挥、违章作业、违反劳动纪律造成的，用制度来约束人的不安全行为，物的不安全状态，用制度来保证施工活动的顺利实施，保证生产经营活动的健康有序，保证从业人员的生命安全和企业的财产安全都具有十分重要的意义；同时，国家的安全生产方针、政策和部门规章也必须通过企业规章制度去实现、去落实。通过建立健全企业安全生产规章制度，促进广大从业人员树立"安全第一，预防为主"的思想，促使企业最高管理者正确处理安全与生产、安全与效益、安全与进度的关系，真正做到当安全与生产发生矛盾时，安全永远是第一位的。

三、安全生产管理制度的主要内容

建立一套切实可行的安全生产规章制度并不是随意定几条规则就行了，必须对本单位安全生产状况进行深入调查研究，指定专门部门或者专人负责，才能制订出政策性、科学性和可操作性较强的安全生产管理制度。同时，在制度的实施过程中还要采取严格的管理措施和手段，加强对制度执行力和落实情况的考核，确保安全生产管理制度的有效实施。

1. 建立安全生产管理制度的基本要求

（1）政策性。编写安全管理制度之前必须对现行的国家、地方、行业和部门有关安全生产的法律法规、规范标准进行充分了解和全面掌握，并深入分析，把政策和法规的要求转化成制度的具体内容。

（2）科学性。安全生产管理制度的贯彻执行是安全生产管理活动正常运行的前提条件。

因此建立安全生产管理制度必须要有科学性和前瞻性，科学性就是符合安全生产技术的科学要求，不能盲目制订，也不能朝令夕改。使得一个安全管理制度在一定时间内便于执行，使企业能在一定时间内形成统一的安全管理模式和管理流程。

(3)可操作性。安全生产管理制度一定要符合本单位安全生产实际、便于操作。同时，对制度在执行过程中出现的问题和企业内外部环境变化及时修订、修改甚至重新制订，对原有制度中无法适应或无法满足安全工作要求的条款及时进行修订完善，安全管理制度建设必须实行 PDCA 闭环管理。

2. 安全生产管理制度的主要内容

施工企业安全生产管理制度一般包括以下五大方面的内容：安全生产责任制度、安全产生管理制度、岗位安全操作规程和规定、安全生产技术管理制度、安全生产事故和应急管理制度。

具体制度包括：安全生产责任制度，安全生产组织管理制度，安全生产例会制度，安全生产管理人员考核制度，安全教育与培训制度，安全生产资金保障制度，安全风险评估制度，安全技术交底制度，危险性较大工程专项审批论证制度，特种设备及作业人员安全管理制度，职业健康安全和劳动防护用品管理制度，事故隐患排查和治理制度，安全生产检查制度，安全生产事故应急管理制度，安全生产信用评价制度，安全生产事故报告制度等。

四、安全生产管理制度的实施流程

安全生产管理制度必须依据国家法规、部门规章和地方要求并结合本单位安全工作实际进行制订。各项规章制度一经下发就有了法律依据，就必须严格实施，具体实施流程见图 5-1。

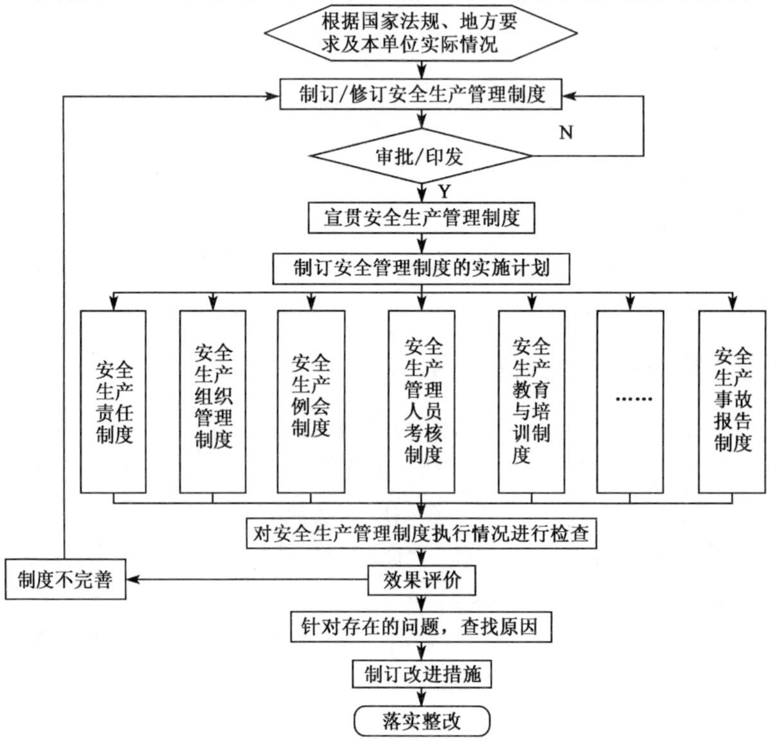

图 5-1　安全生产管理制度的实施流程

第二节　安全生产责任制度

一、建立安全生产责任制度的必要性

安全生产责任制度是根据我国“安全第一、预防为主、综合治理”的安全生产方针,按照“管生产必须管安全”的原则建立的。是企业岗位责任制的一个重要的组成部分,是安全生产管理各项制度中最基本、最核心的规章制度,也是落实安全生产事故行政责任追究的主要依据。

《安全生产法》第四条明确规定:“生产经营单位必须遵守本法和其他有关安全生产的法律、法规,加强安全生产管理,建立、健全安全生产责任制度,完善安全生产条件,确保安全生产”。

建立、健全安全生产责任制不仅可以明确企业各部门和各级管理人员的安全责任,还可以提高企业的安全生产管理水平,有效预防、控制、减少伤亡事故的发生。因此,企业必须建立安全生产责任制。

二、建立安全生产责任制度的目的和意义

建立安全生产责任制的目的一方面明确了企业各职能部门、各级管理人员及各岗位工作人员在安全生产工作中所承担的工作任务;另一方面主要确定了他们在企业安全生产中应履行的职责和所应承担的责任,使安全生产真正做到有法可依、有人负责、有人监督、有人落实。

建立安全生产责任制的意义体现在两方面:一是,落实我国安全生产方针和有关安全生产法规和政策的具体落实;二是,通过明确责任使各类人员真正重视安全生产工作,把每个岗位的安全职责一一对应,实现“一岗双责”,这对全面做好安全生产工作具有重要作用。

三、安全生产责任制度的主要内容

企业安全生产责任制度的建立是对企业主要负责人、安全管理部门和其他职能部门以及各类施工人员在管理和施工过程中应当承担的责任做出明确规定,即将企业安全生产主体责任分解到施工单位主要负责人、项目负责人、班组长以及每个岗位的作业人员身上。因此,企业安全生产责任制度的编制必须根据企业自身特点和组织机构的设置、职能人员的编制来考虑安全生产职责。即由谁负责,负什么责,要做到横向到边、纵向到底、不留死角。具体应包括以下八个方面的内容:

1. 物质保障责任

(1)具备法律、法规和国家标准、行业标准规定的安全生产条件。

(2)保证履行建设项目安全设施“三同时”的规定。

(3)依法为从业人员提供劳动防护用品,并监督、教育其正确佩戴和使用。

2. 资金保障责任

(1)按规定提取和使用安全生产费用,确保资金投入满足安全生产条件需要。

(2)按规定存储安全生产风险抵押金。

(3)依法为从业人员缴纳工伤保险费,保证安全生产教育培训的资金。

3.机构设置和人员配备责任

依法设置安全生产管理机构,足额配备安全生产管理人员。

4.安全生产规章制度制订责任

建立、健全安全生产责任制和各项规章制度以及安全生产操作规程。

5.教育培训责任

依法组织从业人员参加安全生产教育培训,组织有关人员取得相关上岗资格证书。

6.安全管理责任

(1)依法加强安全生产管理。

(2)定期组织开展安全检查。

(3)依法取得安全许可。

(4)依法对重大危险源实施监控。

(5)及时消除事故隐患。

(6)开展安全生产宣传教育。

(7)统一协调管理承包、承租单位的安全生产工作。

7.事故报告和应急救援责任

(1)按规定报告生产安全事故。

(2)及时开展事故抢险救援。

(3)妥善处理事故善后工作。

8.法律、法规、规章规定的其他安全生产责任

(1)《安全生产法》明确规定生产经营单位负责人为本单位安全生产第一责任人,对本单位安全生产负总责。

(2)《安全生产法》对生产经营单位负责人的安全生产责任作了专门的确定:建立健全安全生产责任制;组织制订安全生产规章制度和操作规程;保证安全生产投入;督促检查安全生产工作,及时消除生产安全事故隐患;组织制订并实施生产安全事故应急救援预案;及时如实报告生产安全事故。

9.部分安全生产责任制的内容

(1)企业主要负责人的安全生产职责

①《公路水运工程安全生产监督管理办法》规定:施工单位主要负责人依法对本单位的安全生产工作全面负责。

②企业主要负责人是本单位安全生产的第一责任人,应全面贯彻执行国家安全生产方针政策和法律法规。

③建立、健全本单位安全生产责任制和安全生产管理制度。

④保证本单位安全生产投入的有效实施。

⑤组织本单位安全生产大检查并及时消除生产安全事故隐患。

⑥组织制订并实施本单位的生产安全事故应急救援预案并组织演练。

⑦及时、如实报告生产安全事故。

⑧按要求设立安全生产管理机构,并配备足够数量的安全生产管理人员等。

(2)项目负责人的安全生产职责

①贯彻执行国家有关安全生产的方针、政策和法律、法规,严格执行安全生产技术标准、规范和规程。

②项目负责人是项目安全生产第一责任人,要负责组织制订项目安全生产责任制、安全生产操作规程和安全生产规章制度。

③组织项目工程的危险源识别和安全风险评价工作。

④组织对施工现场事故易发、多发部位、环节进行监控。

⑤保证项目安全生产资金投入。

⑥组织制订施工现场生产安全事故应急救援预案并组织演练。

⑦负责报告安全生产事故。

⑧发生事故后,积极组织抢救人员,采取措施防止事故扩大,同时保护好事故现场,按照规定的程序及时如实报告,积极配合事故的调查处理等。

(3)项目专职安全员的安全生产职责

①负责施工现场安全生产日常检查并做好检查记录。

②协助有关部门做好安全教育和安全技术交底工作。

③现场监督危险性较大工程安全专项施工方案实施情况。

④ 及时制止"三违"现象,遇有紧急情况有权暂停施工,并报告有关部门。

⑤对施工现场存在的安全隐患有权责令立即整改,对发现的重大安全隐患,有权向企业安全管理机构报告。

⑥依法报告生产安全事故情况等。

(4)生产经营单位分管安全生产副职职责

协助主要负责人抓好安全生产,但不能免除主要负责人的安全责任。同时,企业的安全生产责任制还必须明确职能机构负责人及其工作人员安全生产责任制、班组长安全生产责任制和岗位工人安全生产责任制。

(5)安全生产管理部门的安全职责

①贯彻执行国家、地方有关安全生产的方针政策、法律法规和规范标准,并及时向所属单位、项目部传达。

②负责全面实施本单位安全生产管理具体工作。包括参与编写本单位各类安全生产管理制度,安全培训教育和安全技术交底等工作。

③参与施工组织设计和安全技术措施的编制和审批,并对贯彻执行情况进行监督检查。

④组织制订并实施本企业的生产安全事故应急救援预案。

⑤建立、健全安全生产各类技术档案,定期进行统计分析。

⑥定期组织对本企业在建工程的安全生产检查,建立重大危险源监管制度,对各项安全检查中发现的安全隐患落实整改,并组织复查等。

(6)技术质量部门的安全职责

①建立以技术负责人为第一责任人的企业安全生产责任制度,建立和完善施工组织设计的编审程序制度和专家审查制度,明确各级技术人员的职责。

②根据现行有效的技术标准、规范、施工图设计文件负责编写重大施工组织设计和专项施

工方案。

③负责施工中采用的新设备、新技术、新工艺和新材料安全技术保证工作，安排编制（或审核）相应的操作规程及安全技术措施。

（7）设备管理部门的安全职责

①掌握和统计本企业机械设备的数量、产品质量和安全使用情况。

②建立施工机械设备的安装（拆除）、验收、检测、使用、维修保养和报废制度。

③严格执行机械设备装拆专项施工方案的编审程序，确保机械设备装拆专项施工方案的可靠性，明确各特种作业人员的职责和操作规程。

④采购或租赁具备生产（制造）许可证、产品合格证等相关有效证件的安全防护用具、机械设备、施工机具及配件，并进行经常性的安全查验等。

（8）生产或工程管理部门的安全职责

①对本单位生产过程中的安全工作负责。

②严格执行国家及上级各部门有关安全的法规，要求从业人员遵守安全操作规程，遵守劳动纪律，做到不违章、不蛮干。

③合理确定施工工期，在安排生产任务时优先考虑安全问题，当生产与安全发生矛盾时，坚持生产必须服从安全的原则，杜绝事故的发生。

④施工方案和安全措施要按规定认真审查和落实，遇到生产中的异常情况，应及时、妥善、果断处理，紧急情况先处理后报告。

（9）经营部门的主要安全职责

①企业在从事经营活动时，应该根据工程特点和招标文件要求合理计算安全费用，保证施工中安全防护、文明施工等安全环保措施费用的合理使用。

②在工程施工过程中，应配合企业各相关职能部门监督项目部安全管理人员的到位和安全经费的合理使用等。

（10）人力资源部门的主要安全职责

①负责员工的安全培训教育、安全生产管理人员（即“三类人员”）、注册安全工程师的取证及继续教育工作。

②督促特种作业人员按规定接受有关部门的培训。

③按规定比例配备安全管理人员。

④为从业人员提供劳动保护用品、保险等。

（11）财务部门的主要安全职责

①按照《高危行业企业安全生产费用财务管理暂行办法》中有关安全费用的规定比例，提供安全防护措施、安全培训教育等安全费用，保证安全投入。

②监督检查本单位安全生产费用的提取、管理和使用情况，并在年度财务会计报表中披露安全生产费用提取和使用的具体情况。

③监督本单位安全经费的合理使用等。

四、安全生产责任制度的实施流程

安全生产责任制是企业安全生产规章制度中最核心、最根本的制度，它对本单位各部门、各级管理人员及全体从业人员在安全生产中应履行的职责加以明确。安全生产责任制一经建立,必须严格实行,具体实施流程见图5-2。

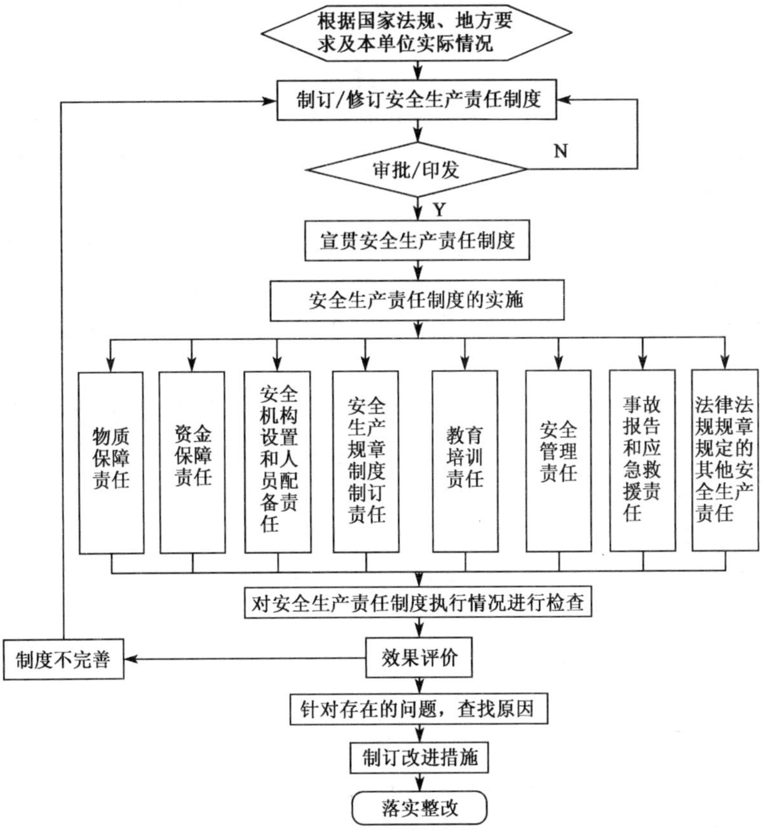

图5-2　安全生产责任制度的实施流程

第三节　安全生产组织管理制度

一、建立安全生产组织管理制度的必要性

安全生产的组织管理制度是企业为了有效实施安全生产的组织管理所建立的一种规章,是指导、协调安全生产机构和部门的责任,实现安全生产各项工作目标的制度保证。企业要想实现安全生产的总目标,就必须建立完善的安全生产组织保障体系,建立相应约束机制,这是企业安全生产管理组织工作实际的需要。

二、建立安全生产组织管理制度的意义和目的

实现企业安全生产自我约束机制,首先必须在企业内部建立完善的安全组织管理体系。建立安全生产组织管理制度就是为了有效规范、指导、协调企业安全生产各级组织和各职能部门的工作行为,是保障安全管理工作正常、有效运转的依据,是控制安全生产事故、实现安全工

作目标、指标的根本途径和方法，对强化企业安全生产组织管理，促进安全生产管理机构正常运行具有一定的指导意义。

三、安全生产组织管理制度的主要内容

1. 安全生产委员会或安全生产领导小组的建立

(1)公路水运工程施工企业应当建立由单位主要负责人任主任，主管生产、安全的副职或总工程师任副主任、各职能部负责人任组员的安全生产委员会。安委会应设办事机构，一般办事机构设在本单位安全生产管理部门。

(2)项目经理部要建立由项目经理任组长，主管生产、安全的副经理任副组长，各职能部门负责人和所属工区主任或工班长任组员的安全生产领导小组，组织落实本单位安全生产规章制度，贯彻安全生产会议的决议，检查指导各作业队、工区、工班专兼职安全员的工作等。

2. 安全生产组织机构的建立及设置要求

(1)《公路水运工程安全生产监督管理办法》第二十一条规定："施工单位应当设立安全生产管理机构，配备专职安全生产管理人员。施工现场应当按照每 5 000 万元施工合同额配备一名的比例配备专职安全生产管理人员，不足 5 000 万元的至少配备一名。"

(2)《建筑施工企业安全生产管理机构设置及专职安全生产管理人员配备办法》规定：建筑施工企业应当依法设置安全生产管理机构，在企业主要负责人的领导下开展本企业的安全生产管理工作。

(3)建筑施工专业承包资质序列企业：一级资质不少于 3 人，二级和二级以下资质企业不少于两人。

(4)建筑施工劳务分包资质序列企业：不少于两人。

(5)建筑施工企业的分公司、区域公司等较大的分支机构(以下简称分支机构)应依据实际生产情况配备不少于两人的专职安全生产管理人员。

(6)安全生产组织管理体系的建立在满足国家安全生产法律法规的有关规定的同时，还要和本单位的生产经营实际紧密联系，达到有效控制本单位安全生产状况，实现安全生产的目的。

3. 企业安全生产组织机构的主要工作内容

(1)宣传和贯彻国家有关安全生产法律法规和标准。

(2)编制并适时更新安全生产管理制度并监督实施。

(3)组织或参与企业生产安全事故应急救援预案的编制及演练。

(4)组织开展安全教育培训与交流。

(5)协调配备项目专职安全生产管理人员。

(6)制订企业安全生产检查计划并组织实施。

(7)监督在建项目安全生产费用的使用。

(8)参与危险性较大工程安全专项施工方案专家论证会。

(9)通报施工项目重大危险源的控制情况。

(10)组织开展安全生产评优评先表彰工作。

(11)建立企业安全生产管理档案。

(12)考核评价分包企业安全生产业绩及项目安全生产管理情况。

(13)参加本企业生产安全事故的调查和处理工作。

(14)企业明确的其他安全生产管理职责等。

4.企业内部安全组织管理的重点

(1)落实各级人员、各个岗位的安全生产责任制。

(2)建立、健全安全规章制度和安全操作规程,并严格执行。

(3)实行安全目标管理,加强信息反馈和控制。

(4)坚持安全教育和培训,逐步提高全体职工安全技术水平和安全素质。

(5)开展各种安全检查、评价工作,将安全考核纳入职工绩效考核之中。

(6)保证安全技术措施的经费和施工项目安全生产的实施效果。

(7)重视事故的预防、事故的调查处理。

(8)不断总结经验,研究安全生产的新情况、新问题,应用新技术、新方法,以适应企业管理环境的不断变化。

四、安全生产组织管理制度的实施流程

安全生产组织管理制度明确规定了安全生产组织机构的设置及要求,安全生产组织管理制度建立后,各级安全生产管理组织必须严格执行。

具体实施流程见图5-3。

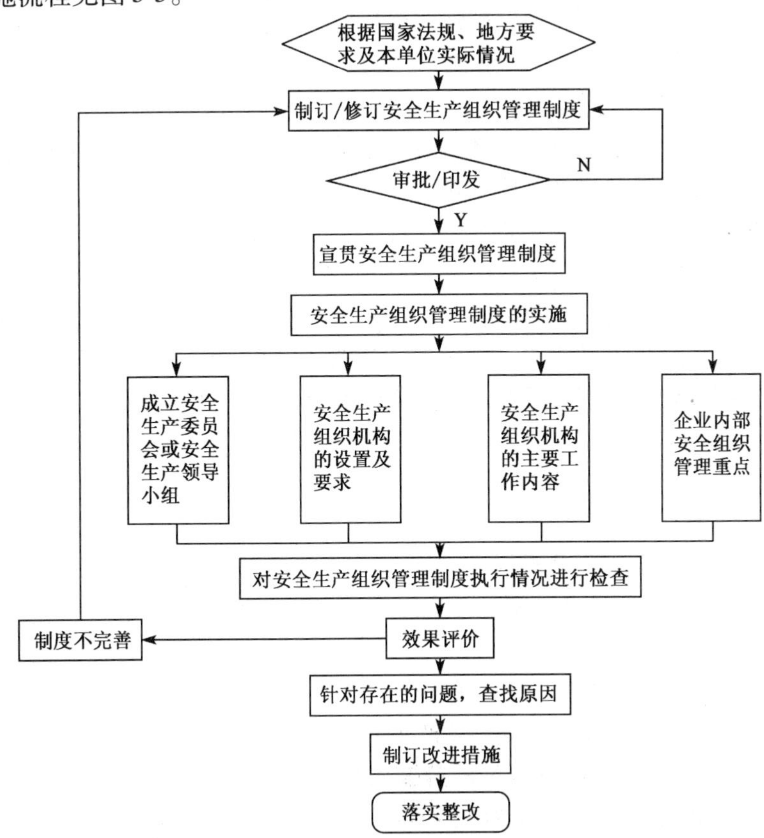

图5-3　安全生产组织管理制度的实施流程

第四节　安全生产例会制度

一、安全生产例会制度的必要性

为加强企业安全生产工作的组织领导，及时传达贯彻上级有关安全生产工作要求，有效加强企业内部的沟通与联系，企业召开各种形式的安全生产会议是十分必要的。但如何明确安全生产例会的形式、内容、时间地点等会议要求，全面实现安全生产例会的各项议程，就必须建立安全生产例会制度。

二、安全生产例会制度的目的和意义

建立安全生产例会制度的目的在于，通过有计划的召开安全生产会会议，可以全面了解和掌握安全生产工作动态，全面布置和安排安全生产工作，认真落实各项预防、预控和预警措施，达到减少违章、避免安全生产安全事故发生的目的。

三、安全生产例会制度的主要内容

1. 安全生产例会制度

安全生产例会制度的内容必须包括该制度的适用范围、职责和主要工作程序。

2. 安全生产例会制度的分类

1）企业安全生产委员会会议

（1）企业的安全生产委员会会议一般每季度召开一次，由安委会办公室负责召集，企业主要负责人主持，全体委员参加；时间、地点由会议组织者决定。

（2）会议主要内容包括：传达国家、行业、地方及上级有关部门的重要文件和重要指示精神；总结一个阶段以来的安全生产工作经验，取得的效果，安全生产现状、难点和急需解决的突出问题，确定切实可行的对策；根据存在问题和下一阶段生产经营的实际，确定安全管理的具体工作任务、安全监控的重点和阶段性目标；研究确定对为安全工作有突出贡献的单位、部门、人员给予表彰，通报安全生产事故及其对有关单位和责任人的处罚决定等。

（3）会议所议事项以及做出的决定应形成会议纪要，企业安委会办公室应负责督促、检查、考核会议决议的执行情况。

2）企业安全生产会议

（1）企业的安全生产会议每月至少应该召开一次，由企业安全生产部门负责组织召开，会议由企业主管安全生产的负责人主持。参加会议的人员一般有：安全生产负责人、技术负责人、专职安全员等。

（2）会议主要内容：传达贯彻上级有关安全生产方面的方针政策有关文件，并研究提出本企业的贯彻落实措施；检查上阶段的安全生产工作，部署下阶段的安全生产工作；对生产中存在的问题和事故隐患研究落实解决问题的措施和方法；对发生的安全生产事故按照“四不放过”的原则做出处理和决定；表彰和奖励安全生产典型任务和事迹等。

3）不定期安全生产会议

由企业安全生产各职能部门根据建设单位的要求、工程进展、生产的季节性和突发性等情况随时召开安全生产会议。

四、安全生产例会制度的实施流程

安全生产例会制度的内容主要包括适用范围、职责和工作流程及类别等，具体工作流程见图 5-4。

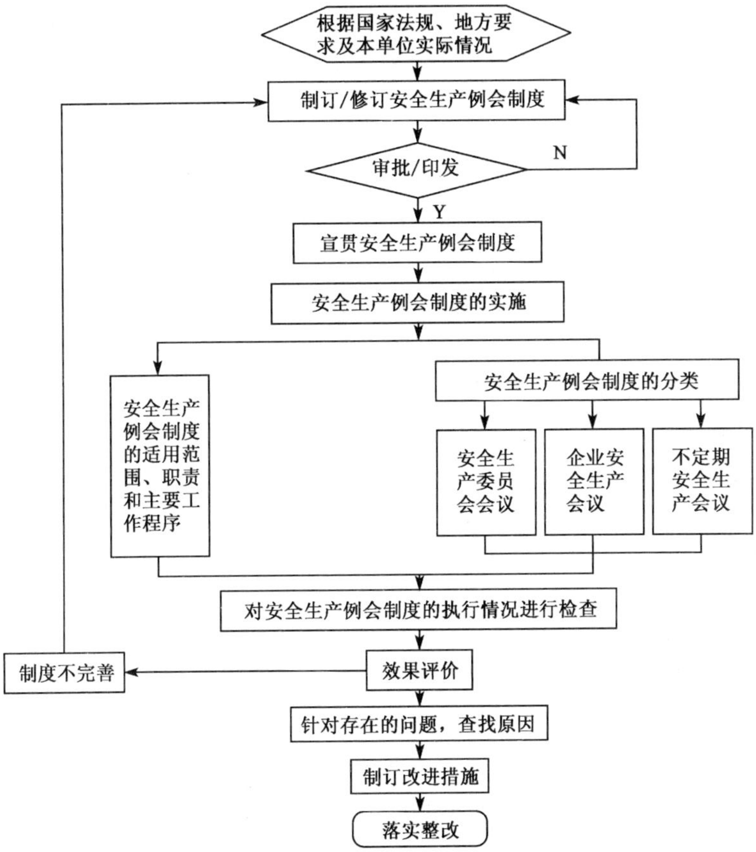

图 5-4　安全生产例会制度的实施流程

第五节　安全生产管理人员考核制度

一、建立安全生产管理人员考核制度的必要性

为规范企业主要负责人、项目负责人和专职安全生产管理人员的行为，提高安全生产管理人的责任感和使命感，增强安全管理人员的整体素质，企业必须建立安全生产管理人员考核制度。

二、建立安全生产管理人员考核制度的目的和意义

为提高安全生产管理人员安全生产知识水平和管理能力，各施工企业应当在《公路水运

工程施工企业安全生产管理人员考核管理办法》的基础上，建立、健全本单位的安全生产管理人员考核制度，确保工程施工安全生产，杜绝各类安全生产责任事故发生的具有重大意义。

三、安全生产管理人员考核制度的主要内容

1. 施工单位负责的考核依据

《安全生产法》明确规定：建筑施工单位的主要负责人和安全生产管理人员，应当由有关主管部门对其安全生产知识和管理能力进行考核，考核合格后方可任职；《公路水运工程安全生产监督管理办法》也明确规定：施工单位的安全生产三类人员必须取得考核合格证书，方可参加公路水运工程投标及施工。

2. 企业主要负责人的考核要点

1）安全生产知识考核要点

国家有关安全生产的方针政策、法律法规、部门规章、标准及有关规范性文件，本地区有关安全生产的法规、规章、标准及规范性文件；公路水运施工企业生产管理的基本知识和相关专业知识；重、特大事故防范和应急救援措施，报告制度及调查处理方法；企业安全生产责任制和安全生产规章制度的内容、制订方法；国内外安全生产管理经验；典型事故案例分析。

2）安全生产管理能力考核要点

能认真贯彻执行国家安全生产方针、政策、法规和标准；能有效组织和督促本单位安全生产工作，建立、健全本单位安全生产责任制；能组织制订本单位安全生产规章制度和操作规程；能采取有效措施保证本单位安全生产所需资金的投入；能有效开展安全检查，及时消除生产安全事故隐患；能组织制订本单位生产安全事故应急救援预案，正确组织、指挥本单位事故应急救援工作；能及时、如实报告生产安全事故。

3. 项目负责人的考核要点

1）安全生产知识考核要点

（1）国家有关安全生产的方针政策、法律法规、部门规章、标准及有关规范性文件，本地区有关安全生产的法规、规章、标准及规范性文件。

（2）工程项目安全生产管理的基本知识和相关专业知识，重大事故防范、应急救援措施，报告制度及调查处理方法。

（3）企业和项目安全生产责任制和安全生产规章制度的内容、制订方法，施工现场安全生产监督检查的内容和方法。

（4）国内外安全生产管理经验，典型事故案例分析。

2）安全生产管理能力考核要点

（1）能认真贯彻执行国家安全生产方针、政策、法规和标准。

（2）能有效组织和督促本工程项目安全生产工作，落实安全生产责任制。

（3）能保证安全生产费用的有效使用。

（4）能根据工程的特点组织制订安全施工措施。

（5）能有效开展安全检查，及时消除生产安全事故隐患。

（6）能及时、如实报告生产安全事故；安全生产业绩：自考核之日起，所管理的项目一年内未发生由其承担主要责任的死亡事故。

4. 公路水运施工企业专职安全生产管理人员

1）安全生产知识考核要点

国家有关安全生产的方针政策、法律法规、部门规章、标准及有关规范性文件，本地区有关安全生产的法规、规章、标准及规范性文件，重大事故防范、应急救援措施，报告制度、调查处理方法以及防护救护方法，企业和项目安全生产责任制和安全生产规章制度，施工现场安全监督检查的内容和方法，典型事故案例分析。

2）安全生产管理能力考核要点

能认真贯彻执行国家安全生产方针、政策、法规和标准；能有效对安全生产进行现场监督检查，发现生产安全事故隐患，能及时向项目负责人和安全生产管理机构报告、能及时消除生产安全事故隐患，能及时制止现场违章指挥、违章操作行为，能及时、如实报告生产安全事故。

四、安全生产管理人员考核制度的实施流程

安全生产管理人员考核制度主要是规定企业安全生产主要负责人、项目安全负责人及专职安全管理人员的主要考核内容及相关要求，主要包括安全生产知识和安全生产管理能力的考核。具体实施流程见图5-5。

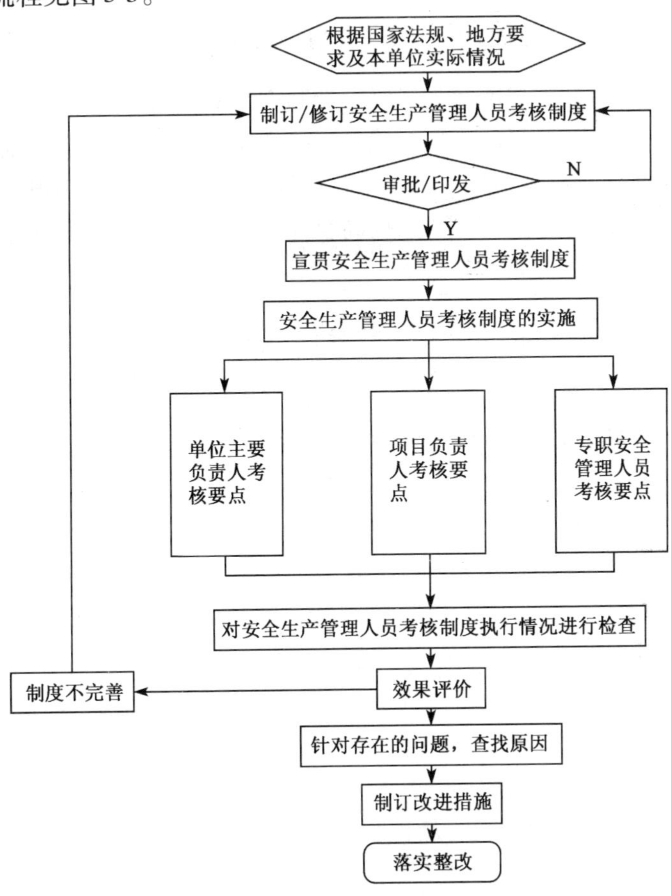

图5-5　安全生产管理人员考核制度的实施流程

第六节　安全生产教育与培训制度

一、建立安全生产教育与培训制度的必要性

1. 法规要求

《安全生产法》明确规定：生产经营单位应当对从业人员进行安全生产教育和培训，保证从业人员具备必要的安全生产知识，熟悉有关的安全生产规章制度和安全操作规程，掌握本岗位的安全操作技能。未经安全生产教育和培训合格的从业人员，不得上岗作业。

2. 公路水运工程施工企业安全管理现状的需要

目前，公路水运工程施工企业生产设施、设备状况参差不齐，安全条件不等，大部分直接接触危险源的从业人员大多都是文化程度相对较低的农民工，从事公路水运工程施工作业的时间短，自保互保的意识和能力不足，安全意识不强。因此，企业必须要建立安全生产教育与培训制度，这对于提高从业人员的安全意识和安全技能，防止人的不安全行为有着非常重要的作用。

二、建立安全生产教育与培训制度的目的和意义

安全教育和培训的目的不仅能提高各级领导和广大从业人员对安全生产方针和政策的认识，增强搞好安全生产工作的责任感、使命感和法律意识，提高贯彻执行安全法律、法规以及各项规章制度的自觉性；而且能促使广大从业人员掌握所需的安全生产知识，提高安全操作技能和应急自救能力，达到提高全员安全素养、提高企业安全生产管理水平和防止事故，实现安全生产的目的。

三、安全生产教育与培训制度的主要内容

1. 安全教育培训的内容

安全生产教育与培训制度的主要内容应包括：安全意识、安全知识和安全技能教育。

(1)安全意识教育：包括安全法规、安全思想教育和劳动纪律教育三个方面内容。

(2)安全知识教育：包括施工生产的概况、生产过程、作业方法或者工艺流程，生产经营单位内特别危险的设备和区域，专业安全技术操作规程，安全防护基本知识和注意事项，有关特种设备的基本安全知识，有关预防生产经营单位常发生事故的基本知识，个人防护用品的构造、性能和正确使用的有关常识等。

(3)安全技能教育：内容包括设备的性能、一般的结构原理和正确操作知识，设备的使用、维护和事故的预防措施、紧急救援技能等。

(4)特定情况下的适时教育：冬季、夏季、汛台期、雨雪天施工，节假日前后，节假日加班或突击赶任务，工作对象改变；工种交换，新工艺、新材料、新技术、新设备施工，发现事故隐患或发生事故后；进入新环境现场等。

(5)经常性的安全教育。

2. 安全教育培训的形式

(1)企业组织的各类安全教育培训班。

(2)三级安全教育培训。

(3)岗前安全教育培训。

(4)在作业现场作业前进行的班前“五分钟”安全宣传教育。

(5)企业组织的各种安全技术知识讲座、竞赛。

(6)企业组织的“安全生产月”活动期间的技术交流,展览、张贴宣传画、标语,设置警示标志,以及利用媒体等方式进行的安全教育。

(7)召开安全例会、事故分析会、现场会,分析造成事故的原因、责任、教训,制订事故防范措施。

(8)日常进行的广播、电影、电视、录像、网络等声像式安全教育是用现代技术手段,使安全教育真正寓教于乐。

3. 安全教育和培训的对象

(1)企业法定代表人、企业主管安全生产的领导和企业总工程师。

(2)项目经理(独立承包工程负责人、施工队长)。

(3)企业专职安全管理人员。

(4)企业其他生产管理人员和技术人员。

(5)企业特种作业人员。

(6)企业新进场的从业人员。

(7)重新上岗的待岗、转岗、换岗、复工人员。

(8)企业其他的所有从业人员。

4. 安全教育培训的时间和要求

按规定,施工企业应当对管理人员和作业人员每年至少要进行一次安全教育培训,其教育培训情况记入个人工作档案。安全生产教育培训考核不合格的人员,不得上岗。也就是说,企业各类安全生产管理人员除了按照《关于印发公路水运工程施工企业安全生产管理人员考核管理办法的通知》的要求取得岗位合格证书外,每年还必须接受一次专门的安全教育培训,时间不得少于如下规定:

(1)企业法定代表人、项目经理每年接受安全培训的时间,不得少于30学时;企业专职安全管理人员不得少于40学时;企业其他管理人员和技术人员每年接受安全培训的时间,不得少于20学时。

(2)特种作业人员必须持证上岗。每年须接受有针对性的安全培训,时间不得少于20学时。

(3)生产经营单位待岗、转岗、换岗的从业人员,再重新上岗前,必须接受一次安全培训教育,时间不得少于20学时。

(4) 公路工程施工行业的生产经营单位新进场的从业人员,必须进行公司、项目经理部(或工区、工程队等)、作业队(或班组等)的三级安全培训教育。

5. 企业三级安全教育的具体要求

(1)公司级安全培训教育的主要内容是:国家和地方有关安全生产的方针、政策、法规、标准、规范、规程和企业的安全规章制度等。培训教育的时间不得少于15学时。

(2)项目安全培训教育的主要内容是:工地安全制度、施工现场环境、工程施工特点及可能存在的不安全因素等。培训教育的时间不得少于15学时。

(3)班组安全培训教育的主要内容是:本工种的安全操作规程、安全事故案例、劳动纪律和岗位讲评等。培训教育的时间不得少于20学时。

四、安全生产教育与培训制度的实施流程

人的安全素质一般包括三个方面:一是安全意识,二是安全知识,三是安全技术。企业提高员工安全素质最直接、最有效的一个途径就是加强对职工的安全教育与安全培训。安全生产教育与培训制度实施还要注意如下问题:

(1)要经本单位安全会或上级安全生产主管部门审批下发后实施。

(2)要制订企业年度安全生产教育与培训计划。

(3)要建立本单位安全生产教育与培训档案,详细记录有关教育与培训信息。

(4)制度执行过程中要严格监督检查,对制度不重视或执行力不强的情况进行整改,并把相关信息反馈到有关部门,实施制度的修改修订工作。

具体实施流程见图5-6。

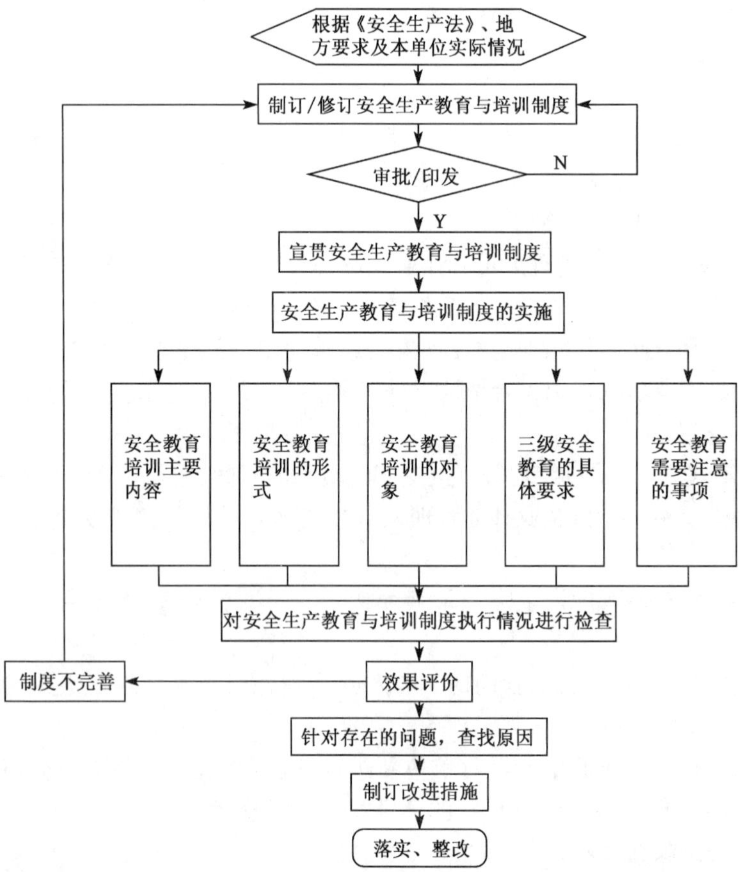

图5-6　安全生产教育与培训制度的实施流程

第七节 安全生产资金保障制度

一、建立安全生产资金保障制度的必要性

安全生产有关法规要求，公路工程施工企业当具备安全生产条件所必需的资金投入，应当安排用于配备劳动保护用品、进行安全生产培训的经费，并对由于安全生产所必需的资金投入不足导致的后果承担责任；《高危行业企业安全生产费用财务管理暂行办法》明确规定：建筑施工企业以建筑安装工程造价为计提依据，提取的安全费用列入工程造价，在竞标时不得删减；《公路水运工程安全生产监督管办理法》也要求交通建设项目的安全投入“一般不得低于投标价的1%，且不得作为竞争性报价”等等。因此，企业要想解决安全生产措施经费足额提取、及时到位、合理使用等问题，就必须建立相关《安全生产资金保障制度》。

二、建立安全生产资金保障制度的目的和意义

企业安全生产资金保障制度的目的是为了加强企业安全生产费用的统一管理；保证安全生产资金的有效投入；改善从业人员工作条件和工作环境，保障职工职业健康安全；进一步实现安全生产、文明施工和安全生产标准化管理；减少和防止生产安全事故的发生。

三、安全生产资金保障制度的主要内容

1. 安全生产资金保障制度的主要内容

(1)安全生产资金是指企业按规定标准提取，在成本中列支，专门用于完善和改进企业安全生产条件所发生的各项资金(提取标准为：公路1%、铁路1.5%、房建2%)。

(2)企业安全生产资金管理必须坚持“企业提取、政府监管、确保需要、规范使用”的原则进行管理。

(3)企业安全生产资金必须做到专项立户，由本单位财务部门统一管理，实行专款专用，不得挪作他用。

(4)企业安全生产第一责任人全面负责安全生产资金计划的审批，并保证资金的落实及合理使用等工作。

(5)企业的安监部门负责安全生产资金相关情况的监督检查，审计部门应定期对安全生产投入资金使用情况进行专项审计，并出具报告。

(6)企业安全生产资金保障制度还要明确使用计划、统计上报的时间、相关工作程序、职责权限、奖励与处罚等。

(7)上级安监、财务等主管部门要加强安全生产资金的监督管理，对未按照相关规定落实安全生产资金保障制度的单位给予处罚。对因未建立或不严格执行安全生产资金保障制度的单位和个人，造成企业安全生产责任事故的还应追究相关责任人的责任。

2. 安全生产资金的使用范围

按照《高危行业企业安全生产费用财务管理暂行办法》要求，安全资金应当在以下规定的范围内使用：完善、改造和维护安全防护设备、设施支出，配备必要的应急救援器材、设备和现

场作业人员安全防护物品支出，安全生产检查与评价支出，重大危险源、重大事故隐患的评估、整改、监控支出；安全技能培训及进行应急救援演练支出，其他与安全生产直接相关的支出。

在公路水运工程施工中，对建设单位列入建设工程概算的安全生产资金应主要用于施工安全防护用具及设施采购和更新、安全施工保障措施的落实、安全生产条件改善等。

四、安全生产资金保障制度的实施流程

安全生产资金保障制度建立后关键在于落实，各施工企业在落实安全生产资金管理工作必须做到“三到位”，即：责任到位、措施到位、资金到位。同时，各级财务部门、安全生产部门还应对安全生产费用提取标准、使用范围和结余处理等进行可行性分析评价，并结合本单位实际，在监督有关部门实施的同时，适时修订，确保安全生产资金的有效使用，做到科学、合法、合理、有效。具体实施流程见图5-7。

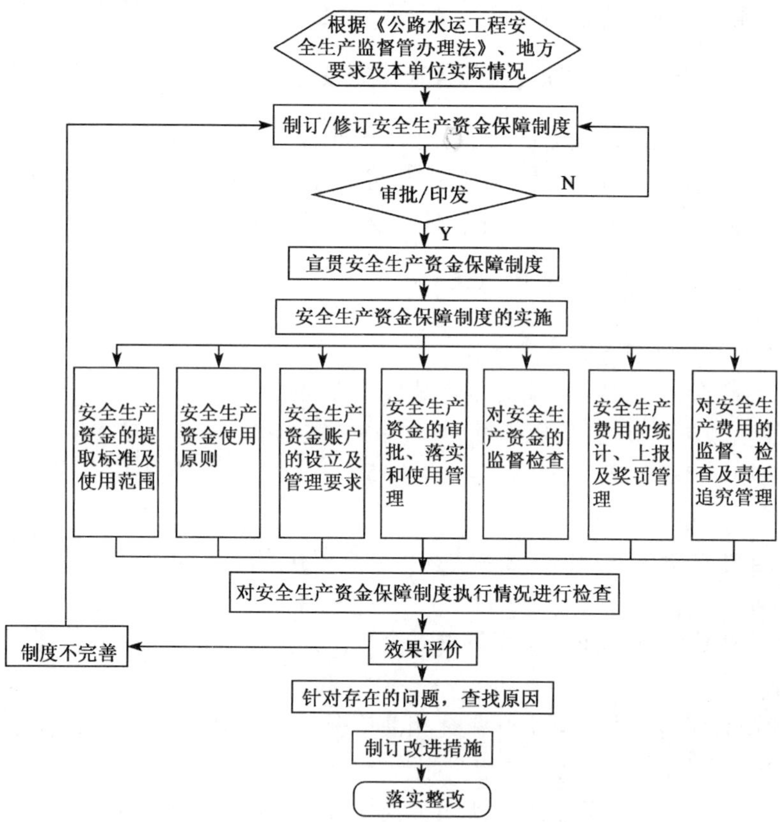

图5-7　安全生产资金保障制度的实施流程

第八节　安全风险评估制度

一、建立安全风险评估制度的必要性

安全风险评估制度是风险评估理论和方法在安全生产管理工作中的具体运用，是在

科学分析施工生产当中危险危害因素的基础上，强调安全风险的预防、风险的控制、风险的转移、风险的补偿、风险的分散等之间做出决策的过程。企业的安全生产工作都应该在建立安全风险评估的基础上进行，只有在正确地、全面地了解安全风险后，才能在控制风险、减少风险、转移风险之间做出正确的判断，决定调动多少资源、以什么样的代价、采取什么样的应对措施去化解风险、控制风险。建立安全风险评估制度，及时识别、评价和控制危险源，可以有针对性地采取防范措施，是实现安全生产"可控、能控、在控"的必然要求。

二、建立安全风险评估制度的目的和意义

在公路水运工程施工过程中，诱发安全生产事故的原因很多，控制的方法和手段也是不断推陈出新，建立安全风险评估制度是现代企业安全管理的重要手段之一。其目的就是对施工中的不同环境或不同时期的安全风险进行识别与分析，以及对安全风险产生的后果进行综合评价，并通过安全风险评价查找其存在的危险、有害因素并确定危险程度，提出合理可行的安全对策、措施及建议，使企业在生产运行期内的安全风险控制在安全、合理的范围内。建立安全风险评估制度对于企业建立健全符合企业实际的安全预控机制，整体提高企业安全管理水平，达到科学预测事故发生的后果都具有重大的意义。

三、安全风险评估制度的主要内容

建立安全风险评估制度就一定要牢固树立"任何风险都可以控制"的理念，坚持"以人为本、安全发展、实事求是、注重实效、稳步推进"的基本原则，按照"分专业、分层次、理流程"的工作思路，密切结合企业安全生产实际和安全管理基础，稳步推进企业安全风险管理。

安全风险评估一般有以下三个步骤：安全风险的辨识与评价→危险危害因素的分析、分类及管理措施→安全风险评估。

1. 安全风险的辨识与评价

1）危险源辨识的准备及要求

根据工程项目所在地、自然环境、气候特点等客观条件，依据合同工期的要求，首先应制订出施工工序流程图，并确定具体工作内容；辨识小组应由具有丰富施工经验的人员组成，如生产经理、技术经理、专职安全员、施工队长、现场工程师、现场施工人员确定，要力求考虑周全、详尽；危险源识别所应用的法律法规要全，辨识范围应覆盖本单位、本项目的所有施工、作业（工作）区域及设备（设施）；参加辨识的人员掌握辨识范围和类别的基本情况，了解法律法规对本单位、本项目安全管理的具体要求；辨识的各项资料准备要齐全。

2）危险源辨识的法律依据

对于公路水运工程施工危险源的辨识，应主要依据《建设工程安全生产管理条例》、《公路水运工程安全生产监督管理办法》和《危险化学品重大危险源辨识》等有关法规和标准进行。

3）危险源的分类

目前我国关于危险源分类方法，有按生产过程危险分类、按照有害因素分类以及按照企业

职工伤亡事故分类等方法。根据《生产过程危险和有害因素分类与代码》的规定,将生产过程中的危险、有害因素分为六类,分别是:①物理性危险、有害因素,②化学性危险、有害因素,③生物性危险、有害因素,④心理、生理性危险,有害因素,⑤行为性危险、有害因素,⑥其他危险、有害因素。

4)危险源辨识与评价方法

危险源辨识方法大致可分为三类。

(1)经验分析法:包括直观判断、对照分析和类比分析法。

直观判断法仅限于有可供参考先例、有以往经验可以借鉴的建设项目;对照分析法是对照有关法律法规、标准、检查表或依靠分析人员的观察能力,借助于经验和判断能力直观地对评价对象的危险因素进行分析的方法。缺点是容易受到分析人员的经验和知识等方面的限制,对此,可采用安全检查表的方法加以弥补;类比分析法是利用相同或类似工程或作业条件的经验和劳动安全卫生的统计资料来类推、分析评价对象的危险因素。总结以往的生产经验,对以往发生过的事故或未遂事故的原因进行分析,不难找出危险因素。

施工现场的危险源主要是通过经验分析方法来辨识。

(2)材料性质和生产条件分析法。了解生产或使用的材料性质是危害辨识的基础,危害辨识中常用的材料性质有:毒性、物理化学性质、燃烧和爆炸特性等。生产条件也会产生危险或使生产过程中的材料的危险性质加剧。

(3)作业条件危险性评价法。作业条件危险性评价法认为影响危险性的三个主要因素是:发生事故的可能性大小,用符号 L 表示;人体暴露于危险环境的频繁程度,用符号 E 表示;发生事故可能产生的后果,用符号 C 表示。作业条件危险性分值用符号 D 表示,$D = L \times E \times C$, D 值越大,说明危险性越大,当 D 值超过不可容许或不可接受的风险时,就认定为重大危险源。具体数值可参照表5-1~表5-4。

①L——事故发生的可能性(表5-1)。

事故发生的可能性(L)　　表5-1

分　数　值	事故发生的可能性	分　数　值	事故发生的可能性
10	完全可以预料	6	相当可能
3	可能,但不经常	1	可能性小,完全意外
0.5	很不可能,可以设想	0.2	极不可能
0.1	实际不可能		

②E——暴露于危险环境的频繁程度(表5-2)。

人员出现在危险环境中的时间越多,危险性越大。因此将人员连续出现在危险环境的情况定为10,将非常罕见出现在危险环境中定为0.5,而介于两者之间的各种情况分别规定出若干中间值。

暴露于危险环境的频繁程度(E) 表5-2

分 数 值	暴露于危险环境的频繁程度	分 数 值	暴露于危险环境的频繁程度
10	连续暴露	6	每天工作时间内暴露
3	每周一次或偶然暴露	2	每月一次暴露
1	每年几次暴露	0.5	非常罕见暴露

③C——发生事故的后果(表5-3)。

在公路水运工程施工范围内所有的活动、服务过程中,因各种过失酿成机械设备损坏和安全设施失当造成人身伤亡或重大经济损失的事故,按其可能产生的后果即人员受到伤害的程度、经济损失额度的变化范围进行界定(经济损失系指直接经济损失,泛指因事故造成人身伤亡及善后处理支出的费用和损坏财产的价值)。由于范围广阔,所以依据《企业职工伤亡事故分类》(GB 6441—1986)规定分数值为1~100。

发生事故的后果(C) 表5-3

分 数 值	发生事故产生的后果
100	10人以上死亡或直接经济损失100万~300万元
40	3~9人死亡或直接经济损失30万~100万元
15	1~2人死亡或直接经济损失10万~30万元
7	伤残或经济损失1万~10万元
3	重伤或经济损失1万元以下
1	轻伤(损失1~105工日的失能伤害)

④D——危险性分值(表5-4)。

根据公式就可以计算作业的危险性程度,但关键是如何确定各分值和总分的评价。根据上述计算结果总分在400以下,认为是低度风险,采用加强培训提高意识和能力;建立、健全相关规章制度;强化安全检查等方法进行管理。如果风险分数值在400以上,是要采取措施进行整改的重大风险。

作业条件危险性分值(D) 表5-4

D 值	危 险 程 度	风 险 等 级	备 注
>720	极其危险,不能继续作业	5	重大风险
500~720	高度危险,要立即整改	4	
400~500	显著危险,需整改	3	
100~400	一般危险,需注意	2	低度风险
<100	稍有危险,可以接受	1	

同时，危险源的确定要防止遗漏，不仅要分析正常施工、操作时的危险因素，更重要的是要充分考虑施工活动三种时态（过去、现在、将来）和三种状态（正常、异常、紧急）下潜在的各种危险，分析支护失效，设备、装置破坏及操作失误可能产生严重后果的危险因素。对于已经评价为重大危险源还要制订相应的管理措施或管理方案。

2. 危险危害因素的分析、分类及管理措施

此项工作应由工程技术人员、安全管理人员、设备使用与施工现场管理人员等各方面专家共同讨论完成，要以可能发生或者历史上曾经发生过的事故和事件为借鉴，以有关安全技术操作规程为依据，从以下几个方面进行危害分析：

（1）物（设备、设施）的不安全状态，包括可能导致事故发生和危害扩大的设计缺陷、工艺缺陷、设备缺陷、停放位置保护措施和安全装置的缺陷等。

（2）人的不安全因素，上岗人员未按要求培训、不采取安全措施、不按规定方法操作、疲劳等。

（3）可能造成职业病、中毒的劳动环境和条件，包括物理的（噪声、振动、湿度、辐射、粉尘）、化学的（易燃、易爆、有毒、危险气体、氧化物等）以及生物因素。

（4）管理缺陷，包括安全监督、检查、事故防范、应急措施、作业人员安排、劳保防护用品不足或质量缺陷、工艺过程和操作方法不正确等。

（5）自然灾害，如地震、台风、洪水、雷击、泥石流、塌方等。

通过对危险源的分析、分类后采取相应的控制措施是控制事故的关键。

3. 安全风险评估

根据以上几个方面的危害分析，应将所分析的结果进行风险评估，根据事故隐患危害程度和产生后果的不同进行分类，以便为制订防范措施奠定基础。应从以下几个方面进行评估：

（1）人身伤害（包括烧伤、烫伤、挤伤、砸伤、摔伤、电伤、咬伤、磁力伤、溺水等）和死亡。

（2）职业病发生（如粉尘、静电、有害气体、放射源等）。

（3）环境污染（如对大气、水源、农作物、动物等）。

（4）企业财产损失。

（5）可能受到上级单位的批评、处罚或承担法律责任。

（6）企业信誉的影响。

（7）其他影响。

（8）得出评价结论。

4. 出具安全风险评估报告

安全风险评估报告包括工程项目概况、安全风险评估的主要内容和风险评估结论等。

四、安全风险评估制度的实施流程

安全风险评估的实施与运行步骤应该是：法律法规→危险源辨识→风险确定→风险评估→风险控制措施→目标→管理方案→危险源更新→风险更新→评估更新。风险评估中危险源辨识和风险评价是基础，运行控制、目标和管理方案的策划是持续改进和绩效提高的关键。具体实施流程见图5-8。

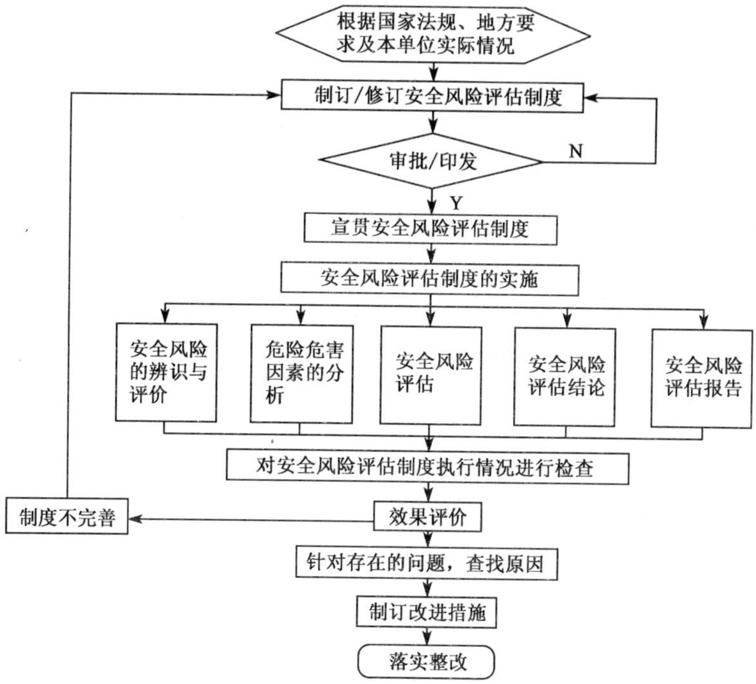

图5-8　安全风险评估制度的实施流程

第九节　安全技术交底制度

一、建立安全技术交底制度的必要性

公路水运工程施工一般属线性工程，要跨越大江大河、峡沟深谷，经过各种不良地质路段，修建大桥、隧道、高边坡等结构物不可避免，施工任务艰巨，安全风险高；同时，目前随着国家经济的高速发展我国修建的公路等级越来越高，深水、高墩、大跨危险工程越来越多，机械化程度越来越高，施工范围逐渐由近海向远海发展，由浅水有掩护向深水无掩护扩展；新技术、新结构、新工艺、新材料和新设备，也不断地被应用于水运工程中，安全生产技术和管理工作也随之更加复杂、多变。在这样错综复杂的环境下，做好安全技术交底工作，能真正起到指导施工，预防事故、保证施工安全的作用。

二、建立安全技术交底制度的目的和意义

建立技术交底制度目的是为了规范项目安全技术交底工作，提高从业人员的安全意识、安全知识和安全操作技能，是减少伤亡事故发生的必要手段和根本途径。

三、安全技术交底制度的主要内容

1. 交底的主要内容

(1)告知施工过程中的作业危险特点、重大危险源及危害因素。

(2)针对危险点和重大危险源制订具体预防措施。

(3)作业过程中应注意的安全事项。

(4)特殊工序的操作方法和相应的安全操作规程和标准要求。

(5)发生安全生产事故后应该采取的自救方法、紧急避险和紧急救援措施等。

2. 交底的具体要求

(1)安全技术交底由项目经理部技术负责人负责实施,实行逐级安全技术交底制度。横向涵盖各相关部门,纵向延伸到班组全体作业人员,即从项目管理者到现场施工负责人直到现场具体操作人员都应接受安全技术交底,任何人未经安全技术交底不准作业。

(2)安全技术交底的内容必须具体、明确,有针对性和可操作性。

(3)技术交底的内容应针对分部分项工程施工给作业人员带来的潜在或隐含的危险因素和存在问题。

(4)安全技术交底应优先交底采用新的安全技术方法和技术措施。

(5)安全技术交底应涵盖工程概况、施工方法、施工程序、安全技术措施等内容。

(6)安全技术交底必须保留书面签字记录。

四、安全技术交底制度的实施流程

安全技术交底制度的实施与运行步骤应该是:依据相关法律法规→制订安全技术交底制度→安全技术交底制度的宣贯与落实→监督检查→效果评价→问题落实整改。

具体流程见图5-9。

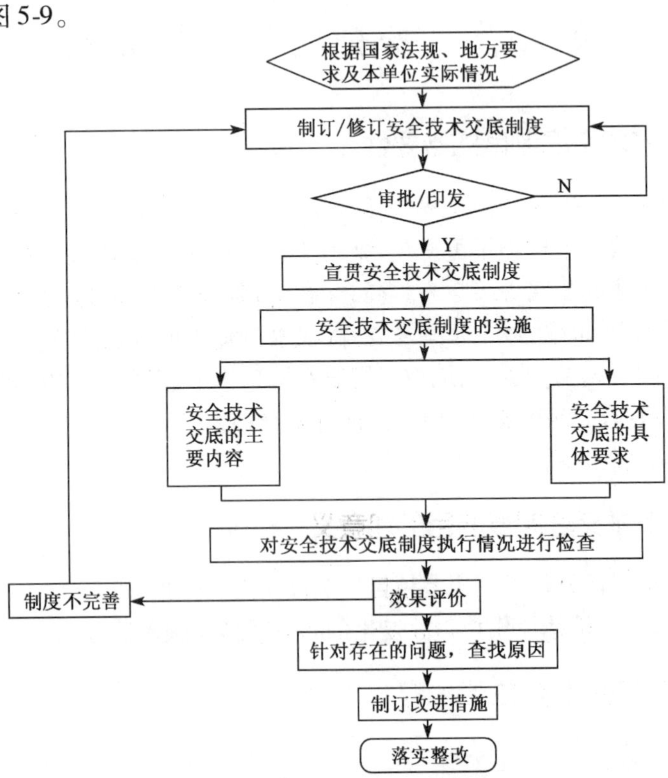

图5-9　安全技术交底制度的实施流程

第十节 危险性较大工程专项方案审批论证制度

一、建立危险性较大工程专项方案审批论证制度的必要性

危险性较大的工程由于施工中危险危害因素众多,是安全生产管理的重点和难点,因此其施工专项方案必须经过严格的审批和论证,保证每个施工工艺、施工方法中存在的危险危害因素得到有效控制和防护,才能确保施工过程中的安全生产能够实现。建立《危险性较大工程专项方案审批论证制度》就是要保证这个审批和论证的过程科学严谨、有效落实。

二、建立危险性较大工程专项方案审批论证制度的目的和意义

危险性较大工程施工中往往具有安全生产隐患多、治理难度大、安全生产事故发生率高的特点。建立《危险性较大工程专项方案审批论证制度》是为了保证危险性较大工程在施工前能够充分考虑施工过程中可能存在的各种安全生产隐患,适当调整施工工艺和施工方法,研究制订可操作性强的预防和治理措施,避免或减少安全生产事故的发生,对于保障施工过程中安全生产顺利进行、施工人员人身安全、企业财产不受损失具有重要意义。

三、危险性较大工程专项方案审批论证制度的主要内容

危险性较大工程在施工前必须根据地质水文条件、设计图纸要求、技术规范标准及国家和地方法律法规等制订严谨可行的专项施工方案,然后经过审批和论证程序后方可施工。

1.危险性较大工程的范围

根据《公路水运工程安全生产监督管理办法》第二十三条规定,对下列危险性较大的工程以及临时用电设备在5台及以上或设备总容量在50kW及以上的施工现场临时用电工程施工前应当编制专项施工方案,并附安全验算结果,经施工单位技术负责人、监理工程师审查同意签字后实施,由专职安全生产管理人员进行现场监督:

(1)不良地质条件下有潜在危险性的土方、石方开挖。

(2)滑坡和高边坡处理。

(3)桩基础、挡墙基础、深水基础及围堰工程。

(4)桥梁工程中的梁、拱、柱等构件施工等。

(5)隧道工程中的不良地质隧道、高瓦斯隧道、水底(海底)隧道等。

(6)水上工程中的打桩船作业、施工船作业、外海孤岛作业、边通航边施工作业等。

(7)水下工程中的水下焊接、混凝土浇筑、爆破工程等。

(8)爆破工程。

(9)大型临时工程中的大型支架、模板、便桥的架设与拆除;桥梁、码头的加固与拆除。

(10)其他危险性较大的工程。

必要时,施工单位对前款所列工程的专项施工方案,还应当组织专家进行论证、审查。

2. 专项方案的编制

专项方案应由施工单位组织编制，编制人员应具有本专业中级及以上专业技术职称。实行施工总承包的，应由施工总承包单位组织编制。其中，超深基坑、高大模板、大型边坡、大型脚手架等专业工程，应由专业承包单位负责编制。

专项方案的主要内容应包括：工程概况、编制依据、施工计划、施工工艺技术、施工安全保证措施、劳动力计划、计算书及相关图纸。

(1)专项方案编制应遵循的原则。

①进行施工平面布置时，生活、生产设施要避开周边重大危险因素，并不得对周边环境造成安全影响，同时要对具有危险性的临时设施按有关规定进行布置并进行标志。

②确定对施工作业有可能造成重大安全影响的周边危险因素，并制订相应的安全技术措施，消除这些危险因素。在无法消除的情况下，要制订相应的监控措施，必要时设计修建符合国家有关标准的安全防护设施，将其影响降至最低程度。

③根据设计文件、工期要求、施工环境，具体分析本项目施工的特点，找出施工过程中可能出现的不安全状态，针对这些不安全状态制订相应的技术措施。

④对施工过程进行作业流程分析，找出危险点，针对这些危险点制订相应的技术防范措施。

⑤安全技术措施的处置方法包括：消除与预防法、替代隔离法、设置薄弱环节法、错位布局法、连锁法、警告法。

(2)在编制安全技术措施时，需要特别注意的内容。

①编制前应收集施工项目所处的施工环境资料、工程图纸、设计文件、工期要求并深入施工现场进行查勘。

②收集有关的国家安全生产法律法规、行业标准、安全防护设施标准、安全操作规程、施工工艺、同类技术文件。

③收集有关的危险因素辨识、评价资料。

④根据施工机械具体状况和使用条件，从技术角度考虑对设备的使用制订相应的规定，尤其是一些老旧设备、工作环境特别差的设备。对安全保护装置的使用做出明确规定，防止设备超负荷运行。

⑤根据相关的安全操作规程和作业过程特点，规定作业程序，规范施工人员的作业行为。

⑥在使用新工艺、新技术、新材料、新设备时，要对作业过程进行认真的分析，找出其薄弱点和危险点，并有针对性地编制相应的安全技术措施，对作业人员专门进行培训，考核合格后方能上岗。

⑦在进行有毒有害作业时，要根据作业特点从技术上对作业场所、防护设施、个人防护装备、作业时间进行具体的规定，最大限度地降低对作业人员的危害。

⑧对安全事故出现前的事故征兆、异常情况分析清楚并进行描述，制订出现事故征兆后应立即采取的应急措施，以避免安全事故的发生或将事故损失减小到最低程度。具体专项施工方案编制流程见图5-10。

3. 专项方案的审核、审批

(1)专项方案应当由施工单位技术部门组织本单位生产、安全、技术质量等部门的专业技术人员进行审核。

(2)实行施工总承包的,专项方案应当由总承包单位技术负责人及相关专业承包单位技术负责人审核。

(3)不需专家论证的专项方案,须经施工单位审核合格后报施工监理单位,项目监理工程师审核通过、签字后,由项目技术负责人批准实施。

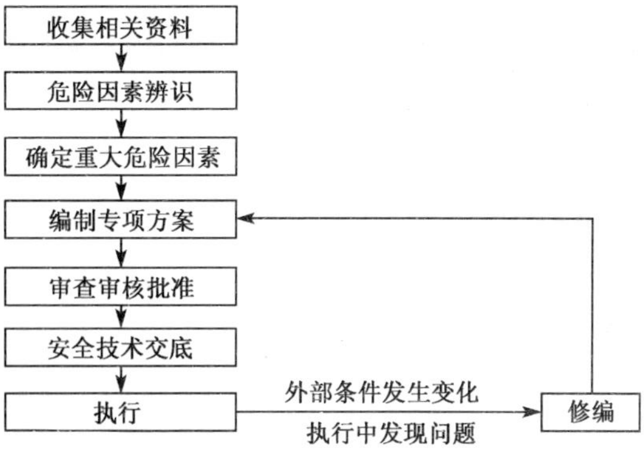

图 5-10　专项施工方案编制流程

4. 专项方案的论证

具有一定规模的危险性较大的分部分项工程、专项方案应当由施工单位组织召开专家论证会。工程实行施工总承包的,由施工总承包单位组织召开专家论证会。论证审查的专项方案在审核论证会通过后实施。

方案中需要专家论证的主要内容包括:

(1)专项方案内容是否完整。

(2)专项方案计算书和验算依据是否符合有关工程建设标准,采用新技术、新工艺、新材料、新设备的工程专项方案的数学模型是否准确。

(3)专项方案是否可行,是否符合施工现场实际情况。

专家组认为专项施工方案需做重大修改的,施工单位应当根据论证报告组织修改,并重新组织专家进行论证。

施工单位应当根据专家组提交的论证报告对专项方案进行修改完善,经施工单位技术负责人、工程项目总监理工程师和建设单位签字后,方可实施。实行施工总承包的,还应经施工总承包单位技术负责人审核签字。

施工单位必须严格执行专项方案,不得擅自修改经过审批的专项方案。如因设计、结构等因素发生变化,确需修订的,应重新履行审核、论证、审批程序。

四、危险性较大工程专项方案审批论证制度的实施流程

(1)专项方案编制。专项方案由施工单位负责组织编制,实行施工总承包的,由施工总承包单位负责组织编制。

(2)专项方案审批。施工单位组织专业技术人员对专项方案进行审核。不需要进行专家论证的,审核合格后,由施工单位技术负责人进行审批,实行施工总承包的,还应报总承包企业技术负责人审批。需要进行专家论证的,审核通过后,组织专家进行论证审查。

(3)专项方案论证。施工单位应组织专家或者委托第三方组织专家对方案进行论证审查。实行施工总承包的,由施工总承包单位组织专家论证。

(4)方案的修改完善。施工单位应根据审核意见和专家组审查论证结果对专项方案进行修改完善,经施工单位技术负责人(实行施工总承包的,还应经施工总承包单位技术负责人签字)、工程项目总监理工程师和建设单位签字后,方可实施。

(5)完善后实施。施工前应对施工人员进行安全技术交底;施工中应对方案执行情况进行检查;对方案执行情况进行定期验收,验收合格方可进入下一道工序。

具体流程见图5-11。

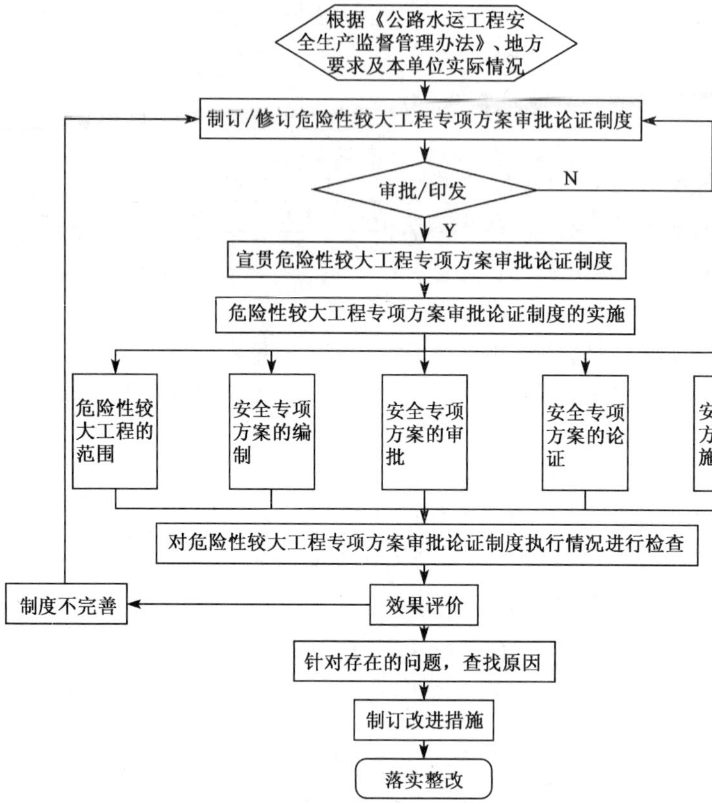

图5-11　危险性较大工程专项方案审批论证制度实施流程

第十一节　特种设备及作业人员安全管理制度

一、建立特种设备及作业人员安全管理制度的必要性

随着公路水运工程建设的迅速发展,工程施工机械化程度越来越高。然而由于施工机械设备本身和操作人员的原因,使得机械设备在使用中存在许多不安全因素,稍有疏忽,就可能发生机械伤害事故,各企业财产和企业员工职业健康安全造成危害。为了杜绝或减少机械伤害事故的发生,确保机械设备及人员的安全,创造良好的施工环境,就必须建立《特种设备及作业人员安全管理制度》,加强对特种设备及其作业人员的安全管理。

二、建立特种设备及作业人员安全管理制度的目的和意义

建立《特种设备及作业人员安全管理制度》的目的是为了保证特种设备的品质和安全,加强设备的检验检测。规范特种作业人员的教育培训、持证上岗等安全管理,杜绝违章指挥、违

章操作、违反劳动纪律的“三违”行为，避免人身伤害和财产损失；建立此项制度对于企业贯彻国家有关法律法规，建立健全企业安全生产管理体系，提高保障能力，完成既定的安全生产管理目标都具有重要意义。

三、特种设备及作业人员安全管理制度的主要内容

1. 特种设备的分类

根据《特种设备安全监察条例》等相关法律法规，结合公路水运工程施工的实际特点，特种设备及作业人员安全管理制度中包含的特种设备应为：

（1）锅炉。范围规定为容积大于或者等于 30L 的承压蒸汽锅炉；出口水压大于或者等于 0.1MPa（表压），且额定功率大于或者等于 0.1MW 的承压热水锅炉；有机热载体锅炉。

（2）压力容器。最大工作压力大于或者等于 0.1MPa（表压），且压力与容积的乘积大于或者等于 2.5MPa · L 的气体、液化气体和最大工作温度高于或者等于标准沸点的液体的固定式容器和移动式容器；盛装公称工作压力大于或者等于 0.2MPa（表压），且压力与容积的乘积大于或者等于 1.0MPa · L 的气体、液化气体和标准沸点等于或者低于 60℃液体的气瓶；氧舱等。

（3）压力管道。其范围规定为最大工作压力大于或者等于 0.1MPa（表压）的气体、液化气体、蒸汽介质或者可燃、易爆、有毒、有腐蚀性、最大工作温度高于或者等于标准沸点的液体介质，且公称直径大于 25mm 的管道。

（4）电梯。电梯是指动力驱动，利用沿刚性导轨运行的箱体或者沿固定线路运行的梯级（踏步），进行升降或者平行运送人、货物的机电设备，包括载人（货）电梯、自动扶梯、自动人行道等。

（5）起重机械。起重机械是指用于垂直升降或者垂直升降并水平移动重物的机电设备，其范围规定为额定起重量大于或者等于 0.5t 的升降机；额定起重量大于或者等于 1t，且提升高度大于或者等于 2m 的起重机和承重形式固定的电动葫芦等。

（6）场（厂）内专用机动车辆。即除道路交通、农用车辆以外仅在工厂厂区、旅游景区、游乐场所等特定区域使用的专用机动车辆。特种设备包括其所用的材料、附属的安全附件、安全保护装置和与安全保护装置相关的设施。

（7）其他危险性较大的特殊工作。

2. 特种设备的安装与调试

（1）对特种设备进行安装调试的单位应该具有相应的资格，使用单位需对承接该项工作的单位进行安全资格验证。

（2）特种设备在安装调试前，使用单位应对特种设备安装调试承揽单位进行安全资质审查、验证后报上级质量技术监督行政主管部门备案，方可进行特种设备的安装调试。

（3）特种设备安装调试必须按照国家相关安全法规、标准进行。

（4）设备安装调试完成后，安装单位必须出具有关安装合格报告。使用单位还应组织有关部门组织验收，验收合格后方可投入使用。

3. 特种设备的管理

（1）特种设备使用单位应当使用符合安全技术规范要求的特种设备。检查验收时，应要求厂家提供设备的设计文件、产品质量合格证明、安装调试及使用维修保养说明等文件。

(2)特种设备在投入使用前或者投入使用后30日内,特种设备使用单位应当向直辖市或者设区的市的特种设备安全监督管理部门登记。登记标志应当置于或者附着于该特种设备的显著位置。

(3)特种设备使用单位应当建立特种设备安全技术档案。安全技术档案应当包括以下内容:

①特种设备的设计文件、制造单位、产品质量合格证明、使用维护说明等文件以及安装调试技术文件和资料。

②特种设备的定期检验和定期自行检查的记录。

③特种设备的日常使用状况记录。

④特种设备及其安全附件、安全保护装置、测量调控装置及有关附属仪器仪表的日常维护保养记录。

⑤特种设备运行故障和事故记录。

⑥高耗能特种设备的能效测试报告、能耗状况记录以及节能改造技术资料。

(4)特种设备使用单位应当加强对在用特种设备进行经常性日常维护保养,并做好记录;维护保养时发现异常情况应当及时处理。

(5)特种设备的使用单位至少每月进行一次专门的安全检查,发现问题及时处理,有效预防机械伤害事故的发生。

4.特种设备作业人员管理

特种设备作业人员是从事指特种设备安装调试、维修保养、指挥、操作等人员。

(1)特种设备的使用单位应当加强对特种设备作业现场和作业人员的安全管理,履行下列义务:

①制订特种设备安全操作规程和有关安全管理制度;

②保证特殊工种人员持证上岗,建立特种设备作业人员管理档案;

③对特种作业人员及时进行安全教育和培训;

④专项安全检查,确保持证上岗和按章操作;

⑤提供必要的安全作业条件,发放必要的个人安全防护用品、用具;

⑥定期组织从事危险危害作业的特殊工种作业人员进行身体健康检查;

⑦及时进行安全技术交底和危险危害因素书面告知。

(2)《特种作业人员安全技术培训考核管理规定》对从事特种设备操作的作业人员有下列要求:

①年满18周岁,且不超过国家法定退休年龄;

②经社区或者县级以上医疗机构体检健康合格,并无妨碍从事相应特种作业的器质性心脏病、癫痫病、美尼尔氏症、眩晕症、癔病、震颤麻痹症、精神病、痴呆症以及其他疾病和生理缺陷;

③具有初中及以上文化程度;

④具备必要的安全技术知识与技能;

⑤相应特种作业规定的其他条件。

(3)特种设备作业人员应当遵守以下规定:

①作业时随身携带证件，并自觉接受用人单位的安全管理和质量技术监督部门的监督检查；

②积极参加特种设备安全教育和安全技术培训；

③严格执行特种设备操作规程和有关安全规章制度；

④拒绝违章指挥；

⑤发现事故隐患或者不安全因素应当立即向现场管理人员和单位有关负责人报告；

⑥接受安全技术交底，熟悉现场危险源及应急措施。

四、特种设备及作业人员安全管理制度的实施流程

具体流程见图5-12。

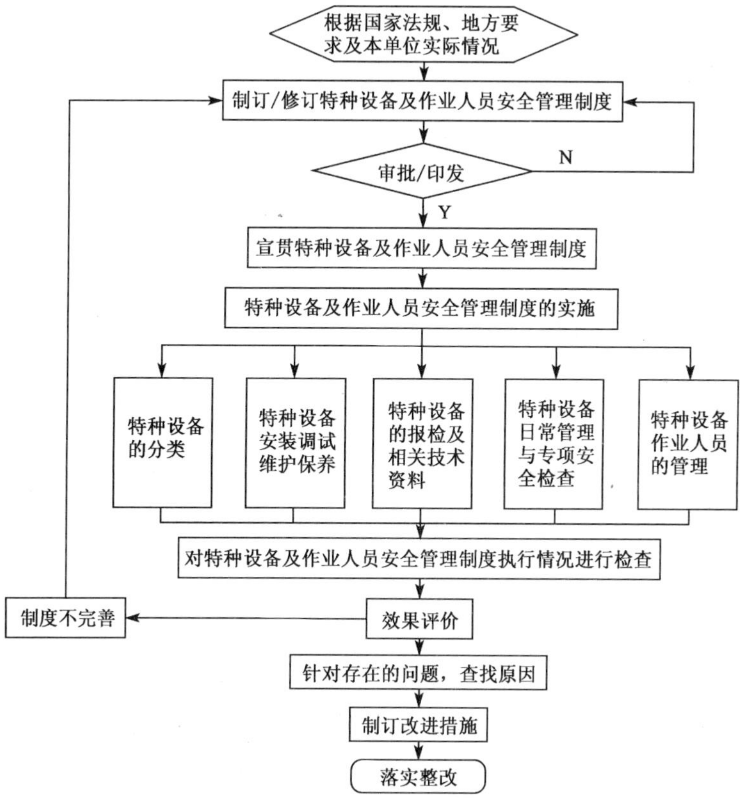

图5-12　特种设备及作业人员安全管理制度的实施流程

第十二节　职业健康安全和劳动防护用品管理制度

一、建立职业健康安全和劳动防护用品管理制度的必要性

劳动防护用品是保护劳动者在生产过程中的保证安全与健康所必备的个人安全防护用具，事实证明：作业人员配备和正确使用劳动防护用品能够有效避免或减少职业危害、预

防职业病和工伤事故的发生。建立《职业健康安全和劳动防护用品管理制度》是国家法律法规的要求，是构建和谐社会、贯彻"以人为本、安全发展"安全生产理念的必要措施；也是建立各单位职业健康安全管理体系的重要组成部分，是保障安全生产必不可缺少的重要手段。

二、建立职业健康安全和劳动防护用品管理制度的目的和意义

建立《职业健康安全和劳动防护用品管理制度》的目的是：规范企业劳动防护用品的管理，减少作业场所职业危害，降低职业病发生率，提高企业对于职业病和职业伤害的防控能力。它的重要意义在于，一方面有助于劳动者合法权益的实现，有助于劳动者生产作业环境的持续改进；另一方面有助于企业完善职业健康安全管理体系，有助于企业更好地开展职业病防治工作，预防或减少安全生产责任事故的发生。

三、职业健康安全和劳动防护用品管理制度的主要内容

《职业健康安全和劳动防护用品管理制度》应根据国家和地方有关法律法规要求，并结合企业施工生产实际和劳动者作业环境中的特点来制订。

1. 职业病防治管理

企业作为职业病防治和职业健康安全的责任主体应采取下列管理措施：

(1)本企业要设置职业卫生管理机构或者组织，全面负责本单位的职业病防治工作；制订职业病防治计划和实施方案；建立健全职业卫生管理制度和操作规程；建立健全职业卫生档案和劳动者健康监护档案；建立、健全工作场所职业病危害因素监测及评价制度；建立健全职业病危害事故应急救援预案。

(2)设置有效的职业病防护设施，并为劳动者提供合格的职业病防护用品。

(3)优先采用有利于防治职业病和保护劳动者健康的新技术、新工艺、新材料。

(4)对产生严重职业病危害的作业岗位，应当在其醒目位置，设置警示标志和中文警示说明。警示说明应当载明产生职业病危害的种类、后果、预防以及应急救治措施等内容。

(5)对可能发生急性职业损伤的有毒、有害工作场所，设置报警装置，配置现场急救用品、冲洗设备、应急撤离通道和必要的危险区。

(6)按照卫生行政部门的规定，定期对工作场所进行职业病危害因素检测、评价，检测、评价结果存入用人单位职业卫生档案，定期向所在地卫生行政部门报告并向劳动者公布。

(7)不得安排未成年人从事接触职业病危害的作业，不得安排孕期、哺乳期的女职工从事对本人和胎儿、婴儿有危害的作业。

2. 常见的劳动防护用品

公路水运工程常见的个人安全防护用品有：安全帽、安全带、安全网、防毒面具、防尘口罩、护目镜、高温鞋、绝缘鞋等。一般劳动的防护用品还包括：工作服、工作帽、风镜、雨衣、水靴、防寒服、毛巾、手套等。

3. 劳动防护用品的配备与使用

(1)企业应当按照《劳动防护用品选用规则》和国家颁发的劳动防护用品配备标准以及有关规定，为从业人员配备劳动防护用品。

(2)企业应当安排用于配备劳动防护用品的专项经费。企业不得以货币或者其他物品替代应当按规定配备的劳动防护用品。

(3)企业为从业人员提供的劳动防护用品,必须符合国家标准或者行业标准,不得超过使用期限。并督促、教育从业人员正确佩戴和使用劳动防护用品。

(4)企业应当建立健全劳动防护用品的采购、验收、保管、发放、使用、报废等管理制度。

(5)企业不得采购和使用无安全标志的特种劳动防护用品,购买的特种劳动防护用品须经本单位的安全生产技术部门或者管理人员检查验收。

(6)从业人员在作业过程中,必须按照安全生产规章制度和劳动防护用品使用规则,正确佩戴和使用劳动防护用品;未按规定佩戴和使用劳动防护用品的,不得上岗作业。

4.施工安全“三宝”的内容及使用方法

施工安全“三宝”指的是:安全帽、安全带、安全网。

1)安全帽的正确使用

(1)凡进入施工现场的所有人员,都必须佩戴安全帽。作业中不得将安全帽脱下,搁置一旁,或当坐垫使用。

(2)国家标准中规定佩戴安全帽的高度,为帽箍底边至人头顶端(以试验时木质人头模型作代表)的垂直距离为80~90mm。国家标准对安全帽最主要的要求是能够承受500N的冲击力。

(3)要正确使用安全帽,要扣好帽带,调整好帽衬间距(一般约40~50mm),勿使轻易松脱或颠动摇晃。缺衬缺带或破损的安全帽不得使用。

2)安全带的正确使用

(1)使用安全带时要高挂低用,防止摆动碰撞,绳子不能打结,钩子要挂在连接环上。当发现有异常时要立即更换,换新绳时要加绳套。使用3m以上的长绳要加缓冲器。

(2)在攀登和悬空等作业中,必须佩戴安全带并有牢靠的挂钩设施,严禁只在腰间佩戴安全带,而不在固定的设施上拴挂钩环。

(3)安全带不使用时要妥善保管。不可接触高温、明火、强酸、强碱或尖锐物体。使用频繁的绳要经常做外观检查,使用两年后要做抽检,抽验过的样带要更换新绳。

3)安全网的正确使用

(1)网内不得存留建筑垃圾,网下不能堆积物品,网身不能出现严重变形和磨损,防止受化学品与酸、碱烟雾的污染及电焊火花的烧灼等。

(2)支撑架不得出现严重变形和磨损,其连接部位不得有松脱现象。网与网之间及网与支撑架之间的连接点亦不允许出现松脱。所有绑拉的绳都不能使其受严重的磨损或有变形。

(3)网内的坠落物要经常清理。保持网体洁净,还要避免大量焊接或其他火星落入网内,并避免高温或蒸汽环境。当网体受到化学品的污染或网绳嵌入粗砂粒或其他可能引起磨损的异物时,即须进行清洗,洗后使其自然干燥。

(4)安全网在搬运中不可使用铁钩或带尖刺的工具,以防损伤网绳。网体要存放在仓库或专用场所,并将其分类、分批存放在架子上,不允许随意乱堆。对仓库要求具备通风、遮光、隔热、防潮、避免化学物品的侵蚀等条件。在存放过程中,亦要求对网体作定期检验,发现问题,立即处理,以确保安全。

四、职业健康安全和劳动防护用品管理制度的实施流程

建立职业健康安全和劳动防护用品管理制度在实施过程中，还要注意该制度的工作程序、适用范围、相关责任以及具体要求等。具体实施流程见图5-13。

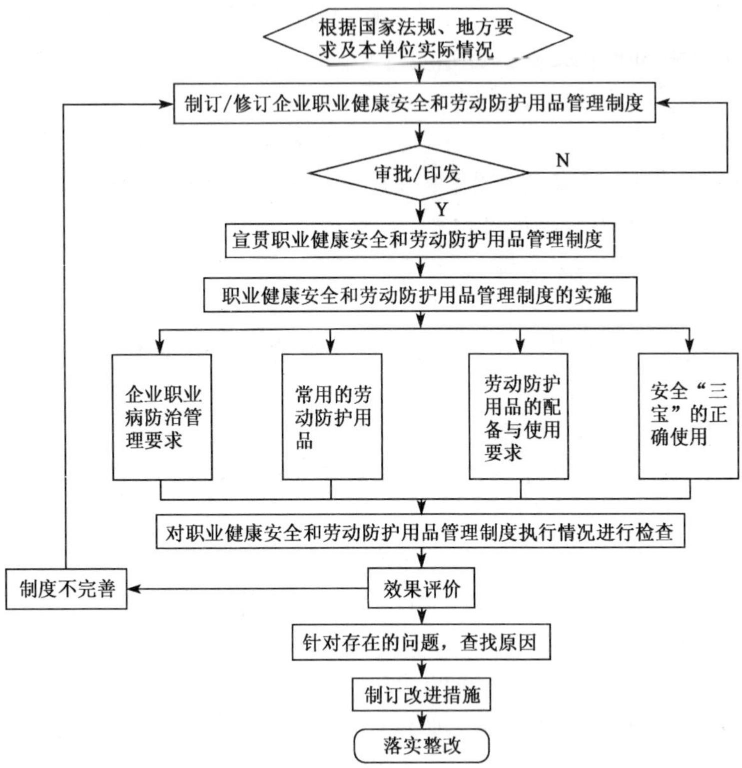

图5-13　职业健康安全和劳动防护用品管理制度实施流程

第十三节　安全生产事故隐患排查和治理制度

一、建立安全生产事故隐患排查和治理制度的必要性

安全生产事故隐患，是指未被事先识别或未采取必要防护措施可能导致安全生产事故的危险源或不利环境因素；也是指具有潜在的对人身安全或健康构成伤害，造成财产损失或兼具其他损失的根源或情况。公路水运工程施工中人、机、料、物的协同作业，交叉作业频繁，安全管理难度大，事故隐患多。加强安全生产事故隐患的排查治理工作，建立企业《安全生产事故隐患排查和治理制度》是提高安全生产事故防控能力、保障安全生产顺利进行的必要手段和措施。

二、建立安全生产事故隐患排查和治理制度的目的和意义

为了建立安全生产事故隐患排查治理长效机制，加强事故隐患监督管理，预防和减少事故

的发生，保障员工生命财产安全，企业应建立《安全生产事故隐患排查和治理制度》。这是建立完善安全生产长效机制的基本措施之一，对落实企业安全生产主体责任，加强事故隐患排查治理力度，提高企业安全生产管理水平，保障人民群众生命财产安全有着重大意义。

三、安全生产事故隐患排查和治理制度的主要内容

《安全生产事故隐患排查和治理制度》的主要内容应包括事故隐患分级管理、事故隐患的排查治理与报告及重大事故隐患排查治理方案等。

1. 事故隐患的分级

事故隐患分为一般事故隐患、较大事故隐患、重大事故隐患和特别重大事故隐患。

(1)一般事故隐患：可能造成一次死亡 1 ~ 2 人或一次重伤 3 ~ 9 人，或直接经济损失 100 万元以下的事故隐患。

(2)较大事故隐患：可能造成一次死亡 3 ~ 9 人或一次重伤 10 ~ 29 人，或直接经济损失 100 万元以上 500 万元以下的事故隐患。

(3)重大事故隐患：可能造成一次死亡 10 ~ 29 人或一次重伤 30 人以上，或直接经济损失 500 万元以上 1 000 万元以下的事故隐患。

(4)特别重大事故隐患：可能造成一次死亡 30 人以上，或直接经济损失 1 000 万元以上的事故隐患。

针对重大和特别重大事故隐患，企业应该建立预警机制，按隐患危害程度分红色、橙色、黄色、蓝色 4 级预警，采取相应的排查治理措施。

2. 事故隐患的排查治理

(1)企业是事故隐患排查、治理和防控的责任主体。应当把隐患排查治理工作贯穿到生产活动全过程，建立实时检查、班检查、日排查等隐患排查治理制度，明确排查地点、项目、标准、责任，将隐患排查治理日常化。企业主要负责人对本单位事故隐患排查治理工作全面负责。

(2)企业应成立事故隐患排查治理小组，由单位安全生产第一责任人任组长，定期组织安全生产管理人员、工程技术人员和其他相关人员排查本单位的事故隐患，并逐级落实从主要负责人到每个从业人员的隐患排查治理的范围和责任，做到不留空档，不留死角。

(3)企业应依照有关法律法规和文件要求制订具体方案，对安全生产规章制度、责任落实、安全管理组织体系、资金投入、人员培训、劳动纪律、现场管理、防控手段、事故查处以及安全生产基本条件、工艺系统、基础设施、技术装备、作业环境等方面组织检查。每月至少组织一次事故隐患排查工作，并下发隐患整改通知，限期整改，落实事故隐患排查治理工作责任。

(4)企业应将排查出的事故隐患分级建档，登记编号，对重大及特别重大的事故隐患应报上级管理部门。当事故隐患等级可能随时间、外界条件变化时，应注重动态监控并在档案中及时调整其等级，对升级为重大及特别重大的事故隐患予以补报，对降级的事故隐患亦应相应报告。

(5)受检单位在接受隐患整改通知后，应立即按照隐患整改通知的要求采取有效措施，按照“三限”原则对隐患进行整改治理；隐患整改完成后应形成隐患整改回执，将隐患整改情况及时报送至检查单位，并组织召开会议进行总结；受检单位在接到隐患整改回执后，应对整改

情况进行复查核实。

(6)企业应加强对自然灾害的预防。对于因自然灾害可能导致事故灾难的隐患，应当按照有关法律、法规、标准的要求排查治理，采取可靠的预防措施，制订应急预案。在接到有关自然灾害预报时，应当及时向所属单位发出预警通知；发生自然灾害可能危及企业和人员安全的情况时，应当采取撤离人员、停止作业、加强监测等安全措施，并及时向当地人民政府及有关部门报告。

(7)企业接到有关部门下达的责令停产整改指令，必须立即停止生产，由主要负责人组织制订整改方案，并及时报送有关部门。制订整改方案应确定整改项目、整改目标、整改时限、整改作业范围、从事整改的作业人员，落实整改责任人、资金，还应包括安全技术措施和应急预案，以及职工安全教育和培训等内容。

(8)企业应建立奖惩机制，促进事故隐患的排查和治理工作。

3. 事故隐患排查治理的报告

(1)企业应每季或每半年对事故隐患排查治理情况进行统计分析，写出隐患排查治理报告，并定期向有关部门报送隐患排查治理情况。

(2)企业应当及时向所属单位和部门通报隐患排查与治理情况，提出下阶段事故隐患排查治理工作要点。

(3)重大事故隐患治理报告还应包括：隐患的现状及其产生原因，隐患的危害程度和整改难易程度分析，隐患治理方案等。

(4)隐患治理方案应包括：治理的目标和任务，采取的方法和措施，经费和物资的落实，负责治理的机构和人员，治理的时限和要求，安全措施和应急预案等。

4. 事故隐患排查结果公示

企业应当如实向施工作业班组、作业人员详细告知作业场所和工作岗位存在的危险因素、危险特征及防范措施，由双方签字确认。在作业场所明显部位设置重大及特别重大的事故隐患公示牌；制订应急预案并告知作业人员与现场相关人员，必要时组织演练。

在上述场所应设置明显安全警示标志，在无法封闭施工的工地，还应当悬挂当日施工现场危险告知牌，以将危险告知路人和社会车辆。

5. 事故隐患治理和验收销号

1)事故隐患的治理

企业对处在危险区域或有潜在危险的驻地坚决搬迁，对有危险的作业点进行有效防范，对施工机具登记管理，在使用维修保养前应加强检查，对所有隐患的防范措施应一一审核是否有操作性，是否有效。监理单位应加强对防范整改的监督检查，并对施工单位的整改情况加以书面确认。工程建设单位也应制订相应的奖惩措施，对无防范措施或措施无效及整改不力的施工项目部严格惩处，对仍存在重大及特别重大事故隐患的场所、部位，立即停工整顿。

2)事故隐患治理的验收与销号

企业应建立本单位的安全生产事故隐患排查治理的验收销号标准。对已经按要求治理的事故隐患及时销号，解除监控。对难以按时消除的事故隐患，应编制监控措施，落实专门的责任人和整改时限。

(1)重大事故隐患整改，要落实跟踪督办的责任部门和责任人，督促落实各项防范措施，对整改治理情况进行跟踪督办。

(2)督促整改的责任人要深入现场,跟踪检查有关防范和监控措施落实情况,及时掌握重大事故隐患治理情况,确保按整改方案进行治理,彻底消除重大事故隐患。

(3)重大事故隐患整改结束后,整改单位应向督办的责任部门和责任人提出验收申请。督办的责任部门和责任人在接受申请后,应当在10日内组织有关人员进行现场核查。对于彻底治理的事故隐患,经有关部门验收合格后,及时摘牌销号,将有关档案或台账整理后归档管理。

四、事故隐患排查和治理制度的实施流程

事故隐患排查与治理制度的实施主要包括:责任落实、组织机构、隐患排查、隐患治理及报告、治理方案、验收与销号等。具体实施流程见图5-14。

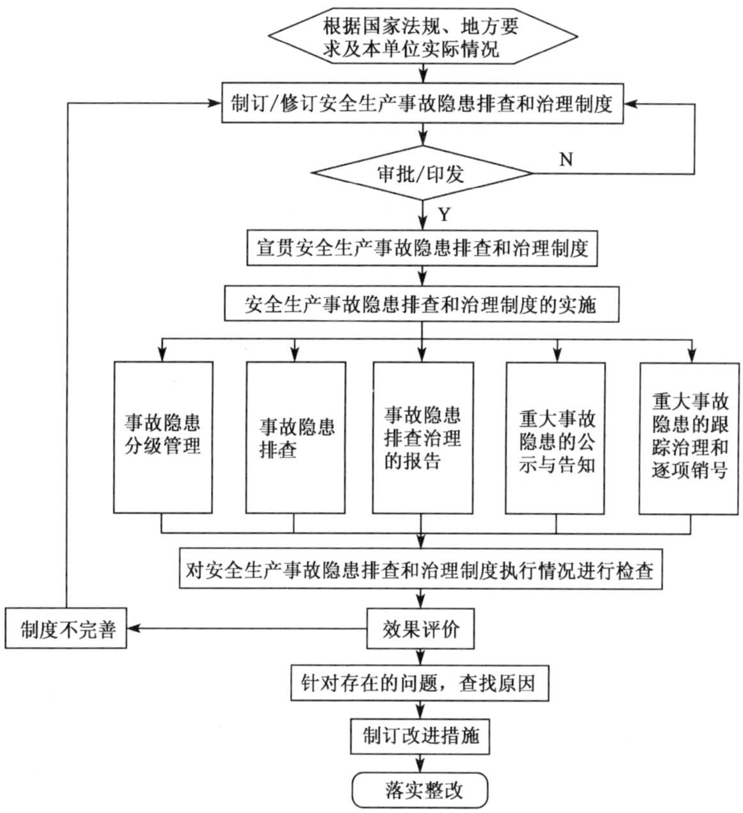

图5-14　事故隐患排查和治理制度实施流程

第十四节　安全检查制度

一、建立安全检查制度的必要性

施工企业进行的安全检查工作是发现和消除安全管理缺陷、施工现场事故隐患,单位间交

流经验,促进安全生产的有效措施,是企业安全生产管理体系运行中的重要环节,是安全生产管理工作的重要内容,也是防止事故发生、改善劳动条件的重要手段。通过安全检查可以及时掌握安全管理体系的运行情况和生产经营过程中的危险危害因素,以便有计划地制订相应措施,保证企业安全生产顺利进行。因此,企业必须建立、完善安全检查制度。

二、建立安全检查制度的目的和意义

为了更好地履行企业安全生产监管的主体责任,规范安全检查工作,促进安全检查工作经常化、规范化、制度化,各企业应根据国家和地方性法律法规的要求,结合企业生产特点,建立《安全检查制度》。这项制度的建立有助于企业更好的贯彻执行安全生产有关的法律、法规;有助于及时纠正安全生产违法违规行为,排查和消除事故隐患;有助于不断提高管理水平,防范和减少各类事故的发生。

三、安全检查制度的主要内容

企业建立的安全检查制度应包括:检查的目的、要求、依据、标准、形式、内容、分工职责、频次、整改以及对检查效果的评价等。

1. 安全检查的类型

安全检查可以分为定期性的、经常性的、季节性的、专业性的、综合性的安全检查的等形式。

(1)定期性检查。是企业或主管部门组织的定期全面的安全检查。公路水运施工企业内部必须建立其分级检查的制度。检查周期为:一般中型以上的公路水运工程施工单位,每季度组织一次检查;所属项目经理部,每月组织一次检查;施工作业队(班组),每周进行一次检查;施工现场比较集中的单位可每月组织一次检查。定期检查要面广、有深度,能及时发现并解决问题。

(2)经常性检查。由各级生产单位负责人或安全管理人员根据生产情况和各项安全生产规章制度的执行情况,进行的经常性检查,能及时发现隐患,消除隐患,保证施工生产正常进行。检查中要狠抓易发生和可能发生事故的主要因素,变事后处理为事前预防。这类检查通常有:作业队(班组)进行班前、班后岗位安全检查,各级安全管理人员巡回安全检查,各级管理人员在检查生产时同时检查安全。

(3)季节性检查。由各级生产单位根据季节变化,按事故发生的规律对易发生的潜在危险,突出重点进行季节检查。如冬季防冻保温、防火、防煤气中毒,夏季防暑降温、防汛、防雷电等检查。这种检查可提前发现问题,及时整改,消除隐患,做到防患于未然。

(4)专业性检查。由各级生产部门组织,以各类专业技术人员为主,根据各专业特点,而进行的专业安全检查。此类检查具有较强的针对性和专业要求,用于检查难度较大的项目。通过检查,发现潜在问题,研究整改对策,进行技术改造,及时消除隐患。

(5)综合性检查。一般由主管部门或行业主管组织,对所属各企业或生产单位进行的全面综合性检查。综合性检查能引起各职能部门的重视,整改措施能及时落实,必要时也可组织进行系统的安全性评价。

2. 安全检查的方法

常用的安全检查方法有一般检查法和安全检查评分表法。

(1)一般检查方法主要包括:看、听、闻、问、查、测、析。

①看:看施工现场的环境和作业条件,看实物和施工人员的实际操作,看施工人员在施工过程中所做的记录和资料,看施工安全设施等。

②听:听汇报、听介绍、听反映、听意见或批评、听建议、听机械设备的运转响声或承重物发出的微弱声等。

③闻:对施工现场存在的包括油漆、化学材料、腐蚀物等的泄漏或挥发引起的有毒气体进行辨别。

④问:向项目经理部的某项工作和作业有经验的人询问工作中的危险源和不利环境因素,对影响安全的问题进行详细询问、寻根究底。

⑤查:在企业内部除了在现场查明问题、查出隐患、查对数据、查清原因、追查责任外,还可以查阅企业相关的事故、职业病记录,从中发现在本项目中可能存在的危险源与不利因素,从企业外部获取信息。从有关类似企业、类似项目、文献资料、专家咨询等方面获取有关危险源和不利因素信息,加以分析研究。

⑥测:对重要的施工控制点进行测量,对重要的施工机械、安全防护设施以及重要的附件进行测试,对重要的物资进行检测以及必要的试验或化验。

⑦析:实事求是地分析安全事故的隐患、原因,弄清事故的时间、地点;研究事故受害者的工作环境、本人的情况,包括身体思想状况,作业中的工具、材料、机具设备情况,技术交底情况,对操作规程是否熟悉,是否持证上岗,现场管理情况等是否存在不安全因素,是哪些不安全因素,是如何诱发事故的等等。

(2)安全检查评分表法。

安全检查评分表法是一种原始的、初步的定量分析方法,它通过事先拟订安全检查明细或清单从而对生产安全进行初步的诊断和控制。

①安全检查评分表的含义:安全检查评分表是为系统地发现人—机—环境系统中的危险源和不利安全因素而事先拟订好的问题清单。它根据安全系统工程分解和综合的原理,事先把所要检查的对象加以剖析,把大系统分割成若干个小的子系统,然后确定检查项目,查出不安全因素所在,采用对各分项打分的方式,将检查项目按系统或子系统的顺序编制成表,以便于检查,这种表就叫安全检查评分表。

②安全检查评分表的内容及要求具体如下:

a. 安全检查评分表的项目:安全检查评分表的检查项目应列出所有可能导致事故发生的因素或状态。

b. 安全检查评分表采用的方式:安全检查评分表一般采用对各分项打分的方式。

c. 扣分标准:根据相应的规章制度、规范规程制定合适的检查标准或要求。

d. 检查结果:将检查中发现的问题实事求是的记录在表格内。

e. 改进措施:根据具体问题制订切实可行的改进措施。

③安全检查评分表的优点:

a. 在安全检查前能够有充足的时间编制和讨论检查表,这样可以做到系统化、完整化、全面化，不漏掉任何可能导致危险发生的关键因素，可以克服目的性不明确、走过场的安全检查方法，提高检查质量。

b. 安全检查评分表用对各分项打分的方式，给人的印象深刻，能够比较直观地反映安全程度。

c. 可以和安全生产责任制相结合：由于不同检查对象用不同的检查表，易于分清责任；检查表还可以注明对改进措施的要求，对安全因素进行动态管理。

d. 安全检查评分表简明易懂，容易掌握，既适合我国现阶段施工安全生产管理使用，又可以为进一步使用更先进的安全系统工程方法，进行事故的预测，为安全评价打下基础。

e. 可以根据已有的规章制度、规程标准要求及检查执行、遵守的情况，得出较为准确的评价。

(3) 安全检查后必须进行总结，检查中发现安全隐患，应立即下达隐患整改通知书。被检查单位应立即组织整改。对于检查中发现重大隐患，不能够立即解决的，应下达停工指令。被检查单位接到停工指令，必须定人员、定措施，在规定时间内完成整改，经复验合格才能继续施工。

3. 安全检查的内容

从面向被检查的对象来说，安全检查的内容，主要是查意识、查制度、查隐患、查整改落实、查岗位责任。

1) 查意识

安全意识是人脑对生活、生产等活动中安全观念的反映，是对客观现实的反映，意识的存在会对事物发展进程起到巨大的促进或阻碍作用。应注意检查企业领导的思想路线，检查他们对安全生产是否重视，是否把员工的安全健康放在了第一位；其次，检查企业领导和员工的安全意识。

2) 查制度

安全检查也是对企业安全管理制度上的大检查，包括安全生产管理制度的落实情况和企业的安全教育制度的执行情况等。

3) 查隐患

安全检查的内容，主要以查现场、查隐患为主，通过深入生产现场工地，检查企业的劳动条件、生产设备以及相应的安全防护设施是否符合安全要求。

4) 查整改落实

检查各个部位、任何环节出现的隐患，检查是否严格按照整改要求，及时落实整改，检查是否把安全隐患消灭在萌芽状态中，确保安全生产。检查企业对工伤事故是否及时上报，是否按照"四不放过"的原则严肃处理；是否已采用有效措施，防止类似事故重复发生。

5) 查岗位责任

企业岗位的责任落实至关重要，在检查中，必须对企业各级岗位人员的责任落实情况进行检查，尤其是企业负责人（包括董事长、总经理、安全总监等）、项目经理、专职安全员的责任落实情况。

4. 公路水运工程施工企业安全检查的主要内容

由于各企业的生产性质和特点不同，以及检查的目的、要求不同，安全检查的具体内容应根据企业的实际情况来制定。

公路水运工程施工企业在进行安全检查过程中，可依据《公路工程施工安全技术规程》(JTJ 076—95)、《水运工程施工安全防护技术规范》(JTS 205-1—2008)《建筑施工安全检查标准》(JGJ 59—99)进行。对施工中易发生伤亡事故的主要环节、部位和工艺等按照检查评分表内容。检查表中各检查项目得分应为按规定检查内容所得分数之和，每张表总得分应为各自表内各检查项目实得分数之和，共分为优良、合格、不合格三个等级。对不合格单位按照有关规定给予相应处罚。

5. 安全生产评价标准

公路水运工程施工企业应采取听取汇报、查阅安全规章制度和安全档案资料、全面检查所有在建施工现场等方法。在检查过程中，依据《施工企业安全生产评价标准》(JGJ/T 77—2003)所列项目对建筑施工企业安全生产条件、安全生产业绩、安全生产管理制度、资质、机构与人员管理、安全技术管理、设备与设施管理逐项打分，然后结合目标责任状综合评价安全生产能力，分为合格、基本合格、不合格三个等级，评价为不合格的单位或项目将对其限期整改，对不合格单位或整改后仍达不到合格标准的要进行相应处罚。

四、安全检查制度的实施流程

为全面落实安全检查制度，有步骤地开展安全检查活动，安全检查制度的实施流程见图 5-15。

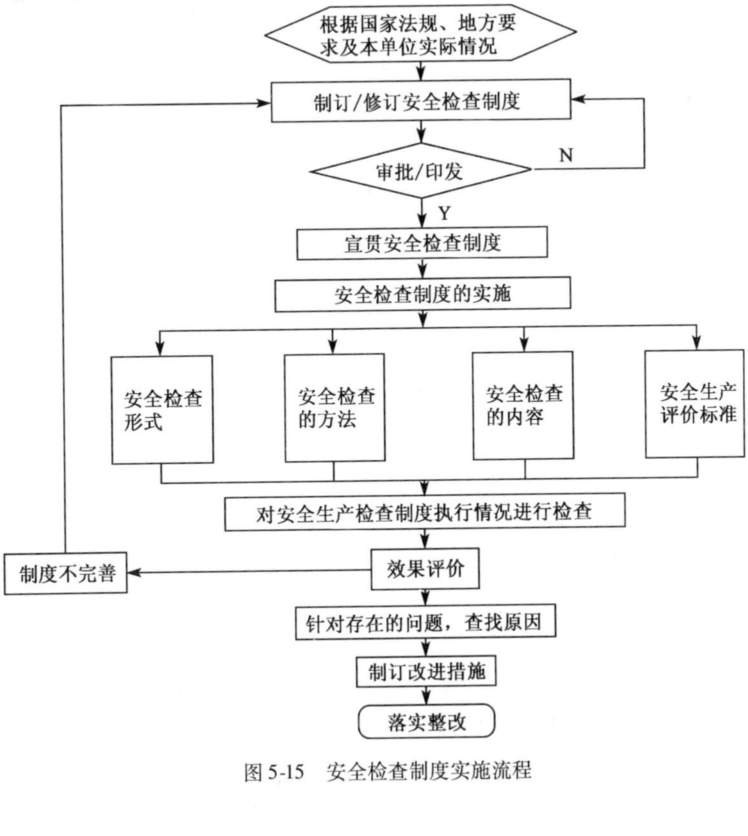

图 5-15　安全检查制度实施流程

第十五节　安全生产事故应急管理制度

一、建立安全生产事故应急管理制度的必要性

公路水运工程施工过程中安全生产事故时有发生，人员伤亡和财产损失屡见不鲜。企业作为安全生产管理的责任主体，有义务对职工的安全、企业的信誉和社会的稳定负责，必须建立《安全生产事故应急管理制度》，落实安全生产事故应急措施，这对降低突发和偶然事件对安全生产的影响，不断提高对安全生产事故的应急能力是十分必要的。

二、建立安全生产事故应急管理制度的目的和意义

企业建立应急管理制度的目的是为了规范企业安全生产事故的应急救援行为，从容有效地应对重大生产安全事故，最大限度地减少事故中人员伤亡、财产损失、环境损害和社会影响。

三、安全生产事故应急管理制度的主要内容

尽管安全生产事故的发生具有突发性和偶然性，但安全生产事故的应急管理不只限于事故发生后的应急救援行动。应急管理是对安全生产事故的全过程管理，贯穿于事故发生前、中、后的各个过程，充分体现“预防为主，常备不懈”的应急思想。应急管理是一个动态的过程，包括预防、准备、响应和恢复四个阶段。尽管在实际情况中这些阶段往往是交叉的，但每一阶段都有自己明确的目标，而且每一阶段又是构筑在前一阶段的基础之上，因而预防、准备、响应和恢复的相互关联，构成了安全生产事故应急管理的循环过程。

1. 安全事故应急管理的基本原则

（1）坚持“防止事故扩大，减少人员伤亡”的第一原则。发生各类安全生产事故时，以最快速度实施救援和处置。

（2）坚持“以人为本、时间就是生命”的原则。事故发生立即实施救援和处置。

（3）坚持“分工合作、落实责任”的原则。

（4）坚持“服从命令，听从指挥”的原则。发生事故时，各相关人员必须坚守工作岗位，保证联系方式畅通，应急救援机构所有成员必须无条件服从应急救援指挥机构的统一调度、统一指挥。

2. 安全生产事故应急管理的过程

1）预防

在应急管理中预防有两层含义：一是事故的预防工作，即通过安全管理和安全技术等手段，尽可能地防止事故的发生，实现本质安全；二是在假定事故必然发生的前提下，通过预先采取的预防措施，达到降低或减缓事故的影响或后果的严重程度。

2）准备

应急准备是应急管理过程中一个极其关键的过程。它是针对可能发生的事故，为迅速有效地开展应急行动而预先所做的各种准备，包括应急体系的建立、有关部门和人员职责的落实、预案的编制、应急队伍的建设、应急设备（施）与物资的准备和维护、预案的演练、与外部应

急力量的衔接等，其目标是保持重大事故应急救援所需的应急能力。

3）响应

应急响应是在事故发生后立即采取的应急与救援行动，包括事故的报警与通报、人员的紧急疏散、急救与医疗、消防和工程抢险措施、信息收集与应急决策和外部求援等。其目标是尽可能地抢救受害人员，保护可能受威胁的人群，尽可能控制并消除事故。

4）恢复

恢复工作应在事故发生后立即进行。首先应使事故影响区域恢复到相对安全的基本状态，然后逐步恢复到正常状态。要求立即进行的恢复工作包括事故损失评估、原因调查、清理废墟等。在短期恢复工作中，应注意避免出现新的紧急情况，长期恢复包括厂区重建和受影响区域的重新规划和发展。在长期恢复工作中，应汲取事故和应急救援的经验教训，开展进一步的预防工作和减灾行动。

3. 事故应急救援体系的建立

1）事故应急救援体系的基本构成

由于潜在的事故风险多种多样，所以相应每一类事故灾难的应急救援措施可能千差万别，但其基本应急模式是一致的。构建应急救援体系，应贯彻顶层设计和系统论的思想，以事件为中心，以功能为基础，分析和明确应急救援工作的各项需求，在应急能力评估和应急资源统筹安排的基础上，科学地建立规范化、标准化的应急救援体系，保障各级应急救援体系的统一和协调。

一个完整的应急体系应由组织体制、运作机制、法制基础和应急保障系统四部分构成。

（1）组织体制。应急救援体系组织体制建设中的管理机构是指维持应急日常管理的负责部门；功能部门包括与应急活动有关的各类组织机构，如消防、医疗机构等；应急指挥是在应急预案启动后，负责应急救援活动场外与场内指挥系统；而救援队伍则由专业和志愿人员组成。

（2）运作机制。应急救援活动一般划分为应急准备、初级反应、扩大应急和应急恢复四个阶段，应急机制与这四个阶段的应急活动密切相关。应急运作机制主要由统一指挥、分级响应、属地为主和公众动员这四部分组成。统一指挥是应急活动最基本的原则；分级响应是指在初级响应到扩大应急的过程中实行的分级响应的机制；属地为主强调“第一反应”的思想和以现场应急、现场指挥为主的原则；公众动员机制是应急机制的基础，也是整个应急体系的基础。

（3）法制基础。法律法规是应急体系的基础和保障，也是开展各项应急活动的依据。与应急有关的法规可分为四个层次：由立法机关通过的法律，如紧急状态法、公民知情权法和紧急动员法等；由政府颁布的规章，如应急救援管理条例等；包括预案在内的以政府令形式颁布的政府法令、规定等；与应急救援活动直接有关的标准或管理办法等。

（4）保障系统。列于应急保障系统第一位的是信息与通信系统，构筑集中管理的信息通信平台是应急体系最重要的基础建设。应急信息通信系统要保证所有预警、报警、警报、报告、指挥等活动的信息交流快速、顺畅、准确，以及信息资源共享；物资与装备不但要保证有足够的资源，而且还要实现快速、及时供应到位；人力资源保障包括专业队伍的加强、志愿人员以及其他有关人员的培训教育；应急财务保障应建立专项应急科目，如应急基金等，以保障应急管理运行和应急反应中各项活动的开支。

2)事故应急救援体系响应机制

安全生产事故应急救援体系应根据事故的性质、严重程度、事态发展趋势和控制能力实行分级响应机制,对不同的响应级别,明确事故的通报范围、应急管理的启动程度、应急力量的出动和设备、物资的调集规模、疏散的范围、应急总指挥的职位等。典型的响应级别通常可分为三级:

(1)一级紧急情况。必须利用所有有关部门及一切资源的紧急情况,或者需要各个部门同外部机构联合处理的各种紧急情况,通常要宣布进入紧急状态。在该级别中,做出主要决定的职责通常是紧急事务管理部门。现场指挥部可在现场做出保护生命和财产以及控制事态所必需的各种决定。解决整个紧急事件的决定,应该由紧急事务管理部门负责。

(2)二级紧急情况。需要两个或更多部门响应的紧急情况。该事故的救援需要有关部门的协作,并且提供人员、设备或其他资源。该级响应需要成立现场指挥部来统一指挥现场的应急救援行动。

(3)三级紧急情况。能被一个部门正常可利用的资源处理的紧急情况。正常可利用的资源指在该部门权力范围内通常可以利用的应急资源,包括人力和物力等。必要时,该部门可以建立一个现场指挥部,所需的后勤支持、人员或其他资源增援由本部门负责解决。

3)事故应急救援体系响应程序

事故应急救援系统的应急响应程序按过程可分为接警、响应级别确定、应急启动、救援行动、应急恢复和应急结束等几个过程。

(1)接警与响应级别确定。接到事故报警后,按照工作程序,对警情做出判断,初步确定相应的响应级别。如果事故不足以启动应急救援体系的最低响应级别,响应关闭。

(2)应急启动。应急响应级别确定后,按所确定的响应级别启动应急程序,如通知应急中心有关人员到位、开通信息与通信网络、通知调配救援所需的应急资源(包括应急队伍和物资、装备等)、成立现场指挥部等。

(3)救援行动。有关应急队伍进入事故现场后,迅速开展事故侦测、警戒、疏散、人员救助、工程抢险等有关应急救援工作,专家组为救援决策提供建议和技术支持。当事态超出响应级别无法得到有效控制时,向应急中心请求实施更高级别的应急响应。

(4)应急恢复。救援行动结束后,进入临时应急恢复阶段。该阶段主要包括现场清理、人员清点和撤离、警戒解除、善后处理和事故调查等。

(5)应急结束。执行应急关闭程序,由事故应急总指挥宣布应急结束。

4)现场指挥系统的组织结构

发生安全生产事故的现场情况往往十分复杂,且汇集了各方面的应急力量与大量的资源,应急救援行动的组织、指挥和管理成为重大事故应急工作所面临的一个严峻挑战。

对事故势态的管理方式决定了整个应急行动的效率。为保证现场应急救援工作的有效实施,必须对事故现场的所有应急救援工作实施统一的指挥和管理,即建立事故指挥系统,形成清晰的指挥链,以便及时地获取事故信息、分析和评估势态,确定救援的优先目标,决定如何实施快速、有效的救援行动和保护生命的安全措施,指挥和协调各方应急力量的行动,高效地利用可获取的资源,确保应急决策的正确性和应急行动的整体性和有效性。

现场应急指挥系统的结构应当在紧急事件发生前就已建立,预先对指挥结构达成一致意见，将有助于保证应急各方明确各自的职责，并在应急救援过程中更好地履行职责。现场指挥系统模块化的结构由指挥、行动、策划、后勤以及资金和行政五个核心应急响应职能组成。

(1)总指挥。总指挥负责现场应急响应所有方面的工作，包括确定处理事故目标及实现目标的策略，批准实施书面或口头的事故处理行动计划，高效地调配现场资源，落实保障人员安全与健康的措施，管理现场所有的应急行动。总指挥可将应急过程中的安全问题、信息收集与发布以及与应急各方的通信联络分别指定相应的负责人。各负责人直接向总指挥汇报。其中，信息负责人负责及时收集、掌握准确完整的事故信息，包括事故原因、大小、当前的形势、使用的资源和其他综合事务，并及时公布事故的有关信息；联络负责人负责与有关支持和协作机构联络，包括到达现场的上级领导、地方政府领导等；安全负责人负责对可能遭受的危险或不安全情况提供及时、完善、详细、准确的危险预测和评估，制订并向总指挥建议确保人员安全和健康的措施，从安全方面审查事故行动计划，制订现场安全计划等。

(2)行动部。行动部负责所有主要的应急行动，包括消防与抢险、人员搜救、医疗救治、疏散与安置等。所有的战术行动都依据事故行动计划来完成。

(3)策划部。策划部负责收集、评价、分析及发布事故相关的战术信息，准备和起草事故行动计划，并对有关的信息进行归档。

(4)后勤保障部。后勤部负责为事故的应急响应提供设备、设施、物资、人员、运输、服务等。

(5)资金/行政部。资金/行政部负责跟踪事故的所有费用并进行评估，承担其他职能未涉及的管理职责。

四、安全生产事故应急救援预案的制订与演练

安全生产事故应急预案的编写应当根据本单位建设工程施工特点、范围，针对施工现场易发生重大事故的部位、环节进行监控，制订符合本单位实际的安全生产事故应急救援预案。

安全生产事故应急救援预案包括综合应急预案和专项应急预案。

(1)综合应急预案的主要内容包括：

①总则：编制的目的、依据、适用范围、应急预案体系、应急工作原则；

②企业的危险性分析：企业概况、危险源与风险分析；

③组织机构及职责：应急组织体系、指挥机构及职责；

④预防与预警：危险源监控、预警行动、信息报告与处置；

⑤应急响应：响应分级、响应程序、应急结束；

⑥信息发布；

⑦后期处置；

⑧保障措施：通信与信息保障、应急队伍保障、应急物资装备保障、经费保障、其他保障；

⑨培训与演练；

⑩奖惩；

⑪附则：术语和定义，应急预案备案、维护和更新，制订与解释，应急预案实施。

(2)专项应急预案的主要内容包括：

①事故类型和危害程度分析；

②应急处置基本原则；

③组织机构及职责：应急组织体系、指挥机构及职责；

④预防与预警：危险源监控、预警行动；

⑤信息报告程序；

⑥应急处置：响应分级、响应程序、处置措施；

⑦应急物资与装备保障。

（3）应急救援预案编制的其他要求：

①搜集、整理信息。在编制预案前需对所涉及的区域进行全面调查。掌握详细而准确的资料，是预案编制的基础。

②重大危险源排查。通过对重大危险源的排查，确定可能导致的重大安全事故的类型和严重程度。对于公路水运工程施工单位，建议根据工程量清单和当地水文、地质、气候等自然环境情况进行重大危险源排查。

③预案的编写格式参考依据是《企业安全生产事故应急预案编制导则》（AQ/T 9002—2006）。

④预案的演练用以检验预案是否安全、可行、合理、实用，主要有桌面演练、功能演练和全面演练三种方式。

a. 桌面演练是指由应急组织的代表或关键岗位人员参加的，按照应急预案及其工作程序讨论紧急情况时应采取行动的演练活动。

b. 功能演练是指针对某项应急响应功能或其中某些应急响应行动举行的演练活动。

c. 全面演练指针对应急预案中全部或大部分应急响应功能，检验、评价应急组织运行能力的演练活动。

⑤预案的修订。在预案演练过程中发现问题，如：危险设施和危险物质发生变化、组织机构或人员发生变化、救援技术改进等的情况，应当及时对预案进行修订，并及时通知相关人员。

五、安全生产事故应急管理制度的实施流程

为保障安全生产应急管理制度的有效实施，必须具备以下保障措施：

（1）通信与信息保障。明确与应急工作相关联的单位或人员通信联系方式和方法，并提供备用方案。建立信息通信系统及维护方案，确保应急期间信息通畅。

（2）应急队伍保障。明确各类应急响应的人力资源，包括专业应急队伍、兼职应急队伍的组织与保障方案。

（3）应急物资装备保障。明确应急救援需要使用的应急物资和装备的类型、数量、性能、存放位置、管理责任人及其联系方式等内容。

（4）资金的保障。明确应急专项经费来源、使用范围、数量和监督管理措施，保障应急状态时生产经营单位应急经费的及时到位。

（5）其他保障。根据本单位应急工作需求而确定的其他相关保障措施（如：交通运输保障、治安保障、技术保障、医疗保障、后勤保障等）。

具体实施流程见图 5-16。

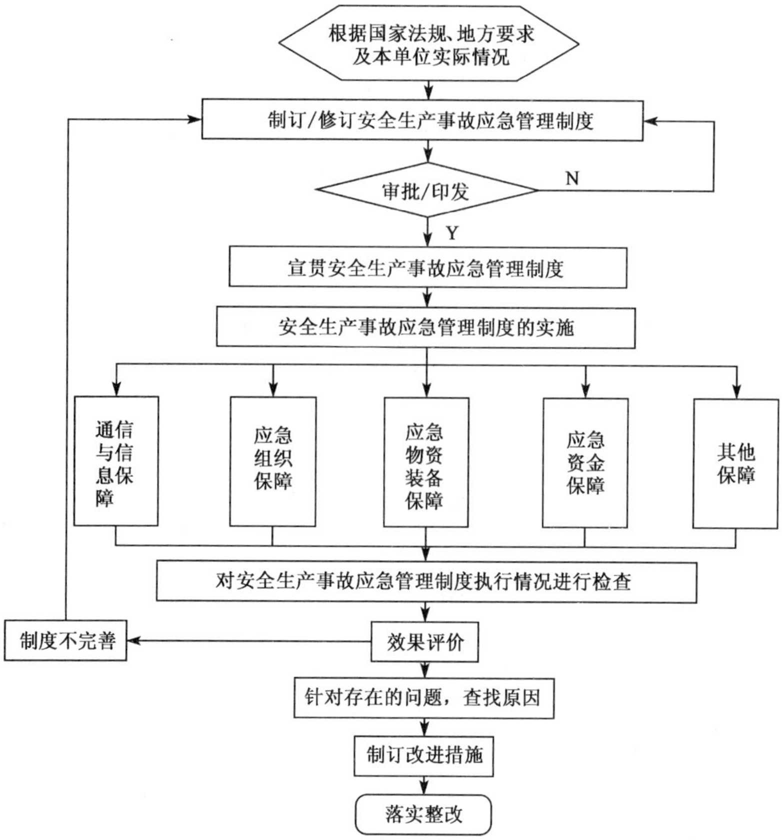

图5-16　安全生产事故应急管理制度实施流程

第十六节　分包单位安全生产管理考评制度

一、建立分包单位安全生产管理考评制度的必要性

施工企业在法律和合同允许范围内把所承揽的工程的低端生产资源部分分包给劳务分包队伍和专业协作队伍，自身专注于增强和提高项目管理优势，是大型施工企业应对市场竞争、获得长足发展的有效途径之一。随着企业不断发展壮大，对于协作队伍的管理逐渐成为企业安全生产管理的重点。因此，大型施工企业必须抓好对分包单位安全生产管理考评制度的建设。

二、建立分包单位安全生产考评制度的目的和意义

为了加强对协作队伍的安全管理，促使协作队伍提高安全管理水平，规范安全生产考评工作，搞好对协作队伍的审查、选择工作，企业应根据相关法律法规的要求，结合企业实际生产特点，建立《安全生产考评制度》。

建立《安全生产考评价制度》对于企业合理规避分包工程的施工风险，增强事故风险的防

控能力，完善安全生产管理体系，提高安全生产管理水平企业具有重要意义。

三、安全生产考评制度的主要内容

企业应该组织生产、安全、技术质量等部门对分包单位进行安全生产考评，并建立分包单位安全生产考评档案。评价工作应遵循公平、公正、公开的原则，评价结果实行签认和公示、公告制度。安全生产考评管理工作实行统一管理、分级负责。

1. 安全生产考评的方法

安全生产考评工作实行定期评价和动态评价相结合的方式。定期评价工作每年应开展一次，对分包单位上一年度的安全生产行为进行评价。动态评价根据实际生产情况随时进行，并根据评价结果及时调整安全生产评价等级。评价结果应实行分级管理，并逐级上报，经公示后加入分包单位安全生产考评档案。安全生产考评档案，内容包括：

(1)守法经营、从业，安全生产业绩突出，受到表彰、奖励的记录。

(2)违反安全生产法律法规、强制性标准等受到行政处罚的记录。

(3)发生生产安全责任事故的记录。

(4)其他守法、诚信及不良失信行为记录。

2. 安全生产信息评价的主要内容

(1)企业在进行工程分包时，必须严格遵守法律规定，对首次分包工程的队伍，应做好以下资质审查：

①严格审查施工方的营业执照、资质证书、安全生产许可证书、安全管理人员和特征作业人员持证情况等。

②严格审查施工方的人员素质、机械设备、安全防护设备设施的使用和管理状况。

③调研相关方以往工作业绩，是否发生过安全生产事故等。

需要强调的是：安全生产信用评价应每年进行一次，评价结果分合格、基本合格及不合格。对年内发生安全生产责任事故的单位一律评为不合格，严格实行“一票否决”制。

(2)安全生产评价分为阶段性评价和综合评价。阶段性评价包括投标行为评价、履约行为评价和其他行为评价；综合评价作为分包单位安全生产信用的最终评价。

①投标行为评价。分包工程项目招标时，开展对投标单位的资质审查，对于已合作过的投标单位，参考其安全生产信用评价结果。

②履约行为评价。企业应与分包单位签订《安全生产管理协议》，明确双方权责。企业结合日常安全生产管理，对分包单位履行《安全生产管理协议》的情况进行评价，对分包合同中承诺满足安全生产要求的施工人员和机械设备进行检查考评。

③其他行为评价。主要包括安全生产事故控制能力、安全生产奖罚情况、施工现场安全管理制度执行情况、施工安全检查及隐患排查治理情况。

④综合评价。分包工程验收交付前，企业对分包单位整个施工阶段安全生产情况进行总结，结合投标行为评价、履约行为评价和其他行为评价结果对分包单位做出安全生产信用评价。

3. 安全生产考评的应用

(1)安全生产考评结果作为企业及其所属单位在分包工程招标时，对投保单位综合考核评价的重要依据。

(2)安全生产考评结果作为对分包单位阶段性考评的重要依据。

(3)安全生产考评结果作为督促分包单位加大安全生产投入、提高安全生产管理水平的依据。

(4)安全生产考评结果作为企业清理、淘汰不合格分包单位的依据。

四、安全生产考评制度的实施流程

企业实施安全生产考评制度一定要实事求是,不能弄虚作假。只有企业的主要负责人严格把关,主管部门严格审查,施工方积极配合才能落实好此项制度。具体实施流程见图5-17。

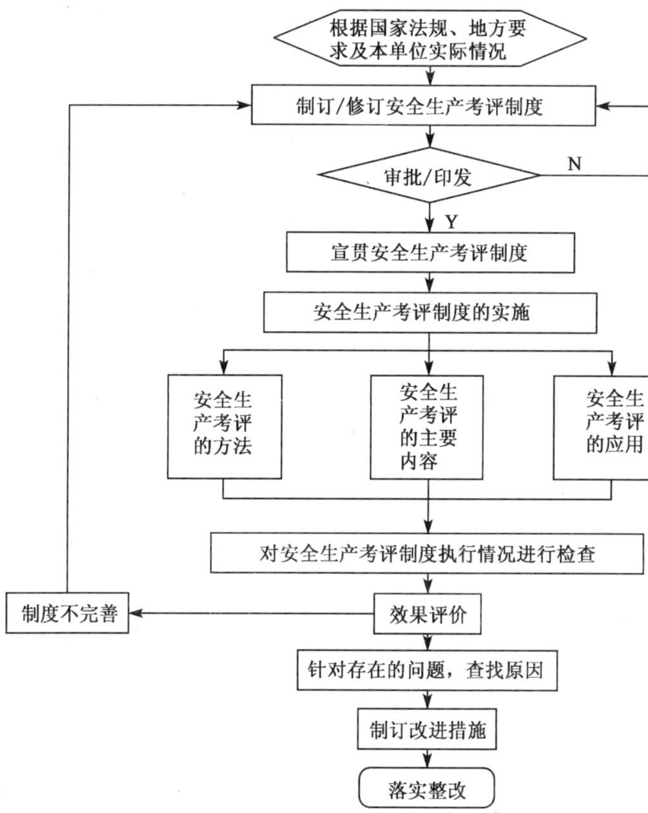

图5-17　安全生产考评制度实施流程

第十七节　安全生产事故报告制度

一、建立安全生产事故报告制度的必要性

安全生产事故发生后,为迅速、准确、全面的掌握安全生产事故情况,及时准确制度对安全生产事故处置方案。根据《生产安全事故报告和调查处理条例》及国家有关安全事故报告和调查处理有关规定的要求,企业必须建立《安全生产事故报告制度》来规范安全生产事故的报

告的相关要求。

二、建立安全生产事故报告制度的目的和意义

为了规范安全生产事故的报告工作，及时开展布置事故应急救援等应对措施，最大限度地减少事故造成的损失，企业应根据法律法规的要求，结合企业生产实际，建立《安全生产事故报告制度》。这对规范事故报告和事故调查处理程序，防范次生灾害和减少生产安全事故损失等具有十分重大的意义。

三、安全生产事故报告制度的主要内容

1. 安全生产事故分类

根据《生产安全事故报告和调查处理条例》的有关规定，按照造成的人员伤亡或者直接经济的损失，安全生产事故分为以下四个等级：

（1）特别重大事故，是指造成 30 人以上死亡，或者 100 人以上重伤，或者 1 亿元以上直接经济损失的事故。

（2）重大事故，是指造成 10 人以上 30 人以下死亡，或者 50 人以上 100 人以下重伤，或者 5 000 万元以上 1 亿元以下直接经济损失的事故。

（3）较大事故，是指造成 3 人以上 10 人以下死亡，或者 10 人以上 50 人以下重伤，或者 1 000万元以上 5 000 万元以下直接经济损失的事故。

（4）一般事故，是指造成 3 人以下死亡，或者 10 人以下重伤，或者 1 000 万元以下直接经济损失的事故。

2. 安全生产事故报告程序和主要内容

1）事故报告的内容

（1）事故发生时间、地点、工程项目和事故单位名称。

（2）事故的简单经过、紧急抢险救援情况、人员伤亡情况、预估的直接经济损失。

（3）事故原因的初步分析判定。

（4）事故发生后所采取应对措施和控制情况。

（5）事故报告单位、签发人及报告时间等。

事故报告应当及时、准确、完整，任何单位和个人对事故不得迟报、漏报、谎报或者瞒报。

报告方式可采取电话、传真、电子邮件的形式先行报告事故概况，有新情况及时续报，但应在 12 小时内补齐书面材料。

事故报告后出现新情况的，应当及时补报。自事故发生之日起 30 日内，事故造成的伤亡人数发生变化的，应当及时补报。道路交通事故、火灾事故自发生之日起 7 日内，事故造成的伤亡人数发生变化的，应当及时补报。

2）事故报告程序

事故发生后，现场有关人员应当立即报告现场安全生产负责人。现场安全生产负责人接到报告后应立即报告单位安全管理部门和企业主要负责人，并立即启动事故相应应急预案，或者采取有效措施，组织抢救，防止事故扩大，减少人员伤亡和财产损失。单位负责人接到报告后，应当于 1 小时内向事故发生地县级以上人民政府安全生产监督管理部门和负有安全生产

监督管理职责的有关部门报告。

发生重大生产安全事故后，施工单位除向项目建设和监理单位报告外，还应立即将事故情况如实向事故所在地交通主管部门、地方安全监管部门报告。实行工程总承包的交通建设项目，由总承包单位负责上报。

3. 事故处理的一般要求

事故处理应遵循"统一指挥、快速反应、各司其职、协同配合"的要求，各相关部门共同做好事故的应急处置工作。施工单位或上级交通主管部门可视具体情况派现场督导组参与事故调查处理工作。建设、施工等单位，在公安、消防、卫生等专业抢险力量到达现场前，应立即启动本单位的应急救援预案，全力开展事故抢险救援工作，防止事故扩大，尽量减少人员伤亡和财产损失。同时协助有关部门保护现场，维护现场秩序，妥善保管有关物证，配合有关部门搜集证据。

四、安全生产事故报告制度的实施流程

各施工企业要高度重视安全生产事故报告制度，在严格执行制度的同时，确保报告渠道畅通，报告内容真实、准确，对隐瞒不报、谎报或拖延不报的单位和个人应对追究相关责任人的责任。具体实施流程见图5-18。

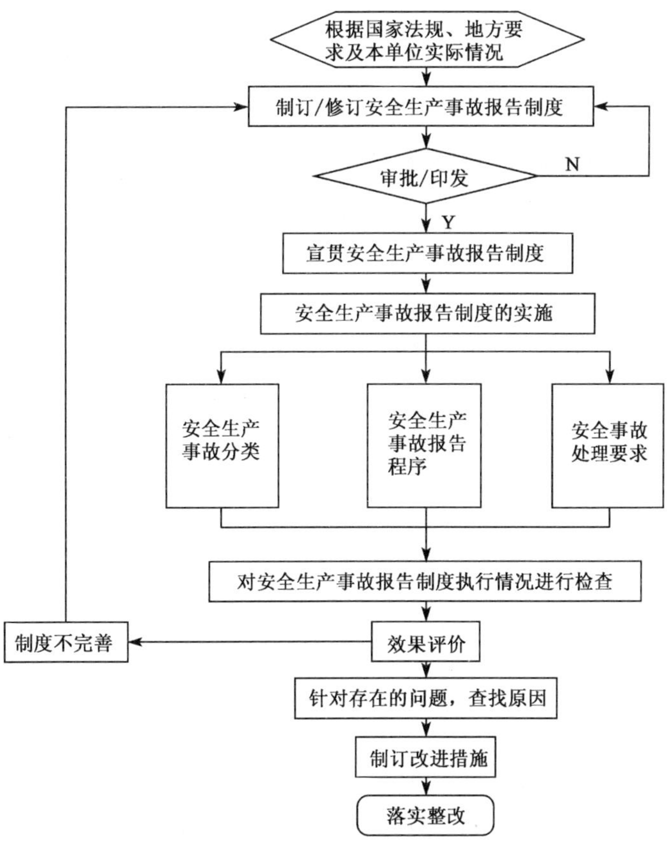

图5-18　安全生产事故报告制度实施流程

第十八节　安全管理制度的保障措施

一、制订安全管理制度保障措施的必要性

公路水运工程施工企业的管理制度是企业为求得利益最大化，在生产与经营实践活动中，为规范企业各项管理行为制订的强制性规范，表现为各项规定、规程、办法等。安全管理制度是企业管理制度中重要组成部分，是实现企业安全生产总目标的强制性措施，是员工从事生产活动的“行为规范”和“行为准则”，是贯彻我国安全生产方针、实现企业安全管理目标的有效载体。

随着党的十六大提出的“安全发展”战略目标的实施和“以人为本，构建和谐社会”理念的深入人心，企业安全管理工作不断加强和改进。各级管理人员安全责任意识不断增强，从业人员安全施工技能不断提高，企业安全管理制度一般都能得到较好的落实。但是，当前在一些企业不同程度存在着安全管理制度落实不到位，制度的执行力差等问题。原因是多方面的，但从企业内部安全管理来看，主要是一些企业只重视安全管理制度的制订与完善工作，却忽视了制度的落实和实施保障问题，使得制度在执行过程中宣贯、培训不到位、制度的监督检查与考核走过场，制度缺少执行力。这些问题直接导致安全管理职责错位，安全责任得不到真正落实，使得安全管理制度得不到真正落实。因此，制订安全管理制度的实施保障措施，强化制度的执行力是十分必要的。

二、安全管理制度保障措施的具体内容

1. 加强企业安全文化建设，为实施安全管理制度创造良好氛围

安全文化是企业在长期的生产经营活动中逐渐形成，以物质为载体所体现出来的人本观念和社会责任意识的总和。公路工程项目施工是一个仅次于矿山行业的事故多发的“三高危”行业之一，要做好安全管理工作，在建立完整的生产安全保障体系的同时，还要在意识形态领域加强安全文化的建设，以此形成施工企业的安全管理思想和安全文化氛围，来弥补安全管理的不足。通过教育、宣传、奖惩、创建群体氛围等手段，不断提高施工企业职工的安全修养，改进安全意识和行为，从而使职工从不得不服从管理制度的被动执行状态，转变成主动自觉地遵守，即从“要我遵章守纪”转变成“我要遵章守纪”。企业的安全文化要从以下两个方面入手。

(1)加强安全教育，提高全体员工的安全意识。

(2)培养员工的核心价值观，树立“企业荣我荣，企业耻我耻”，个人命运与企业命运唇齿相依、息息相连的思想。

(3)使员工尽快掌握“以人为本”的企业制度，使员工了解企业是通过人性化的制度建设来凝聚人心。

(4)建立灵活多样的制度执行激励机制，使员工有成就感和归属感。

2. 领导重视是安全管理制度落实的关键

在新的安全管理模式下，企业安全管理组织已经不再是单独的岗位安全管理，而是以安全

生产第一责任人(法人)为首的,以专职的机构和岗位安全管理为核心,以各专业工程师为骨干,班组长及工人全员参与的安全监管体系框构。因此,企业安全管理制度的落实领导是关键,只有领导重视了才能形成一种高压态势,使各级管理人员不敢有丝毫懈怠。

(1)齐抓共管:领导是企业的决策层和管理层,要搞好安全生产管理工作领导班子必须齐抓共管。

(2)领导要率先垂范,做执行制度的模范。

(3)坚持“管生产必须管安全”和“全员参与”的原则。

3. 分清职责、落实责任是落实安全管理制度的根本保证

企业安全管理过程中,责任制的落实永远是第一位的。每个员工、每个部门都认认真真落实各自的责任,真正形成横向到边、纵向到底的强有力的安全生产网络,那么安全管理制度就一定会得到很好的落实。

(1)分清责任,即明确施工企业各岗位的安全管理职责,通过培训,使各级人员掌握规章制度,明确各自职责,做到在其位,谋其政,尽其责。

(2)分解责任,即通过层层签订安全生产责任书,把安全管理责任落实到每个岗位,并用规章制度加以明确、规范,形成层层抓、层层管的全员参与的安全管理格局。

4. 做好安全管理制度执行情况的监督检查

把握安全工作的主动权,要把安全工作重点放在做好规章制度执行情况的监督、检查上。

(1)首先要确立安全管理制度执行情况的检查内容、检查方式、检查时间、检查程序。

(2)要按照“谁检查、谁签字、谁落实、谁负责、谁整改”的“五谁”要求,全面细致的开展制度执行情况和制度适应情况的检查,并留存检查记录。

(3)要深入基层,摸清情况,采取定期、不定期的监督检查方式,对安全规章制度落实情况进行监督检查,对企业安全管理制度是否做到有部署、有检查、有落实,便于解决制度在执行过程中存在的问题。

(4)要把制度执行情况检查结果作为基础单位安全考核的内容。

三、做好安全管理制度执行效果综合评价、评估工作

企业的安全管理制度要随着安全生产的相关法律法规、规范标准的推陈出新,随着企业生产的发展、科学技术水平和人们认识水平的不断提高,而不断地进行修订和完善,使之进一步科学化、合理化、规范化。因此,企业制度的执行者就必须通过调研、评估、监督、检查等方法,对企业现行的安全管理制度进行科学评价,把评价结果作为制度修改、修订和完善的主要依据。

第十九节　公路、水运工程保险主要种类和内容的基本知识

保险是一种受法律保护的分散风险、消化损失的经济制度。公路、水运工程保险属于工程保险的组成部分。保险的种类很多,工程投保的险种应按标书中合同条件的规定以及该项目所处

的外部条件、工程性质及业主与承包商对风险的评价和分析来决定。其中,合同条件的规定是决定的主要因素。凡是合同条件要求保险的项目一般都是强制性的。

工程保险包括财产保险和人身伤亡保险。目前,我国水运工程保险主要有:建筑工程一切险、第三者责任险以及雇主责任险、人身意外伤害险、机器设备损坏险等。

一、各类保险的主要内容

1. 建筑工程一切险

建筑工程一切险承保各类工程民用、工业和公共事业建筑项目,在建造过程中因自然灾害或意外事故而引起的损失。建筑工程一切险对工程项目提供全面保障,既对在施工期间工程本身、施工船机设备所遭受的损失予以赔偿,又对因施工给第三者造成的物资损失或人员伤亡承担赔偿责任。

建筑工程一切险的保险契约生效后,投保人就成为被保险人,但保险的受益人同样也是被保险人。受益人必须是在工程进行期间承担风险责任或具有利害关系,即具有可保利益的人,具体包括业主、总承包商、分包商、监理工程师以及与工程有密切关系的单位和个人。如果被保险人不止一家,则各家接受赔偿的权利以不超过其对保险标的的可保利益为限。

2. 第三者责任险

第三者责任险承保在工程施工过程中因发生意外事故造成工地及邻近地区第三者的人身伤亡、疾病或财产的损失。

3. 工伤事故险

(1)工伤保险:《中华人民共和国工伤保险条例》2003 年 4 月 27 日颁布,2004 年 1 月 1 日起施行。该险种为强制保险。《工伤保险条例》规定:

中华人民共和国境内的各类企业、有雇工的个体工商户(以下称用人单位)应当依照本条例规定参加工伤保险,为本单位全部职工或者雇工缴纳工伤保险费。

中华人民共和国境内的各类企业的职工和个体工商户的雇工,均有依照本条例的规定享受工伤保险待遇的权利。

有雇工的个体工商户参加工伤保险的具体步骤和实施办法,由省、自治区、直辖市人民政府规定。

工伤保险费的征缴按照《社会保险费征收暂行条例》关于基本养老保险费、基本医疗保险费、失业保险费的征缴规定执行。

(2)人身意外险:又称人身意外伤害保险,为商业险。一般是承包人对其施工人员进行的人身意外事故保险。

4. 机器设备损坏险

机器设备损坏险承保大型机械设备在使用期间发生损坏的损失,如水运工程中各类施工船舶(打桩船、起重船、挖泥船等)的保险,船舶保险主要有船舶保险全损险、船舶保险一切险、航次险等。

5. 施工合同规定双方保险义务分担如下:

(1)本工程的建筑工程一切险和第三者责任险的投保在合同专用条款中约定,一般由甲方承担。

(2)本工程的施工人员、船机设备的保险,由乙方负责。

二、工程保险的特点

工程保险是一种财产保险和责任保险的综合保险,属于财产险的一部分,但又有一定的区别。

(1)保险标的的不完整性和保险金额的渐增性。随着工程进度的发展,处于风险中的保险财产价值不断增加,在工程完工或工程建设终止时,在险保财产的价值达到最大,保险公司对整个合同价值采用一个单一的保险费率。

(2)工程保险承保的是综合风险。

(3)被保险人的多方性。

(4)保险费率的个别性。

(5)保险期限与建设期限的一致性。

三、工程保险的作用

(1)保障项目财务的稳定性。业主和承包商以少量的固定成本通过投保将可保风险转移给保险人,从而解除自己在承保风险发生时遭受损失的经济补偿责任,可以减少影响工程概算的不确定因素,保障项目财务的稳定性,降低了融资风险,增强了业主或承包商抵御风险的能力。

(2)加强工程风险的防范和控制。尽量减少保险事故的发生符合保险公司的利益,所以,保险公司在提供工程保险时,首先会对申请人的资信、施工能力、管理水平、索赔记录等进行全面的严格审核,并实行差别费率。其次,保险公司还会增加对工程施工的防灾防损要求,在保险服务中,保险公司可以凭借自己多年对各种工程的承保、风险管理和事故理赔经验,积极参与被保险工程的防灾减损工作,对大型工程和安装工程试运行阶段派出自己的监督管理人员监督工程的实施,提出安全管理意见。

(3)改善项目融资的条件。通常,一个工程项目的建设除了工程所有人投资的部分自有资金外,大部分都是来自银行贷款。由于工程建设周期长,面临的风险较多,发生大的损失事故后,往往会影响工程的按期完工和对银行贷款的本息偿还,银行为了防范借款人的还贷风险,往往将足够的保险作为工程贷款的先决条件。对业主来讲,购买足够的保险,可以保障还贷的安全性,提高自己的信用水平。

(4)减少经济纠纷。工程建设比较复杂,参与工程建设的单位较多,有些风险事故发生后,会导致业主和承包商之间、总包商和分包商之间对风险所致的经济损失由谁来承担发生纠纷,在投保工程保险后,工程的各方都是共同的被保险人,那么,属于保险责任范围内的损失,保险公司就会负责赔偿,有利于减少经济纠纷。

四、工程保险市场的参与各方

工程保险和其他财产保险一样,其重要的一个格式文件就是保险合同,保险合同的当事方为保险市场两个重要的主体,即:保险人和被保险人。较为成熟的工程保险市场除了有保险人和被保险人外,还有保险经纪公司、保险评估公司等中介机构,各方在市场上起着不同的作用。

保险经纪公司接受被保险人委托，为被保险人提供风险管理、保险安排、理赔等服务；保险评估公司接受保险公司或客户委托、进行损失评估和理算服务。

由于工程保险通常技术较为复杂、保险金额较高、期限较长，承保时多由保险经纪公司为客户提供风险评估，在评估基础上制订保险方案，然后在保险市场上进行招标或询价，对报价公司进行选择，订立保险合同。保险公司则结合保险经纪公司提供的风险评估报告，依据自身情况报价，申请承保份额。在业主和承包商对工程保险不甚了解或不是这方面的专家时，一般都会聘请保险经纪公司（或保险顾问）来帮助和代表自己与保险公司谈判保险事宜。尽量安排合适的保险保障和低廉的保费支出。

技 术 篇

安全生产技术是企业生产技术的一个重要组成部分，公路水运工程安全生产管理人员必须熟悉建设工程的安全要求，掌握建设工程的各项安全控制要点，落实安全生产所需的设备和配套设施，制订应对各种突发情况的应急措施，使企业生产安全有序地进行。

第六章　公路工程施工现场管理

公路工程施工具有点多线长、工种复杂、工程量大、涉及的人员、材料、机械设备多,特种作业多,施工协作性要求高等特点,同时施工过程受自然因素及外界干扰的影响很大,建设项目规模大,作业人员露天作业多,受天气、温度影响大,恶劣的施工作业环境及气候容易使施工管理人员与作业人员的体力和注意力下降,施工现场存在大量的危险和有害因素,事故隐患多,易产生坍塌、高处坠落、物体打击、机械伤害、爆炸、触电等安全事故。因此,加强工程施工现场规范化管理,是公路工程施工安全管理的核心,是安全管理目标顺利实现的保障。本章主要介绍施工场地布置、施工现场安全管理与文明施工、施工机械、临时用电、消防安全管理、跨线工程安全管理、临时设施(包括便道、便桥、临时码头等)等施工安全控制要求。

第一节　施工场地布置

施工场地标准化布置是工程施工过程中的重要组成部分。它对施工安全、质量、进度的影响相当大。因此,必须通过施工现场平面图设计来实现施工现场的合理、优化布置。

一、施工现场平面图设计的依据

(1)安全生产及环境保护等相关的法律法规与管理办法。

(2)工程所在地区的原始资料,包括建设、勘察、设计单位提供的资料。

(3)原有和拟建工程的位置和尺寸。

(4)施工方案、施工进度和资源需要计划。

(5)全部施工设施建造方案。

(6)建设单位可提供的房屋和其他设施。

二、施工现场平面布置的原则

(1)满足施工要求,场内道路畅通,运输方便,各种材料能按计划分期分批进场,做到充分利用场地。材料尽量靠近使用地点,减少二次搬运。

(2)电器设施、线路、油库、易燃易爆品库、大型吊装设备、拌和设备以及加工场地等的布置必须符合安全、消防、环保的要求。

(3)现场布置紧凑,减少临时设施用地,特别要少占农田。

(4)临时建筑、设施的布置,应便于职工办公、生产和生活。办公区、生产区、生活区应分离设置,并保持适当距离,不宜过远或过近。

(5)临时建筑、设施、加工场地布置时,必须充分考虑当地的气候、水文、地质等因素,选择便于施工、视野开阔、安全可靠的位置搭建。

(6)施工驻地不应设在洪水位以下或有滑坡、泥石流威胁的地方。

(7)在保证施工顺利进行的条件下,尽可能减少临时设施费用。尽可能利用施工现场附近的原有建筑物作为施工临时设施。

三、施工现场平面图的内容

施工现场平面图应表达下列内容:

(1)施工现场总平面上已建和拟建的地上和地下的一切公路、桥梁、隧道、构造物及其他设施的位置和尺寸。

(2)移动式起重机(包括有轨起重设备)开行路线及垂直运输设备、设施的位置。

(3)地形等高线,测量放线标桩的位置和取弃土方的地点。

(4)各种加工场地、各种拌和设备的位置。

(5)现场运输道路。

(6)承建工程及其临时设施与铁路、公路、航道相交叉部位。

(7)引入施工现场的铁路、公路、航道及临时搭建的便桥、码头、趸船等的位置。

(8)各种材料、半成品、构件等的仓库和堆场。

(9)办公室、宿舍、厨房、食堂、厕所、浴室、警卫室等的位置。

(10)临时给水排水管线、供电线路、蒸汽和压缩空气管道等的位置。

(11)全部安全及防火设施的位置(消防栓、高压泵房位置)。

(12)发电机房、油库、炸药库房等重点防火区域。

四、施工场地布置的要求

(1)施工现场应有利于生产,方便职工生活,符合防洪、防火等安全要求。具备文明生产、文明施工的条件。

(2)施工现场的临时设施,必须避开泥沼、悬崖、陡坡、泥石流、雪崩等危险区域,选在水文、地质条件良好的地段。严禁在泥石流区、滑坡体、雪崩、洪水位下等危险区域设置施工驻地。施工现场内的各种运输道路、生产生活房屋、易燃易爆品仓库、材料堆放,以及动力、通信线路和其他临时工程,应按照有关安全的规定制订出合理的平面布置图。

(3)施工现场应设置相应的安全标志,并不得擅自拆除。场地狭小、行人和运输繁忙的地段应设专人指挥交通。

(4)施工现场内的坑洞、沟坎、水塘等边缘应设安全护栏、围挡、盖板和警示标志,夜间应设置警示灯。

(5)施工现场的管线处理:路基用地范围内的既有通信、电力设施、上下水道(管)等,均应协助有关部门事先拆迁或改造;对文物古迹应妥善保护;下挖工程施工前应根据设计文件复查地下构造物(电缆、管道等)的埋置位置及走向,并采取防护措施,施工中如发现危险品及其他可疑物品时,应停止下挖,报请有关部门处理。

第二节　施工现场管理与文明施工

一、场地、临时设施安全管理要求

场地、临时设施从建设到使用都要制订相应的管理办法，明确责任区，力求把责任落实到人。并使场地、临时设施始终符合下列要求。

(1)施工现场道路应按照施工组织设计的施工平面布置图修筑，一般用焦渣、砂子、石子做路面，并应压实、平整，道路断面的中间起拱，道路两侧应有排水设施。为避免道路堵塞，影响工作效率，甚至造成事故，办公区、生产区、生活区的道路应明显标志出边界线，并尽量布置成围绕建筑物的环形或“U”形，以方便进出。

(2)施工现场内的道路、临时设施、生产生活房屋、易燃易爆品仓库、料场、停车场以及动力、通信线路的位置均要符合防火、防洪、防风、防爆的要求。位于河流两岸的施工现场，在设置前要进行河流流量、水位和地形的调查，并设置水位观测点，以保证所有的房屋、线路、机械设备、料具的堆放地点，均位于最高水位之上。

(3)施工现场的生活生产房屋、变电所、发电机房、临时油库、易燃易爆品仓库等均应设在干燥地基上，严禁用易燃材料修建，并应符合防火、防洪、防爆、防震、防滑等要求。炸药库的设置应符合国家有关规定，并经政府主管部门批准。工地的小型临时油库应远离生活区 50m 以外，并设置围栏。

(4)施工现场必须建立现场安全用火和消防制度，并设置足够的消防设备。施工现场应当划分出用火作业区、易燃可燃材料场、仓库区、易燃废品临时集中站和生活区等区域。施工人员应熟悉消防设备的性能和使用方法，并应组织一支经过训练的义务消防队伍。

在保证防火间距的基础上，施工现场消防措施还要满足下列要求：

①防火间距内，不应堆放易燃或可燃物品。

②施工现场消防车道宽度不小于 3.5m，当道路的宽度仅能供一辆车通行时，应在适当地点修建回转车场。严禁占用场内通道堆放材料。

③施工现场应设有足够供应消防用水的给水管道或蓄水池。

④施工现场的道路，夜间应有照明设备。

⑤现场临建设施、仓库、易燃物堆场和固定用火处，要有足够的灭火用品、工具和设备，并要求布置在明显和便于取用的地点。

⑥消防器材要有专人管理，定期检查。冬季要做好防冻，夏季要做好防暴晒工作。

⑦安装和使用电气设备时必须严格遵守施工现场临时用电的规范要求。高压线下面不得搭设临时性建筑物或堆放可燃材料。配电室内禁止吸烟、生火。

⑧施工现场的生产、生活用火，设置、移动、增减，应经主管消防的领导批准，任何人不准擅自动用明火。

⑨木材堆放面积不要过大，堆垛与堆垛之间应保持一定的防火距离。木材加工的废料要及时清理，以防自燃。

⑩施工现场内从事电焊、气割作业人员，应遵守电焊、气割作业的安全技术操作规程。

(5)施工现场临时用电线路按照临时用电的施工组织设计布设,并符合《施工现场临时用电安全技术规范》的要求。施工现场较高的建(构)筑物、临时设施及重要库房,如炸药库、油库、发(变)电房、塔架、塔吊、龙门吊架、大型拌和设备等,均应架设避雷装置。

(6)公路工程施工现场临时供排水应进行设计。根据生产、生活和消防对水的需求,确定用水量、选择水源、配水线路。施工现场生活用水应进行鉴定,其水质必须符合饮用水标准。水源应采取保护措施,防止污染。生产和生活污水、泥浆应合理设置排水沟、导流沟和泥浆池,集中处置。

(7)对环境有污染的设施和材料应设置在远离人员居住的较为空旷的地点。污染严重的工程场所应配有防污染的设施。

(8)施工现场应按照规定设置防护设施、安全标志、警告标志,并不得擅自拆动。施工现场入口处应设置五牌一图,即:工程概况牌、管理人员名单及监督电话牌、消防保卫牌、安全生产牌、文明施工牌、施工现场总平面图。

(9)进入施工现场,必须戴安全帽,禁止穿拖鞋或光脚。在没有防护设施的高处、悬崖、陡坡作业,必须系安全带。上下交叉作业有危险的出入口要有防护棚或其他隔离设施。距地面2m以上作业要有防护栏杆、挡板或安全网。安全帽、安全带、安全网要定期检查,不符合要求的,禁止使用,及时更换。

(10)水上作业应按照《中华人民共和国水上水下施工作业通航安全管理规定》到当地有关主管部门办理水上施工许可证,并按照施工方案和水上作业的有关规定进行施工。水上作业应根据水流情况配备救生圈、救生快艇等。水上作业人员应穿救生衣。通航水域桥梁施工应采取防撞措施。渡船、拖轮及其驾驶人员的证件、手续应办理齐全。渡船、拖轮应配有安全设施,并规定其载重量、车辆、人数,严禁超载、超高、超宽。遇有上下船舶通过,不得横越抢渡。

(11)施工现场临时码头、栈桥、便桥位置应按照当地有关部门批准的设计选址施工,并应配备相应的安全防护设施。临时码头应选在河流两岸比较开阔,河床比较稳定,水流顺直,地质较好的河段。两岸引道应保持坚固稳定。码头的附属设备,如跳板、支撑、船环、柱桩等应牢固可靠。搭设的栈桥、便桥必须坚固可靠,桥面满铺木板。栈桥临水端应设置靠船的靠帮和系缆设施。通过栈桥、便桥的电线、电缆必须绝缘良好,并固定在桥的一侧。栈桥码头、便桥应有抗洪水、流冰及其他漂浮物的能力,工作人员应对各种设施经常维修。

二、场内交通及水电设施安全管理要求

1. 场内交通安全要求

(1)场内道路应经常维护,保持畅通。载重车辆通过较多的道路,其弯道半径一般不小于15m,特殊情况不得小于10m。手推车道路的宽度不小于1.5m。急弯与陡坡地段应设置明显交通标志。与铁路交叉处应有专人照管,并设信号装置和落杆。

(2)靠近河流和陡壁处的道路,应设置护栏和明显的警告标志、限速标志。

(3)场内轨道运输车辆的轨道应平坦顺直,纵坡不得大于3%。车辆应装制动闸,轨道终点应设置倒坡和车挡。

2. 边通车、边施工地段的交通管理

(1)改建工程中,边通车、边施工路段的安全生产除应遵守相应的规定外,还必须加强对

通行车辆和施工车辆的安全管理,确保施工、交通安全。施工场地车辆应安装倒车报警装置。在边通车、边施工路段的两端及中途出入口处,应设专职人员指挥交通。

(2)改建工程需挖除旧路路基、路面进行重建的路段,在施工路段的两端及其延伸一定安全距离外,应竖立显示正在施工的警告标志。标志应鲜明、醒目。标志与施工路段的距离,应根据开挖宽度、路线等级、交通流量等情况确定。

改建施工作业范围的边缘,在夜间应悬挂红灯示警标志。

(3)一侧拓宽或两侧拓宽的改建工程,原有道路的路面宜先保留,以维持交通。改建工程与行车道相邻的一侧或两侧,要用红白相间的栏杆等隔离设施进行隔离。市政工程需用硬围挡进行全封闭隔离。

(4)在拓宽地段,如需在原有道路上运送土石方或工程材料时,宜采用机动车辆运输。采用手推车运输时,应在红白相间隔离栅或围挡内进行。

(5)应设置专职的清洁人员,对通车路段的路面进行经常性的清扫,防止车辆碾飞土石伤人、雨后泥泞影响通车,防止环境遭到扬尘的破坏。

道路清洁人员必须穿戴有反光条纹并具有警示标志作用的工作背心,方可上路作业。

(6)在原有路段上,进行降坡改建的工程,有条件的可修建临时便道维持交通,也可在降坡地段半幅施工,另半幅通车。

(7)半幅通车路段,在车辆驶入(出)前方应设置指示方向和减速慢行的标志。同时在施工作业区的两端及其延伸一定的安全距离外,设置明显的路栏、隔离墩等,夜间要在路栏上加设施工标志灯。

(8)半幅施工的路段不宜过长,一般不超过300~500m。

(9)在单车道维持通车路段上,当路段不长,交通量不大时,可在该路段的适当地点设置车辆会让处。当施工路段较长、交通量较大时,应实行交通管制。每班配置专职人员和通信设备,指挥交通,疏导车辆。

(10)在居民点或公共场所附近开挖沟槽时,应按公共场所设施的标准设置牢固护栏和搭板供行人通过。夜间应设置照明灯和红色警示灯。

(11)在原地拆除旧桥(涵),重建新桥(涵)时,应先建好通车便桥(涵)或渡口。在旧桥的两端应设置路栏,夜间应在路栏上悬挂警示灯,并在路肩上竖立通向便桥或渡口的指示标志。

3. 水电设施

(1)生产生活用水应进行鉴定,其水质必须符合国家现行标准。水源应采取保护措施,防止水质污染。

(2)场内架设的电线应绝缘良好,悬挂高度及线间距必须符合临时用电要求和电力部门的安全规定。

(3)现场架设的临时线路必须用绝缘物支持,不得将电线缠绕在钢筋、树木或脚手架上。

(4)电工在接近高压线操作时,其安全距离为10kV以下不得小于0.7m,20~35kV不得小于1m,44kV不得小于1.2m,否则必须停电后方可操作。

(5)各种电器设备应配有专用开关,室外使用的开关、插座应外装防水箱并加锁,在操作处加设绝缘垫层。

(6)在三相五线制中性点接地供电系统中,电气设备的金属外壳应做接零保护;在非三相五线制供电系统中，电气设备的金属外壳应做接地保护，其接地电阻不大于4Ω，并不得在同一供电系统上有的接地、有的接零。

(7)各种电气设备的检查维修，一般应停电作业，如必须带电作业时，应有可靠的安全措施并派专人监护。

(8)工地安装变电器必须符合电业部门的要求，并设专人管理，施工用电尽量保持三相平衡。

(9)现场变(配)电设备处，必须有灭火器材和高压安全用具。非电工人员严禁接近带电设备。

(10)使用高温灯具，周围不得摆放易燃物质，防止失火。

(11)移动式电气机具设备应用橡胶电缆供电，并经常注意理顺；跨越道路时，应埋入地下或做穿管保护。

(12)遇有雷雨天气不得爬杆带电作业，在室外无特殊防护装置时必须使用绝缘拉杆拉闸。

(13)能产生大量蒸汽、气体、粉尘等工作场所，应使用密闭式电气设备。有爆炸危险的工作场所应使用防爆型电气设备。

(14)电气设备的转动带、转轮、飞输等外露部位必须安设防护罩。

(15)大型桥梁施工现场、隧道和预制场地应有自备电源，以免因电网停电造成工程损失和出现事故。自备电源和电网之间要有联锁保护。

4.检修电气设备

(1)电气设备的检修必须由电工进行，其他人员不得随意操作。

(2)工作中如遇停电应拉下开关，切断电源；检修结束必须仔细检查各项设备的情况，确认没有异常方可合闸。

(3)大型电气设备检修应在切断电源，设好防护后进行，并在开关处设置警示标牌，工作完成后方可拆除，如需进行送电试验时，必须在认真检查并与有关部门联系后方可进行。

5.施工现场的临时照明

(1)室内照明线路应用瓷夹固定。

(2)电线接头应牢固，并用绝缘胶带包扎。

(3)熔断器应按用电负荷量装设。

三、施工测量安全管理要求

1.陆上施工测量的安全防范措施

(1)密林丛草间进行施工测量时，应遵守护林防火规定，严禁烟火，并需预防有害动物、植物伤人。

(2)测量打桩时要注意周围行人的安全，不得对面使锤、钢钎和其他工具不得随意抛掷。

(3)测量人员在高压线附近工作时，必须保持足够的安全距离。遇雷雨时不得在高压线、大树下停留。

(4)在陡坡及危险地段测量时应系安全带，脚穿软底轻便鞋。在桥墩上测量时应有上下桥墩及防止人体坠落的安全措施。

(5)在公路、街道、交通繁忙的道路上测量时,必须有专人警戒,防止交通事故。

2. 水上施工测量的安全防范措施

(1)水文测量人员应设测量平台,测量人员应穿救生衣。在陡峻的河岸进行观测时,应有简易便道和防护措施。

在通航河底上,测量船应有信号设备。在江中抛锚时,应按港航监督部门的规定设置信号并有专人负责瞭望。

夜间进行水文测量时,必须备有足够的照明设备。

(2)冰上测量时,应向当地有关部门了解冰的情况,确认无危险后,方可作业。

四、文明施工

1. 文明施工的意义

(1)文明施工是施工企业各项管理水平的综合反映。

(2)文明施工是标准化施工本身的客观要求。

(3)文明施工是企业管理的对外窗口。

(4)文明施工有利于培养一支懂科学,讲文明的施工队伍。

2. 文明施工的组织管理措施

(1)健全管理组织。

(2)健全管理制度。

(3)健全完善资料管理。

(4)开展多种形式的竞赛。

(5)加强教育培训工作。

(6)积极推广应用新技术、新工艺、新设备和现代化管理方法,提高机械化作业程度。

3. 文明施工要求

(1)施工单位应当在施工现场入口处等醒目位置设置工程概况牌、管理人员名单及监督电话牌、消防保卫牌、安全生产牌、文明施工牌、施工现场总平面图等。

(2)各施工便道、平交道口要经常清扫,加强日常养护,保证晴雨通车。要经常洒水,防止尘土飞扬,影响当地群众正常生产、生活。

(3)各道口及与群众出行有直接接触的施工现场,要设置围挡或拉彩旗分隔,并设立警示标志,悬挂质量、安全、文明施工标语。

(4)进入施工现场,必须戴安全帽。在没有防护设施的高处、悬崖、陡坡作业,必须系安全带。施工现场坑井、沟和各种孔洞,易燃易爆场所,都要设置围栏、盖板和安全标志,夜间要设红灯示警。上下交叉作业有危险的出入口要有防护棚或其他隔离设施。安全帽、安全带、安全网要定期检查,不符合要求的,禁止使用。

(5)施工现场的用电线路、用电设施的安装和使用必须符合规范和安全操作规程,并按照施工组织设计进行架设,严禁任意拉线接电。施工现场必须设有夜间照明,危险潮湿场所的照明以及手持照明灯具,必须采用安全电压。

(6)各种机电设备的安全装置和起重设备的限位装置,都要齐全有效,要建立定期维修保养制度。

(7)施工现场要建立防火管理制度,配备防火设施和灭火器材,并保持良好状态。

(8)加强季节劳动保护工作,夏季防暑降温,冬季防寒防冻防煤气中毒,雨季来临之前要做好防洪抢险准备。

(9)合理安排施工工序及施工时间,可能对周围群众及环境造成的噪声、空气、废料等污染要采取保护措施。

五、施工现场环境保护

施工现场应当主要针对施工方案建立环境保护管理方案,从源头遏制住污染源。在日常的工作、生活过程中要有责任人管理和检查。应当与当地政府主管部门以及周围村镇、社区等保持畅通的沟通渠道,经常听取意见,对合理意见应当及时采纳处理。有条件的还应对环境情况进行必要的监测或请当地政府主管部门进行监测。相关工作应当有记录。

国家关于保护和改善环境,防治污染的法律、法规主要有:《环境保护法》、《大气污染防治法》、《固体废物污染环境防治法》、《环境噪声污染防治法》等。施工单位应当自觉遵守。

《环境保护法》规定:"积极试验和采用无污染或少污染环境的新工艺、新技术、新产品";"加强企业管理,实行文明施工,对于污染环境的废气、废水,废渣,要综合利用、化害为利;需要排放的,必须遵守国家规定的标准;一时达不到国家标准的要限期治理;预期达不到国家标准的要限制企业的生产规模";"散发有害气体、粉尘的单位,要积极采用密闭的生产设备和生产工艺,并安装通风、吸尘和净化、回收设施。劳动环境的有害气体和粉尘含量,必须符合国家工业卫生标准的规定"。

1. 施工现场环境保护的意义

(1)保护和改善施工环境是保证人们身体健康的需要。

(2)保护和改善施工环境是消除外部干扰,保证施工顺利进行的需要。

(3)保护和改善施工环境是现代化大生产的客观要求。

(4)环境保护是国法和政府的要求,是企业的行为准则。

(5)环境保护是企业生存发展的重要条件。

(6)施工环境保护是保证施工安全的重要条件。

2 环境保护的措施

(1)实行环境保护目标责任制。

实行环境保护目标责任制是目标管理的具体运用,而目标管理的特征主要表现在:

①有一套完整的、科学的目标体系。

②重视协商、实行自我控制。

③强调成果,注重实效。

④重视职工教育与培训,不断提高职工素质。

(2)加强检查和监控工作。

(3)保护和改善施工现场环境,要进行综合治理,全员参与。

(4)要有技术措施,严格执行国家的法律法规。

(5)采取有效措施,防止污染,具体包括:

①防治大气污染：

a. 施工现场宜采取硬化措施，其中主要道路、料场、生活办公区必须进行硬化处理，土方应集中堆放。

b. 拆除旧有建筑物时，应采用隔离、洒水等措施防止扬尘，并应在规定期限内将废弃物清理完毕。

c. 不得在施工现场熔融沥青，严禁在施工现场焚烧含有有毒、有害化学成分的装饰废料、油毡、油漆、垃圾等各类废弃物。

d. 从事土方、渣土和施工垃圾运输应采取措施防止大气污染。经过城镇应当保证车辆清洁，并采取密闭式运输车辆或采取覆盖措施。

e. 施工现场应根据风力和大气湿度安排施工生产任务，以避免污染环境事故发生。

f. 水泥和其他易飞扬的细颗粒施工材料应密闭存放，砂石等散料应采取覆盖措施。

g. 施工现场的各类搅拌场所应当采取降尘措施。

h. 施工垃圾和生活垃圾应设置专门垃圾存放点且分类存放，并及时清运。存放时，应采取防止垃圾飞扬的措施。

i. 城区、旅游景点、疗养区、重点文物保护地及人口密集区的施工应使用清洁能源。

j. 施工现场的机械设备、车辆尾气排放应符合国家环保排放标准的要求。

②防治水污染：

a. 施工现场应设置排水沟和沉淀池，现场泥浆、废水等不得随意排放。

b. 现场存放的油料、化学溶剂等应设有专门的库房，地面应进行防渗处理。

c. 食堂应设置隔油池，并应及时清理。

d. 厕所的化粪池应进行抗渗处理。

e. 食堂、盥洗室、淋浴间等的下水应妥善处理，保证不污染周围水源。

③防治施工噪声污染：

a. 应有保证施工噪声不扰民的措施，经常监测和听取周围群众的反映。

b. 在城镇和人口居住密集的地区施工应严格按照国家《建筑施工场界噪声限值》(GB 12523)及《建筑施工场界噪声测量方法》(GB 12524)标准制订降噪措施，应当对现场噪声进行监测和记录。对产生噪声和震动的施工机械、机具的使用，应采取消声、吸声、隔离等有效控制措施。

④防治施工照明污染：

夜间施工严格按照当地建设和行业行政主管部门以及有关部门的规定执行。对施工照明器具的种类、灯光亮度加以严格控制。特别是在城市市区居民居住区内，减少施工照明的不良影响。

⑤防治施工固体废弃物污染：

a. 应制订防治施工固体废弃物污染的措施方案，制订复垦复耕等计划，并认真组织落实。

b. 对施工产生的废弃物，如沥青块、混凝土块等应当及时清理，按照要求处置。

c. 含有毒有害物质的工程检测仪器等，应专人负责，严格管理，切勿遗失。

d. 注意做好办公场所产生的废硒鼓、废灯管等的统一回收工作。

第三节　施工机械的安全技术要求

随着公路建设的迅速发展，公路工程施工机械化程度越来越高，一些施工企业的机械设备资产已占企业固定资产的80%以上。因为使用机械比手工操作有更高的技术要求，也存在更多的不安全因素，稍有疏忽，轻则机械损坏，重则破坏性事故使机械报废。还可能发生人身伤亡的重大事故。为了在机械化施工中杜绝或减少事故的发生，确保机械设备及人员的安全，创造良好的施工经济效益，就必须做好设备的安全管理。

机械设备的安全管理包括制定机械安全生产管理制度；严格的机械安全操作规程；完善的全员安全教育培训制度。

一、机械安全生产管理制度

对机械的安全生产管理应贯穿在选型、购置、安装、使用、维修、改造、更新直到报废的全过程管理，除状态管理外，还要把防止公害、安全技术、工业卫生等内容包括在内。

通常机械设备引起的安全事故包括以下几种类型：

(1)机械设备本身受到不正常损坏的单纯机械事故。

(2)由于机械设备事故而引发的人身伤亡事故。

(3)由于机械设备发生事故而引起的其他性质的灾害，如火灾、停电、停产等。

(4)由于机械设备的原因(机械设备本身不一定发生事故)而引起的有关人员职业病，以及对环境的污染等。

从企业内部常规的业务分工出发，上述第(1)类事故由机管部门单独管理；第(2)类、第(3)类事故则由机管部门与安全部门共同管理，以安全部门为主；至于第(4)类事故，虽然事故的后果也可能相当严重，但由于机械设备本身往往并未受到任何损坏，也不需要任何用于修复的直接费用支出，所以在业务上往往不作为机械事故上报处理。一般由企业劳动保护部门管理这项工作。但从安全管理角度出发，企业应及时组织有关部门分析事故发生原因，研究防止这类事故的发生预防措施。

1. 机械技术责任制

机械是企业开展生产活动，创造经济效益的工具，从管理机械的实际出发，机械故障和其他事故的预防都应落实在技术责任制中。技术责任制是机械设备正常进行工作和安全生产的有力保证，在施工企业中，分别由各级机械技术人员承担。因为在机械设备管、用、养、修的各个环节中，关系比较复杂，头绪比较繁多，如果在技术指挥系统中没有明确的技术责任制，必然影响正常工作的进行，甚至发生混乱和事故。所以施工单位必须有一套完整的技术责任制，以确保生产秩序正常和安全施工。

各级机械技术人员的主要职责如下：

(1)审定机械施工方案的技术措施，组织机械化施工。

(2)负责机械技术革新、技术改造方案和自制设备的审定，组织革新成果和自制设备的技术鉴定。

(3)负责机械的安全技术工作，主持机械事故的分析和处理。

(4)组织新机械的技术试验和技术交底。

(5)负责检查机械各项技术规定的执行情况,对不合理使用机械设备的行为,有权制止并加以纠正。

(6)组织机械操作人员的技术培训、考核和取证工作,组织参加本单位有关施工机械使用过程中的安全检查。

2."三定"制度

定人、定机、定岗位的"三定"制度,是机械使用负责制的表现形式。长期以来,被认为是管好、用好机械的好办法,并把它作为机械管理中应该遵循的重要原则。"三定"就是把人和机的关系固定下来,把机械使用、保养和维护等各个环节都落实到每个人身上。做到台台设备有人管,人人有专责。

(1)"三定"制度的优点

①有利于操作人员熟悉情况,有利于使用、保养和维护。

②有利于操作人员的正确操作和安全使用,加强其责任感,减少机械的损坏和机械事故的发生,有利于提高机械完好率和延长其使用寿命。

③可以大大提高操作人员操作机械的熟练程度及生产效率。

④有利于单机、单车核算。

(2)正确理解和完善"三定"制度

①"三定"制度具有阶段性。如在某项工程中或某段工程中,操作什么机械应该固定,工程结束后,其他工程需要时,则改做其他工作,不是一成不变"三定"下去。但在该定的时期,就负有所定机械的责任。

②在阶段性的"三定"期内,所有责任制度,如操作、保养、记录、交接班制度等,都要严格执行。

③培养驾驶人员应提倡"一专多能",除熟悉本机操作技术外,还应掌握几种主要机械的操作技术,这样可增强机种间的相互协调与配合,避免意外事故的发生,还可减少机多人少忙闲不均的矛盾。

④对于没有明文规定操作规程的机械;技术人员按照机械的性能和使用要求,参照其他近似机型合理地制订机械的操作规程,并交由上级管理机构批准后执行。

(3)"三定"的具体做法

"三定"的具体做法是每台机械都有机长或负责人,承担安全生产责任。

①1 人管理一台机械,或 1 人管多台机械,该人即为该机机长或保管人。

②多班作业或多人操作的机械设备,任命 1 人为机长,其余为机组成员。

③中小型机械班组,在机械设备和操作人员不能固定的情况下,应由班长指定专人负责。

④操作人员的配备应根据交通部颁布的《公路工程机械台班费用定额》中规定的人员配备标准执行。

3.机械操作证制度

实行技术考核和操作证制度,是为了正确使用机械,加强机械使用责任制,有效地防止非驾驶操作人员或不熟练人员乱开机械,减少机械的损坏,确保人身和机械安全,提高生产效率。属特殊工种的必须按照《特种设备作业人员监督管理办法》要求持证上岗。

机械操作证由相应管理机构考核下发。具体方法如下：

(1)各种机械驾驶、操作人员，要懂得机械技术性能、机械构造、工作原理、操作规程和保养规程，确实掌握操作技术，经考试、考核合格后，发给操作证，方可操作机械。

(2)机动车驾驶员须有车辆管理部门发给的机动车驾驶证；锅炉工须有劳动部门发给的司炉工执照；电工、电焊工等经当地主管部门考核合格发证后，方可从事相关工作。

(3)发证考试、考核工作由相应管理机构进行。考试、考核合格后，发给其操作证。不合格者必须在机长和班(队)长的指导下进行操作实习和培训，力争下次考试、考核合格。经过三次考试、考核不合格者，应分配其他工种。

(4)操作证应定期审验，一般应一年审验一次。对于违反操作规程造成机械损坏或生产安全事故者，应在操作证上说明，情节严重者应吊销操作证。

(5)机械操作证和机动车辆驾驶证一样，是职工技术技能的证明，必须有专人管理，定期检查。考试、考核和发证要严格、认真、细致，防止流于形式。

4.机械交接班制度

为了使机械设备在多班作业或多人轮班作业时，能互相了解情况，进行机械技术状况交底，分清责任，防止机械损坏和附件丢失，保证施工的安全和连续，必须建立交接班制度，它是贯彻责任制的组成部分。

机械设备交接班时，双方都要全面检查，做到项目不漏、交接清楚，由交接双方填写“交接班记录”，如表6-1所示，接方核对相符验收后，交方才能下班。交接双方应对存在问题会否引发事故做出判断，对可能引发生事故的问题，必须上报机械主管和安检主管部门。交接班的内容如下：

(1)交清本班生产任务情况、技术要求及注意事项。

(2)交清机械设备运转和使用情况，燃油、润滑油消耗和准备情况。

(3)交清机械设备技术状况和存在的问题。

(4)交清随机工具、附件情况。

(5)填好原始记录。

(6)交班操作人员负责搞好机械的例行保养及清洁工作。

交接班记录(表6-1)由机务管理部门于月末更换，收回的记录由该部门存档。机械事故发生后，可由记录查找分析事故原因。班组长经常检查交接班制度执行情况，并作为驾驶、操作人员日常考核的依据。

交接班记录　　表6-1

机械编号：

机械名称：　　　　时间：　年　月　日

任务情况	
机械情况	
保养情况	
附件工具情况	
存在问题	
需要注意问题	

接班人：　　　　交班人：

5. 机械验收制度

设备故障率及重大事故的发生都与设备的原始状态、技术性能、完好率有关。因此选购设备时应尽可能选择性能先进、自动化程度高、安全可靠性高、耐用性好的设备，远离性能落后，安全无保证的设备。订货合同必须注明执行的相关标准和法规。机械验收制是安全管理的第一关，对企业经济效益至关重要，未经验收的机械设备不能投入使用。

1）验收的组织

大中型设备和专用设备由机务部门会同有关部门进行验收。一般机械的验收由使用单位机械部门有关专业人员办理验收工作。

2）验收的依据

订货合同或协议书，机械的发票、货运单、装箱单、发货明细表、机械说明书、质量保证书等有关文件和技术资料。

3）验收的内容

主要包括机械外观检查和质量检验，随机附件、易损备品配件、专用工具以及说明书、图纸等技术资料的清点工作。

4）验收的程序

（1）依据订货合同，核对发票、货运单与机械规格、型号等是否相符，按货运单初步检查装箱完整情况和件数是否相符。如发现问题，应立即向承运单位及生产厂提出质询，并拒付未交货款。

（2）开箱后，依据装箱单、发货明细表、说明书、产品合格证等，核对机械规格、数量是否相符，检查外观质量是否完好无损，各部件、仪表有无损坏或短缺，对发现的问题要进行登记，并向生产厂提出质询或索赔。

（3）检查随机的各种技术文件和资料。

（4）检查附属装置和随机专用工具。

（5）按验收的实际情况填写验收记录单，作为固定资产建账立档的依据，验收人员应在验收单上签字后，方可交付使用。

5）进口机械设备的验收

进口的机械设备，必须报请国家商检部门进行检验，保证在索赔期内处理完所发生的问题，避免经济上受到不应有的损失。

（1）进口机械设备必须在规定期限内报请设备使用地商检机构进行检验，未经检验的，不准安装投产，不准使用。一般应在设备到货后 7 日之内，最迟至索赔有效期前不少于 1/3 的时间内报请检验。

（2）检验依据如下：

①法律、法规有强制性检验标准或其他必须执行的检验标准的，按法律、法规规定的检验标准检验。

②涉及安全、卫生、环境保护的进口机械设备，按国家有关规定的强制性检验标准检验。

③进口的机械设备，如属《实施安全质量许可制度的进口商品目录》中的商品，必须符合国家安全强制性有关规定。

④对外贸易合同或协议约定检验标准或技术条件的，按约定的检验标准或技术条件检验。

⑤外贸合同或协议中未约定检验标准的,可按如下依据检验:买卖双方补充签订的协议标准或技术条件,出口国标准或有关国际标准,国家标准、行业标准。

⑥如合同或协议约定标准或技术条件高于强制性标准的,执行合同或协议约定的标准或技术条件,反之,执行强制性标准。

⑦国外发票、装箱单、提单、理货清单、商务记录等证件、国外提供的质量证明书、技术图纸、安装调试手册和使用说明书等技术条件。

⑧有关主管部门批准的外商投资企业或章程中对成套设备技术条件所作的规定。

(3)对于价值较高、技术复杂的大型成套设备及重要的二手设备,应根据外贸合同的约定,在出口国进行装运前预检验、监造或者监装。但最终检验以到货后中国商检局检验结果为准。

①外观检验,如机械的型号、规格、制造日期、油漆、防护措施及新旧程度等。

②依据合同、发票、装箱单核对数量、质量是否相符。

③根据合同规定的品质检验项目,进行检验、测试,并记录好有关数据及状况;对凭样品成交的商品,应根据双方认定的样品进行检验,对样品必须妥善保管;对已实行"进口商品质量许可证"制度的商品,须审查该制造企业是否领取许可证,并审核证书的有效期。

④认真做好检验工作日志和原始记录。

⑤按照我国有关法律、法规及国际公约规定,涉及安全、卫生和环境保护的商品需进行监装,检验内、外包装材质和包装形式,固定状况是否符合合同的包装条款要求。检验集装箱体有无缺陷,箱体的气密性、水密性及集装箱附属设备情况,箱体是否受到污染,是否有残留物和对机械质量有影响的其他物品。

⑥检查运输工具是否适用装载所运机械,监视全部装船过程,做好相关记录。检查防潮、防锈、防震措施,同时检查包装码头,对施加封识的包装箱和集装箱要拍摄照片。

(4)报验必须提供的资料为:对外贸易合同、国外发票、提单、装箱单以及质保书、产地证、报关单、到货通知单、现凭证明及有关检验标准、技术文件等。

(5)开箱检验,根据合同规定,按装箱单、图纸、技术资料对运抵机械设备的包装、品名、数量、规格型号进行详细核对。残损箱件要首先验残。集装箱门到门运输的,一般应进行拆箱鉴定。

(6)对机械的外观进行全面检查,检查有无变形、残损、锈蚀等问题,对发现的问题,要分清责任方。

(7)对开箱后不易恢复包装和安全保管的精密设备及仪器、仪表等,可根据外贸双方协议,留待设备安装时一并开箱检验。

(8)对一些特殊要求的设备,如充氮或充油保护设备,防倾侧设备等,应检查油压力、气压力是否保持良好;充油、充气部分有无渗漏现象;震动指示器、防倾指示器是否在正常位置。

(9)成套设备在安装前应进一步检查各单机内部有无杂物、锈蚀、漏焊、残缺,涂层剥落等缺陷,检查设备外形尺寸、连接部位尺寸和可拆检的主要部件的加工精度是否符合设备要求。

(10)成套机械设备,应按国家有关规定,检查是否符合国家安全、卫生、环境保护等规定。

(11)仪器、仪表以及自动装置,按生产厂说明书、技术条件在实验室进行检验、校验或性能试验。

(12)成套机械设备中的计量器具的量值检定，锅炉、压力容器的安全监督检验以及承压设备的安全检验等项目，由有关法律、法规规定的检验机构进行检验。

(13)质保期检验，成套设备在安装调试投入正常使用直至合同规定的质保期内，如发生问题，使用单位应保护问题现场，通知商检部门检验，判明原因，进行处理。在合同规定的质保期满前，应进行一次全面的检验。

(14)不管采取何种检验方式，有如下情况之一者，必须报请商检人员到现场检验。

①开箱前，包装已残破的。

②开箱后，发现设备已有残损的。

③质保期内，设备有品质问题，需对外出证的。

④对进口成套设备的无形资产，诸如与成套设备相关的专利、专有技术、工业配方、技术诀窍以及商标等应认真审核有关的资料文件。

6)机械设备验收单

机械设备验收单见表6-2。

机械设备验收单　　　　表6-2

<table>
<tr><td colspan="2">机械名称</td><td colspan="3"></td><td colspan="2">规格型号</td><td colspan="2"></td><td colspan="2">生产厂</td><td colspan="4"></td></tr>
<tr><td colspan="2">出厂日期</td><td colspan="3"></td><td colspan="2">出厂号码</td><td colspan="2"></td><td colspan="2">验收日期</td><td colspan="4"></td></tr>
<tr><td rowspan="4">设备组成</td><td rowspan="2">动力</td><td>主</td><td>名称</td><td></td><td>厂牌</td><td></td><td>规格型号</td><td></td><td>功率</td><td></td><td>号码</td><td></td><td>出厂日期</td><td></td></tr>
<tr><td>付</td><td>名称</td><td></td><td>厂牌</td><td></td><td>规格型号</td><td></td><td>功率</td><td></td><td>号码</td><td></td><td>出厂日期</td><td></td></tr>
<tr><td colspan="2" rowspan="2">配属机组</td><td>名称</td><td></td><td>厂牌</td><td></td><td>规格型号</td><td></td><td>功率</td><td></td><td>号码</td><td></td><td>出厂日期</td><td></td></tr>
<tr><td>名称</td><td></td><td>厂牌</td><td></td><td>规格型号</td><td></td><td>功率</td><td></td><td>号码</td><td></td><td>出厂日期</td><td></td></tr>
<tr><td colspan="3">随机文件资料</td><td>使用说明书</td><td colspan="2"></td><td colspan="2">产品合格证</td><td colspan="2"></td><td colspan="2">图纸资料</td><td></td><td>零件目录</td><td></td></tr>
<tr><td colspan="9">随机工具及附件</td><td rowspan="6">验收情况</td><td colspan="3">(1)质量是否合格</td><td colspan="2"></td></tr>
<tr><td colspan="3">名称</td><td colspan="2">规格</td><td colspan="2">单位</td><td colspan="2">数量</td><td colspan="3">(2)构件是否完整齐全</td><td colspan="2"></td></tr>
<tr><td colspan="3"></td><td colspan="2"></td><td colspan="2"></td><td colspan="2"></td><td colspan="3">(3)外部是否完好无损</td><td colspan="2"></td></tr>
<tr><td colspan="3"></td><td colspan="2"></td><td colspan="2"></td><td colspan="2"></td><td colspan="5" rowspan="3">(4)需要处理的问题或其他事项：</td></tr>
<tr><td colspan="3"></td><td colspan="2"></td><td colspan="2"></td><td colspan="2"></td></tr>
<tr><td colspan="3"></td><td colspan="2"></td><td colspan="2"></td><td colspan="2"></td></tr>
</table>

机务负责人签字：　　　　　　　　　　　验收人签字：

说明：本表逐栏填写清楚，签字后和随机文件资料一起送交机务部门存档。

6. 设备更新报废制度

(1)对已达规定的使用年限，或技术性能落后，经济效益差，故障率高，安全性低的机械设备，必须按照国家有关规定，有步骤地进行更新。

(2)因长期使用或因事故原因而造成的严重损坏，其主要性能严重劣化，不能满足生产与安全使用要求，或严重污染环境，危害人身健康，进行改造又不经济的机械设备必须报废。

7. 锅炉压力容器安全管理

严格执行国务院颁布的《锅炉压力容器安全监察暂行条例》和劳动部颁发的《蒸汽、热水锅炉安全技术监督规程》、《压力容器安全技术监察规程》等规定。

(1)锅炉压力容器的使用单位，在压力容器投入使用前，应按劳动部颁布的《锅炉压力容器使用登记管理规则》的要求，向当地、市级技术监督部门锅炉、压力容器安全监察机构申报和办理使用登记手续，取得使用证后，方可投入运行。

(2)使用单位应根据设备的数量和对安全性能的要求，设置专门机构或专职技术人员，加强对锅炉、压力容器的安全技术管理，建立和健全安全管理制度。

(3)使用锅炉、压力容器的单位，必须对操作人员进行技术培训和考核。司炉工必须经过考试，取得当地锅炉、压力容器安全监察机构颁发的合格证后，才准独立上岗操作。

(4)使用锅炉、压力容器的单位，对运行的锅炉、压力容器，每年必须经当地锅炉、压力容器安全监察机构年检合格并发合格证后方可继续使用。

(5)锅炉、压力容器的操作人员应熟悉锅炉安全知识，按章作业，坚决执行有关锅炉、压力容器安全运行的各项制度，做好运行值班记录和交接班记录，对任何违章指挥与操作应拒绝执行。

(6)锅炉、压力容器使用单位及主管部门，应指定专职或兼职人员负责锅炉设备的安全管理，制订出锅炉安全运行的操作规程和防爆、防火、防毒等安全管理制度以及事故处理办法，并认真执行。

8. 起重机的安全管理

(1)起重机操作手必须持有特种设备作业人员操作证，轮胎式起重机驾驶员还必须持交通车辆管理部门核发的驾驶证方可驾机。

(2)起重机在作业前应检查工作装置及附属件是否牢固，是否有损伤，工作场地是否平整坚实，驻车制动器是否有效；塔式起重机的轨道是否平直，轨距及轨道的高低偏差是否符合规定要求；工作有效半径5m以内障碍物应予消除；启动机械，检查各仪表、工作装置、安全装置是否正常，经试运转，确认安全后方可开始作业。

(3)作业中操作人员必须听从作业指挥人员指挥，得到信号后方可操作，操作前必须鸣号示意，如发现指挥信号不清，操作人员有权停机查明情况后再操作，工作现场只许有一人指挥，多人指挥或指挥错误，操作人员有权拒绝执行。

(4)起重重量不得大于制造厂规定的允许值，严禁超负荷起重和起重不明重量的物体，遇有风速大于10m/s时，不准工作。

(5)注意架空输电线，工作场地尽量远离高压网线，如必须在架空线附件作业时，必须采取必要的安全措施并与高压线保持足够的安全距离。雨雾天工作时安全距离还应适当放大。

(6)起重机工作时，在起重臂下严禁站人。禁止被起吊的重物从人、汽车驾驶室上方通过，禁止无关人员在施工现场附近停留或通过。

(7)起吊易燃易爆危险品时，应采取必要的安全措施，无安全措施不得随意起吊。

(8)起重物不得长时间悬在空中，起吊物在空中时，驾驶员不得离开驾驶室。

(9)工作中不准进行任何维修保养工作，任何人不准站在起吊物和吊杆上，以免发生人身伤亡事故。

(10)轮式或履带式起重机行驶时，应选择平坦、坚实的路面并尽量能选择正向行驶。行驶较长距离时，必须正向行驶。通过桥梁、水坝、排水沟时，必须查明允许承载力后再通过，必要时应予以加固；通过铁路、高级路面、水管、电缆等物时，必须铺设木板保护，禁止在这些设施上转向。通过立交桥、隧道、架空电线等地方时，要注意高度是否影响通过。

(11)两台起重机联合起重同一物体时，必须使用同等能力与性能的起重机，工作时要保持同速提升或降落，重物重量不得大于两台起重机允许起吊重量之和的70%，每台起重机分配到的负荷量不得大于该机允许起吊重量的80%。

9. 电气设备的安全管理

电气设备的安全使用至关重要，一旦发生安全事故，轻则造成停电事故，影响生产，重则损坏设备，甚至引起火灾，危及人身安全。因此，所有工作人员都要遵守安全用电规则，确保生命财产的安全。

安全用电的原则是不接触低压带电体，不靠近高压带电体。常用的安全用电措施有：

(1)火线必须进开关。火线进开关后，当开关处于分断状态时，用电器上就不带电，不但有利于维修，而且可减少触电的机会。

接螺口灯座火线要与灯座中心的簧片连接，不允许与螺纹相连。

(2)合理选择照明电压。一般工厂和家庭的照明灯具多采用悬挂式，人体接触机会较少，可选用220V电压供电；工人接触机会较多的照明灯则应选36V供电，绝不允许采用220V灯具做机床照明；在潮湿、有导电灰尘、有腐蚀性气体的情况下，则应选用24V、12V甚至用6V电压来供照明灯具使用，但必须注意，42V或36V电压并非绝对安全，在上述这些情况下必须使用24V或更低等级的电压。

(3)合理选用导线和熔丝。导线通过电流时不允许过热，因此，导线实际流过的电流要比额定电流小些。熔丝是做保护用的，电路发生短路时，要求能迅速熔断，所以不能选额定电流很大的熔丝来保护小电流电路，也不能用额定电流小的熔丝来保护大电流电路。导线和熔丝的额定电流可通过查阅电工手册获得。

(4)电气设备要有一定的绝缘电阻。电气设备的金属外壳与导电线圈间必须要有一定的绝缘电阻。通常要求固定电气设备(如电动机、电风扇等)的绝缘电阻不低于1MΩ；可移动的电气设备(如手提式电钻、冲击钻、台式风扇、洗衣机等)的绝缘电阻还应高一些(2MΩ)。

(5)电气设备的安装要正确：带电部分应有保护罩，高压带电体更应有效加以防护，使一般人无法靠近高压带电体。

在安装手电钻等移动式电具时，其引线和插头都必须完整无损，引线应采用坚韧橡皮或塑料护套线，且不应有接头，长度不宜超过5m；金属外壳必须可靠接地。

(6)采用各种保护用具。保护用具是保证工作人员安全操作的工具，主要有绝缘手套，绝缘鞋，绝缘钳、棒、垫等。干燥的木质桌凳、橡皮等亦可充做保护用具。

(7)正确使用移动电具。使用手电钻等移动电具时必须戴绝缘手套，调换钻头时必须拔下插头。

(8)电气设备的保护接地和保护接零。正常情况下电气设备的金属外壳是不带电的，但在绝缘损坏而漏电时，外壳就会带电。为保证人触及漏电设备的金属外壳时不会触电，通常都采用保护接地或保护接零的安全措施。

①保护接地。将电气设备的金属外壳或构架与大地之间作良好的金属连接称作保护接地。通常采用深埋在地下的角铁、钢管做接地体。接地电阻不得大于4Ω。保护接地适用于1 000V以上的电气设备以及电源中线不直接接地的1 000V以下的电气设备。采取保护接地

后，即使人触及漏电的电气设备的金属外壳也不会触电。

②保护接零。将电气设备的金属外壳或构架，与供电系统中的零线连接，叫保护接零。适用于三相五线制中线直接接地系统中的电气设备。接零后，若电气设备的某相绝缘损坏而漏电时，该相产生短路：短路电流立即将熔丝熔断，或使其他保护电器动作而切断电源，从而消除了触电危险。

单相用电器（如洗衣机、电烙铁等）使用三脚插头和三眼插座，实际上就是一种保护接零。插头插座的正确接法是，应把用电器的金属外壳用导线接在中间那个最粗或最长的插脚上，并通过插座与保护零线相连。在上述保护接零的线路中，零线上可装熔断器，也可不装熔断器。目前居民生活区多采用装熔断器的方法，但三相供电系统的中线上是不允许安装熔断器。

将电器的金属外壳直接与接到用电器的零线相连是错误的保护接零方法。这种接法有时不但不起保护作用，反而可能带来触电危险。

为了防止零线断裂，目前在工厂内广泛使用重复接地，将零线上的一点或多点与大地再次做金属连接，以保证零线接地畅通。

必须指出的是，在同一供电线路中，不允许一部分电气设备采用保护接地，而另一部分设备采用保护接零。当接地设备的某相碰壳短路时，而设备的容量较大，所产生的短路电流不足以使熔电器或其他保护电器产生动作，导致零线上的电压升高，使与零线相连的所有电气设备的金属外壳带电。

(9)任何电气设备在未确认无电以前，应一律认为有电，都应谨慎操作。

(10)在检修电气设备时，应将电源开关拉开或拔下电源插头。

(11)不损伤电线，不乱拉电线。若发现电线、插头、插座有损坏，必须及时更换。

(12)拆开的或断裂的裸露的带电接头，必须及时用绝缘胶布包好，并放在人身不易碰到的地方。

(13)尽量避免带电操作，手湿时严禁带电操作。在作必要的带电操作时，应尽量用一只手工作。同时最好有人监护。

(14)当有数人进行电工作业时，应于接通电源前通知他人。

(15)在带电设备周围严禁使用钢皮尺、钢卷尺进行测量工作。

(16)当检修线路和设备时，应将总闸拉开，并拉上“禁止合闸、有人工作”的警告牌挂在可能送电到工作地点的开关或刀闸的传动机构或操作按钮上。警告牌挂钩应用木料与藤条等绝缘材料制作，不允许用金属材料制作警告牌和挂钩。

(17)凡遇有人触电，必须用最快的方法使触电者脱离电源。可采取拉闸、用竹竿或木棒等绝缘物挑开电源，也可用绝缘钳切断电线或戴上绝缘手套、穿上绝缘鞋将触电者拉离电源。绝不能赤手空拳去拉还未脱离电源的触电者，在切断电线时要一根一根地剪，不能两根线一起剪。

在触电者脱离电源后，应立即进行现场紧急救护，并及时与医院联系送医院救治。

(18)发生电火警时，最重要的是必须首先切断电源，然后救火，并及时报警。

应选用二氧化碳灭火器、1211 灭火器、干粉灭火器或黄砂来灭火。在未确知电源已被切断时，绝不允许用水或普通灭火器来灭火，以防触电。

二、施工机械安全操作规程要点

1. 总则

(1)新购机械必须严格履行验收制度,按照技术性能、安全性能、环保性能逐项检验,性能不合格的机械不准入库,不得以降价作交换。

(2)每种机械都必须制定相应的安全操作规程,严格执行国家或劳动部门颁发的有关规定。

(3)机械设备应按其技术性能要求正确使用,缺少安全装置或安全装置已失效的机械设备不得使用。

(4)严禁拆除机械设备上的自动控制机构、力矩限制器等安全装置,严禁拆除监测、指示、仪表、报警及警示装置。上述装置的调试及维修应由专业人员负责进行。

(5)新机(进口机械设备按原厂说明书规定)和大修后的机械设备要注意做好机械走合期的使用保养;机械设备冬季使用,应按机械设备冬季使用保养的有关规定执行。

(6)机械设备操作人员必须身体健康,经过专业培训考试合格,获得有关部门颁发的操作证或驾驶执照、特殊工种操作证后,方可独立操作机械设备,不准操作与操作证不相符的机械设备。学员必须在师傅指导下进行操作。

(7)机械作业时,操作人员不得擅离工作岗位,不准将机械设备交给非本机操作人员操作。严禁无关人员进入机械作业区和操作室内。工作时,思想要集中,严禁酒后操作。

(8)操作人员及配合作业人员在工作中必须按规定穿戴劳动保护用品,长发不得外露。高空作业时,必须系安全带。

(9)对于违反本规程的指挥调度,操作人员有权拒绝执行,任何组织或个人不得强迫操作人员违章作业。

(10)机械设备进入施工现场前,应查明行驶路线上的桥梁的承载能力及隧道、跨线桥的通行净空,确保机械设备安全通行。

(11)机械设备在施工作业前,施工技术人员应向操作人员作施工任务及安全技术措施交底,操作人员应熟悉作业环境与施工条件,服从现场施工管理人员的调度指挥,遵守现场施工安全规则。

(12)下挖工程,施工作业区域内有地下电缆、光缆及其他管线时,应查明其位置与走向,用明显记号标示,严禁在离上述管线2m距离以内作业。施工前,应征得有关主管部门的同意并取得配合,方可施工。施工中,如发现有危险品或其他可疑物品时,应立即停止下挖,报请有关部门处理。

(13)配合作业的人员,应在机械设备回转半径之外工作。如需进入机械设备回转半径之内时,必须停止机械设备回转并可靠制动,机上、机下人员密切联系。

(14)机械设备不得靠近架空输电线路作业,如限于现场条件,必须在线路近旁作业时,应采取安全保护措施。机械设备工作装置运动轨迹范围与架空导线的安全距离应符合有关规定。

(15)机械设备在夜间作业时,作业区内应有充足的照明。

(16)在有碍机械设备安全及人身健康的场所作业时,机械设备应采取相应的安全措施。

操作人员须配备适用的安全防护用具。

(17)机械设备必须按要求配备经公安消防部门检定合格的消防用品。

(18)公路施工机械应按《公路筑养路机械保修规程》的规定,按时进行保养,严禁机械设备带病运转或超负荷运转。

(19)操作人员必须严格执行工作前的检查制度、工作中的观察制度和工作后的检查保养制度。

①工作前的检查制度:

a. 机械设备工作场地周围有无妨碍工作的障碍物。

b. 油、水、电及其他保证机械设备正常运转的条件是否完好。

c. 安全机构是否正常可靠。

d. 操纵机构是否灵活可靠。

e. 指示仪表、指示灯显示是否正常可靠。

f. 油温、水温是否已达到正常使用温度。

②工作中的观察制度:

a. 指示仪表、指示灯有无异常。

b. 工作机构、操纵机构有无异常。

c. 工作场地有无异常变化。

d. 工作质量是否符合工程技术要求。

③工作后的检查保养制度:

a. 工作机构有无过热、松动或其他故障。

b. 按照保修规范或使用说明书的要求进行检查保养作业。

c. 做好次日或下一班的准备工作。

(20)操作人员应认真准确地填写运转记录、交接班记录或工作日志。多班作业要严格执行交接班制度。交接班时,要交代清楚机械设备的运转情况、润滑保养情况及施工技术要求等。

(21)机械设备在施工现场停放时,必须注意选择好停放地点,关闭好驾驶室(操作室)。有驻车制动装置的要拉上。坡道上停机时,要打好掩木或石块。夜间应有专人看管。

(22)机械设备在保养或修理时,要特别注意安全。禁止在机械设备运转中冒险进行保养、修理,调整作业。禁止在工作机构没有保险装置的情况下,在工作机构下面工作。各种电气设备的检查维修,一般应停电作业,电源开关处应挂设“禁止合闸,有人工作”的警告牌并设专人负责监护。

(23)要妥善保管长期停放或封存的机械设备,并定期发动检查,确保机械设备经常处于完好状态。

(24)在公路和城市道路上行驶的车辆、机械,必须严格遵守交通规则及国家其他有关规定。

2. 通用设备安全操作规程

1)柴油机操作规程

(1)作业前的检查与启动

①检查曲轴箱润滑油油面是否在油标尺规定范围内,不允许油面过高或过低,以保证机械

正常运转和节约燃料、润滑料。

②检查燃油是否足够，油箱内有无积水。

③水冷柴油机要检查冷却水是否足够。

④使用蓄电池的，要检查电解液是否足够。

⑤检查外部机件是否松动损坏；检查V形皮带张紧度是否符合要求。

⑥启动时，有离合器的要将离合器分离。

⑦水冷柴油机禁止不加冷却水启动。

⑧有预热装置的柴油机，启动前要将预热塞打开，先预热40～50s。寒冷地区寒冷季节，应重复预热2～3次后再启动。

⑨不允许长时间启动电启动机，每次启动不得超过10s。连续启动电动机时，其间隔时间应超过30s。如连续三次不能启动，应查明原因，排除故障后再启动。

⑩用汽油机启动柴油机时，要注意防止拨启动机手柄时，手柄倒转或拉绳卡死。不得将绳的一端缠于手上。

⑪柴油机发动后，应怠速运转3～5min，不可猛轰油门，有涡轮增压装置的柴油机更应注意，以防因润滑不足而损坏增压装置。

⑫柴油机发动后，要检查机油压力是否在规定范围内，电流表是否显示已经充电，机器有无异常。检查正常后，方可加载作业。

⑬禁止柴油机温度在40℃以下带负荷工作。柴油机的正常工作温度应保持在规定范围之内。

(2)作业中的要求

①作业过程中，应注意察听机械各部声响，发现异常时，应查明原因，排除故障。

②作业过程中发现内燃机温度过高时，严禁用冷水急剧注入水箱或用冷水浇泼内燃机强制降温。严禁温度太高时开启水箱盖，谨防烫伤。

③要防止柴油机车飞车。如发现飞车，要采取果断措施，以防重大事故发生。

(3)作业后的注意事项

①停机前，应卸去荷载，中速运转后，再关闭油门。装有涡轮增压器的柴油机，作业后应怠速运转5～10min方可停机。

②排气管向上的柴油机在露天停放时，熄火后要注意排气管口是否盖好。

③长期存放的柴油机，应将蓄电池拆下，专门保管。

④柴油机必须使用符合说明书规定的燃油。

⑤柴油机的燃油必须保持清洁，在检查与加注柴油时严禁吸烟，应注意安全。

⑥柴油机的润滑油必须符合说明书的规定。如使用代用油，其代用油的规格必须符合原机所用润滑油的质量等级。

⑦冬季气温低于0℃时，作业结束后要特别注意放水，以防冻裂机体。加注防冻液的，要经常检查防冻液缺损情况。

⑧必须按时清洗或更换各种滤芯，以确保燃油、润滑油、空气的清洁。在恶劣的环境下工作时，其更换滤芯的时间应适当缩短。

⑨在每班工作结束后，应按照保修规程或使用说明书的规定，进行检查保养。

2)汽油机操作规程

(1)作业前的检查与启动

①检查机油油面是否符合规定,不允许油面过高或过低,以节约燃料和润滑料,保证机械正常运转。

②检查燃油是否足够,油箱内有无积水。

③检查冷却水是否足够。

④检查蓄电池电解液是否足够。

⑤检查外部机件是否松动损坏。

⑥启动时,有离合器的要将离合器分离。

⑦禁止不加冷却水启动。

⑧用电动机启动时,每次启动时间不超过5s。连续启动3次,汽油机仍不能发动时,应查找原因,不可长时间启动启动机,以防损坏蓄电池和启动机。

⑨用摇手柄发动汽油机时,注意防止摇手柄倒转伤人。

⑩汽油机发动后,不要猛轰油门,要让汽油机怠速运转一段时间,水温升到40℃后再带负荷运转。汽油机正常工作温度应保持在规定范围内。

(2)作业中的要求

①作业过程中,应注意察听机械各部声响,发现异常时,应查明原因,排除故障。

②作业过程中,发现汽油机温度过高时,严禁用冷水急剧注入水箱或浇泼内燃机强制降温。严禁温度太高时开启水箱盖,谨防烫伤。

(3)作业后的注意事项

①必须按照说明书的规定使用汽油,加油时严禁吸烟。

②要根据说明书的规定更换润滑油,禁止不同牌号的机油混用。如使用代用油,其代用油的规格必须符合原机所用润滑油的质量等级。

③冬季气温低于0℃时,要特别注意放水,以防冻裂机件。加注防冻液的,要经常检查防冻液缺损情况。

④长期停放的汽油机,应将蓄电池拆下,妥为保管。

⑤须按时清洗或更换各种滤芯,以确保燃油、润滑油,空气的清洁。在恶劣的环境下工作时,其更换滤芯的时间应适当缩短。

⑥装有转动机油粗滤器的汽油机,每日运转停止后,需将粗滤器转动2~3圈。

⑦在每班工作结束后,应按照保修规程或说明书的规定,进行保养。

3)运输车辆安全操作规程

(1)汽车操作规程

①出车前的准备工作如下:

a.驾驶人员必须熟知并严格遵守交通规则,按通用操作规程的要求使用与操作汽油机或柴油机。

b.检查汽车各部的完好情况,特别要仔细检查方向盘及制动器是否灵活可靠。

c.按照规定的吨位装载货物,不得超载;体积大的泡松货物必须摆放平稳,绑扎牢固,装载超长、超宽、超高物品时,必须先向交通管理部门办理通行证,挂上明显的标志,按规定路线和时间行驶。

d. 在冻滑、泥泞的道路上行驶时，应配备防滑用具。

e. 冬季低温冷车启动或蓄电池电力不足时，应用手摇柄启动，不可勉强连续使用启动机。

f. 在陡坡、冰雪、泥泞及交通情况复杂的路段，没有可靠制动条件的情况下，禁止采用拖、推、溜及倒车等方法启动发动机。

g. 用钢丝绳在短距离内拖行汽车时，钢丝绳长度应在 4 ~ 6m，连接部位要牢固可靠。长距离拖行汽车时，应用刚性拖杆或三角形拖架，其长度不超过 3m。

②行车中的要求如下：

a. 发动后，严禁立即空车猛踩油门或连续猛轰油门，应怠速运转，检查发动机的运转情况。怠速运转 5 ~ 8min，气压上升到规定数值，各仪表示值正常时，方可用低挡起步。

b. 起步时，先通过后视镜察看后方有无来车，再缓松离合器踏板，适当踩油门，徐徐起步。

c. 起步后，冷却水温度未达 80℃ 时，不得挂高速挡；行驶中应随时察看各仪表的指示情况，注意发动机和底盘的工作声响，如发现情况异常，应立即停车检查，排除故障。

d. 行驶中不得将脚踩在离合器踏板上，并尽量减少使用紧急制动；行车时，如发现发动机过热或缺水，应在保持发动机怠速运转的情况下增补冷却水，并缓缓注入。严禁在发动机过热时，急剧添加冷水；变换方向时，应慢行车，快转向，正确判断，平稳操作；汽车就位制动停稳后，方可进行装料作业。

e. 滑行必须在道路宽阔、视线良好、没有限速标志、操纵灵活、制动可靠、确保安全的情况下方可采用。

f. 汽车上坡时，如因动力不足或其他原因造成熄火，应同时使用驻车、行车制动，避免汽车后滑而引起发动机倒转；重车下坡时，要尽量少用制动，而应选择合适的挡位，辅以间断制动，以控制车速；严禁在山区及陡坡地带熄火滑行；下坡时，应尽量避免紧急制动或中途换挡。如必须换挡时，应先轻踩制动踏板，当感觉到有制动作用后，迅速踩下离合器踏板进行换挡。换挡后先松离合器踏板，后松制动器踏板。

g. 当汽车驶经泥泞、冰雪、翻浆路段时，为防止车轮单边打滑，在车辆能保持直线行驶的情况下，可使用差速防止装置。使用差速防止装置时，不准转动方向盘。

h. 在视线不清晰的情况下会车时，应降低车速，开放小灯，加大两车相会的横向距离。必要时应停车避让。夜间会车应在两车相距 150m 以外处，改用近光灯。

i. 无增压装置的汽车，行驶在高原空气稀薄地区时，要相应减载，并控制车速；新车或大修出厂后的车辆，磨合期内应减载 20% ~25%，并不得拖带其他车辆。

j. 变向行驶换挡时，必须待汽车完全停稳后方可进行，并观察四周无障碍物方能倒车；带有拖挂车的，拖挂装置应完好，主车与挂车间的各种连接管线应良好且连接可靠。

③对自卸汽车的特殊要求如下：

a. 自卸汽车卸料时，应检查车上方和车旁有无电线、障碍物或行人。

b. 向坑洼地带卸料时，必须和坑边保持适当的安全距离，防止塌陷翻车。

c. 必须在车箱落下就位后方可起步，不允许在车箱停留于倾卸状态下行车。修理倾卸装置时，应用撑杆顶住车箱。

d. 严禁在坡道上横向停置卸料，以防车箱顶起后重心偏移，造成翻车。

e. 保持液压缸和油路系统完好，工作平稳，操纵自如，没有卡阻现象。

f. 自卸车车箱内严禁载人。

g. 运输水泥混凝土、沥青混合料以及其他黏性物料，工作完毕后，应将车箱清洗干净。

④停车后的要求

a. 工作完毕后，按照规定的地点、方向，有秩序地将车辆停放好。

b. 停车后，应将储气筒内的冷凝水及油污排放干净。

c. 冬季气温低于0℃时，每日工作完毕后，未加注防冻液的车辆，必须放掉冷却水，再发动1 ~ 2min。放水前应先打开水箱盖。

d. 每日工作完毕后，应按保修规程或说明书的规定严格进行例保养工作。

(2)翻斗车操作规程

①作业前的准备工作如下：

a. 发动机部分按通用操作规程进行检查和准备。

b. 按规定进行启动、行驶及维护保养。

c. 检查所有外露连接件、紧固件，必要时进行紧固。

d. 检查机件运转是否正常，运转部件（部位）是否过热，操纵机构是否灵活制动是否有效，各仪表及灯光是否齐全，示值是否正常。

e. 检查轮胎完好情况，气压是否符合规定要求。

②作业中的要求如下：

a. 严禁料斗载人。

b. 路面情况不良时，应低速行驶。

c. 下坡时不准高速行驶，严禁脱挡滑行和紧急制动。

d. 会车、超车、行车时必须注意该车特殊的转向方式。

e. 在坑壕边缘倒料时，须设安全挡块，车辆应减速行驶至安全挡块处停车卸料。

③作业后的要求如下：

a. 按规定进行例保工作。

b. 长期存放时，需将整机清洗干净，加注润滑油脂，将车架支起，使车轮离开地面。

(3)粉料运输车操作规程

①作业前的准备工作如下：

a. 内燃机部分按通用操作规程中有关规定进行检查和准备。

b. 汽车部分，按汽车操作规程中有关规定执行。

c. 检查各操作部位是否灵活，各阀门工作应可靠，指示仪表应完好，示值正常。

d. 检查各连接处有无松动现象。

e. 罐内帆布透气层应完好，进料口应设置滤网，密封圈应完好，出料口应无堵塞结块。

f. 检查轮胎气压是否符合规定，轮胎应完好。

g. 检查空压机运转是否正常，气压是否达到规定要求，进出气路是否通，有无漏气现象。

h. 使用液压倾卸装置的粉料运输车，要检查液压油路系统及倾卸油缸是否完好，有无漏油及卡阻现象。

②作业时行驶的要求如下：

a. 装料前打开卸压阀，使罐内压力与大气压力相同。

b. 装料时车辆应停放平稳，各出口阀处于关闭状态。

c. 装料完毕后清扫进料口，闭紧装料口盖，插上插销。

d. 行驶中，应将排气阀门打开，保证罐内压力不高于外界压力。

e. 卸料时应选择平地，以保证车身没有明显倾斜。

f. 装卸料时应拉紧驻车制动。

g. 保持空压机在额定转速下运行，当压力表读数达到规定的数值时，开始卸料。

h. 卸料过程中，应注意观察压力表读数，发现异常应立即采取相应措施。

③作业后的要求如下：

a. 作业后应收回卸料软管，并清除运输车外表及出料系统中的剩余粉料。

b. 检查、清洁空压机上的空气滤清器，按保修规程的规定进行例保作业。

(4)叉车操作规程

①作业前的准备工作如下：

a. 发动机部分按通用操作规程进行检查和准备。

b. 根据货物的尺寸调整货叉间的距离或拼装其他装置。

c. 起重内、外门架滑动部分，应经常保持清洁、润滑，保证运动灵活。

d. 检查各连接部位、转向系统有无松脱，是否灵活可靠。

e. 检查离合器、制动器踏板的自由行程是否正常，制动是否灵活可靠。

f. 检查水、机油、燃油是否足够，各油管、水管及各接头有无渗漏。

g. 检查电气设备是否可靠。

h. 检查轮胎是否完好，气压是否符合规定标准。

i. 清理作业现场内的障碍物。

②作业中的要求如下：

a. 起步时用低速挡，确认制动装置、转向机构及货物升降系统可靠后，方可进行正式作业。

b. 货叉应位于荷载中心。

c. 起重货物后，货叉后倾，使货物紧靠叉壁行驶。

d. 升降货叉上货物时，应在垂直位置下进行。

e. 货物起升、降落时，初速度不宜过快。

f. 在进行装卸时，必须使用驻车制动，使叉车稳定。严禁任何人在货叉下停留或经过，同时不得在货叉上载人起升、降落。

g. 在载物行驶时，应使货叉后倾并尽量使货物离地间隙小，不得剧烈振动和急转弯。

h. 货叉架前、后倾至极限位置或升至最大高度时，必须使操纵手柄置于中间位置，并注意在操纵一个手柄时，不得使另一个手柄移动。

i. 当搬运大体积货物且货物挡住驾驶员视线时，叉车应倒车、低速行驶；不得用货叉拔起埋入物。

j. 装载货物时，不得大坡度下制动，免货物倾下。

③作业后的要求如下：

a. 拉紧驻车制动，换挡手柄、货叉升降和倾斜手柄置于空挡。货叉应落地。

b. 发动机在熄火前，应怠速运转 2 ~ 3min。

c. 每日工作完毕后，应按规定进行例行保养。

3. 电动机的安全操作规程

(1)电动机和启动装置接地应良好和完整，接线正确，接触良好。接地电阻不得大于 4Ω。

(2)新安装或长期停用的电动机，使用前应检查电动机定子、转子绕组各相之间和各绕组对机壳之间的绝缘电阻，应不小于 0.5MΩ。

(3)运行电压。按供用电规则规定，电动机的外加电压与额定电压偏差不得大于 ±5%，对于额定电压为 380V 的电动机，允许工作电压范围为 380 ~ 400V。三相电压应保持平衡。国家标准规定，三相电压的不平衡值应小于额定电压的 2%；如果不平衡值小于 5%，允许运行，但应严密监视；不平衡值大于 5% 时，会产生振动、转速不匀和电磁噪声等现象，应采取措施。

(4)运行频率。电网频率不允许超过电动机额定频率的 2%。在额定电压下，如果电网频率大于规定范围，电动机的功率因素和效率都会提高，但负载力矩下降，效力反而降低。如果频率小于电动机的额定频率，必须减载使用，否则将导致电动机过热。

(5)电动机运行电流，与负载有关。要求负载电流不得超过额定电流，否则将使电动机过热。

电动机铭牌上的额定电流是在环境温度为 40℃ 时定出的，凡是在此温度工作的电动机，负载电流不得超过规定值，否则电动机会过热。当环境温度高于 40℃ 时，要适当降低额定电流，当环境温度低于 40℃ 时，可适当增加额定电流，但不得超过 10%。环境温度与额定电流的关系见表 6-3。

环境温度与额定电流的允许值　　表 6-3

电动机工作环境温度(℃)	25	30	35	40	45	50	55
电动机额定电流允许增大(+)或降低(-)(%)	+10	+8	+5	0	5	-10	-15

电动机在运行中，必须经常检查各部件(如绕组、铁芯、滑环、轴承等)温度，长期温度过高会使绝缘加速老化，甚至烧坏电机。

电动机的绝缘等级分为 E、B、F 和 H 四级，其极限温升见表 6-4。

电动机的极限温度和极限温升(环境温度 +40℃)　　表 6-4

绝缘等级	E				B				F				H			
温度和温升	温度		温升		温度		温升		温度		温升		温度		温升	
极限值(℃) 测温法 / 部位	温度计	电阻法	温度计	电阻法	温度计	电阻法	温度计	电阻法	温度计	电阻法	温度计	电阻法	温度计	电阻法	温度计	电阻法
绕组	105	115	65	75	110	120	70	80	125	140	85	100	145	165	105	125
铁芯	115		75		120		80		140		100		165		125	
滑环	110		70		120		80		130		90		140		100	
滑动轴承	80		40		80		40		80	40		80		40		
滚动轴承	95		55		95		55		95		55		95		55	
绝缘材料	聚乙烯类				云母带、甘油树脂、虫胶等				聚酯绝缘漆				硅有机绝缘			

(6)电动机在运行中,必须经常检查各部件的温度。电动机的允许发热温度取决于绝缘材料的等级,每一种绝缘材料只能承受一定的温度,超过此限度就会开始损坏,甚至烧焦。电动机各部件的温度限度是用温升来表示,是指超过周围环境温度(+40℃)的度数。电动机最容易热损坏的部件是线圈,在电动机铭牌上所规定的温升,就是指线卷的温升限度。有些电动机的铭牌上只注明绝缘等级,可以从表6-4查出各部件的极限温度和极限温升。

测量电动机温度有电阻法和温度计法。电阻法较精确,温度计法较简单。使用温度计法应使用酒精温度计。机壳表面温度要比内部温度低10~20℃。

4. 木工机械安全操作规程

1)木工平刨机操作规程

(1)作业前的准备

①电动机部分,按通用操作规程的有关规定执行。

②根据刨削量,调整好前、后工作台台面的高度。

③将磨削好的刀刃牢固地装在刀轴上,并使刀刃离转动中心一致。

④检查各机件及安全防护装置是否有效、牢固、可靠。

⑤刨削的木材上不允许有砂灰及钉子等硬物。

⑥检查防火设施是否齐全、有效。

⑦刨削要试车1~3min,经检查,确认机械各部分运转正常后,方能工作。

⑧同一台刨机的刀片重量、厚度必须一致,刀架夹板必须吻合。紧固刀片的螺钉,应嵌入槽内。

⑨检查漏电保护接地(零线)和漏电保护器是否安全可靠。

(2)作业中的要求

①操作人员必须按要求穿戴劳动保护用品。

②刨机必须由熟练的操作工严格按机械安全规程操作,严禁非操作人员乱动。

③操作人员应站在工作台侧面中间,两脚前后叉开,保持身体稳定,并必须双手持料。

④推料时,手距离刨口至少应有15~20cm。

⑤两人操作时,上、下手要互相配合,送推料要稳、准,用力要得当,料头越过刨口20cm后,下手方准接料。

⑥当刨削长400mm,厚30mm以下的短料时,要用推棍或推板送料,以免发生事故。

(3)作业后的要求

①关闭电源。

②清理现场。

③按规定进行例行保养。

2)木工圆锯机操作规程

(1)作业前的准备

①电动机部分,按通用操作规程的有关规定执行。

②检查锯片是否有断齿、裂纹、裂口。

③检查传动皮带、保护装置、导板的安装是否安全可靠。

④清理现场障碍物。

⑤根据需要准备物料台车及导向板(靠模板)。

⑥检查冷却水是否足够。

⑦电源必须完整可靠。

⑧木材内严禁含有铁等金属杂质。

⑨检查防火设备是否齐全有效。

⑩检查漏电保护接地(零线)和漏电保护器是否正常。

(2)作业中的要求

①木工圆锯机必须由熟练的操作工严格按机械安全操作规程操作,严禁其他人员乱动。

②操作人员必须按要求穿戴劳动保护用品。

③在开锯前要试车1~3min,无异常后方可工作。

④所锯木材的长度超过圆锯直径两倍以上时,必须两人同时操作。

⑤在锯材过程中,注意对锯口进行冷却、润滑。

⑥锯材进尺时,用力要适度,避免夹锯或飞锯。

⑦在锯到木材的端部时,手指距离锯片应大于20~30cm。特别是具体操作人,回送木材时要防止木料碰撞锯片,避免伤人。

⑧锯短料时,必须用推杆送料,以确保安全。

⑨操作人员应站在锯片侧面,避免发生意外事故。

⑩停锯后锯片应自行停转。

(3)作业后的要求

①关闭冷却水及电源。

②清理现场。

③按规定进行保养。

3)木工带锯操作规程

(1)作业前的准备

①电动机部分,按通用操作规程的有关规定执行。

②检查电气设备、传动带是否完好,工作是否正常,检查各电器设备是否有漏电现象,零线是否接地;检查仰俯装置和锯条导向装置是否符合要求。

③检查锯条张紧装置是否调整得符合要求,检查制动装置是否有效。

④检查立桩快进、快退及微调装置、卡紧木材装置、摇尺步进机构(横向进给装置)、车上翻木装置、车摆与停摆机构、推料装置、挡料和抬料装置等工作是否正常,各连接螺栓是否紧固。

⑤检查气压传动装置、电气控制系统是否正常;检查各润滑部位,是否已加油润滑;检查漏电保护器是否正常;检查钢轨全长不平直度和水平度是否超过规定数值。

⑥检查主机工作台面及距车导轨面的位置,其水平误差是否超过规定数值,主机的中心线与跑车导轨的平行度的误差是否超过规定数值。

⑦锯条必须经过修整,接头处裂口不得超过规定数值,其他部分裂口也不得超过规定数值,缺齿连续不得超过规定数值。

⑧检查转动和移动机械上各运动部件,在其运动范围内有无障碍物。

⑨分别开动带锯机、送料跑车及辅助装置，进行空运转试车20min后，再停机检查各运动机构是否工作正常，确认良好后，方可进行工作。

(2)作业中的要求

①木工带锯必须由熟练的操作工严格按机械操作规程操作，严禁其他人员乱动。

②操作人员必须按要求穿戴劳动保护用品。

③锯条在工作时应经常用润滑油或水进行润滑和冷却。发现锯条窜动，皮带、轴承声响异常时，应立即停车检查。锯条连续使用时间不得超过1.5h。

④木料上的石子和金属物等必须清除后方能锯割。遇有大节疤、硬质木或木面较大及冻木等，应适当降低进给速度。木材入锯时的200~300mm进给速度要慢，速度变化要平稳。木料尾端不准开过锯背。要过锯背时，必须先行50cm再后退，注意崩心鼓肚及树皮挂下锯条。在跑车上要站稳，行车时不准向前探头。

⑤翻料时不准猛砸，避免砸坏车盘座。料台上滚动甲料时，乙料必须打塞或用止料器挡住，禁止在翻动的木料前站人，畸形圆木翻动时，要注意防止不规则的滚动。

⑥锯料一般不准退回，必要时，先把锯壁子拿走，再慢慢退回，避免挂掉锯条。回料要离开锯条，料的尾端不得超过锯背。锯割下的成材和边材一定要拉过锯壁子后方可甩出，但不准猛扔。

⑦锯短料时必须用推棍推送，不得推空，必须将平面放在台面上推，不准横截木料。锯弯料时，必须在不要部分每隔3cm左右截一断口，再开始拉弯。

⑧有带刺送料滚筒的锯，必须先入小头，要退锯时，先搬开刺滚筒，拿开锯壁子，再退。

⑨跑车进、退时，禁止任何人在车道上停留和抢行穿越。

(3)作业后的要求

①清除锯条、锯轮及导轨上附着的锯末、树脂。停车后必须放松锯条，检查轴温度是否正常。

②按要求做好班后例行保养工作。

5.分项工程施工机械的安全操作规程

工程机械按工程类别分为土方施工机械、石方施工机械、路面基层施工机械、沥青面层施工机械、水泥面层施工机械、桥涵工程施工机械、隧道工程施工机械、吊装工程施工机械。各种机械都有其自身结构特性和工作方式，各部分机械设备的安全操作要点在本书相关的工程施工安全技术章节中介绍。

三、机械的安全转移和临时停放

公路工程施工机械在一个工地的工作时间通常比较短，施工工地之间的调动比较频繁。同时送厂修理或回保管基地时，也产生了调动转移的运输问题。

施工机械的运输方式有：自行、拖带、装运、铁路运输和水运等几种。选择何种运输方式，要根据运输距离、机械行走装置的构造、机械的重量，交通路线和季节、气候等因素来综合考虑，在保证机械安全运输和经济性好的前提下最后确定某种运输方案。

1.转移和运输

1)自行转移

施工机械的自行运输方法最为简单，同时运费也较低。但这种运输方式适用于短距离。

当运距大于 20 ~ 30km 时,仅在特殊情况下,才能采用。特别是履带式机械不宜长距离行驶,因为机械自行运输作长距离转移时,将引起传动装置的损坏及行走机构过早磨损。

2)拖带运输

拖带运输指用牵引机车拖带被运的机械,而这些被牵引的机械必须具有轮胎行走装置和牵引杆,否则无法拖运。尽管被牵引的轮式机械的行走装置优于履带式,但大部分机械设计时仅考虑做短距离场地转移,没有制动装置,因此必须限速。做长距离拖运的机械,一定要有可靠的制动装置,否则,没有安全保证。拖带运输中应注意的事项:

(1)牵引速度不宜快,一般限制在 20 ~ 25km/h 左右,以确保安全。

(2)拖运机械在被运之前,对轮胎气压、制动系统、转向装置、拖杆、拖钩等,要做详细检查,如发现问题,经排除后才能拖运。

(3)在拖带运输越限时必须事先取得文通管理部门的允许和核发"通行证"后方可进行。

3)汽车装运

运距在 50 ~ 200km 以内时,最好将机械放置在平板拖车上或汽车上运输。因为这样机械不必拆卸可直接运输到工地上。运输时应注意事项:

(1)机械装车后必须固定牢靠,完全满足安全要求后,方可上路。

(2)为了防止碰上架空输电线,机械装车后,上面要放一根竹竿,万一与电线按触时,可安全通过。

(3)对超高、超宽或重型的机械运输,应先勘察道路,详细检查沿线的桥梁负荷、路面宽度、坡度、弯道、立交桥和电气化铁路以及隧道、架空电线的限高等。如果在哪些方面存在问题,必须采取相应的措施并获得解决后方可装运。

(4)装运前,如被装运机械超宽超高时,要事先取得交通管理部门允许通行的"通行证"后,才可装运。

(5)机械设备在转移途中,严格遵守交通规则,服从交通民警的指挥。

4)铁路运输

铁路运输除按铁路规定办理外,托运单位应做好下列工作:

(1)铁路运输机械时,由于较长时间在露天停放,受到大气的侵蚀,金属表面容易锈蚀,因此,在关键部位,应涂上防锈油脂,在机身上覆盖防水布,并将其绑扎牢固。

(2)在装有发动机的机械上,将水和燃油从冷却系和油箱中放尽,工作部分(如水泵等)有水时也要放尽,以防冻坏机械。

(3)冬季应将蓄电池从机上取下,搬放在温暖的车厢中,以防冻坏蓄电池。

(4)重要附件和工具都应另行装箱或捆扎好,以防丢失。

(5)轮式机械要检查气压,必要时将气压充至标准。

(6)机械装上火车后,必须用铁丝将机械捆绑牢固,前后垫上三角楔木,以防在运输途中产生滑移。

5)水路运输

(1)应根据船舶运输的特点和要求进行。

(2)机械和车辆自行上下船舶时,应将船舶紧靠码头或趸船,并将缆绳拉紧系牢。

(3)机械装在船舱内或甲板上,左右前后重量要平衡,以防使船舶倾斜。

(4)机械装船后,要用绳索固定,以防遇风浪颠簸时产生滑移。

(5)其他可参考铁路运输的要求。

2. 临时性停机场

公路建设的特点是点多线长,流动分散。因此,临时性的停机场地必须根据这一特点建立。其设施应是临时性和简易性的,设备是可移动的,便于展开、撤收和转移。

临时性停机场以施工队为单位建立,即在本队施工地段内,选择适当地点。附近施工能自行的机械、车辆,均可集中在这里,以便统一维护和管理。

不能自行的机械,单台或多台在一起使用时,可以建立临时停机棚,能够防风、防雨和防其他灾害。在山区停放时,应选择高地,注意防止被洪水淹没冲走,并在轮下加楔固定,以防溜坡。

1)停机场地的选择

在选择停机场时,应根据停机场的技术要求,贯彻执行勤俭节约的方针。其基本条件是:

(1)场地宽阔,土质坚硬和便于排水。

(2)有良好的场内外道路,便于机械、车辆出进。

(3)便于开展保养工作。

(4)自然条件好,便于防风、防晒、防潮等。

(5)便于警卫和管理。

2)停机场的安全管理

(1)场内必须采取严格的防火措施,并配备必要的消防设备。

(2)场内除值班室和指定地点外,禁止吸烟。

(3)加油站与停机场应采取电气照明,严禁明火照明。

(4)场内常用油料应存放于加油库内,保养间的洗涤油则必须专门存放,妥善保管。

(5)场内外道路必须畅通,各建筑物的出入口附近,禁止堆放物品和停放机械。

(6)场内应保持清洁,作业用过的油污棉纱等,应投入专门容器内并及时处理。

(7)停机场如使用期稍长,四周应设置围栏,防止设备零部件和小型机具丢失及损坏。

四、机械事故的预防和处理

1. 机械事故的预防

1)安全制度建设

(1)首先要贯彻好“安全为了生产,生产必须确保安全”的原则;建立专职安全机构,由专职人员负责机械安全管理工作,制订安全操作规程、安全责任制、安全考核标准和安全奖罚办法。

(2)各级机务管理部门应坚持对操作人员定期和不定期地进行安全教育,定期对操作人员进行安全技术考核。

(3)开展技术培训,提高业务素质和操作技能。

(4)坚持“三定”制度,严禁无证操作机械或非本机械操作人员未经批准乱开机械的情况发生。

(5)结合机械设备检查,定期对机械的安全操作、安全保护和安全指示装置以及施工现场、使用机械情况和操作工安全操作情况进行检查,发现问题及时处理,把事故苗头消灭在萌芽之中，杜绝事故的发生。

2）机械的防冻

每年在冬季来临之前，要布置和组织一次设备越冬保养工作，进行防冻教育，妥善安置越冬设备，落实越冬措施。特别对于停置不用的机械设备，要逐台进行检查，放尽发动机内的积水，放尽机械工作部分（如水泵等）的积水，同时加盖，防止雨、雪溶水渗入。并在机械外部挂上"水已放"的牌子，同时标明检查日期。

3）机械的防洪

（1）雨季到来之前一个月，在河里、水上或低洼地带施工或停放的机械，都要在汛期到来之前进行一次全面检查，采取有效措施，防止机械被洪水冲毁。

（2）雨季开始前，对露天存放的停用机械要上盖下垫，防止雨水渗入锈蚀机械。

4）机械的防火

（1）机械驾驶员必须严格按防火规定进行检查，做到提高警惕，消灭明火，发现问题，及时解决。禁止用明火烘烤发动机。

（2）集中存放机械的场地内，要配备砂箱、灭火机等消防器材。禁止与工作无关人员入内。

（3）机械、车辆的停放，必须排列整齐，场内留有足够的通道，禁止乱停乱放，以免发生火灾时堵塞出路。

（4）机械在施工现场加注燃油时要有适当的防火措施，严禁加油时吸烟及附近有明火。

5）加设安全装置

推土机、装载机、铲运机等设备，为了保护驾驶员在万一发生翻车时的人身安全，可以加装防翻车棚或设置安全带等。

2. 机械事故的处理

处理的目的是为了分析原因，划清责任，找出规律，汲取教训。其处理方法如下：

（1）机械事故发生后，如有人员受伤，要迅速抢救受伤人员，在不妨碍抢救人员的条件下，注意保留现场，并迅速报告领导和上级主管部门，进行妥善处理。如发生机械事故隐瞒不报，经发现后隐瞒者要严加处理。

（2）事故无论大小，肇事者和肇事单位均应如实上报，并填写"机械事故报告单"，如表6-5所示。一般事故报告单由肇事单位存查，大事故和重大事故报告单应在三日内报上级主管部门。

机械事故报告单　　表6-5

填报单位：　　填报日期：

机械编号		机械名称		规格型号	
使用单位		事故时间		事故地点	
事故责任者		职务		事故等级	
事故经过及原因					
损失情况					
单位处理意见					
上级审批意见					
备注					

单位主管：　　经办人：

(3)机械事故发生后,肇事单位必须严肃认真对待,按照"四不放过"的原则(事故原因分析不清不放过、事故责任者和从业人员受不到教育不放过、没有防范措施不放过、责任者得不到责任追究不放过)对责任者进行批评教育。

(4)在处理过程中,对责任者要根据情节轻重、态度好坏和造成损失的大小分别予以批评教育、纪律处分、经济制裁,直至追究刑事责任和法律责任。对非责任事故也要总结教训。

(5)单位领导忽视安全生产,对人民生命财产不负责者,追究领导责任,并应严肃处理。

(6)对长期坚持安全生产和采取措施、消除隐患,避免重大机械事故发生的人员,要给予表彰和奖励。

(7)在机械事故处理完毕后,将事故详细情况记入机械履历书的"事故记录栏"内,以备查考。

第四节　临　时　用　电

临时用电是指施工现场在施工过程中使用的电力,也是公路建设施工过程的用电工程或用电系统的简称。本节根据《施工现场临时用电安全技术规范》(JGJ 46—2005)(以下简称《用电规范》)主要阐述了施工现场临时用电组织设计的编制、基本供电系统的结构和设置、基本保护系统、接地装置、配电装置、配电箱的结构、电器配置与接线规则及配电装置的使用与维护;配电线路的一般要求和架空线路、电缆线路、室内配电线路敷设规则;电动机械、电动工具的使用、对外电线路的防护、防雷及电气防火措施的基本要求。

一、施工现场临时用电的原则

建筑施工现场临时用电的三项基本原则是:一是必须采用 TN-S 接地、接零保护系统;二是必须采用三级配电系统;三是必须采用两级漏电保护和两道防线。

1. TN-S 系统

TN-S 接地、接零保护系统(简称 TN-S 系统)是指在施工用电工程中采用具有专用保护零线(PE 线)、电源中性点直接接地的 220/380V 三相五线制低压电力系统。该系统主要技术特点是:

(1)电力变压器低压侧中性点直接接地,接地电阻值不大于 4Ω。

(2)电力变压器低压侧共引出 5 条线,其中除引出三条分别为黄、绿、红的绝缘线相线(火线)L_1、L_2、L_3(A、B、C)外,尚需于变压器二次侧中性点(N)接地处同时引出两条零线,一条叫做工作零线(浅蓝色绝缘线)(N 线),另一条叫做保护零线(PE 线)。其中工作零线(N 线)与相线(L_1、L_2、L_3)一起作为三相五线制工作线路使用;保护零线(PE 线)只作电气设备接零保护使用,即只用于连接电气设备正常情况下不带电的金属外壳、基座等。两种零线(N 和 PE)不得混用,为防止无意识混用,保护零线(PE 线)应采用具有绿/黄双色绝缘标志的绝缘铜线,以与工作零线和相线相区别。同时,为保护接地、接零保护系统可靠,在整个施工现场的 PE 线上还应作不少于 3 处的重复接地,且每处接地电阻值不得大于 10Ω。

2. 三级配电结构

采用三级配电结构。所谓三级配电是指施工现场从电源进线开始至用电设备中间应经过三级配电装置配送电力，即由总配电箱（配电室内的配电柜）经分配电箱（负荷或若干用电设备相对集中处），到开关箱（用电设备处）分三个层次逐级配送电力。而开关箱作为末级配电装置，与用电设备之间必须实行“一机一闸制”，即每一台用电设备必须有自己专用的控制开关箱，而每一个开关箱只能用于控制一台用电设备。总配电箱、分配电箱内开关电器可设若干分路，且动力与照明分路设置。

3. 两级漏电保护

两级漏电保护和两道防线包括两个内容：一是设置两级漏电保护系统，二是实施专用保护零线 PE。二者组合形成了施工现场的防触电的两道防线。

（1）两级漏电保护是指在整个施工现场临时用电工程中，总配电箱中必须装设漏电开关，所有开关箱中也必须装设漏电开关。

（2）保护零线（PE）的实施是临时用电的第二道安全防线。

在施工现场用电工程中，采用 TN-S 系统，是在工作零线（N）以外又增加了一条保护零线（PE），是十分必要的。当三相火线用电量不均匀时，工作零线 N 就容易带电，而 PE 线始终不带电，那么随着 PE 线在施工现场的敷设和漏电保护器的使用，就形成一个覆盖整个施工现场防止人身（间接接触）触电的安全保护系统。因此 TN-S 接地接零保护系统与两级漏电保护系统一起称之为防触电保护系统的两道防线。

4. 施工现场用电组织设计

按照《用电规范》的规定：“施工现场用电设备在 5 台及以上或设备总容量在 50kW 及以上者，应编制用电组织设计”。临时用电设备在 5 台以下和设备总容量在 50kW 以下者，应制定安全用电技术措施和电气防火措施。

编制用电组织设计的目的是用以指导建造适应施工现场特点和用电特性的用电工程，并且指导所有用电工程的正确使用。用电组织设计应由电气工程技术人员组织编写。

施工现场用电组织设计的基本内容如下：

（1）现场勘测。

（2）确定电源进线、变电所、配电室、总配电箱、分配电箱等的位置及线路走向。

电源进线、变电所、配电装置、用电设备位置及线路走向的确定要依据现场勘测资料提供的技术条件综合确定。

（3）负荷计算。

负荷是电力负荷的简称，是指电气设备（如变压器、发电机、配电装置、配电线路、用电设备等）中的电流和功率。

负荷在配电系统设计中是选择电器、导线、电缆，以及供电变压器和发电机的重要依据。

（4）选择变压器。

施工现场电力变压器的选择主要是指为施工现场用电提供电力的 10/0.4kV 级电力变压器的形式和容量的选择。

（5）设计配电系统。

配电系统主要由配电线路、配电装置和接地装置三部分组成。其中配电装置是整个配电系统的枢纽，经过配电线路、接地装置的连接，形成一个分层次的配电网络，这就是配电系统。

（6）设计防雷装置。

施工现场的防雷主要是防直击雷，对于施工现场专设的临时变压器还要考虑防感应雷的问题。

施工现场防雷装置设计的主要内容是选择和确定防雷装置设置的位置、防雷装置的形式、防雷接地的方式和防雷接地电阻值。按照《用电规范》的规定，所有防雷冲击接地电阻值均不得大于30Ω。

(7)确定防护措施。

施工现场在电气领域里的防护主要是指施工现场外电线路和电气设备对易燃易爆物、腐蚀介质、机构损伤、电磁感应、静电等危险环境因素的防护。

(8)制订安全用电措施和电气防火措施。

安全用电措施和电气防火措施是指为了正确使用现场用电工程，并保证其安全运行，防止各种触电事故和电气火灾事故而制订的技术性和管理性规定。

对于用电设备在5台以下和设备总容量在50kW以下的小型施工现场，按照《用电规范》的规定，可以不系统编制用电组织设计，但仍应制订安全用电措施和电气防火措施，并且要履行与用电组织设计相同的“编、审、批”程序。

5. 安全用电技术档案

按照《用电规范》的规定，施工现场用电安全技术档案应包括以下八个方面的内容，它们是施工现场用电安全管理工作的重点。

(1)施工现场用电组织设计的全部资料。

(2)修改施工现场用电组织设计资料。

(3)用电技术交底资料。

(4)施工现场用电工程检查验收表。

(5)电气设备试、检验凭单和调试记录。

(6)接地电阻、绝缘电阻、漏电保护器漏电动作参数测定记录表。

(7)定期检(复)查表。

(8)电工安装、巡检、维修、拆除工作记录。

二、供配电系统

施工现场用电工程的基本供配电系统应当按三级设置，即采用三级配电。

1. 系统的基本结构

三级配电是指施工现场从电源进线开始至用电设备之间，应经过三级配电装置配送电力。按照《用电规范》的规定，即由总配电箱(一级箱)或配电室的配电柜开始，依次经由分配电箱(二级箱)、开关箱(三级箱)到用电设备。这种分三个层次逐级配送电力的系统就称为三级配电系统。它的基本结构形式可用一个系统框图来形象化的描述，如图6-1所示。

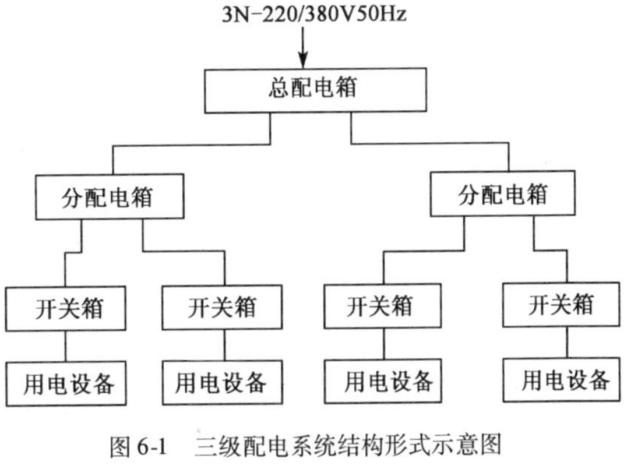

图6-1　三级配电系统结构形式示意图

2. 系统的设置规则

三级配电系统应遵守四项规则，即分级分路规则，动、照分设规则，压缩配电间距规则，环境安全规则。

1)分级分路

(1)从一级总配电箱(配电柜)向二级分配电箱配电可以分路。即一个总配电箱(配电柜)可以分若干分路向若干分配电箱配电；每一分路也可分支支接若干分配电箱。

(2)从二级分配电箱向三级开关箱配电同样也可以分路。即一个分配电箱也可以分若干分路向若干开关箱配电，而其每一分路也可以支接或链接若干开关箱。

(3)从三级开关箱向用电设备配电实行所谓“一机一闸”制，不存在分路问题。即每一开关箱只能连接控制一台与其相关的用电设备(含插座)，包括一组不超过30A负荷的照明器，或每一台用电设备必须有其独立专用的开关箱。

按照分级分路规则的要求，在三级配电系统中，任何用电设备均不得越级配电，即其电源线不得直接连接于分配电箱或总配电箱；任何配电装置不得挂接其他临时用电设备。否则，三级配电系统的结构形式和分级分路规则将被破坏。

2)动照分设

(1)动力配电箱与照明配电箱宜分别设置；若动力与照明合置于同一配电箱内共箱配电，则动力与照明应分路配电。

(2)动力开关箱与照明开关箱必须分箱设置，不存在共箱分路设置问题。

3)压缩配电间距

压缩配电间距规则是指除总配电箱、配电室(配电柜)外，分配电箱与开关箱之间，开关箱与用电设备之间的空间间距应尽量缩短。按照《用电规范》的规定，压缩配电间距规则可用以下三个要点说明：

(1)分配电箱应设在用电设备或负荷相对集中的场所。

(2)分配电箱与开关箱的距离不得超过30m。

(3)开关箱与其供电的固定式用电设备的水平距离不宜超过3m。

4)环境安全

环境安全规则是指配电系统对其设置和运行环境安全因素的要求。

3. 配电室的设置

1)配电室的位置

(1)靠近电源。

(2)靠近负荷中心。

(3)进、出线方便。

(4)周边道路畅通。

(5)周围环境灰尘少、潮气少、振动少、无腐蚀介质、无易燃易爆物、无积水。

(6)避开污染源的下风侧和易积水场所的正下方。

2)配电室的布置

配电室的布置主要是指配电室内配电柜的空间排列。

(1)配电柜正面的操作通道宽度：单列布置或双列背对背布置时不小于1.5m；双列面对

面布置时不小于2m。

(2)配电柜后面的维护通道宽度:单列布置或双列面对面布置时不小于0.8m;双列背对背布置时不小于1.5m;个别地点有建筑物结构突出的空地,则此点通道宽度可减少0.2m。

(3)配电柜侧面的维护通道宽度不小于1m。

(4)配电室内设置值班室或检修室时,该室边缘距配电柜的水平距离大于1m,并采取屏障隔离。

(5)配电室内的裸母线与地面通道的垂直距离不小于2.5m,小于2.5m时应采用遮栏隔离,遮栏下面的通道高度不小于1.9m。

(6)配电室围栏上端与其正上方带电部分的净距不小于75mm。

(7)配电装置上端(含配电柜顶部与配电母线排)距天棚不小于0.5m。

(8)配电室经常保持整洁,无杂物,门向外开,并配锁。

3)配电室的照明

配电室的照明应包括两个彼此独立的照明系统:一是正常照明,二是事故照明。

4.自备电源的设置

按照《用电规范》的规定,施工现场设置的自备电源,即是指自行设置的230/400V发电机组。

施工现场设置自备电源主要是基于以下两种情况:

(1)正常用电时,由外电线路电源供电,自备电源仅作为外电线路电源停止供电时的后备接续供电电源,自备电源与外电线路电源联锁,严禁并列运行。

(2)正常用电时,无外电线路电源可供取用,自备电源即作为正常用电的电源。

自备发电机组应设置短路保护和过负荷保护。自备发电机组的排烟管道必须伸出室外,配电室内严禁存放储油桶。

三、基本保护系统

施工现场的用电系统,不论其供电方式如何,都属于电源中性点直接接地的220/380V三相五线制低压电力系统。为了保证用电过程中系统能够安全、可靠地运行,并对系统本身在运行过程中可能出现的诸如接地、短路、过载、漏电等故障进行自我保护,在系统结构配置中必须设置一些与保护要求相适应的子系统,即接地保护系统、过载与短路保护系统、漏电保护系统,它们的组合就是用电系统的基本保护系统。

基本保护系统的设置不仅仅限于保护用电系统本身,而且更重要的是保护用电过程中人的安全和财产安全,特别是防止人体触电和电气火灾事故。

1.TN-S系统

在TN系统中,如果中性线或零线为两条线,其中一条零线用作工作零钱,用N表示;另一条零线用作接地保护线,用PE表示,即将工作零线与保护零线分开使用,这样的接零保护系统称为TN-S系统。

TN-S系统的确定应注意以下几点:

(1)在施工现场用电工程专用的电源中性点直接接地的220/380V三相五线制低压电力系统中,必须采用TN-S接零保护系统,严禁采用TN-C接零保护系统。

(2)当施工现场与外电线路共用同一供电系统时,电气设备的接地、接零保护应与原系统保持一致。不得一部分设备作保护接零,另一部分设备作保护接地。

当采用 TN 系统作保护接零时,工作零线(N 线)必须通过总漏电保护器,保护零线(PE 线)必须由电源进线零线重复接地处或总漏电保护器电源侧零线处引出形成局部 TN-S 接零保护系统。PE 线的布置应注意以下几个方面:

①PE 线的引出位置。对于专用变压器供电时的 TN-S 接零保护系统,PE 线必须由工作接地线、配电室(总配电箱)电源侧零线或总漏电保护器(RCD)电源侧零线处引出;对于共用变压器三相四线供电时的局部 TN-S 接零保护系统,PE 线必须由电源进线零线重复接地处或总漏电保护器电源侧零线处引出。

②PE 线与 N 线的连接关系。经过总漏电保护器 PE 线和 N 线分开,其后不得再作电气连接。

③PE 线与 N 线的应用区别。PE 线是保护零线,只用于连接电气设备外漏可导电部分,在正常工作情况下无电流通过,且与大地保持等电位;N 线是工作零线,作为电源线用于连接单相设备或三相四线设备,在正常工作情况下会有电流通过,被视为带电部分,且对地呈现电压。所以,在实用中不得混用或代用。

④PE 线的重复接地。PE 线的重复接地不应少于三处,应分别设置于供配电系统的首端、中间、末端处,每处重复接地电阻值(指工频接地电阻值)不应大于 10Ω。

重复接地必须与 PE 线相连接,严禁与 N 线相连接,否则 N 线中的电流将会分流经大地和电源中性点工作接地处形成回路,使 PE 线对地电位升高而带电。

PE 线重复接地的目的,一是降低 PE 线的接地电阻,二是防止 PE 线断线而导致接地保护失效。

⑤PE 线的绝缘色。为了明显区分 PE 线和 N 线以及相线,按照国际统一标准,PE 线一律采用绿/黄双色绝缘线。

顺便指出,在施工现场用电工程的用电系统中,作为电源的电力变压器和发电机中性点直接接地的工作接地电阻值,在一般情况下都取不大于 4Ω。

2. 漏电保护系统设置要点

(1)采用二级漏电保护系统。二级漏电保护系统是指在施工现场基本供配电系统的总配电箱(配电柜)和开关箱首、末二级配电装置中,设置漏电保护器。其中,总配电箱(配电柜)中的漏电保护器可以设置于总路,也可以设置于各分路,但不必重复设置。

(2)实行分级、分段漏电保护原则。实行分级、分段漏电保护的具体体现是合理选择总配电箱(配电柜)、开关箱中漏电保护器的额定漏电动作参数。《用电规范》从确保防止人体间接触触电危害角度出发,对设置于开关箱和总配电箱(配电柜)漏电柜的漏电保护器的漏电动作参数作出了以下规定:

①开关箱中的漏电保护器,其额定漏电动作电流 $I_{\triangle}$ 为:一般场所 $I_{\triangle} \leqslant 30\text{mA}$,潮湿与腐蚀介质场所 $I_{\triangle} \leqslant 15\text{mA}$。其额定漏电动作时间为 $T_{\triangle} \leqslant 0.1\text{s}$。

②总配电箱中的漏电保护器,其额定漏电动作电流为 $I_{\triangle} > 30\text{mA}$,额定漏电动作时间为 $T_{\triangle} > 0.1\text{s}$,但其额定漏电动作电流与额定漏电动作时间的乘积 $I_{\triangle} \cdot T_{\triangle}$ 应不超过安全界限值 30mA·s 即 $I_{\triangle} \cdot T_{\triangle} \leqslant 30\text{mA}\cdot\text{s}$。

(3)漏电保护器极数和线数必须与负荷的相数和线数保持一致。

(4)漏电保护器必须与用电工程合理的接地系统配合使用，才能形成完备、可靠的防触电保护系统。

(5)漏电保护器的电源进线类别(相线或零线)必须与其进线端标记一一对应，不允许交叉混接。更不允许将 PE 线当 N 线接入漏电保护器。

(6)漏电保护器在结构选型时，宜选用无辅助电源型(电磁式)产品，或选用辅助电源故障时能自动断开的辅助电源型(电子式)产品。不能选用辅助电源故障时不能断开的辅助电源型(电子式)产品。

四、接地装置

接地装置是构成施工现场用电基本保护系统的主要组成部分之一，是施工现场用电工程的基础性安全装置。在施工现场用电工程中，电力变压器二次侧(低压侧)中性点要直接接地，PE 线要作重复接地，桥梁主塔及高大建筑机械和高架金属设施要作防雷接地，产生静电的设备要作防静电接地。以下介绍接地的概念。

1. 接地与接地装置

所谓接地，是指设备与大地作电气连接或金属性连接。电气设备的接地，通常的方法是将金属导体埋入地中，并通过导体与设备作电气连接(金属性连接)。这种埋入地中直接与地接触的金属物体称为接地体，而连接设备与接地体的金属导体称为接地线，接地体与接地线的连接组合就称为接地装置。

应当特别注意，金属燃气管道不能用作自然接地体或接地线，螺纹钢和铝板不能用作人工接地体。

2. 接地的分类

接地按其作用分类可分为：功能性接地和保护性接地及兼有功能和保护性的重复接地。

1)保护性接地

为防止电气设备的金属外壳因绝缘损坏带电而危及人、畜安全和设备安全，以及设置相应保护系统的需要，将电气设备正常不带电的金属外壳或其他金属结构接地，称为保护性接地。保护性接地分为保护接地、防雷接地、防静电接地等。

2)重复接地

在三相五线制系统中，为了增强接地保护系统接地的作用和效果，并提高其可靠性，在其接地线的另一处或多处再作接地(通过新增接地装置)，称为重复接地。

五、配电装置

配电装置是配电系统中电源与用电设备之间传输、分配电力的电气装置，是联系电源和用电设备的枢纽。依据国家现行标准《供配电系统设计规范》(GB 50052—2009)规定，必须实行三级配电原则和“一机、一闸、一漏、一箱”的原则。

施工现场的配电装置是指施工现场用电工程配电系统中设置的总配电箱(配电柜)、分配电箱和开关箱。为叙述方便起见，以下将总配电箱和分配电箱合称配电箱。

1. 配电装置的箱体结构

这里所谓配电装置的箱体结构，主要是指适合于公路施工现场用电工程配电系统使用的配电箱、开关箱的箱体结构。

1）箱体材料

配电箱、开关箱的箱体一般应采用铁板制作，亦可采用优质绝缘板制作，但不得采用木板制作，宜采用冷轧铁板，铁板厚度以 1.5 ~ 2.0mm 为宜。

2）配置电器安装板

配电箱、开关箱内配置的电器安装板用以安装所配置的电器和接线端子板等。

当铁质电器安装板与铁质箱体之间采用折页作活动连接时，必须在二者之间跨接编织软铜线。

3）加装 N、PE 接线端子板

配电箱、开关箱应设置 N 线和 PE 线端子板，以防止 N 线和 PE 线混接、混用。

（1）N、PE 端子板必须分别设置，固定安装在电器安装板上，并作符号标记，严禁合设在一起。其中 N 端子板与铁质电器安装板之间必须保持绝缘；而 PE 端子板与铁质电器安装板之间必须保持电气连接。当采用铁箱配装绝缘电器安装板时，PE 端子板应与铁质箱体作电气连接。

（2）PE 端子板的接线端子板数应与箱体内的进线和出线的总路数保持一致。

（3）PE 端子板应采用紫铜板制作。

2. 配电装置的电器配置与接线

在施工现场用电工程配电系统中，配电装置的电器配置与接线应与基本供配电系统和基本保护系统相适应，必须具备以下三种基本功能：①电源隔离功能；②正常接通与分断电路功能；③过载、短路、漏电保护功能（对于分配电箱，漏电保护功能可不要求）。

按照国家《用电安全导则》（GB/T 13869—2008）和《建设工程施工现场供用电安全规范》（GB 50194—1993）要求，综合考虑现场用电特点，提高用电的安全性和可靠性，对配电装置的电器配置与接线要求如下。

1）总配电箱的电器配置

（1）当总路设置总漏电保护器时，还应装设总隔离开关、分路隔离开关以及总断路器、分路断路器或总熔断器、分路熔断器（或总自动开关和分路自动开关）。

（2）当各分路设置分路漏电保护器时，还应装设总隔离开关、分路隔离开关以及总断路器、分断路器或总熔断器、分路熔断器。

（3）隔离开关应设置于电源进线端，应采用具有可见分断点并能同时断开电源所有极或彼此靠近的单极隔离电器，不得采用不具有可见分断点的电器。

2）分配电箱的电器配置

在采用二级漏电保护的配电系统中，分配电箱中不要求设置漏电保护器，此时分配电箱的电器配置应符合下述原则：

（1）总路设置总隔离开关，以及总断路器或总熔断器。

（2）分路设置分路隔离开关，以及分路断路器或分路熔断器。

（3）隔离开关设置于电源进线端。

根据这些原则，分配电箱应装设两类电器，即隔离电器和短路与过载保护电器，其配置次序依次为隔离电器、短路与过载保护电器，不可颠倒。

3）开关箱的电器配置

开关箱的电器配置与接线要与用电设备负荷类别相适应。

3. 配电装置的使用

（1）配电装置的箱（柜）门处均应有名称、用途、分路标记，及内部电气系统接线图，以防误操作。

（2）配电装置均应配锁，并由专人负责开启和关闭上锁。

（3）电工和用电人员工作时，必须按规定穿戴绝缘、防护用品，使用绝缘工具。

（4）配电装置送电和停电时，必须严格遵循下列操作顺序。

送电操作顺序为：总配电箱（配电柜）—分配电箱—开关箱。

停电操作顺序为：开关箱—分配电箱—总配电箱（配电柜）。

（5）如遇到人员触电或电气火灾的紧急情况，则允许就地、就近迅速切断电源。

（6）施工现场下班停止工作时，必须将班后不用的配电装置分闸断电并上锁。班中停止作业1h及以上时，相关动力开关箱应断电上锁。暂时不用的配电装置也应断电上锁。

（7）配电装置必须按其正常工作位置安装牢固、稳定、端正。固定式配电箱、开关箱的中心点与地面的垂直距离应为1.4～1.6m；移动式配电箱、开关箱的中心点与地面的垂直距离宜为0.8～1.6m。

（8）配电箱、开关箱内的电器配置和接线严禁随意改动，并不得随意挂接其他用电设备。

（9）配电装置的漏电保护器应于每次使用时用试验按钮试跳一次，只有试跳正常才可继续使用。

六、配电线路

在供配电系统中，除了有配电装置作为配电枢纽以外，还必须有联结配电装置和用电设备、传输、分配电能的电力线路，这就是配电线路。

施工现场的配电线路，按其敷设方式和场所不同，主要有架空线路、电缆线路、室内配线三种。设有配电室时，还应包括配电母线。

1. 配电线的选择

配电线的选择，实际上就是架空线路导线、电缆线路电缆、室内线路导线、电缆，以及配电母线的选择。

1）架空线的选择

架空线的选择主要是选择架空线路导线的种类和导线的截面，其选择依据主要是线路敷设的要求和线路负荷计算的电流。

架空线中各导线截面与线路工作制的关系为：三相五线制工作时，N线和PE线截面不小于相线（L线）截面的50%；单相线路的零线截面与相线截面相同。

架空线的绝缘色标准：

架空线的绝缘色应符合下述统一规定。当考虑架空线相序排列时：L_1（A相）—黄色；L_2

(B 相)—绿色;L_3(C 相)—红色。另外,N 线—淡蓝色;PE 线—绿色/黄双色。

2)电缆的选择

电缆的选择主要是选择电缆的类型、截面和芯线配置,其选择依据主要是线路敷设的要求和线路负荷计算的计算电流。

根据基本供电系统的要求,电缆中必须包含线路工作制所需要的全部工作芯线和 PE 线。特别需要指出,需要三相五线制配电的电缆线路必须采用五芯电缆,而采用四芯电缆外加一条绝缘线等配置方法都是不规范的。

五芯电缆中,除包含三条相线外,还必须包含用作 N 线的淡蓝色芯线和用作 PE 线的绿/黄双色芯线。其中,N 线和 PE 线的绝缘色规定,同样适用于四芯、三芯等电缆。而五芯电缆中相线的绝缘色则一般由黑、棕、白三色中的两种搭配。

3)室内配线的选择

室内配线必须采用绝缘导线或电缆。

除以上三种配线方式以外,在配电室里还有一个配电母线问题。由于施工现场配电母线常常采用裸扁铜板或裸扁铝板制作成所谓裸母线,因此其安装时,必须用绝缘子支撑固定在配电柜上,以保持对地绝缘和电磁(力)稳定性。

2. 架空线路的敷设

架空线路的组成一般包括四部分,即电杆、横担、绝缘子和绝缘导线。如采用绝缘横担,则架空线路可由电杆、绝缘横担、绝缘线三部分组成。

(1)架空线相序排列顺序:

①动力、照明线在同一横担上架设时,导线相序排列顺序是:面向负荷从左侧起依次为 L_1、N、L_2、L_3、PE。

②动力、照明线在二层横担上分别架设时,导线相序排列顺序是:上层横担面向负荷从左侧起依次为 L_1、L_2、L_3;下层横担面向负荷从左侧起依次为 L(L_1、L_2、L_3)、N、PE。

(2)架空线路与邻近线路或固定物的防护距离应符合《用电规范》的规定。

3. 电缆线路的敷设

电缆敷设应采用埋地或架空两种方式,严禁沿地面明设,以防机械损伤和介质腐蚀。

直埋电缆在穿越建筑物、构筑物、道路、易受机械损伤和介质腐蚀场所及引出地面从 2m 高到地下 0.2m 处必须加设防护套管,防护套管内径不应小于电缆外径的 1.5 倍。电缆埋地敷设宜选用铠装电缆,电缆直接埋地敷设的深度不应小于 0.7m,并应在电缆紧邻上、下、左、右侧均匀敷设不小于 50mm 厚的细砂,然后覆盖砖或混凝土板等硬质保护层。电缆接线盒应能防水、防尘、防机械损伤,并远离易燃、易爆、易腐蚀场所。

4. 室内配线的敷设

安装在现场办公室、生活用房、加工棚等暂设建筑内的配电线路,通称为室内配电线路。简称室内配线。

室内配线分为明敷设和暗敷设两种。

(1)明敷设可采用瓷瓶、瓷(塑料)夹配线,嵌绝缘槽配线和钢索配线三种方式。不得悬空乱拉。

明敷主干线的距地高度不得小于 2.5m。

(2)暗敷设可采用绝缘导线穿管埋墙或埋地方式和电缆直埋墙或直埋地方式。

①暗敷设线路部分不得有接头。

②暗敷设金属穿管应作等电位连接,并与 PE 线相连线。

③潮湿场所或埋地非电缆(绝缘导线)配线必须穿管敷设,管口和管接头应密封。严禁将绝缘导线直埋地下。

七、用电设备

用电设备是配电系统的终端设备,是最终将电能转化为机械能、光能等其他形式能量的设备。在施工现场,用电设备就是直接服务于施工作业的生产设备。

施工现场的用电设备基本上可分为三大类,电动机械、电动工具、照明器。

通常以触电危险程度来考虑,施工现场的环境可划分为三类:

1)一般场所

相对湿度≤75%的干燥场所;无导电粉尘场所;气温不高于 30℃场所;有不导电地板(干燥木地板、塑料地板、沥青地板等)场所等均属于一般场所。

2)危险场所

相对湿度长期处于 75%以上的潮湿场所;露天并且能遭受雨雪侵袭的场所;气温高于 30℃炎热场所;有导电粉尘场所;有导电泥、混凝土或金属结构地板场所;施工中常处于水湿润的场所等均属于危险场所。

3)高度危险场所

相对湿度接近 100%场所;蒸汽环境场所;有活性化学媒质放出腐蚀性气体或液体场所;具有两个及以上危险场所特征(如导电地板和高温,或导电地板和有导电粉尘)的场所等均属于高度危险场所。

1. 电动机械的使用

1)起重机械的使用

起重机械主要有塔式起重机、拌和设备、滑升模板、外用电梯、物料提升机等。

(1)塔式起重机

塔式起重机的机体必须作防雷接地,同时必须与配电系统 PE 线相连接。除此以外,PE 线与接地体之间还必须有一个直接独立的连接点。

塔式起重机运行时注意与外电架空线路或其防护设施保持安全距离。

(2)外用电梯

外用电梯通常属于载人、载物的客、货两用电梯,所以其安全使用尤为重要。要设置单独的开关箱,特别是要有可靠的极限控制、通信联络。

(3)物料提升机

物料提升机是只许运送物料,不允许载人的垂直运输机械,通常都是由电动机经变速器直接驱动升降运动。

2)夯土机械的使用

夯土机械的金属外壳与 PE 线的连接点不得小于两处;其漏电保护必须适应潮湿场所的要求。

夯土机械的负荷线应采用耐气候型橡皮护套铜芯软电缆。

3）木工机械的使用

（1）木工机械的金属基座必须与 PE 线作可靠的电气连接。

（2）木工机械的漏电保护可按一般场所要求对待。

4）焊接机械的使用

电焊机械属于露天半移动、半固定式用电设备。各种电焊机基本上都是靠电弧、高温工作的，所以防止电弧引燃易燃易爆物是其使用应注意的首要问题；其次，电焊机空载时其二次侧具有 50 ~ 70V 的空载电压，已超出安全电压范围，所以防触电成为其安全使用的第二个重要问题，除此以外，还须考虑到电焊机常常是在钢筋网间露天作业的环境条件。为此，其安全使用要求可综合归纳如下：

（1）电焊机械应放置在防雨、干燥和通风良好的地方。

（2）交流弧焊机变压器的一次侧电源线长度不应大于 5m，其电源进线处必须设置防护罩，进线端不得裸露。

（3）发电机式直流电焊机的换向器要经常检查、清理、维修，以防止可能产生的异常换向电火花。

（4）交流电焊机除应设置一般漏电保护以外，还应配装二次空载降压保护器。

（5）电焊机械的二次线应采用防水橡皮护套铜芯软电缆，电缆长度不应大于 30m，其护套不得破裂，其接头必须绝缘、防水包扎防护好，不应有裸露带电部分。

电焊机械的二次线地线不得用金属构件或结构钢筋代替。

（6）使用电焊机械焊接时必须穿戴防护用品，严禁露天冒雨从事电焊作业。

2. 电动工具的使用

施工现场使用的电动工具一般都是手持式的，所以称为手持式电动工具，例如电钻、冲击钻、电锤、射钉枪及手持式电锯、电刨、切割机、砂轮等。

手持式电动工具按其绝缘和防触电性能分可分为三类，即 I 类工具、II 类工具、III 类工具。

（1）一般场所（空气湿度小于 75%）可选用 I 类或 II 类手持式电动工具。

①金属外壳与 PE 线的连接点不应少于两处。

②漏电保护应符合潮湿场所对漏电保护的要求。

（2）在潮湿场所或金属构架上操作时，必须选用 II 类或由安全隔离变压器供电的 III 类手持式电动工具。严禁使用 I 类手持式电动工具。

使用金属外壳 II 类手持式电动工具时，其金属外壳可与 PE 线相连接，并设漏电保护。

（3）狭窄场所（锅炉、金属容器、地沟、管道内等）作业时，必须选用由安全隔离变压器供电的 III 类手持式电动工具。

（4）开关箱和控制箱设置的要求

除一般场所外，在潮湿场所、金属构架上及狭窄场所使用 II、III 类手持式电动工具时，其开关箱和控制箱应设在作业场所以外，并有人监护。

（5）负荷线选择的要求

手持式电动工具的负荷线应采用耐气候型橡皮护套铜芯软电缆，并且不得有接头。

3.照明器的使用

1)照明设置的一般规定

(1)在坑洞内作业、夜间施工或作业工棚、料具堆放场、道路、仓库、办公室、食堂、宿舍及自然采光差等场所,应设一般照明、局部照明或混合照明。在一个工作场所内,不得只设局部照明。

(2)停电后作业人员需要及时撤离现场的特殊工程,例如,夜间高处作业工程及自然采光很差的深坑洞工程等场所,还必须装设由独立自备电源供电的应急照明。

(3)对于夜间影响行人和车辆安全通行的在建工程,如开挖的沟、槽、孔洞等,应在其邻边设置醒目的红色警戒照明。

对于夜间可能影响飞机及其他飞行器安全通行的主塔及高大机械设备或设施,如塔式起重机、外用电梯等,应在其顶端设置醒目的红色警戒照明。

(4)根据需要设置不受停电影响的保安照明。

2)照明器的选择

(1)正常湿度(相对湿度≤75%)的一般场所,可选用普通开启式照明器。

(2)潮湿或特别潮湿(相对湿度>75%)场所,属于触电危险场所,必须选用密闭型防水照明器或配有防水灯头的开启式照明器。

(3)含有大量尘埃但无爆炸和火灾危险的场所,属于触电一般场所,必须选用防尘型照明器,以防尘埃影响照明器安全发光。

(4)有爆炸和火灾危险的场所,亦属于触电危险场所,应按危险场所等级选用防爆型照明器,详见现行国家标准《爆炸和火灾危险环境电力装置设计规范》(GB 50058—1992)。现举一例予以说明,假设火灾危险场所属于火灾危险区域划分的23区,即具有固体状可燃物质,在数量和配置上能引起火灾危险的环境,按该规范规定,照明灯具的防护结构应为IP2X级。

(5)存在较强振动的场所,必须选用防振型照明器。

(6)有酸碱等强腐蚀介质场所,必须选用耐酸碱型照明器。

3)照明供电的选择

(1)一般场所,照明供电电压宜为220V,即可选用额定电压为220V的照明器。

(2)隧道、人防工程、高温、有导电灰尘、比较潮湿或灯具离地面高度低于规定2.5m等较易触电的场所,照明电源电压不应大于36V。

(3)潮湿和易于触及带电体的触电危险场所,照明电源电压不得大于24V。

(4)特别潮湿、导电良好的地面、锅炉或金属容器等触电高度危险场所,照明电源电压不得大于12V。

(5)行灯电压不得大于36V。

(6)远离电源的小面积工作场地、道路照明、警卫照明或额定电压为12~36V照明的场所,其电压允许偏移值为额定电压值的−10%~5%;其余场所电压允许偏移值为额定电压值的±5%。

4)照明装置的设置

(1)安装

①安装高度:一般的220V灯具,室外不低于3m,室内不低于2.4m;碘钨灯及其他金属卤

化物灯安装高度宜在3m以上。

②安装接线：螺口灯头的中心触头应与相线连接，螺口应与零线（N）连接；碘钨灯及其他金属卤化物灯的灯线应固定在专用接线柱上；灯具的内接线必须牢固，外接线必须做可靠的防水绝缘包扎。

③对易燃易爆物的防护距离；普通灯具不宜小于300mm；聚光灯及碘钨灯等高热灯具不宜小于500mm，且不得直接照射易燃物。

达不到防护距离时，应采取隔热措施。

(2)控制与保护

①任何灯具必须经照明开关箱配电与控制，配置完整的电源隔离、过载与短路保护及漏电保护电器。

②路灯还应逐灯另设熔断器保护。

③灯具的相线必须经开关控制，不得直接引入灯具。

④暂设工程的照明灯具宜采用拉线开关控制，其安装高度为距地2～3m。宿舍区禁止设置床头开关。

八、外电防护

在施工现场周围往往存在一些高、低压电力线路，这些不属于施工现场的外接电力线路统称为外电线路。外电线路一般为架空线路，个别现场也会遇到电缆线路。由于外电线路的位置原已固定，因而其与施工现场的相对距离也难以改变，这就给施工现场作业安全带来了一个不利影响因素。如果施工现场距离外电线路较近，往往会因施工人员搬运物料、器具，尤其是金属料具或操作不慎意外触及外电线路，从而发生触电伤害事故。因此，当施工现场邻近外电线路作业时，为了防止外电线路对施工现场作业人员可能造成的触电伤害事故，施工现场必须对其采取相应的防护措施，这种对外电线路触电伤害的防护称为外电线路防护，简称外电防护。

外电防护的技术措施包括：

(1)绝缘。

(2)屏护。

(3)安全距离。

(4)限制放电能量。

(5)24V及以下安全特低电压。

上述的五项基本措施具有普遍适用意义。但是对于施工现场外电防护这种特殊的防护，基本上不存在安全特低电压和限制放电能量的问题。因此其防护措施主要是做到绝缘、屏护、安全距离。

1.保证安全操作距离

(1)在建工程不得在外电架空线路正下方施工，搭设作业棚、建造生活设施或堆放构件、架具、材料及其他杂物等。

(2)在建工程的周边与外电架空线路的边线之间的最小安全操作距离不应小于表6-6所列数值。

在建工程(含脚手架)的周边与架空线路的边线之间的最小安全操作距离　表6-6

外电线路电压等级(kV)	<1	1~10	35~110	220	330~500
最小安全操作距离(m)	4	6	8	10	15

注:上、下脚手架的斜道不宜设在有外电线路的一侧。

2. 架设安全防护设施

架设安全防护设施是一种绝缘隔离防护措施,宜通过采用木、竹或其他绝缘材料增设屏障、遮栏、围栏、保护网等与外电线路实现强制性绝缘隔离,并须在隔离处悬挂醒目的警告标志牌。

九、防雷

雷电是一种破坏力、危害性极大的自然现象,要想消除它是不可能的,但消除其危害却是可能的。即可通过设置一种装置,人为控制和限制雷电发生的位置,并使其不至危害到需要保护的人、设备或设施。这种装置称作防雷装置或避雷装置。

防雷部位的确定:

参照现行国家标准《建筑物防雷设计规范》(GB 50057—2010),施工现场需要考虑防直击雷的部位主要是塔式起重机、拌和楼、物料提升机、外用电梯等高大机械设备及钢脚手架、在建工程金属结构等高架设施,并且其防雷等级可按三类防雷对待。防感应雷的部位则是设置现场变电所时的进、出线处。

首先应考虑邻近建筑物或设施是否有防直击雷装置,如果有,它们是在其保护范围以内,还是在其保护范围以外。如果施工现场的起重机、物料提升机、外用电梯等机械设备,以及钢脚手架和正在施工的在建工程等的金属结构,在相邻建筑物、构筑物等设施的防雷装置保护范围以外,则应按规定安装防雷装置。

防雷保护范围是指接闪器对直击雷的保护范围。

接闪器防直击雷的保护范围是按"滚球法"确定的。所谓滚球法是指选择一个其半径 h_r 由防雷类别确定的一个可以滚动的球体,沿需要防直击雷的部位滚动,当球体只触及接闪器(包括被利用作为接闪器的金属物),或只触及接闪器和地面(包括与大地接触并能承受雷击的金属物),而不触及需要保护的部位时,则该未被触及部分就得到接闪器的保护。

十、电气防火措施

编制电气防火措施也应从技术措施和组织措施两个方面考虑,并且也要符合施工现场实际。

1. 电气防火技术措施要点

(1)合理配置用电系统的短路、过载、漏电保护电器。

(2)确保PE线连接点的电气连接可靠。

(3)在电气设备和线路周围不堆放并清除易燃易爆物和腐蚀介质或作阻燃隔离防护。

(4)不在电气设备周围使用火源,特别在变压器、发电机等场所严禁烟火。

(5)在电气设备相对集中场所,如变电所、配电室、发电机室等场所配备可扑灭电气火灾的灭火器材。

(6)按《用电规范》规定设置防雷装置。

2. 电气防火组织措施要点

(1)建立易燃易爆物和腐蚀介质管理制度。

(2)建立电气防火责任制，加强电气防火重点场所烟火管制，并设置禁止烟火标志。

(3)建立电气防火教育制度，定期进行电气防火知识宣传教育，提高各类人员电气防火意识和电气防火知识水平。

(4)建立电气防火检查制度，发现问题，及时处理，不留任何隐患。

(5)建立电气火警预报制，做到防患于未然。

(6)建立电气防火领导体系及电气防火队伍，并学会和掌握扑灭电气火灾的方法。

(7)电气防火措施可与一般防火措施一并编制。

第五节　施工现场消防安全管理

公路工程施工现场的防火工作是保证施工安全顺利进行的一项重要工作。它涉及面广，项目繁多，情况复杂。如果我们忽视施工现场的防火工作，就会使我们辛勤建造起来的各种建筑物受到严重损失，同时，也会给人员带来伤害，影响我们的施工正常进行。因此，做好施工现场的防火工作十分重要。

工程施工现场一般可分为：建筑结构过程工程、建筑安装工程、建筑装修工程、建筑修缮工程。公路工程施工现场应包括在结构工程中。公路工程现场有其特殊性，工地范围大，点多线长。公路施工现场还包括：工程建设服务的大型机械设备、水上船舶、堆放各种建筑材料、设备仓库、生活区用房、大量临时用房和加工车间、油料危险品等。因此，公路工程施工现场的防火工作非常重要。

一、防火要求

(1)施工开工前，施工单位应结合施工现场水源和周围环境、占地面积和地理特点，首先编制施工组织设计，绘制施工现场平面图，将消防安全与施工方法工序考虑进去，安保部门要按照消防法规，结合施工现场的实际和防火方案报当地消防监督机关备案或审批。

(2)实行总承包的建设工程，总承包单位要负责安全消防工作，按照“谁施工，谁负责”的原则，与分包单位逐一签订《消防安全责任书》，明确消防责任，并监督检查分包单位消防工作开展落实情况。

(3)施工单位要确定一名施工现场的行政领导为防火责任人，全面负责施工现场的消防安全工作，组织制订和审查消防保卫方案及措施，落实关于上级消防安全的指示精神，组织消防宣传和防火检查。

(4)施工现场应根据工程规模和火灾危险性配备专(兼)职消防人员，负责日常的消防监督检查工作，协助防火负责人抓好现场的防火工作。重点工程和规模较大的工程要成立施工现场保卫组，配备数名专(兼)职安全防火干部，组织义务消防人员，制定各个阶段具体的消防保卫方案。

(5)施工现场的平面布局应以在施工工程为中心，明确划分用火作业区、材料堆放区、仓

库区,暂设生活、办公区,以及废品集中区。各区域之间的防火间距要符合下列要求:

①锅炉房和厨房及其他固定用火作业区,间距不得小于25m,距生活用火区不得小于15m。

②电石或乙炔气瓶库、油漆稀料库距废品集中站不应小于30m,距施工区、生活区不应小于30m。

③可燃材料堆放区距施工区、生活区不得小于25m。

④施工现场内或工程内部禁止设立仓库存放物品。

⑤施工现场道路宽度不应小于3.5m,应设环行通道,有条件的设照明设备。留有消防车能够进出的通道。

⑥施工现场应设有足够的消防水源,当消防水源不足时,应修建消防蓄水池,水池的容量与施工现场用水量应维持20min用水流量。

⑦施工现场要根据施工生产情况和地点,配备一定数量的便携式消防器材,用于扑灭初起火灾。

⑧施工现场内禁止吸烟,重点施工部位动火须经过安保部门的批准。

⑨施工现场的易燃危险品和爆炸物品必须按公安部门的管理办法执行。

⑩施工现场搭建临时建筑应符合下列要求:

a. 在高压线下禁止搭建暂设建筑和堆放易燃和可燃物品。

b. 区域内禁止搭建木板房。搭建临时建筑,其防火间距在城区应不小于5m,郊区应不小于7m。

c. 在独立场地上搭建办公宿舍时,应分组布置,每组不应超过10幢,组与组之间的防火间距在城区不小于10m,在郊区、县不小于15m。

d. 临建房屋宿舍内人数不宜超过30人,住房内人数应根据各地区的安全主管部门要求而确定住宿人数,宿舍门的宽度不小于1.2m,门向外开。

e. 采用木板、竹子等可燃物搭建的临时建筑,在接近火炉、烟囱部位,须用铁板、石棉瓦等非燃材料隔断。

f. 临时建筑物的电气照明,要按国家和本地区的标准安装,无电地区最好使用桅灯照明,并悬挂牢固。

二、冬季、雨季、高温季节防火要求

冬季是建筑工地防火的重点期间,因风干物燥,而且在冬季施工中采取多种保温、保暖方法,火灾的危险性增大,如我们施工中所采用的蓄热法、保温法、电热法、暖棚法,都采用大量的易燃物品。所以防火措施必须针对上述情况采用有效的方法防止火灾发生。雨季和高温季节,我们也应针对气候潮湿,雨季、高温防雷击、漏电,防危险品自燃等采取以下措施。

(1)使用电热法宜设电压调整器,以便控制电压。

(2)导线接头,导线与电极接头要接牢固,并用绝缘胶布包好,防止由于接触不良等原因因而发生火灾。

(3)做好定点定时测温,电极要加瓷管保护,加热温度不得超过800℃,发现问题应立即停电检查。

(4)配备相应的消防器材,如:用于扑灭电器起火的干粉灭火机。

(5)雨季与高温施工时,对外露的电器设备及线路应有防破损及遮雨设施,防雷击,对石灰、电石等常用的遇水燃烧物品应防雨防潮。对易燃易爆的物品,应严格妥善保管,防止火灾发生。

三、施工现场消防器材的配置和使用

灭火器配置场所系指生产、使用、储存可燃物并灭火器的房间或部位,但施工现场面积较大,点多线长,我们只能对施工现场的重点部位设置消防器材,如:油漆间、油库、木工间、试验室、仓库、木材堆存处、机械设备存放处、停车场、泵站、沥青拌和站等处。根据施工现场重点部位划分为一个单元。根据防火等级和保护面积、保护距离配备相应数量的灭火器材。

1. 计算公式

$$Q = KS/U \tag{6-1}$$

式中:Q——灭火器配置的灭火级别,分 A 或 B;

S——灭火器配置的保护面积,m^2;

U——A 类火灾或 B 类火灾的灭火器配置相应的危险等级的灭火器基准,m^2/A 或 m^2/B;

K——修正系数,无消火栓和灭火系统的 $K=1.0$;设有消火栓的 $K=0.7$;设有消防灭火系统的 $K=0.5$。

2. 计算举例

如一个中危险级的 A 类火灾灭火器配置场所,其保护面积为 $360m^2$,且无消火栓和灭火系统,要求计算该灭火器配置场所所需的灭火级别,根据上述可知:$S=360m^2$,$U=15m^2/A$,$K=1.0$,从而得到:

$$Q = KS/U = 1.0 \times 360/15 = 24\ (A)$$

四、消防器材的使用

1. 公路工程施工现场的消防器材的配置和使用方法

根据施工现场的防火要求应本着实用、有效、经济的原则配置消防器材,按防火控制面积、物品、对象配备消防器材,如木材堆料场就可以因地制宜的选择水、沙、土。有条件的施工现场,有消火栓的就可以多考虑用水灭火。无消火栓的施工现场可以从周围环境和可以借用的设施,如利用河、湖取水和工程用水井、水池、工程用水车等,但对重点部位必须使用质量符合国家标准的灭火器材。

施工项目经理部必须定期进行义务消防队灭火演习,演练防火预案,实施突发事件的处置措施,使职工群众有防火意识和灭火知识,掌握方法,做到有防火灭火的准备。

2. 常用消防器材的使用方法

施工现场常用的灭火器材,有干粉灭火机、泡沫灭火车、1211 灭火器、消防水龙带。我们常用的灭火器,主要是指干粉灭火器。干粉灭火器是以干粉为灭火剂,二氧化碳或氮气为驱动气体的灭火器。干粉是指用来灭火的粉末,一般由灭火剂和添加剂组成。干粉能迅速覆盖燃烧面,使可燃物与空气隔离并能有效地起到抑制窒息的作用。干粉灭火器,以驱动气体储存方式分,可分为储气式和储压式两种类型;按充入的干粉灭火剂种类分,有碳酸氢钠干粉灭火器

（也称 BC 干粉灭火器）和磷酸铵盐干粉灭火器（也称 ABC 干粉灭火器）两种。

使用方法：灭火时，可手提或肩扛灭火器快速奔赴火场，在距燃烧处 5m 左右放下灭火器。如在室外，应选择上风方向喷射。使用的干粉灭火器是外挂式储气瓶时，操作者应一手紧握喷枪，另一手提起储气瓶上的开启提环。如果储气瓶上的开启提环是轮式的，则按逆时针方向旋开，并旋到最高位置，随即提起灭火器，当干粉喷出后，迅速对准火焰的根部扫射。使用的干粉灭火器若是内置式储气瓶或者是储压式时，操作者应先把开启把上的保险销拔下，然后握住喷射软管前端喷嘴根部，另一只手将开启压把压下，打开灭火器进行喷射灭火。有喷射软管的灭火器或储压式灭火器，在使用时，应一手始终压下压把不能放开，否则，会中断喷射。

干粉灭火器扑救可燃、易燃液体火灾时，应对准火焰根部扫射。火灾中如被扑救的液体流淌燃烧时，应对准火焰根部由近而远，并左右扫射，直到火焰全部扑灭。

第六节　跨线工程安全管理

一、跨线工程安全施工一般要求

（1）施工前，制订具有针对性的各项安全管理制度，编制专门的安全施工组织设计方案，安全技术措施和应急处理预案，设置安全标志。

（2）采取相应的安全防护、警示和疏导措施，并在施工前通过主要大众传播媒介等途径向社会公告，并通过电子显示屏等方式提示过往通行车辆。

（3）做好安全防护设施的安装、验收工作，确保不发生影响通车及坠物伤人事故。

（4）制订架梁吊装施工方案及安全技术措施，向作业人员进行安全技术交底和培训。

（5）配备通信设施，确保在紧急情况下，能够妥善处理发生的事故。

（6）结合本工程特点，为应对可能发生的灾情事件制订安全应急救援预案及措施。

二、跨公路施工安全控制要点

（1）施工前应根据施工要求加强车辆车道管制，包括限速、封闭、警示、设施防护、车流疏导等，同时做好人员的安全防护工作和事故应急预案；按标准设置好临时行车道灯和有关限速警示牌，并经高速管理部门验收合格后施工。

（2）根据公路临时施工相关要求，在互通施工区以外 1km 及 200m 处分别设置施工预告标志和限速标志。此外，还应根据现场情况设置道路变窄标志、警示灯、夜间施工频闪灯，在超车道与中间行车道分界线处设置摆放反光防撞圆桶，并开始摆放反光圆锥筒至施工现场边缘，在车辆驶出施工现场处设置解除限速牌标志等。

（3）施工期间应联系交巡警进行交通维护，项目部配备安全员在施工区段两端 24h 配合值班；做好防撞墩、警示锥筒等维护和紧急情况报告；所有设备在施工区域内作业，专人指挥，避免吊装设备等侵入行车区域。

（4）做好防台风安全生产措施。台风来临前，加强与气象部门的联系，掌握台风情况，及时调整施工计划；加强安全检查，所有电气设备均应有安全防护装置，防雨水措施，台风期间生产场区可采取断电措施；加强对临时设施的安全监控；桥梁墩台身、台顶、脚手架、桥面、起重设备不得留有未固定的构件和有隐患的物品；对于可移动设备，台风期间停在安全地带或转移；非移动设备在台风前检查基础锚固情况，松动部位及时加固，台风期间所有机械设备上的活动部位能取下的应取下，放回仓库，不能取下的做好加固措施。起重小车、平衡重均移到非工作状态位置，吊钩升到离臂杆顶端2～3m处，起重臂杆要放在顺风自由回转位置。

(5)严格按照消防要求设置防火设施。施工现场配备足够的灭火器材，定期对灭火器等消防设施器材进行检查，保证消防设施的使用性能。消除一切可能造成火灾、爆炸事故的根源，严格控制火源、易燃物和助燃物的储放。

在重要电器设施周围，设置接地或避雷装置，防止雷击起火引起火灾。对工地及生活区的照明系统经常检查、维护，防止漏电失火引起火灾。

(6)为确保桥梁上部结构施工与桥下公路车辆的正常通行，应根据公路的车流量及净空要求搭设施工所需要的防护棚架（门洞）。防护棚架（门洞）与公路同宽，上设醒目的闪烁黄灯，并有限速标志，提醒驾驶员减速慢行。

防护棚架（门洞）的承重贝雷桁架上铺设横向工字钢作横梁，再纵向铺设工字钢作分配梁，满铺一层木板或竹胶板。在支架四周设钢管防护栏并拉设安全防护网，防止施工期间杂物坠落到路面影响行车安全或伤及行人。

(7)拆除门式支架时，应自上而下逐层进行，同一层的构配件和加固件应按先上后下、先外后里的顺序进行，同时必须防止管件坠落；工人必须站在临时设置的脚手板上进行拆除作业，并按规定配备好防护用品。拆除、运走超车道上的一切施工物资，并恢复公路设施。

(8)高空作业应按照施工方案中制订的各项技术措施，组织工程施工，严格按照规范和安全作业规则佩戴安全帽、安全带、设置安全网。水上作业要穿救生衣。大风、大雨、大雾等不良气候条件下不得进行高空作业。

高墩施工吊装作业严格按安全规则进行施工，吊装作业时，墩身附近严禁人员、机械进入停留，并设立明显的作业和禁入标志。各种起重系统要派专人经常检查保养。

(9)桥梁上部浇筑应与当地公路路政部门沟通，做好现场交通维护和协调，对全桥支架进行全面安全检查，确保支架体系安装牢固，特别是公路上桥面两侧防护措施到位，确保桥下行车及桥上作业人员安全。

采用挂篮施工应安排专人对挂篮进行实时变形监控，挂篮组拼后进行静载预压试验。灌筑混凝土前，对挂篮限位装置进行全面检查；挂篮移动前，确保模板系统全部脱离梁体，由挂篮作业工班负责人检查确认，对后锚系统进行全面检查，确保锚固可靠，结构没有损伤，锚挂系统受力与设计相符。

现场作业设备特别是泵送设备，在满足作业半径和浇筑顺序的前提下，注意避免泵管爆裂混凝土溅至高速公路上。

三、跨铁路施工安全控制要点

1. 一般要求

(1)在未设好施工防护前不进行施工作业，施工前对施工人员进行铁路施工、安全技术知识培训。

(2)为避免既有铁路沿线两侧的回流线造成对施工过程中的危险，降低或消除接触网感应电，应与相关铁路部门联系对后续防护框架范围内(72m)的接触网回流线采取绝缘措施，做绝缘处理。加强线路的防护，派有经验的电工作业，配合施工，做好接地工作。

(3)对于影响施工的既有线专用电缆及其他电缆设备将采取防护或迁改。

(4)为及时并准确控制施工时既有线路基的稳定，在线路附近桩基施工前进行路基沉降观测桩的埋设工作。墩身施工时为确保杂物不坠落到既有线内，在靠近铁路侧悬挂双层防护网并在其两端加挡板防护。

(5)在铁路路基附近挖基、钻孔时，不得损坏铁路设施，包括各种信号、通信设施，不得影响行车的瞭望视线。在作业处应设围栏、支撑及其他安全防护措施。防止火车震动，导致基础坍陷或路基坍方。

(6)既有线有列车通过时，必须停止一切现场作业。

(7)按照规定设好驻站联络员和工地防护员，带齐相应的防护用品，做好各项联络和工地防护工作。

2. 接触网安全技术措施

(1)作业人员和工具与接触网必须保持2m以上的距离。在离接触网带电部分不到2m的建筑物上作业时，得到许可停电命令，并有接触网工区派人安设临时地线后方能施工；在距离接触网带电部分2～4m的建筑物上施工时，接触网可不停电，但必须由接触网工或经专门训练的人员现场监护。在接触网支柱及接触网带电部分5m范围内的金属结构必须接地，在与接触网的支柱及金属结构上，若未装设接地线或接地线已损坏时，严禁人员与之接触。

(2)发现接触网断线及其部件损坏或在其上挂有线头、绳索等物时，人员不准直接或间接与之接触；在接触网检修人员未到达前，应距断线接地处10m以外设置防护，严禁人员接近。

(3)接触网上方不准用自由射水方式进行圬工养生。

(4)施工中，任何作业均不得影响接触网支柱、地锚等设施的稳定。

3. 铁路路基监测

为控制桩基施工对既有线路基及边坡的影响，在桩基施工前靠近既有线侧插打观测桩。在基坑开挖前利用精密水准仪测得原始的观测桩桩顶高程，开挖过程中，每1h观测一次，当沉降量达到2mm/h时，停止开挖，分析原因，解决后再继续施工。当开挖过程中无明显沉降，开挖后每3h观测一次。所有测量均形成书面记录，若出现情况及时处理。

4. 搭设棚架施工注意事项

上部结构施工时，为防止施工过程中设备、材料、杂物等物品坠落损坏既有线设施，确保营业线行车安全，在上部结构斜跨既有线的范围内搭设棚架防护。

棚架施工注意事项：

(1)在连续梁挂篮拼装前完成搭设，合龙后及时组织拆除。

(2)棚架立柱、横梁等主要构件安装采用汽车起重机吊装，吊装作业安排在白天进行，并要对线路进行封锁(接触网停电)施工。为了确保棚架施工(特别是既有线)安全，首次棚架安装，至少在既有线两侧各安装两根立柱，并完成立柱间纵向联结和横向横梁联结，以形成稳定的框架结构。首次要点时间根据完成工作量计算，时间要考虑充足，由施工单位与铁路局运输处联系确定。

(3)棚架整体稳定性检算应考虑台风影响，检算资料由设计单位进行复核。

(4)施工前,施工单位应与设备管理单位签订配合施工协议。施工期间,加强同设备管理单位联系,提前1~3天通知配合单位人员到场。封锁施工现场按规定设置防护人员、备齐防护用品。挂篮及连续梁施工过程中,当有列车通过时,停止所有作业。

(5)加强棚架各组成部分连接,每次安装(拆除)作业须确保已安装(未拆除)部分结构的稳定和安全。

(6)防护棚架的施工,除基础施工不需封锁线路外,其他所有施工作业包括拆除,均须封锁线路。施工时,联系既有线设备管理单位,在施工天窗时间内施工,同时申请停电并办理停电手续。

(7)距离回流线较近一侧立柱施工前,应与相关部门联系,对在立柱施工范围内的回流线路进行绝缘处理或迁改回流线。

(8)所有吊装施工作业,地面上用方向绳控制吊装材料,保证吊装材料不倾入和掉入既有铁路建筑限界内。机械操作人员必须是取得特种作业操作证并具有相关操作经验的人员,项目部和工区专职安全人员必须现场指挥操作。

5. 基础施工安全控制要求

1)桩基施工安全防护

在施工距既有线护栏5m内的桩基时,插打钢板桩对既有线路基及边坡进行防护。在钻孔过程中控制钻进的速度,防止塌孔,并随时注意对既有线相关设施的保护;下钢筋笼时,注意监察,防止钢筋笼下放过程中与铁路设施接触。

钻机进场及施工移动,采用吊车吊装就位及移动,派专人指挥吊车作业,注意控制吊车起吊高度及速度,起吊高度以略高于地面线为宜。在钻机就位后,在钻机两侧加缆风绳锚固防止钻机有可能发生的倾倒。

2)承台施工安全防护

承台施工应按规范要求采用钢栅栏进行围护,围护高度2m,禁止施工人畜进入铁路限界范围内,并且实行全天24h配置人员监管值班。

为避免开挖基坑对既有线路基及边坡的影响,开挖前,在支护四周设带有横坡排水沟并远离回流线设置,防止承台开挖后基坑内积水和倒流侵蚀回流线地基,同时在基坑底部四周铺设塑料布防渗漏水,防止对铁路路基造成影响。

承台利用泵车进行一次浇注,达到设计强度要求后及时进行回填,靠近铁路侧分层回填并夯实后再拔除钢板桩,确保既有线路基的稳定。

承台施工,特别是基坑开挖,应对路基采取防护措施,随时观测路基稳定性,并限速行驶。

6. 施工阶段安全控制要求

(1)在棚架安装、拆除前,联系管段车站、路局行车部门和设备管理单位,加强沟通协调,在施工作业时根据需要封锁线路,同时接触网停电。

(2)施工现场按要求配置安全员、现场防护员,现场必须设施工负责人专人(技术人员)全程监控。施工负责人、安全员、防护员、技术人员、带班员和工班长均经过铁路局有关部门培训。参加营业线施工的劳务工均由具有带班资格的正式职工(即带班人员)带领,劳务工不得单独上道作业。对劳务工要进行施工安全培训、法制教育和日常管理,并认真坚持"先培训、后上岗”制度。

(3)施工过程中,发生影响既有线运营安全的情况时,及时通知两端车站封锁线路,并配合设备管理单位采取相应的措施,处理完毕后经批准方可复工。

(4)棚架施工属于高空作业范围,施工人员作业操作时,系好安全带。

(5)棚架基础与立柱的连接、立柱与横梁连接、横梁与纵梁连接,以及各连接部位的螺栓连接紧固和焊接情况等在施工过程中必须严格坚持自检、复检、抽检的制度,并作好检查记录;台风期间加强棚架监测;棚架安装(拆除)作业须确保已安装(或待拆除)部分结构稳定和安全。

(6)棚架顶面用铁皮防、排水,其横向适当做成排水坡,以防漏水。

(7)桥梁上部梁施工前对特种作业人员(包括起重工、吊车驾驶员、电焊工、电工)、架子工、木工、混凝土工、钢筋工及安全员、防护员等进行营业线施工安全培训,取得合格证书后持证上岗。

(8)制订安全操作规程并对相关工种进行有针对性的安全技术交底,编制棚架、挂篮安装及拆除作业指导书。

(9)所有高空作业人员必须佩戴安全帽、系安全绳,穿防滑靴,并从专用操作梯上下,专用梯四周用安全网围裹防护。

(10)设专人指挥吊装作业,严格遵守大型设备操作规程。吊装机械和吊装材料严禁侵入既有线建筑限界,保持与接触网之间的安全距离。为防止起吊设备和构件侵限,制订专门吊装方案,包括场地平整压实、硬化、吊车及起吊物摆放位置,吊点设置、转动方向、吊装指挥系统等。

(11)混凝土浇筑等作业时,设专职安全防护员,对大型设备机械实行“一机、一人”防护,安排驻站联络员,负责来车通知,列车通过时禁止任何机械作业。

(12)施工车辆在桥下作业或行驶时,其速度控制在10km/h以下,任何情况下,都不得碰撞桥墩、桥梁或电气化立柱。

(13)施工车辆倒车时,现场安排专人指挥。

(14)建立现场监护制度,施工现场建立签到簿,跨线桥梁支架施工及悬臂施工中挂篮移动、混凝土浇筑过程中,提前以书面形式通知设备管理单位人员到现场监控,双方相关人员都应挂牌上岗。

(15)桥上施工期间产生的杂物(如水泥块、木料、焊渣等)由专人清扫袋装后,人工转运至桥下,严禁抛掷。

(16)梁上养护用人工喷洒养护水,禁止用水管水流直接浇水养护。

7. 安全控制重点

根据工程特点,将以下内容作为施工过程中的安全控制重点,严格监控。

(1)对既有线及设备的防护。

(2)高空作业安全。

(3)用电作业安全。

(4)施工机械作业安全。

(5)台风期间上部结构施工安全。

第七节　临时设施(包括便道、便桥、临时码头等)

一、便道安全管理要求

(1)便道处于傍山时,要注意边缘的危石处理,防止滑坡、塌方破坏便道。

(2)便道应起拱5%,两侧做宽300mm、深200mm的排水沟。

(3)便道沿河时,应严格按防汛要求,做好一定的保护措施。

(4)便道应设置连贯、通畅的排水设施和其他应急措施,防止泥浆、污水、废水排入河沟。

二、便桥安全管理要求

(1)便桥的位置应按照当地有关部门批准的设计选址施工。

(2)便桥必须经计算设计,满足承载要求,坚固可靠。便桥临水端应设置靠船的靠帮和系缆设施。

(3)通过便桥的电线、电缆必须绝缘良好,并固定在桥的一侧。

(4)便桥应有抗洪水、流冰及其他漂浮物的能力,并做到经常维修。

三、临时码头安全管理要求

(1)临时码头位置应选在河流两岸比较开阔、河床比较稳定、水流顺直、地质较好的地段,两岸引道应保持坚固稳定。

(2)临时码头应按设计施工,并应配备相应的安全防护设施。

(3)渡船、拖轮应配有安全设施,按规定核定其载质量、车数、人数,严禁超载、超高、超宽。遇有上下船舶通过,不得横越抢渡。

(4)码头的附属设备,如跳板、支撑、船环、柱桩等应牢固可靠。

第七章 工序作业中的安全要点

公路工程构造物的建成，都是通过施工工序实现的，人、机、料等均是在工序中集中、流动，因此，施工安全的基点也在工序之中。如果工序的安全能得到保障，则工程项目的安全也就有了基本保证。抓安全生产，必须从工序抓起，抓安全的基点、着手点。下面就工序作业中的安全要点分别加以说明。本章主要介绍深大基坑、钢筋、焊接、拌和站作业、预制场、模板、支架与脚手架、施工电梯工程、起重吊装、高处作业、爆破工程、拆除工程、水上作业和水下作业等重要工序施工的安全控制要点。

第一节 深 大 基 坑

一、深大基坑安全施工一般要求

(1)基坑开挖深度超过2m时，必须在边沿设两道护身栏杆，夜间加设红色标志。人员上下基坑应设坡道或爬梯。

(2)基坑边缘堆置土方或建筑材料沿挖方边缘移动运输工具和机械，应按施工组织设计要求进行。

(3)基坑开挖时，如发现边坡裂缝或不断掉土块时，施工人员应立即撤离操作地点，并应分析原因，采取有效措施处理。

(4)深基坑上下应先挖好阶梯或支撑靠梯，或开斜坡道，采取防滑措施，禁止踩踏支撑上下。坑边周围应设安全栏杆。

(5)人工吊运土方时，应检查起吊工具、绳索是否牢靠。吊斗下面不得站人，卸土堆应离开坑边一定距离，以防造成坑壁塌方。

(6)用胶轮车运土，应先平整好道路，并尽量采取单行道，以免来回碰撞；用翻斗车运土时，两车前后间距不得小于10m；装土和卸土时，两车间距不得小于1m。

(7)已挖完或部分挖完的基坑，在雨季或冬期解冻前，应仔细观察水质边坡情况，如发现异常情况，应及时处理或排除险情后方可继续施工。

(8)基坑开挖后应对围护排桩的桩间土体，根据不同情况，采用砌砖、插板、挂网喷(或抹)细石混凝土等方法进行保护，防止桩间土方坍塌伤人。

(9)支撑拆除前，应先安装好替代支撑系统。替代支撑的截面和布置应由设计计算确定。采用爆破法拆除混凝土支撑结构前，必须对周围环境和主体结构采取有效的安全防护措施。

(10)围护墙利用主体结构“换撑”时，主体结构的底板或楼板混凝土强度应达到设计强度的80%；在主体结构与围护墙之间应设置好可靠的换撑传力构造。

二、深大基坑开挖与支护的安全控制要点

（1）大型土方施工前，应编制土方开挖专项施工方案，绘制土方开挖图，确定开挖方式、路线、顺序、范围、边坡、土方运输路线、堆放地点以及安全技术措施等以保证挖掘、运输机械设备安全作业。

（2）机械挖方前，应对现场周围环境进行普查，对邻近设施在施工中要加强沉降和位移观测。

（3）机械行驶道路应平整、坚实；必要时，底部应铺设枕木、钢板垫道，防止作业时下陷；在饱和软土地段开挖土方应先降低地下水位，防止设备下陷或基土产生侧移。

（4）开挖边坡土方，严禁切割坡脚，以防导致边坡失稳；当山坡坡度陡于1/0.5，或在软土地段，不得在挖方上侧堆土。

（5）机械挖土应分层进行，合理放坡，防止塌方、溜坡等造成机械倾翻、淹埋等事故。

（6）多台挖掘机在同一作业面机械开挖，挖掘机间距应大于10m；多台挖掘机械在不同台阶同时开挖，应验算边坡稳定，上下台阶挖掘机前后应相距30m以上，挖掘机离下部边坡应有一定的安全距离，以防造成翻车事故。

（7）对边坡上的孤石、孤立土柱、易滑动危险土石体，在挖坡前必须清除，以防开挖时滑塌；施工中应经常检查挖方边坡的稳定性，及时清除悬置的土包和孤石；削坡施工时，坡底不得有人员或机械停留。

（8）挖掘机工作前，应检查油路和传动系统是否良好，操纵杆应置于空挡位置；工作时应处于水平位置，并将行走机械制动，工作范围内不得有人行走。挖掘机回转及行走时，应待铲斗离开地面，并使用慢速运转。往汽车上装土时，应待汽车停稳，驾驶员离开驾驶室，并应先鸣号，后卸土。铲斗应尽量放低，不得碰撞汽车。挖掘机停止作业，应放在稳固地点，铲斗应落地，放净储水，将操纵杆置于空挡位置，锁好车门。挖掘机转移工作地时，应使用平板拖车。

（9）推土机启动前，应先检查油路及运转机构是否正常，操纵杆是否置于空挡位置。作业时，应将工作范围内的障碍物先予清除，非工作人员应远离作业区，先鸣号，后作业。推土机上坡应低速行驶，坡度不应超过25°，上坡不得换挡；下坡不得脱挡滑行，坡度不应超过35°；在横坡上行驶时，横坡坡度不得超过10°，并不得在陡坡上转弯。填沟渠或驶近边坡时，推铲不得超出边坡边缘，并换好倒车挡后方可提升推铲进行倒车。推土机应停放在平坦稳固的安全地方，放净储水，将操纵杆置于空挡位置，锁好车门。推土机转移时，应使用平板拖车。

（10）铲运机启动前应先检查油路和传动系统是否良好，操纵杆应置于空挡位置。铲运机的开行道路应平坦，其宽度应大于机身2m以上。在坡地行走，上下坡度不得超过25°。横坡不得超过10°，铲斗与机身不正时，不得铲土。多台机载一个作业区作业时，前后距离不得小于10m，左右距离不得小于2m。铲运机上下坡道时，应低速行驶，不得中途换挡，下坡时严禁脱挡滑行。禁止在斜坡上转弯、倒车或停车。工作结束，应将铲运机停在平坦稳固地点，放净储水，将操纵杆置于空挡位置，锁好车门。

（11）在有支撑的基坑中挖土时，必须防止碰坏支撑，在坑沟边使用机械挖土时，应计算支撑强度，危险地段应加强支撑。

（12）机械施工区域禁止无关人员进入场地内。挖掘机工作回转半径范围内不得站人或

进行其他作业。土石方爆破时,人员及机械设备应撤离危险区域。挖掘机、装载机卸土,应待整机停稳后进行,不得将铲斗从运输汽车驾驶室顶部穿过;装土时任何人都不得停留在装土车上。

(13)挖掘机操作和汽车装土行驶要听从现场指挥;所有车辆必须严格按规定的开行路线行驶,防止撞车。

(14)挖掘机行走和自卸汽车卸土时,必须注意上空电线,不得在架空输电线路下工作;如在架空输电线一侧工作时,在110～220kV电压时,垂直安全距离为2.5m;水平安全距离为4～6m。

(15)夜间作业,机上及工作地点必须有充足的照明设施,在危险地段应设置明显的警示标志和护栏。

(16)冬季、雨季施工,运输机械和行驶道路应采取防滑措施,以保证行车安全。

(17)遇七级以上大风或雷雨、大雾天时,各种挖掘机应停止作业,并将臂杆降至30°～45°。

(18)基坑开挖应严格按支护设计要求进行。应熟悉围护结构撑锚系统的设计图纸,包括维护墙的类型、撑锚位置、高程及设置方法、顺序等设计要求。

(19)混凝土灌注桩、水泥土墙等支护应有28d以上龄期,达到设计要求后,方能进行基坑开挖。

(20)围护结构撑锚系统的安装和拆除顺序应与围护结构的设计工况相一致,以免出现变形过大、失稳、倒塌等安全事故。

(21)围护结构撑锚安装应遵循时空效应原理,根据地质条件采取相应的开挖、支护方式。一般竖向应严格遵守"分层开挖,先支撑后开挖",撑锚与挖土密切配合,严禁超挖的原则。使土方挖到设计高程的区段内,能及时安装并发挥支撑作用。

(22)钢结构支撑宜采用工具式接头,并配有计量千斤顶装置,并定期校验,使用中有异常现象应随时校验或更换。钢结构支撑安装应施加预应力。预压力控制值一般不应小于支撑设计轴向力的50%,也不宜大于75%。采用现浇混凝土支撑必须在混凝土强度达到设计的80%以上,才能开挖支撑以下的土方。

(23)在基坑开挖时,应限制支护周围振动荷载的作用并做好机械上、下基坑坡道部位的支护。不得在挖土过程中,碰撞支护结构,损坏支护背面截水围幕。

(24)在挖土和撑锚过程中,应有专人作监查和监测,实行信息化施工,掌握围护结构的变形及变形速率以及其上边坡土体稳定情况,以及临近建筑物、管线的变形情况。发现异常现象,应查清原因,采取安全技术措施进行认真处理。

三、深大基坑施工安全监测

(1)基坑开挖前应作出系统的开挖监控方案;监控方案应包括监控目的、监测项目、监控报警值。

(2)监测点的布置满足监控要求,从基坑边缘以外1～2倍开挖深度范围内的需要保护物体均应作为监控对象。

(3)基坑工程监测项目可根据基坑侧壁安全及结构形式选择,见表7-1。

基坑监测项目表（JGJ 120—99）　　表7-1

监测项目 \ 基坑侧壁安全等级监测项目	一　级	二　级	三　级
支护结构水平位移	应测	应测	应测
周围建筑物、地下力管线变形	应测	应测	宜测
地下水位	应测	应测	宜测
桩、墙内力	应测	宜测	可测
锚杆拉力	应测	宜测	可测
支撑轴力	应测	宜测	可测
立柱变形	应测	宜测	可测
土体分层竖向位移	应测	宜测	可测
支护结构界面上侧向	宜测	可测	可测

(4)基坑(槽)管沟土方工程验收必须以确保支护结构安全和周围环境安全为前提,当设计有规定时以设计为依据;设计无指标则基坑变形的监控值按《建筑地基基础工程施工质量验收规范》(GB 50202—2002)中表7.1.7规定执行。

(5)位移观测基准点数量不应少于两点,且应设在影响范围以外。

(6)监测项目在基坑开挖前应测得初始值,且不应少于两次。

(7)基坑监测项目的监控报警值应根据检测对象的有关规范及支护结构设计要求确定。

(8)各项检测的时间间隔可根据施工进程确定。当变形超过有关标准或监测结果变化速率较大时,应加密观测次数。当有事故征兆时,应连续监测。

(9)基坑开挖监测工程中,应根据设计要求提交阶段性监测报告。结束时应提交完整的检测报告,报告内容应包括:

①工程概况。

②监测项目和各测点的平面和里面布置图。

③采用仪器设备和监测方法。

④监测数据处理方法和监测结果过程曲线。

⑤监测结果评价。

第二节　钢　　筋

一、钢筋施工一般安全要点

(1)钢筋施工场地应满足作业需要,机械设备的安装要牢固、稳定,作业前应对机械设备进行检查,合格后方可使用。

(2)钢筋调直及冷拉场地应设置防护挡板,作业时,非作业人员不得进入现场。

(3)钢筋切断机作业前,应先进行试运转,检查刃口是否松动,运转正常后,方能进行切断作业。切长料时应有专人把扶,切短料时要用钳子或套管夹牢。不得因钢筋直径小而集束切割。

(4)采用人工锤击切断钢筋时,钢筋直径不宜超过20mm,使锤人员和把扶钢筋、剪切工具人员身位要错开,并防止断下的短头钢筋弹出伤人。

(5)室外作业应设置机棚,机旁应有堆放原料、半成品的场地。

(6)加工较长的钢筋时,应有专人帮扶,并听从操作人员指挥,不得任意推拉。

(7)作业后,应堆放好成品。清理场地,切断电源,锁好电闸箱。

二、钢筋调直切断机使用中的安全要点

(1)料架、料槽应安装平直,对准导向筒、调直筒和下切刀孔的中心线。

(2)用手转动飞轮,检查传动机构和工作装置,调整间隙,紧固螺栓,确认正常后,启动空运转,检查轴承应无异响,齿轮啮合良好,待运转正常后,方可作业。

(3)按调直钢筋的直径,选用适当的调直块及传动速度,经调试合格,方可送料。

(4)在调直块未固定、防护罩未盖好前不得送料。作业中严禁打开各部防护罩及调整间隙。

(5)当钢筋送入后,手与曳轮必须保持一定距离,不得接近。

(6)送料前应将不直的料头切去,导向筒前应装一根1m长的钢管,钢筋必须先穿钢管再进入调直前端的导孔内。

(7)作业后,应松开调直筒的调直块并回到原来位置,同时预压弹簧必须回位。

三、钢筋切断机使用中的安全要点

(1)接送料工作台面应和切刀下部保持水平,工作台的长度可根据加工材料长度决定。

(2)启动前,必须检查切刀应无裂纹,刀架螺栓紧固,防护罩牢靠。然后用手转动皮带轮,检查齿轮啮合间隙,调整切刀间隙。

(3)启动后,先空运转,检查各传动部分及轴承运转正常后,方可作业。

(4)机械未达到正常转速时不得切料。切料时必须使用切刀的中下部位,紧握钢筋对准刃口迅速送入。

(5)不得剪切直径及强度超过机械铭牌规定的钢筋和烧红的钢筋。一次切断多根钢筋时,总截面积应在规定范围内。

(6)剪切低合金钢时,应换高硬度切刀,直径应符合铭牌规定。

(7)切断短料时,手和切刀之间的距离应保持150mm以上,如手握端小于400mm时,应用套管或夹具将钢筋短头压住或夹牢。

(8)运转中,严禁用手直接消除切刀附近的断头和杂物。钢筋摆动周围和切刀附近,非操作人员不得停留。

(9)发现机械运转不正常,有异响或切刀歪斜等情况,应立即停机检修。

(10)作业后,用钢刷消除切刀间的杂物,进行整机清洁保养。

四、钢筋弯曲机使用中的安全要点

(1)工作台和弯曲机台面要保持水平,并准备好各种合格的芯轴及工具。

(2)按加工钢筋的直径和弯曲半径的要求装好芯轴、成型轴、挡铁轴或可变挡架,芯轴直径应为钢筋直径2.5倍。

(3)检查芯轴、挡块、转盘应无损坏和裂纹,防护罩应坚固可靠,经空运转确认正常后,方可作业。

(4)作业时,将钢筋需弯的一头插在转盘固定销的间隙内,另一端紧靠机身固定销,并用手压紧,检查机身固定销子确实安在挡住钢筋一侧,方可开动。

(5)作业中,严禁更换芯轴、销子和变换角度以及调速等作业,亦不得加油或清扫。

(6)弯曲高强度或低合金钢筋时,应按机械铭牌规定换算最大限制直径并调换相应的芯轴。

(7)严禁在弯曲钢筋的作业半径内和机身不设固定销的一侧站人。弯曲好的半成品应堆放整齐,弯钩不得朝上。

(8)转盘换向时,必须在停稳后进行。

五、钢筋冷拉机使用中的安全要点

(1)根据冷拉钢筋的直径,合理选用卷扬机,卷扬钢丝绳应经封闭式导向滑轮并和被拉钢筋方向成直角。卷扬机的位置必须使操作人员能见到全部冷拉场地,距离冷拉中线不少于5m。

(2)冷拉场地在两端地锚外侧设置警戒区,装设防护栏杆及警告标志。严禁无关人员在此停留。操作人员在作业时必须离开钢筋至少2m以外。

(3)用配重控制的设备必须与滑轮匹配,并有指示起落的记号,没有指示记号时,应有专人指挥。配重框提起时高度应限制在离地面300mm以内,配重架四周应有栏杆及警告标志。

(4)作业前应检查冷拉夹具,夹齿必须完好,滑轮、拖拉小车应润滑灵活,拉钩及防护装置均应齐全牢固,确认良好后方可作业。

(5)卷扬机操作人员必须看到指挥人员发出信号,并待所有人员离开危险区后方可作业。冷拉应缓慢、均匀地进行,随时注意停车信号或见到有人进入危险区时,应立即停拉,并稍稍放松卷扬钢丝绳。

(6)用延伸率控制的装置,必须装有明显的限位标志,并要有专人负责指挥。

(7)作业后,应放松卷扬钢丝绳,落下配重,切断电源,锁好电闸箱。

第三节　焊　　接

在公路工程施工中,由于结构复杂,对焊接技术要求很高,工作量也相当大,而且常常处于高处进行施焊,因此对施工中的安全技术措施的要求也很高。其安全技术措施应全面、细致而具体,要有针对性地制订安全技术措施方案,确保施工作业的安全。下面对相关的安全规定要求分述如下。

一、电弧焊的安全要点

(1)焊接设备上的电机、电器、空压机等应有完整的防护外壳,二次接线柱处应有保护罩。

(2)现场使用的电焊机应设有可防雨、防潮、防晒的机棚,并备有消防用品。

(3)焊接时,焊接和配合人员必须采取防止触电、高空坠落、瓦斯中毒和火灾等事故的安全措施。

(4)严禁在运输中的压力管道、装有易燃易爆物品的容器和受力构件上进行焊接和切割。

(5)焊接铜、铝、锡、铅等有色金属时,必须在通风良好的地方进行,焊接人员应戴防毒面具或呼吸滤清器。

(6)在容器内施焊时,必须采取以下措施:容器上必须有进、出风口并设置通风设备;容器内的照明电压不得超过12V,焊接时必须有专人在场监护,严禁在已喷涂过油漆或塑料的容器内焊接。

(7)焊接预热件时,应设挡板隔离焊件发出的辐射热。

(8)高空焊接或切割时,必须挂好安全带,焊件周围和下方应采取防火措施并有专人监护。

(9)电焊线通过道路时,必须架高或穿入防护管内埋设在地下,如通过轨道时,必须从轨道下面穿过。

(10)接地线及手把线都不得搭在易燃、易爆和带有热源的物品上,接地线不得接在管道、机床设备和建筑物金属构件或轨道上,接地电阻不大于4Ω。

(11)雨天不得露天电焊。在潮湿地带作业时,操作人员应站在铺有绝缘物品的地方并穿好绝缘鞋。

(12)长期停用的电焊机,使用前,必须检查其绝缘电阻不得低于0.5MΩ,接线部分不得有腐蚀和受潮现象。

(13)焊钳应与手把线连接牢固,不得用胳膊夹持焊钳。清除焊渣时,面部应避开被清的焊缝。

(14)在载荷运动中,焊接人员应经常检查电焊机的温升,如超过A级60℃、B级80℃时,必须停止运转并降温。

(15)工作前检查焊接场地,氧气瓶与乙炔气瓶相距不小于5m,距施焊点不小于10m。并在10m以内禁止堆放其他易燃易爆物品,(包括有易燃易爆气体产生的器皿管线),并备有消防器材,保证足够的照明和良好通风。

(16)作业后,清理场地、灭绝火种,切断电源,锁好电闸箱,消除焊料余热后,方可离开。

二、交流电焊机的安全要点

(1)应注意初、次级线,不可接错,输入电压必须符合电焊机的铭牌规定。严禁接触初级线路的带电部分。

(2)次级抽头连接铜板必须压紧,接线柱应有垫圈。合闸前详细检查接线螺母、螺栓及其他部件应无松动或损坏。

(3)移动电焊机时,应切断电源,不得用拖拉电缆的方法移动焊机,如焊接中突然停电,应切断电源。

三、直流电焊机的安全要点

(1)新机使用前,应将换向器上的污物擦干净,使换向器与电刷接触良好。

(2)启动时,检查转子的旋转方向应符合焊机标志的箭头方向。

(3)启动后,应检查电刷和换向器,如有大量火花时,应停机查明原因,经排除后,方可使用。

(4)数台焊机在同一场地作业时,应逐台启动,并使三相载荷平衡。

对于硅整流电焊机:

①电焊机应在原厂使用说明书要求的条件下工作。

②使用时,必须先开启风扇电机。电压表指示值应正常,仔细察听应无异响。停机后,应清洁硅整流器及其他部件。

③严禁用摇表测试电焊机主变压器的次级线圈和控制变压器的次级线圈。

四、埋弧自动、半自动焊机的安全要点

(1)检查送丝滚轮的沟槽及齿纹应完好。滚轮、导电嘴(块)磨损或接触不良时应更换。

(2)检查减速箱油槽中的润滑油,不足时应添加。

(3)软管式送丝机构的软管槽孔应保持清洁,定期吹洗。

五、对焊机的安全要求

(1)焊机应安装在室内,并有可靠的接地(接零)。如多台对焊并列安装时,间距不得少于3m,并应分别接在不同相位的电网上,分别与各自的刀型有关。导线的截面应不小于表7-2的规定。

导线截面积　　表7-2

对焊机的额定功率(kVA)	25	50	75	100	150	200	500
一次电压为220V时的导线截面积(mm^2)	10	25	35	45			
一次电压为380V时的导线截面积(mm^2)	6	16	25	35	50	70	150

(2)作业前,检查对焊机的压力机构应灵活,夹具应牢固,气、液系统无泄漏,确定正常后,方可施焊。

(3)焊接前,应根据所得钢筋截面,调整二次电压,不得焊接超过对焊机规定直径的钢筋。

(4)断路器的接触点、电极应定期光磨,二闪电路全部连接螺栓应定期紧固。冷却水温度不得超过40°C;排水量应根据温度调节。

(5)焊接较长钢筋时,应设置托架。配合搬运钢筋的操作人员,在焊接时要注意防止火花烫伤。

(6)闪光区应设挡板,焊接时无关人员不得入内。

(7)冬季施工时,室内温度应不低于8°C。作业后,放尽机内冷却水。

六、点焊机的安全要点

(1)作业前,必须清除上、下两极的油污。通电后,机体外壳应无漏电。

(2)启动前,首先应接通控制线路的转向开关和调整好极数。接通水源、气源、再接通电路,必须按序作业。

(3)认真检查电极触头,应保持其光洁,如有漏电时,应立即更换。

(4)作业时,气路、水冷系统应畅通。气体必须保持干燥。排水温度不得超过40°C,排水量应根据气温调节。

(5)严禁在引燃电路中加大熔断器。当负载过小使引燃管内电弧不能发生时,不得闭合控制箱的引燃电路。

(6)控制箱如长期停用,每月应通电加热30min。如更换闸流管,亦应预热30min,正常工作控制的预热不得少于5min。

七、乙炔气焊安全要点

1. 乙炔瓶的使用、运输和储存安全技术要点

乙炔瓶在运输、储存和使用过程中,由于受振动、填料下沉、直接受热,以及使用不当、操作失误等,可能导致发生爆炸事故。所以使用乙炔气瓶时,各方面都要采用必要的安全措施。每三年进行一次技术检验。

1)使用时的安全技术要点

(1)禁止敲击、碰撞。

(2)要立放、不能卧放,以防丙酮流出,引起火爆炸(丙酮蒸汽与空气混合的爆炸极限为2.9% ~13%)。气瓶立放15 ~20min后,才能开启瓶阀使用。拧开瓶时,不要超过1.5转,一般情况只拧3/4转。

(3)不得靠近热源和电气设备,夏季要防止曝晒,与明火的距离一般不小于10m(高处作业时,应是与垂直地面处的平行距离)。

(4)瓶阀冻结,严禁用火烘烤,必要时可用40℃以下的温水解冻。

(5)吊装、搬运时,应使用专用夹具和防振的运输车,严禁用电磁起重机和链绳吊装搬运。

(6)严禁放置在通风不良及有放射线的场所,且不得放在橡胶等绝缘体上。

(7)工作地点不固定且移动较频繁时,应装在专用小车上;同时使用乙炔瓶和氧气瓶时,应尽量避免放在一起。

(8)使用时要注意固定,防止倾倒,严禁卧放使用,局部温度不要超过40℃(即烫手)。

(9)必须装设专用的减压器、回火防止器。开启时,操作者应站在阀口的侧后,动作要轻缓。

(10)使用压力不得超过0.15MPa,输气流速不应超过1.5 ~2.0m^3/(h·瓶)。

(11)严禁铜、银、汞等及其制品与乙炔接触,必须使用铜合金器具时,合金含铜量低于70%。

(12)瓶内气体严禁用尽,必须留有不低于表7-3规定的剩余压力。

剩余压力与环境温度关系　　表7-3

环境温度(°C)	<0	0 ~15	15 ~25	25 ~40
剩余压力(MPa)	0.05	0.1	0.2	0.3

2)运输乙炔瓶的安全技术要点

(1)应轻装轻卸,严禁抛、滑、滚、碰。

(2)车、船装运时应妥善固定。汽车装运乙炔瓶时:横向排放,头部应朝向一方,且不得超过车厢高度;直立排放,车厢高度不得低于瓶高的2/3。

(3)夏季要有遮阳设施,防止曝晒,炎热地区应避免白天运输。

(4)车上禁止烟火,并应备有干粉或二氧化碳灭火器(严禁使用四氯化碳灭火器)。

(5)严禁与氯气瓶、氧气瓶及易燃物品同车运输。

(6)严格遵守交通和公安部门颁布的危险品运输条例及有关规定。

3)储存乙炔瓶的安全技术要点

(1)使用乙炔瓶的现场,储存量不超过5瓶;超过5瓶但不超过20瓶时,应在现场或车间内用非燃烧体或难燃烧体墙隔成单独的储存间,应有一面靠外墙;超过20瓶,应设置乙炔瓶库;储存量不超过40瓶的乙炔库房,可与耐火等级不低于二级的生产厂房毗连建造,其毗连的墙应是无门、窗和洞的防火墙,并严禁任何管线穿过。

(2)储存间与明火或散发火花地点的距离不得小于15m,且不应设在地下室或半地下室。

(3)储存间应有良好的通风、降温等设施,要避免阳光直射,要保证运输道路畅通,在其附近应设有消火栓和干粉或二氧化碳灭火器(严禁使用四氯化碳灭火器)。

(4)乙炔瓶储存时,一般要保持竖立位置,并应有防止倾倒的措施。

(5)严禁与氯气瓶、氧气瓶及易燃物品同间储存。

(6)储存间应有专人管理,在醒目的地方应设置"乙炔危险"、"严禁烟火"的标志。

(7)乙炔瓶库的设计和建设,应符合《建筑设计防火规范》(GB 50016—2006)和《乙炔站设计规范》(GB 50031—1991)的有关规定。

2.焊炬的安全使用要点

(1)使用前应首先检查其射吸性能,如射吸性能不正常,必须进行修理,否则不得使用。

(2)射吸性能检查正常后,检查是否漏气,焊炬的所有连接部位不得有漏气现象。

(3)在前两项检查合格的基础上,进行点火,方法有两种:一种是先给乙炔气,另一种是先给氧气。比较安全的点火方法是给乙炔气,点燃后立即给氧气并调节火焰。

(4)停火时,应先关乙炔后关氧气,这样可防止火焰倒吸和产生烟灰。

(5)发生回火时,应急速关闭乙炔,随后立即关闭氧气,这样火焰在焊炬内会很快熄灭。

(6)焊炬停止使用后,应拧紧调节手轮并挂在适当位置,或卸下焊炬和胶管。

(7)焊炬的各连接部位、气体通道及调节阀等处,均不得沾染油脂。

(8)为使用方便而不卸下胶管的做法是不允许的(焊炬、胶管和气源做永久性连接),同时也不允许连有气源的焊炬,放在容器里或锁在工具箱内。

3.割炬的安全使用要点

(1)气割前应将工件表面的漆皮、锈层和油水污物等清理干净。工作场地面是水泥地面时,应将工件垫起,以防锈皮和水泥爆溅后伤人。

(2)应进行点火试验。如果点火后,出现火焰突然熄断现象,则说明割嘴没有装好,此时,应松开割嘴进行认真检查。

(3)停火时,应先关掉切割氧流,接着再关掉乙炔,最后关掉预热氧流。发生回火时,应立即关掉乙炔，再关预热氧和切割气。

4. 胶管的安全使用要点

(1)使用前必须将胶管内的化石粉吹除干净，以防止气路被堵塞而发生事故。

(2)使用和保管时，应防止胶管与酸、碱、油类以及其他有机溶剂接触，以防胶管损坏、变质，导致使用时出现问题。

(3)使用中应避免胶管受外界挤压和砸碰等机械损伤，不得将胶管折叠，不得与炽热的工件接触。

(4)如果回火火焰烧进氧气胶管时，则该胶管不可继续使用，必须更换新胶管，以确保使用安全。

(5)气割时，气瓶阀应全部打开，以便保证足够的流量和稳定的压力，以防止回火和倒燃进入氧气胶管而引起爆炸着火。

(6)氧气和乙炔胶管不得相互混用，或以不合格的其他类型的胶管代替。所用的胶管，必须符合国家标准《气体焊接设备　焊接、切割和类似作业用橡胶软管》(GB/T 2550—2007)的要求，氧气胶管为蓝色，乙炔胶管为红色。

(7)胶管不应过长，以免拖、拉过多而增加不安全因素。

(8)胶管原则上不得有接头。特殊情况需接头时，其接头连接用管不得采用纯铜管，以防爆炸事故的发生。必须认真检试，接头处必须保证无漏气现象。

5. 安全泄压装置安全使用要点

1)安全阀安全使用要点

(1)安全规则规定，安全阀的开启压力为0.115MPa。使用时应通过仔细调节螺栓，调节好开启压力，使其符合规定值。

(2)要经常(或定期)检查排气情况是否正常，防止排气管、阀体及弹簧等被乙炔气流中的灰渣、黏性杂质及其他脏物堵塞或黏结，确保安全阀的灵敏有效。

(3)如发现安全阀有漏气或不停地排气现象时，应立即停止工作，待检修调整好后方可使用。

2)爆破片的安全使用要点

(1)发生爆炸后，按规定，使用的爆破片要及时更换新的。

(2)爆破片不得使用铜板、铝板、铁板或其他板块代替。

6. 指示装置的安全使用要点

1)压力表(乙炔)的安全使用要点

(1)乙炔瓶的最高工作压力值为0.15MPa。

(2)要经常检查压力表指针的转动与波动情况，如发现有不正常现象时，应立即停止工作，对压力表进行检修或更换新的压力表。

(3)压力表必须保持清洁，表盘上玻璃明亮清晰、表盘刻度要清楚易见，以便准确观察指针的压力值，否则不得使用。

(4)压力表的连接管要经常或定期进行吹洗，以防堵塞。

(5)压力表必须按规定经计量部门检验校正后，方可使用；超过有效期限的压力表，应重新进行检验校正，否则不得使用。

2）氧气表的安全使用要点

（1）新的氧气表，必须要有出厂合格证。已用的氧气表要做定期检验，已超过定期检验的不得继续使用。

（2）上装氧气表以前，要微开氧气瓶阀，吹净瓶口处的杂质，随后关闭瓶阀，并开始上表，瓶口不可直接对向人体，同时要将调压螺杆松开。

（3）装卸氧气表时，一定要拧紧，并注意防止管接头有滑丝漏气现象，以免因装表不牢而射出，待正常后再接氧气胶带。

（4）开启氧气瓶阀时，应缓慢拧开，以防止因高压氧流作用而引起静电火花。

（5）一定要注意氧气表不得沾有油脂，如果沾有油脂，必须在擦洗干净后再使用。

（6）应经常检查氧气表的工作情况，如发现有故障，一定要及时检修，符合要求后方可使用。

3）水位计的安全使用要点

（1）发生器各罐体内的水量，应符合水位计的标志和水位龙头指示水位要求。

（2）水位计要有指示刻度，并清晰易见，水位龙头不应有锈蚀和塞死问题。

7.氧气瓶的安全使用要点

（1）出厂前，必须按照《气瓶安全监察规程》的规定，严格进行技术检验，合格后，方可使用。

（2）做好防振工作。

在储运和使用过程中，一定要采取措施避免剧烈振动和撞击，尤其是严寒季节，在低温情况下，金属材料易发生脆裂而造成气瓶爆炸。汽车运输时，应缓行，注意路面情况，不得紧急制动，气瓶必须有护圈并戴好瓶帽，摆放要平稳。

搬运气瓶时，应用专门的抬架或小推车，不得肩背手扛，禁止直接使用钢绳、铁链条、电磁吸盘等吊运氧气瓶。应轻装轻卸，严禁从高处滑下或在地面滚动。

使用和储存时，应使用栏杆或支架加以固定，且应牢靠，防止气瓶倾倒。

（3）做好防热工作。要防止气瓶直接受热，应远离高温、明火和熔融金属飞溅物等10m以上。

（4）做好防静电火花和绝热压缩工作。在开启瓶阀和减压器操作时容易出现问题。高速气流中的静电火花放电、固体微粒的碰撞热和摩擦热、气体受突然压缩时放出的热量（即绝热压缩）等，都可能成为氧气瓶和减压器爆炸着火的因素。因气瓶里的氧气一般均含有部分水和锈皮等，当瓶阀或减压器开得过快时，随氧气高速流动的水滴和固体微粒，就会与管壁产生摩擦而出现静电火花。而绝热压缩的危险则是高压气流的冲击，将使减压器内局部（高压室或低压室）的气体受突然压缩，瞬时产生的热量会使温度剧增，完全有可能使橡胶软隔膜、衬垫等材料着火，甚至会使铜和钢等金属燃烧，造成减压器完全烧坏，还会导致氧气瓶着火爆炸。

（5）留有余气并关紧阀门，使气瓶保持正压，以防止可燃气体进入瓶内，同时便于瓶内气体成分化验。

（6）超过检验期限的气瓶不得使用。氧气瓶每3年必须做一次技术检验。

（7）当瓶阀或减压器发生冻结时，只能用热水或蒸汽进行解冻，绝对不允许用火焰烤或烧红的金属去烫。

(8)做好防油工作。

氧气瓶阀不得沾有油脂,同时也不能用沾有油脂的工具、手套或油污工作服等接触阀门或减压器等。

8. 回火防止器的使用安全要点

(1)回火防止器如果发现有问题(乙炔流量不足或带水过多时)而影响工作时,应及时进行检修或更换。在任何情况下,焊工不得擅自拆卸回火防止器,或使水封式回火防止器在无水情况下进行工作。

(2)每个岗位式回火防止器只能供一把焊炬(或割炬)使用。

(3)焊炬或割炬在点火前,应排净回火防止器的空气(或氧气)与乙炔的混合气。

(4)每次发生回火后应检查水位,器内的水量不得少于水位计(或水位阀)标定的要求。水位也不能过高,以免乙炔气带水过多而影响火焰温度。

(5)水封式回火防止器使用时应垂直挂放。

(6)冬季使用水封式回火防止器,工作结束后应将水全部排出、洗净,以免冻结。如发生冻结时,只能用热水或蒸汽解冻,绝不能用明火或红铁烘烤。

(7)乙炔容易产生带黏性的油质杂质,因此,应经常检查止回阀的密封性,以及干式回火防止器阻火元件的堵塞现象(可用丙酮清洗,并用压缩空气吹干)。

9. 焊接作业中强调和补充的安全要点

上面我们详细介绍和说明了各种电焊和气焊作业中的安全要点。下面我们进一步介绍《公路工程施工安全技术规程》(JTJ 076—1995)中的相关规定要求,进一步强调和补充上述的内容。

1)电焊

(1)电焊机应设在干燥、通风良好的地点,周围严禁存放易燃、易爆物品。

(2)电焊机应设置单独的开关箱,作业时应穿戴防护用品,施焊完毕,拉闸上锁。遇雨雪天,应停止露天作业。

(3)在潮湿地点工作,电焊机应放在木板上,操作人员应站在绝缘胶板或木板上操作。

(4)严禁在带压力的容器和管道上施焊。焊接带电设备时,必须先切断电源。

(5)储存过易燃、易爆、有毒物品的容器或管道,焊接前必须清洗干净,将所有孔口打开,保持空气流通。

(6)在密闭的金属容器内施焊时,必须开设进、出风口。容器内照明电压不得超过36V。焊工身体应用绝缘材料与容器壳体隔离开。施焊过程中每隔0.5~1h外出10~15min,并应有安全人员在现场监护。

(7)把线、地线不得与钢丝绳、各种管道、金属构件等接触,不得用这些物件代替接地线。

(8)更换场地,移动电焊机时,必须切断电源,检查现场,消除焊渣。

(9)在高空焊接时,必须系好安全带。焊接周围应备有消防设备。

(10)焊接模板中的钢筋、钢板时,施焊部位下面应垫石棉板或铁板。

2)气焊

(1)气焊作业应遵守有关规定。

(2)乙炔发生器应采用定型产品,必须备有灵敏可靠的防止回火的安全装置。

(3)乙炔发生器与氧气瓶不得同放一处,距易燃易爆品不得少于10m。严禁用明火检验是否漏气。氧气、电石应随用随领,下班后送回专用库房。

(4)氧气瓶、乙炔发生器受热不得超过35℃,防止火花和锋利物件碰撞胶管。气焊枪点火时应按"先开乙炔,先关乙炔"的顺序作业。

(5)氧气瓶、氧气表及焊割工具的表面,严禁沾污油脂。

(6)乙炔发生器应每天换水。严禁在浮筒上放置物件,不得用手在浮筒上加压和摇动,添加电石时严禁明火照明。

(7)乙炔发生器不得放在电线的正下方,焊接场地距离明火不得少于10m。

(8)氧气瓶应设有防振胶圈;并旋紧安全帽,避免碰撞、剧烈振动和强烈阳光曝晒。

(9)乙炔气管用后需清除管内积水。胶管回火的安全装置结冻时,应用热水溶化,不得用明火烘烤。

(10)点火时焊枪不得对人。正在燃烧的焊枪不得随意乱放。

(11)电石应放在干燥的地方,移动或搬运应将桶上的小盖打开,轻移、轻放。开桶时头部要闪开,不得用金属工具敲击桶盖。

(12)施焊时,场地应通风良好。施焊完毕,应将氧气阀门关好,拧紧安全罩。乙炔浮筒提出时,头部应避开浮筒上升方向,提出后应挂放,不得扣放在地上。

第四节　拌和站作业

一、拌和站作业的一般安全要求

(1)混凝土拌和站应由专业人员设计,满足使用与安全的要求。拌和站的安装,应由专业人员按出厂说明书规定进行,并应在技术人员主持下组织调试,在各项技术性能指标全部符合规定并验收合格后,方可投产使用。

(2)作业前检查项目应符合下列要求。

①搅拌筒内和各配套机构的传动、运动部位及仓门、斗门、轨道等均无异物卡住。

②各润滑油箱的油面高度符合规定。

③打开阀门排放气路系统中气水分离器的过多积水,打开储气筒排污螺塞放出油水混合物。

④提升斗或拉铲的钢丝绳安装、卷筒缠绕均正确,钢丝绳及滑轮符合规定,提升料斗及拉铲的制动器灵敏有效。

⑤各部螺栓已紧固,各进、排料阀门无超限磨损,各输送带的张紧度适当,不跑偏。

⑥称量装置的所有控制和显示部分工作正常,其精度符合规定。

⑦各电器装置能有效控制机械动作,各接触点和动、静触头无明显损伤。

⑧拌和站和水泥罐仓应按规定设置避雷装置。

(3)机组各部分应逐步启动。启动后,各部件运转情况和仪表指示情况应正常,油、气、水的压力应符合要求,方可开始作业。

(4)作业过程中,在储料区内和提升斗下,严禁人员进入。不得在料斗下方捅料。

(5)搅拌筒启动前应盖好仓盖。机械运转中,严禁将手、脚伸入料斗或搅拌筒内探摸。

(6)当拉铲被障碍物卡死时,不得强行起拉,不得用拉铲起吊重物;在拉料工程中,不得进行回转操作。

(7)搅拌机满载搅拌时,不得停机,当发生故障或停电时,应立即切断电源,锁好开关箱,将搅拌筒内的混凝土清除干净,然后排除故障或等待电源恢复。

(8)搅拌站各机械不得超载作业;应检查电动机的运转情况,当发现运转声音异常或温度过高时,应立即停机检查;电压过低时不得强制运行。

二、拌和站施工的安全操作要点

(1)搅拌机的操纵台应使操作人员能看到各部工作情况,仪表、指示信号准确可靠,操纵台应垫上橡胶板或干燥木板。

(2)检查传动机构、工作装置、制动器等,均应坚固可靠,保证正常工作,关键部位,应装设防护罩。

(3)骨料规格应与搅拌机的性能相符,超出许可范围不得使用。

(4)搅拌站各转动磨损部位应经常检查保养,使其保持良好的工作状态。

(5)进料时,严禁将头或手伸入料斗与机架之间察看或探摸进料情况,运转中不得用手或工具等物伸入搅拌筒扒料出料。

(6)搅拌站工作时,严禁在其下方工作或穿行。

(7)向搅拌筒内加料应在运转中进行,添加新料必须先将搅拌机内原有的混凝土全部卸出后才能进行。不得中途停机或在满载荷时起动搅拌机,反转出料者除外。

(8)作业中,如发生故障不能继续运转时,应立即切断电源,将搅拌筒内的混凝土清除干净,然后进行检修。

(9)作业后,应对搅拌机进行全面清洗,及时进行维护。

(10)冬季作业后应将水泵、放水开关、量水器中的存水放尽。

(11)按要求填写日常运转记录及加换油记录。

第五节　预　制　场

一、预制场地的选择,场地的平面布置

(1)预制场地的选择应开阔,能保证预制构件的运输并便于取水和电力架设,远离居民区。

(2)在规划预制场地时,应充分考虑车辆的通行,保证混凝土的正常运输。

(3)预制台座间要预留充分的施工作业空隙,保证作业便利与施工安全。

(4)工地现场挂牌施工,现场管理人员必须在工地监督,保证各项工作有条不紊。

(5)施工垃圾要堆放有序,要及时清理到指定地点处理,做到不污染环境。

(6)现场应设置安全文明警示牌。

二、主要工序安全控制要点

1. 采用机械加工模板杆件应遵守的规定

(1)加工接卸应完好,防护装置应齐全有效,电气接线应符合规定。使用前应经检查、试运行,确认正常。

(2)使用范围、操作程序应符合说明书规定。

(3)机具运行中,严禁作业人员触摸其传动部位。

(4)作业中需更换刨刀、锯片、钻头、刀具时,必须切断电源,并设有效的监管措施,待机械停止运转后,方可拆装。

(5)操作工作业时应扣紧袖口,理好衣角,严禁戴手套,长发应紧束不得外露。

(6)机具运行中发现异常,必须立即关机断电,方可检修。

(7)加工机具应设专人管理,定期保养和维修,发现隐患必须及时排除。

(8)作业中遇停电和下班后应立即关机,并切断机械电源。

2. 钢筋加工

1)钢筋除锈

(1)操作人员应戴防尘口罩、防护眼镜和手套。

(2)除锈应在钢筋调直后进行,带钩钢筋不得使用除锈机除锈。

(3)操作人员应站在钢丝刷的侧面,严禁触摸旋转的钢刷。

(4)现场应通风良好。

2)钢筋冷拉

(1)卷扬机及其地锚必须安装稳固,经验收合格,并形成文件后方可进行冷拉作业。

(2)卷扬机操作工必须能看到全部冷拉场地。

(3)在冷拉场两端地锚外应设防护挡板和安全标志,严禁人员在此停留。

(4)冷拉作业必须设专人指挥,作业前,指挥人员必须检查卡具和环境,确认钢筋卡牢、环境安全后,方可向卷扬机操作工发出冷拉信号。

(5)作业时应设专人值守,严禁钢筋两侧2m内和冷拉线两端有人,严禁跨越手拉钢筋。

(6)作业时,发现滑丝等情况,必须立即停机,放松后方可处理。

(7)采用控制冷拉率的方法冷拉钢筋时,必须设限位装置。

(8)当温度低于 -15°C 时,不宜进行冷拉作业。

(9)冷拉场夜间工作照明设施应采用防护措施。

3)机具加工钢筋

(1)加工机具应完好、安装稳固、保持机身水平,防护装置应齐全有效,电气接线应符合《施工现场临时用电安全技术规范》(JGJ 46—2005)的规定。使用前应经检查、试运行,确认正常。

(2)使用范围、操作程序应符合机械使用说明书的规定。

(3)机具运行中,严禁作业人员触摸其传动部位。

(4)机具运行中,发现异常必须立即关机断电,方可检修。

(5)加工机具应设专人管理,定期保养和维修,保持其完好的技术性能,不得超载和带病运转。

(6)作业中遇停电和下班后,应关机并切断机械电源。

3. 预应力施工

(1)预应力钢筋的技术条件和质量应符合现行国家标准的规定,进场后应分批验收,确认合格,并形成文件。

(2)在施工组织设计中,应根据设计要求和现场条件规定预应力张拉程序、控制应力和伸长值,选择适宜的张拉机具,并制订相应的安全技术措施。

(3)张拉现场必须规定作业区,并设护栏,非施工人员严禁入内。

(4)预应力张拉施工应由主管施工技术人员主持。张拉作业应由作业组长指挥。

(5)预应力操作工必须经过安全技术培训,经考核合格方可上岗。

(6)预应力钢筋的张拉方法、顺序和控制应力应符合施工设计的要求。

(7)使用高压油泵应遵循下列规定:

①操作工应经安全技术培训,考核合格后方可上岗。

②油泵应置于构件侧面。

③操作工必须戴护目镜和手套。

④油泵与千斤顶或拉伸机之间的所有连接部件必须完好,且连接牢固,压力表衔头应用纱布包裹。

⑤操作工必须服从作业组长指挥,严禁擅离岗位。

⑥高压油泵不得超载作业。停止作业时应先切断电源,再缓慢松开回油阀,待压力表退零位时方可卸开通往千斤顶的油管接头,使千斤顶全部卸荷。

⑦张拉预应力筋时,两端必须设防护挡板。张拉应严格控制加荷、卸荷速度。

⑧张拉施工中出现断丝、滑丝、油表剧烈震动、漏油和电机声音异常等情况时,必须立即停机检查并处理,经处理确认安全后,方可恢复施工。

⑨张拉锚固完毕,对锚具外端的钢束或钢筋应妥善保护,不得施压重物。严禁撞击锚具、钢束或钢筋。

三、混凝土拌和及灌注的安全控制要点

1. 混凝土拌和

(1)搅拌站设置的各种电气接线必须由电工引接、拆卸。作业中发现漏电征兆、缆线破损等必须立即停机、断电,由电工处理。

(2)搬运袋装水泥必须自上而下顺序取运。堆放时,垫板应平稳、牢固,按层码垛整齐,高度不得超过10袋。

(3)使用手推车向搅拌机料斗内倾倒砂石料时,应设挡掩,严禁撒把倒料。

(4)作业人员向搅拌机料斗内倾倒水泥时,脚下不得蹬踩料斗。

(5)机械运转过程中,机械操作工应精神集中,不得离岗;机械发生故障必须立即关机、断电。

(6)固定式搅拌机的料斗在轨道上移动提升(降落)时,严禁其下方站人,料具悬空放置时,必须锁固。

(7)搅拌机运转中不得将手或木棒、工具等伸进搅拌筒或在筒口清理混凝土。

(8)现场机拌混凝土应规定作业区,非施工人员不得入内。拌和机运行时,严禁人员进入储料区和卸料斗下。

(9)需进入搅拌筒内作业时,必须先关机、断电、固锁电闸箱,并在搅拌筒外设专人监护,严禁离开岗位。

(10)落地材料、积水应及时清扫,保持现场环境整洁。

(11)使用外掺剂应加强管理,并遵守下列规定。

①外掺剂应在库房中存放,专人管理。

②使用外掺剂应建立领发料制度。

③使用外掺剂应专人负责,正确使用。

④混凝土浇注完成后,剩余外掺剂应交回库房保存。

(12)作业后应及时清理拌制场地,废水应排至规定地点,不得污染环境、河道,不得堵塞雨污水排放设施。

(13)机械设备安装完成后,应在施工技术人员主持下,组织调试、检查,确认各项技术性能指标全部符合施工设计和机械设备生产企业说明书的规定,并经验收合格,形成文件后,方可使用。

2. 混凝土浇注

(1)浇注混凝土前,应检查模板、支架的稳定状况,且钢筋经验收合格,并形成文件后方可浇注混凝土。

(2)浇注现场必须设专人指挥运输混凝土的车辆。指挥人员必须站在车辆的安全一侧。车辆卸料处必须设牢固的挡掩。

(3)使用混凝土泵车时,现场应提供平整、坚实、位置适宜的场地停放泵车。现场有电力架空线时,应设专人监护。

(4)人工现场倒运混凝土应遵循下列规定。

①一次倒运高度不得超过2m。

②作业平台上应设钢板放置混凝土。

③平台倒料口活动栏杆时,倒料人员不得站在倒料口处。倒料完成后,必须立即将活动栏杆复位。

④作业平台下方严禁有人。

⑤混凝土入模应服从振捣人员的指令。

(5)使用移动式龙门吊运送混凝土的安全要求:

①龙门吊须由专业人员设计,满足安全使用的要求。

②龙门吊安装与拆除前,应根据设备情况和现场环境状况编制施工方案,作业前应制订安全技术措施。作业前,现场应设作业区,并设专人值守。

③作业时必须设信号工指挥。

④提升机的安全防护装置必须齐全、有效,符合产品技术文件的要求。

⑤提升机的总电源必须设短路保护和漏电保护装置;电动机的主回路上应同时装设短路、失压、过电流保护装置。

⑥移动式龙门吊卷扬机应安装在平整、坚实的地基上，宜远离作业区，视线应良好。由于条件限制，需安装在作业区内时，卷扬机操作棚的顶部应设防护棚，其结构强度应能承受10kPa的均布荷载。卷扬机必须与地锚拦截牢固，严禁与树木、电线杆、建筑物连接。

⑦移动式龙门吊架体及其提升机安装完成后，必须经检查、试运行、验收合格，并形成文件后方可交付使用。

⑧浇注混凝土时，应设模板工监护，发现模板和支架、支撑出现位移、变形等，应及时处理，排除险情确认安全，方可恢复施工。

⑨使用插入式振动器进入模板仓内振捣时，应对缆线加强保护，防止磨损漏电。仓内照明必须使用12V电压。

⑩用附着式振动器时，模板和振动器的安装应坚固牢靠，经试振动确认合格方可使用。

四、泵送混凝土安全控制要点

(1)混凝土泵的操作人员必须经过专门培训合格后，方可上岗独立操作。

(2)泵送混凝土时，混凝土泵的支腿应完全伸出，并插好安全销。

(3)混凝土泵与输送管连通后，应按所用混凝土泵使用说明书的规定进行全面检查，符合要求后方能开机进行空运转。

(4)泵送设备必须有出厂合格证和产品使用说明书。现场安装接管，必须按施工方案执行，泵送混凝土所用碎石，不得大于输送管径的1/3，不得大于混凝土结构截面最小尺寸的1/4，并不得大于钢筋最小净距的3/4。

(5)泵送设备必须放置在坚实的地基上。

(6)水平泵送管道敷设线路应接近直线，少弯曲，管道支撑必须紧固可靠，管道接头处应密封可靠。Y形管道应装接锥形管。

(7)垂直管道架设的前端应安装长度不少于10m的水平管，严禁直接装接在泵的软出口上，水平管近泵处应装逆止阀。热天应用湿麻袋或湿草包等遮盖管路。

(8)敷设向下倾斜的管道时，下端应接一段水平管，其长度至少是倾斜高低差的5倍，如倾斜度较大时，应在坡道上端装置排气阀。

(9)作业前应检查各部位，操纵开关、调整手柄、手轮、控制杆、旋塞等位置正确，液压系统无泄漏，电气线路绝缘良好，接线正确，开关无损坏，有重复接地和触电保护器，安全阀，压力表等各种仪表正常有效。

(10)泵送混凝土前必须先用按规定配制的水泥砂浆润滑管道，无关人员必须离开管道。高层建筑管道较长，应分段设置监控点。

(11)混凝土搅拌运输汽车出料前，应高速转3～4min方可出料至泵机，按工程需要计划多台泵机和泵车配合，保证连续泵送施工。现场门口，应设专人指挥泵车进出安全。

(12)使用布料杆浇筑混凝土时，支腿必须先全部伸出固定平稳，并按顺序伸出布料杆。在全伸状态中，严禁移动车身，严禁使用布料杆起吊或拖拉物。

(13)浇筑混凝土出料口的软管应系扎防脱安全绳(带)，移动时要防止碰撞伤人。

(14)作业后，必须将料斗内和管道内的混凝土全部输出，然后对泵机、料斗、管道进行冲洗。用压缩空气冲洗管道时，管道两侧和出口端前方10m内不得站人，并应采用金属网等收集冲出的泡沫及砂、石粒，防止溅出伤人。

(15)严禁用压缩空气冲洗布料杆配管，布料杆的折叠收缩应按顺序进行。

(16)各部位操纵开关、调整手柄、手轮、控制杆、旋塞等均应复位，液压系统应卸荷，拉闸切断电源，锁好电箱。

(17)遇大雨或五级大风及其以上时，必须停止泵送作业。

五、T形梁拆模存放安全控制要点

(1)T形梁拆模及张拉预应力时，须在梁两端加斜撑或在横隔板下用方木支撑牢固防止倒梁。

(2)T形梁存放场地应平整、坚实、不积水。

(3)T形梁存放不得超过2层，构件存放吊点位置应铺垫枕木，枕木的位置应在同一竖直线上，同一层枕木厚度应相等。必须加斜撑，也可在横隔板下垫方木支撑，加强横向的稳定性。

(4)相邻T形梁翼缘板预留连接筋的端部应保留30cm的距离，以防吊装时相互挂蹭发生倒梁。

第六节　模　　板

一、模板作业场地安全要求

(1)模板作业场地必须符合安全要求，木料、钢模、模板半成品的堆放，废料堆集和场内道路的修建，应做到统筹安排，合理布局。

(2)作业场地应搭设简易作业棚，修有防火通道，配备必需的防火器具。四周应设置围栏，作业场内严禁烟火。相关人员均应了解防火要求，会使用防火器材，有相应的防火知识。

(3)钢模、木材应堆放平稳，原木垛高不得超过3m，垛距不得小于1.5m，成材垛高一般不得超过4m，每增加0.5m应加设横木。垛距不得小于1m。作业场地应避开高压线路。

(4)下班前应将锯末、木屑、刨花等杂物清除干净，并要运出场地进行妥善处理。

二、模板制作安全控制要点

(1)制作模板时应细致选料。制作钢模不得使用扭曲严重、螺钉孔过多，开裂等材料。木模不得使用腐朽、扭裂和大横节疤等木料。

(2)制作钢木结合模板时，其钢木结合部位的强度、刚度应符合设计要求。

(3)制作中应随时检查工具，如发现松动、脱落现象、应立即修好。

(4)用旧木料制作模板时，应将钉子、扒钉拔掉收集好，不得随地乱扔。

三、模板支立及拆除的安全控制要点

(1)在基坑或围堰内支模时，应检查基坑有无塌方现象，围堰是否坚固，确认无误后，方可操作。

(2)向基坑内吊送材料和工具时，应设溜槽或绳索系放，不得抛掷。机械吊送应有专人指

挥。模板要捆绑结实,基坑内的操作人员要避开吊送的料具。

(3)用人工搬运,支立较大模板时,应有专人指挥,所用的绳索要有足够的强度,绑扎牢固。支立模板时,底部固定后再进行支立,防止滑动倾覆。

(4)支立模板要按工序操作。当一块或几块模板单独竖立和竖立较大模板时,应设立临时支撑,上下必须顶牢。操作时要搭设脚手架和工作台。整体模板合拢后,应及时用拉杆斜撑固定牢靠,模板支撑不得钉在脚手架上。

(5)用机械吊运模板时,应先检查机械设备和绳索的安全性和可靠性,起吊后下面不得站人或通行。模板下放,距地面 1m 时,作业人员方可靠近操作。

(6)高处作业应将所需工具装在工具袋内。传递工具不得抛掷或将工具放在平台和木料上,更不得插在腰带上。

(7)拆除摸板作业时,应制订安全措施,按顺序分段拆除,不得留有松动或悬挂的模板,严禁硬砸或用机械大面积拉倒。拆下的带钉木料,应随即将钉子拔掉。

(8)在用斧锤作业时,应照顾四周和上下的安全,防止误伤他人。斧头刃口处应配刃口皮套。

(9)拆除模板不得双层作业。3m 以上模板在拆除时,应用绳索拉住或用起重设备拉紧,缓缓送下。

第七节　支架与脚手架

一、支架施工的安全控制要点

(1)支架所用的桩木、万能杆件应为合格材质,并详细检查。不得使用腐朽、劈裂、大节疤的圆木及锈蚀、扭曲严重的万能杆件和钢管等。

(2)地基承载能力应符合设计标准,否则应采取加固措施,使其达到设计要求。

(3)根据施工季节,支架工程应采取防冲刷或防冻胀等安全措施。

(4)支立排架要按设计要求施工,应有足够的承载能力和稳定性。并要与支保桩联结牢固,防止不均匀沉落、失稳和变形。浇筑混凝土前应对支架进行预压试验,以检验支架的承载能力和稳定性,消除非弹性变形。

(5)支立排架时,应设专人统一指挥。支立排架以整排竖立为宜。排架竖立后,用临时支撑撑牢后再竖立第二排。两排架间的水平和剪刀撑用螺丝拧紧,形成整体。

(6)用吊机竖立排架时,应用溜绳控制排架起吊时的摆动。

(7)支立排架时,不得与便桥或脚手架相连,防止支架失稳。

(8)施工中,应随时检查支架和模板,发现异常状况,应及时采取措施。支架、模板拆除,应按设计和施工规定的拆除程序进行。

二、脚手架施工的安全控制要点

(1)木、竹脚手架的捆扎材料,应使用 8 ~ 10 号镀锌铅丝和直径不小于 10mm 的三股白麻绳或水葱竹篾。水竹脚手架采用质地新鲜、坚韧带青的新水竹劈制成,以厚度为 0.6 ~

0.8mm、宽度为5mm左右为宜。断腰、大节疤和受潮霉的竹篾不得使用。

(2)钢管脚手架连接材料应使用扣件,接头应错开,螺栓要紧固。立杆底端需使用立杆底座。铅丝和白麻绳不得连接钢脚手架。

(3)脚手板要铺满、绑牢,无探头板,并要牢固地固定在脚手架的支撑上。脚手架的任何部分均不得与模板相连。

(4)脚手架要设置栏杆。敷设的安全设施应经常检查,确保操作人员和小型机械安全通行。

(5)脚手架的材料和工具要堆放整齐,积雪和杂物应及时清除。有坡度的脚手板,要加设防滑木条。

(6)悬空脚手架应用栏杆或撑木固定稳妥、牢靠,防止摆动摇晃。

(7)搭设在水中的脚手架,应经常检查受水冲刷情况,发现松动、变形或沉陷应及时加固。在脚手架上作业人员应配带救生设备。

(8)搭设钢管井架相临的两立杆的接头应错开,横杆和剪刀撑要同时安装。滑轨必须保持垂直,两轨间距误差不得超过10mm。

(9)吊篮应严格按照设计要求施工。悬挂吊篮的钢丝绳围绕挑梁不得少于3圈,卡子不得少于3个。一个吊篮的保险绳索不得少于2根。钢丝绳不得与构造物或其他物件相摩擦。

(10)脚手架高度在10~15m时应设置一组(4~6根)缆风绳。每增高10m应再加设一组。缆风绳与地面夹角为45°~60°。缆风绳的地锚应设围栏,防止碰撞破坏。

(11)拆除脚手架时,周围应设置护栏或警戒标志,并应从上而下地拆除,不得上下双层作业。拆除的脚手杆、板应用人工传递或吊机吊送,严禁随意抛掷。

第八节 施工电梯工程

施工电梯简称施工外用电梯,又称附壁式升降输送机,是一种垂直井架导轨式外用笼式电梯。它在施工中除载人外还可载运工具和物料,具有架设安装方便、操作简单、维修容易、使用安全等优点。目前我国生产的施工电梯分为单笼和双笼两种。

一、施工电梯安全使用要求

(1)电梯应按规定单独安装接地保护和避雷装置。

(2)电梯底笼周围2.5m范围内,必须设置稳固的防护栏杆。各停靠层的过桥和运输通道应平整牢固,出入口的栏杆应安全可靠。

(3)限速器、制动器等安全装置必须由专人管理,并按规定进行高度检查,应保持灵敏可靠。

(4)必须由经考核取证后的专职电梯驾驶员操作。

(5)电梯每班首次运行时,应空载及满载试运行,将梯笼升离地面1m左右停车,检查制动器灵敏性,确认正常后方可投入运行。

(6)梯笼乘人、载物时应使荷载均匀分布,严禁超载使用。

(7)应严格控制载运质量,在无平衡重时(如安装及拆卸时)其载质量应折减50%。

(8)电梯运行至最上层和最下层时仍要操纵按钮,严禁以行程限位开关自动碰撞的方法停车。

(9)当电梯未切断总电源开关前,驾驶员不能离开操纵岗位。作业后,将电梯降到底层,各控制开关扳至零位,切断电源,锁好闸箱和梯门。

(10)风力达6级以上应停止使用,并将梯笼降到底层。

(11)多层施工交叉作业,同时使用电梯时,要明确联络信号。

(12)电梯安装完毕正式投入使用之前,应在首层一定高度的地方架设防护棚。

(13)各依靠层通道口处,应安装栏杆或安全门。其他周边各处,应用栏杆或立网等材料封闭。

二、施工电梯常见故障

近年来,外用电梯的用量也越来越大,外用电梯所发生的事故也越来越多,有的事故的性质相当恶劣,损失非常惨重,我们必须引起足够重视,加强管理,防止各种事故的发生。

外用电梯的常见事故主要有:

1. 工作笼坠落

造成这种事故的原因很多,如靠背轮脱离;传动机构破坏;在限速器失灵的情况下,钢丝绳断裂,抱闸失灵,严重超载等。这种事故一旦发生,就会造成重大损失。

2. 工作笼升降时砸人

这主要是由于工作人员在工作笼靠平台口探身向下、向上观望或讲话时,未防止吊笼到达而被撞、被挤甚至跌落而造成伤亡事故。

3. 平衡重升降时砸人

外用电梯工作时,为减轻动力的负荷,减少导轨架承受的弯矩,一般都配有平衡重,即一块沿导轨架滑动的配重铁。工作笼和配重铁是通过天轮的平衡重钢丝绳连接起来。工作笼上升时平衡重就下降;工作笼下降时,平衡重就上升,正好成相反方向运行。

有的工人和维修人员对此往往注意不够,工作时只注意工作笼位置,结果被平衡重砸伤。

再有,如果平衡重钢丝绳断裂,这时工作笼因限速器或抱闸的作用,可免于坠落,但平衡重却会飞速砸下,很可能砸伤人员及砸坏底架。

4. 工作笼冲顶

如果超高限位器失灵,驾驶员注意力未集中,到最高层还不停车,或因操作系统故障停不下车,工作笼就要冒顶。这是相当危险的,可能会造成吊笼坠落,或与寻轨架一起倾翻的恶性事故。

5. 导轨架连同吊笼倾翻

由于基础不合要求,或附着连接不好,导轨架倾斜作业,工作笼升起后,由于偏心受压,造成倾翻。据了解,这类事故已有多起发生,必须予以重视。

6. 安装拆卸中出事故

外用电梯安装拆卸比较复杂,技术性要求较高,很容易出事故。据不完全统计,大约有1/3的事故发生在安装拆卸中。这是因为,在安装拆卸时,平衡重尚未安装,或已被拆除,这时导轨架承受的弯矩很大,电动机和制动装置的负荷也增加很多,这样就容易出事,容易造成工作笼坠落。这时必须特别注意上笼人数和器材的质量,绝对不能超负荷。同时,安装拆卸时,有些限位装置或是还未安装,或是已被拆掉,自动保护性能减弱,这也增加了出事故的危险性。这就要求操作时,更要加倍小心,平稳操作,一般都由很熟练的驾驶员承担。

由于以上这些原因,外用电梯的安装拆卸必须要由合格的专业队来承担,而且要严格遵守说明书的安装拆卸程序和有关规定。

三、施工外用电梯安全装置的作用

为了确保外用电梯的安全生产,必须设置一些必要的安全保护装置,这些安全装置如下。

(1)限速器:限速器是一种很重要的安全装置,当工作笼因机械、电气或其他故障造成超速下落或发生坠落时,当速度超过额定值时,限速器就动作,切断电源停止电机转动,并使整个工作笼制动于轨架上,这样就防止了工作笼坠落事故的发生。

(2)超高限位装置:即当工作笼上升到允许的最高位置时,利用一行程开关,撞击事先设置的挡块,使行程开关动作,切断上升电路,使工作笼停止上升,防止冒顶事故发生。为保险起见,超高限位装置常设两套,起双保险作用。

(3)超低限位装置:当工作笼快要降到最低位置时,利用一行程开关,撞击事先设置的挡块,使行程开关动作,切断下降电路,使工作笼停止下降,靠自重和惯性再稍下降一点后平稳停于地面,避免冲击现象发生。

(4)钢丝绳事故限位装置:当钢丝绳断裂,脱扣,失去作用时,此限位器动作,切断电源线路,使工作笼停止运行,并制动于导轨架上,避免工作笼发生坠落。

(5)门限位装置:工作笼上人、物后,如果门关不好,门限位器不能闭合,电路不能接通,工作笼不能启动工作,而只有关好门后工作笼才能工作。这就防止了乘人时因门未关好而发生事故。

(6)紧急开关:当电器发生故障,控制电路失去控制时,可搬动此开关,切断主电源,使工作笼停止工作,并制动于导轨架上。

施工外用电梯有这些安全装置,对确保安全生产有很重要的作用,但它们也有偶尔失灵的时候。因此,必须经常检查,并加强管理,严格执行安全操作的有关规定。

四、施工外用电梯的安全操作要点

(1)操作员、驾驶员应经过专门训练,并经考试合格,由国家相关主管部门发给操作证书,方准操作。

(2)操作员、驾驶员工作时,工作服要扣紧,戴好安全帽。

(3)不准超载工作,载荷严格限制在出厂规定的额定范围内。运送材料不得伸出护网外面。

(4)禁止非操作员、驾驶员操作。

(5)电梯每次启动前都鸣警示意。操作时操作员、驾驶员必须精神集中,严禁与别人闲谈打闹、看书报等。

(6)电梯升降时所乘人员必须服从操作员、驾驶员指挥,否则操作员、驾驶员有权拒绝升降。

(7)上班第一次开车离地1m停车,检查工作笼是否下滑、上爬,并做其他试动作,证明性能正常后,方可正式工作。

(8)运送物料在工作笼内必须平均分布,防止偏重。

(9)随时注意信号,遇不正常情况立即停车。

(10)在视线差、大雾、雷雨、导轨冰冻等危险条件下禁止开车。

(11)合闸后操作员、驾驶员不准离开吊笼,下班后吊笼降至地面,拉开电源开关,锁好操纵箱后才能离开。

(12)制动器、限速器要经常检查调整,确保安全可靠,在其失灵或有故障时严禁开车。

(13)大风情况下开车要小心,风速超过12m/s(6级风)时严禁开车,吊笼停于地面。

(14)班后工作:

①打扫梯笼,整理工作现场。

②拉开电源开关,检查机械部分是否有损坏。

③做好当班记录。

④锁好驾驶员室或做好交接班。

第九节　起 重 吊 装

起重吊装属危险作业,根据《公路水运工程安全生产监督管理办法》规定,对危险性较大的工程应当编制专项施工方案,并附安全验算结果,经施工单位技术负责人、监理工程师审查同意签字后实施,由专职安全生产管理人员进行现场监督。

一、起重吊装作业一般安全要求

起重作业应遵守下列规定:

(1)大型吊装工程,应在编制的施工组织设计中,制订安全技术措施,并向参加施工作业人员进行安全技术交底。

(2)吊装作业应指派专人统一指挥,参加吊装的起重工应持证上岗,并掌握作业的安全要求,其他人员要有明确分工。

(3)吊装作业前必须严格检查起重设备各部件的可靠性和安全性,并进行试吊。

(4)各种起重机具不得超负荷使用。

(5)钢丝绳的安全系数,不应小于表7-4的要求。

(6)地锚要牢固,缆风绳不得绑扎在电杆或其他不稳定的物件上。

(7)作业中遇有停电或其他特殊情况,应将重物落至地面,不得悬在空中。

钢丝绳安全系数　　表7-4

用　途	安全系数	用　途	安全系数
缆风绳	3.5	吊挂和捆绑用	6
支承动臂用	4	千斤绳	8~10
卷扬机用	5	缆索承重绳	3.75

二、各种起重机具使用的安全要求

1. 卷扬机

(1)卷扬机的各部机件、电气元件以及安全防护装置、钢丝绳等应符合现行的国家标准《建筑卷扬机》(GB/T 1955—2008)的规定。

(2)卷扬机应安装牢固、稳定,防止受力时位移和倾斜;操作位置必须视野开阔,联系方便。

(3)作业前应检查钢丝绳、离合器、制动器、保险棘轮、传动滑轮等,发现故障应立即排除。

(4)通过滑轮的钢丝绳不得有接头、结节和扭绕,钢丝绳在卷筒上必须排列整齐,作业中最少需保留三圈。

(5)操作人员不得擅自离开岗位,作业中突然停电,应立即拉开闸刀,并将运送物件放下。

2. 轮胎式起重机和履带式起重机

(1)作业地面应坚实平整,工作时支脚必须全部打开,支脚必须支垫牢靠,回转半径内不得有障碍物。两台或多台起重机吊运同一重物时,必须使用同等能力与性能的起重机,工作时要保持同速提升或降落,重物重力不得大于两台起重机允许起吊重力之和的70%,每台起重机分配到的负荷量不得大于该机允许起吊重力的80%。

(2)吊起重物时,应先将重物吊离地面10cm左右,停机检查制动器灵敏性和可靠性以及重物绑扎的牢固程度,确认情况正常后,方可继续工作。作业中不得悬吊重物行走。

(3)起升或降下重物时,速度要均匀、平衡、保持机身的稳定,防止重心倾斜。严禁起吊的重物自由下落。

(4)在驳船上作业,应用绳索系牢在船上,前后轮(或履带)下应用三角木块楔紧。遇有4~5级风时,应根据驳船载重吨位适当调整吊机负荷。工作完毕应将起重臂放下,制动器刹牢。

(5)配备必要的灭火器,驾驶室内不得存放易燃品。雨天作业,制动带淋雨打滑时,应停止作业。

(6)在输电线路下作业时,起重臂、吊具、辅具、钢丝绳等与输电线的距离不得小于表7-5的规定。

(7)工作完毕,应将机车停放在坚固的地面上,吊钩收起,各部制动器刹牢,操纵杆放到空挡位置。

最 小 距 离　　表7-5

输电路电压	最小距离(m)	输电线路电压	最小距离(m)	输电线路电压	最小距离(m)
1kV以下	1.5	1~35kV	3	≥60kV	$0.01(V-50)+3$

3. 塔式起重机

(1)塔式起重机的安全防护装置应符合有关规定的要求。

(2)在轨道上行驶前应检查轨道有无障碍物和下沉现象。

(3)起重机行走前轮(行走方向)至轨道端部的距离不得小于5m;工作完毕,锁紧夹轨器,并将各控制开关转到“零”位,切断电源。

4. 龙门架

(1)龙门架制作(拼装)完成后,应按设计要求组织检查验收。

(2)移动式龙门架除进行静载试验外,还应等载在轨道上往返运行一次,检查龙门架在移动中的变形以及轨距、轨道平整度等情况。

(3)吊起重物作水平移动时,应将重物提高到可能遇到的障碍物0.5m以上;运行时被吊重物不得左右摇摆。

(4)牵引移动的跨墩龙门架,在行走时两侧牵引卷扬机必须同时、同速启动和运行。

(5)开动和停止电动机,应缓慢平衡地操纵控制器;以后向移动时,必须等机、物完全停稳后方可操作。

(6)龙门架拆除时,应制订安全技术措施。

5. 人字桅杆和独脚桅杆

(1)人字桅杆和独脚桅杆应选用优质钢、木材料制作;人字桅杆两腿的夹角不得大于45°。

(2)桅杆底脚基础要坚固,底脚要稳定牢靠;人字桅杆设置的缆风绳应不少于两根,独脚桅杆设置的缆风绳不少于四根。

(3)独脚桅杆如加设摇杆时,变幅钢丝绳应在起重前固定好,调整适度;摇杆摆动幅度应用钢丝绳(或牵引卷扬机)控制。

6. 手拉葫芦(吊链)

(1)悬挂支承点必须牢固,使用三角架悬挂时,基础应坚实,三支架腿受力要均匀,防止滑动和倾覆。

(2)严禁斜拉重物。

(3)重物吊起后发生卡链时,应在重物下方支垫后进行检查修理,不得硬拉。

7. 千斤顶

(1)顶升重物必须在重心位置;如需用千斤顶纠正偏斜物体时,放置千斤顶的台座必须坚固可靠。

(2)升重物过程中,千斤顶出现故障时,应在重物支垫稳固后,再取出修理。

(3)用多台千斤顶起升同一重物时,动作应同步、均衡。

8. 缆索吊装设备

(1)缆索塔架拼装时,应按设计图组拼。索鞍、跑车在组拼前,应进行全面检查。在装卸、运输及组拼中,要防止碰伤,有损伤的杆件不得使用;木塔架施工,应优选材质,精细加工制作,连接处应采取加固措施。

(2)各种滑轮在使用前,要检查是否灵活,绳槽是否平滑。滑轮组应共同承受荷载,受力不均时,应进行调整。

(3)钢丝绳必须按设计荷载要求,选用适合的标准绳索。在使用当中,应经常注意检查,并做必要的维护。

(4)塔架拼装,应随塔高的增加逐步搭好脚手架。作业平台四周挂好安全网和设上下扶梯。随着塔身增高,安全网应随之上移,同时应增设辅助缆风绳,待设计缆风绳安设完成后,方可拆除。

(5)使用万能杆件或桁梁片组拼的索塔,可利用已装好的杆件搭设塔内作业平台。平台木板必须铺设平稳，不得松动。塔架节段增高时，操作人员不得攀登杆件，应通过安全梯或吊篮上下。

(6)主索道两端应设置限位器，工作完毕，收紧吊钩，并切断电源。

(7)主索道和塔架的拆除应在拆除方案中制订安全技术措施。作业场地应设立警示标志，并设专人(或监护船中)维护道口、航道和村屯附近的交通安全。

第十节　高 处 作 业

一、高处作业的定义

按照国际规定：凡在坠落高度基准面2m以上(含2m)有可能坠落的高处进行的作业均称为高处作业。其涵义有两个：一个是相对概念，可能坠落的底面高度大于或等于2m；即使是在平地，只要作业处的侧面有可能导致人员坠落的坑、井、洞或空间，其高度达到2m及其以上，就属于高处作业；二是高低差距标准定为2m，因为一般情况下，当人在2m以上高度坠落时就有可能会造成重伤，残废甚至死亡。因此，对高处作业的安全技术措施在开工以前就须特别留意以下有关事项：

(1)技术措施及所需料具完整地列入施工计划。

(2)进行技术教育和现场技术交底。

(3)所有安全标志，工具和设备等，在施工前逐一检查。

(4)做好对高处作业人员的体检、培训考核等。

二、高处作业的级别

高处作业的级别可分为四级，即高处作业在2～5m时，为一级高处作业；5～15m时，为二级高处作业；在15～30m时，为三级高处作业；大于30m时，为特级高处作业。高处作业又分为一般高处作业和特殊高处作业，其中特殊高处作业又分为八类：

(1)在阵风风力六级(风速10.8m/s)以上情况下进行高处作业，称为强风高处作业。

(2)在高温或低温环境下进行的高处作业，称为异温高处作业。

(3)在降雪时进行的高处作业，称为雪天高处作业。

(4)降雨时进行的高处作业，称为雨天高处作业。

(5)室外完全采用人工照明时进行的高处作业，称为夜间高处作业。

(6)在接近或接触带电体条件下进行高处作业，称为带电高处作业。

(7)在无立足点或无牢靠立足点的条件下进行高处作业，称为悬空高处作业。

(8)对突然发生的各种灾害事故进行抢救的高处作业，称为抢救高处作业。一般高处作业是指除特殊高处作业以外的高处作业。

三、高处作业的标记

高处作业的分级，以级别、类别和种类作标记。一般高处作业作标记时，写明级别和种类；特殊高处作业作标记时，写明级别和类别，种类可省略不写。例：三级，一般高处作业；一级，强风高处作业；二级，异温高处作业。

四、高处作业时的安全控制要点

（1）凡是进行高处作业施工的，应使用脚手架、平台、梯子、防护围栏、挡脚板、安全带和安全网等。作业前应认真检查所用的安全投放是否牢固、可靠。

（2）凡从事高处作业的人员应接受高处作业安全知识的教育；特殊高处作业人员应持证上岗，上岗前应依据有关规定进行专门的安全技术交底。采用新工艺、新技术、新材料和新设备的，应按规定对作业人员进行相关安全技术教育。

（3）高处作业人员应经过体检，合格后方可上岗。施工单位应为作业人员提供合格的安全帽、安全带等必备的个人安全防护用具，作业人员应按规定正确佩戴和使用。

（4）施工单位应按类别，有针对性地将各类安全警示标志悬挂于施工现场各相应部位，夜间应设红灯示警。

（5）高处作业所用工具、材料严禁投掷，上下主体交叉作业确有需要时，中间须设隔离设施。

（6）高处作业应设置可靠扶梯，作业人员应沿着扶梯上下，不得沿着立杆与栏杆攀登。

（7）在雨雪天应采取防滑措施，当风速在 10.8m/s 以上和雷电、暴雨、大雾等气候条件下不得进行露天高处作业。

（8）高处作业上下应设置联系信号或通信装置，并指定专人负责。

（9）高处作业前，工程项目部应组织有关部门对安全防护设施进行验收，经验收合格签字后方可作业。需要临时拆除或变动安全设施的，应经项目技术负责人审批签字，并组织有关部门验收，经验收合格签字后方可实施。

五、高处作业时应注意事项

（1）发现安全措施有隐患时，立即采取措施，消除隐患，必要时停止作业。

（2）遇到各种恶劣天气时，必须对各类安全设施进行检查、校正、修理使之完善。

（3）现场的冰霜、水、雪等均须清除。

（4）搭拆防护棚和安全设施，需设警戒，有专人防护。

第十一节　爆破工程

一、爆破工程一般要求

（1）爆破工程属危险性较大的工程，根据《公路水运工程安全生产监督管理办法》的规定，必须编制安全专项施工方案，并附具安全验算结果，经施工单位技术负责人、总监理工程师签字后实施，由专职安全生产管理人员进行现场监督。

（2）露天、地下、水下和其他爆破，必须按审批的爆破设计书或爆破说明书进行。

峒室爆破、蛇穴爆破、深孔爆破、金属爆破、拆除爆破以及在特殊环境下的爆破工作，都必须编制爆破设计书。

裸露药包爆破和浅眼爆破应编制爆破说明书。

爆破设计书应由单位的主要负责人批准。爆破说明书由单位的总工程师或爆破工作领导人批准。

(3)在城镇居民区、风景名胜区、重点文物保护区和重要设施附近进行爆破，须经主管部门批准。与当地有关主管部门协商，并征得当地县(市)以上公安部门同意。

大爆破应有现场指挥。大爆破设计书的审批权限，由各主管工业部(或相当于此级的总公司)规定。大爆破作业除报主管部门批准外，应征得当地县(市)以上公安部门同意。

(4)爆破作业地点有下列情形之一时，禁止进行爆破工作。

①有冒顶或边坡滑落危险。

②支护规定与支护说明书的规定有较大出入或工作面支护损坏。

③通道不安全或通道阻塞。

④爆破参数或施工质量不符合设计要求。

⑤距工作面20m内风流中沼气含量达到或超过1%，或有沼气突出征兆。

⑥工作面有涌水危险或炮眼温度异常。

⑦危及设备或建筑物安全，无有效的防护措施。

⑧危险区边界上未设警戒。

⑨光线不足或无照明。

⑩未严格按本规程要求做好准备工作。

(5)禁止进行爆破器材加工和爆破作业的人员穿化纤衣服。

(6)在大雾天、黄昏和夜晚，禁止进行地面和水下爆破。需在夜间进行爆破时，必须采取有效的安全措施，并经主管部门批准。

遇雷雨时应停止爆破作业，并迅速撤离危险区。

(7)装药工作必须遵守下列规定：

①装药前对峒室、药壶和炮孔进行清理和验收。

②大爆破装药量应根据实测资料校核修正，经爆破工作领导人批准。

③使用木质炮棍装药。

④装起爆药包、起爆药柱和硝化甘油炸药时，严禁投掷或冲击。

⑤深孔装药出现堵塞时，在未装入雷管、起爆药柱等敏感爆破器材前，应采取木制长杆处理。

⑥禁止烟火。

⑦禁止用明火照明。

⑧禁止使用冻结的或解冻不完全的硝化甘油炸药。

(8)填塞工作必须遵守下列规定：

①装药后必须保证填塞质量，峒室、深孔或浅眼爆破禁止使用无填塞爆破(扩壶爆破除外)。

②禁止使用石块和易燃材料填塞炮孔。

③填塞要十分小心，不得破坏起爆线路。

④禁止捣固直接接触药包的填塞材料或用填塞材料冲击起爆药包。

⑤禁止在深孔装入起爆药包后直接用木楔填塞。

(9)禁止拔出或硬拉起爆药包或药柱中的导火线、导爆索、导爆管或电雷管脚线。

(10)炮响完后,露天爆破不少于5min(不包括峒室爆破),地下爆破不少于15min(经过通风吹散炮烟后),才准爆破工作人员进入爆破作业地点。

(11)地下爆破作业点的有毒气体的浓度不得超过表7-6的规定。

地下爆破作业点的有毒气体允许浓度　　表7-6

名　称	符　号	最大允许浓度	
		按体积(%)	按质量(mg/m^3)
一氧化碳	CO	0.002 40	30
氮氧化物(换算成NO_2)	NO_2	0.000 25	5
二氧化硫	SO_2	0.000 50	15
硫化氢	H_2S	0.000 60	10
氨	NH_3	0.004 00	30

爆破工作面的有毒气体含量应每月测定一次,爆破药量增加或更换炸药品种,应在爆破前后进行有毒气体测定。

地下各爆破作业点的通风要求与安全措施,应由单位的总工程师批准。

(12)严禁在残眼上打孔。

二、爆破警戒与信号

(1)爆破工作开始前,必须确定危险区的边界,并设置明显的标志。

(2)地面爆破应在危险区的边界设置岗哨,使所有通路经常处于监视之下,每个岗哨应处于相邻岗哨视线范围之内。

地下爆破应在有关的通道上设置岗哨。回风巷应使用木板交叉钉封或设支架路障,并挂上"爆破危险区,不准入内"的标志。爆破结束,巷道经过充分通风后,方可拆除回风巷的木板及标志。

(3)爆破前必须同时发出音响和视觉信号,使危险区内的人员都能清楚地听到和看到。

第一次信号——预告信号。所有与爆破无关人员应立即撤到危险区以外,或撤至指定的安全地点。向危险区边界派出警戒人员。

第二次信号——起爆信号。确认人员、设备全部撤离危险区,具备安全起爆条件时,方准发出起爆信号。根据这个信号准许爆破员起爆。

第三次信号——解除警戒信号。未发出解除警戒信号前,岗哨应坚守岗位。除爆破工作领导人批准的检查人员以外,不准任何人进入危险区,经检查确认安全后,方准发出解除警戒信号。

三、爆破后的安全检查和处理

(1)爆破后,爆破员必须按规定的等待时间进入爆破地点,检查有无冒顶、危石、支护破坏和盲炮等现象。

(2)爆破员如果发现冒顶、危石、支护破坏和盲炮等现象,应及时处理,未处理前应在现场设立危险警戒标志。

(3)只有确认爆破地点安全后,经当班爆破班长同意,方准人员进入爆破地点。

(4)每次爆破后,爆破员应认真填写爆破记录。

四、盲炮处理

(1)处理盲炮必须遵守下列规定:

①发现盲炮或怀疑有盲炮,应立即报告并及时处理;若不能及时处理,应在附近设明显标志,并采取相应的安全措施。

②难处理的盲炮,应请示爆破工作领导人,派有经验的爆破员处理,大爆破的盲炮处理方法和工作组织,应由单位总工程师批准。

③处理盲炮时,无关人员不准在场,应在危险区边界设警戒,危险区内禁止进行其他作业。

④禁止拉出或掏出起爆药包。

⑤电力起爆发生盲炮时,须立即切断电源,及时将爆破网路短路。

⑥盲炮处理后,应仔细检查爆堆,将残余的爆破器材收集起来,未判明爆堆有无残留的爆破器材前,应采取预防措施。

⑦每次处理盲炮必须由处理者填写登记卡片。

(2)处理裸露爆破的盲炮,允许用手小心地去掉部分封泥,在原有的起爆药包上重新安置新的起爆药包,加上封泥起爆。

(3)处理浅眼爆破的盲炮可采用下列方法:

①经检查确认炮孔的起爆线路完好时,可重新起爆。

②打平行眼装药爆破。平行眼距盲炮孔口不得小于0.3m,对于浅眼药壶法,平行眼距盲炮壶边缘不得小于0.5m。为确定平行炮眼的方向允许从盲炮孔口起取出长度不超过20cm的填塞物。

③用木制、竹制或其他不发生火星的材料制成的工具,轻轻地将炮眼内大部分填塞物掏出,用聚能药包诱爆。

④在安全距离外用远距离操纵的风水管吹出盲炮填塞物及炸药,但必须采取措施,回收雷管。

⑤盲炮应在当班处理,当班不能处理或未处理完毕,应将盲炮情况(盲炮数目、炮眼方向、装药数量和起药包位置、处理方法和处理意见)在现场交接清楚,由下一班继续处理。

(4)处理深孔盲炮可采用下列方法:

①爆破网路未受破坏,且最小抵抗线无变化者,可重新连线起爆;最小抵抗线有变化者,应验算安全距离,并加大警戒范围后,再连线起爆。

②在距盲炮孔口不小于10倍炮孔直径处另打平行孔装药起爆,爆破参数由爆破工作领导

人确定。

③所用炸药为非抗水硝铵类炸药，且孔壁完好者，可取出部分填塞物，向孔内灌水，使之失效，然后作进一步处理。

(5)处理峒室爆破的盲炮可采用下列方法：

①如能找出起爆网路的电线、导爆索或导爆管，经检查正常，仍能起爆者，可重新测量最小抵抗线，重画警戒范围，连线起爆。

②沿竖井或平峒清除填塞物，重新敷设网路，连线起爆或取出炸药和起爆体。

(6)处理水下裸露爆破的盲炮可采用下列方法：

①在盲炮附近另行投放裸露药包，使之殉爆。

②小心地将药包提出水面，用爆炸法销毁。

(7)处理水下炮孔盲炮可采用下列方法：

①造成盲炮的因素消除后，可重新起爆。

②填塞长度小于炸药的殉爆距离或全部用水填塞者，可另装入起爆药包起爆。

③在盲炮附近投放裸露药包爆破。

(8)破冰爆破发生盲炮，可在盲炮药包处投放新起爆药包诱爆。

(9)处理地震探勘爆破的盲炮可采用下列方法：

①从爆孔中小心地取出药包，用爆炸法销毁。

②不可能从炮孔或炮井中取出药包者，可装填新起爆药包进行诱爆。

(10)处理金属、金属结构物和热凝物爆破的盲炮，应吹出部分填塞物，重新装起爆药包诱爆。处理热凝物爆破盲炮，必须使孔壁温度冷却到40℃以下，才准重新装药爆破。

五、机械化装药

(1)粒状炸药露天装药车必须符合下列规定：

①车厢用耐腐蚀的金属材料制造，厢体必须有良好的接地。

②输药管必须使用专用半导体管。钢丝与厢体的连接应牢固。

③装药车系统的接地电阻值不得大于10万Ω。

④输药螺旋与管道管间必须有足够的间隙。

⑤发动机废气排出管应安装消焰装置。排气管与油箱和轮胎应保持适当距离。装药车上应配备适量的灭火器。

(2)井下装药器必须符合下列规定：

①装药器的壶体应用耐腐蚀的导电材料制作。

②输药管必须采用专用半导体管。

③装药器应接地良好，整个系统的接地电阻值不得大于10万Ω。

(3)采用上述装药车(器)装药时，必须遵守下列规定：

①输药风压不得超过额定风压上限值。

②不准用不良导体垫在装药车(器)下面。

③返粉药再使用必须过筛，严禁石块和其他杂物混入药粉室。

④电力起爆和导爆管起爆的起爆药包，必须在装药结束后，方可装入炮孔。

六、爆破施工安全技术要求

1. 一般规定

各种爆破、爆破器材销毁以及爆破器材仓库意外爆炸时，爆炸源与人员和其他保护对象之间的安全距离，应按各种爆破效应（地震、冲击波、个别飞散物等）分别核定并取最大值。

2. 爆破地震安全距离

（1）一般建筑物和构筑物的爆破地震安全性应满足安全震动速度的要求，主要类型的建（构）筑物地面质点的安全震动速度规定如下：

①土窑洞、土坯房、毛石房屋 1.0cm/s。

②一般砖房、非抗震的大型砌块建筑物 2～3cm/s。

③钢筋混凝土框架房屋 5cm/s。

④水工隧洞 10cm/s。

⑤交通隧洞 15cm/s。

⑥施工巷道：

围岩不稳定有良好支护 10cm/s；

围岩中等稳定有良好支护 20cm/s；

围岩稳定无支护 30cm/s。

（2）爆破地震安全距离可按下式计算：

$$R = \left(\frac{K}{v}\right)^{\frac{1}{\alpha}} Q^{m} \tag{7-1}$$

式中：R——爆破地震安全距离，m；

Q——炸药量，kg；齐发爆破取总炸药量；微差爆破或秒差爆破取最大一段药量；

v——地震安全速度，cm/s；

m——药量指数，取 1/3；

K、α——与爆破点地形、地质等条件有关的系数和衰减指数，可按表 7-7 选取，或由试验确定。

爆区不同岩性的 K、α 值　　表 7-7

岩　性	K	α
坚硬岩石	50～150	1.3～1.5
中硬岩石	150～250	1.5～1.8
软岩石	250～350	1.8～2.0

（3）在特殊建（构）筑物附近或爆破条件复杂地区进行爆破时，必须进行必要的爆破地震效应的监测或专门试验，以确定被保护物的安全性。

3. 爆破冲击波安全距离

（1）露天裸露爆破时，一次爆破的炸药量不得大于 20kg，并应按式（7-2）确定空气冲击波对掩体内避炮作业人员的安全距离。

$$R_k = 25\sqrt[3]{Q} \tag{7-2}$$

式中：R_k——空气冲击波对掩体内人员的最小安全距离，m；

Q——一次爆破的炸药量，kg；秒延期爆破时，Q 按各延期段中最大药量计算；毫秒延期爆破时，Q 按一次爆破的总炸药量计算。

(2)药包爆破作业指数 $n<$ 的爆破作业，对人和其他被保护对象的防护，应首先核定个别飞散物和地震安全距离。当需要考虑对空气冲击波的防护时，其安全距离由设计确定。

(3)地下爆破时，对人员和其他保护对象的空气冲击波安全距离由设计确定。地下大爆破的空气冲击波安全距离应邀请专家研究确定，并经单位总工程师批准。

(4)水下爆破当覆盖水厚度小于3倍药包半径时，对水面以上人员或其他保护对象的空气冲击波安全距离的计算原则与地面爆破时相同。

(5)在水深不大于30m的水域内进行水下爆破，水中冲击波的最小安全距离，应遵守下列规定。

①对人员按表7-8确定。

对人员的水中冲击波安全距离　　表7-8

炸药量(kg) / 最小距离(m) / 装药及人员状况		≤50	>50 ≤200	>200 ≤1 000
水中裸露装药	游泳	900	1 400	2 000
	潜水	1 200	1 800	2 600
钻孔或药室装药	游泳	500	700	1 100
	潜水	600	900	1 400

②对船舶：

非施工船舶：位于爆破点上游时1 000m，位于爆破点下游或静水区时1 500m。

施工船舶：按表7-9确定。

对施工船舶的水中冲击波安全距离　　表7-9

炸药量(kg) / 最小距离(m) / 装药及船舶状况		≤50	>50 ≤200	>200 ≤1 000
水中裸露装药	木船	200	300	500
	铁船	100	150	250
钻孔或药室装药	木船	100	150	250
	铁船	70	100	150

一次爆破炸药量大于1 000kg，对人员和施工船舶的水中冲击波安全距离，可按式(7-3)计算。

$$R = K_0 \sqrt[3]{Q} \tag{7-3}$$

式中：R——水中冲击波的最小安全距离，m；

Q——一次起爆的炸药量，kg；

K_0——系数,按表 7-10 选取。

K_0 值 表 7-10

装药条件	保护人员		保护施工船舶	
	游泳	潜水	木船	铁船
水中裸露装药	250	320	50	25
水下钻孔或药室装药	130	160	25	15

(6)在水深大于 30m 的水域内进行水下爆破,水中冲击波安全距离,通过实测和试验研究确定。

(7)在重要水工、港口设施附近或其他复杂环境中进行水下爆破,应进行测试和邀请专家研究确定安全距离。

4. 个别飞散物安全距离

爆破(抛掷爆破除外)时,个别飞散物对人员的安全距离不得小于表 7-11 的规定。

爆破(抛掷爆破除外)时,个别飞散物对人员的安全距离 表 7-11

爆破类型和方法	个别飞石的最小安全距离
一、露天土岩爆破①	
1. 破碎大块岩矿	
裸露药包爆破法②	400
浅眼爆破法	300
2. 浅眼爆破	200(复杂地质条件下或未形成台阶工作面时不小于 300)
3. 浅眼药壶爆破	300
4. 蛇穴爆破	300
5. 深孔爆破	按设计,但不小于 200
6. 深孔药壶爆破	按设计,但不小于 300
7. 浅眼眼底扩壶	50
8 深孔孔底扩壶	50
9. 峒室爆破	按设计,但不小于 300
二、爆破树墩	200
三、森林救火时,堆筑土壤防护带	50
四、爆破拆除沼泽地的路堤	100
五、河底疏浚爆破③	
1. 水面无冰时,用裸露药包或浅眼、深孔爆破	
水深小于 1.5m	与地面爆破相同
水深大于 6m	不考虑飞石对地面或水面以上人员的影响
水深 1.5 ~ 6m	由设计确定
2. 水面覆冰	200
3. 水底峒室爆破	由设计确定
六、破冰工程	
1. 爆破薄冰凌	50
2. 爆破覆冰	100
3. 爆破阻塞流冰	200
4. 爆破厚度大于 2m 的冰层或爆破阻塞流冰一次用药量超过 300kg	300

续上表

爆破类型和方法	个别飞石的最小安全距离
七、爆破金属物	
1. 在露天爆破场	1 500
2. 在装甲爆破坑中	150
3. 在厂区内空场上	由设计确定
4. 爆破热凝结构	按设计，但不小于 30
5. 爆炸成型与加工	由设计确定
八、拆除基础、炸倒房屋和构筑物：在建筑物附近进行开挖控制爆破	由设计确定
九、地震勘探爆破	
1. 浅井或地表爆破	按设计，但不小于 100
2. 在深孔中爆破	按设计，但不小于 30
十、用爆破器扩大钻井④	按设计，但不小于 50

注：①沿山坡爆破时，下坡方向的飞石安全距离应增大 50%。

②同时起爆或毫秒延期起爆的裸露爆破装药量（包括同时使用的导爆索装药量）不应超过 20kg。

③为防止船舶、木筏驶进危险区。应在上、下游最小安全距离以外设封锁线和信号。

④当爆破器置于钻井内深度大于 50m 时，最小安全距离可缩小至 20m。

对设备或建筑物的安全距离，应由设计确定。

抛掷爆破时，个别飞散物对人员、设备和建筑物的安全距离，应由设计确定，并报单位总工程师批准。

5. 库区外部安全距离和库间殉爆安全距离

(1) 设置爆破器材仓库或露天堆放爆破器材时，仓库或药堆至外部各种被保护对象的距离，应按下列条件确定：

①外部距离的起算点是库房的外墙墙根、药堆的边缘以及隧道式峒库的峒口。

②确定外部距离时，可不考虑炸药的性质。

③爆破器材储存区内有一个以上仓库或药堆时，应按每个仓库或药堆分别核定外部距离。

④确定仓库或药堆至企业的住宅区或村庄边缘的距离应遵守：地面库房或药堆不小于表 7-12 的规定；隧道式峒库不小于表 7-13 的规定。

地面爆破器材库或药堆至住宅区或村庄边缘的最小外部距离　　表 7-12

存药量(t)	≤200 ≥150	<150 ≥100	<100 ≥50	<50 ≥30	<30 ≥20	<20 ≥10	<10 ≥5	<5
最小外部距离(m)	1 000	900	800	700	600	500	400	300

注：表中距离适用于平坦地形，当遇到下列几种特定地形时，其数值可适当增减。

①当危险建筑物紧靠 20～30m 高的山脚下布置。山的坡度为 10°～25°时，危险建筑物与山背后建筑物之间距离与平坦地形相比，可适当减小 10%～30%。

②当危险建筑物紧靠 30～80m 高的山脚下布置，山的坡度为 25°～35°时，危险建筑物与山背后建筑物之间的距离与平坦地形相比，可适当减小 30%～50%。

③在一个山沟中，一侧山高为 30～60m，坡度 10°～25°，另侧山高 30～80m，坡度 25°～30°，沟宽 10m 左右，沟内两山坡脚下对布置的两建筑物之间的距离，与平坦地形相比，应增加 10%～50%。

④在一个山沟中，一侧山高为 30～60m，坡度 10°～25°，另侧山高 30～80m，坡度 25°～35°，沟宽 40～100m，沟的纵坡 4%～10%，沿沟纵深和沟的出口方向建筑物之间的距离，与平坦地形相比，应适当增加 10%～40%。

隧道式峒室至住宅区或村庄边缘的最小外部距离　表 7-13

距离(m) 存药量(t) 与峒口轴线交角 α	≤100 ≥50	<50 ≥30	<30 ≥20	<20 ≥10	<10 ≥5	<5
0° <α≤50°	1 500	1 250	1 100	1 000	850	750
50° <α≤70°	800	650	550	500	450	350
70° <α≤90°	450	400	350	300	250	250
90° <α≤180°	300	250	200	150	120	100

按表 7-13 确定距离时,应根据表中数据作图(图 7-1),且应使保护的住宅区或村庄位于图示的包络线(图 7-1 中虚线)之外。

图中 O 点为装药中心,是 90° ~180°范围作图的圆心;O'点为峒口中心,是 0° ~90°范围作图的圆心。

⑤仓库或药堆至其他保护对象的距离,应先按表 7-14 确定各该保护对象的防护等级系数,并以规定的系数分别乘以表 7-12 和表 7-13 规定的距离来确定。

(2)确定仓库间的殉爆安全距离,应遵守下列规定。

①A_1级库房或药堆间的距离,不小于表 7-15 的规定。

②A_2级库房或药堆间的距离,不小于表 7-16 的规定。

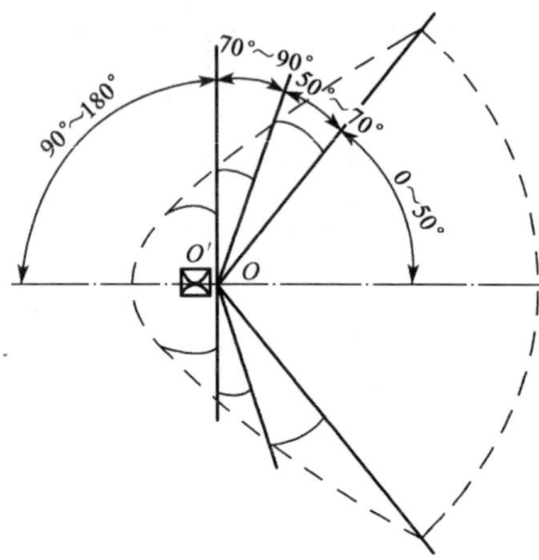

图 7-1　作图确定峒库与住宅区或村庄的距离

各种被保护对象的防护等级系数　表 7-14

被保护对象		防护等级系数		
		地面库	隧道式道库 0 ~90°	隧道式道库 90° ~180°
村庄边缘、企业住宅区边缘、其他单位的围墙、区域变电站的围墙		1.0	1.0	1.0
总人数不大于 50 人的零散住户边缘		0.6	0.6	0.7
地县级以下公路、通航汽轮的河流航道、铁路支线		0.6	0.6	0.7
国家铁路线、省级以上公路		0.8	0.8	0.9
高压输电线	500kV	1.5	2.0	1.5
	300kV	1.2	1.8	1.2
	220kV	1.0	1.5	1.0
	110kV	0.7	1.0	0.7
	35kV	0.4	0.6	0.4(注)
油库		0.6	1.2	0.6
人口不大于 10 万人的城镇规划边缘、有重要意义的建筑物、铁路车站		2.0	2.5	2.0(注)
人口大于 10 万人的城镇规划边缘		3.0	3.0	3.0(注)

注:峒轴线 ±90° ~ ±180°范围内,如有高耸建(构)筑物、输电线铁塔时,应通过地震安全性评价,专门确定防护等级系数。

A_1级仓库之间的最小距离　　表 7-15

距离(m)　存药量(t)　仓库类型	>30 ≤50	>20 ≤30	>10 ≤20	>5 ≤10	>2 ≤5	>1 ≤2	≤1
无土堤地面库、药堆	110	90	80	65	50	40	30
有土堤地面库	80	70	60	50	40	35	25

注:本表适用于黑索金、铵梯黑炸药、黑梯药注和胶质炸药。

A_2级仓库之间的最小距离　　表 7-16

距离(m)　存药量(t)　仓库类型	>100 ≤150	>50 ≤100	>30 ≤50	>20 ≤30	>10 ≤20	>5 ≤10	≤5
无土堤地面库、药堆	60	50	45	35	30	25	20
有土堤地面库	40	35	30	25	20	20	20

注:本表适用于梯恩梯、雷管、导爆索,其中雷管和导爆索按其装药量计算存药量。

③A_3级库房或药堆间的距离,不小于表 7-17 的规定。

A_3级仓库之间的最小距离　　表 7-17

距离(m)　存药量(t)　仓库类型	>150 ≤200	>100 ≤150	>50 ≤100	>30 ≤50	>20 ≤30	≤20
无土堤地面库、药堆	50	45	38	32	26	20
有土堤地面库	35	30	27	24	20	20

注:本表适用于硝铵类炸药和黑火药。

④隧道式峒库的峒口外沿峒轴线左右 75°范围内,不宜设其他爆破器材仓库或药堆。

第十二节　拆 除 工 程

拆除工程一般可分为人工拆除、机械拆除、爆破拆除三大类。根据被拆除建筑的高度、面积、结构形式采用不同的拆除方法。因为人工拆除、机械拆除、爆破拆除的方法不同,其特点也各有不同,所以在安全管理上各有侧重点。

拆除施工采用的脚手架、安全网等,必须由专业人员搭设,由项目经理组织技术、安全部门的有关人员验收合格后,方可投入使用。安全防护设施验收时,应按类别逐项查验,并应有验收记录。

施工单位必须依据拆除工程安全施工组织设计或方案,划定危险区域。施工前应通报施工注意事项,拆除工程有可能影响公共安全和周围居民的正常生活的情况时,应在施工前发出告示,做好宣传工作,并采取可靠的安全防护措施。

一、拆除工程一般安全控制要点

(1)拆除工程开工前,应根据工程特点、构造情况、工程量及有关资料编制安全施工组织设计或方案。在爆破拆除作业施工现场周边,应按照现行国家标准《安全标志》(GB 2894—2008)的规定,设置相关安全标志,并设专人巡查。

(2)拆除工程的安全施工组织设计或方案,应由专业工程技术人员编制,经施工单位技术负责人、总监理工程师审核批准后实施。施工过程中,如需变更安全施工组织设计或方案,应经原审批人批准,方可实施。

(3)拆除工程项目负责人是拆除工程施工现场的安全生产第一责任人。项目经理部应设专职安全员,检查落实各项安全技术措施。

(4)进入施工现场的作业人员必须佩戴相应的劳动保护用品(如安全帽、安全带、防护眼镜、防护手套、防护工作服等),并应正确使用。高处作业必须正确使用安全带。在恶劣的气候条件[如大雨、大雪、浓雾,六级以上(含六级)大风等]影响施工安全时,严禁拆除作业。

(5)拆除工程施工现场的安全管理由施工单位负责。从业人员应办理相关手续,签订劳动合同,进行安全培训,考试合格后,方可上岗作业。拆除工程施工前,必须由工程技术人员对施工作业人员进行书面安全技术交底,并履行签字手续,特种作业人员必须持有效证件上岗作业。

(6)施工现场临时用电必须按照《施工现场临时用电安全技术规范》(JGJ 46—2005)的有关规定执行。夜间施工必须有足够照明。电动机械和电动工具必须装设漏电保护器,其保护零线的电气连接应符合要求。对产生振动的设备,其保护零线的连接点不应少于3处。

(7)拆除施工严禁立体交叉作业。水平作业时,各工位间应有一定的安全距离。

(8)拆除工程施工过程中,当发生险情或异常情况时,应立即停止施工,查明原因,及时排除险情;发生生产安全事故时,要立即组织抢救,保护事故现场,并向有关部门报告。

二、某高架桥拆除施工的安全控制

目前,随着交通基础设施建设速度的不断加快与建设规模的扩大,为节约和合理利用空间资源,对原有结构部分拆除再新建的工程也越来越多。下面以某高架桥拆除工程为例,介绍桥梁拆除工程的安全控制要点。

1. 拆除施工安全控制要点

(1)混凝土箱梁梁体切割后的支撑体系。

(2)交通通行条件下混凝土箱梁梁体的安全切割,包括预应力钢束的安全解除。

(3)分解后大体积混凝土和钢梁的安全装车、运输。

(4)拆除期间保证地面道路正常通行,减少对周边环境影响的技术措施。

2. 箱梁支承体系

1)钢筋混凝土箱梁排架

混凝土箱梁拆除过程中,由于考虑场地限制和外运过程中路、桥的通过能力,箱梁切割分块以40t为限(图7-2)。切割后的梁块支撑与排架,夜间集中外运。因此在混凝土桥拆除过程中，排架的搭设质量和排架与箱梁的密贴程度是拆除安全的重要环节。

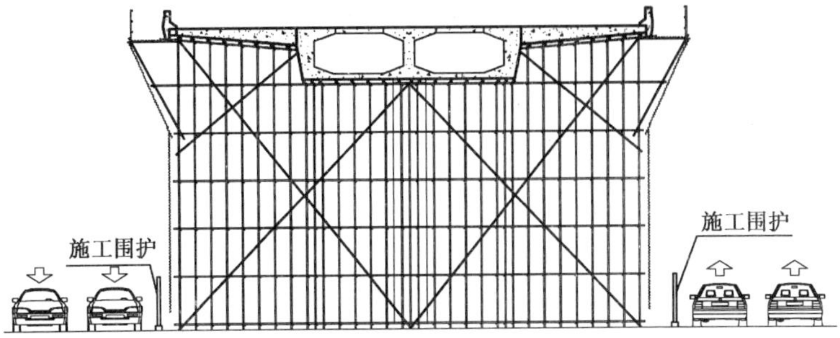

图 7-2　混凝土梁拆除排架

该拆除工程排架作业与一般新建工程的排架作业有一定的不同之处，箱梁切割时梁体内的应力释放，给排架造成一定的额外受力；梁底与排架之间若不能做到足够密实，则箱梁切割时会对排架造成较大的冲击力，影响排架安全；箱梁切割后，不同部位自重差别较大，排架受力极不均匀；在两侧车辆通行条件下进行箱梁拆除，必须考虑拆除过程中的行车安全。

为解决以上问题，本工程的排架施工采取了以下针对性的措施：

(1)针对不同部位，分别计算箱梁荷载，设置不同的排架密度。按箱梁底板下方、腹板下方、横隔梁处、中横梁处、端横梁处、翼板下方分别考虑，确保排架的强度和刚度满足工程要求。

(2)支架施工中考虑施工荷载引起弹性变形，必须将排架顶部的木料与箱梁底部紧密支撑(图 7-3)。确保支撑的紧密采用木楔紧固，用圆钉固定在搁栅上。切割作业前由质量技术人员对木楔的紧固程度进行逐一检查，确保支架整体与梁底密贴，切割后的混凝土块对支架无明显碰撞和冲击。

(3)尽量将应力初次释放位置设置于远离刚性支承的位置，在本工程中，大部分梁段在切割吊除翼板和顶板等附属结构后，主体结构的首次切割在跨中进行，同时对跨中下方的排架进行额外加密，以保证安全。

(4)拆除时地面支架四周用彩钢板围闭，确保行人车辆隔离(图 7-4)。拆除时箱梁的两侧搭设悬挑支架，悬挑支架的外侧立竹笆作为防护板，悬挑支架以下支架外侧均拉密目网防护，以防止切割时的碎混凝土块飞出。

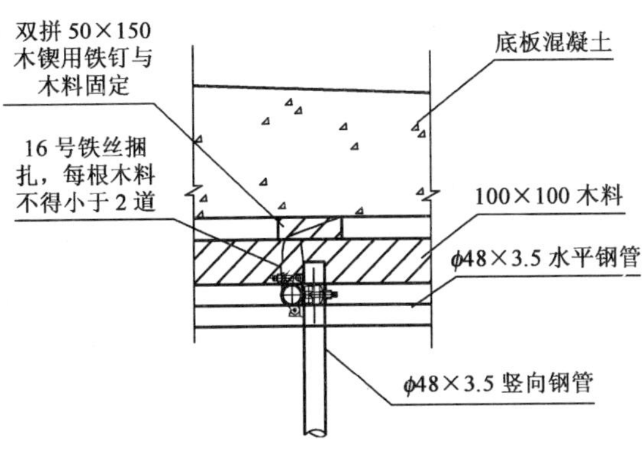

图 7-3　箱梁底部与支架圆钉固定结构图(单位：mm)

图 7-4　箱梁拆除时的支撑支架

2)支架支撑地基处理

箱梁投影面下的原有沥青路面及混凝土路面对箱梁拆除时脚手钢管的支撑承受能力大部分已经满足要求,此部位地基不另作处理,只需对地基位置的原地面进行找平。有部分位置由于开样沟进行管线探测或其他原因造成局部损坏,达不到地基承载力要求的地基将进行加固处理。加固处理的地基采用 C20 混凝土,浇筑厚度不小于 150mm。

3. 箱梁切割

施工工艺流程如图 7-5 所示。

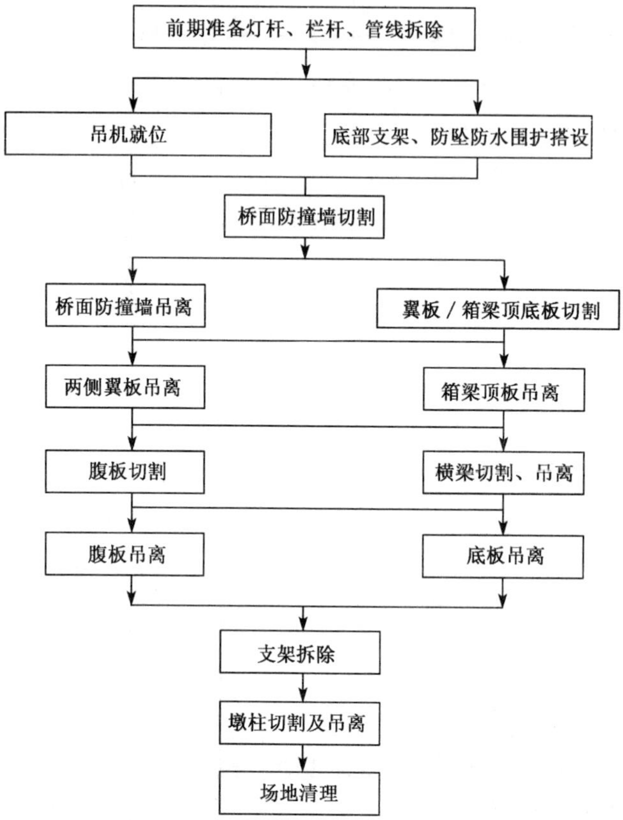

图 7-5　箱梁切割施工工艺流程

1)切割方法的选择

该段高架地处外滩附近,高架投影下方有部分车道通行,高架距离两边建筑距离小,因此对拆除方法的选择有一定限制。通常对拆除量较大、工期要求紧的拆除工程常采用的定向爆破拆除方式,在工程中由于对周边建筑和行车的安全问题无法使用;对于一般建筑拆除中常用的液压镐头机拆除由于过程中的噪声、粉尘、碎块问题也无法使用。因此在综合考虑工期、安全、环境(噪声、粉尘、周边建筑保护)后,采用液压片锯和链锯系统切割。箱梁切割设备如图 7-6所示。

(1)液压片锯系统:利用镶有工业钻石的片锯高速切割含有钢筋的混凝土,具有切割位置精确、速度快的特点。在工程中用于箱梁顶板、底板的切割。

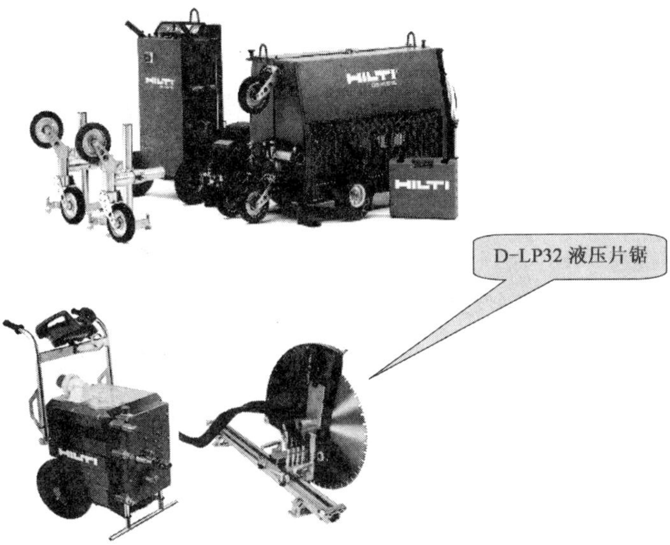

图 7-6　箱梁切割设备

(2)液压链锯系统:利用镶有工业钻石的柔性串珠绳环绕被切割混凝土构件,通过液压传动主动轮驱动柔性串珠绳环绕构件高速旋转,行走电动机驱动柔性串珠绳紧贴构件摩擦切割混凝土及其中的钢筋。线锯适合切割不规则的断面切割和大体积混凝土切割。具有切割噪声低(低于 60dB)、柔性切割无振动的特点。在工程中用于腹板、翼板和立柱的切割。

经拆除实践检验,选用的切割工艺和切割设备满足了工程的要求。

2)混凝土箱梁的分块

箱梁拆除时先按图 7-7 所示进行切割分解。除防撞墙切割时直接由吊机悬吊外,其余各分块切割后暂时由排架承受荷载,然后由吊机装车。分块切割施工如图 7-8 所示。

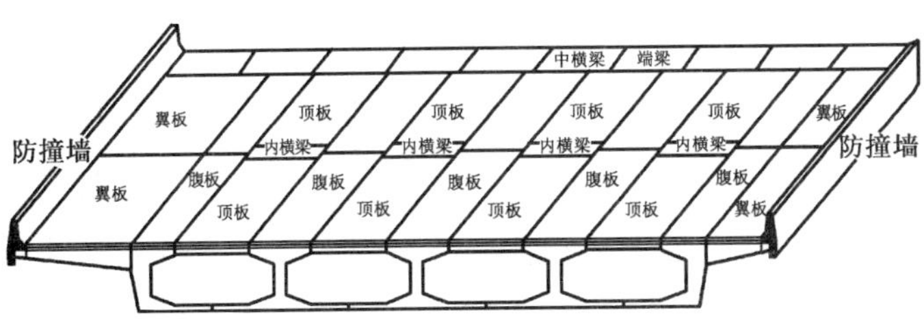

图 7-7　箱梁切割分块图

图 7-8　分块切割施工

混凝土箱梁的具体分块原则如下:

(1)防撞墙与翼板

防撞墙与翼板采用链锯切割。翼板通常连同钢筋混凝土铺装层和沥青铺装层一起采用片锯切割。分段长度按 2.5m 控制,单块质量不超过 20t。

(2)顶板

顶板通常也连同钢筋混凝土铺装层和沥青铺装层一起采用片锯切割,每室一块,单块质量不超过 16t。

顶板吊装建议采用汽车吊桥面吊装。

(3)内横梁

内横梁通常采用链锯切割。每室一块,单块质量不超过5t。

内横梁吊装建议采用汽车吊桥面吊装。

(4)腹板及底板

腹板通常采用链锯切割。标准断面分段长度5m左右,靠近梁端部分分段长度适当减小,建议按单块质量不超过50t控制。

腹板吊装采用钻吊装孔穿钢丝绳,履带吊地面吊装的方法。

(5)端梁和中横梁

端横梁和中横梁宜采用链锯切割。根据梁宽每跨分割为4~10块,按单块质量不超过50t控制。

端梁和中横梁吊装采用履带吊地面吊装。

3)混凝土箱梁的切割

(1)防撞墙和翼板切割

首先利用钻石钻孔机在翼板顶面开4个吊装孔,位置在离端部 $L/4$ 处,随后进行横向分块切割(链切割)。

待横向切割完成,吊装孔内穿入2根钢丝绳把翼板拴牢,启动吊机,收紧钢丝绳。

最后利用链锯对翼板纵向分离,切割时应放慢切割速度,注意预应力的释放情况。

(2)顶板切割(图7-9)

图7-9 顶板切割示意图

首先开设4个吊装孔,位置在距端部 $L/4$ 处。

切割时,先切割一横两纵三条边,为防止切割伤及受力钢筋,切割时严禁过量切割,每个转角的部位另设3个200mm转角工艺孔,待三边切割完以后,同样利用4个吊装孔穿入2根28mm钢丝绳把顶板混凝土块拴牢,启动90t汽车吊,收紧钢丝绳,注意事项同防撞墙/翼板切割。最后切割根部横边使顶板分离,切割完成后,再进行转角工艺孔施工。

(3)腹板、底板及横梁切割(图7-10)

腹板及横梁切割前预先用48mm以上规格的钢丝绳捆绑,然后用150t履带吊吊起,收紧钢丝绳,链锯切割分离。底板拟与腹板一起吊离,因此底板与腹板之间不需切割,在每个箱室的底板中央纵向用片锯切割一条割缝即可吊装腹板。

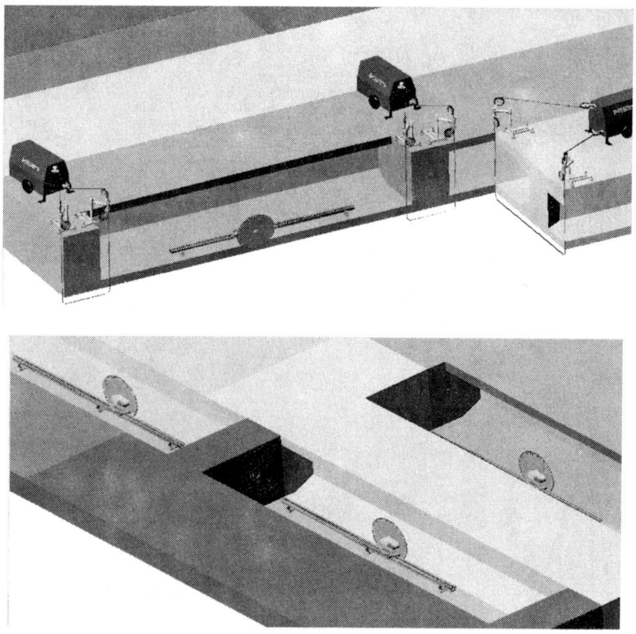

图 7-10　腹板、底板及横梁切割示意图

(4)墩柱切割

上部结构箱梁切割拆除后,先将部分钢管支护及脚手架围护拆除,然后拆除墩柱。

根据墩柱不同的截面按 40t/块分段,切割链锯水平切割拆除,从上到下依次分段切割拆除。

吊装时每一段墩柱切割前都预先植入钢筋。植筋采用 ϕ25mm 螺纹钢筋,埋深 200mm,在钢筋上焊接吊耳。然后利用 150t 汽车吊起吊,运输采用 40t 平板车。

4)预应力束的切割

原高架预应力采用后张法施工,即钢绞线在张拉结束后,进行压浆及封锚,箱梁与钢绞线之间通过浆体黏结力结合成整体。

混凝土箱梁预应力分为横向预应力与纵向预应力。

横向预应力分布在箱梁顶板、底板及横梁位置,规格 12 − ϕ^{s}15.24、3 − ϕ^{s}15.24 两种类型。纵向预应力分布在腹板及底板位置,规格为 9 − ϕ^{s}15.24、3 − ϕ^{s}15.24 两种类型。

预应力解除原则:

(1)预应力筋在切割过程中直接释放。

(2)切割时遵循缓慢释放的原则,钢绞线逐根切断。

(3)单端锚头先行释放。

(4)为安全起见,片锯切割钢绞线时若发现封锚不密实,立即暂停切割,改用链锯放慢速度切割。

4. 不规则梁块的吊装安全

作为持续进行的大型起重吊装作业，在作业前详细勘察了现场，按照工程特点及作业环境编制专项方案，并经审批，其内容包括：现场环境及措施、工程概况及施工工艺、起重机械的选型依据、起重扒杆的设计计算、钢丝绳索具的设计选用、地耐力及道路的要求、构件堆放就位以及吊装过程中的各种防护措施等。

为保证吊装作业的稳定，质量最大、形状比较复杂的腹板吊装采用在腹板上钻孔穿钢丝绳的方式（图 7-11）。

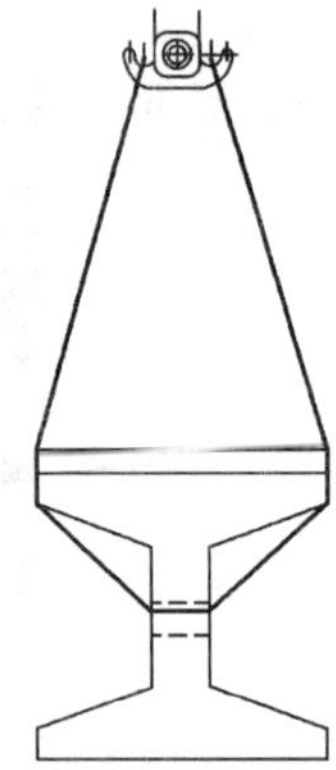

图 7-11　腹板吊装固定示意图

对于形状最复杂的翼板的吊装，采用竖向钻孔，钢丝绳穿过吊装孔后在底部用钢棒固定的方法，以保证吊装稳定（图 7-12、图 7-13）。

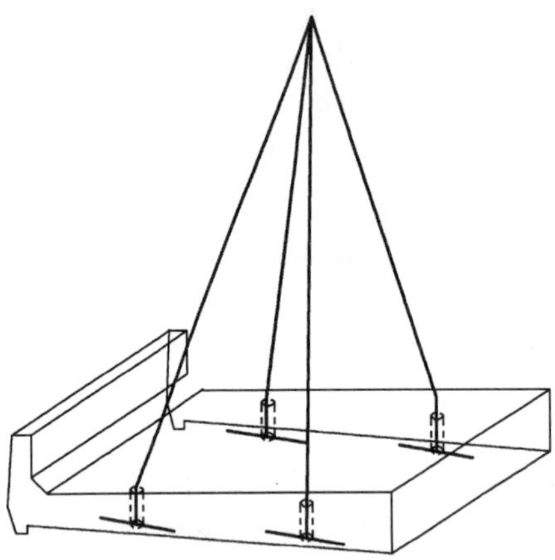

图 7-12　翼板吊装固定示意图

图 7-13　翼板吊装作业

施工前对该段的承载力进行了估算，确保吊装作业对管线、隧道无影响。

5. 拆除中的风险控制

桥梁拆除属于危险性较大的工程，应当编制专项施工方案，认真对危险源进行普查、识别，并提出危险源控制措施，具体如表 7-18 所示。

危险源清单列表　　表 7-18

序号	危险源部位	危险源因素	危险源控制措施
1	物体打击	高处材料堆放超荷载或堆放过高，脚手架上堆物超过允许负荷	严格控制堆物高度
2		在起吊物下作业、停留	起重时吊臂下方禁止人员停留
3		构件拆除时未对构件支撑或支撑不到位	严格按照施工方案设置支撑
4	车辆伤害	切割施工时两侧车道继续通行，可能导致车辆伤害	施工人员、机具严禁侵入临时行车界限
5		作业人员违章动火	加强安全规范的检查

续上表

序号	危险源部位	危险源因素	危险源控制措施
6	起重伤害	作业人员未领会吊装方案意图	吊装前对施工人员进行交底
7		作业时缺乏专业指挥,或吊车驾驶员不遵循指挥指令	吊装作业应派专人统一指挥,人员要求明确分工
8		驾驶员疲劳作业,思想不集中,操作失误	加强起重指挥、操作工的上岗培训
9		吊机性能不满足吊装要求;吊装过程中不遵循吊装方案	制订安全技术方案,各种起重机局部的超负荷使用
10		吊机机械限位装置或卷扬机制动失灵	加强机械设备的进场验收;吊装前严格检查起重设备各部位的可靠性和安全性
11		吊装钢丝绳断丝、磨损严重,吊耳焊接不牢靠	加强吊具的检查和保养,吊耳必须焊接牢靠
12	触电	电工、电焊工违章作业,未按三级用电、两级保护要求接电	加强电焊工作业时的培训;加强电工的上岗培训
13		电箱、电缆使用不规范的产品	加强安全用品的验收
14		雨天露天焊接作业	雨天禁止露天焊接作业
15	火灾	危险品及受压容器不按规定使用、堆放	加强安全用品使用管理,现场设置危险品仓库,仓库钥匙由专人保管
16		危险区域动火无专人监护、未配备有效消防	加强消防教育和监督检查,贯彻动火证制度
17	高处坠落	临时护栏、登高梯等设置不规范	按要求进行临边防护和登高梯的作业
18		作业安装时高空作业人员无可靠站足点	支架搭设时考虑高处作业的防护工作,加强对工人高处作业的安全教育
19		雷雨、大风、大雾等恶劣天气高空作业	恶劣天气暂停高空作业
20	坍塌	脚手架拆除顺序错误	脚手架拆除应自上而下,不得对上下双层操作,不得任意抛掷
21	其他伤害	桥梁拆除过程中切割既有结构的碎块飞溅	拆除工作面周边封闭,加强拆出现场的安全管理

第十三节 水上作业和水下作业

一、水上作业安全要点

1. 水上作业的一般要求

(1)根据交通运输部《水上水下施工作业通航安全管理规定》,在国内沿海和内河水域水上施工作业前,必须按规定申请办理《水上水下施工作业许可证》,并办理航行警告、航行通告等有关手续。

(2)参与施工的船舶必须具有海事、船舶检验部门核发的各类有效证书,船舶操作人员应具有与岗位相适应的适任证书,并接受当地有关执法部门的监督和检查。

(3)施工船舶在施工中要严格遵守《国际海上避碰规则》、《海上交通安全法》、《内河交通安全管理条例》等有关规定及要求。

(4)在编制水上工程施工组织设计的同时,必须制订工程船舶施工安全技术措施。

(5)工程开工前,应由项目经理部组织安全管理部门、船机部门等有关人员,对水上施工区域及船舶作业、航行的水上、水下、空中及岸边障碍物等进行实地勘察,制订防护性安全技术措施。

(6)施工现场技术负责人,应向参加施工的工程船舶、水上水下作业人员进行施工安全技术措施交底,所有参加人员必须签到,并应做好记录。

2. 水上作业安全注意事项

(1)水上施工作业人员,必须穿救生衣,严禁酒后上岗作业,严禁船员在船期间饮酒。

(2)水上施工作业船舶,必须按有关规定在明显处设置昼夜显示的信号及醒目标志,并配备必要的救生设施和消防器材。

(3)施工作业者在施工作业期间应按海事部门确定的安全要求,设置必要的安全作业区或警戒区,设置有关标志或配备警戒船。

(4)施工船舶应配备有效的通信设备,并在指定的频道上收听,主动与过往船舶联系沟通,将本船的施工、航行动向告知他船,确保航行和施工安全。

(5)施工船舶作业人员,必须严格执行安全操作技术规程,船舶装载时,严禁超载或偏载。

(6)船舶靠岸后人员上下船,应搭设符合安全要求的跳板。

(7)水上作业船舶如遇有大风、大浪、雾天时,超过船舶抗风浪等级或能见度不良时,应停止作业。

(8)在水上搭设的作业平台,必须牢固可靠,悬挂的避碰标志和灯标应符合有关安全技术规定。水上作业平台应配备必要的救生设施和消防器材以及防撞设施。

(9)交通船应按额定的载客数量载人,船上必须按规定配置救生设备。

二、潜水作业安全要点

1. 潜水作业的一般要求

(1)从事施工潜水作业,必须遵守《潜水员管理办法》及《潜水员管理办法实施细则》的有关规定。

(2)潜水作业应遵循“安全第一,预防为主,组织严谨,依法管理”的原则,保障潜水人员的健康和安全。

(3)潜水作业应接受国家海事管理机构的安全监督和管理,包括对潜水作业及船舶、设备进行检查和事故调查处理。

(4)从业潜水人员必须具有有效潜水员证书。

(5)潜水作业组必须制订安全管理制度和各岗位人员职责,作业后认真填写潜水日志。

(6)潜水设备和装置必须通过有关法定部门定期检验,使用前应做例行检查。

2. 潜水作业的安全注意事项

(1)通风式重装潜水作业组一般每组由潜水员、信绳员、电话员、收放潜水胶管员四人组成,应由专门作业人员操作,离基地外出潜水作业时,必须具备两组同时潜水的作业能力。

(2)潜水作业前施工负责人必须将下潜任务、下潜环境、水深、流速、流向、水质、水文、地质等情况,向潜水人员进行交底。

(3)要根据水下作业内容和工作量,结合作业现场条件,制订潜水作业方案和应急安全保障措施。

(4)潜水作业时,潜水工作船应悬挂信号旗;夜间作业应悬挂潜水信号灯,并应有足够的工作照明。

(5)多组潜水作业人员在同一个工作面工作时,要随时注意检查信号绳和供气管,防止相互绞缠。

(6)潜水现场必须备有急救箱以及急救手册和相应的急救器具。

(7)严格控制潜水作业时间和周期,潜水员在未得到充分休息时,不得安排作业。

(8)对超过不减压界限深度的潜水工作现场,应备有减压舱等设备,潜水员作业后应及时进舱减压。

第八章　路基路面工程施工安全控制要点

路基路面工程施工易产生物体打击、机械伤害、爆炸、触电、中毒、滑坡、泥石流、坍塌等安全事故,安全生产管理难度较大。因此,在安全生产管理中,应紧密围绕减少或消除人的不安全行为、机械设备与材料的不安全状态和改善生产环境及保护自然环境的目标,设立安全生产管理机构,配备安全生产管理人员,配置安全防护设施和劳动保护用品,建立健全各项安全生产规章制度,消除和控制安全隐患,以减少或避免安全事故的发生。本章主要介绍路基土方工程、石方工程、路面基层、沥青混凝土路面、水泥混凝土路面、压实碾压与旧路面凿除、支挡防护与防排水工程、滑坡地段、泥石流地段、特殊土路基和改扩建工程等施工安全控制要点。

第一节　路 基 工 程

一、土方工程施工安全控制要点

(1)土方开挖前,必须了解土质、地下水等情况;查清地下埋设的管道、电缆和有毒有害气体等危险物以及文物古迹的位置、深度走向,并加设标记、设置防护栏杆。施工现场技术负责人在开工前必须对作业人员详细交底,内容包括:地下设施情况及其危险性、施工作业方法、安全技术措施要点等。

(2)开挖深度超过 2m 时,其边缘上面作业同样应视为高处作业,要设置警告标志,特别是在街道、居民区、行车道和现场通道附近开挖土方时,不论深度大小都要设置警告标志和高度不低于 1.2m 的双道防护栏或定型护身栏,夜间还要设红色警示灯。

(3)在沟槽(坑)边缘 1m 以内不准堆土或堆放物料,距沟槽(坑)边缘 1 ~ 3m 间堆土高度不得超过 1.5m,距沟槽(坑)边缘 3 ~ 5m 间堆土高度不得超过 2.5m,停置车辆、设备、起重机械、振动机械不少于 4m,小翻斗车往沟槽内卸料时,要设专道,并在距沟槽(坑)边缘 1m 处设限制器。

(4)要特别注意在靠近建筑物、设备基础、电杆及各种脚手架附近挖土时,必须采取安全防护措施。

(5)开挖沟槽时,应当根据土质情况进行放坡或支撑防护。挖掘深度超过 1.5m,而且不加支撑时,应按规定确定放坡坡度。如果因施工区域狭窄等原因不能放坡,则应按规定采取围壁措施。要注意围壁支撑的木料,不能有糟、朽、断、裂现象。

(6)人力挖掘土方必须遵守下列规定:

①对锹、镐、锤等操作工具应随时检查,确保木柄结实,连接牢靠。

②开挖土方,操作人员之间必须保持足够的安全距离,横向间距不小于 2m,纵向间距不小

于3m。

③开挖土方必须按自上而下的顺序放坡进行，严禁采用挖空底脚的操作方法。

(7)高陡边坡处施工，必须遵守下列规定：

①作业人员必须绑系安全带，绑挂安全带的绳索应牢固地拴在树干或插固的钢钎上，绳索应垂直。不得在同一安全桩上拴两根及以上安全绳或在一根安全绳上拴两人以上。

②边坡开挖中如遇地下水涌出，应先排水，后开挖。

③开挖工作应与装运作业面相互错开，严禁上、下双重作业。

④弃土下方和有滚石危险的区域，应设警告标志，下方有道路时，作业时严禁通行。清理路堑边坡上突出的块石和整修边坡时，应从上而下顺序进行，坡面上的松动土、石块必须及时清除。坡面上的操作人员需戴安全帽。严禁在危石下方作业、休息和存放机具。边坡上方有人工作时，边坡下方不准站人。

⑤高边坡开挖：作业人员要戴安全帽，并安排专职人员对上边坡进行监视，防止上部塌方和物体坠落。现场施工负责人、技术人员和安全人员要随时观察高边坡是否有滑动的可能并及时采取安全措施。

⑥深基坑开挖抛土距坑边缘太近：班组长应安排作业人员指挥，安全员负责监控，要及时地指挥作业人员将基坑边缘的土移到规定距离之外。

⑦高边坡浆砌和干砌无人看管：班组长要安排专职人员查看边坡上的情况，以防止边坡上有异物坠落，作业人员必须戴安全帽。

(8)设有支挡工程的地质不良地段，应根据设计文件要求并结合实际情况，在认真确定分段开挖的同时，及时分段修建支挡工程，应待支挡结构的强度达到设计规定后，方可开挖土方。在开挖过程中应严密注意土体的稳定情况，并应有相应的安全措施，同时注意弃土的堆放，以免影响不良地段的原有稳定状态。

(9)施工中如发现山体有滑动、崩塌迹象危及施工安全时，应暂停施工，撤出人员和机具，并根据实际情况，研究制订新的施工方案和安全措施。

(10)滑坡地段的开挖，应从滑坡体两侧向中部自上而下进行，严禁全面拉槽开挖。弃土不得堆在主滑区内。开挖挡墙基槽也应从滑坡体两侧向中部分段跳槽进行，并加强支撑，及时砌筑和回填墙背。施工中要设专人观察，严防塌方。

(11)在落石与岩堆地段施工，应先清理危石和设置拦截设施后再进行开挖。其开挖面坡度应按设计进行，坡面上的松动石块应边挖边清除，严防岩堆松动滑脱伤人。

(12)岩溶地区施工，应认真处理岩溶水的涌出，以免导致突发性的坍陷。

(13)泥沼地段施工，应制订和落实预防人、机下陷的安全技术措施。挖出的废土应堆置在合适的地方，以防汛期造成人为的泥石流。

(14)施工中遇有土体不稳、发生坍塌危险、水位暴涨或山洪暴发以及在爆破警戒区内听到爆破信号时，应立即停工，人、机撤至安全地点。当工作场所出现陷机或工作面不足、难以保证安全作业时，应暂停施工。

(15)沟槽(坑)回填时，必须在构筑物两侧对称回填夯实。使用推土机回填土时，严禁从一侧直接将土推入沟槽(坑)；使用手推车回填土时，沟槽(坑)边应设挡板，卸土时不得撒把。

(16)使用机械破冻土时，机械5m以内禁止站人，并应注意附近建筑物的安全。人工打钎开挖冻土时，扶钎要用长把工具夹住，打锤人要站在扶钎人的侧面。钢钎要经常盘头，以防毛刺飞崩伤人。

(17)运土方的车辆会车时，应轻车让重车。通过窄路、交叉路口、铁路道口和交通繁忙地段以及转弯时，应注意来往行人的车辆。重车运行，前后两车间距必须大于5m，下坡时，间距不小于10m，严禁车上乘人，过道(包括施工便道以及便道与路基的连接道)应设专人管理、维修。悬崖陡壁处应设防护栏杆。

(18)电动蛙式夯机的电源线必须完好无损，并应安装漏电保护器。操作时，应带绝缘手套，并要求一人操作、一人扶持电缆进行辅助。辅助与操作人员必须密切配合，严禁在夯机前方隔机扔电缆或背线拖拉前进。电缆线不应扭结和缠绕，不得夯及电缆线，也不得在斜坡上夯打。停用或搬运打桩机时，应切断电源。

(19)机械在危险地段作业时，必须设明显的安全警告标志，并应设专人站在操作人员能看清的地方指挥。驾机人员只能接受指挥人员发出的规定信号。

(20)配合机械作业的清底、平地、修坡等辅助工作应与机械作业交替进行。机上、机下人员必须密切配合，协同作业；必要时设专人指挥。当必须在机械作业范围内同时进行辅助工作时，应停止机械运转后，辅助人员方可进入。

(21)机械进场前，应查清所通过道路、桥梁的净宽、限高和承载力是否满足通过要求，否则应拓宽和加固或绕线。机械应有临时停机场地或机棚，棚内严禁烟火，机械人员必须掌握所备灭火器材的使用方法。

(22)在电杆附近挖土时，对于不能取消的拉线地垄及杆身，应留出土台。土台半径：电杆为1～1.5m，拉线为1.5～2.5m，并视土质决定边坡坡度。土台周围应插标杆示警。

(23)机械在边坡、边沟附近作业时，应与边缘保持必要的安全距离，使轮胎(履带)压在坚实的地面上。

(24)挖掘机安全作业要点：

①发动机起动或操作开始前应发出信号。起动后，严禁在铲斗内、臂杆、履带和机棚上站人。

②装载作业时，应待汽车停稳后，再进行装料。

③卸料时，在不碰击自卸汽车任何部位的情况下，铲斗应尽量降低，并禁止铲斗从汽车驾驶室上越过。

④作业时，禁止任何人上下机械和传递物件，不准边工作边维修、保养。

⑤作业时，不要随便调节发动机、调速器以及液压系统、电器系统。

⑥作业时，要注意选择和创造合理的工作面，严禁掏洞挖掘。

⑦禁止用铲斗击(破)碎坚固物体，也不准用回转机械方式使铲斗破碎坚固物体。

⑧禁止将挖掘机布置在上下两个采掘段(面)内同时作业。在工作面内移动时，应先平整地面并排除通道内的障碍物。如需在松软地面上移动时，须在行走装置下垫方木，同时视下陷情况及时进行处理。

⑨作业时，如遇较大石块或坚硬物体时，应先清除再继续作业。

⑩禁止用铲斗杆或铲斗油缸全伸出顶起挖掘机。铲斗没有离开地面时，挖掘机不能做横向行驶或回转运动。

⑪禁止在电线等架空物下作业，不准将满载铲斗长时间滞留在空中。

⑫禁止用挖掘机动臂拖拉位于侧面的重物，禁止用液压挖掘机工作装置突然下落冲击方式进行挖掘。

⑬回转平台上部在做回转运动时，回转手柄不能做相反方向的操作。

⑭操作人员必须随时注意机械各部件的运转情况，发现异常应立即停机，及时检修。

⑮正铲装置处于履带行走装置对角线位置（45°左右）时，不得在停机面以下作业。

⑯机械传动式挖掘机的安全控制要点：

a. 作业时，禁止用手触摸滑轮和钢丝绳。

b. 对动臂顶端滑轮和钢丝绳进行检修或拆换时，应将铲斗和动臂放落到地面或使用带钩的梯子，禁止人员在动臂上行上行下。

⑰液压挖掘机在工作中应经常检查液压油温度是否正常。

⑱挖掘机行走时，遇电线、交叉道、管道和桥梁时，须有专人指挥，挖掘机与高压电线的距离不得少于5m，应尽可能避免倒退行走。

⑲行走时，动臂应和履带平行，回转台应保持铲斗离地面1m左右。下坡应用低速行驶，禁止变速和滑行。

⑳挖掘机行走路线应与路面、沟渠、基坑边缘保持足够的安全距离，以免滑翻。

（25）推土机安全作业要点

①了解作业区的地势和土壤种类，测定危险点及选定最佳的操作方法。

②如果作业区有大块石头或大坑穴时，应预先清除或填平。

③除驾驶室外，机上其他地方禁止载人，行驶中任何人不得上下推土机。

④行驶时，铲刀应离地面40~50cm。

⑤严禁在运转中或在斜坡上进行紧固、润滑保养和修理推土机。

⑥上下斜坡时，先选择最合适的斜坡运行速度，在斜坡上不得改变运行速度。行驶时，应直接向上或向下行驶，不得横向或对角线行驶。下坡时，禁止空挡滑行或高速行驶；下陡坡时，应放下推土铲使之与地面接触并倒退下坡。避免在斜坡上转弯掉头。轮胎推土机不能在超过规定坡度的场地上作业。

⑦在坡地上工作时，若发动机熄火，应立即将推土机制动，用三角木等将推土机履带楔紧后，将离合器杆置于脱开位置，变速杆置于空挡位置，方能启动发动机，以防推土机溜坡。

⑧工作中驾驶员需要离开机器时，必须将操纵杆置于空挡位置，将推土机放下并将机器制动，熄灭发动机后方可离开。

⑨在危险或视线受限的地方，一定要下机检视，确认能安全作业后方能继续工作。严禁推土机在斜坡的状态下爬过障碍物，爬过障碍物时不得脱开一个离合器。

⑩避免突然起步、加速或停止，避免高速行驶或急转弯。

⑪填沟或回填土时，禁止推土机铲超出沟槽边缘，可用一铲顶一铲的推土方法填土，并换好倒车挡后，才能提升推土铲进行倒车。在深沟、陡坡的施工现场作业时，应由专人指挥，以确保安全。

⑫多机在同一作业面作业时，前后两机相距不应小于8m，左右相距应大于1.5m。两台或两台以上推土机并排推土时，两推土机刀片之间应保持20~30cm间距；推土机下坡时，其坡

度不得大于30°，在横坡上作业，其横坡度不得大于10°。下坡时，宜采用后退下行，严禁空挡滑行，必要时可放下刀片作辅助制动。

⑬在垂直边坡的沟槽作业时，对于大型推土机，沟槽深度不得超过2m，对于小型推土机，沟槽深度不得超过1.5m。若沟槽深度超过上述规定值时，必须按规定放好安全装置或采取其他安全措施后，方可进行施工。

⑭轮胎推土机用于除冰、除雪作业时，轮胎要加防滑链。用于清除石料作业时，要加装轮胎保护链。

⑮工作现场有电线杆时，应根据电线杆的结构、埋入深度和土质情况，使其周围保持一定的安全土堆。电压超过380V的高压线，其保留土堆大小应征得电业部门或电业专业人员的同意。

⑯在爆破现场作业时，爆破前必须把推土机开到安全地带。进入现场前，操作人员必须了解现场有无瞎炮等情况，确认安全后，方可将推土机开入现场。如发现有不安全之处，必须待处理后再继续施工。

⑰若必须要在推土铲下进行维修等作业，则首先应将推土铲升到所需的位置，先锁好分配器，锁住安全锁，并用垫块将推土机刀铲垫牢固后，方可进行作业。

⑱履带推土机不准在沥青路面上行驶，当必须从沥青路面上通过时，应铺设道木、草袋等以免破坏路面。通过铁道时，应在轨道两边和中间铺设道木，直行通过，禁止转向。通过交叉口时，应注意来往行人和车辆，确保安全通过。

⑲倒车时，应特别注意块石或其他障碍物，防止碰坏油底壳。

⑳推土机在摘卸推土刀片时，必须考虑下次挂装的方便。摘刀片时辅助人员应同驾驶员密切配合，抽穿钢丝绳时应戴帆布手套，严禁将眼睛挨近绳孔窥视。

㉑用推土机伐除大树或清除残墙断壁时，应提高着力点，防止其上部反向倒下。

（26）铲运机安全作业要点：

①拖式铲运机

a. 作业前应先将运行道路刮平，其宽度应大于机身宽2m。

b. 行驶中严禁把铲斗和斗门提升到最高点，以免在转弯时将钢丝绳崩断，下坡时，应放下铲运机斗作辅助制动，严禁空挡滑行。

c. 铲斗与机身不正时，不得铲土。

d. 驾驶员离开机车时，应将变速杆放在空挡，并关闭发动机，将铲斗放落在地上。

e. 在新填的土堤上作业，应离开土堤边缘1m以上，靠路堤边缘填土时，必须保持外侧高内侧低和纵向基本平顺，卸土时铲斗应放低，防止铲运机滑落。

f. 多台铲运机作业，前后净距不得小于10m，左右净距不得小于2m。

g. 清除铲斗内积土时，必须先把铲斗牢固支起，推土板回复常位后，人员才能进入铲斗内清除积土。

h. 拖运铲运机时，必须用挂钩将铲斗挂牢，解除钢丝绳负荷。

②自行式铲运机

a. 运行车道必须平整坚实，单行道的宽度不得小于4.5m（或1.5倍车宽），超、会车时，两车净距不得小于1m。

b. 多台机械在工地纵队行驶时，前后间距不得小于20m。

c. 在作业过程中发现后主离合器制动不灵、机械有异响、警报器报警时，应立即停车检修。

d. 特别注意严禁在大于15°的横坡上行驶，不应在陡坡上进行危险性作业。

(27)平地机安全作业要点

①启动发动机时，时间一次不得超过30s，如需再次启动，须将钥匙转回关闭位置，待2min后再启动。

②在作业过程中，如遇报警信号灯闪亮或报警音鸣响时，应尽快停止平地机的工作，查明故障并予以排除后，方可继续进行作业。

③发动机启动后，各仪表读数均应在规定值的范围内。发动机转动时，不得操纵冷启动开关，否则会造成发动机严重损坏。

④驾驶平地机时，不得把脚放在离合器或制动踏板上。起步、停车或转向应使用离合器。

⑤行驶中应把刮刀升高，并保持在平地机的宽度内，确保转向时前轮不碰刮刀。

⑥在发动机处于高速运转状态下时，不得切换转入较低挡位，以免损坏变速器。

⑦转向或使用轴驱动轮转向时，不得锁止差速器。可使前轮倾斜以减少平地机转向半径，但在高速行驶时不得使用，以防止出现急剧的反作用力。转向后应把前轮定在垂直的位置。

⑧在陡坡上作业时，不得使用铰接机架，以防止翻车造成严重的人机损伤。在陡坡上来回进行作业时，刮刀伸出的方向应始终朝向下坡方向。

⑨平地机作业时，刮刀与机架中心线的工作夹角应在15°～75°的范围内。刮刀的回转与铲土角的调整以及向机外倾斜都必须在停机时进行，作业时刮刀的升降量不得过大。

⑩左右(侧)平地时，侧摆转盘手柄使转盘与牵引架稍向机架左(右)偏置，在要求的切土深度把刮刀水平放置，前轮向(左)右倾斜，料堆在左(右)双驱轮之外形成。

如果用铲接式平地机左(右)倾平地时，使机架各右(左)铰接。如果驱动轮打滑，则减小铰接角度，可以减少切土角度及侧推力。

⑪一旦刮刀操作开始后，可使用增减开关来改变"坡度跟踪控制器"的提升，这样可以使泥土带出刮刀外。

⑫在"S"形弯道路肩右(左)起点作业时，前轮需稍向左(右)倾斜，向右(左)打方向，把刀尖定在左(右)前轮外侧后面。平地时，始终让刀尖处在接近边沟的路肩边缘上。

⑬在右侧开"V"形边沟时，让刀尖处于右前轮外缘，刀尾处于左双轴驱动轮之前，刮刀后倾，升起刀尾，以便将泥土运向左双轴驱动轮内侧，同时前轮左倾，沿着标线慢慢前进。如果使用铰线式平地机在硬土质上作业时，需调直机架，以免阻力过大，引起平地机侧移；在松土质上作业时，应使驱动轮在硬地上行走。在第二遍作业时，右前轮在第一遍作业刮处的斜面上行走，并以稍快的速度切出规定的坡度。

⑭高坡切削时，应确保双轴驱动轮靠近坡脚，同时让转盘和刮刀尽可能的朝向平地机工作的一边侧移。

⑮做路拱时，先将路料堆放在路中央，使平地机的刮刀前倾60°～70°，稍提刀尾，平地机沿堆料中央匀速行驶，使路料沿刮刀向两侧移动。用同样的方法在路两侧作业，刮出路面的横

坡。在接近路肩时，让刀尾和双轴驱动轮成一直线。

⑯维修道路作业时，应确保转盘居中，刮刀与机架中心线呈30°角，刮刀后倾，可使刮刀做最大切削以清除隆起的坑槽。朝向路中央工作时，前轮向刀尾一侧倾斜。

⑰作业后的要求：应把平地机停放在平地上，变速器置于空挡位置，拉上驻车制动，刮刀及附属工作装置降至地面，但不得向下施压，以减轻液压油缸负荷；关掉发动机，把蓄电池开关拨到断开位置，取下点火钥匙；将好铰接式平地机的锁销；用压缩空气（与正常气流方向相反）清洁散热器，清洁时应注意安全。

⑱装好铰接式平地机的锁销。

⑲用压缩空气（与正常气流方向相反）清洁散热器。清洁时应注意安全。

（28）装载机安全作业要点

①除驾驶室外，机上其他地方严禁载人。

②装料时铲斗的装料角度不宜过大，以免增加装料阻力。

③装料时应低速进行，不得采用加大油门、高速将铲斗插入料堆的方式进行装料。

④装料时，驱动轮如有打滑现象，应微升铲斗，再装料。如某些料场打滑现象严重时，应使用防滑链条。

⑤在土质坚硬的情况下，不宜强行装料，应先用其他机械松动后，再用装载机装料。

⑥向车上卸料时，必须将铲斗提升到不会触及车厢挡板的高度，严防铲斗碰撞车厢。

⑦向车内卸料时，不准将铲斗从汽车驾驶室顶上越过。

⑧装载机不能在坡度较大的场地上作业。在松散不平的地上作业，可将铲背置于浮动位置，使铲斗平稳地推进。

⑨在装载作业中，应经常注意液力变矩器油温情况，当油温超过规定数值时，应停机降温后再继续作业。

⑩装载机一般应采用中速行驶。在平坦的路面上行驶时，可以短时间采用高速挡。上坡及不平坦的道路上应采用低速挡。采用高速挡行驶时，不得进行升降和翻转铲斗。

⑪下坡时，应采用制动减速，不可踩离合器踏板，以防切断动力而发生溜车事故。

⑫行驶中，在不妨碍通过性能的前提下，铲斗应尽可能降低高度。

⑬通过桥涵时，应先注意交通标志所限定的载重吨位及行驶速度，确认可以通过后再匀速通过。在桥上应避免变速、制动和停车。

⑭涉水时，应在发动机正常有力、转向机构灵活可靠的情况下进行，并应对河流的水深、流速及河床情况了解后再通过。涉水深度不得超过发动机油底壳离地高度。

⑮涉水后应立即停机检查，如发现浸水造成制动失灵时，则应进行连续制动，利用发热排除制动片内的水分，以尽快使制动器恢复正常。

⑯装载机作业时，铲斗下面严禁站人。

（29）汽车安全作业要点

①运土车辆必须遵守交通法规，不得超载、偏载、超高，不得人货混装，驾驶室内不得超员。

②装、卸土场地都要设专人指挥车辆行走和装卸土。

③卸土时，严禁在驾驶室外进行翻斗操作，翻斗内严禁站人。

④卸料起斗时，应检视上空有无电线，防止挂断。卸土后，要确认货斗复位，起翻装置的发动机关闭后，才开始行走。

⑤特别注意：严禁边倒车边起斗或在猛进猛退中起斗。

⑥在陡坡、高坡、坑边或填方边坡处卸土时，停歇地点必须平整坚实，地面宜有反坡，与边缘必须保持安全距离。

(30)压路机安全作业要点

①压路机启动时，要特别注意前后左右的情况，确认没有人员和障碍物。

②压路机靠近路堤边缘作业时，应根据路堤高度留有必要的安全距离。碾压傍山道路时，必须由里侧向外侧碾压。

③特别注意压路机不能上陡坡，上坡时变速应在制动后进行，下坡时，严禁脱挡滑行。

④两台以上压路机同时作业，其前后间距不得小于3m，在坡道上纵队行驶时，其间距离不得小于20m。

⑤振动压路机起振和停振必须在压路机行走时进行，在坚硬路面上行走，严禁振动。

⑥换向离合器、起振离合器和制动器的调整，必须在主离合器脱开后进行，不得在急转弯使用快速挡；严禁在尚未起振情况下调节振动频率。

⑦变换压路机前进或后退方向时，应待滚轮停止后进行，严禁利用换向离合器做制动用。

二、石方工程施工安全控制要点

(1)石方爆破作业，以及爆破器材的管理、加工、运输、检验和销毁等工作必须严格遵守国家现行的《爆破安全规程》(GB 6722—2003)，主动接受当地公安部门的监督管理。

(2)选择炮位时，炮眼口应避开正对的电线、路口和构造物。

(3)凿打炮眼时，坡面上的浮岩危石应予处理。

(4)凿眼所用的工具和机械要详加检查，确认完好。

(5)严禁在残眼上打孔。

(6)用人力冲击法打松软岩眼时，应清理现场的障碍物。双人、多人冲钎时，动作应协调一致。

(7)人工打眼时，使锤人应站立在掌钎人的侧面，严禁对面使锤。

(8)机械扩眼，宜采取湿式凿岩或带有捕尘器的凿岩机。凿岩机支架要牢固，严禁用胸部和肩头紧顶把手。风动凿岩机的管道要顺直，接头要紧密，气压不应过高。电动凿岩机的电缆线宜悬空挂设，工作时应注意观察电流值是否正常。

(9)空压机必须在无荷载状态下起动。开启送气阀前，应将输气管道连接好，不得扭曲。在征得凿眼机操作人员同意后方可送气，出气口前方不得有人工作或站立。储气瓶内压力不得超过规定值，安全阀应灵敏有效。运转中应注意检查是否有异常情况，不得擅离岗位。

(10)爆破器材库的选址和搭建以及配套设施应请当地公安部门进行监督和指导，运输爆破器材要使用专用运输工具，在公安部门的押运下进行，并应避开人员密集地段，中途不得停留。

(11)要根据当地的气候和水文等情况,制订缜密的爆破器材保护预案,防止因为施工过程中突遇气候等环境因素骤变或不测,导致爆破器材的流失。

(12)作业人员在保管、加工、运输爆破器材过程中,严禁穿着化纤服装。

(13)爆破器材应按规定要求进行检验,对失效和不符合技术条件要求的不得使用。

(14)爆破器材必须严格管理,建立并严格执行爆破器材领用、退库制度,各种手续都要严格记录,严禁私藏、乱丢乱放。爆破器材应有专人领取,严禁由一人同时搬运炸药与雷管。电雷管严禁与带电物品一起携带运送。

(15)制作起爆药包(柱),应在专设的加工房或爆破现场的专用棚内进行。棚内不准有电气、金属设备,无关人员不得入内。

导火索要用快刀切齐,轻轻插入雷管,不得猛插、旋转或摩擦。管口要用安全铰钳夹紧,严禁用牙咬。纸壳雷管应用胶布包扎严密。

药卷应用和雷管同样直径的竹、木锥子扎一个深为1.5倍雷管长度的小孔,然后放入接好引线的雷管,封闭扎口,雷管不得露在药柱外面。加工的起爆药包(柱),不应超过当班爆破作业的需要量。

(16)扩药壶时,孔口的碎石、杂物必须清除干净。装药量应随扩壶次数、扩壶的大小和石质而定,不得盲目加大药量。扩壶时,起爆药柱送下孔底后,不得使用炮棍在炮眼内捣插。导火索点燃后,人员应迅速远离。严禁采用先点燃导火索再将药柱抛入孔底的危险操作方法。

需要多次扩壶时,每次爆破后15min(硝化甘油炸药应经过30min),等孔壁岩石冷却后,方可再次装药扩壶。

(17)超过5m的深孔不得使用导火索起爆。

(18)装炮作业必须遵守以下规定:

①装药前应对炮眼进行验收和清理。对刚打成的炮眼应待其冷却后装药,湿炮眼应擦干后才能装药。

②严禁烟火和明火照明。无关人员必须远离现场。

③应用木质炮棍装药,严禁使用金属器皿装药。深孔装药出现堵塞时,在未装入雷管和起爆药前,可采用铜和木质长杆处理。

④装好的炸药包(柱)和硝化甘油类炸药,严禁投扔或冲击。

⑤不得采用无填塞爆破(扩壶除外),也不得使用石块和易燃材料填塞炮孔。不得捣固直接接触药包的填塞材料或用填塞材料冲击起爆药包,也不得在深孔装入起爆药包后直接用木楔填塞。填塞炮眼时不得破坏起爆线路。

(19)已装药的炮孔必须当班爆破,装填的炮孔数量应以一次爆破的作业量为限。

(20)爆破作业必须有专人指挥。确定的危险边界应有明显标志,警戒区四周必须派设警戒人员。警戒区内的人员、牲畜必须撤离,施工机具应妥善安置。预告、起爆、解除警戒等信号应有明确的规定。

(21)爆破时,应按照相关规定(详见第七章第十一节表7-11)确定防止个别飞散物对人员伤害的安全距离。

(22)导火索起爆应采用一次点火法点火,其长度应保证点完导火索后人员能撤至安全地点,但不得短于1.2m。不得在同次爆破中使用不同燃速的导火索。

露天爆破，一人连续点火的导火索不得超过10根，严禁使用明火点燃，严禁脚踩和挤压已点燃的导火索。

多人同时点炮时，每人点炮数量应相同。必须先点燃信号管，信号管响后无论导火索点完与否，人员必须立即撤离。信号管的长度不得超过该次被点导火索中最短导火索长度的1/3。

(23)爆破时，应点清爆炸数与装炮数量是否相符。确认炮响完并过5min后，方准爆破人员进入爆破作业点。

(24)电力起爆必须遵守下列规定：

①在同一爆破网路上必须使用同厂、同型号的电雷管，其电阻值差应控制在±0.2Ω以内。

②爆破网路主线应绝缘良好，并设中间开关，与其他电源线路应分开敷设。

③必须严格检查主线、区域线、端线、电源开关和插座等的断通与绝缘情况，在联入网络前各自的两端必须短路。

④爆破网络的连接必须在全部炮孔装填完毕，无关人员全部撤至安全地点后进行。连接必须由工作面向中起爆站依次进行，两线的接点应错开10cm，接点必须牢固，绝缘良好。

⑤用动力或照明电源起爆时，起爆开关必须放在上锁的专用起爆箱内，起爆开关箱和起爆器的钥匙在整个爆破作业时间里，必须由爆破工作的负责人严加保管，绝不能交给他人。

⑥装好炸药包后，必须撤除作业现场的一切电源。

⑦雷雨季节、潮湿场地等情况下，应采用非电起爆法。

(25)裸露爆破必须保证先爆的药包不致破坏其他药包，否则应用齐发起爆。严禁用石块覆盖裸露药包和将炸药包插入石缝中进行爆破。

(26)各种类型的"盲炮"处理必须按照国家现行的《爆破安全规程》(GB 6722—2003)有关规定办理。

(27)大型爆破必须按审批的爆破设计书，并征得当地县(市)以上公安部门同意后，由专门成立的现场指挥机构组织人员实施。

大型爆破的安全距离，除考虑个别飞散物的因素外，还必须考虑爆破引起地震及冲击波对人员、设施及建筑物的影响，按规定经计算后确定安全距离。

(28)石方地段爆破后，必须确认已经解除警戒，作业面上的悬岩危石也经检查处理后，经过履行必要的确认手续，清理石方人员方准进入现场。

(29)撬动岩石必须由上而下逐层撬(打)落，严禁上下双重作业，不得将下面撬空使其上部自然塌落。撬棍的高度不要超过人的肩部，不得将棍端紧抵腹部，也不得把撬棍放在肩上施力。

(30)抬运石块的铁链或绳索应理顺并拴牢，抬运时要同起同落、步调一致。

三、取土场(坑)施工安全控制要点

(1)取土场的设置应符合设计要求，并不得对原有土层造成松动和危及周边建(构)造物等。

(2)取土坑底应平顺和有向外的排水坡(沟)，防止积水浸泡坑脚，造成边坡坍塌。

(3)取土过程中,应保证边坡的稳定,并不得超出设计边坡坡率。深坑边周围应设置必要的警示标志和安全防护措施。

(4)在路堤两侧设置取土坑时,坑边到路堤坡脚的宽度不应小于2m;深度应以不使路堤边坡(包括护坡)的延长线落入坑内为限。不得在软土、冻土路基路堤坡脚两侧地面取土。

(5)取土后的裸露面应做土地整治或采取防护措施,避免产生次生灾害。

第二节　路　面　工　程

一、基层施工施工安全控制要点

(1)路面基层施工前,应进行详细的施工组织设计,建立健全安全生产管理体系和制度,制订安全生产操作规程。工地应设有分管安全生产的领导,班组设有负责安全生产管理人员,并编写具体的安全生产手册,经常检查执行情况,开工前应向作业人员进行安全技术教育和技术交底。建立完善的施工安全保障体系,采取切实可靠的先进技术、设备和防护措施。

(2)施工场地应坚实、平坦,无障碍物;路基经验收合格并形成文件后,方可进行基层施工。

(3)现场调运推土机、平地机、压路机等机械时,应设专人指挥;指挥人员应事先踏勘行驶道路,确认道路平坦,坚实、畅通;沿途的桥涵、便桥等构造物有足够的承载力,能满足机械通行的安全要求;地面无障碍物。

(4)材料运输应符合安全运输要求。

(5)消解石灰时,不得在浸水的同时边投料、边翻拌,人员应远避,以免烫伤,在灰堆内消解石灰,脚下必须垫木板;向灰堆内插水管时,严禁喷水管对向人。炎热天气宜安排早晚作业。

(6)沿路肩堆放石灰消解时,应慢洒水或泼水,操作人员应站在上风处。

(7)装卸、洒铺及翻动粉状材料时,操作人员应站在上风侧,轻拌轻翻减少粉尘,并应佩戴口罩或其他防护用品。散装粉状材料宜使用粉料运输车运输,否则车箱上应采用篷布遮盖。装卸尽量避免在大风天气下进行,否则,应特别加强安全防护;在坡道上运输应缓慢行驶,控制速度,下坡前方不得有人;在路堑、沟槽边卸料时,距路堑、沟槽边缘不得小于1m,车轮应挡掩牢固,槽下不得站人。

(8)集中拌和基层材料作业的安全要点:

①拌和场应根据材料种类、规模、工艺要求和现场状况进行专项设计,合理布置;各机具设备之间应设安全通道。机具设备支架及其基础应进行受力验算,其强度、刚度和稳定性应满足机具运行的安全要求。

②拌和机具设备发生故障或检修时,必须关机、断电后方可进行,同时必须固锁电源闸箱,设专人监护。

③拌和机具应置于坚实的基础上,安装牢固,防护装置安全有效,电气接线应符合施工用电安全技术交底的具体要求。

④拌和机运转时,严禁人员触摸传动机构;拌和场地应采取降尘措施,空气中粉尘等有害物含量应符合国家现行规定。

⑤拌和场应按消防安全规定配备消防器材。

(9)碎石机作业安全要点:

①对碎石机、电源、线路、开关等均应进行检查,必须保证符合安全要求和使用要求。线路挂设应稳定,不宜贴近地面,因料场尖硬石块多,易对电线等造成损坏。

②进料要均匀,原材料尺寸不得过大,严防金属块等混入。出料口上方应设有挡板。

③不得从上方向碎石机口内窥视。

④若石料卡住进料口,应用铁钩翻动,严禁用手搬动。

⑤场内道路应经常平整,保持畅通。

⑥搬运块料和堆放要注意安全,大块石料人工铁锤破碎时,要注意周围情况。

(10)稳定土拌和机作业的安全要点:

①应根据不同的拌和材料,选用合适的拌和齿,并对机械及相关的配件等进行安全检查。

②拌和机作业时,应先将转子提起离开地面空转,然后再慢慢下降至拌和深度。

③在拌和过程中,不能急转弯或原地转向,严禁使用倒挡进行拌和作业。遇到底层有障碍物时,应及时提起转子,进行检查处理。

④拌和机在行走和作业过程中,必须采用低速,保持匀速。液压油的温度不得超过规定。

⑤停车时应拉上制动器,将转子置于地面。

(11)场拌稳定土机械作业安全要点:

①对机械及配套设施进行安全检查。

②皮带运输机应尽量降低供料高度,以减轻物料冲击。在停机前必须将料卸尽。

③拌和机仓壁振动器在作业中,铁心和衔铁不得碰撞。如发生碰撞,应立即调整振动体的振幅和工作间歇。仓内不出料时,严禁使用振动器。

④拌和结束后,给料斗、储料仓中不得有存料,应清理干净。

⑤搅拌壁及叶桨的紧固状况应经常检查,如有松动应立即拧紧,如有损坏,必须更换。

(12)碎石撒布机作业的安全要点:

①碎石撒布机械与配套设施应进行检查。

②自卸汽车与撒布机联合作业,应紧密配合,以防碰撞。

③撒布碎石,车速要稳定,不应在撒布过程中换挡。严禁撒布机长途自行转移。

④在工地作短距离转移,必须停止拨料辊及皮带运输机的传动,并注意道路状况,以防碰坏机件或出现其他事故。

⑤撒布机在工作过程中要布置警戒人员,注意行人和车辆,无关人员不得进入现场,以防发生碰撞和碎石伤人。

⑥石料的最大粒径不得超过说明书中的规定。

(13)洒水车作业中的安全要点:

①洒水车在公路上抽水时,不得妨碍交通。

②在有水草和杂物的水道中抽水时,吸水管端应加设过滤网罩。

③洒水车在上下坡及弯道运行中,不得高速行驶,并避免紧急制动。

④洒水车驾驶室外不得载人。

(14)摊铺及碾压作业的安全要点：

①施工现场卸料应由专人负责指挥，卸料时，作业人员应位于安全地区；基层施工中，现场的地下管线的检查井(室)应随各结构层相应升高或降低，严禁掩埋。

②人工摊铺基层材料应由作业组长统一指挥，协调摊铺人员和运料车辆及碾压机械操作工的相互配合关系；作业人员应相互协调，保证安全施工；作业人员之间应保持1m以上的安全距离，摊铺时不得扬撒。

③机械摊铺基层作业应符合下列要求：

a. 作业中，应设专人指挥机械，协调各机械操作工、筑路工之间的相互配合关系，保证安全施工。

b. 作业中，机械指挥人员应随时观察作业环境，使机械避开人员和障碍物，当人员妨碍机械作业时，必须及时疏导人员离开并撤至安全地方；机械运转时，严禁人员上下机械，严禁人员触摸机械的传动装置。

c. 沥青碎石基层施工时，应符合热拌沥青混合料面层施工安全技术交底要求。

d. 水泥混凝土路面基层施工时，应符合水泥混凝土面层施工安全技术交底要求。

e. 作业后，机械应停放在平坦、坚实的场地，不得停置于临边、低洼、坡度较大处。停放后必须熄火、制动。

f. 使用的推土机、平地机、压路机等在道路、公路上行驶时，必须遵循国家现行法律法规的有关规定。在施工现场道路上行驶时，应遵守现场限速等交通标识的管理规定。

二、沥青路面施工安全控制要点

(1)沥青混凝土路面施工前，应进行详细的施工组织设计，建立健全安全生产管理体系和制度，制订安全生产操作规程，工地应设有分管安全生产的领导，班组设有负责安全生产管理人员，并编写具体的安全生产手册，经常检查执行情况，开工前应向作业人员进行安全技术教育和技术交底。建立完善的施工安全保障体系，采取切实可靠的先进技术、设备和防护措施。

(2)沥青混凝土路面施工必须加强对通行车辆和施工车辆的安全管理，确保施工、交通安全。在施工路段的两端及中途出入口处，应设专职人员指挥交通。在施工路段的两端及其延伸一定安全距离外，应竖立鲜明、醒目的正在施工的警告标志。在车辆驶入(出)前方应设置指示方向和减速慢行的标志。

(3)沥青操作人员均应进行体检，凡患有结膜炎、皮肤病及对沥青过敏反应者，不宜从事沥青作业。

(4)从事沥青作业人员，皮肤外露部分均需涂抹防护药膏。工地上应配有医务人员。

(5)沥青操作工的工作服及防护用品，应集中存放，严禁穿戴回家和进入集体宿舍。

(6)沥青加热及混合料拌制，宜设在人员较少、场地空旷的地段。加热人员应站在上风口。产量较大的拌和设备，有条件的应增设防尘设施。

(7)块状沥青搬运一般宜在夜间和阴天进行，尤应避免炎热季节。搬运时，宜采用小型机械装卸，不宜用于直接装运。用手装运时，必须要有相应的防护，如坎肩、帆布手套、工作服等。

(8)液态沥青宜采用液态沥青车运送。对沥青下出口阀门应认真检查其可靠性和密封性。使用时应遵守下列规定：

①用泵抽送热沥青进出油罐时,工作人员应避让。

②向储油罐注入沥青时,当浮标指标达到允许最大容量时,要及时停止注入。

③满载运行时,遇有弯道、下坡时要提前减速,避免紧急制动。油罐装载不满时,要始终保持中速行驶。

(9)采用吊耳吊装桶装沥青时应遵守下列规定:

①吊具应严格检查,达到合格要求。吊装作业应有专人指挥。沥青桶的吊索应绑扎牢固。

②吊起的沥青桶不得从运输车辆的驾驶室上空越过,并应高于车厢板,以防碰撞。

③吊臂旋转半径范围内不得站人。

④沥青桶未稳妥落地前,严禁卸、取吊绳。

(10)人工装卸桶装沥青时,应遵守下列规定:

①运输车辆应停放在平坡地段,并拉上手闸。

②跳板应有足够的强度,坡度不应过陡。

③沥青桶不得漏油;否则应先堵漏,后搬运。

④放倒的沥青桶经跳板上(下)滚动装车时,要在露出跳板两侧的铁桶上各套一根绳索,收放绳索时要缓慢,并应两端同步上下。

(11)人工运送液态沥青,装油量不得超过容器的2/3。

(12)蒸汽加温沥青时,其蒸汽管道应连接牢固,严加保护,在人员容易触及的部位,必须用保温材料包扎。锅炉的安全应符合标准规定要求。

(13)太阳能油池上面的工作梯必须具有防滑措施,并严禁非作业人员攀登。

(14)远红外加热沥青,应遵守下列规定:

①使用前应检查机电设备和短路过载保护装置是否良好,电气设备有无接地,确认符合要求后方可合闸作业。

②沥青油泵应进行预热,当用手能转动联轴器时,方可启动油泵送油。输油完毕后将电机反转,使管道中余油流回锅内,并立即用柴油清洗沥青泵及管道。清洗前必须关闭有关阀门,严防柴油流入油锅。

(15)导热油加热沥青,应遵守下列规定:

①加热炉使用前必须进行耐压试验,水压力应不低于额定工作压力的两倍。

②对加热炉及设备应作全面检查,各种仪表应齐全完好。泵、阀门、循环系统和安全附件应符合技术和安全要求,超压、超温报警系统应灵敏可靠。

③必须经常检查循环系统有无渗漏、振动和异声,定期检查膨胀箱的液面是否超过规定,自控系统的灵敏性和可靠性是否符合要求,并定期清除炉管及除尘器内的积灰。

④导热油的管道应有防护设施。

(16)明火熬制沥青中的安全要点

①锅灶设置

a. 支搭的沥青锅灶,应距建筑物30m,距电线垂直下方在10m以上。周围不得与有易燃易爆物品,并应备有锅盖、灭火器等防火用具。

b. 油锅上方搭设的防雨棚,严禁使用易燃材料。

c. 沥青锅的前沿(有人操作的一面)应高出后沿10cm以上,并高出地面0.8~1.0m。

d. 舀、盛热沥青的勺、桶、壶等不得锡焊。

e. 沥青锅与烟囱的净距应大于80cm，锅与锅的净距应大于2m，火口顶部与锅边应设置高度70cm的隔离设施。

②沥青预热

a. 打开沥青桶上的大、小盖。当只有一个桶盖时，应在其相对方向另开一孔，以便通气出油。桶内如有积水则必须先予以排除。

b. 操作人员应注意沥青突然喷出，如发现沥青从桶的砂眼中喷出，应在桶外的侧面，铲以湿泥涂封，不得用手直接涂封。

c. 烤油中如发现沥青桶口堵塞时，操作人员应站在侧面用热铁棍疏通。

d. 烤油时必须用微火，不得用大火猛烤。

e. 卧桶烤油时的油槽应搭设牢固，流向储油锅（池）的通道要畅通。

f. 卧桶烤油时，如搭设有排灶，油桶在微火口上开始时应时时转动油桶，不得局部过分受热，当沥青开始处于流动状态时，应将油桶小口朝下，大口朝上，油从小口流入油槽。同时，应在排灶火口和油槽前，设置安全墙。

g. 桶装沥青中，往往含有成团的水，因此在预热后沥青流入油锅熬制前，应注意除去，以免入锅后，引起涨锅。

③沥青熬制

a. 熬油锅应清洁，不得有水和杂物。

b. 沥青应缓缓投入，以免因一次投入量过多而造成涨锅。投入总量不得超过油锅容积的2/3。块状沥青应改小并装在铁丝瓢内下锅，不得直接向锅内抛掷，以免溅油伤人。

c. 严禁烈火加热空锅时加入沥青。

d. 预热后的沥青宜用溜油槽流入油锅，并应视油锅中涨锅情况控制油量。如用油桶直接倒入油锅时，应小心搬运，桶口应尽量放低，以防被热沥青溅伤。

e. 在熬制沥青时，如发现油锅漏油，必须立即熄灭炉火，妥善处理。

f. 应用长柄勺舀油，并要经常检查其连接是否牢固。

g. 油料脱水应缓慢加热，经常搅动，使水蒸气不断溢出消散，以免涨锅而导致溢锅。

h. 严禁猛火加温而导致沥青溢锅，如发现有漫油迹象时，应立即熄灭炉火。

i. 熬油工应随时掌握油温变化的情况，当白色烟转为红、黄色烟时，应立即熄灭炉火。

j. 熬油现场临时堆放的沥青及燃料不应过多，堆放位置距沥青锅炉应在5m以外。

ⓐ经常检查熬油现场用电照明设施的情况，应保证安全、完好。

ⓑ熬油操作人员应穿工作服、工作鞋、戴工作帆布手套等，做好防护工作。

ⓒ防火器材应处于良好状态，并应有足够数量。

ⓓ沥青一旦着火，必须立即用锅盖将沥青锅盖上，并封炉熄火；外溢的沥青着火，必须立即用干砂、湿麻袋等灭火；严禁在着火的沥青中浇水。

（17）矿粉供应安全要点：

①球磨机作业时应遵循下列要求：

a. 巡检人员应随时对设备进行巡视检查，发现问题及时和设备操作人员联系，并采取相应措施。

b. 作业人员听到第一次开机信号后，必须迅速离开危险部位。

c. 作业人员必须在安全线以外进行监控操作。

d. 开机准备就绪，必须发出开机信号，待发出第二次信号后方可开机。

e. 作业人员应随时与本班组及相关班组人员保持联系，发现问题应及时采取措施处理。

f. 旋转部位发生故障，必须立即关机。

g. 作业结束后，必须切断电源。

②矿粉输送作业时应遵循下列要求：

a. 矿粉罐中存有矿粉时，严禁进罐检查。

b. 气力输送矿粉装置的气压不得超过设备使用说明书的规定值。

c. 螺旋输送装置的螺旋输送机、提升机在运行中严禁清理杂物。

(18)洒布机(车)工作地段的安全要点：

a. 洒布现场应设专人警戒。

b. 施工现场的障碍物应清除干净。

c. 洒油时作业范围内不得有人。

d. 施工现场严禁使用明火。

(19)沥青洒布车作业中的安全要点：

①检查机械、洒布装置及防护、防火设备是否齐全有效。

②采用固定式喷灯向沥青箱的火管加热时，应先打开沥青箱上的烟囱口，并在液态沥青淹没火管后，方可点燃喷灯。加热喷灯的火焰过大或扩散蔓延时应立即关闭喷灯，待多余的燃油烧尽后再行使用。

③喷灯使用前，应先封闭吸油管及进料口。手提式喷灯点燃后不得接近易燃品。

④满载沥青的洒布车应中速行驶。遇有弯道、下坡时，应提前减速，尽量避免紧急制动。行驶时严禁使用加热系统。

⑤驾驶员与机上操作人员应密切配合，操作人员应齐全佩戴防护用品，注意自身安全。作业时，在喷洒沥青方向10m以内不得有人停留。

(20)沥青洒布机作业中的安全要点：

①工作前应将洒布机车轮固定，检查高压胶管与喷油管连接是否牢固，油嘴和节门是否畅通，机件有无损坏，检查确认完好后，再将喷油管预热、安装喷头，经过在油箱内试喷后，才可正式喷洒。

②装载热沥青的油桶应坚固、不得漏油，其装油量要低于桶口10cm。向洒布机油箱注油时，油桶要靠稳，在油箱口缓慢向下倒油，不得猛倒。

③喷洒沥青时，手握喷油管部分应加缠旧麻袋或石棉绳等隔热材料。操作时，喷头严禁向上。喷头附近不得站人。注意风向，不得逆风操作。

④压油时，速度要均匀，不得突然加快。喷油中断时，应将喷头放在洒布机油箱内，固定好喷管，不得滑动。

⑤移动洒布机，油箱中的沥青不得过满。

⑥喷洒沥青时，如发现喷头堵塞或其他故障，应立即关闭阀门，等修理完好后再行作业。

(21)人工拌和作业时，应使用铁壶或长柄勺倒油，壶嘴或勺口不应提得过高，防止热油溅起伤人。油注入壶中时要匀慢，提动行走时要稳，不得晃动太大，以免油从壶嘴射出伤人。

(22)强制式沥青混合料拌和设备作业安全要点：

①巡视人员检查完毕，确认正常后，鸣警铃，工作人员就位。

②各部位就绪后，按顺序启动并使整机空转，巡视人员检查有无异常，将结果及时反馈给操作人员。

③点火用的液化气装置必须有减压阀和压力表。打开阀门，进行点火。点火失败应充分通风后再点火，点燃后关闭阀门。

④点火正常后，观察除尘器工作是否正常，保证烘干滚筒在正常负压下燃烧。

⑤烘干滚筒达到一定温度后，方可投料生产。观察实际供料量是否与设定值相符。

⑥根据生产要求，调整燃烧火焰及供料量，稳定后再转入自动控制。

⑦用手动计量配料进行试拌，正常后转入自动控制，及时取样送检。

⑧经常查看冷料供料、仪表显示、分集料仓料位等情况，并及时调整。

⑨定时在成品料提升斗内喷入雾状清洁油，以免沥青料黏附在斗壁上。

⑩操作人员必须了解运输车辆的载重吨位，卸料应保证车辆满载，避免撒漏。

⑪定时巡视检查，发现异常及时采取措施。

⑫操作人员在生产中应经常观察室内外情况，与各岗位人员密切联系，确保设备正常运行和人身安全。

⑬紧急停车按钮只能在紧急情况下使用，严禁用它作为正常停机按钮。一旦使用，再启动时，一定要注意启动顺序。

⑭当电动机出现过载引起保护装置启动时，一定要查明原因，排除故障后方可重新投入运转。

⑮关机后，应清除皮带上、各供料斗及除尘装置内外的残余积物，并清洗沥青管道。

(23)连续式沥青混合料拌和设备作业安全要点：

①巡视人员检查完毕，确认正常后，鸣警铃，工作人员就位。

②各部位就绪后，按顺序启动并使整机空转，巡视人员检查有无异常，将结果及时反馈给操作人员。

③检查液化气的减压阀及压力表是否正常，点火后立即关闭总阀门。

④空载运行正常后，进行点火试验，若点火失败，应充分通风后再点火。点火后应适当调节油门控制系统，使温度平缓上升，不得突然加大火焰。

⑤滚筒内温度达到要求后启动供料系统，依次投料试生产，待各工作装置运行参数稳定后方可使用自动控制系统。

⑥为防止沥青老化，滚筒拌和区内温度不得超过180℃。作业中，要经常查看温度控制系统，检查粒料、沥青温度是否符合要求，对成品料要经常抽检并及时反馈抽验结果。

⑦定时在成品料提升斗内喷入雾状清洁油，以免沥青料黏附在斗壁上。

⑧操作人员必须了解运输车辆的载重吨位，卸料应保证车辆满载，避免撒漏。

⑨定时进行巡视检查，观察各仪表指示情况，发现异常应及时采取措施。

⑩尽量避免中途停机，如不可避免时，应提前将产量降低，以免机械重载启动造成损坏。意外停电时，应尽快使用备用电源恢复生产。

⑪遇到紧急情况需长时间停机时，必须将滚筒中的混合料排除干净。

⑫当燃烧器熄火时应立即停止喷射沥青。

⑬当滚筒内沥青或混合料着火时，应立即关闭燃烧器，停止供给沥青，关闭鼓风机、引风机，将含水率高的细集料投入滚筒内，扑灭火焰，同时在外部卸料口用干粉或泡沫灭火器进行灭火。

⑭紧急停车按钮只能在紧急情况下使用，严禁用它作为正常停机按钮。一旦使用，再启动时，一定要注意启动顺序。

⑮当电动机出现过载引起保护装置启动时，一定要查明原因，排除故障后方可重新投入运转。

⑯关机后，应清除皮带上、各供料斗及除尘装置内外的残余积物，并清洗沥青管道。

(24)沥青混合料拌和站作业安全要点：

①沥青混合料拌和站的各种机电（包括使用电脑控制进料的）设备，在运转前均需由机工、电工、电脑操作人员进行仔细检查，确认正常完好后才能合闸运转。

②机组投入运转后，各部门、各工种都要随时监视各部位运转情况，不得擅离岗位。

③运转中严禁人员靠近各种运转机构。

④运转过程中，如发现有异常情况，应报机长，并及时排除故障。停机前应首先停止进料，等各部位（拌鼓、烘干筒等）卸料完后，才可提前停机。再次启动时，不得带荷载启动。

⑤搅拌机运行中，不得使用工具伸入滚筒内掏挖或清理。需要清理时，必须停机。如需人员进入搅拌鼓内工作时，鼓外要有人监护。

⑥料斗升起时，严禁有人在斗下工作或通过。检查料斗时，应将保险链挂好。

⑦拌和站机械设备需经常检查的部位应设置铁爬梯。采用皮带机上料时，储料仓应加防护。

(25)沥青混合料摊铺作业时的安全要点：

①摊铺机上所有的安全防护设施必须配备齐全，熨平板接长后，应有相应的安全防护措施。脚踏板宽度必须与摊铺机宽度相等。

②驾驶台及作业现场要视野开阔，清除一切有碍工作的障碍物。作业时无关人员不得在驾驶台上逗留。驾驶员不得擅离岗位。

③运料车向摊机卸料时，应协调动作，同步进行，防止互撞。

④换挡必须在摊铺机完全停止时进行，严禁强行挂挡和在坡道上换挡或空挡滑行。

⑤轮式摊铺机的差速装置，应在地面附着力不足时使用，结合或断开差速装置时必须停机。在结合差速装置时，只允许直行，不得转向。

⑥熨平板预热时，应控制热量，防止因局部过热而变形。加热过程中，必须设专人看管。

⑦熨平板预热使用压力空气压力喷射燃油的燃烧系统，其压力必须达到规定值。必须在燃烧器点火之后，才允许启动鼓风机，并调节风门，使之完全燃烧。

⑧预热时，应加强对燃烧情况的观察，若火焰熄灭，应立即关闭燃油或燃气开关，找出原因，排除故障，并清除溢出的燃油或待燃气排尽后方可重新点燃。

⑨自动找平装置各元件应小心使用，须防止碰撞或雨水、尘土的损害。

⑩驾驶力求平稳，不得急剧转向。弯道作业时，熨平装置的端头与路缘石的间距不得小于

10cm，以免发生碰撞。

⑪摊铺机在较大的坡道（纵横坡度为15% ~20%）上工作时，要采取特殊安全措施，确保正常工作，防止事故发生。

⑫在大坡道上作业时，要减少料斗中混合料量，按额定摊铺能力的60%进行作业，同时控制行驶速度和转向半径。

⑬在横坡道上摊铺时，由于混合料自动流向下坡一侧，应将下坡一侧的熨平板接长。为防止混合料自动流向下坡一侧，可在左右两侧使用相同方向的螺旋叶片。

⑭在正常纵坡上作业时，应由低处向高处摊铺。如必须下坡作业时，要与汽车驾驶员紧密配合，力求速度稳定。

⑮为防止摊铺机倾翻，必要时可使用一台重型拖拉机或推土机用钢丝绳与摊铺机连接，在坡顶与摊铺机平行等速行驶。

⑯履带式摊铺机不得长途行驶，其行驶距离不应超过1km，特殊需要做长距离行驶，行走装置应注意加油。

⑰摊铺机用其他车辆牵引时，只允许用刚性拖杠，不得使用钢丝绳。其变速手柄应置于空挡，并解除自动装置的工作；禁止用摊铺机牵引其他机械。

⑱驾驶员在离开驾驶台前，要将摊铺机停稳，停车制动必须可靠，料斗两侧壁完全放下，熨平板放到地面或用挂钩挂牢。

⑲沥青混合料运输车辆状况良好，使用前应对制动器、自卸系统进行检查，车斗密封，后挡板牢靠。

⑳用柴油清洗摊铺机时，不得接近明火。

㉑作业中应设立施工标志。

（26）压路机安全作业要点：

①作业时操作人员应始终注意压路机的行驶方向，并遵照施工人员规定的压实工艺进行碾压。

②作业时应注意各仪表读数，若发现异常，必须查明原因并及时排除，严禁带病作业。

③作业时应将振动压路机的振幅及频率控制在规定的范围内。

④振动压路机在改变行驶方向、减速或停驶前，应先停止振动，振动压路机不允许在硬质路面上振动行驶。

⑤多台压路机联合作业时，应保持规定的队形及间隔距离，并应建立相应的联络信号。

⑥必须在规定的碾压段外转向，应平稳地改变运行方向，不允许压路机在惯性滚动的状态下变换方向。

⑦必须遵照规定的碾压速度进行碾压作业，在碾压过程中，不得随意变更碾压速度及方向，不得中途停机。

⑧三轮压路机在正常情况下禁止使用差速锁上装置，特别是在转弯时严禁使用。

⑨压路机在坡道上行驶时，禁止换挡，禁止脱挡滑行。

⑩严禁用牵引法拖动压路机，不允许用压路机牵引其他机具。

⑪不允许压路机长距离自行转移。

⑫当压路机按施工工艺规定、压够遍数或密实度计显示达到规定要求时，应停机报告施工人员检查。

三、水泥混凝土路面施工安全控制要点

1. 水泥混凝土路面施工一般安全要求

(1)水泥混凝土路面施工前，应详细核对技术设计、图纸、文件。进行详细的施工组织设计，建立完善的施工安全保障体系，采取切实可靠的先进技术、设备和防护措施。

(2)建立健全安全生产管理体系和制度，制订安全生产操作规程，工地应设有分管安全生产的领导，班组设有负责安全生产人员，并编写具体的安全生产手册，经常检查执行情况，开工前应向作业人员进行安全技术教育和技术交底。

(3)施工现场机电设备，应由专人管理，专人负责修理，确保安全。

(4)现场操作人员必须按规定佩戴安全防护用品。有毒、易燃材料施工时，严格执行防毒、防火等规定。

(5)工地应设有消防设施，并处理好污水，做好环境保护工作。

2. 水泥混凝土路面模板施工

(1)施工前，应对模板进行施工设计，模板及支架的强度、刚度和稳定性应满足各施工阶段荷载的要求，能承受浇注混凝土的冲击力、混凝土的侧压力和施工中产生的各项荷载。

(2)模板、支撑连接应牢固，支撑杆件不得撑在不稳定的物体上；模板、支架不得使用腐朽、锈蚀、扭裂等劣质材料。

(3)现场加工模板及其附件等应按规格码放整齐；废料、余料应及时清理，集中堆放，妥善处置。

(4)高处安装模板必须设安全梯或斜道，上、下高处或沟槽必须设攀登设施，严禁攀登模板和支架上下。

(5)吊运组装模板时，吊点应合理布置，吊点构造应经计算确定；起吊时吊装模板下方严禁站人。

(6)装卸、搬运模板应轻抬轻放，严禁抛掷；模板支设、安装应稳固，符合施工设计要求。

(7)槽内使用砖砌体作侧模时应符合下列要求：

①施工前，应根据槽深、土质、现场环境状况等对侧模进行计算及验算，其强度、刚度和稳定性应满足各施工阶段荷载的要求。

②砌体未达到施工设计规定强度，侧模不得承受外力，作业人员不得进入槽内。

(8)模板拆除应符合下列要求：

①模板拆除应待混凝土强度达到设计规定后，方可进行。

②预拼装组合模板宜整体拆除。拆除时，应按规定方法和程序进行，不得随意撬、砸、摔和大面积拆落。

③暂停拆除模板时，必须将已活动的模板、拉杆、支撑等固定牢固，严禁留有松动或悬挂的模板、杆件。

④拆除的模板应分类码放整齐。带钉的木模板必须集中码放，并及时拔钉、敲平或清理。

3. 水泥混凝土拌和与运送中的安全控制要点

(1)混凝土搅拌站搭设应符合下列要求:

①施工前,应对搅拌站进行施工设计。平台、支架、储料仓的强度、刚度和稳定性应满足搅拌站在拌和水泥混凝土过程中的荷载要求。搅拌站搭设完成,应经检查、验收、确认合格,并形成文件后方可使用。

②搅拌站不得搭设在电力架空线路下方。

③搅拌机等机械旁应设置机械操作程序牌。

④搅拌站的作业平台应坚固、安装稳固并置于坚实的地基上。

⑤搅拌机等机电设备应设工作棚,工作棚应具有防雨(雪)、防风功能。

⑥现场混凝土搅拌站应单独设置,具有良好的供电、供水、排水、通风等条件与环保措施,周围应设围挡。

⑦搅拌机、输送装置等应完好,防护装置应齐全有效,电气接线应符合施工用电安全技术交底的要求。

⑧现场应按施工组织设计的规定布置混凝土搅拌机、各种料仓和原材料输送、计量装置,并形成运输、消防通道,配置消防设施,现场应设废水预处理设施。

(2)机械操作工应精神集中,不得离岗;机械发生故障时必须立即停机、断电;作业人员向搅拌机料斗内倾倒水泥时,脚不得蹬踩料斗;混凝土拌和过程中,严禁人员进入储料区和卸料斗下方。

(3)需设置作业平台时,平台结构应经计算确定,满足施工安全要求,支搭必须牢固;使用前应验收,使用中应随时检查,确认安全。

(4)搅拌站设置的各种电气设备必须由电工引接、拆除;作业中发现漏电征兆、缆线破损等必须立即停机、断电,由电工处理。

(5)需进入搅拌筒内作业时,必须先关机、断电、固锁电源闸箱,设安全标志,并在搅拌筒外设专人监护,严禁离开岗位。

(6)搬运袋装水泥必须自上而下顺序取运。堆放时,垫板应平稳、牢固;按层码垛整齐,高度不得超过10袋。

(7)固定式搅拌机的料斗在轨道上移动升降时,严禁下方有人;料斗悬空放置时,必须锁固;搅拌机运转中不得将手、木棒、工具等伸进搅拌筒或筒口清理混凝土。

(8)手推车向搅拌机料斗内倾倒砂石料时,应设挡掩,严禁撒把到料;手推车运输应平稳推行,空车让重车,不得抢道。

(9)落地材料、积水应及时清扫,保持现场环境整洁;搅拌场地内的检查井应设人管理,井盖必须盖牢。

(10)手推车或小型翻斗车装运混凝土时,车辆之间应保持一定的安全距离。

(11)水泥混凝土运输车运送混凝土拌和物时,其安全要点是:

①液压泵、液压电动机及阀应紧固,并与管道连接牢固,密封良好。各泵旋转应无卡阻和异常声响。

②当传动系统出现故障,液压油输出中断而导致滚筒停转,并一时无法修复时,要利用紧急排出系统快速排出混凝土拌和物。

③严禁用手触摸旋转中的搅拌筒和随动轮。

④在运送过程中，要遵守交通规则。

⑤自卸汽车运送混凝土混合物，不得超载和超速行驶。车停稳后方准顶升车厢卸料。车厢尚未放下时，操作人员不得上车清除残料。

(12)混凝土运输道路应平整、坚实；跨越河流、沟槽时应架设临时便桥。

4. 水泥混凝土路面摊铺施工中的安全控制要点

1)人工摊铺作业中的安全要点

(1)装卸钢模板时，必须逐片轻抬轻放，不得随意抛掷。堆砌时，应规则有序并稳妥。

(2)操作时，特别是多人同时操作摊铺时，因工作面小，锄、锹等均为长物工具，必须相互关照，注意安全。

(3)固定模板时，插钉或长圆头钉等不得乱放乱搁，以免伤人，完工后，应收捡干净。

(4)使用振捣器时：

①使用电动振捣器，操作人员要佩戴安全防护用品。配电盘(箱)的接线宜使用电缆线。

②注意保护好电力线，不得割伤，绝缘良好，应经常注意检查。

(5)如采用木模板，拆模后的模板应堆放整齐，并及时取钉，砌放稳妥。

2)机械摊铺作业中的安全要点

(1)轨模摊铺机

①布料机与振平机之间应保持5～8m的安全距离。

②要认真检查布料机传动钢丝的松紧是否适度。不得将刮板置于运行方向垂直的位置，也不得借助整机的惯性冲击料堆。

③作业中严禁驾驶员擅离岗位。无关人员不得在驾驶台上停留或上下摊铺机。在弯道上作业时，要注意防止摊铺机脱轨。

(2)滑模摊铺机

公路水泥混凝土路面滑模施工在我国是新型工艺技术，在设计上和施工工艺上均有其特点和不同的要求。因此，我们就其安全生产中的要点作更详细的介绍。

①基本要求

应根据滑模机械化施工特点，做好安全生产和保卫工作。施工前，施工单位应对员工进行安全生产教育，树立安全第一的思想。

②滑模施工安全生产规定

施工过程中，应制订搅拌楼、运输车辆、滑模摊铺机及其辅助机械设备的安全操作规程，并在施工中严格执行。

在搅拌楼的拌和锅内清理黏结混凝土，无电视监控的搅拌楼，必须有两人以上，方可进行，一人清理，一人值守操作台。有电视监控的搅拌楼，必须打开电视监控系统，关闭主电视电源，并在主开关上挂警示红牌。搅拌楼机械上料时，在铲斗及拉铲活动范围内，人员不得逗留和通过。

运输车辆倒退时，车辆应鸣后退警报，并有专人指挥和查看车后。

施工中，布料机支腿臂、松铺高度梁和滑模摊铺机支腿臂、搓平梁、抹平板上严禁站人及操作。夜间施工,在滑模摊铺机上应有明亮的照明和明显的警示标志。滑模摊铺机停放在通车道路上,周围必须设置明显的安全标志,夜间应用红灯警示。

施工中所有机械设施禁止机手擅离操作台,严禁吸烟和任何明火。

③交通安全

施工现场必须做好交通安全工作。交通繁忙的路口应设立标志,并有专人指挥。夜间施工,路口及基准线桩附近应设置夜间施工红色警示灯或反光标志,专人管理灯光照明。

④用电安全

施工机电设备应有专人负责保养、维修和看管,确保安全生产。施工现场的电线、电缆应尽量放置在无车辆、行人、牲畜通行部位。

⑤安全防护

现场操作人员必须按规定佩戴防护用具。有毒、易燃的燃料、填缝材料操作时,其防毒防火等应按有关规定严格执行。

⑥其他

滑模摊铺机、搅拌楼、储油站、发电站、配电站等重要施工设备上应配备消防设施,确保防火安全。

工地所有施工设备和机具,在停工或夜间必须有专人值班保卫,严防原材料、机械、机具及零件等丢失。

(3)真空吸水作业中的安全要点

①认真检查真空吸水所有配套机具,均应处于良好状态。电气设施、电源、开关等应有人负责。

检查泵垫、脱水前,应打开真空泵机组水箱盖,向真空室注入清水,使水面与箱内管口相平或略高,调节搭扣松紧,盖严箱盖,用3~4mm厚橡胶板堵住进水口,检查泵的空载真空度(>86.7~93.9kPa)。检查连接软管、吸垫表面、黏缝及管接头。如发现有损坏、漏气、阻塞时,要及时修补或更换。

②真空吸水作业时,严禁操作人员在吸垫上行走或将物件置压在吸垫上。检查、补漏亦不准穿硬底带钉的鞋子。

③吸垫存放、搬移时,应避免与带尖角的硬物接触。

④每班施工完毕,应将吸垫清洗干净,并冲净真空泵箱内沉积物,排净存水。

(4)抹平机作业的安全要点

使用混凝土抹平机作业时,应确保抹平机的叶片光洁平整,并处于同一水平面,其连接螺栓应坚固不松动,并在无负荷状态下启动。电缆要有专人收放,确保不打结,不砸压,如发现有异常现象应立即停机检查。

(5)切缝与养护的安全要点

①切缝机锯缝时,刀片夹板的螺母应紧固,各连接部位和安全防护罩应检查,必须完好正常。切缝前应先打开冷却水,冷却水中断时,应停止切缝。

切缝时,刀片要缓缓切入,并注意切入深度指示器,当遇有较大切割阻力时,应立即升起刀片检查。停止切缝时,应先将刀片提离板面后才可停止运转。

②薄膜养护的溶剂，一般具有毒性和易燃性等特性，应做好储运装卸的安全工作。喷洒时应站在上风，穿戴安全防护用品。

(6)其他安全要点

水泥混凝土路施工，不管采用哪种工艺方式，除上述的各项安全要点外，还必须做到如下方面。

①施工前，应进行安全生产教育，树立安全生产质量第一的思想。建立健全安全生产管理制度，制订安全生产操作规程，工地应有领导分管安全生产工作，班组要有负责安全生产人员，并制订具体的安全生产手册，经常检查执行情况。

②施工现场必须做好交通安全工作，在不中断交通的情况下，应在施工现场设立明显标志，有专人守管和负责指挥，维持交通，确保施工和交通安全。

③施工机电设备，应有专人负责保管修理，确保安全生产。

④现场操作人员必须按规定佩戴防护用品。有毒、易燃材料施工时，其防毒、防火等严格执行有关规定。

⑤工地应有消防设施，并应做好污水处理，做好环境保护工作。

四、压实碾压与旧路面凿除施工安全控制要点

1. 压实碾压

(1)严禁在压路机没有熄火、下无支垫三角木的情况下进行机下检修。

(2)压路机应停放在平坦、坚实并对交通及施工作业无妨碍的地方。停放在坡道上时，前后轮应置垫三角木。

(3)压路机前后轮的刮板，应保持平整良好。碾轮刷油或洒水人员应与驾驶员密切配合，必须跟在碾轮行走的后方，并要注意压路机转向。

2. 旧路面凿除

(1)旧路面凿除宜有计划地分小段进行，以免妨碍交通，并应设置相关标志。

(2)用镐开挖旧路面时，应并排前进，左右间距应不少于2m，不得面对面使镐。所用工具应拼接牢靠，严防铁镐脱飞伤人。

(3)大锤砸碎旧路面时周围不得有人站立或通行。锤击钢钎，使锤人应站在扶钎人的侧面，使锤者不得戴手套，锤柄端头应有防滑措施。

(4)采用风动工具凿除旧路面时，应遵守下列规定：

①认真检查，保证各部管道接头必须紧固，不漏气。胶皮管不得缠绕打结，并不得用折弯风管作为断气办法使用，也不得将风管置于胯下。

②风管通过过道，须挖沟将风管下埋。

③风管连接风包后要试送气，检查风管内有无杂物堵塞，送气时，要缓慢旋开阀门，不得猛开。

④风镐操作人员应与空压驾驶员紧密配合，及时送气或闭气。对风镐应进行检查，合格方可使用。

⑤钎子插入风动工具后不得空打。

(5)采用机械破碎旧路面时，应有专人统一指挥，操作范围内不应有人，铲刀切入深度不

宜过深，推刀速度应缓慢。设置施工标志，注意交通安全。

第三节　支挡防护与防排水工程

一、防护工程施工安全控制要点

(1)施工现场应按规定设围挡和警示标志等防护设施。施工前对影响施工安全的危岩、危石应予清除并采取必要的防护措施。

(2)边坡防护作业，必须搭设牢固的脚手架。脚手架应经施工设计后搭设，其平台应用锚杆固定在岩壁上，经验收后方可使用。注意脚手架立杆必须落地，严禁采用支挑悬空脚手架。

(3)砌石作业必须自下而上进行。片石改小，不得在脚手架上进行。护墙砌筑时，墙下严禁站人。抬运石块上架，跳板应坚固，并设防滑条。

(4)抹面、勾缝作业必须先上后下。严禁在砌筑好的坡面上行走，上下必须用爬梯，作业必须在脚手架上。架上作业时，架下不准有人操作或停留，不得上面砌筑，下面勾缝。

二、砂浆喷射机施工安全控制要点

(1)砂浆喷射机、砂浆输送泵等发生故障时，必须先停机后检修。在检修时，应先打开泄浆阀使压力下降，然后再排除故障。砂浆泵压力未降到零时，不得拆卸空气室、压力安全阀和管道。

(2)输送管道各接头应连接牢固，并设有牢固的支撑，尽量减少管道长度和弯管数量，管道上不得加压或悬挂重物。

(3)输送泵作业前应空运转，在确定旋转方向正确、电路开关、传动保护装置及料斗滤网齐全可靠后，方可进行作业。

(4)运转正常后，方可向泵内注入砂浆。砂浆泵须连续运转，短时间不用砂浆时，应打开回浆阀使砂浆在泵内循环运行。如停机时间较长时，应每隔 3 ~ 5min 泵送一次，使砂浆在管道和泵体内流动，以防凝结、阻塞。

(5)作业中应随时注意压力表指针是否正常，检查球阀、阀座和挤压管有无异常，如发现漏浆应立即停机，修复后方可作业。

(6)喷射机应保持内部清洁，输送泵和喷射机人员应密切联系，协调配合。

(7)在喷嘴前 5m 范围内不得站人。工作停歇时，喷嘴不得朝向有人的方向。

(8)输料软管如发生堵塞，可用木棍轻轻敲打外壁，如无效时，可在关闭砂浆后拆卸胶管，用压缩空气吹通。

(9)转换作业面时，输料软管不得随地拖拉和弯折。

三、砂浆拌和机施工安全控制要点

(1)拌和机应安置稳妥，开机前必须确认传动及各部装置牢固可靠，操作灵活。

(2)运转中不得用手或木棒等伸进筒内清理筒口的砂浆。

(3)作业中如发生故障,应立即切断电源,并将筒内砂浆倒出。

四、挡墙挖基施工安全控制要点

(1)挖基施工机具设备应进行检查,符合要求后方可使用。

(2)挡墙挖基应视土质、湿度和挖掘的深度设放安全边坡,否则应设置相适应的围壁支撑。基坑壁坡度可参照表8-1办理。

基坑坑壁坡度表　　表8-1

坑壁土质	坑壁坡度		
	基坑顶缘无载重	基坑顶缘有静载	基坑顶缘有动载
砂石土	1:1	1:1.25	1:1.5
碎卵石类土	1:0.75	1:1	1:1.25
轻亚黏土	1:0.67	1:0.75	1:1
亚黏土	1:0.33	1:0.5	1:0.75
极软土	1:0.25	1:0.33	1:0.67
软质岩	1:0	1:0.1	1:0.25
硬质岩	1:0	1:0	1:0

注:本表适用于基坑深度在5m以内,无地下水,土质结构均匀的情况。

(3)施工必须保证有足够的工作面,不设放安全边坡时或地形受到限制无法放坡时,必须根据地质水文情况设置相应的围壁支撑,围壁支撑所采用的材料必须符合要求。

(4)基坑顶部周围的碎石和杂物应及时清除,以免掉落伤人。

(5)如地质情况异常或与设计文件存在差异时,应上报并经研究后再施工;遇到有流沙、涌水、涌沙及基坑边坡不稳定现象发生时,应立即采取防护加固措施。

(6)人工挖基作业时,从基坑内抛上的土方应边挖边运。用土台分层抛掷传运出土时,台阶宽度不得小于0.7m,高度不得大于1.5m。基坑上边缘暂时堆放的土方至少应距坑边1.0m以外,堆放高度不得超过1.5m。

五、防排水工程施工安全控制要点

(1)施工前应对施工图进行审核,编制防排水工程专项作业指导书,明确施工技术标准和施工操作程序。

(2)防排水工程的基础应稳定,沟渠边坡必须平整,所用的砂浆、混凝土应采用机械拌和。

(3)排水沟采用混凝土预制构件砌筑时,砌缝砂浆应饱满,沟身不漏水,沟身两侧应回填密实。

(4)渗沟的开挖应自下游向上游进行,应随挖随支撑并迅速回填,防止造成坍塌;支撑渗沟应间隔开挖。

(5)边坡平台截水沟必须引入相邻排水设施,天沟不应向路堑侧沟排水。湿陷性黄土、砂性土以及填土等可能发生不均匀沉降地段的天沟、排水沟应采取防渗和保证基底稳定的措施。

(6)防排水设施应沟底平整、排水畅通,无冲刷和阻水现象。

(7)施工期应做好防排水工程的成品保护。雨季应加大防排水工程的检查频次,发现隐患及时整改。

第四节　不良地质地段路基工程

一、滑坡

1. 滑坡及其危害

斜坡大量土体在重力作用下，沿一定的滑动面（或带）整体向下滑动的现象，称为滑坡。规模大的滑坡一般是缓慢地、长期地往下滑动，其位移速度多在突变阶段才显著增大，滑动过程可以延续几年、十几年甚至更长的时间。有些滑坡滑动速度也很快，如有的滑坡最大坡速可达 30 ~ 40m/s。

滑坡是山区公路的主要病害之一。由于山坡或路基边坡发生滑坡，常使交通中断，影响公路的正常运输。大规模的滑坡，可以堵塞河道，摧毁公路，破坏厂矿，掩埋村庄，对山区建设和交通设施危害很大。西南地区（云、贵、川、藏）是我国滑坡分布的主要地区，不仅滑坡规模大，类型多，而且分布广泛，发生频繁，危害严重。在云南省几乎每条公路上都有不同规模的滑坡发生。贵州的炉榕公路、四川的川藏公路、成阿公路、巴峨公路等均遭受滑坡的严重危害。

2. 滑坡的安全防治对策

滑坡的防治，要贯彻"以防为主，整治为辅"的原则。在选择防治措施前，要查清滑坡的地形、地貌和水文地质条件，认真研究和确定滑坡的性质及其所处的发展阶段，了解产生滑坡的主、次要原因及其相互间的联系，结合公路的重要程度，施工条件及其他情况综合考虑。

（1）大型滑坡的安全防治

防治大型滑坡技术复杂，工程量大，时间较长，因此在勘测阶段对于可以绕避且属经济合理的，首先应考虑路线绕避的方案。在已建成的路线上发生的大型滑坡，如改线绕避将会废弃很多工程，应综合各方面的情况，做出绕避、防治两个方案进行比较。对大型复杂的滑坡，常采用多项工程综合治理，并应作防治规划，工程安排要有主次缓急，并观察效果和变化，随时修正防治措施，以保证安全。

（2）对于中小型或小型滑坡的安全防治

一般情况下路线可不绕避，但应注意调整路线平面位置，以求得工程量小，施工方便，经济合理，安全可靠的方案。

3. 滑坡地段安全作业要点

（1）施工单位应核查滑坡影响范围并设安全警示标志，根据现场情况设置围挡等防护设施。施工期间应由专人负责滑坡体的监测。

（2）严禁在滑坡影响范围设置临时生产、生活设施，停放机械、堆放机具等。

（3）施工前应先做好截、排水设施，并随开挖随铺砌。对施工用水严格管理，防止渗入滑坡体内。

（4）在滑坡体上开挖路堑和修筑抗滑支挡结构时，应符合以下规定：应分段跳槽开挖，严禁大段拉槽开挖，并随挖、随砌、随填并夯实；开挖与砌筑时应加强支撑与临时锚固，并随时监测其受力状态；抗滑桩、锚杆（索）施工应从两段逐步向滑坡主轴方向进行；采用抗滑桩、挡土墙共同支挡时，应先做抗滑桩后做挡土墙。

（5）采取减重、加载措施时，开挖和填筑应按设计进行，并遵守以下规定：减重应自上而下开挖，开挖面应立即整平、压实；弃土应堆置在滑坡区以外或设计指定的阻滑区域；加载的填土和减重的弃土，不得堵塞滑坡体下部的渗、排水口。

（6）应避免在冰雪融化期开挖滑坡体，雨后不得立即施工，禁止夜间施工。

二、泥石流

1. 泥石流及其危害

泥石流是一种突然暴发的含有大量泥沙、石块的特殊洪流。它主要发生在地质不良，地形陡峻的山区及山前区。由于泥石流含有大量的固体物质，突然暴发，持续时间短，侵蚀、搬运和沉积过程异常迅速，比一般洪水具有更大的能量，能在很短的时间内冲出数万甚至数百万立方米的固体物质，将数十至数百吨的巨石冲出山外。泥石流可以摧毁房屋村镇，淹没农田，堵塞河道，给山区交通和工农业建设造成严重危害。

泥石流对公路的危害是多方面的，主要通过堵塞、淤埋、冲刷和撞击等方式对路基、桥涵及其附属构造物产生直接危害，同时也经常由于堆积物压缩和堵塞河道，使水位上升，淹没上游沿河路基，或者迫使主河槽的流向发生变化，冲刷对岸路基，造成间接水毁。

2. 泥石流的安全防治

（1）路线跨越泥石流沟时，首先应考虑从流通区或沟床比较稳定，冲淤变化不大的堆积扇顶部用桥跨越。这种方案可能存在以下问题，平面线型较差，纵坡起伏较大，沟口两侧路堑边坡容易发生崩塌、滑坡等病害。因此，应注意比较，还应注意目前的流通区有无转化为堆积区的趋势。

（2）当河谷比较开阔，泥石流沟距大河较远时，路线可以考虑走堆积扇的外缘。这种方案线型一般比较舒服，纵坡也比较平缓，但可能存在以下问题：堆积扇逐年向延伸，淤埋路基，河床摆动，路基有遭受水毁的威胁。

（3）对泥石流分布较集中，规模较大，发生频繁，危害严重的地段，应通过经济和技术比较，在有条件的情况下，可以采取跨河绕道走对岸的方案或其他绕避方案。

（4）如泥石流量不大，在全面考虑基础上，路线也可以在堆积扇中部以桥隧或过水路面通过。采用桥隧时，应充分考虑两端路基的安全措施。这种方案往往很难彻底克服排导沟的逐年淤积问题。

（5）通过散流发育并有相当固定沟槽的宽大堆积扇时，宜按天然沟床分散设桥，不宜改沟归并。如堆积扇比较窄小，散流不明显，则可集中设桥，一桥跨过。

（6）在处于活动阶段的泥石流堆积扇上，一般不宜采用路堑。路堤设计应考虑泥石流的淤积及公路使用年限，慎重确定路基高程。

（7）施工过程中，应遵守以下规定：应结合设计认真评估泥石流的危害程度，核实泥石流形成区、流动区和堆积区，并制订安全防护措施；应与气象、国土资源等部门保持畅通联系，人员驻地、生产设施等临时工程必须避开泥石流影响区；施工期要设专人巡查，发现异常及时预警并采取相应措施；取土和弃土应避开泥石流影响区，防止诱发人工泥石流。

三、危岩、落石、岩堆与崩塌地段

(1)危岩、落石、岩堆与崩塌地段路基施工前,要对影响范围进行评估,并对既有的建(构)筑物和交通设施采取相应的安全防护或迁移措施。

(2)施工期要设观测点,由专人监测和巡查,发现异常应立即停工,人机撤离,评估危险程度后采取相应的措施。

(3)危岩、落石、岩堆与崩塌影响范围内严禁搭盖临时房屋、堆放机具。

(4)刷坡时要明确清刷范围,并设置围挡和警示标志。

(5)施工前要先清理危岩、危石或对其采取加固措施,并根据现场情况修建拦截建筑物等防护设施,各项防治工程应及时配套完成。

(6)爆破开挖时要采取控制爆破技术,并加强现场防护及爆破后的检查。

(7)对于稳定性较差的岩堆路基,应先筑护脚挡墙稳定岩堆脚,再用水泥砂浆分段注入岩体并流出泄水孔;对于较高的边坡,应分段筑成台阶边坡,并注浆护面或砌筑护面墙维护岩堆稳定。

四、岩溶及其他坑洞地段

(1)岩溶及其他坑洞地区施工前要核实洞穴的位置和分布情况,设置明显的警示标志和防护设施,防止人员、机械设备误入。

(2)施工前要探明洞内情况,洞内有害气体和物质未排除前禁止作业人员进入。对不稳定的洞穴应采取临时支撑等安全措施。

(3)对路基稳定有影响的岩溶水、地面水应先进行疏导、引排。

(4)注浆处理时,要随时观测注浆压力和周边情况,发现异常及时采取相应措施。

五、风沙地区

(1)风沙地区的临时生产、生活设施应进行必要的加固,并应制订生活用水、临时用电的安全措施。

(2)作业人员应按规定配备风镜、口罩等防护用品。人员外出时不应少于两人同行,大风天气禁止外出。

(3)风沙地区的临时道路应设固定道路标志,人行道坡度不应陡于1:3。

(4)在路基两侧同时作业时,迎风侧和背风侧的施工应相互错开。

(5)开挖沙层要自上而下进行,严禁直立开挖或掏空挖沙。

(6)严禁在挖方坡脚下休息和存放机具。

(7)取土场、弃土场应设在背风一侧。

(8)大风来临前,要保持机具设备的最小迎风面正对风向。高耸机具要采取拆卸或拉缆风绳等其他防风措施。对精密仪器要采取覆盖、包裹等措施。

六、其他特殊土路基

1)软土地区的路基施工应遵守下列规定

(1)软土地区的路基施工前,应对可能出现的路基盆形沉降、失稳、桥头沉降差以及地基沉降稳定期等有充分的估计，制订相应的对策后方可施工。

(2)通过填筑试验路段，确定路基的填筑工艺、填筑速度等。

(3)软土地区的路基应提前安排施工，施工中严格控制填筑速率并按设计要求设置观测点。

(4)填筑前应做好路基范围内的排水处理，开挖纵横向排水沟、渗沟，排除地表水，疏干表层土。

(5)软土地基路基必须分层填筑、分层压实，分段接头应相互错开，台阶形搭接宽度不宜少于2m。

(6)桥台背和锥坡填土应同步分层夯实，并宜选用渗水性土，按15cm厚度分层碾压；高等级道路桥头填土须辅助其他地基处理措施，以减少以后沉降。

(7)软土地基路堤填筑过程中应进行沉降和稳定监测，严格控制施工填料和加载速度。

(8)沉降板应安装在路中线，间距以200m为宜；桥头引道路堤应在中心线和两侧路肩边缘线按50m间距设置沉降板，监测沉降；填筑过程中每填一层应进行一次观测，路堤加载填筑速度以每昼夜水平位移不超过0.5cm、沉降量不大于1.5cm控制，以避免地基失稳。

(9)路堤填筑至设计高程后，一般应留出至少6个月以上时间稳定路堤沉降，超载预压路堤沉降时间不宜少于3个月。

2)膨胀土(岩)地段路基施工应遵守下列规定

(1)要集中力量，连续快速施工，分段完成，雨天禁止施工。

(2)必须及时做好天沟、侧沟和排水沟的砌筑，并应随挖随砌，严防渗漏。

(3)路堤施工除符合本章第一节的规定外，低路堤、低洼地段基底，要防止和排除地表积水；路堤坡脚要采取排水措施，防止受水浸泡。

(4)路堑施工除符合本章相关规定外，路堑开挖必须自上而下进行，开挖面应随时保持不小于4%的排水坡，严禁积水。

(5)设有支护结构的边坡应紧跟开挖砌筑。

(6)边坡防护应紧跟开挖工序进行，减少暴露时间。坡面有地下水出露时应作引排处理。

(7)当岩质较硬需要爆破时，应控制药量，采取措施减少振动。

(8)路堑高侧山坡不应设置弃土堆。弃土堆距边坡顶的距离不应小于10m。

3)黄土路基施工应遵守下列规定

(1)应避开雨天集中力量快速施工，施工前应先做好地面排水设施。边坡坡脚不得受水浸泡、冲刷。

(2)黄土陷穴、坑洞处理时，应检查坑洞内情况，并对存在的有害气体通风排除。对流向陷穴附近的地面水应采取拦、截、引、排等措施。

(3)黄土路堤施工应采用重型压路机及时碾压并符合本章其他有关规定。

(4)路堑施工必须自上而下进行，应按边坡平台的高度分级开挖、分级排水、防护，并保持坡面平顺，不得放缓设计坡度。

(5)弃土堆应远离边坡边缘，避免影响边坡稳定，路堑边坡上方不得弃土。

4)冻土地区施工应遵守下列规定

(1)及时做好排水设施。施工便道距路堤坡脚或堑顶不应少于20m。

(2)各种车辆和机械不得沿路堤坡脚与排水沟之间行驶。

(3)富冰、饱冰冻土或含水冰层地段路堤施工,必须保持路基与周围冻土处于冻结状态。

(4)冻土路堑开挖时,应防止阳面冻土因受热融化而坍塌。

5)盐渍土路基施工应遵守下列规定

(1)盐渍土路堤严禁雨季取土填筑。

(2)路基的坡面防护应配合开挖和填筑及时进行,防止表层土松涨、溶失、风蚀。

第五节　改扩建工程

一、保通工程管理安全要求

(1)施工前严格按照建设单位要求,编制具体的安全保通方案。并上报监理、交通、高速交警等部门审批,建设单位审核批准后方可开工。

(2)组织项目管理人员对批准过的安全保通方案进行学习,对负责安全保通的人员,联系高速交警、高速路政进行专业培训,使其明确安全保通工作职责。

①负责所辖施工路段交通安全设施的齐全与规范。

②负责制止非施工人员、车辆和牲畜进入施工作业区。

③负责制止未穿反光背心的施工人员进入施工作业区。

④负责制止施工人员穿越高速公路。

⑤负责制止未加装安全警示标志的施工车辆进入施工作业区。

⑥负责制止施工车辆在高速公路上掉头或逆行。

⑦负责制止施工人员在未经批复的情况下打开临时隔离设施。

⑧负责报告施工区域内的突发事件。

(3)制订交通安全措施及应急预案。发生交通安全事故及交通堵塞后,按图8-1程序上报建设单位。

(4)施工过程中要保持施工路段交通安全设施的齐全与规范。在施工路段前方1 500m及800m处做警示标志,施工路程前方300m处开始应设置爆闪灯及保通员。

(5)参建人员进入施工现场必须身着反光背心,禁止穿越高速公路、进入高速公路通行区。参建人员严禁在高速公路上拦截、搭乘过往车辆。参建人员禁止靠近通行区休息,以防止意外发生。

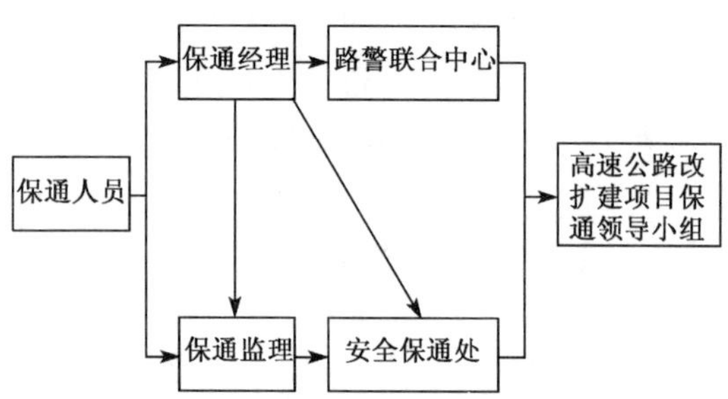

图8-1　保通工程上报流程图

(6)施工现场交通安全设施应按要求摆放,各种警告、禁令、施工标志及隔离墩、锥形标必须齐全、清洁、醒目、整齐。使用过程中损坏、丢失、污染的应及时更换、补齐、清洗;锥形标、示警灯、施工标志禁止用砖头、石块等有棱角物体压制。

二、路堤帮宽施工安全控制要点

(1)帮宽前要调查车流量、既有排水、加固防护措施、路基病害及既有路基填料等情况。

(2)拆除既有路堤防护设施时除符合路基施工相关规定外,尚需遵守以下规定:

①拆除植被防护坡面时,要随挖台阶高度挖除植被,不得全坡面一次挖除。当班开挖应当班回填,保持边坡稳定。

②拆除片石护坡、拱架防护坡面时,要随填筑进度自下而上拆除。拆除原路基边坡防护要与填筑同步进行。

(3)路堤帮宽除符合第一节相关规定外,尚要符合下列规定:

①要随时监测运营路基稳定情况,防止既有路基失稳。

②挖除路肩影响路基稳定时,要设置挡墙、挡板等防护设施,防止既有路基坍塌。

③弃土不得阻塞河道和既有道路排水设施,并符合国家环保规定。

(4)帮宽完成后,要立即恢复路线标志及相关设施。

三、路堑拓宽施工安全控制要点

(1)路堑拓宽时,要在临近运营线路一侧设置防护设施,严禁材料、机具侵入运营线路。

(2)拆除既有挡护、防护设施要保证既有路堑边坡稳定,必要时设置临时支撑进行加固或防护,并随开挖进度自上而下分层分段拆除,严禁一拆到底。

(3)路堑拓宽要按照横断面自上而下进行,防止因开挖不当,引起边坡不稳或坍塌。

(4)路堑拓宽时要随时观测坡面稳定情况,有裂痕、危石和塌方迹象时要及时采取措施。

(5)弃土不得阻塞既有排水设施,不得影响既有路基安全稳定及运营安全。

第九章　桥涵工程施工安全控制要点

桥涵工程施工是公路工程施工中危险性较大的类型之一，工序复杂，施工难度大，影响因素多，现场安全隐患多。由于勘察的局限性，常常导致工程地质状况的未知性，受地形、地质、水文、环境、气候、人员、设备等因素的不利影响及施工技术的局限性，在施工中可能出现诸如塌坍、高处坠落、机械伤害、触电等安全事故。因此，施工前必须对桥涵作业人员（包括农民工）进行岗前培训，教育和督促作业人员严格执行安全生产规章制度和安全操作规程，落实岗位职责、安全技术措施、专项施工方案以及技术交底制度，加强对生产安全事故隐患的排查和治理，防止和有效遏制生产安全事故的发生。同时制订有效的生产安全事故应急救援预案，并定期组织演练。

第一节　桥涵施工的一般安全要求

(1)桥涵工程施工前，应详细核对技术设计、图纸、文件。高桥、大跨、深水、结构复杂的大型桥梁施工，应对施工安全技术措施做专题调查研究，采取切实可靠的先进技术、设备和防护措施。中、小桥涵工程施工应制订针对性的安全技术措施计划。每单项工程，在开工前应根据规程规定制订安全操作细则，并向施工人员进行安全技术交底。

(2)桥涵施工前，应对施工现场、机具设备及安全防护设施等，进行全面检查，确认符合安全要求后方可施工。

(3)桥涵工程施工的辅助结构、临时工程及大型设施等，均应按有关规定做好安全防护措施，各项安全设施完成后，应经检验合格，方能使用。

(4)特殊结构的桥涵，采用新技术、新工艺、新材料、新设备时，必须制订相应的有针对性的安全技术措施，通过试验和检验，证明可行后方可实施。

(5)桥涵工程施工，应尽量避免双层或多层同时作业，当无法避免，而必须双层同时作业或桥下通航、通车及行人等立体施工时，应设防护棚、防护网、防撞装置和醒目的警示标志、信号等，切实做好安全防护措施。

(6)手持式电动工具，应按规定加设漏电保护器。

(7)对于通航江河上的桥涵工程，施工前应与当地港航监督部门联系，制订有关通航、作业安全事宜，办理水上施工许可证等必要的手续，否则，不得开始施工。

(8)高处露天作业、缆索吊装及大型构件起重吊装时，应根据作业高度和现场风力大小、对作业的影响程度，制订适于施工的风力标准。遇有六级（含六级）以上大风等恶劣天气时，上述施工应停止作业。

第二节　基础工程

一、明挖基础施工安全控制要点

(1)基坑开挖的方法、顺序以及支撑结构的安设,均应按照施工组织设计中的规定进行。开挖较大较深和地质水文复杂的基坑必须制订详细的施工方案和安全措施方案。

(2)开挖基坑时,要指派专人检查对邻近建(构)筑物或临时设施的安全,并留有检查记录。如有影响或不安全时,应采取安全防护措施后,才能开挖;基坑深度超过1.5m时,为便于上下必须挖设专用坡道或铺设跳板,其宽度应超过60cm,深狭沟槽应设靠梯或软梯,禁止脚踏固壁支撑上下。

(3)开挖基坑时,要根据土壤、水文等情况,按规定的边坡坡度分层下挖,严禁局部深挖,掏洞开挖。基坑深度超过1.5m,不加支撑时,应按要求进行放坡;如施工地区狭小或受其他条件限制,不能按标准放坡时,应采取固壁支撑措施,支撑方法应根据土质和施工具体情况事先做好施工设计。

(4)基坑、井坑开挖过程中,必须随时检查坑壁边坡有无裂缝和坍塌现象(特别是雨后和解冻时期),如果发现边坡有裂缝、疏松或支撑有折断、走动等危险先兆,应立即采取措施。在雨季、地下水及流沙地区挖土时,必须视具体情况增加坡度或加固支撑;要注意有关基坑边缘停放机械、堆土、堆料的有关规定(详见本章路基工程土方施工安全控制要点)。

(5)基坑边缘有表面水时,应采取截流措施,开挖排水沟或排水槽,不得使水流沿基坑边缘流下;在有大量地下水流的情况下进行挖基时,应配足抽水机具,施工人员应穿胶鞋,并设置出入基坑的安全通道,以防意外。

(6)采取挖土机械开挖基坑,坑内不得有人作业。必须留人在坑内操作时,挖土机械应暂停作业;挖掘机等机械在坑顶进行挖基出土作业时,机身距坑边的安全距离应视基坑深度、坡度、土质情况而定,一般应不小于1m;采用吊斗、扒杆或皮带运输机出土时,应检查吊斗绳索、挂钩、机具等是否完好牢固;向斗内装土时,不得超出斗缘。吊斗升降时,下面不得站人。坑内作业人员应躲离吊斗升降移动作业范围以外。吊斗不使用时,应及时摘下,不得悬挂;开挖基坑的人员不得在坑壁下休息。

(7)基坑开挖中,遇到有流沙、涌水、涌沙及基坑边坡不稳定现象发生时,应立即采取防护加固措施;基坑需机械排水开挖时,抽水机机管等要安放牢靠,并须配备足够的抽排水设备;采用井点法降低基坑地下水位,要根据土层渗透系数、降水深度等,先计算其渗水量,并经过井点布置设计及抽水试验等。在开挖中,应保持基坑不被水浸泡,并认真对下列问题加以监控、检查。

①采用钻机打设井点,应遵守钻孔施工安全操作规程。

②采用集水井降水法,使用无砂混凝土管用作护壁,管与管间的连接,应绑扎牢固,不得脱节。

③集水井内放置的潜水泵,要事先逐台进行检查,试验抽排水,应指派专人看管潜水泵及电源。

④拆除集水井或在井坑内开挖时，作业人员之间应保持安全距离。

⑤开挖的边坡应保持稳定，随基坑的挖深，要及时拆除已裸露的无砂混凝土管，以防其倾倒伤人。

⑥遇有流沙，应采取围堰或打板桩支撑等防护措施。

⑦采用皮带输送机运土出基坑时，机械要安装牢固，设专人看管操作。

⑧降水作业中，应随时观测对邻近建筑物的影响程度，采取相应的防护措施。

(8)小型桥涵施工，如不能保证车辆通行时，应事先修好便道或便桥(涵)，并在修建桥涵的公路两端设置“禁止通行”的标志。

(9)基坑开挖需要爆破，应按国家现行的爆破安全规程办理，可参见本章路基工程中有关爆破作业的安全要求。

(10)寒冷地区采用冻结法开挖基坑时，应根据地质、水文、气温等情况，分层冻结，逐层开挖。

二、筑岛、围堰施工安全控制要点

(1)人工筑岛，应搭设双向运输便道或便桥。

(2)在围堰内作业，遇有洪水或水流，应立即撤出作业人员。

(3)采用挡土板或板桩围堰，应视土质、涌水、挖深情况，逐段支撑，并应随时检查挡板、板桩等挡土设施的稳定牢固状况。

当基坑较深时，四周应悬挂人员上下扶梯。施工中，遇有流沙、涌沙或支撑变形等异常情况，应立即停止挖掘，并立即撤出作业人员。在切实采取安全加固措施后，方可继续开挖。

(4)采用吸泥船吹沙筑岛，要对船体吃水深度、停泊位置、管路射程及连接方法等，进行严格检查和试验。并要特别注意：

①作业区内严禁船舶和无关人员进入，承载吸泥管道的浮筒上不得行人。

②通航河流，施工前应与航监和有关部门联系好，按要求办理相关手续，以保证通航及施工的安全。

③作业人员应穿着救生衣，并备有救生船。

(5)挖基工程所设置的各种围堰和基坑支撑，其结构必须坚固牢靠。基础施工中，挖土、吊运、浇注混凝土等作业，严禁碰撞支撑，并不得在支撑上放重物。施工中发现围堰、支撑有松动、变形时，应及时加固，危及作业人员安全时，应立即撤出。施工中交接班时，应将处理情况和注意事项交接清楚，并做好原始记录及签字工作。

(6)基坑抽水过程中，要指派专人经常检查土层变化、支撑结构受力等情况，发现有变形时，应立即向现场负责人报告，并及时采取安全措施。

(7)基坑支撑拆除时，应在现场技术负责人的指导下进行。拆除支撑可配合回填土进程，由低处向上拆除，严禁站在正在拆除的支撑上操作。有引起坑壁坍塌危险时，必须采取安全措施。

三、钢板桩及钢筋混凝土板桩围堰施工安全控制要点

(1)使用钢板桩围堰时，要根据施工条件和安全要求及水深、地质等情况适当选择桩长，

准确确定围堰尺寸、钢板桩数量、打入位置、入土深度和桩顶高程，使之既不影响水上施工，又不会伤及水下桩基等构造物。

(2)钢板桩打入前，应在设计位置设置坚固的导向桩和足够强度的支撑框架并将安设板桩的打入位置标示在导向框架上，以确保板桩的稳定和准确合龙。

(3)插打钢板桩(包括钢筋混凝土板桩)围堰前应对打桩机、卷扬机及其配套机具设备、绳索等，进行全面检查，经试验、鉴定合格后方可施工。

(4)钢板桩起吊应听从信号指挥，作业前应在钢板桩上，拴好溜绳，防止起吊后急剧摆动。

(5)吊起的钢板桩未就位前，插桩桩位处不得站人。在桩顶作业，应挂吊篮、爬梯，作业人员必须系好安全带。

(6)钢板桩起吊前，应首先做到：

①钢板桩槽凹部位应清扫干净，锁口应先进行修整或试插。

②组拼的钢板桩组件，应采用坚固的夹具夹牢，起吊时，用绳索拴牢，挂钩应封钩。

③钢板桩吊环的焊接，应由专人检查，必要时应进行试吊。严禁将吊具拴在钢板桩夹具上或捆在钢板桩上进行吊装。

(7)钢板桩插进锁口后，因锁口阻力不能插放到位而需用桩锤压插时，应用卷扬机钢丝绳控制桩锤下落行程，防止桩锤随钢板桩突然下滑。

(8)插打钢板桩，应从上游依次对称向下游插打。插打双层钢板桩，应先外侧后内侧，最后在下游处合龙。受潮水影响的河流，应根据实际情况，制订插打方案及安全防护措施。

(9)插打钢板桩，如因吊机高度不足，可改变吊点位置，但吊点不得低于桩顶以下1/3桩长位置。在转换吊点时，必须先挂后换，使新吊点吃力后，并确定牢固，才能拆除原吊点。

(10)钢板桩在锤击下沉时，初始阶段应轻打。桩帽(垫)变形时应及时更换。

(11)使用沉拔桩锤沉拔板桩时，桩锤各部机件、连接件要确保完好，电气线路、绝缘部分要良好绝缘。每天使用前要认真检查，班后要进行修养。操作时，桩锤和板桩连接要牢固，系索人员要有稳固地点立足，要佩戴安全帽和安全带。

(12)拔桩时，应从下游向上游依次进行。遇有拔不动的钢板桩，应立即停拔检查，可采取射水、振动等松动措施，严禁硬拔。

(13)采用吊机船拔除钢板桩，应指派专人经常检查吊机船的吃水深度，拔桩机或吊机受力情况，拔桩机和吊机应安装“限负荷”装置，以防超负荷作业。

(14)钢筋混凝土板桩采用锤击下沉时，桩头和桩尖部位，应采取加固措施。锤击时，应用桩帽、桩垫，并经常检查，发现异常情况应立即停击。

四、套箱围堰

(1)套箱围堰可根据工程需要，制成整体式、装配式、单壁式、双壁式。套箱的结构及形式应按设计制造，并经检查验收后方可交付使用。

钢套箱的组装，应按施工组织设计进行，并根据钢套箱的结构特点、施工工艺要求以及不同的形式，制订针对性的安全技术措施，并在组装前，进行安全技术交底。

(2)拖船牵引浮运钢套箱时，应征得港航监管部门同意，并在了解航道水深、流速等情况后，制订拖船牵引方案，加以实施。多只拖船牵引浮运大型物件时，应配备通信器材，并建立统一的指挥机构。

(3)套箱采用船组辅助定位时,应先将定位船、导向船(或其他导向设施)就位。定位船锚的设置应根据流速、河床地质情况具体而定。并要采取措施防止下锚时锚链(绳)缠绕或刮带伤人。抛锚地点应设置浮标,船只上的锚固绳栓均要加固补强。

(4)导向船及定位船,在抛锚定位后,应经常检查锚绳、锚链及锚碇设施情况,防止来往船只及流水、漂流物等的碰撞以及洪水冲击等。

(5)两船之间的通道及连接梁上,应铺设人行道板和栏杆。严禁在一只导向船上或船的一侧偏载重物。

(6)在通航河流上施工,施工前应与港航监管部门联系,办理有关手续,协商有关通航安全事宜,并按要求设立标志和防撞装置。

(7)采用沉浮式双壁钢套箱,应具备能组拼、能分解、能注水下沉、能排水上浮的性能。注水下沉或排水上浮时,必须对称均衡进行施工,防止产生过大的倾斜。施工要经过周密设计计算,必要时,要经过试验,方可进行。

(8)钢套箱拆除,应按施工组织设计规定的程序进行。拆除时,应有足够的脚手板、扶梯和救生设备等安全防护设施。施工人员必须系安全带、穿救生衣。拆下的铁件、螺栓等,应吊放在指定地点,不得从高处向下抛掷。

五、沉井基础施工安全控制要点

(1)沉井下沉四周影响区域内,不宜有高压线杆、地下管道、固定式机具设备和永久性建筑。必须设置时,应采取安全措施。

(2)沉井施工,应尽量避开汛期,特别是在初沉阶段不得在汛期内。如需渡过汛期、凌期时,应采取稳定可靠的安全防护措施。

(3)在水中设围堰筑岛而导致水流被压缩或改变河道等,应检查对附近的堤坝、农田和其他建筑物的安全以及岛体本身的稳定是否受到影响,严防因冲刷而坍塌。

(4)沉井下沉,采用人工挖掘时,劳动组织要合理,井内人员不宜过多。在刃脚处挖掘,应对称均匀掘进,并保持沉井均匀下沉。下井操作人员,安全防护用品必须佩戴齐全。井内要有充足的照明。沉井各室均应备有悬挂钢梯及安全绳,以应急需。涌水、涌沙量大时,不宜采用人工开挖下沉。

(5)沉井施工前,应检查机具设备是否完好,并搭好脚手架、作业平台、并保证其牢靠,平台四周设置栏杆,高处作业和险要的空隙处,均应设安全网。

(6)沉井的内外脚手,如不能随同沉井下沉时,应和沉井的模板、钢筋分开。井字架、扶梯等设施均不得固定在井壁上,防止沉井突然下沉时被拉倒。

(7)沉井顶面应设安全防护围栏。井内、井上搭设的抽水机台座、水力机械管道等施工设施,均应架设牢固。井顶上的机具应设防护挡板,小型工具宜装箱存放。在沉井刃脚和井内横隔墙附近不得有人停留、休息,以防止坠物伤人。

(8)井内、井上的抽水机电路应使用防水胶线,安装漏电保护装置,以防止触电。

(9)空压机的储气罐应设有安全阀,输气管应编号,供气控制应由专人负责,在有潜水员工作时,应有滤清器,进气口应设置在能取得洁净空气处。

(10)沉井的制作高度不宜使重心离地太高,以不超过沉井短边或直径的长度为宜。特殊情况允许加高,但应有可靠的计算数据,并采取必要的安全技术措施。

(11)在围堰筑岛上就地浇筑的沉井,在沉井的外侧周围应留有护道。护道宽度应按设计规定修筑。筑岛岛面和开挖基坑的坑底高程,应比沉井施工期最高水位高出至少0.5m。

(12)沉井下沉前应把井壁上拉杆螺栓和圆钉切割掉。特别在不排水下沉时,应清除井内障碍和插筋,以防止割破潜水员的潜水服。

(13)在筑岛上,沉井下沉中,如刃脚尚未达到原河床以前,而需接高沉井时,应在沉井内回填砂土,并分层灌注混凝土,防止沉井接高加重,产生不均衡下沉,造成沉井倾斜。

(14)拆除沉井垫板应在沉井混凝土达到设计强度后进行。抽拔垫板时,应有专人统一指挥,分区、分层、同步、对称进行。抽拔垫板及下沉时,严禁人员从刃脚、底梁和隔墙下通过。抽掉垫板后,应及时回填、夯实,并注意检查是否有倾斜及险情。

(15)沉井面积较大,不排水下沉时,井内隔墙上应设有潜水员通过的预留孔。

(16)浮运沉井的防水围壁露出水面高度,在任何时候均不得小于1m。

(17)不排水沉井下沉中,应均匀出土,不得超挖、超吸,并应加强观测,必要时进行沉井底的潜水检查,防止沉井突然下沉和大量翻沙而导致沉井歪斜,造成人员伤亡和机械损伤。

(18)用吊斗出土时,斗梁与吊钩应封绑牢固,并应经常检查斗梁、斗门等磨损情况,损伤部位应更换或加固。吊斗升降时,井顶指挥人员应通知井下人员暂时避开。

(19)采用抓斗进行不排水下沉时,如钢丝绳缠绕在一起而需要转动抓斗进行排除时,作业人员应站在有护栏的部位。

(20)采用机吊人挖时,土斗装满后,需待井下人员躲开,并发出信号后,方可起吊。

(21)采用水力机械时,井内作业面与水泵站应建立通信联系。

(22)水力机械的水枪和吸泥机,应进行试运转,各连接处应严密不漏水。

(23)沉井在淤泥质黏土或亚黏土中下沉时,井内的工作平台应用活动平台,禁止固定在井壁、隔墙或底梁上。

(24)不排水沉井,井内应搭设专供潜水员使用的浮动操作平台,潜水员要注意按照规定进行增压或减压。

(25)灌注水下混凝土,应搭设作业平台、溜槽、导管及提升设备,经全面检查(提升设备应做升、降试运行),确认安全后,方可施工。

(26)沉井施工中,灌注混凝土如使用减速漏斗时,漏斗应悬挂牢固,并应附有保险绳索。漏斗应封钩,孔口四周的空隙应堵严。漏斗升降时,井上与井下作业人员,应设通信联络,协调配合,统一指挥。

(27)在深水处,采用浮式沉井施工时,有关沉井下水、浮运及悬浮状态下接高、下沉等,必须加以严密控制。

①各类浮式沉井在下水前,应对各节浮式沉井进行水密性试验,合格后方可下水。

②浮式沉井下水前,应制订下水方案。采用起吊下水时,应对起重设备进行检查。在河岸有适合坡度,采用滑称、牵引等方法下水时,必须严防倾覆。

③浮式沉井,必须对浮运、就位和落河床时的稳定性,进行检查。

(28)浮式沉井,定位落河床前,应考虑潮水涨落的影响,对所有锚碇设备进行检查和调整，使沉井安全准确落位。

(29)浮式沉井落河床后，应尽快下沉，并使沉井达到保持稳定的深度；随时观察沉井的倾斜、移位及河床冲刷情况。

(30)采用井内抽水强制下沉时，井上人员应离开沉井。

(31)沉井如由不排水转换为排水下沉时，抽水后应经过观测，确认沉井已稳定，方可井下作业。

(32)采用套井与触变泥浆法施工时，套井四周应设置防护设施。

(33)沉井下沉采用加载助沉时，加载平台应经过计算，加载或卸载范围内，应停止其他作业。

(34)浮式沉井，在船上或支架平台上制作时，对船舶或支架平台的承载力应进行验算。

(35)在严重流冰的河流上，进行沉井施工必须避开流冰期。确实不能避开时，应将沉井井顶下沉至冰底面的安全水位。

(36)沉井施工中，严防船舶及漂流物等的撞击。通航的河道，应与港监部门联系，办理有关水上施工的手续，设置导航标志，在水流斜交处，应备有导航船引导过往船只，缓慢安全驶过施工区。

(37)沉井水下混凝土封底时，工作平台应搭设牢固，导管周围应设栏杆，平台的荷载除考虑人员和机具重量外，还应考虑漏斗和导管堵塞后，装满混凝土时的悬吊重量。

六、钻孔灌注桩基础施工安全控制要点

(1)钻机就位后，对钻机及其配套设备，应进行全面检查，如卷扬机、钢丝绳、浮吊车、钻头、泥浆泵、水泵及电气设备等是否完好正常。

钻机安设必须平稳、牢固，钻架应加设斜撑或缆风绳。钻机平台和作业平台，特别是水上钻机平台应搭设坚固牢靠，并满铺脚手板，设防护栏、走道。杂物及障碍物应及时清除。

(2)采用液压电动反循环机钻孔前，应随时检查液压油、润滑油情况，注满油料后，旋塞要拧紧，关严；钻机皮带转动部分，不得外露；所使用的电气线路必须是橡胶防水电缆。

(3)各类钻机在作业中，应由本机或机管负责人指定的操作人员操作，其他人不得登机。操作人员在当班中，不得擅自离岗。

(4)每次拆换钻杆或钻头时，要迅速快捷，并保证连接牢靠。严防工具、铁件及螺帽等掉入孔内，应在孔口加设防护罩。

(5)采用冲击钻孔时，选用的钻锥、卷扬机和钢丝绳的损伤情况，当断丝已超过5%时，必须立即更换。钢丝绳与钻头连接的夹子数，应按等强度安装。

(6)卷扬机套筒上的钢丝绳应排列整齐。卷扬机在卷扬钢丝绳操作时，严禁作业人员在其上面跨越；卷扬机卷筒上的钢丝绳，不得全部放完，最少保留3圈，严禁手拉钢丝绳卷绕；钻机钻进时，卷扬机变速器的换挡，应事先停车，挂上挡后，方可开车操作。

(7)使用正、反循环及潜水钻机钻孔时，对电缆线要严格检查。当滑移钻台时，应防止挤压电缆线及同水管路。作业中，发现电缆破损要立即处理；使用潜水钻机钻孔，一般在完成一根钻孔桩时，要检查一次电机的封闭情况。钻进速度应根据地质变化，加以控制。

(8)钻孔过程中,必须设有专人负责,按规定指标,保持孔内水位的高度及泥浆的稠度,严防坍孔。

(9)钻孔使用的泥浆,应设置泥浆循环净化系统,防止对环境的污染。

(10)钻机停钻,必须将钻头提出孔外,置于钻架上,严禁将钻头停留孔内过久。

(11)采用冲抓或冲击钻孔,应防止碰撞护筒、孔壁和钩挂护筒底缘。提升时,应缓慢平稳。钻头提升高度应分阶段按进尺深度严格控制。

(12)钻孔中,发生故障需排除时,严禁作业人员下孔内处理故障。

(13)对于已埋设护筒未开钻或已成桩护筒尚未拔除的,应加设护筒顶盖或铺设安全网遮罩。

七、沉入桩基础施工安全控制要点

(1)钢筋混凝土桩、预应力混凝土桩采用锤击沉桩或振动沉桩时,施工现场应保持平整清洁。打桩机的移动轨道,铺设要平顺、轨距要准确、钢轨要钉牢,轨道端部应设止轮器。

(2)各种沉桩及桩架等拼装完成后,应对机具设备及安全防护设施,如作业平台、护栏、扶梯、跳板等进行全面检查验收,确认合格,方可施工。降雪或冰冻时,应及时清扫。

(3)打桩机移位时,禁止将桩锤悬起,必须将锤头稳放在销子上后,方准移位。严禁随移随起锤,机架移到桩位上稳固后方准起锤。远距离移位时,要事先拆除管路与电线。

(4)采用滚筒滑移打桩架,应专人指挥,作业人员不得在打桩架内操作。

(5)打桩机拆装时,桩架长度半径(并加一定安全系数)内不准拆装作业以外的人员进行。在起落机架时,要专人指挥,并禁止任何人在机架底下穿行或停留。

(6)在高压线下两侧安装打桩机械,应根据电压,保证打桩机与高压线最近距离大于安全距离。打桩机顶部上方2m内不准有任何架空障碍物。

(7)锤击沉桩或振动沉桩,均应选用适合的桩帽或桩垫。桩帽应与桩边连接牢固,桩垫破碎时,应及时更换。

在城镇和有人员居住地点附近,采用锤击或振动沉桩作业时,应采取减小噪声和振动影响的措施。

(8)水上打桩采用的固定平台,必须搭设牢固,底座与平台误码连接牢靠。在水上采用浮式沉桩机锤击沉桩时,柱架与船体必须连接牢固,对其稳定性应进行验算和试验。施工中,应防止浮船晃动或偏载。

(9)降落锤头,不准猛然骤落,在起吊沉桩或桩锤时,严禁作业人员直接在吊钩下或在桩架龙门口停留或作业。

(10)打桩架及起重工具,须经常检查维修。检查维修桩锤,必须将桩锤放落在地下或平台上,用销子或卡子固定于桩架上。严禁在桩锤悬挂状态下进行维修。

(11)遇有大风及恶劣天气,应停止打桩作业。雷雨时,作业人员不得在桩架附近停留。在水上用浮式沉桩机锤击或振动沉桩时,当波峰高于0.25m,或流速超过1.5m/s时,均不得从事沉桩作业。

(12)预制钢筋混凝土桩、参见预应力混凝土桩或钢管桩等,应检查合格后,方能起吊。桩节之间的连接法兰盘,必须安装密贴,上满拧紧螺栓。起吊时,必须在设计吊点处拴以吊具。

(13)吊桩时,应有统一的指挥信号。桩的下部应拴以溜绳,在指挥人员发出信号后,方可作业。

(14)钢筋混凝土沉桩完成后,应立即用木板或草袋将桩头盖好。露出地面的桩头钢筋,应做好安全保护。

(15)作业间隙,应将桩锤固定在桩架龙门挺的方木上,作业人员不得在其下边走动或停留。

(16)采用浮式打桩船或浮式平台沉桩,应有足够的锚碇设施。当有船只通过时,应暂停沉桩作业。施工中,应对锚碇设施经常检查及进行必要的调整。

(17)采用静力压桩,应检查所施加压力之和是否与设计符合,其合力使用线是否与桩中心线符合。使用两台卷扬机或千斤顶施压时,必须同步作业,严防反力梁和桩架倾斜。

(18)采用高压水泵和空压机等助沉措施,应按设计要求进行。助沉设备的压力表、安全阀、水泵、输水管道、射水管水量及水压等,经检查符合要求后,方可作业。

(19)高压射水辅助沉桩,应根据不同水质情况,采用相应的压力沉桩,防止因急剧下沉造成桩架歪斜或倾倒等事故。

采用振动锤或蒸汽锤打桩机,应放松牵引钢丝绳,使锤具紧压桩头,随射水徐徐下沉。

高压水泵射水沉桩,要防止桩身尚未就位前通水。高压水泵的开启和压力表的控制均应设专人负责看管。要严格掌握射水方向。高处作业人员的安全带严禁系在被沉的桩上或龙门口上。

(20)振动打桩机开动后,作业人员必须站离基桩,信号员与驾驶员所在位置应能通视,并能看到基桩下沉情况。如发现桩有回跳,打桩机有异声及其他不正常情况,应立即停振。经调整处理后,再继续作业。所有开停振必须听从指挥。

(21)振动打桩机的导向架及四周脚手架等,应经常进行检查。振动下沉过程中,严禁进行机械维修和保养。振动打桩机在停止作业后,应立即切断电源。

柴油打桩机打桩时,要掌握好油门,不得使油门过大或突然加大,以防桩锤跳或过高击坏顶部横梁。

(22)振动打桩机作业时,禁止任何人进入其机器底部操作。

(23)振动打桩机加压时,如前轮离地应减压,以免钢丝绳、加压轮或立人轴断裂。

(24)振动打桩机沉箱上的电缆接头应勤检查,做好绝缘防护。通过交通路口的电缆线要深埋土中。

(25)拆装套管或到沉箱上操作时,应切断沉箱电源后,方可进行工作。

(26)旋转钻机提钻时,不准钻头旋转,落锤时,不准一次骤落到底,钻完的孔应随时盖好。

(27)旋转钻机间歇时,不得使钻头悬在钻孔中间,应拉放到原来位置,并摘除动力挡,切断电源。

八、挖孔、沉管灌注桩基础施工安全控制要点

(1)挖孔灌注桩,应在无水或少水的密实土层或岩层中,按设计挖筑。挖孔较深或有渗水时,必须采取孔壁支护及排水、降水等措施,严防塌孔。

(2)人工挖孔,对孔壁的稳定及吊具设备等,应经常检查。孔顶出土机具应有专人管理,并设置高出地面的围挡。孔口不得堆积土渣及工具。作业人员的出入,应设常备的梯子。夜间作业应悬挂示警红灯。挖孔作业暂停时,孔口应设置罩盖及标志。

(3)所用电器设备,必须装设漏电保护装置,孔内照明应使用36V电压的灯具。起吊设备必须有限位器、防脱钩器等装置。

(4)孔内挖土人员的头顶部应设置护盖。取土吊斗升降时,挖土人员应在护盖下面工作。相邻两孔中,一孔进行浇注混凝土作业时,另一孔的挖孔人员应停止作业,撤出井孔。

(5)人工挖孔,除应经常检查孔内的气体情况外,还要遵守下列规定:

①挖孔人员下孔作业前,应先用鼓风机将孔内空气排出更换。

②二氧化碳气体含量超过0.3%时,应采取通风措施。对含量虽不超过规定,但作业员有呼吸不适感觉时,亦应采取通风或换班作业等措施。

③空气污染超过三级标准浓度值时,如没有安全可靠的措施不得采取人工挖孔作业。

注:空气污染物三级标准浓度限值(mg/m^3):日平均(任何一日的平均浓度)总悬浮微粒应低于0.50,飘尘应低于0.25,二氧化硫应低于0.25,氮氧化物应低于0.15,一氧化碳应低于0.70,氮氧化物应低于0.30,一氧化碳应低于20.00。

(6)人工挖孔超过10m深,应采用机械通风,并必须有足够保证安全的支护设施及常备的安全梯道。人工挖孔最深不得超过15m。

(7)挖孔桩需要嵌岩或孔内有岩层需要爆破时,应采取浅眼爆破法,严格控制炸药用量,并按爆破安全规程的规定,一丝不苟地组织好爆破作业。

(8)人工挖桩孔采用混凝土护壁时,每挖深1m(土质不好还应适当减少),应立即浇筑护壁,护壁厚度不小于10cm。

(9)机钻成孔作业完成后,人工清孔验孔要先放安全防护笼,笼距孔底不得大于1m。

(10)人工挖孔采用混凝土护壁时,应对护壁进行验收,第一圈护壁要做成沿口圈,沿口宽度要大于护壁外径300mm,口沿处要高出地面100mm以上,孔内护壁应满足强度要求,孔底末端护壁应有可靠防滑壁措施。

(11)在较好土层,人工挖扩桩孔不采用混凝土护壁时,必须使用工具式的安全防护笼进行施工,防护笼每节长度不超过2m。防护笼总长度要达到扩孔交界处,孔口必须做沿口混凝土护圈。

(12)挖出的土方应随出随运,暂时不能运走的,应堆放在孔口边1m以外处,且堆土高度不得超过1m。

(13)凡孔内有人作业时,3m以内不得有机动车辆行驶或停放。

(14)孔内人员作业时,孔上必须有监护人员,并要随时与孔下人员保持联系,不得擅自撤离岗位。孔上监护工作人员应随时注意孔壁变化及孔底施工情况,发现异常时,应立即协助孔内人员撤离,并向有关人员汇报发现的真实情况。

(15)沉管灌注桩采用振拔机,锤击或振动沉管施工时,可参照“沉入桩基础施工安全控制要点”中的有关内容加以控制。施工前,应检查管节与桩帽连接是否牢靠,桩尖分瓣是否灵活,所有机械与作业平台是否稳定、牢固。采用浮式沉管及拔管作业时,可参照“沉入桩基础施工安全控制要点”和“拔桩作业安全控制要点”中的有关内容加以控制。

九、拔桩作业安全控制要点

(1)采用人字桅杆、卷扬机进行拔桩时,应先计算拔桩力,然后根据上拔力的大小,配备适当功率的卷扬机和滑车组。拔桩时,人字桅杆滑车组要尽量靠近被拔桩中心。试拔中如发现缆风绳受力过大或地锚松动时,应采取措施后再作业。

(2)拔桩应装设"限量器",严禁蛮拔。

(3)采用锚固桩或顶梁千斤顶施力拔桩,应先经过设计,被拔桩及锚固桩的各连接处,必须完好。千斤顶的置放点应避免偏心,并用方木承托。

(4)采用龙门吊架、吊机或拔船等进行拔桩时,应按设计经检验合格后进行。吊机应附有超载限制器,防止超负荷上拔。

(5)作业中应指派人员经常检查船体的平衡稳定情况。

(6)起重机配合振拔机拔桩时,起重机应随振拔机的起动而逐渐加荷。

(7)采用桩外射水或用千斤顶先顶松动及桩外浅挖后,再用吊机或其他方法配合拔桩作业时,必须符合有关安全规定的要求。

(8)利用柴油或蒸汽打桩机拔桩筒,应垂直吊拔,不准斜拉。桩筒入土较深吊拔困难时,要采取辅助措施,严禁硬拔。

(9)吊桩时要慢起,桩下部要系溜绳,掌握稳定。

十、管柱基础施工安全控制要点

(1)管柱振动下沉作业,应对邻近的建(构)筑物、临时设施及相邻管柱的安全和稳定进行检查,必要时采取安全防护措施。

(2)管柱下沉采用的导向设备,应根据水深、流速及基础形状,采取导向框架或钢围笼,以防止管柱下沉时,产生倾斜和位移。导向框架或钢围笼按设计制作加工后,应经检查合格后方可使用。

(3)钢围笼拼装,可根据围笼高度、形状及体重等情况,一次拼装完成,或分层接拼下沉就位。围笼拼装,应搭设作业平台、内芯桁架导环、托架及必要的安全设施等。在分层接高时,应防止接高变形,每接高 8m 左右,应加设风缆,以保安全。

(4)钢围笼浮运定位后,两导向船之间的通道及连接梁上面,应铺设人行道、步梯及栏杆。船组应锚碇稳固,导向船上堆放重物,应对称摆放,并严防船舶及漂流物的撞击。

(5)管柱的吊点位置、平放支点及存放层数、竖立存放的稳定性等,均应符合设计要求,并保证安全性。

(6)钢筋混凝土管柱或预应力混凝土管柱,在现场施工时,应预先搭好脚手架、作业平台、护栏等安全设施。

(7)安装钢筋骨架或吊立管柱模板,应将吊具绑牢摆正,拴好溜绳,缓慢下落。每吊装一块模板,应立即连接、支撑牢固后,方可松钩。

(8)模板外侧安设的振动器,其固定处螺栓应拧紧,安装牢装。电器绝缘应良好,电力线路应挂在安全处。

(9)管柱接长,其法兰盘接头必须拧紧密贴,法兰盘不得突出管壁之外。夹柱应牢固,作业人员的手指和头部不得伸入法兰盘之间。在管柱内电焊,应搭设脚手架,并备有通风设施。

(10)起吊管柱的吊具、导向结构安装、拆除、振动下沉等,所用的机具设备,均应按施工设计作业。施工时,应先检查合格后,方可作业。

(11)浮运管柱应按船的重心对称置放。浮运应在白天良好天气时运行。浮运速度不宜超过3km/h。

(12)管柱施工作业平台,除设护栏外,双层或高处作业处,以及两船拼装之间、跳板下面,均应悬挂安全网。

(13)管柱内钻凿岩层,钻孔平台的脚手板必须铺满,四周设置护栏和上下梯子,并备有救生和消防设施。

(14)管柱刃脚底附近,不宜吸泥,以防翻沙。

(15)管柱内水位,应保持高出管柱外水面,在管柱内清孔时,必须高出管柱外水面1.5~2m。有潮汐影响时,应采取稳定管柱内水头的措施。

第三节　墩 台 工 程

一、就地浇筑的墩台施工安全控制要点

(1)就地浇筑墩台混凝土,施工前,必须搭设好脚手架和作业平台,墩身高度在2~10m时,平台外侧应设栏杆及上下扶梯;10m以上时,还应加设安全网。

(2)模板就位后,应立即用撑木等固定其位置,以防倾倒砸人。

用吊机吊模板合缝,模板底端应用撬棍等工具拔移,不得徒手操作。每节模板支立完毕,就在安好边结紧固器,支好内撑后,方可继续作业。

(3)在树立高桥墩的墩身模板过程中,安装模板的作业人员必须系好安全带,并拴于牢固地点。穿模板拉杆,应内外呼应。

(4)整体模板吊装前,模板要连接牢固,内撑拉杆、箍筋应上紧。吊点要正确牢固。起吊时,应拴好溜绳,并听从信号指挥,不得超载。

(5)用吊斗浇注混凝土,吊斗提降,应设专人指挥。升降斗时,下部的作业人员必须躲开,上部人员不得身倚栏杆推吊斗,严禁吊斗碰撞模板及脚手架。

(6)在围堰内浇筑墩台混凝土,应安设梯子或设置跳板,供作业人员上下。

(7)凿除混凝土浮浆及桩头,作业人员必须按规定佩戴防护用品。人工凿除,应经常检查锤头是否牢固,使用高镐凿除桩头,应先经检查,安全可靠,方可作业,严禁风枪对准人。

(8)采用吊斗出渣,应拴好挂钩,关好斗门。吊机扒杆转动范围内,不得站人。

(9)拆除模板,应划定禁行区,严禁行人通过。拆除水面上模板,应配有工作船、救护船。

(10)安设盆式橡胶支座或钢支座,应按设计及施工组织设计的要求施工。

二、砌筑墩台施工安全控制要点

(1)砌筑墩台前,应搭设好脚手架、作业平台、护栏、扶梯等安全防护设施。

(2)人工、手推车推(抬)运石块或预制块件时,脚手架跳板应铺满,其宽度、坡度及强度应

经过设计，满足安全要求。脚手架和作业平台上堆放的物品不得超过设计荷载。砌筑材料应随运随砌。

（3）吊机、桅杆吊运砌筑材料时，应听从指挥信号。砌筑材料吊运到砌筑面时，作业人员应避让，待停稳后方可上前砌筑。在任何情况下，不得将手伸入砌体缝隙之间。

（4）人工抬运大块石料，应捆绑牢靠，动作协调一致，缓慢平放，防止撞伤人。

（5）各种吊机作业，吊运重物的下边均不得站人。

三、滑模施工安全控制要点

（1）高桥墩（台）、塔墩、索塔等高层结构，采用滑升模板施工时，应按照高处作业的安全规定，加设安全防护设施，穿戴好个人防护用品，并须根据工程特点，编制单项施工方案及其安全技术措施，并向参加滑模施工人员进行安全技术交底。

（2）采用滑模施工，滑模及提升结构应按设计制作和施工，并严格按照施工设计安装。作业前，要对滑升模板进行验算和试验，并应有足够的安全系数。顶杆和提升设备，应符合墩身的形状和要求。

（3）当塔墩等高层建筑采用爬模施工方法时，应进行特殊设计，在工厂制作。爬升架体系、操作平台、脚手架等，要保证具有足够的刚度和安全度。架体提升时，要另设保险装置。模板爬升，作业人员不得站在爬升的模板或爬架上。

（4）液压系统组装完毕后，必须进行全面检查。施工过程中，液压设备应由专人操作，并经常维护，发现问题及时处理。

（5）模板提升到2m高以后，应安装好内外吊架、脚手架，铺好脚手板，挂设安全网。模板内设置升降设施及安全梯。

（6）操作平台上的施工荷载，应均匀对称，不得超负荷。平台周围应安设防护栏杆，并备有消防及通信设备。

（7）浇注混凝土，不得用大罐漏斗直接灌入，防止冲击模板。振捣时，不得振动顶杆、钢筋及模板。在提升模板时，不得进行振捣。

（8）模板每次提升前，应进行检查，排除故障，观察偏斜数值。提升时，千斤顶应同步作业。

（9）顶杆和平台应稳固，如顶杆有失稳或混凝土有被顶出的可能时，应及时加固。

（10）用手动或电动千斤顶做提升工具，千斤顶丝扣的旋转方向，应以左右方向对称安装，使其力矩相互抵消，防止平台被扭动而失稳。

（11）操作平台的水平度、倾斜度应经常检查，发现问题应及时采取措施。

（12）主要机具、电器、运输设备等，应定机定人，严格执行交接班制度。接班时，必须对机具检查一遍，并做好记录。

（13）平台上应规定人群荷载和堆放材料的限量标准。材料要均匀摆放，不得多人聚集一处。

（14）墩上养生人员必须系好安全带。输水管路及其他设备应拴绑牢固。

（15）运送人员、材料的罐笼或外用电梯，应有安全卡、限位开关等安全装置。

（16）夜间施工应有足够的照明。在人员上下及运输过道上，均应设置固定的照明设施。

照明设备应使用36V以下的安全电压。

(17)为防止模板发生倾斜、扭转,滑模施工宜采用油压千斤顶,并保持同步提升。提升速度控制在10~30cm/h。

(18)支座安装,应按设计施工。采用盆式橡胶支座,可在场地装配后,整体或部分吊装就位。擦洗支座等表面污迹,应用酒精或丙酮,严禁用汽油、煤油等代替。

(19)拆除滑模设备时,应做好安全防护措施。拆除时可视吊装设备能力,分组拆除或吊至地面上解体,以减少高处作业量和杆件变形。拆除现场应划定警戒区。警戒线到建筑物边缘的安全距离不得小于10m。

第四节　上部结构工程

一、预制构件安装作业安全控制要点

(1)装配式构件(梁、板)的安装,应制订安装方案,并建立统一的指挥系统。施工难度、危险性较大的作业项目应组织施工技术、指挥、作业人员进行培训。所有起重设备都应符合国家关于特种设备的安全规程,并进行严格管理。在实际作业中,要严格执行下列规定。

①吊装前,应检查安全技术措施及安全防护设施等准备工作是否齐备,检查机具设备、构件的重量、长度及吊点位置等是否符合设计要求,严禁无准备盲目施工。

②施工所需的脚手架、作业平台、防护栏杆、上下梯道、安全网必须齐备。深水施工,应备救护用船。

③旧钢丝绳,在使用前,应检查其破损程度。每一节距内折断的钢丝,不得超过5%。对大型构件、重构件的吊装宜使用新的钢丝绳,使用前也要检验。

④重大的吊装作业,应先进行试吊。按设计吊重分阶段进行观测,确定无误后,方可进行正式吊装作业。施工时,工地主要领导及专兼职安全员应在现场亲自指挥和监督。

⑤遇有大风及雷雨等恶劣天气时,应停止作业。

(2)根据吊装构件的大小、重量,选择适宜的吊装方法和机具,不准超负荷。

(3)吊钩的中心线,必须通过吊体的重心,严禁倾斜吊卸构件。吊装偏心构件时,应使用可调整偏心的吊具进行吊装。安装的构件必须平起稳落,就位准确,与支座密贴。

(4)起吊大型及有突出边棱的构件时,应在钢丝绳与构件接触的拐角处设衬垫。起吊时,离开作业地面0.1m后,暂停起吊,经检查确认安全可靠后,方可继续起吊。

(5)单导梁、墩顶龙门架安装构件时,应按照下列规定执行:

①导梁组装时,各节点应连接牢固,在桥跨中推进时,悬臂部分不得超过已拼好导梁全长的1/3。

②墩顶或临时墩顶导梁通过的导轮支座必须牢固可靠。导梁接近导轮时,应采取渐进的方法进入导轮。导梁推进到位后,用千斤顶顶升,将导梁置于稳定的木垛上。

③导梁上的轨道必须平行等距铺设,使用不同规格的钢轨时,其接头处应妥善处理,不得有错台。

④墩顶龙门架使用托架托运时,托架两端应保持平衡稳定,行进速度应缓慢。龙门架落位

后应立即与墩顶预埋件连接，并系好缆风绳。

⑤构件在预制场地起重装车后，牵引至导梁时，行进速度不得大于5m/min，到达安装位置后，平车行走轮应用木楔楔紧。

⑥构件起吊横移就位后，应加设支撑、垫木，以保持构件稳定。

⑦龙门架顶横移轨道的两端应设置制动枕木。

(6)预制场采用千斤顶顶升构件装车及双导梁、桁梁安装构件时，应遵守下列规定：

①千斤顶使用前，要做承载试验。起重吨位不得小于顶升构件的1.2倍。千斤顶一次顶升高度应为活塞行程的1/3。

②千斤顶的升降应随时加设或抽出保险垫木，构件底面与保险垫木间的距离应控制在5cm之内。

③构件进入落梁或其他装载工具横移到位时，应保持构件在落梁时的平衡稳定。

④顶升T梁、箱梁等大吨位构件时，必须在梁两端加设支撑。构件两端不得同时顶起或下落，一端顶升时，另一端应支稳、牢固。

⑤预制场和墩顶装载构件的滑移设备要有足够的强度和稳定性，牵引(或顶推)构件滑移时，施力要均匀。

⑥双导梁向前推进中，应保持两导梁同速进行。各岗位作业要精心工作，听从指挥，发现问题及时处理。

⑦双导梁进入墩顶导轮支座前、后，应采取与单导梁相同的措施。

(7)架桥机安装构件时，应符合下列规定：

①架桥机组拼、悬臂牵引中的平衡稳定及机具配备等，均应按设计要求进行。

②架桥机就位后，为保持前后支点的稳定，应用方木支垫。前后支点处，还应用缆风绳封固于墩顶两侧。

③构件在架桥上纵、横向移动时，应平缓进行，卷扬机操作人员应按指挥信号协同作业。

④全幅宽架桥机吊装的边梁就位前，墩顶作业人员应暂时避开。

⑤横移不能一次到位的构件，操作人员应将滑道板、落梁架等准备好，待构件落入后，再进入作业点进行构件顶推(或牵引)横移等项工作。

(8)跨墩龙门架安装构件时，应根据龙门架的高度、跨度，采取相应的安全措施，确保构件起吊和横移时的稳定。构件吊至墩顶，应慢速、平稳地缓落。

(9)吊车吊装简支梁、板等构件时，应符合起重吊装的有关安全规定。

(10)安装大型盆式橡胶支座，墩上两侧应搭设操作平台，墩顶作业人员应待支座吊至墩顶稳定后再扶正就位。

(11)龙门架、架桥机等设备拆除前应切断电源。拆除龙门架时，应将龙门架底部垫实，并在龙门架顶部拉好缆风绳和安装临时连接梁。拆下的杆件、螺栓、材料等应捆好向下吊放。

(12)安装涵洞预制盖板时，应用撬棍等工具拔移就位。单面配筋的盖板上应标明起吊标志。吊装涵管应绑扎牢固。

(13)各种大型吊装作业，在连续紧张作业一阶段后(如一孔梁、板或一较大工序等)应适当进行人员休整，避免长时间处于高度紧张状态，并检查、保养、维修吊装设备等。

二、就地浇筑上部结构施工安全控制要点

(1)钢筋混凝土或预应力混凝土就地浇筑时,应先搭设好脚手架、作业平台、护栏及安全网等安全防护设施。

(2)作业前,对机具设备及其拼装状态、防护设施等进行检查,主要机具应经过试运转。施工工艺及技术复杂的工程,对安全技术措施及安全操作细则等,应进行技术交底和培训。

(3)采用翻斗汽车或各种吊机提吊翻斗运送混凝土,不得超载、超速,停稳后方可翻转卸料或启斗放料。严禁在未停稳前,翻斗或启斗。翻斗车行驶时,斗内不得载人。

(4)在支架上浇注混凝土,对简支梁、连续梁、悬臂梁的浇筑顺序,应严格按设计和有关规定办理。

(5)施工中,应随时检查支架和模板,发现异常状况,应及时采取措施。支架、模板拆除,应按设计和施工规定的拆除程序进行。

(6)就地浇筑水上的各类上部结构,要按照水上作业的安全规定进行施工、作业。

三、悬臂浇注法施工安全控制要点

(1)悬臂浇注采用桁架挂篮施工时,应遵守下列规定:

①施工前,应组织有关人员进行安全技术交底,制订安全技术措施。挂篮组拼后,要进行全面检查,并做静载试验。

②在墩上进行零号块施工并以斜拉托架做施工平台时,在平台边缘处,应设安全防护设施。墩身两侧斜拉托架平台之间搭设的人行道板必须连接牢固。

零号块拆模后,应保留一部分平台,为养生及其他作业使用。

③使用的机具设备(如千斤顶、滑车、手拉葫芦、钢丝绳等),应进行检查,不符合规定的严禁使用。

④检查墩身预埋件和斜拉钢带的位置及坚固程度,是否符合设计要求。

⑤遇有大风及恶劣天气时,应停止作业。

(2)双层作业时,操作人员必须严守各自岗位职责,防止疏漏和掉落铁件工具等。

(3)挂篮使用时,应经常检查后锚固筋、千斤顶、手拉葫芦、张拉平台及保险绳等是否完好可靠。底模高程调整时,应设专人统一指挥。作业人员脚下应铺设稳固的脚手板,身系安全带。

(4)挂篮在安装、行走及使用中,应严格控制荷载,防止过大的冲击、振动。如需在挂篮上另行增加设施(如防雨棚、立井架、防寒棚等),不得损坏挂篮结构及改变其受力形式。

(5)挂篮拼装及悬臂组装中,危险性较大,在高处及深水处作业时,应设置安全网,满铺脚手板,设置临时护栏。操作人员必须按规定佩戴安全防护用品,配备救生设施。

(6)使用水箱作平衡配重时,其位置、加水量等应符合设计要求。给排水设施和方法,应稳妥可靠。施工中,对上述情况要进行经常性安全检查。

(7)在底模荡移前,必须详细检查挂篮位置、后端压重及后吊杆安装情况是否符合要求。应先将上横梁两个吊带与底模下横梁连接好,确认安全后,方可荡移。

(8)挂篮行走时,要缓慢进行,速度应控制在0.1m/min以内。挂篮后部,各设一组溜绳,

以保安全。滑道要铺设平整,顺直,不得偏移,并随时注意观察,发现问题及时处理。

(9)浇注混凝土时,挂篮桁架后端,应锚固在已完成的梁段上,并配重使与浇注的混凝土质量保持平衡状态。挂篮桁架行走和浇注混凝土时,其稳定系数不得小于1.5。

(10)浇注合龙段混凝土时,在悬臂端预加压重,随浇注进程,加载逐步撤出时,应自上而下进行。撤出压重时,应注意防止砸伤。

(11)箱梁混凝土接触面的凿毛工作,要有安全防护设施,所用手锤柄应牢固。作业人员之间,应有一定的安全距离。

(12)滑移斜拉式挂篮施工,应遵守下列规定:

①采用滑动斜拉式挂篮,所用的活动铰、销、斜拉钢带等,采用高强钢材制作,材质要经检验,并打上标记,必须满足设计的要求。

②挂篮安装时或主梁行走到位后,应先安装好后锚固和水平限位装置,方可安装斜拉带悬挂底模平台。严防挂篮倾覆、塌落。

③底模和侧模沿滑梁行走前,需将斜拉带和后吊带拆除,用倒链起降和悬吊底模平台,同时,必须在倒链的位置加保险绳。

④采用四根斜拉带的挂篮,在斜拉带安装和使用过程中,要注意检查,保证受力均衡。

⑤浇注混凝土前,应对挂篮锚固、水平限位、吊带起升和限位装置进行全面检查,确认安全可靠,方可作业。

⑥主梁及其吊梁系统安装后,应进行全面检查和验收,进行加载试验。自行设计、加工的挂篮首次使用前,应按最大施工荷载进行加载试验。

⑦在墩帽上作业,应制作并安设适合操作需要的脚手架,脚手架应满足安全标准。

⑧挂篮行走前,应认真检查后锚固及各部受力情况,有无安全隐患。行走时,应密切注意有无异状,并应慢速稳步到位,以防塌落事故。

四、悬臂拼装法施工安全控制要点

(1)预制构件,采用悬臂拼装法施工时,因属高处作业,应针对工程的具体情况,制订和实施相应的安全施工组织设计,其中必须包括安全防护设施标准要求和具体的安全技术措施。对构件的预制、运输及吊装等,应按照本节中的有关内容制订安全控制的措施。

(2)龙门架或起重吊机进行悬臂拼装时,应遵照下列安全规定,进行作业。

①吊机的定位、锚固应按设计进行,并进行静载试验。龙门架起重吊机及轨道的下面,必须具有坚实的基础,不得有下沉、偏斜。

②预制构件运至现场后,如需暂时存放,应放置在平整坚实的场地上,并按设计设置支点及支撑。不得使吊装构件在设备上滞留时间过长,吊具必须在构件正式就位,经检查确认无误后,方可拆卸。

③现场拼装机具设备后,还必须经过检查验收,如有隐患及不符合安全规定时,不得使用。

④构件起吊前,应对起吊机具设备及构件进行全面检查、验收,并进行起吊试验。如发现吊环部位有损伤,结合面有突出外露物,构件上有浮置物件等情况时,不得起吊。

⑤构件应垂直起吊,并保持平衡稳定。在接近安装部位时,不得碰撞已安完的构件和其他作业设施。

⑥运送构件的车辆(或船只),构件起升后应迅速撤出。

⑦通过栈桥、码头,用吊机或龙门架吊装预制构件时,栈桥、码头应根据构件吊装的需要进行设置。

(3)遇有下列情况时,必须停止吊装作业。

①指挥信号系统失灵。

②天气突然变化,影响作业安全。

③卷扬机、电机过热、起重吊机或托梁部件变形或其他机械设备、构件等发现有异常情况。

(4)拆除硫磺砂浆临时支座,除要采取防止高处坠落的安全防护措施外,还要特别注意符合下列规定要求。

①融化硫磺砂浆垫块采用电热法时,电热丝不得与其他金属物接触。

②作业时人员应站在上风处操作,并应佩戴安全防护用品。

③人工凿除时,人员站位要拉开距离。

五、缆索吊装法施工安全控制要点

(1)吊装前,应针对工程的具体情况,制订和实施相应的安全施工组织设计,其中必须包括安全防护设施标准要求和具体的安全技术措施,对施工人员进行安全教育。

(2)安装时,应有统一的指挥信号。

(3)登高操作人员应携带工具袋。

(4)安全带不得挂在主索、扣索、缆风绳等上面。

(5)牵引卷扬机启动要缓慢,行进速度要平稳。构件在吊运时,起重卷扬机要协调配合,并控制好构件在空中位置。起重卷扬机不得突然起升和下降构件,避免产生过大弹跳。构件吊运至安装部位时,作业人员要等构件稳定后再进行操作。

(6)构件不能垂直就位而需旁侧主索吊具协助斜拉时,指挥信号要明确,各组卷扬机要协调动作。

(7)缆索吊装大型构件时,应事先检查塔架、地锚、扣架、滑车、钢丝绳等机具设备。正式吊装前必须进行吊载试运行。

(8)缆索跨越公路、铁路时,应搭设架空防护支架。在靠近街道和村镇的地方应设立警示标志。

(9)在通航航道上空吊装作业,应与当地港航主管部门取得联系,获得批准后方可进行。吊装作业宜采取临时封航措施。

六、顶推及滑移模架法施工安全控制要点

(1)采用顶推法施工,除在桥台后面设置适当的预制场地外,在墩台上,也要有足够的工作面,以便更换滑道及留出安装支座的空间,并应验算在偏压情况下墩台结构的安全度。

(2)顶堆施工所用的机具设备、材料(如拉锚器、工具锚、连接件、油压千斤顶、高压油泵、油管、压力表及滑动装置等)在使用前,应全面检查、验收和试验。

(3)使用油压千斤顶,应附有球形支承垫、保险圈及升程限孔。共同作用的多台千斤机,应选用同一类型。

(4)设计应提供主梁最大悬臂状态下允许挠度值及顶推各阶段的墩顶反力和顶推力，应换算为油压读数和允许的墩顶位移值，以便控制位移量。

顶推施工中，应随时进行必要的监测，以控制施工安全。

(5)采用多点顶推或单点顶推，其动力均应有统一的控制手段，使其能达到同步、纠偏、灵活和安全可靠。

(6)上下桥墩和梁上作业时，应设置扶梯、围栏、悬挂安全网等安全防护设施。使用的工具、材料等，均应吊运传递，不得向下抛掷。

(7)顶推施工中，应有统一的指挥信号。必要时，应备有便利的现场通信设备。

(8)落梁完毕，拆除千斤顶及其他设备时，应先用绳拴好，用吊机吊出。在吊运时，应防止撞击梁体。

(9)在各顶推点，应派专人进行测量，随时将墩顶的位移情况，报告给指挥人员。

(10)用滑移模架法浇筑箱梁混凝土时，应遵守下列规定：

①模架支撑于钢箱梁上，其前后端桁架梁、必须用优质高强螺栓连接好并拧紧。

②钢箱梁及桁架梁下弦底面装设不锈钢带，在滑橇上顶推滑行之前，应检查有无障碍物及不安全因素。所用机具设备及滑行板等，均须进行检查和试验。

③浇注混凝土之前，应进行全面的安全检查，确认安全合格后，方可施工。

④牵引后横梁和装卸滑橇时，要有起重工协同配合作业。牵引时，应注意牵引力作用点，使后横梁在运行时，与桥轴线保持垂直。

⑤滑移模架行走时，必须听从指挥信号。对重要部位，应设专人负责值班观察，并注意人员及设备的安全，在滑道上要及时刷油。

⑥上岗作业必须穿防滑鞋、戴安全帽，拆卸底模人员，必须系好安全带。

(11)涵管采用顶入法施工时，施工前应做好施工点的调查。对顶入涵管的原有通车公路、铁路路段，应与当地公路、铁路管理部门联系，并签订施工协议。

施工前应采取必要的加固措施，以保证顶入作业中通车线路的安全。当火车、汽车通过时，应暂停挖土或顶入，必要时作业人员应暂时离开作业面。

(12)顶入工作坑的边坡，应根据土质情况进行放坡或者支护。靠铁路、公路一侧的边坡，其上端应与铁路和公路保持一定安全距离。工作坑的后背墙(后背梁)应采取安全防护措施。

(13)为避免边缘坍塌，在工作坑坡顶的一定范围内，不得堆放弃土、料具。

(14)顶入法施工的现场应备有一定数量的木料或草袋，以备因雨水或其他原因引起路基变形时抢修加固路基，确保线路行车安全。

(15)顶入施工应连续进行。施工中要阻止地下渗水造成路基坍塌。顶推作业遇有发生塌方，设备扭曲变形时应停止作业。

(16)机械挖土不得碰撞已挖好的洞内土壁。人工清理开挖面时，机械应及时退出。

(17)施顶时，非作业人员应撤离工作坑。严禁作业人员跨越或接近顶铁。

(18)顶入机械发生故障时，应停机检修，严禁带病作业。

(19)顶入施工的接缝应采取封闭措施，以防土石方掉落伤人。

(20)施工中地下水位较高时，应有防止塌方、流沙等安全防护措施。顶入法施工，不宜在雨季进行。

七、转体法及拖拉法施工安全控制要点

(1)桥梁上部如为预制钢筋混凝土或预应力混凝土结构，采用转体架桥法或纵横向拖拉法施工时，除按设计要求进行施工外，搭设支架(或拱架)、支立模板、绑扎钢筋、焊接及浇注混凝土等，均应遵守相应的安全规定。

(2)转体法修建大跨径拱桥应建立统一的指挥机构并配备通信联络工具。

(3)转体法施工前，应合理选择有利地形。

采用平转法，桥体旋转角应小于180°，转动设施在拆架后，悬臂体应转动方便，并符合安全施工的要求。转体时，悬臂端应设缆风绳。

(4)平衡重转体施工前，应先利用配重作试验，进行试转动，检查转体是否平衡稳定。试转的角度应大于实际需要转动的角度，并悬挂一定时间。如不符合要求，必须先进行调整。

(5)环道上的滑道，其平整度应严格控制。如上下游拱肋需同时作配重转体时，应采用型号相同的卷扬机，同步、同速、平衡转动。重量大的转体转动前，应先用千斤顶将转盘顶转后，再由卷扬机牵引。

(6)无平衡重平转法施工的扣索张拉时，应检查支撑、锚梁、锚碇、拱体等，确认安全后方可施工。

(7)采用纵向、横向拖拉法架梁时，施工前应全面检查所用机具设备及各项安全防护设施的实际情况。

(8)使用万能杆件或枕木垛作滑道支撑墩时，其基础必须稳固。枕木垛应垫密实，必要时应做压重试验。

(9)梁体及构件运行滑道应按设计铺设。采用滑板和辊轴时，滑板应铺平稳。梁体、构件拖拉或横移到达前方墩台时，应采取引导措施，便于辊轴进入悬臂端的滑道内。搬抬辊轴时，作业人员要配合好。

(10)拖拉或横移施工中，应经常检查钢丝绳、滑车、卷扬机等机具设备是否完好，发现问题应立即处理。施工中，钢丝绳附近不得站人，无关人员不得进入作业区。

(11)拖拉或横移施工中，应听从统一指挥，发现问题或隐患，应及时报告，立即处理。

八、预应力张拉施工安全控制要点

(1)预应力钢束(钢丝束、钢绞线)张拉施工前，应做好下列工作。

①张拉作业区，应设警告标志，无关人员，严禁入内。

②检查张拉设备工具(如千斤顶、油泵、压力表、油管、顶楔器及液控顶压阀等)是否符合施工安全的要求。压力表应按规定周期进行检定。

③锚环和锚塞使用前，应认真仔细检查及试验，经检验合格后，方可使用。

④高压油泵与千斤顶之间的连接点各接口必须完好无损，螺母拧紧。油泵操作人员要戴防护眼镜。

⑤油泵开动时，进、回油速度与压力表指针升降保持一致，并平稳、均匀。安全阀保持灵敏可靠。

⑥张拉前，操作人员要确定联络信号，张拉两端应设便捷的通信设备。

(2)在已拼装或悬浇的箱梁上进行张拉作业,应事先搭好张拉作业平台,并保证张拉作业平台、拉伸机支架要搭设牢固,平台四周应加设护栏。高处作业时,应设上下扶梯及安全网。施工的吊篮,应安挂牢固,必要时可另备安全保险设施。

张拉时,千斤顶的对面及后面严禁站人,作业人员应站在千斤顶的两侧,以防锚具及销子弹出伤人。

(3)后张法张拉时,应检查混凝土强度,必须达到设计要求强度后,方可进行张拉。

(4)钢束张拉应严格按规定程序进行。在事先穿好钢丝束,并经检查确认合格后,方可张拉。张拉作业中,应集中精力,仪表要看准,记录要准确无误。

(5)张拉操作中,若出现异常现象(如油表振动剧烈,发生漏油,电机声音异常,发生断丝、滑丝等),应立即停机进行检查。

(6)张拉钢束完毕,退销时,应采取安全防护措施,防止销子弹出伤人。卸销子时,不得强击。

(7)张拉时和完毕后,对张拉施锚两侧均应妥善保护,不得压重物。张拉完毕,尚未灌浆前,梁端应设围护和挡板。严禁撞击锚具、钢束及钢筋,不得在梁端附近作业或休息。

(8)先张法张拉施工,除遵守张拉作业一般安全规定外,还要遵守下列要求。

①先张法张拉台座结构,应满足设计要求。张拉前,对台座、横梁及各种张拉设备、仪器等进行详细检查,合格后方可施工。

②先张法张拉中和未浇注混凝土之前,周围不得站人和进行其他作业。浇注混凝土时,振捣器不得撞击钢丝(钢束)。用卷扬机滑轮组张拉小型构件时,张拉完成后,应切断电源和卡固钢丝绳。现浇混凝土,不得停留时间过长。养生期内应妥善防护,确保安全。

(9)精轧螺纹钢筋张拉前,除对张拉台座检查外,还应对锚具、连接器进行试验检查。

(10)预应力钢筋冷拉时,在千斤顶的端部及非张拉端部均不得站人,以防钢筋断裂,螺母滑脱,张拉设备出现事故而伤人。

(11)钢筋张拉或冷拉时,螺丝端杆、套筒螺丝必须有足够的长度,夹具应有足够的夹紧能力,防止锚夹不牢,滑出伤人。

(12)管道压浆时,应严格按照规定压力进行。施压前应调整好安全阀,进行检验,确认无误后,方可作业。

管道压浆时,操作人员戴防护眼镜和其他防护用品。关闭阀门时,作业人员应站在侧面,以确保安全。

九、拱桥施工安全控制要点

(1)拱架制作与安装,应按设计要求,具有足够的强度、刚度和稳定性。拱架须经验算,必须经试验或预压,并满足防洪、流水、排水、航运等安全要求。

采用土牛拱架时,应采取相应的安全措施,保证拱圈砌筑的安全。

(2)拱石加工或砌筑石拱工程时,除按规定穿戴安全防护用品外,并应注意锤头或飞石伤人,作业人员应保持一定的安全距离。

(3)圬工(石、砖及混凝土预制块)拱桥施工前,拱架支立安装方法、拆落拱架程序、机械设备等,均应经检查符合安全技术规定,方可施工。

人工抬运上坡，应平行前进，落肩同步。抬运石料时，应用绳索捆扎结实。不宜装得过满。

(4)拱石或预制混凝土块，应按砌筑程序编号，依次运到工地，随用随运，不得堆积在拱架或脚手架上。

(5)拱石或预制块砌筑时，底下严禁站人，操作人员的手指不得伸入砌筑面，拱石或预制块就位时，应用撬棍或绳索工具等扶稳，缓慢堆放。

(6)砌筑拱圈，应按施工要求搭设脚手架及作业平台，严禁用拱架代替脚手架。主拱、拱上建筑施工，必须严格按设计加载程序分段、对称、同时进行。

(7)拱圈砌筑，严禁拱下站人，并应随时注意观测拱架变形状况。必要时，须进行调整，以控制拱圈变形过大。卸架装置应有专人负责检查。

(8)卸架前，应检查砌筑砂浆强度是否达到设计要求。拆除工作必须按设计程序进行。当拱架脱离拱圈后，经检查确认安全后，方可继续进行拱架拆除工作。

拆除拱架时，应听从统一指挥。严禁在拱架上、下同时进行双重作业。拱架拆除，严禁捶击或用机械强拽拱架使之脱离或倾倒的做法。

(9)采用无支架施工修建拱桥时，应按设计和施工方法选定适宜的吊装机具设备。采用吊装机具施工，除按吊装机具的有关安全要求，加以控制外，还应做到以下几个方面。

①大中跨径拱桥施工，应验算拱圈的纵、横向稳定性，保证有一定的横向稳定系数。分段吊装单肋合龙后应用缆风绳稳固。并须采取悬扣边肋和次边肋，用横夹木临时横向连接等措施。

②双曲拱、箱形拱桥施工时，在墩、台顶设置的扣架，底部固定应牢靠，架顶应设风缆，风缆设置必须对称，与构件轴线应符合设计要求，风缆地锚环应埋设坚固，并应设置备用环。

③拱肋分段拼装时，基肋应设置固定风缆，拱肋接头处，应加横向连接，以保证其横向稳定。

④多孔装配式拱桥上部安装时，除要遵守一般安全规定外，还必须按加载程序，由桥台或制动墩起，逐孔吊装。相邻两孔安装进度，不应相差过大，以减少对相邻桥墩产生的单向推力。

⑤装配式桁架拱或刚架拱桥施工时，除要遵守一般安全规定外，还必须在已安装的桁架或刚架拱片上，安装横向联系构件，以增强横向稳定性。

⑥在河流中设置缆风绳时，必须采取可靠的防护措施。

十、斜拉桥、悬索桥施工安全控制要点

(1)斜拉桥和悬索桥(吊桥)的索塔施工，属于高处或超高处作业，应根据结构、高度及施工工艺的不同情况，制订相应的专门的安全施工组织设计、安全作业指导书(操作细则)。

一般情况，混凝土、钢筋混凝土及预应力混凝土索塔，参照墩台施工及滑模施工的安全控制要点。

电气设备和线路的绝缘必须良好，各种电动机械必须接地，接地电阻不得大于4Ω。电气设备和线路检修时，应先切断电源。

施工现场要有防火措施并备有消防器材，要防止电焊火花溅落在易燃物料上。

(2)索塔分节立模浇筑前，应搭好脚手架，扶梯、人行道及护栏。每层脚手架的缝隙处，应设置安全网。两层间距不得超过8m。

(3)浇筑塔身混凝土,应按规定挂好减速漏斗及保险绳,漏斗上口应堵严,以防石子下落伤人。

(4)塔底与桥墩为铰接时,施工中,必须将塔底临时固定。塔身建筑到一定高度后,必须设置风缆。斜缆索全部安装并张拉完成后,方可撤除风缆并恢复铰接。

(5)斜拉桥的塔底与墩固结时,脚手架必须在墩上搭设。当索塔与悬臂段同时交错施工,并分层浇筑索塔时,脚手架不得妨碍索塔的摆动。

(6)施工期间,应与当地气象站建立联系,密切注意天气变化,大风、雷雨时,应立即停止作业。

高处作业,其风力应根据作业高处的实际风力确定。如未设风力测定仪,可按当地天气预报数值推测作业高处的风力。

(7)随着索塔升高(到20m以上,或高度已不足20m的索塔但郊区或平原区施工或附近无高大建筑物提供防雷保护时)防雷电设施必须相应跟上,避雷系统未完善前,不得开工。

(8)缆索的制作与安装作业,应该做到:

①缆索施工时,不得撞伤锚头。锚头发生移位时,不得用铁锤强击复位。

②缆索的防护层,不得有折损或磨伤,否则应在修补后安装,或作标记,安装后修补。

③悬索桥的主索及斜拉桥的斜缆索,应进行破断试验,其破断力应满足设计要求。

④锚具、套筒,应用超声波或射线探伤仪检查,内部有损伤者,不得使用。

⑤主索及斜缆索顶张拉时,应选择适当场地,埋设足够强度的地锚。并在张拉台前设置防护墙。对张拉设备,应严格检查,以确保安全。

⑥锚具和孔道在未封口前,应临时予以防护,以防雨水浸入和锚头被撞击。

⑦斜拉桥的斜拉索如为工地自行制作时,还要做到:编束时,应用梳型板梳编,每1.5～2.0m段用铁丝绑扎,防止扭曲;制成的斜拉索应架空放置,严防在地面上拖拉或硬性弯折,同时,应进行预拉以检查冷铸锚,测定每索钢丝拉力、延伸和回缩;测定的钢索测力仪的读数,应在张拉时校核。

⑧采用成品斜拉索时,应做到:放索时,应有制动设施,并防止卷盘的缆索自由散开时造成伤害。放开展平的缆索应防止在地下上拖磨。锚头应加设防护,防止碰撞。缆索应保持顺直,不得扭曲。

(9)缆索套管内采用压注水泥浆防护时,水泥浆应从下往上压入。索塔超过50m时,应分段向上压注,以防灌注压力过大,套管破裂伤人。

(10)采用钢叠合梁与钢—混叠合梁施工时,应做到:

①成品钢构件应编号成套,对号存放,防止损坏变形。

②起吊前,应了解所吊构件的重量、重心位置,以采取相适应的起吊方法。

③构件组拼前应进行全面检查,如有缺陷、变形,应在组拼前加以矫正。

④钢构件组拼时,必须用50%的冲钉定位。钢构件全部插入高强螺栓后,方可松除吊钩。

(11)悬索桥施工中,临时架设的工作索、牵引索安装完毕后,应对索具、吊具等进行全面、仔细检查。索夹如采用高强螺栓旋紧时,螺栓的拧合扭矩,应先经试验。

索夹下的吊杆承受全部荷载时,索夹应与主索连接紧密,不得在主索上向下滑移。为防止主索磨损,可在索夹与主索之间垫物隔离。

施工中使用的吊篮、平台等应具有足够的强度,设置的防护围栏高度不得小于1.2m。

索塔应设置上下扶梯和塔顶作业平台。索鞍的安装应保证位置准确。

(12)悬索桥采取重力式锚碇时,对锚碇体的施工,应按照有关安全规定浇筑混凝土或砌体工程。锚碇体必须达到坚实牢固。

采用山洞式锚碇时,对锚洞的开凿及爆破工程,应按有关凿岩及爆破安全规定施工,并应符合下列要求。

①采用凿岩爆破时,宜采用浅眼爆破法,对炮眼的深度、装药量等,应严加控制,使非开挖部分的岩层,保护完整。

②锚洞顶部混凝土衬砌与岩层应紧密结合。

(13)斜拉桥主梁施工,采用悬臂浇注钢筋混凝土或预应力混凝土时,采用悬臂拼装梁体时,采用顶推法施工时,采用转体或其他方法施工时,应遵照相对应的安全控制要点。

(14)悬索桥安装加劲桁构(梁)时,应该做到:

①利用主索吊装加劲桁构(梁)构件时,应在平台上进行组拼。组拼后,利用主索吊运到位,与索夹、吊杆同时安装。施工前,应检查机具设备是否完好。吊装时,应按照有关吊装的安全规定作业。

②加劲桁构(梁)的吊装,宜从跨中向两岸进行。索夹与吊杆应配合加劲桁构(梁),同时安装,不得先安装索夹及吊杆。

③索塔下端为固结时索鞍将逐步向河心偏移,施工中,应对索鞍偏移量进行观测和控制,防止超过设计允许偏斜量而影响塔架的安全。

④索塔下端为铰接时,亦应按设计观测,并控制索塔的偏斜量。

(15)斜拉桥、悬索桥在施工中应配备水上救护船。

十一、钢桥施工安全控制要点

(1)钢梁杆件组装,应在平整的作业台上进行,其基础应有足够的承载力。钢梁拼装前,应按设计图检验杆件和零部件是否达到设计标准,并做到:

①组装前,应清除杆件上的污秽、冰层、积雪及泥土等。

②杆件宜事先组拼,组合后,宜用吊机吊装,以减少钢箱梁安装过程中的高处作业量。

③高强螺栓、螺母、垫圈必须是合格产品,使用前应做探伤检查。

④对接焊缝,应进行超声波探伤,对接接头内部,应进行探伤检验。

(2)浮运吊装时,应按照水上运输和起重吊装作业安全控制要点进行。

浮运钢梁时,桥位附近应设有拼梁和布置滑道的场地并适于吊装条件。浮运宜从下游逆水进入桥孔。

(3)悬臂拼装法安装大跨径钢桥时,可按照悬臂拼装法施工安全控制要点进行。

(4)钢梁上的各种电动机械和电缆线、照明线路等,必须保持绝缘良好,应有专人值班进行管理。

(5)拼装杆件时,应安好梯子、溜绳、脚手架。斜杆应安拴保险吊具。杆件起吊时,先提升0.3m左右,确认安全再继续起吊。

(6)装拆脚手架、上紧螺栓、铆合等作业,应上下交替进行,避免双层作业。杆件拼装对孔时,应用冲钉探孔、严禁用手伸入检查。

(7)杆件对孔作业中,吊车驾驶员、信号员、架梁人员应动作协调、操作准确。

(8)架梁用的扳手、小工具、冲钉及螺栓等物应使用工具袋装好,严禁抛掷。多余的料具要及时清理,并堆放在安全地点。

(9)在通航的江河上施工,应与当地的港航管理部门联系,取得水上施工许可证,并按照水上作业的有关安全控制要点进行作业。

(10)钢梁表面涂漆作业,应有防毒保护措施。

第五节　附属工程

桥梁附属工程主要包括桥面铺装、防护栏杆、伸缩缝、搭板、人行道板、照明系统、交通标志等,交叉作业和临边施工较多,需重点关注临边作业中可能发生的高空坠落和坠物对周边安全的影响。

一、栏杆、护栏施工安全控制要点

(1)小型吊篮、施工平台应进行专项设计,明确荷载,使用前应予以验收,使用过程中应定期检查悬吊、移动装置,严禁超载。

(2)作业人员应正确佩戴和使用安全带,水上作业还必须佩戴救生衣。

(3)做好临边防护工作,非工作面应予以封闭,工作面应设专人值守,非作业人员不得进入作业区域。

(4)安装期间应避免双层作业,对桥下一定区域进行安全围蔽和安全警示。

(5)施工前应进行有针对性的安全技术交底。

(6)现浇混凝土护栏模板应安装牢固,并有防坠落措施。

(7)钢制栏杆或预制混凝土护栏安装,应做好人、物防坠落措施,临边应挂网或做硬质防护。

(8)施工机电设备应满足用电安全要求,机具设备应指定专人使用和保养。

(9)大风或其他不良天气条件下应停止作业。

(10)跨既有线路施工时,应在桥下设置安全防护棚,保障运营线路行车安全。

二、伸缩缝安装安全控制要点

(1)伸缩缝安装区域应设置临边防护措施,通道应有明显的警示标志。

(2)大型伸缩缝的安装,要防止机械伤害事故,起重设备应有专人指挥,安装牢固后方可松除吊钩。

(3)雨天施工时,应做好防雨、防滑安全措施。

(4)小工具、零部件等应有防坠落措施。

(5)场区临时小机具、临时用料、堆放应整洁有序,废旧料应及时运出,防止人员磕碰、摔伤。

(6)临边作业人员应佩戴好安全防护用品,避免坠落事故发生。

三、灯牌、灯杆安装安全控制要点

(1)起重作业须有专人指挥,吊机站位和作业半径应进行严格限制。
(2)地脚螺栓或连接件需按设计要求安装完毕并检查无误后方可松吊钩。
(3)大风天气禁止作业。
(4)人员上下灯杆作业时,需正确使用合格的攀爬工具,并系好安全绳。
(5)灯接电工作需由专业电工完成。
(6)严禁从配电箱擅自接线。

四、涂装作业安全控制要点

(1)涂装用挂篮或施工平台需进行专项设计。
(2)桥塔、桥墩涂装使用的升降平台须有出厂合格证,并严禁超载。
(3)大风天气严禁作业。
(4)涂装作业人员须正确使用防护用品。
(5)喷砂或喷漆过程中,还应注意对周围环境的污染,应采取一定的封闭措施予以保证。

五、桥面铺装安全控制要点

(1)防水层施工清理桥面及喷洒防水层涂料时,应穿好防护服等防护品。

(2)铺设沥青胶砂防水层时,作业人员应穿戴好防护用品,同时应注意沥青飞溅烫伤其他作业人员。

(3)防水材料的运输、储存应远离火源,现场应配备足够的消防器材。

(4)桥面的各种运输车辆应安排专人指挥,使车辆有序进出,并限制桥面作业车辆的行驶速度。

(5)施工期间,桥头应派专人值守,禁止闲杂人员上桥。
(6)夜间施工应确保照明和用电安全,增加值班电工数量。
(7)应在桥面钢筋上铺设一定的人行通道和小型机具堆放点。
(8)采用洒水养护时,严禁向电器上洒水,应对电器进行合理覆盖。
(9)如果桥面有检查孔洞的,在桥面施工期间必须进行有效防护,防止人员等坠落。

第六节　旧桥加固改造

由于旧桥改造是在已经开通的桥梁上进行加固、加宽等,存在比新桥施工更复杂的施工环境和荷载模式,其安全防护要求更高更难,要引起施工单位的高度重视。

一、旧桥加固改造施工安全一般要求

(1)认真研究旧桥改造设计技术文件,深刻领会设计意图。
(2)对旧桥的施工过程、运营期间出现的问题及旧桥周边的环境进行细致的前期调查,分

析改造过程可能发生的安全风险。

(3)在对前期各种调查进行充分论证的基础上，编制详细的旧桥改造施工组织设计、作业指导书、安全专项方案、应急预案等。

(4)项目实施前，须对作业人员进行详细的技术交底和专项培训，对改造过程中可能发生的问题进行专题说明，并提出注意要求。

(5)严格按交通管理部门审核批准的方案进行围蔽和设置警示标牌，配合交管部门做好交通疏导工作。

(6)所有施工人员除按要求戴好安全帽、穿好反光背心外，上岗前须邀请交警进行交通安全知识培训，保证所有的施工人员掌握交通安全知识，熟练、正确地使用和摆放交通安全标志，做好现场交通指挥，减少意外事故发生。

(7)施工及相邻区域应安排专人值守，提前告知司机前方交通状况。

(8)施工车辆停放位置前后 50m 设置交通围护、警示标志和警示灯、安全路锥等，确保施工安全。

(9)起重作业不能超出围护范围，如必须超出时，须安排专人临时封闭交通。

(10)需进行梁体顶升施工的，须进行支架专项设计，确保其强度、刚度和稳定性良好，支架爬梯和作业平台须满足规范规定和作业要求。

(11)顶升施工期间，须与交管部门提前协调好交通封闭事宜，除施工车辆外，其他车辆不得上桥。

(12)顶升用千斤顶使用前须进行标定，现场千斤顶数量应有富余。

(13)千斤顶与上下混凝土接触面须加垫钢垫块，防止局部应力过大伤及主体结构混凝土。

(14)顶升作业需按设计荷载进行加载和顶升，每次顶升的高度应稍高于垫块厚度，不宜超出垫块厚度太多，避免负载下降的风险，顶升过程应加强巡视工作，指定专人观察系统工作状况，发现异常应立即报告指挥控制中心。

(15)凿除、拆除旧有结构物时，需设置防护网或做硬质防护，废弃物不得随意向桥下倾倒，应集中外运处理，防止高空坠物伤及他人。

(16)进行旧结构裂纹封闭或修补处理时，作业人员须穿戴防护服，戴防护眼镜，避免灌浆料伤害作业人员。

(17)灌浆作业现场应备一定量的消防器材，原材料存放区域应设禁火标志，作业和存放区域严禁使用明火。

(18)进行钢板粘贴加固的，应避免钢板粘贴不牢伤害作业人员，粘贴钢板应根据作业面使用数量分批运往作业区，避免作业区域临时荷载过大。

(19)粘贴碳布用胶腐蚀性很强，作业人员必须在穿戴好防护服的情况下进行作业。

(20)体外预应力施工时，要确保锚块强度足够后再行张拉，张拉过程要严格张拉工艺，避免由于断丝伤及作业人员，张拉区域应进行防断丝、断索安全专项防护。

(21)城市桥梁、既有线桥梁的改造，须进行既有线施工专项防护，各种防护设施应保证不伤及周边人员及车辆。

(22)对于破损严重、结构改动大的桥梁改造项目，应尽量改道，采取封闭施工。

二、主动加固施工安全控制要点

(1)体外预应力:体外预应力安装之前应进行严格的力学计算和验算,预应力筋张拉前,应清理承压板面,并检查承压板后面的混凝土质量。如该处混凝土有空洞现象,应在张拉前用环氧砂浆修补。张拉时应有安全措施,张拉千斤顶后不能站人。

(2)增加隔板:增加横向连接时,应根据桥梁受力情况并进行有限元分析后,确定增加隔板的位置和数量。

(3)加大桥面铺装钢筋:破除原有桥面铺装层时,应在桥下和桥侧增加防护网或防护彩条布,填塞伸缩缝、排水沟等桥面的空隙,桥面应有人负责现场安全,避免坠物伤人。桥面植筋时应按照原设计图布点,避免钻孔时损伤桥面原钢筋,如果钻孔时钻到钢筋,应就近重新设置钻孔位置,新的钻孔位置与原有钻孔位置之间距离不得大于5cm。

(4)增大截面积与配筋:喷射混凝土时,喷嘴前方或左右5m范围内不得站人或通行,不准喷向高低压电线。工作停歇时,喷嘴不得对向有人的方向。喷射机的压力应严格控制,停机后,应先停止加料,然后再关闭电动机和停送压缩空气。

(5)墩台扩宽,增补基桩、扩大基础:墩台扩宽、增补基桩施工时,应当严格监测原桥基础的扰动。扩大基础施工如对邻近建(构)筑物或临时设施有影响时,应采取安全防护措施。基坑边缘向外0.5m处,围绕基坑挂警示灯一圈,设置警示标志。墩柱包钢加固时,应严格控制植筋钻孔深度,避免损伤原有钢筋。

三、被动加固施工安全控制要点

(1)混凝土裂缝修补:混凝土裂缝修补注胶封闭时,应保证现场的通风。压力灌注应严格控制灌注压力,灌注过程应一气呵成,避免中断,灌注后应及时清理灌胶设备。

(2)粘贴碳纤维及粘贴钢板加固:施工前检查脚手架、上下梯道、安全护栏的适用性和牢固性,严防高空坠落。施工前必须戴好防护目镜、手套、口罩、安全帽、安全带等安全、劳保用品。粘贴碳纤维片时,在有电力设备或开关的场所施工,必须防止碳纤维片与电器接触,避免因碳纤维片导电发生危险。在封闭环境作业时,使用有机溶剂要有通风换气措施,并严禁吸烟,避免火灾。

四、特殊加固施工安全控制要点

(1)斜拉桥换索:千斤顶根据斜拉索的张拉控制力选择,每根斜拉索的张拉控制力应控制在千斤顶允许能力的50%~80%范围内。旧索拆除时,应确定索力归零后再行拆除,保证斜拉索脱落后沿指定方向运动。为了保证塔梁的受力均衡、对称,旧索拆除应同时拆除两岸对应的一对索,分级对称卸载两岸差值应≤5%或截断钢丝差值12根。人员站位:操作人员站位应背离索运动方向,索运动方向不能有人或设备。在桥面上换索区域禁止集中堆载。新索张拉时应严格按监控提供的张力,分级对称张拉。

(2)吊杆、系杆更换:吊杆、系杆更换过程中,严格控制张拉力和桥面高程,通过双控避免桥面变形开裂。严格控制更换吊杆、系杆施工时桥面荷载,必要时应采取交通管制措施。桥下设置警示标志,禁止人员、车辆、船舶在桥下停留。拱肋等部位安装施工用人行钢筋梯时,两旁应用麻绳或尼龙绳设置安全护带。

(3)顶升更换支座:顶升施工前,应做好交通导改措施,桥上严禁通行。千斤顶使用前应进行标定,千斤顶与混凝土接触面应设置钢垫块,或设置顶升平台。顶升过程中对千斤顶行程及桥梁受力严格监控,当桥梁顶升到预定高度后,应顶至略高于预定高度,待安装好临时支座后,缓慢卸载。不得在未安装好临时支撑,千斤顶未卸载的情况下直接拆除支座并进行更换。

(4)梁体纠偏:安装好滑板支座后,布设横、纵向千斤顶之前,应对安装位置的强度进行试验,避免纠偏过程中顶裂梁体。

(5)伸缩装置更换:更换前应与交通管理部门协调好交通管制的时间、路段,设置好警示标志,夜间施工时所有现场人员应在施工范围内,必须穿着反光背心,并设置反光标志。

第七节　施 工 监 控

施工监控是大型桥梁施工中必须开展的一项工作,它主要是为施工顺利实施提供技术和安全保证,监控数据的准确、及时采集与提供,是施工安全的重要一环,施工单位必须根据施工监控数据及时修正施工偏差,甚至修正和完善施工技术方案,确保施工安全有序地开展,其主要安全控制要点如下。

(1)所有施工监控人员进场前必须进行安全培训教育,考核合格后方可进入施工区域进行施工监控工作。

(2)施工监控人员进入现场前应对项目进展情况、施工技术方案、设计技术要求、项目周围环境等进行细致调查,据此制订出详细的施工监控方案。

(3)各监测点的布置应遵循满足监控技术要求、方便监控人员采集数据、利于测点元器件的保护等原则,应尽量避免在立体交叉作业集中的部位布置测点。

(4)监控人员进入作业现场应正确佩戴安全防护用品,服从该项目的总体安全管理规定,在确保检测人员自身安全的前提下开展工作。

(5)需夜间采集的数据,应配备足够的照片设施,确保数据的真实可靠和监控人员的操作安全。

(6)能在地面采集的数据,尽量采取地面采集,恶劣天气条件下,应统筹考虑监测的连续性,并应对元器件进行有效保护。

(7)监控数据采集后应及时进行分析处理,及时提供给业主、设计、监理和施工单位,发现数据异常,应及时通知监理单位发出停工指令,及时规避安全风险。

(8)定期召开施工监控专题会议,对施工过程中出现的数据离散和不规律变化进行会商,提出改进施工工艺的意见和建议。

(9)对发现监控数据和预设值接近时,要及时发出预警,分析查找原因,在原因没查找到之前不得盲目进行后续施工,避免酿成质量事故和安全事故。

(10)对于高塔、缆索、大型钢结构安装等对温度敏感的监控测量,应合理选择测量时间,确保监控数据的精准。

(11)对测量的基准原点,各种灵敏元器件等应定期检查符合,对于破坏的测量点位应及时恢复，对于破坏的元器件应及时予以补充。

(12)线形、高程等测量数据应和施工、监理等同步测量数据进行比对，发现问题及时修正。

(13)对于难以恢复的元器件，预埋时应预留有一定数量的富余，避免因破坏而无法开展检测工作。

(14)桥梁竣工后，施工监控资料应同其他施工资料一并存档，为今后的桥梁维修、健康检测提供数据支持。

第十章　隧道工程施工安全控制要点

隧道工程施工是公路工程施工中危险性较大的类型之一。由于地质勘察的局限性，常常导致工程地质、水文地质状况的未知性，受地形、气候因素的不利影响及施工技术的局限性，致使在施工中可能出现诸如坍塌、突水、突泥、瓦斯爆炸等安全事故，有时甚至发生特大安全事故。因此，在隧道工程施工中应特别注重安全管理制度的建设和执行、安全技术措施的采用和实施、施工安全行为的监督与规范、现场安全隐患的发现和消除，以减少或避免安全事故的发生。由于隧道施工工法多样，实际的地质情况也复杂多变，施工手段丰富多样，具体安全技术措施的制订需要紧密结合实际情况，进行细致分析，采用科学的方法，才能确保隧道施工安全。本章从隧道施工工艺、方法、步骤着手，介绍了一些安全技术要求。另外，结合现场施工中可能存在的各种危险，从施工措施和管理要求的角度出发，提出了一些安全施工方法和要求。

第一节　一般安全要求

隧道工程施工，由于危险性较大，因此应将安全工作贯穿到从施工准备到交工验收的施工全过程；在思想上要重视、组织上要落实、措施上要具体、行动上要积极。为了处理好隧道工程施工中"人、机、物、方法、环境"之间的关系，预防安全事故发生，首先要从总体上切实抓好安全工作，以确保安全施工。隧道施工一般安全要求规定如下。

(1)隧道施工前，施工单位应建立、健全隧道施工安全生产管理体系，设立安全生产管理机构，配备安全生产管理人员，并逐级签订安全生产责任书，认真制订出安全技术措施，按国家文件将安全技术措施经费落实到位。开展各项安全生产活动；坚持"管生产必须管安全"和"谁主管谁负责"的原则，遵循"企业负责、行业管理、国家监察、群众监督、职工遵章守纪"的安全生产管理体制。

(2)参加施工的从业人员均须接受安全教育培训和安全技术交底，熟悉和遵守安全管理的有关规定，了解地形地貌，使从业人员对工作环境、工作内容、工作条件做到心中有数。隧道施工应遵守国家有关劳动保护法规，积极改善施工作业条件，加强通风、防尘、照明、防火、防有害气体、防辐射，确保作业人员的身体健康。采取切实可行的安全措施，加强风险管理，确保施工安全。

(3)施工现场的临时设施、生产生活房屋、易燃易爆仓库、停车场等设置地点应避开不良地质地带，同时还应满足防火、防洪要求。应结合现场实际情况和当地的水文气象特点，编制临时设施施工方案，包括大型临时设施、施工便道、电力、通信、材料厂等设置的地点、规模和标准，应尽量避开洪水、山体滑坡、环境破坏、交通干扰等不良影响。

(4)隧道施工前，应针对工程项目特点、设计文件、施工环境及现场条件进行施工调查，分析隧道施工过程中可能出现的危险源、风险点，并确定施工中的重大安全风险。针对施工中危险性较大的分部分项工程，编制专项方案，如洞口施工、不良地质地段（富水软弱破碎围岩、岩溶、风积沙和含水砂层、膨胀岩、瓦斯、岩爆、挤压性围岩）施工、变形处理、爆破施工等。

（5）施工前应组织技术攻关，熟悉图纸和整个工程概况，并进行施工方案的可行性研究；尤其是对不良地质地段的施工方案，必须组织相关各方进行讨论，必要时应组织专家会审。施工方案一旦确定，不得擅自更改，如果确实需更改须经集体研究，并报经建设单位批准后实施，对易发事故的施工地段，应事前编制针对性强的施工预防措施。

（6）施工现场必须设置警示牌和佩戴袖标的工地值班安全人员，进入施工现场人员必须遵守隧道施工的劳动纪律和作业纪律，必须按规定佩戴安全防护用品，听从指挥，人员进出洞要严格执行登记制度和人员翻牌制度。

（7）在隧道内工作的电工、装载机驾驶员、运输车辆驾驶员、电（气）焊工、架子工，必须经考核合格后，取得特种作业操作证，方可上岗。

（8）隧道施工应做到施工过程程序化、管理过程规范化、施工工艺标准化，实现文明施工。施工中应用新技术、新工艺、新设备、新材料和特殊结构时，必须进行可行性研究，审定施工方案，并经报有关部门批准后方可实施。

（9）施工所用的机具设备和劳动保护用品要有检验制度，严禁使用不合格的机具，劳动保护用品要有质检证明书，并经安监人员认可方能使用。

（10）施工单位必须建立、健全安全生产激励机制和约束机制，明确责、权、利；必须设立安全生产奖励基金，对预防事故的有功人员给予奖励，对违章作业、违章指挥、违反劳动纪律的职工要视其影响和造成的损失给予必要的处罚，奖罚宜及时兑现。

（11）施工前应做好施工前期准备工作，正确选用施工方法，并结合地形、地质等实际情况，编制施工组织设计，并向施工人员进行技术交底，合理安排施工。

（12）建立严肃的交接班制度。交班人应将本班组织情况及有关安全措施向接班人详细交代，并记载于交接班记录簿内。工地值班负责人应认真检查交接班情况，特殊情况要在现场当面交代清楚。施工中应加强对围岩及支护的检查和量测，掌握围岩及支护的变形位移情况。如有严重险情，必须在组织人员撤离险区，设立标志，派专人看守，同时迅速报告施工负责人，采取必需的防护措施。

（13）遇有不良地质地段施工时，应按照先治水，短开挖、弱爆破、先护顶、强支护、早衬砌的原则稳步前进。如设计文件中指明有不良地质情况时，必要时应进行超前探测，探明情况，采取预防措施。

（14）隧道内施工机械、临时设施、施工临时用电等应符合相关要求。禁止在工作面拆卸或修理机械。

（15）隧道施工应制订安全生产应急救援处置预案，健全应急管理机构，建立应急抢险救援队伍，配置应急救援物资、设备，并定期组织演练，过程中不断完善应急预案。

（16）隧道施工现场消防器材布置应满足消防安全要求，并成立消防安全小组，负责施工区域内的消防安全设施布置、消防安全检查及消防救护指挥工作。

（17）对易燃易爆物品的运输、储存和使用制订严格的规章制度和安全防范措施，非专职人员不得接触此类物品，防止发生人为事故。

第二节　长大隧道施工的预测预报技术

在地质条件复杂的山区建设隧道，隧道周围及工作面前方的工程地质和水文地质情况对隧道施工的质量和安全关系重大。不良地质条件极容易引起隧道塌方、突泥涌水，不仅在技术上给隧道施工带来极大的困难，也常常因突发事故导致人身伤亡、设备损失、工期延误，从而造成巨大的经济损失。由于隧道工程设计的基本依据是地质勘察资料，而隧道施工的依据主要是设计文件。大量的隧道工程建设实践表明，由于地质勘察精度、经费等诸多条件的限制，根据地质勘察资料作出的设计与实际不符的情况屡有发生。因此，必须熟悉各种隧道施工的工程地质预测预报技术，了解各自的特点，才能真正在施工过程中做好"预控"。在隧道施工期间，配备相应的工程地质预测预报仪器设备，采用各种技术、手段和方法对隧道掌子面前方地质条件进行及时准确的预测，可以提前采取预防措施，避免灾害的发生或在一定程度上减少因灾害造成的损失，保证隧道施工的安全。

一、工程地质预测预报的主要内容

隧道工程地质超前预报是对隧道掌子面前方可能存在的足以影响施工人员安全、施工进度（工期）、工程结构稳定的不良地质体（带）的位置、规模及其性质进行科学的预测预报，工程地质预测预报的主要内容如下。

（1）断层及其影响带、节理密集带的位置、规模及其性质。

（2）软弱夹层的位置、规模及其性质。

（3）岩溶层的位置、规模及其性质。

（4）不同岩类间接触界面位置。

（5）废弃矿巷的分布及其与隧道的关系。

（6）工程地质灾害可能发生的位置和规模。

（7）隧道围岩级别变化。

（8）隧道涌水水压及水量。

二、工程地质预测预报技术

1. 地质法

包括掌子面编录预测法、地面地质体投影法、断层参数法等。主要根据隧道施工期掌子面地质条件，如岩体结构面产状及发育状况、岩体破碎程度、岩石变质程度等特征，结合地表地质调查结果，采用相关分析（包括结构面统计分析、构造相关分析等）进行超前预报。主要预报掌子面前方存在的断层、不同岩类间的接触界面、隧道前方围岩的稳定性及失稳破坏形式等。地质法隧道施工期地质超前预报是最早开展的，也是其他超前预报方法的基础。在大秦铁路军都山隧道采用的是地质法结合钻孔测试法。

2. 超前导坑（超前平行导坑或隧道）法

该法利用已有隧道、超前导坑、超前平行导坑或隧道所遇地质情况对隧道进行施工期地质预报，这是隧道施工期地质预报的一种常用方法，特别是当两平行隧道间距较小时利用超前平行隧道所遇地质情况预报效果更佳。大瑶山隧道施工采用了超前平行导坑法，秦岭隧道则采用了超前平行隧道法。

3. 超前水平钻孔法

超前水平钻孔法是隧道施工期地质超前预报方法中最直接的方法。通过钻孔钻进速度测试和所采取的钻孔岩芯的观察及相关试验获取隧道掌子面前方岩石（体）的强度指标、可钻性指标、地层岩性资料、岩体完整程度指标及地下水状况等诸多方面的直接资料。采用此方法不仅可以确定隧道掌子面前方地质情况，而且可以起到探水的作用。在渝怀铁路圆梁山隧道大量采用了该方法，超前水平钻孔总长度达到了 2 900m。

4. 超前钻孔声波测井及跨孔声波透视（包括 CT）

利用凿岩台车在隧道施工掌子面加接钻杆施作微倾角超前钻孔，采用声波探测技术，通过孔中测井或跨孔声波测试结果来进行隧道掌子面前方地质条件的超前预报。在大瑶山隧道采用了孔中测井或跨孔声波透视法。受钻孔的限制，该方法目前已发展为声波 CT 法。

随着计算机技术的广泛应用和声波 CT 专用软件的成功开发，在原有跨孔声波测试基础上开发的岩土声波 CT 层析成像法已开始应用于隧道施工期地质超前预报。

5. 波反射法

该法利用声波、超声波、地震波及电磁波在地层中传播、反射，通过信号采集系统接收反射信号，判释隧道掌子面前方反射界面（断层、软弱夹层等）距隧道掌子面的距离来进行隧道施工期地质超前预报。该方法是目前广泛采用的 TSP，HSP 和地震反射（负视速度法）预报方法均属波反射法。

6. 波反射层析成像法

波反射层析成像法是近年来发展起来的一种隧道施工期地质预报方法，采用反射地震层析成像（TRT，美国 NSA 工程公司）已成功地进行隧道掌子面前方岩脉、岩溶洞穴、废弃矿巷、富水破碎带和断层的预报，应用反射电磁波成像等波反射层析成像法进行隧道施工掌子面前方地质预报亦有所报道。

7. 综合超前地质预报方法

目前，常用的预报方法有：地面地质调查法、地质雷达、TSP 等。受各种条件的限制，不同的地质超前预报方法有各自的优缺点。地面地质调查法是长期超前地质预报方法。它是运用地下地表构造的相关性原理，对隧道周围的不良地情况进行宏观和较为粗略的预报，预报距离可以达到 200 m 以上。它有可靠的理论基础，适用性强，成本低，但仅靠有限之“见”难以预报较大范围内的地质情况，特别是在地层岩性变化极为复杂（如强烈褶皱地层）的隧道中预报的难度很大。地质雷达是短期超前地质预报方法，它分辨率高、无损伤、探测和数据处理快、机动灵活，但其预报距离较短，只能预报掌子面前方 10 ~ 30m 以内，而且很难克服施工隧道内的干扰因素，影响探测成果的准确性，较准确预报距离往往只有十几米。TSP 是长期超前地质预报方法之一。它利用地震波在不均匀地质构造中产生的反射波特性来准确预报隧道施工前方 150m 范围内的地质条件和岩石特性变化；同时，还可以提供杨氏模量、泊松比等岩石力学参数，也可预测围岩级别，从而更清晰地反映前方的地质状况，为信息化施工顺利进行奠定基础。现在 TSP 已经被国内外广大技术人员和工程单位广泛采用。但它探测费用高，对隧道施工有细微干扰，受探测人员专业技术水平限制，存在多解性特点。在探测成果图中，断层、节理、软弱岩层界面,都以相近的异常带形式出现,差别甚小,在经验不足或解释水平不高的情况下很难区分。

从以上三种方法及目前国内外情况可知,各种方法都有优缺点,但提高预报的准确性和及时性仍是国内外隧道工程地质界需要解决的技术难题。因此,有必要提出一种新的预报手段,提高预报精度,及时有效指导隧道施工,完善信息化施工技术。

综合预报手段是以上述三种预报方法为基础,以系统科学理论为指导,配合科学的信息化管理技术,建立起来的预报手段。它联合以上两种或三种预报方法,根据其获得的信息,建立该隧道的工程信息数据库,利用反映介质相同或相似特性的不同方法之间的综合解释,最大限度地消除解释的非唯一性,推断以及分析前方的不良地质情况;同时它能够根据跟踪预报的结果及时地提供预测信息,从而为重大隧道工程提供理想的预报效果。

归根结底,所有采用物探方法对隧道施工掌子面前方地质情况预报,都是对隧道施工掌子面前方地质界面位置的预报,对界面性质、界面处可能发育的不良地质现象、可能出现的地质灾害的预报仍然需要结合对隧道地表及洞内地质调查、地表与洞内构造相关性分析、地质作图等及施工地质预报人员丰富的地质知识和经验来判断确定。

隧道施工地质工作是对整个隧道工程所处地质环境的宏观把握。通过熟悉隧道设计文件资料,了解隧道所处工程地质、水文地质环境条件,初步掌握隧道穿越地层岩性及其分界面分布、构造发育分布及性质;再通过补充地质调查,确认隧道设计文件资料的准确性,补充完善隧道设计文件资料,是确定隧道施工地质预报的重点段、提高隧道施工地质预报准确率的重要保证。开展隧道施工期洞内地质调查、掌子面地质素描,则是充分利用开挖揭示的隧道地质情况,提高隧道施工地质预报准确率的重要保证。

以地质法为基础,以地球物理探测方法为手段的隧道综合地质超前预报方法,已成为隧道工程界的共识并得到广泛的认同。

三、工程地质预测预报仪器

1. 长距离预报用仪器

TSP202 隧道地质预报仪、TSP203 隧道地质预报仪、HSP-16 通道地质预报仪、FY-20 型浅层地震仪等均作为长距离预报用仪器。

2. 中短距离预报用仪器

ZGS 系列智能工程声波探测仪,24 道地震仪,地质雷达(KDL-3 型矿用地质雷达、GPR),HY-303 红外线探测仪等均作为中短距离预报用仪器。

四、长大隧道施工的工程地质预测预报技术展望

尽管隧道地质超前预报无论是预报方法还是技术手段(设备及分析处理软件)都得到了前所未有的发展,但在预报内容方面基本上仍然处于对界面(断层及断层破碎带、软弱夹层、不同岩层分界面、地层分界面、岩溶洞穴等)位置的预报,特别是采用物探方法进行地质超前预报,对隧道施工掌子面前方地下水状况、岩溶洞穴充填物及其性质、煤层采空区的预报尚处在摸索研究的阶段,而隧道施工涌水、岩溶涌水、涌泥涌沙等灾害严重影响施工的正常进行,已成为常见灾害。因此,对隧道施工掌子面前方地下水状况、岩溶洞穴充填物及其性质的预报,

必将成为今后隧道施工期地质超前预报研究的重要课题。

在未来的隧道施工期地质超前预报中，以地质方法为基础的集各种方法之长的综合超前预报方法将越来越显示出其优越性。重大隧道工程、重点地段(地层变化极为复杂、大型构造断裂、岩溶发育)采用超前水平钻孔结合声波 CT 预报，一般隧道地段采用波反射法预报。可以预见，TRT、核磁共振(NMR)、地(岩)温变化监测等新技术将从研究阶段进入到隧道施工掌子面前方地下水状况预测预报的实施阶段。

第三节 洞 口 工 程

洞口工程施工安全控制要求：

(1)洞口各项工程，应结合洞外场地与相邻工程统筹安排尽早完成。地形、地质条件不利时，宜安排在冬季、雨季前做好，以便洞口稳定和正洞施工安全。当洞口可能出现滑坡、斜面崩塌、地表下沉、偏压、地基承载力不足、开挖工作面坍塌，涌水等危险时，应及时分别采取针对性的注浆加锚固与抗滑桩，从地表加固围岩和地表排水、洞内排水、墙部打桩、超前钢管、开挖工作面锚喷、初期支护闭合、加固底部围岩、护坡、钢架支撑下部垫板等措施，防止险情扩大，发生重大事故“封口”、“塌方关门”，造成严重后果。

(2)洞口附近的桥梁墩台、涵洞、下挡等工程，要考虑到隧道弃渣的需要及早完成。

(3)当发现洞口处有塌方、泥石流、落石、偏压等威胁，以及边坡、仰坡过高时，应立即与建设单位、监理机构和设计单位沟通与协调，及时采取措施，确定处理方案，如“早进晚出”延长洞口，设置明洞或增加支护工程并及早完成二次衬砌。

(4)当洞口地质较差或覆盖层较薄，为保证洞口地段施工安全，应进行管棚注浆加固隧道周边地层，或在洞门内一定距离(一般为 10 ~ 20m)处向洞口方向逐步扩大和衬砌。

(5)洞口坡顶天沟、洞门排截水沟、路堑排水沟要及早完成，并构成排水体系，以防因排水不当造成坍塌。严寒地区、洞内向外的排水沟，应具有防寒的冬季排水性能(如保暖暗沟)。

(6)洞口路基及边坡、仰坡断面应自上而下开挖，一次将土石方工程做完，开挖人员不得上下重叠作业，并随时处理危石与隐患，护砌工程也要紧跟完成，尽量缩小开挖暴露面。边、仰坡以上山坡松动危石应在开工前清除干净；施工中应经常检查，特别是在雨雪过后，发现松动危石必须立即清除，地质条件差时，应采取措施，如放缓坡度、护砌、喷锚支护、做抗滑桩、降水；对倾斜岩层或层理结合差与软硬岩石层，要防止切断岩脚引起塌滑。在高于 2m 的边坡上作业时应制订专门的安全技术措施。

(7)洞口土石方工程，不宜采用大爆破施工，爆破作业应符合爆破作业的相关规定。爆破后应在清除边仰坡的松动石块后，方可继续施工。端墙处的土石方一开挖后，对松动岩层应进行支护，地质不良时，边、仰坡应采取加固措施。

(8)洞门圬工工程应尽早安排施工，施工完毕应及时对排水系统和仰坡防护进行再处理。

(9)隧道门及端墙工程施工应符合下列规定：

①砌体工程脚手架、工作平台应搭设牢固，并设有扶手、栏杆。脚手架不得妨碍车辆通行。

②起拱线以上的端墙施工时应设安全网，防止人员、工具和材料坠落。

③起吊作业应符合起重作业相关规定，起吊材料时机下严禁车辆和人员通行。

④高处作业应符合高处作业的相关规定：凡是在垂直高度大于2m，或在大于1∶1的坡面上垂直高度大于3m处作业者，都必须佩戴安全带、安全绳，并栓在坚固的基桩上，并不得多人系在同一根绳上；若是工作量较大时，则应搭设工作平台，安装栏杆，挂安全网；使用索道运输料具，其索道必须经主管工程师设计、检验认可，并制订管理制度，确保不断绳、不倒架、不坠物、不伤人、机；通往山上的人行道路，其宽度应不小于0.7m，当坡度大于25°时，应做成台阶状，并设单侧栏杆扶手。

⑤应尽量不破坏洞口上方的植被，随时观察检查危石的动态情况，必要时应及时支挡，施工作业区域设置防护（如安全网的立网和平网），严禁上下重叠作业。

第四节　开　　挖

一、开挖施工安全控制要点

（1）隧道开挖应根据各种施工方法及地质情况制订相应的安全技术措施。

（2）开挖人员到达工作地点时，应首先佩戴好隧道施工个人安全防护用品，检查工作面是否处于安全状态，并检查支护是否牢固，顶板和两帮是否稳定，如有松动的石、土块或裂缝应先予以清除或支护。

（3）人工开挖土质隧道时，操作人员必须互相配合，并保持必要的安全操作距离。

（4）机械凿岩时，宜采用湿式凿岩机或带有捕尘器的凿岩机。

（5）站在渣堆上作业时，应注意渣堆的稳定，防止滑坍伤人。

（6）要安排专人负责找顶片帮，对开挖面和衬砌面要经常检查，要把爆破后的工作面及其附近作为检查的重点，发现险情立即采取措施。

（7）依据不同石质情况，开挖掌子面与衬砌的距离宜控制在90～200m，且未衬砌段应做好喷锚和监控量测，当变形稳定后应立即衬砌。

（8）开挖、“剥皮”、喷射混凝土的高空作业的台架、台车，防坠设施必须齐全、安全可靠。

（9）导坑开挖应采取多循环，选择最优的炮眼深度，提高爆破效果，加快掘进进度，增加后续工序的工作面，提高施工速度，但在地质不良地带施工时不宜超前过多，防止塌方。

（10）扩大开挖由于在临空条件下进行，最容易造成超、欠挖和坍塌。为了防止超、欠挖，可以采取加强施工测量和顺帮打眼、光面爆破等措施：拱脚以上1m范围内最容易造成欠挖而使衬砌厚度不够，要严格掌握开挖尺寸；当采用向上分层扩大施工时，断面不易控制，要加强施工测量，并在出渣前进行断面检查。扩大开挖施工，当围岩压力较大时，支护应密切配合防止坍塌，在洞口地段分部扩大开挖时，在地质较差或覆盖层较薄的情况下，宜在洞内10～20m处向洞口方向进行。

（11）设有仰拱的隧道，仰拱开挖和混凝土灌注必须超前。仰拱开挖一般采用分段跳跃法进行，不允许长距离开挖和使用铲运机等大型机械敞开开挖，以免导致隧道坍塌。仰拱混凝土应一次浇筑。

（12）避车洞开挖，在正常情况下应在边拱开挖后进行，对于隧道浅埋且地质不良地段，开挖中要加强支撑。

二、钻眼作业安全控制要点

(1)钻眼前,应检查工作环境的安全状态,应待开挖面清除浮石以及瞎炮处理完毕后方可进行钻眼作业;风钻钻眼时,应先检查机身、螺栓、卡套、弹簧和支架是否正常完好;管子接头是否牢固,有无漏风;钻杆有无不直、带伤以及钻孔堵塞现象;湿式凿岩机的供水是否正常;干式凿岩机的捕尘设施是否良好,不合要求者应予修理或更换。

(2)带支架的风钻钻眼时,必须将支架安置稳妥。风钻卡钻时应用扳钳松动拔出,不可敲打,未关风前不得拆除钻杆。

(3)电钻钻眼应检查把手胶套的绝缘和防止电缆脱落的装置是否良好。电钻工必须手戴绝缘手套,脚穿绝缘胶鞋,并不得用手导引回转钢钎,不得用电钻处理被夹住的钎子。

(4)在工作面内不得拆卸、修理风钻、电钻。

(5)严禁在残眼中继续钻眼。

(6)凿岩台车进洞时要有专人指挥,认真检查道路状况和安全界限,其行走速度不得超过25m/min。台车在行走或待避时,应将钻架和机具都收拢到放置位置,就位后不得倾斜,并应刹住车轮,放下支柱,防止移动。

(7)采用液压凿岩台车作业时,液压凿岩机的拆卸和安装,必须由受过培训的人员担任,每班都应检查拉杆的情况,在固定链条上不得有泥渣或石子,防止链条和链轮的损坏。在遇到断层和地质不良的情况时,必须指派安全员站在一定的位置上观察险情,台车驾驶员必须坚守驾驶室,且发动机不熄火,遇有险情可以随时撤离。钻眼过程中,特别是液压凿岩机凿岩过程中应特别注意观察围岩状况,发现险情应及时处理,必要时应撤出人员。

三、爆破作业安全控制要点

(1)洞内爆破必须统一指挥,统一信号。并由经过专业培训且持有爆破操作合格证的专业爆破人员进行作业。应严格执行《爆破安全规程》(GB 6772—2003)和有关规定。

(2)参加爆破作业与器材加工所有人员,严禁穿着化纤衣服和硬底及带铁钉(掌)皮鞋,以免摩擦产生静电和踏损爆破器材,造成事故。

(3)参加爆破作业的领发器材、加工、装药、引爆等人员,严禁工作中点火吸烟或工作场地违章使用明火照明和点炮,并应设事故照明应急设施备用,爆破工应随身携带手电筒(电力起爆时应为绝缘型)。以防照明突然熄灭造成忙乱而发生事故。

(4)爆破器材应由装炮负责人按一次需用量提取,随用随取。放炮后的剩余材料,应经专有检查核对后及时交还入库。

(5)在爆破施工现场设置火工品暂放木箱并上锁,在火工品运送到达后立即装箱上锁,特别是火雷管、电雷管。钻孔过程中注意监护。雷管箱和炸药箱最好选择在已二次衬砌混凝土部位或围岩较好之处,相距20m以上,并标志“严禁烟火”;洞内暂放、加工起爆炸药地点。严禁将爆破器材怀揣于身上或放置于工具箱内。

(6)洞内爆破作业必须统一指挥,进行爆破时,所有人员应撤到不受有害气体、振动和飞石损伤的地点,其安全距离为:

①独头巷道不小于200m。

②相邻的上下导坑内不小于100m。

③相邻的平行坑道、横通道及横洞间不少于50m。

④双线上半断面开挖时不少于400m。

⑤双线全断面开挖时不少于500m。

洞内多处施工地段(特别是未二次衬砌地段施工),每次放炮前应通知到每一个邻近工作面,并做好相关的人员撤离工作。

(7)如一座隧道每两个工作面相对开挖接近贯通时,两端要加强联系,统一指挥:两端距离在200m且一端爆破影响另一端围岩稳定时开始,一端爆破时必须提前1h通报另一端,另一端作业人员必须撤离险区;两端距离在10倍循环进尺(两端不一致时按循环进尺大的一端计算,但不得少于15m)时,其中一端必须停止施工,人、机撤出到安全距离以外并设立警戒标志,严防人员误入险区。

(8)钻眼和装药严禁同时进行,装药前应检查爆破工作面附近的支护是否牢固;炮眼内的泥浆,石粉应吹洗干净;刚打好的炮眼热度过高,不得立即装药,遇有下列情况时,严禁装药爆破:

①照明不足。

②开挖面围岩破碎尚未支护。

③出现流沙、流泥未经处理。

④有大量溶洞水及高压水涌出,尚未治理。

⑤没有警戒好的。

(9)装药时,要严格按爆破设计规定的爆破器材类别和药量装药施工,并堵塞炮泥,最小不少于20cm。不得使用已经冻结或分解的炸药及梯恩梯、苦味酸、黑色火药等产生大量有害气体的炸药;严寒地区禁用胶质炸药。用于潮湿或有水工作面的引线和起爆药包,必须进行防潮、防水处理。严禁使用金属器皿装药,应使用木、竹棍轻轻送入炮眼,不得冲击,不得挤压引线。

(10)火花起爆时,严禁明火点炮,其导火索的长度应保证点完导火索后,人员能撤至安全地点,但不得短于1.2m。一个爆破工一次点燃的根数不宜超过5根。如一人点炮超过5根或多人点炮时,应先燃计时导火线,计时导火索的长度不得超过该次被点导火索中最短导火索的1/3。当计时导火索燃烧完毕,无论导火索点完与否,所有爆破人员必须撤离工作面。

(11)采用电雷管爆破时,必须按国家现行的《爆破安全规程》(GB 6722—2003)的有关规定进行,并应加强洞内电源的管理,防止漏电引爆。装药时可用投光灯、矿灯照明。起爆主导线直悬空架设,距各种导电体的间距必须大于1m。

(12)爆破后必须经过15min通风排烟后,检查人员方可进入工作面,检查有无"盲炮"及可疑现象,有无残余炸药或雷管,顶板两帮有无松动石块,支护有无损坏与变形。在经过以上各项检查和妥善处理并确认无误后,其他工作人员才可进入工作面。

(13)当发现"盲炮"时,必须由原爆破人员按规定处理:首先恢复警戒防护,严禁火种。无关人员与机具等均应撤至安全地点;再由装炮人当场处理(如遇特殊情况,须经施工负责人准许方可另行处理,但须设立明显标志,采取相应安全措施),检查如果是孔外原因造成的,采用塑料导爆管切去损坏部分重新接引爆管即可,此时接头尽量靠近炮孔口;当采用火花起爆时,如果导火索完好时可重新点燃起爆。炮眼中只有炸药而没有雷管时，首先试用木制炮棍掏出炸药（严禁采用铁制炮棍掏炸药），不奏效时再用高压水或风（只能用铜制管，严禁采用铁制管）冲洗炸药，最后重新装药爆破。如果炮孔内炸药完好也可加装起爆药引爆 。第一次不成功要进行第二次爆破时，可先用水或空气冷却炮眼。只有在不得已时才允许在瞎炮旁边另行钻一平行炮眼装药引爆，但距离不小于 0.4m，而且一定要找准炮眼方向（注意岩层节理，不得有裂纹连通瞎炮眼），切忌盲目开钻造成事故。

(14)爆破时，爆破工应随身佩带手电筒，并设故障照明，严禁用明火照明。

(15)两工作面接近贯通时，两端应加强联系与统一指挥。岩石隧道两工作面距离接近 15m（软岩为 20m），一端装药放炮时，另一端人员应撤离到安全地点。导坑已打通的隧道，两端施工单位应协调放炮时间。放炮前要加强联系和警戒，严防对方人员误入危险区。土质或岩石破碎隧道接近贯通时，应根据岩性适当加大预留贯通的安全距离，此时只准一端掘进，另一端的人员和机具应撤离至安全地点。贯通后的导坑应设专人看管，严禁非施工作业人员通行。

(16)不得采用明火起爆，装药与钻眼不得平行作业。当采用钻孔台车平行钻凿深孔爆破并采取下列措施时，可不受此项限制。

①制订操作细则，并经批准。

②钻孔与装药顺序应自上而下，钻孔与装药孔至少隔开一排，其距离不小于 2.5m。

③钻孔与装药人员必须分区。

(17)爆破器材加工房应远离洞口 50m 以外。若洞口距开挖面大于 1 000m 时，可在洞内适当地点设立加工房，但应符合下列规定。

①存储药量仅限于当班用量。

②洞深应大于 10m，并与隧道中线形成 60°的交角，设有两道外开的门。

③设立明显的标志和专人看守。

④加工房设在坚固的围岩中，并应设置栏杆，严禁无关人员入内。

四、洞内运输安全控制要点

(1)各类进洞车辆必须处于完好状态，制动有效，严禁人料混载，并做好进出洞记录。

(2)进洞的各类机械与车辆，宜选用带净化装置的柴油机动力，燃烧汽油的车辆和机械不得进洞。

(3)所有运载车辆不准超载、超宽、超高运输。装运大体积或超长料具时，应有专人指挥，专车运输，并设置显示界限的红灯，物件应捆扎牢固。

(4)进出隧道的人员应走人行道，不得与机械或车辆抢道，严禁扒车，追车或搭车。

(5)人工装渣时，应将车辆停稳并制动。漏斗装渣时，应有联络信号。装满渣时应发出停漏信号，并及时盖好漏渣口。接渣时，漏斗口下不得有人通过。人力卸渣时，应将车辆停稳并制动，严禁站在斗车内扒渣。

(6)机械装渣时，坑道断面应能满足装载机械的安全运转，装渣机上的电缆或高压胶管应有专人收放，装渣机操作时，其回转范围内不得有人通过；当采用新型机械设备时，线路铺设标准应符合机械轨距的要求。

(7)装渣前及装渣过程中,应检查开挖面围岩的稳定情况。发现松动岩石或有塌方征兆时,必须先处理后装渣。

(8)装渣机械在操作中,其回转范围内不得有人通过,装渣机上的电缆或高压胶管,应有专人收放。

(9)用扒渣机装渣时,若遇岩块卡堵,严禁用手直接搬动岩块,身体任何部分,不得接触传送带。

(10)装渣时若发现渣堆中有残留的炸药雷管,应立即处理。

(11)机械装渣的辅助人员,应随时留心装渣和运输机械的运行情况,防止挤碰。

(12)洞内采取有轨运输时,应遵守下列规定:

①洞内平曲线半径不应小于车轴距的7倍,洞外不应小于110倍。

②双线运输时,其车辆错车净距应大于0.4m,车辆距坑壁或支撑边缘的净距不应小于0.2m。

③单线运输时,在一侧应设宽度不小于0.7m的人行道,并在适当地点设错车道,其长度应能满足最长列车运行的要求。

④洞内轨道坡度应与隧道纵坡一致,卸渣地段应设不小于1%的上坡道。

⑤在线路尽头应设置挡车装置和标志,以及足够宽的卸车平台。

⑥运输线路应有专人维修、养护、线路两侧的废渣和余料应随时清理。

⑦有轨运输行车速度与列车间距应符合表10-1的要求。

行车速度与列车间距　　表10-1

牵引方式	最大行车速度(km/h)		列车间距(m)	备注
	洞外成洞地段	洞内施工地段		
机动车牵引	15	5	≥60	人行速度以5km/h计
人力推车	6	5	≥20	

⑧机动车牵引运输应符合下列安全技术要求:

a.非值班驾驶员不得驾驶机动车。

b.驾驶员不得擅离工作岗位,当离开时,应切断电源,拧紧车闸,开亮车灯。

c.列车制动距离,运物料时不得超过40m,运送人员时不得超过20m。

⑨当机动车作运人车使用时应符合下列要求:

a.发车前,应检查各车的连接装置、轮轴和车闸等,确认无故障后方可启动机动车。

b.列车速度不得超过10km/h。

c.乘车人员所携带的工具和物件不得露出车外,列车运行中和尚未停稳前人员不得上下,机车和车辆之间严禁搭人。

⑩轨道车尽头处应有挡车装置,卸渣轨道应作不小于1%的上坡道。

⑪在坡道上停车应加止轮器。

⑫斜井装渣应符合下列规定:

a.装渣人员在空车到达井底停稳之后,方可走出待避所开始装渣,装完后人员应进入待避所,由信号员向井上发出提升信号,方可提升。

b. 装渣不得高出车厢上口。

c. 用扒渣机装渣时，距作业面的斜长安全距离不宜小于6m。

d. 装渣时斗车进入槽下接渣，扒渣机操作员应在栏杆旁操作，其余人员必须退至安全地点。

e. 装渣机械工作时，应保护电线路。

f. 扒渣机的钢丝绳每次使用后均应检查，当一个捻距内断丝面积达到钢丝绳总面积的10%时，应立即更换。

(13)洞内采取无轨运输时，应符合下列规定：

①无轨运输车辆的限制速度应符合表10-2的规定。

无轨运输车辆限制速度(km/h) 表10-2

项 目	作业地段	非作业地段	成洞地段
正常行车	10	20	20
有牵引车	5	15	15
会车	5	10	10

②隧道施工采用无轨运输时在洞口、平交道口、狭窄的施工场地，应设置“缓行”标志，必要时设专人指挥交通。

③凡接近车辆限界的施工设备与机械(如停放在洞内的车辆、施工机械、模板台车)均应在其外缘设置低压红色闪光灯，显示限界。洞内电线、风管、水管应设置在车辆不易碰挂的位置。

④车辆行驶时，严禁超车；会车时，两车间的安全距离应大于50cm；同向行驶的车辆，两车间的距离应大于20m，洞内能见度较差时应予加大。

⑤洞外卸渣处的路面应做成4%的上坡段，在渣堆边缘内80cm处必须设置挡木及标志。

⑥洞内倒车与转向，必须开灯、鸣笛并由专人指挥。

⑦洞内车辆相遇或有行人通行时，应关闭大灯光，改用近光或小灯光。

⑧无轨运输车辆在洞内行驶时，施工人员必须遵守下列安全规定：

a. 不准与车辆、机械抢道。

b. 不准扒车、追车和强行搭车。

⑨无轨运输车辆使用前应详细检查，不得带故障运行，启动前应瞭望和鸣笛，驾驶室不得搭载其他人员，不得超速行驶。

(14)洞内采取人力推斗车运输时，应符合下列规定：

①翻转式斗车应有卡锁，运行及装车时，必须将卡锁锁住。

②人力推车时应在后方推行，严禁在两侧推行或肩扛推；但在上坡时，允许在前面帮助拖拉，拉绳必须牢固。

③下坡时严禁溜放。

④人力推斗车时，在视线不良及有障碍物的施工地段，应及时发出信号(鸣笛)。

(15)爆破器材运输应符合下列规定。

①洞内及辅助坑道内运输爆破器材应满足下列要求：

a. 由专人护送，其他人员不得搭乘。

b. 雷管与炸药应分别运送，电雷管应装在绝缘箱内运送。

c. 运送前应通知卷扬机驾驶员和井口上井下的联络员。

d. 运送硝化甘油炸药或雷管时，罐笼内只准放层炸药箱或只放雷管，罐笼提升的速度不得大于2m/s。运送其他炸药时，炸药箱堆放高度不得超过罐笼高度的2/3，且不得高于1.2m。

e. 在装有炸药的罐笼或吊桶内，除爆破工或护送人员外，不得有其他人员。

f. 在交接班、人员上下井的时间内，不得运送。

g. 爆破器材不得放在井口房、井底车场或其他坑道内。

②有轨机动车运送炸药应满足下列要求：

a. 炸药和雷管不宜在同一列车内运输。如同一列车运输，装有炸药和雷管的车辆之间，以及装有雷管车辆与机动车之间都必须间隔三个空车厢。

b. 硝化甘油炸药或雷管必须装在专用的带盖的木质车厢内。车厢内应铺垫胶皮或麻袋，并只准堆放一层炸药箱；其他炸药可以装在矿车内，堆放高度不得超过矿车的边缘。

c. 列车的行驶速度不得超过5km/h。

③不得用皮带运输机运送爆破器材。

④用汽车运送爆破器材时，尚应符合下列规定：

a. 炸药与雷管应分别装在两辆车内专车运送，两车间距应大于50m，并派专人护送；

b. 运行中应显示红旗或红灯；

c. 汽车排气口应加防火罩；

d. 雷管或硝化甘油类炸药的装载不得超过两层。

第五节　支　　护

一、隧道支护施工一般安全要求

(1)隧道各部(包括竖井、斜井、横洞及平行导洞)开挖后，除围岩完整坚硬以及设计文件中规定的不需支护者外，都必须根据围岩情况、施工方法采取有效的支护。

(2)施工期间，应对支护各部定期、不定期进行检查。在不良地质地段每班应设专人随时检查，当发现支护变形或损坏时，应立即整修和加固；当变形或损坏情况严重时，应先将施工人员撤离现场，再行加固。

(3)洞口地段和洞内水平坑道与辅助坑道(横洞、平行导坑等)的连接处，应加强支护或及早进行永久衬砌。洞口地段的支撑宜向洞外多架5～10m明厢，并在其顶部加压以稳定支撑，待洞口建筑全部完工后方可拆除。

(4)隧道支护必须紧跟隧道开挖作业面及时施作，支护至开挖面的距离一般不得超过4m，同时应按设计要求进行监控量测的相关作业，支护应及时封闭成环。当短期停工时，应将支撑直抵工作面。

(5)漏斗孔开挖时应加强支护，并加设盖板；供人上下的孔道应设置牢固的扶梯。

(6)采用木支撑时应选用松、柏、杉等坚硬且富有弹性的木材，其梁、柱的梢径不得小于20cm，跨度大于4m时不得小于25cm；其他连接杆件梢径不得小于15cm，木板厚度不得小于

5cm。木支撑宜采用简单，直立，易于拆、立的框架结构，并应保证坑道的运输净空。采用木支撑时，必须采取有效的防火措施，防止洞内火灾。

(7)在渣堆上作业时，应避免踩踏活动的岩块。

(8)在梯、架上作业时，安置应稳妥，有专人监护。

(9)构件支撑的立柱不得置于虚渣和活动石块上。在软弱围岩地段，立柱底面应加设垫板或垫梁。各排支撑要纵向联系横撑，使之连接牢固构成整体。

(10)正洞与辅助坑道(横洞平行导坑)的连接处，应加强支护，并及早进行二次衬砌。

(11)当发现已锚固区段的围岩有较大变形或锚杆失效时，应立即会同技术人员分析研究并采取有效措施。

(12)对开挖后自稳程度很差的围岩应采取超前锚杆、超前大管棚、超前预注浆等方法进行预支护。

(13)当发现测量数据有不正常变化或突变、洞内或地表位移值大于允许位移值、洞内或地面出现裂缝以及喷层出现异常裂缝时，均应视为危险信号，必须立即通知作业人员撤离现场，待制订处理措施后才能继续施工。

(14)傍山或浅埋隧道施工时，应控制拱顶的最大允许沉降量，并对洞内拱顶和地表布置的测点定时观测，发现洞内和地表位移值等于或大于允许位移值以及洞内或地面出现裂缝时，应视为危险警告信号，必须立即通知作业人员撤离现场，待制订处理措施后再行施工。

(15)在不良地质隧道中喷锚支护应有钢架支撑备用品，以备急需。

(16)喷锚地段的危石应及时处理完毕，清除松动围岩、冲洗受喷面时，工作区内严禁作业人员停留。

(17)施工台车或施工台架应牢固稳定，台架上应满铺底板，周边应设置防护栏杆，台架上的人、料不得超过承载能力。

(18)照明设施应符合安全要求。

二、锚固注浆支护施工安全控制要点

(1)注浆工作面的操作人员应戴防护口罩、防护眼镜、橡胶手套及专用披套。

(2)眼睛、脸部或皮肤接触浆液时，应立即用清水或生理盐水彻底冲洗20min，严重者送医院治疗。

(3)加强环境保护意识，对废液、冲洗液以及沾染有浆液的弃物均应妥善处理。

(4)对使用的钻孔设备，经常进行安全检查；应设置各种安全防护罩，电器部分应安装漏电保护器。

(5)钻孔作业抽换钻杆时，应防止钻杆被高压泥水冲出孔口伤人。

(6)钻孔中发生大量突泥涌水时，应集中全力及时注浆封堵。

(7)加强统一指挥，在钻注作业中发生异常情况时，要及时处理，确保安全。

(8)向锚杆孔压注砂浆，压力应不大于0.2MPa；注浆管喷嘴，严禁对人放置，在未打开风阀前不得搬动或开启封盖。

(9)当钻眼、安装锚杆、挂钢筋网及喷射混凝土，在高于2m的高处作业时，应符合高处作业的有关规定。

三、喷射混凝土施工安全控制要点

(1)喷射混凝土机械必须定机、定人、定岗,认真执行安全操作规程,坚持交接班,并作好书面记录;机械检修时,必须停机,锁定电源开关并悬挂相关指标牌;喷射机连接的风水管路应牢固通畅。

(2)在喷射混凝土作业开始前,仔细检查围岩受喷面,彻底清理危石。

(3)喷混凝土时,禁止施工人员站在料管接头附近(特别是输料管前端)。

(4)根据喷射方式(湿喷)、混凝土配合比等条件,采用合适的降尘措施,控制空气中粉尘含量。从事喷射作业的人员,应定期进行健康检查;接触速凝剂时必须戴橡胶手套。

(5)检修泵及管路时,必须停泵,并关上闸阀,停几分钟后进行检修工作。

(6)严禁将喷嘴对准施工人员。

(7)喷射混凝土尚未达到一定强度即趋失稳的围岩,喷锚后变形量超过设计允许值以及发生突变的围岩,应用增加钢架支撑的方式进行支护;清除开挖面上开裂的喷射混凝土时,人员不得处于被清除物的正下方。

(8)应把喷层的异常裂缝作为主要安全检查内容之一,经常进行观察与检查,并作为施工危险信号引起警惕,尤其是全断面开挖的拱圈、拱顶部分不得因高、难省略检查。

(9)当拌和机设在洞内时,应对拌和机以及其他机械的回转部分予以覆盖,防止产生卷夹人身事故。必要时,应在拌和机所在位置附近设置集尘机,做好局部空气净化。

(10)在开始喷射作业前,应由专人仔细检查管路、接头等,防止在喷射时发生因软管破损、接头断开等引起的事故。

(11)当采用人工喷射时,应配备辅助喷射支架,防止在发生管路堵塞时因喷嘴剧烈振动而引起的危害。当转移喷射地点时,必须先关闭喷射机,不得在喷嘴前方站人。

(12)在作业中如发生风、水、输料管路堵塞或爆裂时,必须依次停止风、水、料的输送,喷头应有专人看护,以防消除堵塞后,喷头摆动喷射伤人。

(13)对锚喷支护体系的监控量测中发现支护体系变形、开裂等险情时,应采取补救措施。当险情危急时,应将人员撤出危险区。

(14)超前锚杆或超前小导管支护时,应有防护措施。

(15)为避免供料、拌和、运输、喷射作业之间的干扰,应建立各工序之间联络信号和联络方法。喷射作业应由班组长按规定的信号、方法进行指挥,防止因喷射手和机械操纵人员联络不佳造成事故。

四、钢架施工安全控制要点

(1)在搬运钢架过程中,应将构件绑扎牢固,以防发生碰撞伤人、车辆倾覆、构件坠落等事故。

(2)钢架的架设应由专人按规定的信号进行指挥,随时观察围岩动态或喷射混凝土的情况,防止落石、坍塌引起伤人事故。

(3)在架设前,应采用垫板等将基础面垫平。架设时,应采用纵向连续杆将相邻的钢架系牢,防止钢架倾覆或扭转。

(4)当紧固顶部边接螺栓、楔紧钢架时,作业人员应以正确的姿势站立在平稳、牢固的脚手架上，并需佩戴安全带，防止发生工人坠落事故。

(5)对已安装的钢架应经常检查，如发现扭曲、压曲等现象或征兆时，必须及时采取加固措施，必要时，应使其他人员撤到安全地带，防止因坍塌造成的伤亡事故。

(6)钢架及钢筋网安装时，作业人员之间应协调动作，在本排钢架或本片钢筋网未安装完毕，并与相邻的钢架和锚杆连接稳妥之前，不得擅自取消临时支撑。

(7)安装钢架支撑，应遵守起重和高空作业等有关安全规程，宜选用小型机具吊装。根据作业环境和作业程度，对构件倒塌、歪曲、落石、掉块、人员坠落、表层岩塌落、混凝土硬化不充分产生剥落和由于不正确姿势作业，造成跌倒和坠落等要有超前的预防措施。

(8)支撑的抽换、拆除时应“先顶后拆”，先设辅助支撑将横梁托稳后再进行，以防围岩松动坍塌。

第六节　衬　　砌

一、隧道衬砌施工一般安全要求

(1)隧道各部开挖工作完成，应及时进行衬砌，特别是洞门的衬砌必须尽早施工，地质不良地段的洞口必须首先完成。

(2)衬砌施工应符合下列规定：

①衬砌工作台上应设置不低于1.0m的栏杆。跳板、梯子应安装牢固并防滑，工作台的任何部位不得有钉子露头或突出的尖角。

②工作台、跳板、脚手架的承载重量，不得超过设计要求，并在现场挂牌标明。工作台与脚手架的底板应铺设严密，木板的端头必须在支点上，严禁有探头板。

③吊装拱架、模板时，工作地段应有专人监护，洞内作业倾卸材料时，人员与车辆不得穿行。

④在2m以上的高处作业时，应符合相关规范的规定。

⑤检查、维修混凝土衬砌机械、压浆机械及管路时，应停机并切断风源、电源。

⑥机械转动部分应设置防护罩，电动机必须有接地装置，移动或修理机器及管线路时，应先停电，并切断电源、风源。

⑦混凝土灌注前，应全面检查模板及支架结构状况，检查钢筋绑扎是否牢固、开挖面有无悬石塌落，验收合格后方可进行浇筑作业。在捣固作业中，使用插入式振动器，则应穿胶鞋、戴胶皮手套，软轴部分不得插入混凝土中，电源线的接头必须良好，湿手不得接触电源开关。

⑧洞门衬砌时应先检查仰坡、边坡、坡顶有无裂缝，及时消除坡面危石，尤其是雨后更要认真检查，防止洞外坡面悬石坍塌。

⑨安装、拆除模板、拱架时，工作地段应有专人监护。拆下的模板不得堆放在通道上。

⑩严禁在洞内熬制沥青，在洞外熬制时应远离人员和房屋集中地点。

二、模筑混凝土衬砌施工安全控制要点

(1)拱墙模板架及台车下应留足施工净空，保证运输车辆正常通行，衬砌作业点应设明显的限界及缓行标志。

(2)台车工作台上应满铺底板。

(3)拆卸混凝土输送软管或管道时,必须先停止混凝土泵的运转。

(4)复合式衬砌防水层的施工台架应牢固,台架下净空亦应满足施工需要,作业时应设警示标志或专人防护。

(5)衬砌模板台车走行中心线必须与隧道中心线重合,两侧轨面必须在同一水平面上。

(6)混凝土两端挡头板,应安装牢固可靠、不漏浆,浇筑时必须两侧对称进行,不得使台车受到偏压。

(7)模板台车前后轮的相反方向应用铁靴刹住车轮。

三、喷锚衬砌施工安全控制要点

(1)喷射机连接的风水管路应牢固通畅。

(2)施工台架或施工台车应牢固稳定,台架上应满铺底板,周边应设置栏杆,台架上的人、料不得超过承载能力。

(3)清除松动围岩、冲洗受喷面时,工作区内严禁非作业人员停留。

(4)当钻眼、安装锚杆、挂钢筋网及喷射混凝土,在高于2m的高处作业时,应符合高处作业的有关规定。

四、仰拱与隧底施工安全控制要点

仰拱与隧底施工应符合下列安全要求:

(1)仰拱上的运输道路应搭设牢固,当向坑内倾卸混凝土时,非卸车人员应避让至安全地点。

(2)当仰拱超前边墙施工时,应加强基坑坑壁的临时支护。

第七节　附属工程

一、一般安全要求

(1)辅助坑道洞口的截、排水工程和场地周围防护冲刷的设施,应在辅助坑道施工前完成。坑道口洞门应尽早建成。

(2)辅助坑道开挖后应及时支护。

(3)在辅助坑道施工期间,应制订防排水应急预案。

(4)辅助坑道废弃时,应按设计规定及时处理。

二、竖井与斜井施工安全控制要点

(1)竖井与斜井的井口附近,应在施工前做好修整,周围应修好排水沟、截水沟,防止地面水侵入井中,发生坍塌。竖井井口平台,应比地面至少高出0.5m,井口应有严密的井盖,只有当吊笼罐升降时,才准许打开井盖。

(2)装配起爆药卷,应在距井口50m以外的加工房内进行,起爆药卷应由爆破工携送下井,除起爆药卷外,不得携带其他炸药。

(3)每次爆破之后均应有专人清除危石和掉落在井圈上的石渣,并应修整被打坏的支撑,待清修完毕后，才准进行正常工作。

(4)当工作面附近或井筒未衬砌部分发现有落石，支撑发响或大量涌水时，工作面施工人员应立即循安全梯或使用提升设备撤出井外，并报告上级处理。

(5)在吊盘上工作人员的工具，应妥善地放在工具袋内，使用时应牢固地拴在身上或其他固定物上，不得将不使用的零星工具放置在附近的支撑上。

(6)在井口明显部位应设置醒目的安全标志及有关施工技术安全规则。井口及井底应悬挂有关信号。

(7)斜井与竖井施工应符合下列规定。

①斜井与竖井的开挖和支护，除应符合本规程开挖、支护节的有关规定外，尚应符合下列规定：

a. 装药前工作面附近的机具应提升至安全地点；

b. 爆破前所有人员必须撤至井外；

c. 在吊盘上工作的人员应将工具装在工具箱内，使用时应拴在身上或其他固定物上。

②斜井运输应符合下列规定：

a. 斜井采用有轨运输时，其运行速度应符合表 10-3 的规定，接近洞口与井底时速度不得大于 2m/s，升降人员加速度或减速度不得大于 $0.5m/s^2$。

有轨运输斜井运行速度控制表　　表 10-3

阶　　段	斜井长度(m)	牵引提升速度(m/s)
阶段施工	不限	<3.5
正式运输	≤300	<3.5
	>300	<5.0

b. 当凿井长度大于 100m 时，应在距井口下 20m 处设挡车器或挡车栏。在接近井底 60m 处或岔前 35m 处设第二道挡车器或挡车栏，挡车器必须经常处于正位关闭状态，放车时方可打开。车辆在井内行驶过程中(含中途停留)，井内严禁人员通行与作业。

c. 井口、井下及卷扬机机房应有联络信号，提升、下放与停留应有明确的色灯或音响等信号规定。

主、副井口应设专职的信号员，负责接发车工作，卷扬机操作员未得到井口信号员发给的信号，不得擅自开动、停车和改变运行速度。

在运送人员的斜井中，应在车厢内装设紧急信号装置，以便在运行中能随时发送紧急信号。

d. 斜井的井底停车场应设避车洞，井底附近的固定机械、电器设备均应设置在专用洞室之内。

e. 车辆连挂提升时，应有可靠的连接装置和断绳保险器，挂钩均应加保险栓，车与车之间应增加连接保险钢丝绳，提升钢丝绳应设地滚承托并采取防止车辆“蹬钩”与“蹬绳”措施。

f. 人员上下井，不得乘坐箕斗或斗车。

③斜井的垂直深度超过 50m 时，应配备运人车，使用运人车应符合下列规定：

a. 车辆必须有顶盖，并装有自动防溜和手制动防溜装置；

b. 运送人员前，应检查车辆的连接装置、保险链和防溜装置；

c. 乘员及携带的工具器材不得超出车厢，并不得超员。

(8)竖井提升应符合下列规定。

①吊桶升降应满足下列要求：

a. 运送人员速度不得超过5m/s，无稳绳地段速度不得超过1m/s；运送石渣和其他材料不得超过10m/s，无稳绳地段不得超过2m/s；运送爆破器材不得超过1m/s。

b. 吊桶必须沿钢丝绳罐道升降，在施工初期尚未设罐道时，吊桶升降距离和施工时不装罐道的部分不应超过40m。

c. 吊桶与提升钢丝绳，应采用钩头连接。

d. 吊桶上方应设置保护设施。

e. 乘坐人员不得坐在吊桶边缘，身体的任何部分不得超出桶沿。

f. 用自动翻转式吊桶升降人员时，应有防止吊桶翻转的装置。

g. 吊桶提升到地面时，人员必须从地面出车平台出入吊桶，并应在吊桶停稳和井盖门关闭以后进出。双吊桶提升时，井盖门不得同时打开。

h. 当吊桶通过吊盘喇叭口，接近井口或井底时，均应减速。

②在竖井使用吊笼期间，均应安装导向设备。吊笼导向槽和钢轨罐道之间的间隙不得大于10mm。钢轨罐道和罐笼导向槽在一侧磨损量达到10mm时，必须更换。

③罐笼升降应满足下列要求：

a. 罐顶应设置铁盖或铁门。

b. 罐底必须满铺钢板，当罐底下面有阻车器的连接装置时，应设检查门。

c. 进出矿车的罐笼内应安装阻车器。

d. 提升或下放的最大载重量应在井口设标牌公布。

e. 罐笼装载的人数应按每人在罐笼内至少占用0.2m^2的有效面积计算；罐笼的净空高度不得小于1.1m，允许乘载的最多人数应在井口及罐笼内标明。

f. 提渣、升降人员和下放物料的速度不得超过3.0m/s，加速度不得超过0.25m/s^2。

g. 用罐笼升降超限设备、构件时，应制订专项的安全措施上报批准后实施。

h. 罐笼(吊桶)提升时，钢丝绳的偏角不得超过1°30′。

i. 提升容器、连接装置、防坠器、罐耳、罐道绳、阻车器、托台、装卸渣设备时，天轮、钢丝绳以及卷扬机等各部分必须设专人检查。

j. 建井时使用无防坠器的罐笼升降人员时，应有专门的安全措施。

k. 罐笼升降作业时，下面不得有人员逗留。

④罐道和罐耳的磨损达到下列程度时，必须更换：

a. 木罐道任一侧磨损超过15mm或其总间隙超过40mm。

b. 钢轨罐道轨头任一侧磨损超过10mm或轨腰磨损超过原厚度的25%罐耳的任一侧磨损超过10mm或在同一侧罐道与罐耳的总磨耗量超过10mm或者罐耳和罐道的总间隙超过20mm。

c. 组合钢罐道任一侧的磨损超过原有厚度的50%。

d. 钢丝绳罐道和滑套的总间隙超过15mm。

e. 提升装置必须装有信号装置和备用信号装置，井底车场和卷扬机操作员之间，应设直通电话。

f. 井底车场的信号应经由井口联结员转发。除发送紧急停车信号或用箕斗提升(不包括带乘人的箕斗)外，井底车场不得直接向卷扬机操作员发信号。

(9)斜、竖井提升的钢丝绳必须符合使用要求，在使用前应进行拉力试验，并在使用中定期检查、修理和更换。

(10)当钢丝绳遇下列情况之一时,严禁使用。

①钢丝绳磨损直径差:

a. 提升式制动钢丝绳大于 10%。

b. 罐笼钢丝绳大于 15%。

②钢丝绳的钢丝有严重锈蚀、变黑、点蚀麻坑等损伤时。

③钢丝绳受到损坏或其增长 0.5% 以上时。

④钢丝绳在一个捻距内断丝面积同钢丝绳总截面积之比达到下列数值时:

a. 升降人员和物料用 5%。

b. 专为升降物料用 10%。

c. 平衡钢丝绳 10%。

d. 防坠器的制动钢丝绳 10%。

e. 罐道用 15%。

f. 无导向绳运输用 25%。

(11)提升保护装置应符合下列规定。

①提升装置应装设下列保护装置:

a. 防止过卷保护装置。

b. 防止过速保护装置。

c. 过负荷和欠电压保护装置。

d. 限速保护装置。

e. 短路和断电保护装置。

f. 缠绕式提升装置,必须设松绳报警装置并接入安全回路。

g. 使用箕斗提升时,必须在井口装置满仓保护装置;渣仓装满时,能自动报警或断电。

h. 事故停车保护装置。

②过卷高度应符合表 10-4 的规定。

过卷高度控制表　　表 10-4

序　号	提 升 速 度		过卷高度(m)
1	<3 m/s 的罐笼		>4
2	≥3m/s 的罐笼		>6
3	箕斗(允许速度内)		>4
4	凿井时期的吊桶		>4
5	摩擦轮式提升装置,提升速度	<10 m/s	6 ~ 10
6		>10 m/s	>10

③提升绞车应装设深度指示器和开始减速时能自动示警的警铃。

三、横洞与平行导坑、设备洞施工安全控制要点

(1)横洞、平行导坑的开挖与支护,其安全技术要求应与正洞相同。

(2)横洞和平行导坑的开挖,应根据围岩级别、断面大小合理选用开挖方法。当其与正洞的距离小于 10m 时,应采用控制爆破技术。

(3)平行导坑的掘进应超前于正洞。超前距离可视施工条件确定,宜大于两个临时横通道的间距。临时横通道间的距离应根据施工需要、正洞工程进度及地质情况确定。

(4)平行导坑横通道的交叉口开挖应一次完成。

(5)横洞和平行导坑都应设置完整、通畅的排水系统。

第八节　通风防尘、照明、排水及防火

一、隧道施工通风安全要求

隧道施工通风应符合下列规定:

(1)作业中的通风应符合交通运输部现行公路隧道设计和施工规范的要求;保证有足够的新鲜空气。洞内空气中,有毒、有害物质的浓度必须符合国家规定标准。

(2)全断面开挖时的风速不应小于0.15m/s,导坑内不应小于0.15m/s,亦不大于6m/s。

(3)作业开挖面复工时,必须进行通风和分析空气中有害气体浓度,确认符合标准后方可进入。

(4)导坑开挖面风流中,按体积计氧气不得低于20%,二氧化碳不得超过0.5%。

(5)隧道内的空气成分每月至少应取样一次进行分析,风速、含尘量每月至少检测一次。

(6)隧道作业中的通风应设专职人员进行管理。

(7)任何人员严禁在风管的进出口附近停留;通风机停止运转时,任何人员不得靠近通风软管行走和在软管旁边停留,不得将任何物品放在通风管或管口上。

(8)软管通风机安装距离洞口不少于20m。

(9)风动机械与软管连接必须牢固;拆卸连接风管应在停机关机后进行。

(10)风管网路中应分段设控制闸阀;检修风管时,应先关闭控制该部分管路的闸阀。

(11)供风系统在使用期间应有专人检查养护,保护供风管路不得损坏。

(12)隧道内的作业温度不宜超过28°C。

(13)长大隧道施工须编制专项通风方案,保证隧道内作业环境符合标准要求。

二、隧道施工防尘防毒安全要求

(1)隧道施工应采取综合防尘防毒措施,并定期检查粉尘及有害气体的浓度,必须保证隧道内有足够的新鲜空气。

(2)喷射混凝土粉尘浓度达不到标准时,应采取防尘措施。

(3)隧道施工单头掘进长度超过200m时,应使用通风设备。

(4)长大隧道在凿岩和装渣工作面应做好下列防尘工作:

①放炮前后必须进行喷雾洒水。

②出渣前应用水淋湿渣堆。

③在压入式的出风口,宜设置喷雾器。

④隧道较长而又无辅助坑道时,宜采用混合式风管通风,如果混合式通风达不到要求,应采用人工风道或风墙的巷道式、管道式通风。

⑤风道或风管与掌子面距离不得小于10m，若风道和风管屑易损物组成可在放炮时进行掩盖或移至安全处。

(5)严禁在隧道施工时采用干式凿岩机。

(6)有害气体浓度接近临界值时，应立停止施工，人员撤离至安全区域。洞内空气中，有毒有害物质的浓度必须符合国家规定标准：

①每立方米空气中含有10%以上的游离二氧化硅的粉尘必须控制在2mg以下。

②一氧化碳不大于30mg/m^3；在特殊情况下，施工人员必须进入工作面时，浓度也不应超过100 mg/m^3，但作业时间不得超过30min。

③二氧化碳不得大于0.5%。

④氮氧化物换算成$N0_2$应控制在8 mg/m^3。

⑤瓦斯(CH_4)在总回风道风流中，应小于0.5%，开挖面装药放炮前应小于1%，开挖面超过2%时，人员必须撤至安全地带。

三、隧道施工水电供应安全要求

(1)施工供水应符合下列规定：

①供水水池位置不宜设在隧道的顶部，应根据机械及管路的要求控制过高水压。

②机械抽水应有专人负责，当抽水机房设在河边时，应有防洪措施。水池与机房之间应有信号联系。

③供水管路铺设宜避开交通繁忙地区和地质不良地段，管路铺设不宜采用高架的形式。

④检修供水管路前，应先关闭控制该段管路供水的闸阀。

(2)施工供电除应符合施工用电的有关规定外，电力线路尚应符合下列规定：

①设有斜井、竖井的隧道，施工中应由两路独立的电源供电。当一路电源停电时，另一路电源能保证全部负荷的供电。

②洞内及井下配电变压器不得采用中性点直接接地方式。

③成洞地段采用10kV高压电缆送电及在洞内设置10kV变电站时，应制订专项的安全技术措施。

四、隧道施工照明安全要求

(1)隧道内的照明灯光应保证亮度充足、均匀、不闪烁。隧道施工应使用独立的供电线路，在设有斜井、竖井的隧道施工中应有两路电源供电，当一路电源停电时，另一路电源应保证全部负荷的供电。照明灯的高度、功率，应根据开挖断面的大小、施工工作面的位置选用，可参照表10-5。

(2)隧道内用电线路，均应使用防潮绝缘导线，并按规定的高度用瓷瓶悬挂牢固。不得将电线挂在铁钉和其他铁杆上或捆扎在一起。开关外应加木箱盖，采用封闭式熔断器。如使用电缆亦应牢固地悬挂在高处，不得放在地上。

(3)隧道内各部照明电压应为：

①开挖、支撑及衬砌作业地段为12~36V。

②成洞地段为110~220V。

各工作面照明度选用表　表 10-5

编　号	工作面名称	灯头间距(m)	悬挂高度(m)	灯泡功率(W)
1	隧道断面在 $30m^2$ 以下	8	4	60
2	隧道断面在 $70m^2$ 以下	6	4~6	60
3	隧道断面在 $10m^2$ 以下	6	2	60
4	导洞断面在 $15m^2$ 以下	4	2~3	60
5	正洞附近工作面	2~3	4~5	60
6	井下车场	2~3	3~5	60
7	竖井内	3		60
8	运输巷道	6~10	4~6	40~60
9	水平导坑工作面	每平方米工作面 15W		
10	垂直和斜坑道工作面	每平方米工作面 25W		
11	洞内装缺场地	每平方米工作面 15W		

③手提作业灯为 12~36V。

④隧道内的用电线路和照明设备必须设专人负责检查修管理，检修电器与照明设备时应切断电源。

⑤在潮湿及漏水隧道中的电灯应使用防水灯口。

五、隧道施工排水安全要求

(1)在有地下水排出的隧道，必须挖凿排水沟，下坡开挖时应根据涌水量的大小，设置大于 20% 涌水量的抽水机具予以排出。抽水机械的安装地点应在导坑的一侧或另开偏洞安装，并用栅栏与隧道隔离。

(2)抽水机械宜采用电力机械，不得在隧道内使用内燃抽水机。抽水机械应有一定的备用台数。

(3)隧道开挖中如预计要穿过涌水地层，且采用超前钻孔探水，应查清含水层厚度、岩性、水量、水压等，为防治涌水提供依据。

(4)如发现工作面有大量涌水时，应即令工人停止工作，撤至安全地点。

六、隧道施工防火安全要求

(1)各洞、井口施工区，洞内机电硐室、料室、皮带运输机等处均应设置有效而数量足够的消防器材，并设明显标志，定期检查、补充和更换，不得挪作他用。

(2)洞口 20m 范围内的杂草必须清除。火源应距洞口至少 30m 以外。库房 20m 范围内严禁烟火。洞内严禁明火作业与取暖。

(3)洞内及各硐室不得存放汽油、煤油、变压器油和其他易燃物品。清洗风动工具应在专用硐室内，并设置向外开的防火门。

(4)洞内衬砌使用的防水材料等易燃物品数量不得超过当班用量；防水板铺设时需明火作业的，必须有专人监护；动火区内应配置足够的消防器材。

第九节　不良地质地段隧道施工

一、不良地质和特殊岩土地段隧道施工安全控制要点

(1)施工前应采用超前钻孔,探明地质情况,采取预防对策。

(2)施工中应加强对围岩和支护体系的监控量测。当发现围岩和支护体系变形速率异常时,应立即采取有效措施。情况严重时应将全部人员撤离危险区域。

(3)施工中应有足够的抢险、急救物资储备。

(4)如发生坍塌,应积极处理和抢救。处理坍塌应在查明坍塌情况、制订出安全措施后进行。

(5)软弱破碎富水围岩隧道施工,应采取截、排、堵等综合防水措施,并应制订处理突发性大量涌水的措施。

(6)流沙地质隧道施工时应先护后挖,随挖随封闭,遇缝必堵,防止沙粒漏出,并加强防水措施。

(7)膨胀岩地质隧道施工应符合下列规定:

①支护与围岩应紧贴,严格控制围岩变形。

②采用严防水、少扰动、早封闭的措施。

③施工期间应有专人监测;当围岩变形加速时,应即撤走人员。

(8)岩爆地质隧道施工应符合下列规定:

①在岩爆地段应有专人观测,发觉岩壁面发生响声,立即示警撤离人员。

②发生岩爆应先撤人后撤设备。

③岩爆地段严禁人员停留。

④岩爆后应加强找顶工作,并延长通风时间。

(9)挤压型地质隧道施工应符合下列规定:

①开挖宜采用全断面法。

②衬砌宜优先采用整体式衬砌或采用仰拱超前、先墙后拱的分部衬砌;衬砌的施作应在围岩变形速率小于0.5mm/d之后进行。

③施工中应加强对围岩变形速率的监测;当发现变形异常时,应采取相应的安全措施。

二、隧道通过突水、突泥地段施工安全控制要点

1. 通过突水、突泥地段的施工原则

突水、突泥地段施工方案制订原则:“以堵为主、限量排放、排堵结合、综合治理”。具体方法:采用超前导管、管棚,正面深孔压浆,堵塞渗水通道,结合管道排水。将绝大部分地下水尽可能封堵在围岩外,少量水由隧道排放,避免洞内出现大量水而影响施工。对于间隙性涌水采用泄水孔进行排水。配足抽水设备,以备施工段发生突水时急用。

2. 加强地质预测预报

1)超前地质预报

利用地震波反射法(TSP-202、TSP-203)、水平声波剖面法(HSP)、红外探水、地质雷达、超前水平钻探、数峭成像、超前平导、常规地质法等方法,对施工掌子面前方10~40m范围内的山体进行探测,结合各种探测资料分析前方围岩情况,是否有潜水,水源补给、水质、涌水量大小、突水突泥压力等情况。

2)相似比拟法

相似比拟法建立在岩层裂隙较均匀、比拟段的水文地质条件相似、涌水量与坑道体积成正比的基础上,相似比拟法是通过导坑开挖时的实测涌水量来推算正洞涌水量,或用正洞已开挖地段实测涌水量来推断未开挖地段的涌水量。

3)超前水平钻孔探水分析法

施工中最直观的是超前水平钻孔探水法,利用钻孔台车钻孔,探水孔直径一般为50~120cm,钻孔外插角为10°,每次钻进10~20m,保留5m止浆盘岩,开始下一次探水。

分析方法:暂时封闭水量较小的探孔,只留一个喷距最大的探孔量测喷出距离。换算成标准条件下的喷距(即高出水平面1m,y=1时的喷距)。

(1)喷距小于5m,流量小于100~400m^3/h为小型突水。

(2)喷距9~12m,流量大于400m^3/h为中型突水。

(3)喷距大于12m,为大型突水。

3. 突水处理

如果仅仅是岩溶裂隙或砂岩裂隙面状出水,可采用"围截注浆法"止水。先在出水点周围适当的范围内布孔注浆,以形成封闭式止水帷幕;浆液填充与大裂隙连通的小裂隙,这样由远至近,由外到里,层层缩小包围圈,在注浆深度范围内使岩溶裂隙水和砂岩裂隙面状水成为管道型涌水;最后在集中出水口逆流注浆,这样浆液扩散更有方向性,沿大裂隙逆流而上到达更深远的部位,把水堵到更深层。

如果遇岩溶管道涌水,一般在出水口附近钻一些分流孔,以减少流量和水压,分流孔的个数视具体情况而定,分流孔深度要与溶隙交汇。在出水口及分流孔安设孔口管,并在孔口管与孔壁之间用堵水材料有效封堵,最后进行注浆止水。

如果涌水范围较大(如整个掌子面),则可以采用超前深孔、长管棚、超前小导管等方法预注浆封堵。

4. 突泥处理

突泥地段施工可根据围岩实际情况采用高压劈裂注浆、挤压注浆或渗透注浆,必要时可与超前抽排水或止浆墙的施工方法相结合。注浆的目的是固结围岩,使围岩形成强度较高的结石体。

三、隧道通过岩溶地段施工安全控制要点

溶洞是岩溶水在可溶岩体内溶蚀、侵蚀的遗迹,不同的岩溶水发育成不同形态的溶洞:垂直渗流带发育成竖井状溶洞,季节变动带发育成水平溶洞、斜井状溶洞及竖井状溶洞;水平流动带发育成大型水平溶洞、廊道状溶洞和暗河,深部缓流带发育成溶孔及溶隙。同时溶洞还受地质构造、岩石性质、气候条件、岩溶水动力条件等因素影响。施工中应加强地质情况的超前预测、预报工作,并采取相应的预防措施,防止发生突发性涌水、涌沙和泥石流。

1. 隧道通过岩溶地段的施工原则

隧道通过岩溶地段本着"稳妥可靠、保证工期、经济合理、不留后患"的目标，坚持"以堵为主、限量排放、排堵结合、综合治理"的原则治理岩溶水，坚持以"短进尺、弱爆破、强支护、早封闭、勤量测"的原则通过岩溶地区。

2. 岩溶地质预报

岩溶段首先采用地貌、地质调查与地质推理相结合的方法进行定性预测，再结合地表钻孔探测、超前导坑预报、洞内超前钻孔预探、隧道岩溶预探等方法，进一步查明溶洞的分布范围、类型、规模、发育程度、填充物、相对隧道位置及地下水等情况，为正确制订通过岩溶地段的施工方案提供资料。施工中应坚持将超前地质预报纳入施工动态管理工作中，根据地质预报资料制订施工方法，在施工中根据开挖后的实际情况不断调整施工方法和各类参数，并与地质预报资料相对比，不断提高地质预报的准确性。

3. 岩溶水处理

因客观条件限制不能采用排水方案或因溶洞规模为大型、特大型充填溶洞并有丰富地下水时，采用注浆堵水；隧道遇到较大岩溶积水和暗河时，排水不致引起地表下沉和影响当地居民生产生活用水时，采用排水方法；复杂情况下采用截、堵、排综合治水措施。

(1)注浆堵水，加固围岩：洞内断裂、岩溶富水带采用渗透注浆，岩溶软塑状充填淤泥采用高压劈裂注浆，地表采用深孔填充注浆。劈裂注浆分三阶段进行；第一阶段为渗透注浆，注浆压力保持正常工作压力，用双液浆填充围岩间隙，堵塞渗水通道；第二阶段为劈裂注浆，压力保持在正常工作压力到终止压力间，进行围岩永久性堵水加固；第三阶段为用超细水泥浆填补空隙，加强堵水效果。

注浆结束后，对注浆效果进行检查；在注浆范围内按规定选取 2 ~ 3 个钻孔，取岩芯法检查，通过对岩芯强度、密实度等鉴定，判定注浆质量，采取进一步施工方案。

(2)引排水：根据岩溶形态、相对隧道位置、岩溶水流量大小分别采用暗沟排水、涵洞及泄水洞排水、渗沟及铺砌排水。保证溶洞排水顺畅，不致因隧道修建破坏原有排水体系。

(3)暗沟排水：溶洞位于隧道底部，溶洞无填充，岩溶水由泄水洞自然排出；

(4)涵洞和泄水洞排水：溶洞自行排水顺畅，地下水很发育，暗沟不能满足排水要求，在洞底设置涵洞和泄水洞排水系统，进行引水汇排。

(5)渗沟及铺砌排水：隧道横穿多支溶洞，且岩溶仍在发育中。

(6)综合治理：复杂岩溶水地段岩溶水采用注浆堵水与暗沟、渗沟及铺砌排水，涵洞及泄水洞引排水相结合的方法对岩溶水进行截、堵、排，综合治理，以达到理想的治水效果。

4. 溶洞处理

对溶洞填充物的清理及对溶洞围岩处理，应根据设计文件要求，结合现场实际情况，制订专项安全措施。溶洞根据几何形状可分为大厅式、管道式、蜂窝式三种，通过溶洞地段的手段有封堵、填充、支撑加固、跨越等。施工方法根据溶洞的分布范围、类型、规模、发育程度、填充物、相对隧道位置、地下水等情况确定。

1)小型溶洞处理

跨度小于3m 的小型溶洞采用填充法处理，区分不同情况分别采取浆砌封闭、回填压实，隧底回填、拱顶防护，换填片石、加强衬砌，隧道底板梁处理以及条形基础等措施进行处理。

(1)浆砌封闭、回填压实

当溶洞地下水涌量较小时。隧底采用C15片石混凝土回填,边墙部位1～1.5m范围内用浆砌片石回填,其余用弃渣,空隙吹砂填满,压注水泥浆胶结。当隧底出现突水溶槽时,采用钢筋混凝土封填,铺设钢筋混凝土仰拱,预埋出水管,注浆封堵。

(2)隧底回填、拱顶防护

当隧道穿过垂直发育、无填充、干燥溶洞时,隧底可用块石、碎石回填密实,距隧底1～1.5m范围内,用M7.5浆砌片石回填。

如果溶洞顶距拱顶高度小于5m,可在拱部填塞干砌片石,压浆挤满片石空隙。如果溶洞顶距拱顶高度超过5m,可在拱顶砌筑1m厚M7.5浆砌片石护拱,护拱上回填2～5m厚干砌片石缓冲层,起缓冲作用,防止溶洞石块掉落砸坏衬砌。

(3)换填片石,加强衬砌

2)跨越法

隧道跨越通过较大溶洞时,如溶洞较大,填塞或加固施工困难;或溶洞虽小,但流水量大,不宜堵塞;或溶洞填充物松软,不宜建造基础,应采用跨越法通过。

(1)简支跨越

隧道衬砌采用拉杆拱、边墙梁结构,底部采用简支结构跨越通过。

(2)栈桥跨越

边墙基底一侧遇到岩溶时,可按一定间距设置支墩和悬臂横梁,悬臂横梁用锚杆锚固于基岩中,将隧道仰拱变为钢筋混凝土板梁,支承于支墩或悬臂横梁上,支承边墙。

(3)拱桥跨越

利用拱桥跨越溶洞,并承托道床及墙拱衬砌。

(4)边墙拱跨越

隧道一侧边墙穿过溶洞,溶洞填充物松软且深,不宜施工边墙基础或换填基础通过,可采用边墙拱跨越。

(5)整体浮放、支托跨越

溶洞断面下部收缩,溶洞堆积体较厚,且稳固可靠,具有相当承载能力。可采用封闭式钢筋混凝土整体衬砌直接浮放于堆积体上,衬砌可分节整体浇筑,节间预留沉降缝。堆积体大孔洞用混凝土填充,并压浆加固,同时加大衬砌断面,净空加高50～100cm,加宽40cm。

3)大型充填式溶洞处理

对裂隙发育的岩溶地段、大型充填式溶洞,施工时除采用预注浆堵水加固外,还可按常规锚喷构筑法,即采用"管棚、小导管、超前锚杆、钢架支撑、挂网钢筋网、喷射混凝土强支护"方法通过。

(1)长管棚

隧道通过大型填充溶洞时可在隧道开挖轮廓线以外打入超前长管棚,再以压注双液浆的方式通过。管棚施工速度慢、施工复杂、费用高,一般用于双线或多线大断面铁路隧道的岩溶处理。

溶洞内堆积物较多无法全部清理时,可采用长、中、短注浆管反复注浆,在浆液中渗入膨胀剂,加固掌子面和基底。掌子面开挖采用双侧壁导坑法,尽量减小对围岩的扰动。

(2)超前小导管、锚杆

采用小导管、锚杆超前注浆施工,锚杆一般采用中空注浆锚杆。该方法可单独应用于围岩破碎地段,也可作为一种辅助手段应用于长管棚施工完成后仍需加固的围岩段。该方法同时起到注浆加固、超前支护作用。

小导管、锚杆主要技术参数:导管直径 40 ~ 60mm,锚杆直径 22 ~ 28mm,长度 2 ~ 6m,外插角 8° ~ 16°,环向间距 20 ~ 40cm,搭接长度 1 ~ 2m。

单液浆:水玻璃单液浆,用硫酸调节胶凝时间,硫酸掺量为水玻璃的 45% ~ 55%。pH 值 =3.1 ~ 3.5。

双液浆:水泥—水玻璃双液浆。

5. 地表处理

隧道施工中可采用以下方法对地表陷坑进行处理:

(1)在坑口修筑截排水沟、挡水坝,使能流入陷坑的地表水顺利远引,防止地表水流入陷坑。采用垂直注浆对溶洞顶部的陷坑进行注浆加固,并用钢筋混凝土封闭陷坑口;

(2)改移河道;

(3)隧道穿过陷坑部位时,可采用长管棚劈裂配合超前小导管注浆,加固陷坑底部。

6. 开挖及支护

开挖与支护应根据岩溶的大小、填充情况与隧道的相对位置等具体情况,采取相应的安全措施。岩溶地段隧道开挖采用新奥法原理,加强支护和衬砌,遵循“弱爆破、短进尺、快循环、强支护、勤量测、勤观察”的原则。即:一是尽早施作喷锚支护;二是喷锚支护应尽快受力;三是增加钢筋网和钢架支撑,四是衬砌加厚或加钢筋、增大混凝土等级。

岩溶地段在对溶洞进行上述技术处理后方可进行,开挖宜采用正台阶法,开挖前先检测围岩类别。

II ~ IV 地质条件下,且溶洞仅穿过隧道底部一小部分断面时,可采用全断面法开挖。

IV ~ V 级围岩可采用短台阶法开挖;台阶长度不得大于隧道开挖宽度的 1 ~ 2 倍,如发现围岩稳固情况较差可以用超前小导管或超前锚杆补注浆液和加固,每循环进尺 1 ~ 2.5m。

V ~ VI 可选用环形法开挖。环形开挖每循环进尺 0.5 ~ 1m。核心土面积不得小于全断面的 50%。

当隧道只有一侧遇到溶洞时,应先开挖该侧,待支护完成后再开挖另一侧。

开挖完成后要立即进行混凝土初喷和初期支护,即安装钢支撑、挂网、喷射混凝土,初喷混凝土厚度不得小于 20cm,每榀钢支撑间距不得大于 75cm。如拱顶围岩软弱,可能造成大型漏斗型塌陷,或管棚支撑力不一定能满足承压要求时,可采用超前锚杆或加密钢支撑补强,以改善支护受力条件。

7. 监控量测

监控量测的主要目的:了解围岩稳定状态和支护、衬砌的可靠程度。直接为设计和施工决策服务,为工程提供安全信息。隧道开挖过程中应及时、连续地监测:“洞内、外观察、净空变化、拱顶下沉、地表下沉、钢架受力、喷射混凝土受力、锚杆体应力”等项目,并及时对监测资料进行分析整理,掌握围岩变形情况,以便能及时、正确地制订下一步施工方案。

1)洞内外观察

洞内观察——每次开挖完成后进行，主要观察岩层变化情况，喷射混凝土、锚杆及钢架工作状态。观察后及时绘制开挖工作面地质素描，填写地质状态记录表、围岩类别判定卡。发现围岩条件恶化应立即采取处理措施。

洞外观察——观察洞口段、洞身埋杆深度较浅地段是否有：地表开裂、地表沉陷、边坡及仰坡稳定状态、地表水渗透情况等。

2）净空变化、拱顶下沉、地表下沉——测点位置必须在同一断面上，量测断面间距、测点数量据围岩级别、隧道埋深、开挖方法而定。根据量测数据及时整理并绘制时态曲线各距开挖面关系图，对初期的时态曲线进行回归分析，预测可能出现的最大值和变化速度。数据异常时应据具体情况采取相应措施。

3）钢架受力、喷射混凝土受力、锚杆体应力——其测点应与必测项目设置在同一断面上，以便相互进行补充和验证。

8. 衬砌与防排水

岩溶地段衬砌防排水应坚持“截、堵、排、防全面治理”的原则。防排水措施可采用“结构自防水、防水层、疏导排水设施相结合”的方法。

1）结构自防水

衬砌采用防水混凝土，防水混凝土从材料、配比、施工工艺三方面控制。施工缝可采用凹凸缝、止水带措施。

2）防水层

防水板采用聚氯乙烯或聚乙烯。防水板安装后应做到：拼焊缝严密无空缝，挂板施工前必须先做好防治水，必须先注浆达到止水目的后才能进行挂板施工。

3）疏导排水

主要是在拱墙背后设置管或筑槽，将水引走。方法有四种：衬砌背后设置矿渣棉弹簧管；防水砂浆预制块砌筑引水槽引水；小竹束外包塑料布作竖向盲沟；拱背后每隔 10 ~ 20m 做一环向盲沟。引水沟槽应集中在渗水位置。

衬砌应尽量紧跟开挖面，坚硬围岩地段可适当延后，但滞后距离不得超过 200m。衬砌宜采用全断面一次灌注，不能采用全断面一次衬砌时，可采用与开挖方法相适应的形式进行。

四、隧道通过顺层、滑坡地段施工安全控制要点

滑坡是由于地壳运动产生的破碎薄弱带（如断层、褶曲等），经水流长期侵蚀冲刷以及重力作用而形成。

顺层是指岩体层理方向与线路方向平行，且岩层层面较光滑，层间结合力差，或受节理相交的影响，岩体相对破碎，故一旦坡角遭到破坏，岩体会顺层塌滑的现象。顺层塌滑的是滑坡的一种。

1. 隧道通过顺层、滑坡地段的处理方法

（1）加强排水工作，将地表水远引、地下水引排或堵截。使滑坡体始终保持无水干燥。

（2）刷方卸载。

（3）加固坡面岩体，提高其整体强度和稳定性。

（4）挡护坡脚。

顺层塌滑、滑坡的防治方案：利用地质观察、超前地质预报等手段，探明滑坡的范围、地表水系流量及流向、地下水活动范围及流量、岩层地质状况等资料，根据这些情况制订顺层及滑坡治理方案。

2. 中小型滑坡治理方法

对于中、小型滑坡，可将滑坡体全部清理运走，并对坡面进行必要的防护，如设置截水沟或排水沟、浆砌片石防护、挂网喷锚、种草植被，保持滑坡体干燥。

3. 大型、特大型滑坡治理方法

对于大型、特大型滑坡，无法将滑动部分全部清理远运，可采用以下方法处理。

1）引排地表、地下水

建立截水沟、排水沟将可能流入滑坡范围的地表水远引，防止水下渗；截、排水一般采用7.5号浆砌片石；对于滑坡体范围内的裂隙、洼地可填表压实；如果岩体内有地下水活动时可采用管、槽引到排水沟，无法引排时可采用深孔注浆堵塞地下水流动通道。

2）刷方卸载

刷坡可采用台阶形式自上而下进行部分刷坡清除。

3）坡面加固

刷坡完成后，应立即对坡面进行加固处理。根据滑坡体厚度、岩体情况可采用挂网喷锚、导管注浆、预应力锚索—钢筋混凝土格构梁等方法。

（1）锚喷挂网支护法

滑坡体厚小于等于3m时可采用锚喷挂网支护的方法加固岩体。

①刷方卸载坡度按1:0.3～1:0.4放坡，要求坡面大致平整，以适应喷锚施工操作。

②视滑坡体厚度确定锚杆长度，锚杆嵌入稳定山体的长度不得小于锚杆长度的1/2～2/3。

③锚杆纵横间距1～2m，采用ϕ25钢筋或ϕ25中空锚杆；钢筋网格20～30cm×20～30cm，选用①6.5～8线材：网片交点连接及网与锚杆的固定要求牢固结实。

④喷射混凝土强度C20设计平均厚度10～20cm。

⑤坡面设泄水孔。

（2）导管注浆

如果岩体破碎程度较大，必须注浆稳固岩体，这时可用小导管代替锚杆，导管直径一般为50～70mm，注浆量、注浆压力可视岩体岩质、裂隙而定，一般情况下注浆压力在1～3MPa。

其余参数选择可参考锚喷挂网支护。

（3）预应力锚索—钢筋混凝土格构梁

滑坡体厚度大于3m，岩体为结构破碎松散、易风化的软质岩，可采用预应力锚索—钢筋混凝土格构梁加固方案，依靠强劲的预应力锚索将坡面崩塌体牢牢地同稳定的基岩相连，格构梁使锚索群体受力，控制边坡变形，充分调动岩土体自稳能力，从而达到加固边坡的目的。

计算参数选择：根据地质调查确定岩体重度r，内摩擦角φ，为安全计黏聚力一般取$C=0$，据传递系数法实测断面推算每延米滑坡推力N、水平分力N_x、垂直分力N_y。

①锚索长度:锚索穿过松散残坡积层后锚固于稳定基岩之内,锚索长度据滑坡体厚度确定,锚索锚入稳定岩层的长度不小于滑坡层厚度2倍。

②沿滑坡面布置钢筋混凝土格构梁,格构竖梁间距2m,格构横梁分上、下横梁和中横梁,间距4~6m,格构梁之间设钢筋混凝土挡板,厚度20cm。

③钢筋混凝土格构梁节点(即竖梁与横梁交叉处)布置预应力锚索,锚固张拉力不小于该点水平推力 N、水平分力 N_x、垂直分力 N_y。

4)挡护坡脚

进行坡面加固防护的同时必须对坡脚进行支挡、防护,如坡脚挡护不利可形成“滑动—清理—再滑动—再清理”的恶性循环,使滑坡范围不断扩大。坡脚挡护可采用预应力锚索抗滑桩、树根桩挡墙、重力式浆砌片石挡墙等方法进行坡面岩体加固。坡脚支挡原则:“自上而下、分级支挡,坡水兼治、先支挡后整坡治水”。

(1)预应力锚索抗滑桩

计算参数选择:根据地质调查确定岩体重度 γ,内摩擦角 φ,为安全计黏聚力一般取 $C=0$,据传递系数法实测断面推算每延米滑坡推力 N、水平分力 N_x、垂直分力 N_y。

桩基采用钢筋混凝土钻孔灌注桩,桩长据滑坡层厚度确定,桩底嵌入稳定基岩的长度不小于4m。直径不小于50cm,间距2m。

桩顶设预应力锚索,张拉力不小于滑坡水平分力 N_x,锚索锚固段嵌入基岩长度为8~15m。

地上桩(柱)之间设挡土板,厚20cm桩顶设钢筋混凝土连系梁,高1.5~2m、宽30~50cm。

平整、夯实滑体表面,设浆砌片石菱形网格护坡,沿滑坡主轴线设排水沟,滑坡后缘设截水沟,该种施工方法施工难点在钻孔,技术关键在预应力锚索。无论是灌注成孔,还是锚索钻孔,因滑体内有大量的孤石,给钻孔带来极大困难。施工可采加设护壁筒,用钢粒研磨钻进等一系列有效措施成孔。另外,从每级滑坡主滑地段调配一定数量的土石方加在抗滑地段,实施“减载、反压”措施,促使滑体稳定。将滑坡体地表整平夯实,再设菱形网格稳固坡面土体,局部易产生坍塌的地方设浆砌片石墩柱。采取在滑坡后缘设截水沟,沿滑坡轴线做排水沟,滑体上的泉水出露地带布设引水明沟等技术排除地面水和地下水。

(2)树根桩挡墙

树根桩通常用于基础托换加固,当采用常规桩型施工困难或不经济时,树根桩也可用作承受垂直荷载支承桩、侧向支护桩和抗渗堵漏。如滑坡是因切除坡脚面失稳所致,再深挖,推力将增大,重力式挡墙基础难以形成,此时可选用 $\phi146\sim\phi168$ 的小桩径树根桩挡墙,施工中采用小型成孔机械(XY-100型钻机),能避免人工挖深基础的困难,缩短工期,节省投资。

嵌岩要求:主滑段嵌入基岩不小于6m,次滑段桩间距2~4m;

孔深全长配置钢筋笼,清孔后由孔底向上逐渐注浆,并按一定比例加入碎石;

钢筋混凝土挡墙施工按相应施工验收规范的要求进行。

5)滑坡监控测量

滑坡治理完成后应在适当位置埋设监控量测桩。定期量测,观察其变化。

五、瓦斯隧道施工安全控制要点

1. 一般要求

(1)瓦斯隧道在施工前,必须编制实施性施工组织设计,其主要内容包括预防瓦斯突出、喷出的措施和揭煤方法。

(2)瓦斯隧道施工前应对所有作业人员进行瓦斯知识和防瓦斯危害的安全教育。

(3)瓦斯隧道的施工单位应建立救护队伍,救护装备和救护车辆不得用于救护以外的其他工作。

(4)隧道内非瓦斯工区和低瓦斯工区的电气设备与作业机械可使用非防爆型,其行走机械严禁驶入高瓦斯工区和瓦斯突出工区。高瓦斯工区和瓦斯突出工区的电气设备与作业机械必须使用防爆型。

(5)瓦斯监测应符合下列规定:

①瓦斯隧道洞口必须设置经专业培训的专职瓦斯监测人员,每60min检测一次。

②检测瓦斯用的仪器必须定期进行调试、校验,发现问题应及时处理。凡经大修的仪器,必须经计量检定合格后方可使用。

③瓦斯浓度检测地点及范围:

a. 每个断面应检查拱顶和两侧拱脚,墙脚各距坑道周边20cm处。

b. 开挖面风流及爆破地点附近20m内的风流和局部坍塌处。

c. 局部风机前后10m以内的风流中。

2. 瓦斯隧道施工安全要求

瓦斯隧道施工作业应符合下列安全要求:

(1)当开挖工作面风流中瓦斯浓度超过1%时,应停止电钻钻孔;当瓦斯浓度超过1.5%时,必须停止施工,撤出工作人员,切断电源,研究预防和消除措施并进行处理。

(2)电动机附近20m以内风流中瓦斯浓度达到1.5%时,必须停止运转,撤出人员,切断电源进行处理。

(3)掘进工作面内,当局部瓦斯积聚体积大于$0.5m^3$,浓度大于2%时,附近20m内必须停止工作,撤出人员,切断电源进行处理。

(4)因瓦斯浓度超过规定的允许值而切断电源的电气设备,必须在瓦斯浓度降到1%以下时,方可复电开动机器。使用瓦斯自动检测报警断电装置的掘进工作面,只准人工复电。

(5)回风巷或工作面回风流中瓦斯浓度超过1%时,应停止工作,撤出人员,进行处理。

(6)低瓦斯工区洞内任意处瓦斯浓度超过0.5%时,应加强通风监测,防止瓦斯积聚,由于停电或检修,使主要通风机停止运转或通风系统遭到损伤以后,必须有恢复通风、排除瓦斯和送电的安全措施。恢复正常通风后,所有受到停风影响的地段,必须经过通风和瓦斯监测人员检查,确认无危险后方可恢复工作。所有安装电动机和开关地点20m范围内,必须检查瓦斯,符合规定后方可启动机器。因临时停电或其他原因,局部通风机停止运转,在恢复通风前,首先必须检查瓦斯浓度。证实工作区内瓦斯与二氧化碳浓度均不超过1%时,方可开动局部通风机，恢复正常通风。

(7)开挖必须采用湿式掘岩机。洞内使用的金属锤及锤头必须镶有不产生火花的合金。装渣使用的金属器械，不得猛力与石渣碰击，铲前必须将石渣浇湿。

3. 爆破作业

爆破作业应符合下列安全要求：

(1)严格执行"一炮三检制"（即在装药前、放炮前、放炮后认真检查放炮地点附近瓦斯，瓦斯超过1%不准放炮）和"三人连锁爆破制"（指放炮前放炮员将警戒牌交给班组长，由班组长派人警戒，下达放炮命令，并检查围岩和支护情况，然后将自己的放炮命令牌交给瓦斯检查员，经检查瓦斯浓度符合要求后，再将放炮牌交给放炮员）。

(2)瓦斯工区爆破必须使用煤矿许用炸药和煤矿许用瞬发电雷管。

(3)瓦斯工区必须采用电力起爆，严禁使用半秒、秒级电雷管。使用煤矿许用毫秒延期雷管时，最后一段的延期时间不得超过130ms。

(4)洞内爆破时，人员应撤至洞外；当隧道太长时，单线必须撤至300m以外；双线上半断面必须撤至400m以外，双线全断面必须撤至500m以外。

(5)炮孔的装药及填塞要求如下：

①炮孔深度不得小于0.60m，相邻炮孔间距不得小于0.4m。

②在煤层爆破时装药长度不得大于炮孔深度的1/2。

③在岩层中爆破时：当炮孔深度在0.9m及以下时，装药长度不得超过孔深的1/2；孔深在0.9m以上时，装药长度不得超过孔深的2/3。

④炮孔堵塞材料可用水炮泥或不燃性、可塑性的松散材料（黏土或黏土与沙子的混合物等）。使用水炮泥时，其后部必须用长度不小于0.15m的炮泥将炮孔填满堵严，无填塞或填塞长度不足的炮孔严禁爆破。

⑤装药前应清除炮孔内的煤（岩）粉。

⑥严禁反向装药。

(6)有下列情况之一者，不得装药爆破。

①装药和爆破前，爆破地点附近20m以内风流中的瓦斯浓度达到1%时。

②爆破地点20m内堆放的机具设备、石渣、材料等堵塞巷道断面1/3以上时。

③炮眼内发现异状、湿度骤高骤低、有显著瓦斯涌出、煤岩松散等情况时。

(7)爆破母线的连接应符合下列规定：

①爆破母线应采用铜芯绝缘线，严禁使用裸线和铝芯线。

②爆破母线、连接线和电雷管脚线必须相互扭紧并悬挂，不得与轨道、金属管、钢丝绳、刮板运输机等导电体接触。爆破母线与电缆、电线、信号线应分别挂在坑道的两侧。当必须挂在同一侧时，爆破母线应挂在电缆的下方，并保持0.3m以上的悬挂距离。

③严禁用轨道、金属管、大地等作回路。

④爆破前母线必须扭结成短路。

4. 瓦斯隧道施工通风

瓦斯隧道施工的通风应符合下列要求：

(1)瓦斯隧道通风设施应保持完好。调节、迁移、拆除通风设施的工作，应由通风管理人员担任。

(2)瓦斯隧道通风遇有下列情况之一时,应制订处理措施:

①主要风机停转。

②通风系统遭受破坏。

③推进开挖面停风。

④打开封闭区。

(3)洞内供风量应通过计算确定,且每人每分钟不得少于 $4m^3$。

(4)瓦斯隧道的主风机应有两条独立的供电线路。

(5)临时停工地段不宜停风;停风时应切断电源,设置栅栏与警告牌,人员不得进入。

(6)通风各系统内,不论主扇或局扇,必须采用吹入式装置。

(7)有瓦斯及有害气体坑道的通风主机,必须有备用通风机。

(8)有瓦斯和有害气体的隧道,当主通风机发生故障停止通风时,应立即通知全隧道停工,洞内全体工作人员撤至洞外,并停止供电;局扇停风时,局扇通风范围的工作人员必须全部撤至主扇供风范围的坑道内。

5. 瓦斯隧道照明与电气信号

瓦斯隧道照明与电气信号应符合下列要求:

(1)照明用电应符合下列规定:

①低瓦斯隧道不应大于 220V,高瓦斯隧道和瓦斯突出隧道不应大于 110V。

②输电线路必须使用密闭电缆,不得使用裸线和绝缘不良的导线。

③严重瓦斯隧道和煤与瓦斯突出隧道的灯头、开关、灯泡等照明电器应使用防爆型,开关应设在进风道或洞口。

(2)矿灯充电房应离洞口 50m 以外。

(3)使用矿灯照明时,必须遵守下列规定:

①每个洞口常备完好矿灯总数应大于经常用灯总人数的 10%。

②矿灯均需编号,常用矿灯的人员,应固定灯号。

③矿灯如有漏液、亮度不足、电线破损、灯锁不良、灯头密封不严、灯头松动、玻璃和胶壳破裂等情况,不得发放。发出的矿灯应保证连续使用 11h。

④使用人员应爱护矿灯,严禁拆开、敲打和撞击;出洞或下班时必须立即将矿灯交回灯房。

(4)在瓦斯隧道内严禁使用油灯、电石灯、汽灯等有火焰的灯火照明。任何人员进入隧道前必须接受安全检查人员的检查,严禁将火柴、打火机、手电筒及其他可能自燃的物品带入洞内。

(5)瓦斯隧道内的电气信号,除信号集中闭塞外,应能同时发声和发光。

(6)竖井、斜井主要井口绞车的信号装置应直接接在供电线路上,不应分接其他负荷。

(7)隧道内的电话线路严禁利用大地作回路。

(8)严禁在洞内已敷设电缆上临时接装电灯或其他设备。

(9)电缆互接或分路时,必须在洞外进行锡焊和绝缘包扎并热补。

(10)电缆在洞内接头时,应在特制的防爆接线盒内或有防爆接线盒的电气设备内进行连接。

6. 瓦斯隧道的防火

瓦斯隧道的防火工作应符合下列规定：

(1)瓦斯隧道施工必须制订防火措施。

(2)洞内严禁产生高温和发生火花的作业。洞内不得进行电焊、气焊、喷灯焊等作业；确需用焊时必须有相应的安全措施。

(3)在有自然倾向的煤层中施工时，必须事先制订专项的安全措施，预防煤层自燃。洞内严禁使用可燃性材料搭设临时操作间和休息室，暖风道、压入式通风的风洞必须用不燃性材料砌筑，并应至少装设两道防火门。

(4)洞内发生火灾时，应根据火灾的性质、火灾区通风和瓦斯状况，立即采用一切可能的方法直接灭火，控制火势。

(5)当洞内火灾不能直接扑灭时，必须封闭火区，直到经过取样分析，确认火区已经熄灭后方可启封。启封火区应逐段恢复通风。当测出风流中含一氧化碳或有其他复燃征兆时，必须立即停止向火区送风，并重新封闭火区。启封火区和火区初期恢复通风的工作必须由专业的救护队负责进行，火区内风流所经过的巷道内的人员必须全部撤出。启封火区完毕后3天内，由救护队检查通风工作，并测定水温、气温和空气成分，确认火区完全熄灭、通风等情况良好时，方可恢复施工。

7. 瓦斯隧道的救护工作

瓦斯隧道的救护工作应符合下列规定：

(1)瓦斯隧道应备有急救和抢救设备，并指定专人保管，经常保持其良好状态，急救和抢救设备不得挪作他用。

(2)高瓦斯和瓦斯突出工区应配备救护队，在事故发生时非救护队成员不得进洞抢救。

(3)救护队必须在统一指挥下开展抢救工作，严禁个人单独行动。

(4)事故处理救护基地，应设在安全区附近新鲜风流中的安全地带。

8. 揭煤施工

隧道掘进穿过有突出危险的煤层时，如处理不当，很可能发生突出事故。在高压瓦斯的作用下，大量的煤块煤粉与瓦斯气体突然喷出及侵出，并且往往同时发生瓦斯爆炸，造成严重的灾害。

过煤段的支护技术程序为锚(管)超前、注浆、开挖(揭煤)、初喷混凝土、挂钢筋网、架刚支撑、设定位锚杆、复喷混凝土、围岩监控量测。

1)煤层超前探测

由于地质构造的复杂性和多变性，隧道的设计只能根据地质勘察资料和附近煤田的地质资料推算隧道穿过煤层的大致位置。对于有突出危险的煤层，必须掌握煤层的准确位置和参数，才能不至于误穿煤层造成突出事故。因此准确掌握煤层和参数是十分必要的，同时进行预探也可以了解煤层及瓦斯动力现象，给突出危险预测打下基础。

探测孔设置在石门工作面位置，距煤层10m处(垂距，岩层破碎时为20m)，不少于3个，直径为75mm，长度要穿透煤层，进入岩层50cm以上(取芯)。

煤层平面方程的建立：煤层在大范围内是任意不规则的曲面，但在隧道附近的小范围内可假定是平面，可利用三个探孔坐标建立平面方程。由此推算的巷道见煤点往往有相当大的误差。为准确确定煤层厚度和位置，除探测孔外，还利用瓦斯预测、排（抽）放孔的参数，共同确定煤层的平面方程。

煤层参数计算：计算出真倾角、视倾角、煤层走向与隧道中线夹角、煤层厚度。

利用不同探孔数量进行精度比较。

2）煤与瓦斯突出危险的预测及判别标准

对煤与瓦斯突出预测方法主要有：钻屑指标法，钻孔涌出初速度法，综合指标 R 法，声发射预测，红外测温预测，氡、氩同位素预测等。

依据《防治煤与瓦斯突出细则》有关规定，按实测煤层瓦斯压力、瓦斯含量、煤层瓦斯可解吸量、突出煤层所需最小瓦斯压力、地质因素、煤结构、煤的赋存（产状）等因素进行综合分析，判断出其煤层的突出危险程度。

3）防突措施及支护

揭煤防突应符合下列规定：

（1）参加揭煤施工人员必须佩戴自救器。

（2）有瓦斯突出的煤层揭煤，爆破时所有人员必须撤到洞外。

（3）应加强通风管理，开挖面应有足够新鲜空气。

（4）石门揭煤当瓦斯压力为 0.6 ~ 1.0MPa 时，可采用震动爆破法。

（5）揭煤前应清除洞口和通风机房周围 50m 范围内一切火源。

采用钻孔排放、真空抽放、水力冲孔、煤层注水、深孔松动爆破、金属骨架等措施，主要目的在于降低煤层中的瓦斯含量。

排放瓦斯：瓦斯含量不大时，使其自然排放，亦可用风筒或风管将瓦斯引至回风流或距工作面 20m 以外的坑道中，以保证工作面开挖放炮的安全。当瓦斯量大，喷出强度大，持续时间长，则可插管排放。

钻孔排放：在开挖工作面前方接近煤层 2m 左右，向煤层打若干超前钻孔排放瓦斯，钻孔周围形成卸压带，使集中应力移向煤体深部，达到防止突出的目的。

真空抽放：当开挖面瓦斯含量较大，而且裂隙多、分布广时，可暂停开挖，封闭坑道抽放瓦斯。

水力冲孔：在进行开挖之前，使用高压水射流，在突出危险煤层中，冲出若干直径较大的孔洞，使瓦斯解吸和排放，降低煤层瓦斯含量和瓦斯压力。

煤层注水：通过钻孔将压力水注入煤层，使煤体湿润以改变煤的物理机械性质，减小或消除突出的危险性。

深孔松动爆破：在开挖工作面向煤体深部的应力集中带内布置几个长炮眼进行爆破，其目的在于利用炸药的能量破坏媒体前方的应力集中带，在工作面前方造成较长的卸压带，从而预防突出的发生。

震动性放炮诱导爆破：在工作面布置较多的炮眼并装较多的炸药，撤出人员后远距离起爆，利用爆破时强大的震动力一次揭开具有突出性危险的煤层。

4）煤层防突处理后的检验方法和标准

防突措施的效果检验在整个揭煤防突工作中是最重要的关键环节，石门揭煤工作面的效果检验采用"石门钻屑指标法"，煤巷掘进工作面的效果检验是用"钻孔瓦斯涌出初速度法"、"K 指标法"及"掘进钻屑指标法"三种之一。检验指标如表 10-6 所示。

煤层突出临界指标表　　表 10-6

项　目	解析指标 ($mL/g.min^{1/2}$)	瞬间解析压力 (MPa)	初速度 (L/min)	瓦斯压力 (MPa)	钻孔动力现象	突出危险性
临界指标	>0.4	>5	>6		喷孔、顶水 顶钻、卡钻	属于突出 危险工作面

5)石门揭煤及煤巷掘进

石门揭煤阶段是指震动放炮揭开石门、过石门槛、穿过煤层、进入煤层另一侧岩石岩层 2m 的全过程。

(1)震动爆破揭开石门

采用震动爆破全断面一次揭开石门并穿过(薄煤层)或进入煤层不小于 1.3m(厚煤层)。

(2)石门槛掘进

开挖石门槛时应做到勤检验、短进尺、弱爆破、强支护、快喷锚。

勤检验：揭开煤层后，检验工作面前方 10m 的上中下、左右部位的突出性危险性，如指标合格方可继续掘进 5m，然后再检验 10m，掘进 5m。如此循环，指标不合格，则停工进行钻孔排放。掘进中如遇其他动力反应，也应进行效果检验，由效果检验决定开挖进度。

短进尺：掘进石门槛，每次爆破掘进长度不大于 1m，目的是减少爆破震动，防止上方煤层掉块冒顶。

弱爆破：加密炮眼，单孔少装药。

强支护：在掘进之前，设置超前支护，必要时设置超前注浆小导管，用以加固地层。

快喷锚：爆破后立即施作初期支护。

(3)煤层掘进

钻眼放炮：如煤层坚硬需爆破开挖，使用煤电钻，炮眼数量较岩石爆破多一倍，单位药量 0.5 ~ 0.8 kg/m^3，使用矿用安全炸药及五段电雷管。

支护：同石门槛地段。

正洞下半断面煤层掘进：采用人工搭设简易台架，电钻打水平炮眼，眼距 60 ~ 80cm，单孔药量 0.4 ~ 0.7kg，单位药量 1.15kg/m^3，五段起爆。

第十节　施 工 监 测

一、监测项目

隧道施工安全监测的对象主要是围岩、衬砌、锚杆和钢拱架及其他支撑，监测的部位包括地表、围岩内、洞壁、衬砌内和衬砌内壁等，监测类型主要是位移和压力，见表 10-7。

隧洞监测的项目和所用仪器　　表 10-7

监测类型	监测项目	监测仪器
位移	地表沉降 地表水平位移 拱顶沉降 拱脚基础沉降 围岩位移(径向) 围岩位移(水平) 洞周收敛	水准仪 经纬仪 水准仪,电子水平尺 水准仪,电子水平尺 单点、多点位移计,三维位移计 测斜仪,三维位移计 收敛计,巴塞特系统
压力	围岩内压力 衬砌混凝土内压力 衬砌钢筋应力 围岩与衬砌接触压力 锚杆轴力 钢拱架压力 地下水渗透压力	压力盒,压力枕,应变计 压力盒,压力枕,应变计 钢筋应力计,应变计 压力盒,压力枕 钢筋应力计,应变片,应变计,环式测力计 钢筋应力计,应变片,应变计,轴力计, 渗压计
其他物理量	围岩松动圈 前方岩体性态 爆破震动 声发射	弹性波,形变电阻法 弹性波,超前钻,探地雷达 测震仪 声发射检测仪

二、监测方法

1. 监测人员

在监测之前,首先要细致地观察隧道内地质条件的变化情况,裂隙的发育和扩展情况,渗漏水情况,观察隧道两边及顶部有无松动岩石,锚杆有无松动,喷层有无开裂以及中墙衬砌上有无裂隙出现,尤其是中墙衬砌如发现有裂缝则要用裂缝观察仪密切观测记录裂缝的开展情况。隧道内观察应与施工单位的工程技术人员配合进行,并及时交流信息和资料。此项工作贯穿于隧道施工的全过程,以便为施工提供直观的信息。

2. 位移监测

在隧洞入洞口一定范围内及埋深较浅的隧洞,需监测地表沉降和水平位移。拱顶沉降通常采用水准仪监测,隧洞拱顶一般较高,用通常使用的标尺不能测量,可在拱顶用短锚杆设置挂钩,悬挂长度略小于隧洞高度的铟钢丝,下面悬挂标尺的方法监测。

3. 压力监测

压力监测包括地下洞室内部和支衬结构内部的压力,以及围岩和支衬结构间接触压力的监测。压力监测通常采用应力计或压力盒。在支衬内部及围岩与支衬接触面上的压力盒的埋设,只需要浇筑混凝土前将其就位固定;监测围岩压力的压力盒则需专门的钻孔,将压力盒放入钻孔内预定的深度后,用速凝砂浆充填密实。

4. 声发射技术

岩体冒落和崩塌以及岩爆是造成岩体工程伤亡事故和生产停顿的主要原因之一,采用声发射技术,可以预报岩体工程大面积地压和岩爆等灾害,从而防止或避免事故的发生。在岩体工程施工中,工人经常听到岩石的声响,并以此作为岩石破坏紧急险情的前兆。室内和现场研究表明,从岩石破坏所产生的次声能发射是这些可见声响的前兆,因此,在岩爆活动敏感的岩体工程中,检测开挖引起的声发射已越来越成为检测计划中的基本部分。

可听得见的波或声波的频率介于20Hz～20kHz之间,取决于可能发生的事件的规律,其频率随能量释放量的增长而降低。岩石在应力的作用下会发射可探测的声能,其发射频率随应力值的增大而提高。一般来说,发射速率的增长超前于岩石主破裂,采用三角网法可以确定声发射源,它是根据声波传播到几个接收站的时间差而确定的。地音检测系统就是根据上述原理研制的。在地音检测系统中,地音探测器系统将从声源传播出来的声波由机械振动转变成电信号,信号经放大并输送到检测站。经调试后,信号进入计算机接口,以足以启动检测系统的记时和控制部件的信号。计算机将确定记录声波到达每一个探测器的最初时刻,根据这些数据,利用几何和波速的关系,可确定记录声波到达每一个探测器的再将用来确定事件的相对量级,声发射的时间、位置、能量等有关数据可打印出来。地音检测系统的地音探测器是安装在地下岩体工程的岩石壁面上的,数据收集也是地下进行的。对浅埋的岩体工程,探头也可放到从地面往下打的钻孔中,所有数据在地表收集。

三、监测部位的确定和测点的布置

1. 监测部位的确定

从围岩稳定监控出发,应重点监测围岩质量差及局部不稳定块体;从反馈设计、评价支护参数合理性出发,则应在代表性的地段设置监测断面,在特殊的工程部位(如洞口和分叉处)也应设置监测断面。监测点的安装埋设应尽可能地靠近隧洞掌子面,最好不超过2m,以便尽可能完整地获得围岩开挖后初期力学形态的变化和变形情况。这段时间内量得的数据对于判断围岩性态是特别重要的。

(1)洞周收敛位移、拱顶沉降量、多点位移及地表沉降量应尽量布置在同一断面上,锚杆应力和衬砌应力等最好布置在同一断面上,以使监测结果互相对照、互相检验。监测断面的间距视工程长度、地质条件变化而定。当地质条件情况良好或开挖过程中地质条件连续不变时,间距可加大;地质变化显著时,间距应缩短。在施工初期阶段,要缩小监测间距,取得一定数据资料后可适当加大监测间距,在洞口及埋深较小地段亦应适当缩小监测间距。

(2)在一般的铁路和公路隧道中,洞周收敛位移和拱顶沉降监测的断面间距根据围岩类别定为:II类,5～20m;III类,20～40m;IV类,40m以上。

(3)地表沉降监测的断面间距与隧洞埋深和地表状况有关,当地表是山岭田野时,断面间距根据埋深定为:埋深大于两倍洞径:20～50m,埋深在一倍洞径与两倍洞径之间:10～20m,埋深小于洞径,5～10m。

(4)锚杆应力和衬砌应力其监测断面的纵向间距可定为200～500m。

2. 测点的布置形式

(1)收敛位移的现场监测方案,应视隧洞跨度和施工情况而定,监测方向一般可按十字形、三角形和交叉形等布置,十字形布置适用于底部施工已基本完成的隧洞,测试结构物内部的收敛位移量。如果隧洞顶部布有施工设备,可采用交叉形布置。三角形布置易于校核监测的数据,一般均采用这种形式监测,隧洞较大时,可设置多个三角形的监测方案。

(2)若收敛位移监测的目的只是为围岩稳定监控服务,且洞室尺寸不大时,可采用较为简洁的布置形式。若收敛位移监测的目还要考虑对岩体的应力场和围岩力学参数作反分析,则要采用多个三角形的监测方案。当地下洞室边墙很高时,则可以沿墙高一定间距设置多个水平测量基线。

(3)位移计通常布置在地下洞室的拱顶、边墙和拱脚部位,当围岩比较均一时,可利用对称性仅在洞室一侧布置测点。若要较精确地掌握洞室开挖前后围岩位移变化的全过程,可在地表或临近洞室打外孔预埋。测孔的深度一般应超出变形影响范围,测孔口测点的布置应根据位移变化梯度确定,梯度大的部位应加密,在孔口和孔底一般都应布置测点,在软弱结构面、接触面和滑动面等两侧应设置一个测点。

(4)监测围岩内位移的位移计测孔在隧洞内孔口处一般需布设收敛位移测点,浅埋隧洞在拱顶布设拱顶沉降测点,在地表对应部位布设地表沉降和水平位移测点,在这两者之间再布设多点位移计测孔,在隧洞壁上对应部位布设收敛位移测点,从而可分析从拱顶到地表各测点围岩向隧洞内位移变化的规律,同时可验证沉降、多点位移、拱顶沉降和收敛位移各监测项目的正确性及其相互关系。

(5)压力盒和锚杆轴力计应在典型区段选择应力变化最大或地质最不利的部位,并根据位移变化梯度和围岩应力状态,在不同的围岩深度内布测点,观测锚杆的长度应与工程锚杆相同。用于埋设压力盒的钻孔和观测锚杆的钻孔的布置形式与多点位移计的相似,通常在钻孔中布置3个或以上的测点。

四、观测及其频度的确定

(1)整个观测期间,应设立值班记录本,详细记载值班期间的一切情况,包括施工进展情况,施工部位、施工工艺流程情况,气候环境及人工对隧洞的观察情况,喷射混凝土和衬砌上的裂缝开展情况等。

(2)各监测项目通常的观测频度为:在洞室开挖或支护后的半个月内,每天应观测1~2次;半个月到一个月内,或掌子面推进到距观测断面大于2倍洞径的距离后,每2天观测1次;一到三个月每周测读1~2次;三个月以后,每月测读1~3次。若设计有特殊要求,则可按设计要求进行,遇突发事件则加强观测。各监测项目原则上应根据其变化的大小来确定观测的频度。如洞周收敛位移和拱顶沉降的监测频度可根据位移速度及离开挖面的距离而定,见表10-8,不同的基线和测点,位移速度也不同,因此,应以产生最大位移者来决定监测频度,整个断面内的各基线或测点应采用相同的监测频度。

位移速度与监测频度 表10-8

位移速度(mm/d)	15	1~15	0.5~1	0.2~0.5	<0.2
频度	1~2次/d	1次/d	1次/2d	1次/7d	1次/15d

五、容许位移量和容许位移速率及位移-时间曲线

(1)容许位移量是指在保证隧洞不产生有害松动和保证地表不产生有害下沉量的条件下,自隧洞开挖起到变形稳定为止,在起拱线位置的隧洞壁面间水平位移总量的最大容许值或拱顶的最大容许下沉量。在隧洞开挖过程中若发现监测到的位移总量超过该值或者根据已测位移预计最终位移将超过该值,则意味着围岩不稳定,支护系统必须加强。

(2)容许位移量与岩体条件、隧洞埋深、断面尺寸及地表建筑物等因素有关,例如城市地铁,通过建筑群时一般要求地表下沉不超过5~10mm;对于山岭隧道,地表沉降的容许位移量可由围岩的稳定性确定。

(3)容许位移量的确定并不容易,每一具体工程条件各异,显现出十分复杂的情况,因此,需根据工程具体情况结合前人的经验,再根据工程施工进展情况探索改进。特别是对完整的硬岩,失稳时围岩变往往较小,要特别注意。

(4)容许位移速率是指在保证围岩不产生有害松动的条件下,隧洞壁面间水平位移速度的最大容许值。

①容许位移速率与岩体条件、隧洞埋深及断面尺寸等因素有关。容许位移速率目前无统一规定,一般都根据经验选定,例如,美国某些工程对容许位移速率的规定:第一天的位移量不超过容许位移量的1/5~1/4(约2.54~3.18mm),第一周内平均每天的位移量应小于容许位移量的1/20(约0.63mm)。而南岭隧道、大瑶山隧道、下坑隧道、金川矿区运输平巷、张家港铁矿的稳定变形速度为0.1mm/d,引滦入津输水隧洞开挖后一个月的稳定变形速度大于10mm/30d。

②一般规定,在开挖面通过测试断面前后的一两天内,容许出现位移加速,其他的时间都应减速,达到一定程序后才能修建二次支护结构。

(5)根据位移-时间曲线判断围岩稳定性:

①由于岩体的流变特性,岩体破坏前的变形曲线可以分成三个区段:

a.基本稳定区,主要标志是变形速度不断下降,即变形加速度小于0。

b.过渡区,变形速度长时间保持不变,即变形加速度等于0。

c.破坏区,变形速率渐增,即变形加速度大于0。

相应地,现场监测到的位移-时间曲线也可能呈现出以上三种形态,对于隧洞开挖后在洞内测得的位移曲线,如果始终保持变形加速度小于0,则围岩是稳定的;如果位移曲线随即出现变形加速度等于0的情况,亦即变形速度不再继续下降,则说明围岩进入“定常蠕变”状态,须发出警告,及时加强支护系统;一旦位移出现变形加速度大于0的情况,则表示已进入危险状态,须立即停工,进行加固。根据该方法判断围岩的稳定性,应区分由于分步开挖时围岩中随分步开挖进度而随时间释放的弹塑性位移的突然增加,使位移-时间曲线上呈现位移速率加速,由于这是由隧洞开挖引起,所用并不预示着围岩进入破坏阶段。

②在隧洞施工险情预报中,应同时考虑收敛或变形速度,相对收敛量或变形量及位移时间-曲线,结合观察到的洞周围岩喷射混凝土和衬砌的表面状况等综合因素作出预报。隧洞位移或变形速率的骤然增加往往是围岩破坏、衬砌开裂的前兆,当位移或变形速率的骤然增加报警后,为了控制隧洞变形的一步发展,可采取停止掘进、补打锚杆、挂钢筋网、衬喷混凝土加固等施工措施,待变形趋于正常后才可继续开挖。

第十一节 隧道掘进机(TBM)施工

隧道掘进机(TBM)施工作业应符合下列安全要求:

(1)掘进机法适用于岩石单轴饱和抗压强度为60~250MPa,长度大于6 000m,断面面积小于$60m^2$的单线山岭隧道。

(2)掘进施工必须对各个工序、工艺实行标准化管理,操作必须实行标准化作业。

(3)掘进机施工前要做好外电架设,场地拼装,混凝土预制厂房修建,混凝土拌和系统、修理车间、变电站、办公室、通信设施的安装和修建,翻渣系统和轨道铺设等工作。

(4)掘进机施工必须加强地质预报工作,对开挖前方50~100m范围内的地质情况应有准确的预报。

(5)工作人员应遵守操作规程,实行标准化作业。在隧道掘进机启动之前,机械运转的危险区内不得有人。

(6)隧道掘进机在重新撑紧期间,外机架的移动区域内不得有人。在后配套系统拖拉期间,人员不得在拖拉区域内。

(7)出渣作业应遵守下列规定:

①机车驾驶员应按信号指示行驶。当通过翻车机室和后配套区等地段时,应减速鸣号。

②机车在行驶时,施工人员不得穿越。

(8)掘进机维修保养应符合下列要求:

①维修保养过程中,应符合技术文件规定的停机和启动程序;

②维修保养结束后,应恢复因维修保养而临时拆除的安全保护装置;

③电气维修时在工作区应设专人急停开关或在主断路器旁监护。

(9)刀具更换应符合下列要求

①刀盘转动互锁装置和报警系统应完好,防止换刀作业时主控室错误启动刀盘。

②作业人员应分工明确、统一指挥。

(10)初期支护应符合下列要求:

①支护作业区应设专职安全员进行安全监护。

②在塌方或岩爆地段作业时,应加强防护。

第十一章　交通工程设施施工安全控制要求

交通工程施工一般紧跟在路面施工后，与路面、防护、伸缩缝、房建、绿化等工程交叉作业。交通工程施工也存在一些不容忽视的安全问题，并且已发生过多起伤亡事故，需要在施工中加强安全管理。

第一节　概　　述

按照公路行业现行技术标准，交通工程设施包括公路交通安全设施和机电工程两部分。

公路交通安全设施主要包括：护栏、标志、标线、隔离栅和桥梁护网、防眩设施、轮廓标等。机电工程主要是公路交通的监控设施、通信设施、收费设施、低压配电设施、照明设施和隧道机电设施等。

交通工程设施施工主要事故类型是高处坠落、物体打击、机械伤害、车辆伤害、触电等，施工安全问题主要有以下几个方面：

(1)高处作业。交通工程设施施工高处作业内容主要包括：高边坡处路侧护栏打桩、路侧标志基础开挖浇筑、山上隔离栅基础施工、标志板安装、信号灯安装及隧道内设施安装。为防止高处坠落事故，需按照高处作业有关要求设置安全防护设施(安全带、安全网)，操作人员穿防滑鞋。

(2)交通安全。主要安全隐患包括：人货混装行驶、车辆设备状况差、无证驾驶、酒后驾驶、夜间雨天疲劳作业、对路况及施工环境不熟悉。针对交通安全问题，需加强入场安全教育交底，严格车辆使用运行管理，不冒险作业。

(3)机械设备和易燃易爆物品安全问题。主要安全问题包括：护栏打桩机倾覆或伤人、大型标志吊装时吊件伤人或吊车倾覆、汽车吊或移动模架误触高压线、标线施工热熔釜操作及液化气使用、环氧树脂等化学用品使用、小型机械设备现场加油等。安全管理上需保证操作人员持证上岗或熟练操作，安全交底中注意强调危险品使用要求，不违章作业、违章指挥，为操作人员配备必要的防护用品。

(4)交叉作业。交通工程与其他工程存在交叉，特别是工期紧张的工程。因此需注意：车辆设备按规定行驶停放、高边坡落石互相影响、标志基础和声屏障基础开挖后及时灌筑、隔离栅高处施工注意防落石。

(5)临时用电。标志、隔离栅、声屏障等基础浇筑及机电安装调试时需注意临时用电安全，必须严格按临时用电安全要求进行布线、施工。

第二节　一般安全要求

在交通工程设施施工过程中，应遵守以下规定：

(1)交通工程设施施工应在天气较好的条件下进行，遇有雨、雪、强风等情况，宜暂停施工。恶劣天气情况下，进行施工不仅对工程质量造成损害，对施工人员人身安全也有很大影响，如基础开挖、登高作业、临边作业危险性增大，因此应该暂停施工。

(2)施工前应对施工机具进行必要的安全检查，确保完好。按照机具的使用要点对施工机具器械的例行检查是保证施工安全的先决条件。

(3)在已通车路段施工，应按照有关规定进行交通组织，保证过往交通和施工人员安全。一些建设项目中，交通工程施工的同时也通车运营，因此施工区的交通组织是个重要问题，应根据《道路交通标志和标线》(GB 5768—2009)和《公路养护安全作业规程》(JTG H30—2004)的要求布设安全设施，以保证过往车辆、行人、施工人员的安全。

(4)施工人员应根据工程特点佩戴必要的劳动保护用品。上班前和工作中，禁止喝酒。

(5)交通工程施工一般标段较长，工人上下班常借助车辆。因此要保证车况良好、驾驶员合格，施工人员要按规定乘坐，放置好随身工具，严禁在车上戏闹，车辆未停稳前严禁跳、扒车。

(6)在悬崖壁下工作时，应时刻注意观察，严防坍方落石伤人，佩戴安全帽。

(7)禁止在悬崖陡壁下逗留和休息，禁止在桥涵下、大树下、高边坡下休息避雨，防止洪水、自然落石或雷电伤人。

第三节　一般路段路基护栏

一、施工前

对新建公路，护栏立柱施工可导致下埋的通信或电力管线破损；对改扩建公路或安保工程所设立的护栏，地下可能存在横穿公路的各类管线和构造物，因此应根据设计文件或事先调查结果对管线进行保护或移位，防止对既有设施的破坏，预防相关事故发生。

二、护栏立柱打入

波形梁护栏立柱一般采用打入法施工。在打入时应遵守以下规定：

(1)护栏立柱采用夯打方式竖立时，如遇到地下有异物(如孤石)，常导致立柱不能打入而受损，同时立柱打入点90cm范围内有地下管线时，可能会诱发事故。这两种情况下为保证施工安全，应采用钻孔或开挖基础的方式埋入。

(2)打桩机应由专人操作，在打桩过程中不得离开驾驶室，以应对各种意外情况。

(3)插桩后应及时校正桩的垂直度，严禁用打桩机行走或回转动作来纠正桩的倾斜度。打桩时不得用手扶正立柱，应使用套管等器具，防止机械伤害事故发生。

(4)桩锤启动前应使桩锤桩帽和桩在同一轴线上，不得偏心打桩。

三、立柱钻孔施工

采用钻孔方式埋设立柱时，为防止粉尘污染路面并保护施工人员健康，必须进行除尘。应采用湿式钻孔作业或者采用装有干式捕尘装置的钻机。

施工工人应在路基上进行施工，不宜站在边坡或挡墙等危险地点。如在边坡或挡墙上进行作业，很容易因地面情况不良导致意外发生，除非施工条件限制，最好不要站在边坡或挡墙上施工。

第四节　桥梁护栏和临崖、临水路段路基护栏

一、一般要求

桥梁护栏和临崖、临水路段护栏临边作业时，施工人员必须使用安全带。临边作业时使用安全带，可有效防止高处坠落事故发生，这也是高处作业的基本要求。

桥梁护栏和临崖、临水路段路基护栏路侧护栏施工遇有6级以上强风时，应停止作业。

二、防护支架要求

桥梁和临水临崖路段设置护栏，一般属于高处作业，施工人员危险性较大，因此应搭设临边防护支架，既方便施工，又保证安全。这是桥梁护栏和一般护栏在施工安全上的主要区别。

有关防护支架的安全要求如下：

(1)护栏施工作业面高度达到2m及2m以上时，宜搭设临边防护支架。搭设临边防护支架必须按有关规定和标准搭设，与主体结构有可靠的拉结或设立抛撑、缆风绳等有效的稳固措施。

(2)临边防护支架作业面应满铺脚手板，接头处必须搭接牢固，不得有缺漏，防止人员、物料掉落。

(3)临边防护支架作业面外侧必须安装临边防护栏杆。跨越通车公路、铁路时应采用阻燃式密目网封闭。临时支架外侧安装防护栏杆是为了保证人员安全，对于跨越运营公路、铁路的临时支架应采用密目式安全网进行封闭，主要是保证运营线路的交通安全。

(4)安装和拆除悬挑式固定钢支架时，必须采用工作吊篮、安全带等有效的防护措施。

第五节　交 通 标 志

一、标志基础施工

交通标志特别是大型的悬臂、门架标志都需要开挖基础。这些基础一般都深2~3m、宽3~4m，尺寸较大，近几年出现过标志基础施工的人员死亡事故，因此应对基础开挖安全加强管理。

标志基础开挖应遵守以下规定：

(1)开挖前应熟悉周围环境、地形地貌,制订施工方案,事先调查开挖地点的电缆、光缆及管道等地下设施的情况。存在地下设施的区域应做好安全防护后再施工,宜采用人工开挖或其他地下设施产权单位认可的方式开挖,严禁使用冲击工具或机械挖掘。

(2)人工开挖基础坑时,应事先清除坑口附近的浮石;向坑外抛扔土石时,应防止土石回落伤人。

(3)开挖前必须排除积水和检查有无塌方、陷裂等现象。在雨季或含水丰富的地区挖土时,应根据情况采用固壁支撑。

(4)采用机械或爆破方法开挖基础时,应遵守相应的机械作业安全或爆破作业安全规定。

(5)基础开挖深度超过1.5m时,应及时将弃土清理到距坑口0.6m以外,高度不得超过1.5m。

(6)基坑深度超过2m时,应设专人用提篮提取弃土。作业人员上下应使用爬梯。

(7)坑底面积超过$2m^2$时,可由2人同时挖掘,但不得面对面作业。

(8)作业人员不得在坑内休息。坑模成型后,如需过夜,应采取防止人员坠落的安全措施。

(9)作业人员不得在开挖后堆放的松散堆石上行走。

二、基础浇筑

基础在混凝土浇筑过程中存在模板操作安全、混凝土搅拌机安全等问题。由于我国公路建设中常将交通安全设施和土建工程分开招标,交通安全设施由单独企业承担,这些企业规模相对较小,安全技术水平一般不高,因此应特别重视模板、混凝土施工安全。基础浇筑应遵守以下规定:

(1)坑模成型后,应及时浇灌混凝土,否则应采取防止土体塌落的措施。

(2)人工浇筑混凝土应遵守下列规定:

①浇筑混凝土时,必须听从坑内捣固人员的指挥。

②坑周边0.6m范围内不得堆放材料和工具。

③防止混凝土烫伤。

(3)搅拌机应设置在平整坚实的地基上,装设好后应由前后支架承力,不得以轮胎代替支架,机械转动处应设防护罩。

(4)搅拌机在运转时,严禁将工具伸入滚筒内扒料。加料斗升起时,料斗下方不得有人。

(5)用手推车运送混凝土时,倒料平台口应设挡车措施;倒料时严禁撒把。

(6)施工人员不得在易塌落的坑边走动。

三、立柱和标志板安装

标志立柱组立和标志板安装是施工安全的重点,涉及吊装作业和高处作业两种危险作业。参考了相关行业安全规范,考虑交通标志的施工特点,标志立柱和面板组立应满足如下规定:

(1)悬臂式标志、门架式标志等大型标志组立时应设现场安全员,由安全员划定作业区,作业区至少为1.2倍立柱高度的半径范围。

(2)标志支撑结构的架设应在基础混凝土强度达到要求后进行。

(3)非必要的施工人员、车辆不得进入作业区。

(4)组立标志过程中,标志垂直下方禁止站人;标志上、横梁上禁止人员作业。

(5)组立标志立柱或整体标志时宜采用轮胎式起重机起吊。采用轮胎式起重机吊装时,应遵守其安全规定;采用支架组立时,各方向的缆风绳应绑扎牢固。

(6)整体吊装前应对标志进行全面检查,螺栓应紧固;起重速度应均匀,缓提缓放。立柱或整体标志吊离地面约0.1m时,应暂停起吊并进行检查,确认正常后方可继续起吊。

(7)作业人员应戴安全帽,高空作业应系安全带;高空作业所用料具应放置稳妥,禁止抛掷;严禁酒后登高作业。

(8)在电力线附近吊装时,起重机必须接地良好,与电力线的最小安全距离要满足电力行业有关规定。

第六节　交通标线

目前国内公路交通标线主要是热熔标线,下面对热熔标线的施工安全要点进行分析。

一、施工前

标线施划作业前,应在施工准备阶段对机械设备进行全面安全检查,预防机械伤害发生。

施工工人应配备必要的劳动保护用品,必要时穿防护服和戴防毒面具、保护手套等,防止烫伤、中毒事故发生。

液化石油气容器、熔解釜、划线机具、易燃涂料都属于具有危险性的器具和材料,应指定专人负责,熟悉其使用安全事项。

二、施工中

热熔性标线施划时,需要加热至熔融状态。由于其目前常用液化气加热,并且标线中含树脂等易燃材料,因此应随车携带灭火器等消防器材,防止火灾、爆炸事故发生,并注意防止人员烫伤。同时为防止有机溶剂挥发引起中毒,施工场所应通风良好,隧道内施工必须进行通风。

对于通车路段的标线施划,应注意交通安全。施划标线时,应根据情况设置施工警告标志,必要时使用栏杆或警告带隔离施工区域,阻止其他车辆及行人在作业区内行走。

第七节　机电设施

一、一般要求

机电设施施工的安全问题主要是高处作业、临时用电安全。机电设施安装中涉及高处作业时,应遵守《建筑施工高处作业安全技术规范》(JGJ 80—1991)的有关规定;涉及临时用电时,应遵守《施工现场临时用电安全技术规范》(JGJ 46—2005)的有关规定;涉及配电、照明工程作业时,应遵守《电气装置安装工程 1kV 及以下配线工程施工及验收规范》(GB 50258—1996)和《电气装置安装工程电气照明装置施工及验收规范》(GB 50259—1996)的有关规定。

机电设施安装常需借助作业车进行，作业车应满足下列规定：

(1)在作业车进行装配时，材料起吊应用绳索将材料系牢后进行。

(2)作业车平台上的材料、工具不可堆积过多。

(3)作业车平台作业人员不得超过4个。

(4)作业车的作业平台应降到安全高度后方可运行。

二、桥梁上机电设施安装

对于桥梁上机电设施的安装作业，要注意安全防护问题。在桥梁上进行机电设施安装作业应符合下列规定：

(1)在桥梁墩台上施工必须有防护设施，桥梁上应设有专人看护。

(2)在桥梁墩台侧面打眼应搭设作业台，作业台应安全可靠，并有护栏。

三、隧道内机电设施安装

在隧道内进行机电设施安装作业应符合下列规定：

(1)备有安全可靠且满足照度要求的照明设备。

(2)作业车运行时，施工人员应停止作业，并防止作业台上放置的材料和工具散落。

(3)作业中出现隧道顶打穿和涌水，应通知有关部门处理。

第十二章　特殊季节与夜间施工安全控制要点

由于公路水运工程施工项目多数属于点多线长、露天和连续作业，涉及的人员、材料、机械设备多，技术含量低且需要经常变换工种的施工环境，使得安全风险极大。加之目前建设项目大多工期紧任务重，施工中不可避免的面临着冬季、雨季以及夜间等特殊季节和特殊时段施工任务。因此，各级安全管理人员有义务对全体从业人员做好相关知识的宣传教育，使他们知道冬季防火防煤气、夏季防汛防中暑、夜间施工要有足够的照明设施等等。同时《建设工程安全生产管理条例》第二十八条也明确规定：施工单位应当根据不同施工阶段和周围环境及季节、气候的变化，在施工现场采取相应的安全措施。因此，各施工单位必须对夜间和季节性施工安全措施高度重视，针对夜间施工和未来特殊气候环境影响下施工中可能发生的造成人员伤亡、疾病、财产损失、工作环境破坏等危险及紧急情况，采取的有针对性的事先预防措施。这样在季节性施工期间突如其来的灾害面前，就会使人员、财产按预定方案有序地进行规避及抢险，以避免或减少与之有关的疾病、人员伤害和财产损失。

第一节　雨 季 施 工

一、合理组织安排施工生产

根据雨季施工的特点，将不宜在雨季施工的工程提早或延后安排，对必须在雨季施工的工程制订有效的措施。晴天抓紧室外作业，雨天安排室内工作。注意天气预报，做好防汛准备。遇到大雨、大雾、雷击和6级以上大风等恶劣天气，应当停止进行露天高处、起重吊装和打桩等作业。

二、雨季施工现场的准备工作

1. 施工场地的排水

（1）根据施工总平面图，排水总平面图，利用自然地形确定排水方向，按规定坡度挖好排水沟，确保施工工地的排水畅通。

（2）严格按防汛要求，设置连续、通畅的排水设施和其他应急设施，防止泥浆、污水、废水外流或堵塞下水道和排水河沟。

（3）若施工现场临近高地，应在高地的边缘（现场的上侧）挖好截水沟，防止洪水冲入现场。

（4）雨季前应做好傍山的施工现场边缘的危石处理，防止滑坡、坍塌威胁工地。

（5）雨季应设专人负责，及时疏浚排水系统，确保施工现场排水畅通。

2. 运输道路的防护

（1）对路基易受冲刷部分，应铺石块、焦砟、砾石等渗水防滑材料，或者设涵管排泄，保证路基的稳固。

（2）雨季应指定专人负责维修路面，对路面不平或积水处应及时修理。

（3）场区内主要道路应当硬化。

3. 临时设施及其他准备工作

（1）施工现场的大型临时设施，在雨季前应整修加固完毕，应保证不漏、不塌、不倒、周围不积水，严防水冲入设施内。选址要合理，避开滑坡、泥石流、山洪、坍塌等灾害地段。大风和大雨后，应当检查临时设施地基和主体结构情况，发现问题及时处理。

（2）雨季前应清除沟边多余弃土，减轻坡顶压力。

（3）雨后应及时对坑槽边坡和固壁支撑结构时行检查，深基坑应当派专人进行认真测量、观察边坡情况，如果发现边坡有裂缝、疏松、支撑结构折断、走动等危险征兆，应当立即采取措施。

（4）雨季施工中遇到气候突变，发生暴雨、水位暴涨、山洪暴发或因雨发生坡道打滑等情况应当停止土石方机械作业施工。

（5）雷雨天气不得露天进行电力爆破土石方，如中途遇到雷电时，应当迅速将雷管的脚线、电线主线两端连成短路。

（6）大风大雨后作业，应当检查起重机械设备的基础、塔身的垂直度、缆风绳和附着结构，以及安全保险装置并先试吊，确认无异常方可作业。轨道式塔机，还应对轨道基础进行全面检查，检查轨距偏差、轨顶倾斜度、轨道基础沉降、钢轨不直度和轨道通过性能等。

（7）落地式钢管脚手架底应当高于自然地坪 50cm，并夯实整平，留一定的散水坡度，在周围设置排水措施，防止雨水浸泡脚手架。

（8）遇到大雨、大雾、高温、雷击和 6 级以上大风等恶劣天气，应当停止脚手架的塔设和拆除作业。

（9）大风、大雨后，要组织人员检查脚手架是否牢固，如有倾斜、下沉、松扣、崩扣和安全网脱落、开绳等现象，要及时进行处理。

三、雨季施工的安全措施

1. 基础工程

基础工程受雨水影响较大，如不采取有关防范措施，将可能对施工安全质量产生严重影响。因此在雨期施工时注意以下几点：

（1）雨期开挖基坑时，应注意边坡稳定。必要时可适当放缓边坡度或设置支撑。施工时应加强对边坡和支撑的检查控制；对于已开挖好的基坑要设置支撑；正在开挖的一般基坑以放缓边坡为主，辅以支撑；对于河道附近的深基坑，要边挖边支护，且要求严格按照深基坑支护方案做好支护。

（2）基坑四周要设置截水沟，避免外部水流进基坑，基坑开挖到位后在基坑底四周设置排水沟，并安装好排水设施，随时可为基坑内排水；雨水影响较大时停止施工。

（3）雨期施工的工作面不宜过大，应逐段、逐片的分期完成，基础挖到高程后，及时验收并浇筑混凝土垫层;如被雨水浸泡后的基础,应做必要的挖方回填等恢复基础承载力的工作;重要的或特殊工程应在雨期前完成任务。

(4)对雨前回填的土方,应及时进行碾压并使其表面形成一定的坡度,以便雨水能自动排出。

(5)基础施工完毕,应抓紧进行基坑四周回填工作。

2. 混凝土工程

(1)模板隔离层在涂刷前要及时掌握天气预报,雨天及时覆盖,以防隔离层被雨水冲掉。

(2)雨期施工时,应加强对混凝土粗细集料含水率的测定,及时调整用水量,在砂石料堆放场地搭设雨棚。

(3)大面积的混凝土浇筑前,要了解2~3天的天气预报。尽量避开大雨。混凝土浇筑现场要准备大量的防雨材料,以备浇筑时突然遇雨进行覆盖。

(4)模板支撑下回填要夯实,并加好垫板,雨后及时检查有无下沉。

3. 模板工程

(1)大模板存放场地必须进行硬化处理,并设置排水坡度,将雨水及时排到排水沟内,防止场地内积水。

(2)大模板堆放其自稳角要符合要求(75°~80°),吊装、运输、装拆、存放,必须稳固可靠。

4. 雨季高空作业

(1)雨季施工期间,应特别注意架子的搭设质量和安全要求,应经常进行检查,发现问题及时整改。

(2)搭设架子的地面要求夯实,并注意排水,立杆下端应垫通长厚木板,架子应设扫地杆、斜撑、剪刀撑,并与建筑物拉结牢固。

(3)马道的坡度要适当,钉好防滑条,防滑条间距不大于300mm,并定期派人清扫马道上的积泥。

(4)雨后高空作业人员应穿胶底鞋,注意防滑。

(5)雨季施工期间对架子工程安排专人巡查维修,特别是雨后地面容易下沉,防止架子悬空及下沉、确保使用安全。

(6)外防护的脚手架高于建筑物应做好防雷接地。

(7)雷雨天气应注意安排工作,避免作业人员直接暴露在建筑物最高处,防止雷电直接伤人。

5. 吊装工程

(1)龙门吊架桥机等起重设备雨天后应及时检查,观察基础沉陷情况,并作好观测记录,如有沉降应立即进行处理,保证塔吊使用时的安全。

(2)大雨、暴雨及大风时应停止吊装作业。

(3)高空操作人员雨后施工,要注意防滑,要穿胶底鞋,不准穿硬底鞋上高空操作。

(4)龙门吊接地电阻值要进行实测,其电阻值不大于4Ω。

(5)龙门吊轨道基础四周挖200mm×300mm的排水沟与现场临时排水沟连接,内侧抹灰,沟底向临时排水沟方向设5‰的流水坡度。塔基上设置四个沉降观测点,定期及雨后进行沉降观测,发生问题及时处理。

6.机电设备

在雨季到来之前，必须做好机电设备的防雨、防淹、防潮、防霉、防锈蚀、防漏电、防雷击等项措施，管好、用好施工现场机电设备，确保施工任务的顺利完成。

(1)对露天放置的大型机电设备要防雨、防潮，对其机械螺栓、轴承部分要经常加油并转动以防锈蚀，所有机电设备都要严格执行"一机一闸一保护"制度，投入使用前必须做好保护电流的测试，严格控制在允许范围内。在现场的最高机械起重机上加装避雷针，施工现场的低压配电室应将进出线绝缘子铁脚与配电室的接地装置相连接，作防雷接地，以防雷电波侵入。

(2)要对在施工现场比较固定的机电设备(对焊机、电锯、电刨等)搭设防雨棚或对电机加防护罩；不允许用塑料布包裹。

(3)对于变压器，避雷器的接地电阻值必须进行复测(电阻值不大于4Ω)，不符合要求的必须及时处理。对于避雷器要作一次预防性试验。

(4)机电设备的安装、电气线路的架设必须严格按照临时用电方案措施执行。

(5)各种机械的机电设备的电器开关，要有防雨、防潮设施。

(6)雨后对各种机电设备、临时线路、外用脚手架等进行巡视检查，如发生倾斜、变形、下沉、漏电等迹象，应立即标志危险警示并及时修理加固，有严重危险的立即停工处理。

(7)施工现场的移动配电箱及施工机具全部使用绝缘防水线。用后应放回工地库房或加以遮盖防雨，不得放在露天淋雨，不得放在坑内，防止雨水浸泡、淹没。

(8)加强用电安全巡视，检查每台机器的接地接零是否正常，检查线路是否完好，若不符合要求，及时整改。

(9)雨天作业，机械操作人员应戴绝缘手套、穿雨靴操作。

7.施工机械的防雨防雷及施工现场的用电

(1)防雨。所有机械棚要搭设固牢，防止倒塌淋雨；机电设备采取防雨、防淹措施，可搭设防雨棚或用防雨布封存，机械安装地点要求略高，四周排水较好；安装接地装置；移动电闸箱的漏电保护装置要可靠灵敏。

(2)防雷击。夏季是雷电多发季节，在施工现场为防止雷电袭击造成事故，必须在钢管脚手架安装有效的避雷装置。

(3)防触电。施工现场用电必须符合三级配电两级保护，三级电箱作重复接地，电阻小于10Ω；电线电缆合理埋设，不得出现老化或破损的电缆；职工宿舍安置安全电压，遇暴风雨天气，要安排专业电工现场值班检查，必要时立即拉闸断电；所有职工下班前必须将各设备工具电源断开。

第二节　冬期施工(高寒)

一、冬季施工的概念和特点

1.冬季施工的概念

根据当地多年气象资料统计，当室外日平均气温连续5天低于5℃即进入冬季施工；当室外日平均气温持续5天高于5℃时解除冬季施工。

2. 冬季施工的特点

(1)冬季施工由于施工条件及环境不利,是各种安全事故多发季节。

(2)隐蔽性、滞后性。即冬天施工的工程,大多数在春季才开始暴露出问题,因而给事故处理带来很大的难度,不仅给工程带来损失,而且影响工程的寿命。

(3)冬季施工的计划性和准备工作时间性强。这是由于准备工作时间短、技术要求复杂,有一些安全事故的发生,往往都是由于这一环节跟不上,仓促施工造成的。

二、冬季施工的安全措施

1. 爆破法破碎冻土应当注意的安全事项

(1)爆破施工要离建筑物50m以外,距高压电线200m以外。

(2)爆破工作应在专业人员指挥下,由掌握爆破知识和受过安全知识教育人员担任。

(3)爆破之前应有技术安全措施,经主管部门批准。

(4)现场应设立警告标志、信号、警戒哨和指挥站等防卫危险区的设施。

(5)放炮后要经过20min才可以前往检查。

(6)遇有瞎炮,严禁掏挖或在原炮眼内重装炸药,应该在距离原炮眼60m以外的地方另行打眼放炮。

(7)硝化甘油类炸药在低温环境下凝固成固体;当受到震动时,极易发生爆炸,酿成严重事故。因此,冬季施工不得使用硝化甘油类炸药。

2. 人工破碎冻土应当注意的安全事项

(1)注意去掉楔头打出的飞刺,以免飞出伤人。

(2)掌铁楔的人与掌锤的人不能脸对脸,应当互成90°。

(3)机械挖掘时应当采取措施注意行进和移动过程的防滑,在坡道和冰雪路面应当缓慢行驶,上坡时不得换挡,下坡时不得空挡滑行,冰雪路面行驶不得急刹车。发动机应当做好防冻、防止水箱冻裂准备。在边坡附近使用、移动机械要注意边坡可承受的荷载,防止边坡坍塌。

(4)蒸热法溶解冻土应防止管道和外溢的蒸汽、热水烫伤作业人员。

(5)土电热法溶解冻土时应注意的安全事项:

①此法进行前,必须有周密的安全措施;

②应由电气专业人员担任通电工作;

③电源要通过有计量器、电流、电压表、保险开关的配电盘;

④工作地点要设置危险标志,通电时严禁靠近;

⑤进火警戒区内工作时,必须先切断电源;

⑥通电前工作人员应退出警戒区,再行通电;

⑦夜间应有足够的照明设备;

⑧当遇到含有金属夹杂物或金属矿石的冻土时,禁止采用电热法。

(6)采用烘烤法溶解冻土时,会出现明火,由于冬天风大、干燥、易引起火灾,因此应注意以下安全事项:

①施工作业现场周围不得有可燃物。

②制订严格的责任制,在施工地点安排专人值班,务必做到有火就有人,不能离岗。

③现场要准备一些沙子或其他灭火物品，以备不时之需。

(7)春融期间在冻土地基上施工。春融期间开工前必须进行工程地质勘察，以取得地形、地貌、地物、水文及工程地质资料，确定地基的冻结深度和土的融沉类别。对有坑洼、沟槽、地物等特殊地段的建筑物场地应加点测定。开工前，对坑槽沟边坡和固壁支撑结构应当随时进行检查，深基坑应当派专人进行测量、观察边坡情况，如果发现边坡有裂缝、疏松、支撑结构折断、走动等危险征兆，应当立即采取措施。

(8)脚手架、马道要有防滑措施，及时清理积雪，外脚手架要经常检查加固。

(9)现场使用的锅炉、火坑等用焦炭时，应有通风条件，防止煤气中毒。

(10)防止亚硝酸钠中毒。

亚硝酸钠是冬季施工常用的防冻剂、阻锈剂，人体摄入10mg亚硝酸钠即可导致死亡。由于外观、味道、溶解性等许多特征与食盐极为相似，很容易误作为食盐食用，导致中毒事故。可采取以下有效措施，加强使用管理，以防误食：

①使用前应当召开培训会，让有关人员学会辨认亚硝酸钠(亚硝酸钠为微黄或无色，食盐为纯白)。

②工地应当挂牌，明示亚硝酸钠为有毒物质。

③设专人保管和配制，建立严格的出入库手续和配制使用程序。

(11)大雪、轨道电缆结冰和6级以上大风等恶劣天气，应当停止垂直运输作业，并将吊笼降到底层(或地面)，切断电源。

(12)风雪过后作业，应当检查安全保险装置并先试吊，确认无异常方可作业。

(13)井字架、龙门架、塔机等缆风绳地锚应当埋置在冻土层以下，防止春季冻土溶化，地锚锚固作用降低，地锚拨出，造成架体倒塌事故。

(14)塔机路轨不得铺设在冻胀土层上，防止土壤冻胀或春季融化，造成路基起伏不平，影响塔基的使用，甚至发生安全事故。

三、冬季防火和用电要求

冬季施工现场使用明火处较多，管理不善很容易发生火灾，必须加强用火管理。

(1)施工现场临时用火，要建立用火证制度，由工地安全负责人审批。用火证当日有效，用后收回。

(2)明火操作地点要有专人看管。看火人的职责：注意清除火源附近的易燃、易爆物。不易清除时，可用水浇湿或用阻燃物覆盖。检查消防器材的配置和工作状态情况，落实保湿防冻措施。检查木工棚、库房、车间等场所，不得用火炉取暖，周围15m内不得有明火作业。施工作业完毕后。对用火地点详细检查，确保无死灰复燃，方可撤离岗位。

(3)供暖锅炉房宜选建在施工现场的下风方向，远离在建工程，易燃、可燃建筑，露天可燃材料堆场，料库等；严格值班检查制度，锅炉开着火以后，司炉人员不准离开工作单位，值班时间绝不允许睡觉或做无关的事。

(4)照明线路、照明灯具应远离可燃的材料。

(5)准备轻、便消防器材。入冬前应将泡沫灭火器、干粉灭火器等放到有采暖的地方，并套上保温套。

(6)重点做好施工区、生活区、库房、材料站、机械设备和吸烟、用火、用电的管理工作。

(7)现场照明严禁使用碘钨灯,严禁使用电炉子取暖。

(8)以多种形式做好防火安全宣传教育工作,增强职工的法制观念和对火灾危害的认识,提高防范意识和消防技能。

第三节　高温季节

一、合理组织安排施工生产

夏季是施工的高峰期,为避免中暑等职业危害的发生,应合理安排时间,调整工序,要在施工作业中,抓两头、放中间,及时增加夜间施工设施,避开高温时段施工。

二、高温季节的安全措施

(1)对职工进行防暑降温知识的宣传教育,使职工知道中暑症状,学会对中暑病人所应采取的应急措施。利用黑板报、墙报、广播、安全人员讲座与示范等形式开展教育活动。

(2)合理调整作息时间,避开中午高温时间作业。高温作业是指在高温、高湿或强烈辐射的环境下从事作业。当工作需要时,应加强防晒防暑保护措施,严格控制加班加点,高温作业人员的工作时间要适当缩短。保证工人有充足的休息和睡眠时间。

(3)对在容器内和高温条件下的作业场所,要采取通风和降温措施。

(4)对露天作业中的固定场所,应搭设歇凉棚,防止热辐射并要经常洒水降温。

(5)对高温作业人员,需经常进行健康检查,发现有作业禁忌者,应及时调离高温作业岗位。

(6)要保证及时供应符合卫生要求的茶水、清凉含盐饮料、绿豆汤等。

(7)要经常组织医护人员深入工地进行巡回医疗和预防工作,重视年老体弱、中暑者和血压较高的工人身体情况的变化。

(8)及时给职工发放防暑降温的急救药品和劳动保护用品。

第四节　夜间施工

一、夜间施工的特点

夜间施工容易出现疲劳作业,光线暗、照明不足给施工带来很大难度,同时使施工现场的危险因素增多,大大增加了发生安全生产事故的可能性,另外超时施工容易造成噪声扰民,这是夜间施工的特点。

二、夜间施工的安全措施

夜间施工安全技术措施要点如下:

(1)夜间施工期间,现场必须有符合操作要求的照明设备,施工驻地要设路灯。

(2)施工中的小型桥涵两侧及穿越路基的管线等临时工程,应设置围栏。并悬挂红灯示警标志。

(3)大型桥梁攀登扶梯处应设有照明灯具。

(4)夜间作业船只或在通航江河上长期停置的锚船、码头船等应按港航监督部门规定,配置齐全的夜航、停泊标志灯。船只停靠码头应设照明灯。

第五节 防台风、防汛

一、制订防台风、防汛安全措施

(1)加强防台风、防汛的组织领导,制订科学的管理措施和应急预案。

(2)及时与当地气象部门合作,加强对台风的监测和预测。

(3)加强对防台风的教育和宣传,提高从业人员安全意识。

二、防台风、防汛的应急管理工作

(1)在汛期期间,办公室安排人员24h负责通信,时刻与当地气象、水文部门保持联系,尽早获得洪水、洪峰、洪峰次数等信息。

(2)项目部制订汛期值班制度,现场24h固定人员值班,发现险情及时排查,并报告指挥组长,作好下一步准备。

(3)在汛期用于防汛的物质,严禁作其他使用,并根据汛情发展趁势,及时补充备用物质。

(4)派专人监视水位变化,向指挥者提供直接信息,做到靠前指挥。

三、建立防台风、防汛组织机构

为做好防台风、防汛工作,应建立防台风、防汛组织机构。组织机构由主要负责人任总指挥、副总指挥。要充分发挥组织机构领导作用,做好对台风、暴雨的监测预警、预案修编与演练、抢险救援队伍建设与应急物资设备储备、加强防汛防台风宣传与教育等工作。

案 例 篇

本篇从公路工程生产涉及的各种安全事故中，节选了十五个有代表性的案例，对事故的全过程和经验教训进行了详细叙述，可使公路水运安全生产管理人员清晰、直观地了解安全生产的重要性，有助于其在公路水运生产中做到“防患于未然”。

案例一　高处坠落事故(一)

一、事故经过

2007 年×月×日上午 9 时左右，××大桥南引桥 51 号墩左幅北端悬臂浇筑挂篮在移机过程中上游后吊杆断裂，造成挂篮倾斜，四名操作工人连同挂篮底篮等构件一起坠入江中。事故造成 3 人死亡，3 人轻伤。

事故发生后，项目部立即启动应急救援预案，组织人员进行抢救；同时上报上级部门、当地安监部门以及所在地的公安机关。××大桥 S10 标项目全线停工。

此次事故造成直接经济损失 29 万元(已扣除保险赔偿 60 万元)。

二、事故原因分析

事故发生后，事故调查专案组听取了施工单位、监理单位的事故过程，并组织有关专家对事故现场进行了勘察，对施工技术文件及材料使用、现场制度等进行审阅。经过专家组多次对事故进行论证、分析后得出如下结果：

(1)事故类别：高处坠落。

(2)事故原因及责任认定：

在挂篮移动过程中，挂篮上游侧轮发生不滚动的意外故障，造成挂篮左右侧前移不同步，引起吊点错位，使上游精轧螺纹后吊带受扭弯曲损伤，四名工人在察看故障时吊杆突然断裂而发生事故。专家组认为精轧螺纹钢是一种高强钢材，在国内挂篮施工中普遍采用，但材质易损伤脆裂。因此，本次事故是机械偶然故障及材质脆断引起的意外事故，非人为因素造成。

三、事故结论与经验教训

此次事故，经事故调查专案组认定是由于精轧螺纹钢本身材质特性造成的，为非人为责任的意外事故。

事故经验教训：

(1)继续加强对挂篮施工材质使用的检测，避免类似事故的重复发生。

(2)加强施工中对挂篮移动过程全程监控，并做记录；有隐患要立即排除，在确保安全的前提下方可继续施工。

四、整改措施

(1)认真学习和贯彻国家、地方政府及行业有关安全生产的法律、法规以及施工工法，相关规范、标准，相关的安全管理规定。

(2)健全项目部有关安全管理制度，层层落实安全生产岗位制，包括企业主要负责人、分管责任人、安全管理人员、各班组和岗位等安全生产责任制。

(3)加强安全培训工作。项目部主要负责人和安全管理人员经培训，均需取得安全资格证书。继续坚持新职工进入必须进行“三级”安全教育，并经过考核合格方可安排上岗操作。特种作业人员应经相关主管部门培训考核合格，取得上岗证方可操作。培训必须有记录，并建立台账和档案。

(4)进一步加强现场管理力度，制订各类事故发生的应急处理预案，对施工过程中设备出现故障有可靠的应对措施。配备相应的应急救援器材和设备，成立相应的组织机构和人员，并组织演练。

(5)加强对现浇挂篮移动施工组织方案的执行力度和安全监控保护措施，对挂篮设备制订检查制度，定期和不定期的对挂篮施工作业进行检查和维护。消除设备机械及部件的安全隐患，对存在的隐患按时整改，编写验收记录。

(6)针对精轧螺纹钢容易受外力冲击变形，改用新材质代替精轧螺纹钢作为挂篮吊带。

(7)吸取事故教训，牢固树立“安全第一，预防为主，综合治理”的思想，认真执行“四不放过”原则，切实做好安全生产工作。

五、落实情况和整改效果

在各级领导和相关部门的支持和监督下，项目部认真落实各项整改措施，抓好后续工程的安全管理工作。××大桥南引桥主体工程顺利合龙。

案例二　起重伤害事故(一)

一、事故经过

2007年×月×日，××疏浚船舶停靠码头进行月度检修。检修的主要内容有主机维护修理和泥泵叶轮更换。吊装工作由二管轮陈某负责组织实施，陈某安排柯某负责操纵行走吊机，黄某负责在泥泵舱舱顶舱口给吊机传令，陈某在泥泵舱底指挥。

工作中，陈某指挥吊机将叶轮(约7t)从泥泵舱口吊下泵舱并安放在泥泵附近的地板上。经过观察，陈某认为叶轮摆放的位置不理想，于是继续指挥吊机重新调整叶轮的摆放位置。当吊机缓慢、小幅度升降、移动、调整叶轮摆放位置时，陈某行至泥泵叶轮与左泥泵壳之间狭窄处，面向泥泵叶轮，背对左泥泵壳，用手势示意吊机微速下降。不料，此时泥泵叶轮着地后突然发生偏转和倾斜，陈某躲避不及，瞬间被挤压在泥泵叶轮和左泥泵壳前端右侧之间。此刻，黄某发现陈某被挤压，即令吊机起升并移开泥泵叶轮，立即使陈某解除了挤压。陈某移动两步离开了泥泵壳前端右侧，躺坐在泥泵壳后端右侧的泥泵基座上，因陈某胸部收到严重挤压，呼吸困难，随后昏迷，伤势十分严重。

发生事故后，附近的船员闻讯迅速投入救护，全体船员立即采取应急救援行动，同时船长电话通知120，并派人员跟随救护车迅速将陈某送当地医院，后经抢救无效死亡。

二、事故原因分析

(1)陈某是指挥者，在指挥吊装作业过程中，边行走、边指挥，所处位置是危险区域，导致其被吊装物挤压致死，是造成事故的直接原因。

(2)叶轮无固定吊环,起吊作业时是由钢丝绳捆绑,在一次着地二次起吊前,未作认真检查和加固,导致泥泵叶轮接触泥泵底舱时瞬间倾斜,是造成事故的另一个原因。

3.项目部在进行吊装作业中,为落实安全生产管理制度,对作业现场存在的不安全因素应急措施不到位导致事故发生,是造成这起事故的间接原因。

三、事故结论与经验教训

该起事故属于生产安全责任事故,责任认定如下:

(1)项目部在进行吊装作业时,对作业现场的不安全状态没有采取安全技术保障措施,导致事故发生,对该起事故应负主要管理责任。

(2)死者陈某,是泥泵作业的主要安全管理人员,在吊装作业过程中违章指挥,对作业环境的不安全因素判别不足,对泥泵叶轮着地瞬间的不稳定性估计不足,没有清除地面杂物,没有采取相应防范措施,思想存在疏忽,不经意地走到了泥泵叶轮与左泥泵壳之间狭窄的不安全位置,发生意外造成死亡,对这起事故应负主要责任。由于陈某已经死亡,不追究其责任。

(3)对公司处以10万元人民币罚款。

(4)事故反映出船员安全意识不强,船舶领导在针对船员安全意识方面负有一定的教育责任;重大部分起重作业,现场作业人员太少,互相照应不足,主要领导干部不在场指导,反映出对重大起重作业重视不够,船舶主要领导负有一定的领导责任。对该船轮机长、船长、政委给予通报批评,各扣减当月奖金人名币1 000元。

四、整改措施

(1)对员工进行事故案例安全教育,提高安全意识。

(2)开展施工生产操作方面的安全检查,发现问题,提出整改措施。

(3)组织员工学习起重设备使用须知,进行起重作业安全技术培训。

(4)制作吊泥泵叶轮的专用工具。

(5)补充修改完善起重设备使用须知和其作业须知。

(6)吊重件时增加现场工作人员。

(7)吊重物时可以系绳用以牵拉扶持。

(8)清楚地面杂物,放稳或垫好起吊物件。

(9)操作人员站在安全位置。

(10)操作人员互相照应。

(11)要求项目部在工地开展一次事故案例教育。

(12)在工地开展一次起重作业操作的安全检查。

(13)在工地开展一次起重作业安全技术知识的学习教育活动。

(14)开展“安全为我、我要安全”为主题的月度专项安全活动。

案例三　施工临时用电事故

一、事故经过

2006年×月×日,赵某、李某在某桥梁工地加工一个钢构件需用电钻,李某去工具间拿来电钻，试了一下认为好用，就交给赵某，赵某拿着电钻开始钻眼。此时，李某突然发现赵某浑身颤抖，立即拔下电源线，过去观察发现赵某手里拿着电钻不动了。李某马上喊来了工班长孙某某说赵某触电了。孙某某马上对赵某采取胸外心脏挤压措施进行急救，同时叫李某打电话叫车送医院。约半小时后赵某被送到当地医院，经抢救无效死亡。

二、事故原因分析

1. 直接原因

电工赵某使用电钻打眼作业过程中，由于电钻电气绝缘损坏使电钻外壳带电，造成赵某在使用过程中发生触电，是事故发生的直接原因。

2. 间接原因

钻孔作业中，电源箱上的漏电保护装置失灵，电钻发生漏电时未能起到应有的保护作用，是事故发生的间接原因。

3. 主要原因

作业中未严格按照公司《手持电动工具使用规范》的要求穿好绝缘鞋和戴绝缘手套，自我保护意识不强，违反安全操作规程，是事故发生的主要原因。

三、事故结论与经验教训

(1)电工赵某在使用I类手持电动工具时，未按照规范要求戴好绝缘手套、穿好绝缘鞋，违反电器安全操作规程，违章作业，对事故应负主要责任。因本人已死亡不再进行追究责任。

(2)工班长对员工缺乏安全教育与技术交底。对使用的电动工具、电源箱等未严格按规定进行定期检测、检验，导致有缺陷的设备、设施还在继续使用，对事故的发生负有直接领导责任。按照公司《安全生产奖惩条例》规定，给予人民币2 000元罚款。

(3)物资装备部经理，未严格按照公司《手持电动工具管理规定》要求对手持电动工具进行定期检测、检验，导致绝缘损坏的电钻还在使用，对事故的发生负有一定的责任。按照公司《安全生产奖惩条例》规定，给予人民币1 000元罚款。

(4)项目部经理，对外来员工缺乏教育培训，组织隐患排查不彻底，对事故的发生负领导责任。按照公司《安全奖惩条例》规定，给予人民币1 000元罚款。

四、整改措施

(1)针对该起触电事故教训，召开事故分析会，按照“四不放过”原则处理事故，对员工进行安全自我保护意识教育，对事故责任人按照公司《安全生产奖惩条例》进行处罚。

(2)开展安全生产大检查，重点检查手持电动工具完好性和使用情况，下发统计表对所有使用的电动工具进行一次全面检测，贴上标签。检查安全用电及各类电器安全性、符合性情况。检查特种作业人员持证上岗情况等。

(3)加强国家法律法规宣传教育，进一步完善、落实安全生产责任制，加强对员工安全操作规程培训教育，严格安全技术交底制度，做到“三不伤害”，严禁“三违”现象发生，使企业安全生产管理工作进一步提高。

案例四　高处坠落事故(二)

一、事故经过

2006年×月×日,协作单位施工人员苏某某等二人在大桥工程N1承台0号块支撑架下面捆绑、调运材料。工作完毕后,在没有人安排的情况下,苏某某自行上到N1承台0号块支撑架上面,协助钢结构班组长廖某某等三人从事工字钢安装工作。苏某某未系安全带站在平台边协助廖某某等吊运工字钢,廖某某也未督促其系好安全带。由于工字钢是单条钢丝绳吊运,摆动较大,苏某某在平台边探身到平台外,没有抓住工字钢中心失稳,从N1承台0号块支架平台上面坠落到下面承台通道的安全防护棚上,再跌落到承台的通道上。项目部立即将苏某某送当地医院,因重伤抢救无效,于3天后死亡。

二、事故原因分析

1. 直接原因

(1)苏某某思想麻痹,安全生产意识不强。在高空作业平台上,在未做好任何个人安全防护的情况下,就从事高处起重安装作业,严重违反了在高处作业必须系(挂扣)好安全带的规定,是造成这次事故的直接原因。

(2)钢结构班组负责人廖某某缺乏安全生产管理思想,施工现场防范措施不完善、不到位,对员工违章作业熟视无睹,是造成这次事故的主要原因。

2. 事故的间接原因

(1)项目部安全监督管理不到位,现场工区负责人、工长没有落实高处作业安全措施防范工作。

(2)虽然项目部已对作业班进行了安全技术交底,但经常性的教育、宣传开展不够,工作人员安全生产思想意识不够,发现违章现象没人制止。

(3) 钢结构班组负责人廖某某,明知苏某某上平台后未系好安全带进行工作,并没有及时制止,是这起事故的间接原因之一。

三、事故结论与经验教训

经事故认定,协作单位安全工作管理不到位,作业人员不服从总承包单位的管理,是造成这起事故的主要原因,项目部负有连带责任。

(1)协作单位总经理对安全生产工作管理不严,导致事故的发生,应付这起事故的主要领导责任,给予人民币5 000元的处罚。

(2)协作单位委派到大桥负责钢结构施工的管理和安全生产负责人李某某,未按项目部"对施工人员进行安全技术交底后,要再次对钢结构班组人员进行安全技术交底和安全思想教育"的规定,对作业人员没有进行第二次安全技术交底和安全思想教育,应对这起事故负有一定责任,给予人民币1 500元的处罚。

(3)钢结构班组长廖某某,看到苏某某在没有系好安全带的情况下作业,也未及时制止,应付这起事故的直接责任,给予人民币1 800元的处罚。

(4)死者苏某某,在没有人安排其工作的情况下,私自上到0号块支撑架上面作业,安全带未系(挂扣)好就进行操作,严重违反了高处作业必须系好安全带的规定,是发生这起事故的主要原因。本应对其进行重罚,但考虑到其是这次事故的受害者,免于经济处罚。

(5)工区负责人虽然在拆除、安装0号块平台支撑架时交代作业人员要系好安全带,但安全工作落实不到位,应对这起事故负有监管不力的管理责任,给予人民币500元的处罚。

(6)负责本项目部安全生产的监督检查工作的专职安全员,虽然制订了项目部各项规章制度和高处作业的安全防范措施,但监督检查的力度不够,负事故监督检查不够的责任,给予人民币200元的处罚。

(7)项目部领导班子在这次事故中,也负有一定的领导责任。项目经理,给予人民币300元的处罚;分管生产的副经理,给予人名币250元的处罚。

四、整改措施

(1)事故发生后,项目部于当天下午就全线停止施工(共一天半时间),以工区为单位重新学习安全操作规程,对施工人员再次进行有针对性的安全技术交底(主要是安全技术操作规程、施工现场安全生产纪律)和安全思想教育,对发生事故的原因进行分析,吸取教训,制订行之有效的防范措施。

(2)以项目经理为组长,由各部门、工区和各分包单位负责人参加的安全检查小组,对施工现场进行全面检查,检查重点是安全工作责任制的是否落实,安全防范措施和监督管理是否到位,通过检查,坚决整改不安全隐患,完善安全防范规章制度和应急机制,并明确到人,特别是对高处作业临边防护和个人高处作业安全防护用品的配备情况的检查,对检查出来的隐患,指定专人限期进行整改,以防止类似事故的再次发生。

(3)重新制订高处临边防护和个人作业防护的安全(处罚)规定,对未做好高处临边防护措施和未准备好个人作业防护用品的施工队及人员给予重罚,以遏制安全生产中的“常见病”。

(4)加强对塔吊司机、起重指挥的安全思想教育,统一指挥信号,同租赁公司一起对塔吊司机进行技能知识培训,提高塔吊司机的操作水平,严格按照操作规程作业,在操作中做到稳、慢,使重物能平稳安装。

(5)加强施工现场的安全管理和检查力度,认真落实各项安全防护措施。如:高处临边设置防护栏,挂(围)安全网;支撑平台下方挂安全兜网;施工人员到工地前,主管技术员在栈桥入口处检查安全帽、安全带的佩戴情况,工程管理人员和安全管理人员在施工现场巡查,发现隐患立即纠正。对违反安全规定的作业人员,项目部给予教育和经济处罚,对屡教不改的人员给予清退,以确保施工安全。

案例五　支架垮塌事故

一、事故经过

1996年,某采用支架法施工的在建项目,在浇筑混凝土过程中,因支架失稳突然垮塌,造成32人死亡,59人受伤的特大事故。

二、事故原因分析

(1)施工支架结构形式不合理,没有对施工支架进行整体结构设计,也就是没有对支架整体结构的受力及其稳定性进行科学计算分析。

(2)我国桥梁施工使用贝雷梁跨度按常规一般不超过30m,而该桥超常规使用主跨跨度为58.02m的单层贝雷梁做主梁而未经设计计算,也没有采取有效的技术措施,以致在浇筑桥拱箱底板合龙前,测出贝雷架中心点挠度值为55.4cm,为允许挠度值的7倍多,超过钢材的屈服极限,从而导致支架整体结构破坏,支架失稳而倒塌。

(3)施工单位在施工过程中违反《公路桥涵施工技术规范》(JTJ 041—2000)相关规定施工中随意性大。支架安装完成后,未按《公路工程施工安全技术规程》(JTJ 076—1995)规定的要求进行荷载预压试验,也未进行验收就投入使用。

(4)《公路桥涵施工技术规范》(JTJ 041—2000)第16.2.1-6条规定"浇筑大跨径拱圈混凝土时,为减轻拱架负荷,采用分环分段法浇筑时,浇筑顺序及养护时间应根据拱架荷载设计和下环负荷条件通过计算确定,并应符合设计要求"。但施工单位在浇筑混凝土施工加载过程中不均衡,不对称,造成支架受力不平衡。

(5)施工中出现异常情况处理措施不正确。在浇筑过程中,曾多次出现模板和钢筋翘起等事故征兆,但施工队没有认真分析原因,采取了用人踩、用预制板压、用手动葫芦强行拉等不正确的措施,加剧了支架的不稳定性。由于撤离人员不及时,造成了重大人员伤亡。

(6)从技术角度分析其设计有缺陷,该现浇支架采用门式脚手架,且纵横连接系较弱。门式脚手架不允许承受水平力,而拱圈对支架会产生水平力(尤其是在受力不均衡下更易产生侧向水平力),使支点发生弯曲倾斜,再冲击处于临界状态下的支架,造成支架垮塌的后果。

(7)未真正履行好施工监理的职责。在没有得到施工支架图纸、计算书和施工组织设计以及根本无法确保施工质量和安全的情况下,没有下令停止施工,却签认了拱圈模板和钢筋混凝土的施工。尤其在拱底板混凝土浇筑的关键时间,曾中途一段时间内无旁站监理,以致对施工过程中的违章冒险作业的行为未能发现和制止,出现危险征兆未能及时督促施工单位采取有效措施。

三、整改措施

(1)施工方案变更后必须重新编制施工组织设计,现浇支架设计按规定必须有详尽的施工设计图纸、设计说明书、计算书、安全措施和施工注意事项等,特别是对大型施工支架必须进行科学的设计和计算,确保其符合施工中必需的强度、刚度和稳定性的要求。

(2)严格执行计算复核、审查制度,经复核合格、审查批准后才能进行安装施工。

(3)支架安装完毕应经验收合格方能交付使用。使用前必须按规定进行预压,预压过程中应严格监测支架变形,确保支架整体受力符合要求。

(4)施工前应进行技术交底,施工过程中严格执行技术规范,并加强施工过程安全检查,发现事故苗头和隐患,应立即研究和及时采取合理有效措施进行处理。

(5)对进入建设市场的监理单位要根据建设部、交通部关于建设市场管理的有关规定和办法,严格审核、监督管理,把好资质关,为工程建设打下良好的基础。

案例六　边坡坍塌事故

一、事故经过

××公路 K20+440~K20+910 段为路堑开挖段,由×省路桥一公司承建施工。其中,事故发生地段在 K20+750~K20+757 线路右侧,设计中该段路堑边坡防护没有设计抗滑桩、锚杆,而是采用一级平台上方骨架护坡、下部用高 4m、厚度 1.2m、1:0.25 坡率的 C20 片石混凝土挡墙。

2006 年 10 月 26 日 6:50,路桥一公司作业队 6 名作业人员根据安排在为 24 日浇筑完成的 K20+750~K20+757 线路右侧片石混凝土挡墙段拆除模板。7:06,约十几立方米边坡土石方突然坍塌,导致挡墙内侧模板钢管支撑脱落,正在现场作业的杨某某、侯某某、曹某某被埋压。8:10 现场人员将 3 人挖出并送附近医院救治,杨某某、侯某某 2 人经抢救无效分别于当日 9:20、9:40因被埋压太久复合性外伤死亡,曹某某肋骨产生裂纹,造成一般安全责任事故。

二、事故原因分析

1. 直接原因

(1)土质较差、土质松散、岩体破碎、层理间结合差,片石的节理方向与线路平行,不利于边坡稳定, 山体土方突然松动坍塌是造成该起事故的直接原因。

(2)作业队对现场的危险源辨识不全面,隐患排查整治不到位,在未对边坡土体进行有效加固防护,未对边坡土体变形情况进行观察的情况下,盲目组织人员进入危险场所进行清理现场施工,是造成该起事故的直接原因。

2. 间接原因

(1)施救方法不当。事故发生时,人员被埋在了两天前浇筑的挡墙与山体之间,其间距不足 1m。施救时,施救人员是从 7m 长的挡墙两侧进入挖土,大大延误了抢救的最佳时机,使受伤人员埋压太久窒息。而在当时,现场不足 50m 处就有一台挖掘机,现场指挥人员没有果断用挖掘机将 4m 高挡墙扒倒施救被埋人员。施救方法不当是造成伤亡事故的主要原因。

(2)路堑片石混凝土挡墙模板支撑钢管,在路堑坡面支撑处未设置垫板,而是通过可调支座直接支撑在路堑坡面上,同时支撑钢管之间无任何纵横向连接以形成受力整体,挡墙模板支撑体系设计缺陷是造成事故的重要原因。

(3)项目队施工组织存在薄弱环节,在该施工段地质条件差,边坡不稳,设计没有特别防护处理措施的情况下,基槽一次性开挖过长、挡墙片石混凝土未分层浇筑,是造成事故的重要原因。

三、事故结论

这是一起责任事故。

四、整改措施

（1）加强领导，强化施工现场管理。严格按照“四不放过”的原则对全体施工人员进行一次安全再教育，组织学习有关安全生产的法律、法规、标准和规定，并重点加强对安全技术知识、挡墙模板支撑及拆除专项安全技术交底和相关作业操作规程的学习，增强作业人员的安全意识和自我防护能力。

（2）以人为本，强化安全教育，提高全体操作人员的安全意识，进一步强化安全生产责任制和安全检查等制度的落实，完善安全管理体系，明确安全职责，形成横向到边、纵向到底的监控网络。

（3）彻底做好隐患排查工作。凡可能存在坍塌的部位，必须采取措施，采取加固或卸载方案，消除危险源。

（4）开挖时土体结构良好的情况下，应取消后背模板，用土模，减少拆模风险。

（5）开挖时土体松散，在保证安全的情况下，后背用装砂加碎石的草袋堆码，代替模板，减少拆模风险。

（6）开挖施工，采取一次开挖长度土质良好时不大于7m、土质差时不大于5m。

（7）混凝土灌注，高度一次不大于2m，并及时在背后夯填。

（8）继续加强施工过程的安全检查，提前预测，超前控制，同时进一步完善事故应急预案体系，提高对突发事件的应对能力，减小事故损失。

案例七　隧道坍塌事故（一）

一、事故经过

某地铁隧道掌子面19:00打完炮眼，进行装药，19:40响炮后进行通风、找顶、出渣、第二次找顶处理。立拱开始后，22:05左右，邝某某（劳务协作单位职工）在用风镐凿除拟安设拱架部位欠挖岩石后，正在清渣。突然一块重约200kg边长约60cm正三角形岩石从拱顶掉落，砸在邝某某的安全帽上，被击成头颅脑外伤。火速送医院全力抢救无效死亡。

二、事故原因分析

1. 直接原因

（1）围岩节理瞬间变化时，未出现散碎小石落下的预警现象和渗水或渗混水预兆。

（2）开工以来本标段相同地质条件，从未发生类似落石现象。此次落石的发生，无论是落石的大小和部位，均使工作面施工人员感觉突然和难以预测。

（3）爆破后顶部围岩表面光洁，成形良好，无岩石裂纹，通过二次找顶也未发现异常，致使现场负责人员警惕性减弱，造成对作业场所安全观察和经验检测不仔细、不及时。

2. 间接原因

（1）项目部对安全生产工作重视程度不够，有规章制度，但落实管理不到位。

（2）隧道掌子面施工安全工作没有细化，重要危险工序段的安全检查、安全监控没有落实到人。

(3)对职工的安全教育力度不够,特别是岗前安全培训和教育走形式、走过场,造成职工的安全防范意识不强。

三、事故经验教训及整改措施

(1)必须高度重视早期支护的作用,加快初喷、挂网、安置钢拱架工作。初期支护实质上是早期支护,它是永久支护的第一步,希望能快速提供支护,有效发挥围岩自身承载能力,因此支护作业是很重要的。集团公司《安全检查表》明确规定:隧道支护必须①施工方案明确安全技术措施;②按照设计技术参数进行支护;③钢架全部采用螺栓连接;④钢架底部垫实;⑤按照技术规范进行施工量测及信息反馈;⑥支护变形损坏及时修复;⑦禁止喷混凝土裂缝脱落、钢筋、锚杆外露、漏喷;⑧支护表面凹凸不平要达到设计要求。

(2)隧道软弱围岩地段需要增强超前支护,并对支护的工作状态进行定期和不定期检查,在不良地质地段应由专人每班检查。构件支撑的立柱不得置于虚渣和活动石块上,在软弱围岩地段,立柱底面应加设垫板或垫梁。当发现支护变形或损坏时,应立即修整加固。

(3)对喷锚支护体系的监控量测中发现支护体系变形、开裂等险情时,应采取补救措施。当险情危急时,应将人员撤出危险区。

(4)必须全面执行和落实安全生产责任制度,坚持"管生产必须管安全"、"管施工必须管操作"原则。对项目各级负责人、各职能部门以及各类施工人员在管理和施工过程中,应当承担的责任作出明确的规定,形成"安全重担大家挑,人人头上有指标",一级抓一级,下一级向上一级负责的全员管理格局。

不能满足于安全生产责任制已经制订,且已写在纸上、贴在墙上,甚至已经签了责任书并按上了鲜红的手印。俗话说"没有规矩不能成方圆",而规矩在执行中关键是敢于斗硬,善于动真。

案例八　隧道坍塌事故(二)

一、事故经过

××隧道长1 920m,已完成开挖1 147m、衬砌607m,2007年6月2日上午9时,D221+430~433段隧道左侧发生坍塌,将已施工的支护结构完全破坏,最终形成一个长约10m,宽约8m的塌穴,塌穴高度无法观测,坍塌体总量约400m^3,没有发生人身伤亡。

6月6日,确定塌方处理方案是:先堆填作业平台,然后按照"打管棚—立拱喷浆—回填混凝土—二次衬砌"的原则处理。6月7日至24日期间,施工完成了堆填作业平台、钢拱架临时加固、打套拱,安装36根管棚(回填灌注混凝土)、挂钢筋网、形成钢拱架护拱喷射混凝土等作业。计划于6月26日完成塌方段拱架架立、喷混凝土等支护工作,6月27日开始向钢拱架背后的坍穴内灌注混凝土回填。

6月25日12时30分,作业工人开始进行喷射混凝土作业时。约15时15分,DK221+432~434处顶部突然发生大块岩石滑落,滑落石块最大块粒径超过2m,大部分粒径在1~1.5m左右。瞬间将该处已施做好的支护结构砸垮,两榀钢拱架顶部被砸断,拱架背后管径为96mm、壁厚为6mm的管棚被砸断5根、砸弯4根，钢拱架和管棚严重扭曲。当时，附近有值班工长和安全员各1人，另有10名工人正在进行拱架喷护作业，坍塌造成1人死亡、1人受伤。

二、事故原因分析

1.地质水文原因

通过对塌穴和塌体的观察，发现隧道左侧拱部开挖轮廓线以外，有一条厚度约50cm青灰色岩脉，岩脉侵入带围岩严重风化，节理裂隙发育，结构面较多，大块塌体表面有灰白色胶质物，塌体中夹有白色粉状小块；可见由于岩脉的存在，隧道DK221+430~440左侧和左拱部围岩岩体完整性被严重破坏，但在坍塌之前，由于仅在隧道左侧拱部出露面积较小的一块表面有灰白色胶质物的岩体，容易使人产生错误判断。加之，2007年5月28日至6月1日夜间连续下暴雨，地下水得到大量补给，并渗流到隧道DK221+430~440段，是发生本次坍方的一个诱因。

2.施工方法和措施不当

(1)对隧道围岩变化缺乏正确认识，对围岩等级的判定存在较大误差，过分迷信设计图纸对围岩的分类和描述，没有认识到较长的Ⅱ级围岩段中出现的局部软弱带的危害性，导致采用的支护参数不够强，不能满足实际围岩变形情况的需要。

(2)施工现场技术管理薄弱，技术措施失当，没有抓住主要矛盾，从而不能果断采取更强有力的措施，扼制围岩变形的发展。

(3)围岩量测数据未反映围岩的真实变形情况，未起到指导施工的作用。

(4)没有按程序办事，发现问题没有及时向业主、设计、监理单位上报。

(5)没有把握好大原则，没有把施工安全放在第一位，害怕采用拱架支护会侵入二衬断面，患得患失，没有正确处理好安全、质量、进度、效益的关系。

(6)管理体系运转不够正常，各职能部门工作衔接不紧密，信息沟通不及时。

三、事故经验教训和整改措施

本次事件，如果现场施工技术人员和管理人员对围岩变化有正确的认识，重视程度够，能够抓住重点，不患得患失，把握安全第一的大原则，果断采取更强有力的支护措施，能够及时向相关单位报告从而拿出合理的处理措施，塌方是可以避免的。

(1)加强各级管理人员的责任心，使施工管理体系有效运行。

(2)隧道施工应认真研究隧道所处地的实际围岩条件，不能拘泥于设计图纸的地质描述，要有预见围岩可能产生较大变形甚至发生坍塌的能力，要做好预防坍塌的措施，根据地质情况的变化调整施工参数。

(3)要按程序办事，要将围岩变化的情况及时报业主、设计、监理单位。加强信息流通工作。

(4)要加强技术人员和管理人员的业务学习，提高他们的业务水平和思想认识。

(5)加强监控量测工作，在隧道围岩自稳性较差的地段应增设量测断面，量测数据应准确可靠，能起到指导施工的作用。

(6)加强安全教育工作,让参与工程施工的每个人都有安全第一的观念,尤其是在处理突发事件时,要坚持这样一种观念。

案例九　隧道坍塌事故(三)

一、事故经过

×年4月28日8时许,××高速公路第二十一合同段所辖的东洋隧道K147+564~K147+570段(二衬已完工桩号K147+570~K147+805,掌子面桩号K147+551)正在出渣准备进行侧墙基础开挖,当装好第五车渣,挖掘机鸣号(表示已装好,运输车辆可开动)并收好,现场管理人员周某某看到顶板水泥突然掉下一块,叫挖掘机操作手林某某快点下来,周某某立即从观察点跳下来,刚到鼓风机旁,顶就坍塌了下来,挖掘机和挖掘机操作手林某某被坍塌的土体全部掩埋,运输车辆货箱被埋了一米多。事故发生后,周某某立即报告了施工队和项目经理部。

二、事故原因分析

1. 地质情况

东洋隧道位于构造剥蚀低山丘陵地形地貌区,K147+551~570段围岩为褐红、紫红色全强风化泥岩,岩层节理、层理裂隙发育,围岩松散、破碎,压力较大。进入4月以来,连续多日下大雨,使地表含水率较高,增加自重,同时4月27日晚发生强降雨,雨水对隧道土体渗透较大。

2. 施工情况

东洋隧道围岩类别为Ⅱ类转围岩,××高速公路第二十一合同段项目部在进行施工组织时,严格按照施工图纸及施工技术规范要求:采用管注浆超前(拱部注浆水导管),短进尺(每循环50~60m),少搅动,强支护(I20工字钢60cm间距,25号喷射混凝土25cm)。并按照支护工程安全规定做到了随挖随支护,早成环(上、下导坑工字钢成环状并用混凝土封闭),二次衬砌紧跟(掌子面距二衬19m)等技术措施保证施工安全及工程安全。在发现已施工完成的初期支护工程拱顶下沉时,及时做了停工处理,并向指挥部做了汇报,待指挥部确定方案后,按照指挥部确定的方案恢复施工。考虑到东洋隧道地质情况复杂,项目部在隧道施工过程中安排了专职安全员进行日常安全生产管理,建立了交接班制度。目前东洋隧道已掘进254m,二衬完成235m(含明洞15m),完成初期支护19m,施工过程的各项措施控制严密,施工方法正确。

3. 事故原因

(1)该隧道位于构造剥蚀低山陵地形地貌区,K147+551~K147+570段围岩为褐红、紫红色全强风化泥岩,岩层节理、层理裂隙发育,围岩松散、破碎,压力较大。

(2)连续多日下雨,使岩体含水率增高,荷载增大,特别是4月27日整晚的强降雨,对岩体渗透较大,造成山体失稳,导致28日隧道突然冒项。

三、事故结论

这是一起非责任事故。

四、事故抢险救援情况

事故发生后，项目经理田某某、支部书记杨某某、项目总工程师章某某于8时10分左右迅速赶到事故现场，并立即对现场进行查看、询问，初步确定事故现场有一台挖掘机和一名挖掘机操作手被坍塌的泥土困住，并立即将此情况以电话上报的形式向派出所、安监局、指挥部、高监办、120急救中心及保险公司报告。同时立即组成了抢险领导小组，项目经理田某任组长，支部书记杨某某、项目总工章某某任副组长，决定立即启动项目总《重特大安全事故应急救援预案》。经过短暂磋商，在确保救援人员安全的前提下，立即组织隧道队的一台侧翻式装载机和距事故现场最近的一台挖掘机和装载机抢险，快速救人。

通过到隧道顶塌方处观察，发现与隧道内塌方相对应的山坡已成漏斗状，判断：坍塌处在二衬以外K147+564~570已完成初期支护正在开挖侧墙基础6m之内，与侧墙基础开挖段紧连的是13m长未坍塌的上导坑开挖段。若被掩埋的挖掘机靠近或一部分在上导坑开挖段，那么其操作手可能在操作室或破挖掘机后窗而出，到上导坑开挖段等待施救，仍有生存的可能。因此，抢险领导小组决定，在确保救援者绝对安全的前提下，迅速救出遇险者。由于冒顶面积较大（当时漏斗口约20m^3），冒顶处山体较厚（10~15m），从隧道清除的坍塌土方量较大，加上隧道空间有限，作业面较小，不能容纳更多的机械和人员进行抢险作业，要清除漏斗内及隧道内的土方量不是一两个小时能完成的等实际。火速制订救援方案：(1)迅速使操作室或上导坑开挖段通风输氧。用钢管从坍塌的泥土内向挖掘机方向插入6~8m，用高压气将钢管内的泥土顶出，使上导坑开挖段与隧道连通，不至于使遇险者缺氧而窒息。(2)迅速清除隧道内坍塌的泥土。隧道内用两台装载机同时背向作业，一台将坍塌的泥土运到20m以外，另一台将第一台运出的泥土装车运出隧道，同时调整挖掘机协助作业。(3)在洞外坍塌处掘土减载。用3台挖掘机将漏斗周围的泥土往外运送，以达到减载和加快清除隧道内泥土的目的，从而加快救援遇险者的速度。(4)迅速与遇险者家属取得联系，做好家属的安抚及善后工作，采取一对一的方式对家属进行安抚。(5)抢救机械不间断作业，操作手轮流操作，人停机不停，抢险领导小组成员轮流24h在事故现场组织指挥救援，同时组织机械调配，材料、物资供应，做好后勤保障工作。

8:50指挥部和县安监局领导先后赶到事故现场，查看和了解事故情况并听取抢险领导小组的意见后，同意抢险领导小组制订的救援方案。指挥部领导立即组织邻近标段的机械设备和人员投入抢险救援。县安监局领导对事故抢险中的安全问题和家属的安抚工作提出了具体要求。9:00第一台挖掘机到达洞项，并立即投入抢险。11:00到位的3台挖掘机也立即投入抢险。

由于经过20多个小时洞内、洞外连续奋战，漏斗内的泥土基本除完。但是连续降雨，漏斗壁上的泥土又开始大量滑落，涌入隧道内，并且漏斗口边缘不断开裂坍塌。至4月29日上午，指挥部领导组织经验丰富的隧道专家赶到事故现场，根据漏斗壁不断开裂坍塌的情况，制订新的求援方案，采取在二衬顶部减载与洞内用工字钢、管棚施作导洞的方案实施抢救。又经过20多小时不间断作业，到5月1日上午被掩埋的挖掘机操作室露出来，发现操作室严重变形，且有一股恶臭味。据此初步判断遇险者可能当时已死亡。救援人员正准备将变形的操作室割开取出遇难者遗体时,漏斗口再次大量坍塌,将钢管和架子全部打坏。为保证救援人员的绝对安全,决定暂停抢险,并立即将此情况上报指挥部。

下午,指挥部领导及设计院专家再次赶到事故现场,针对现场和遇难者的情况,在保证救援人员安全的前提下,决定将漏斗周围松散土体全部清除,同时洞内停止出土,待危险土体全部挖下来并已大部分从洞顶上运出后,洞内再用装载机将土装车运出洞外,双向挖进,并立即付诸实施。连续救援至年 5 月 3 日 7:00 洞外危险土体突然出现新的裂缝,并不断扩大。山体有长约 20m、宽 10m 的土体沿裂缝不断下滑。由于塌体极不稳定,夜间救援安全隐患极大,州安监局及指挥部领导现场决定,再次暂停抢险救援工作,待天亮后重新组织救援。

5 月 4 日 8:00,指挥部领导再赴现场,作出了继续清塌的决定。先将已严重开裂下滑的近 20m 长、10m 宽的塌体用挖掘机清除,然后将开裂以外 5m 的泥土由上而下削成梯台边坡,以减缓坡度和压力,防止继续坍塌,确保洞内安全。

5 月 5 日 22:01, 经过 8 天 7 夜 180 多个小时奋战,终于将遇难者尸体抢出。

整个救援过程中,每天投入挖掘机 5 台、装载机 5 台、大型运输车 5 辆、各种救援车 6 辆,全时工作,共挖出土石方近 30 000m^3,发生小型坍塌 30 多次,大型坍塌 2 次。

案例十　公路边坡坍塌事故

一、事故经过

×年 5 月 10 日 14 时 15 分许, × ×公路改建工程 K23 + 825 ~ K23 + 875 段(老路桩号为 K24 + 100 ~ K24 + 150)发生一起路基边坡坍塌事故,事故造成 2 名职工、1 名行人死亡,直接经济损失 80 余万元。接到事故报告后, × ×市市长刘某某及 × ×区委、区政府的主要领导立即赶赴现场指挥抢救和布置善后工作;省安监局、省交通厅、省公安厅和省总工会派人赶赴事故现场,组成事故调查组,开展事故调查工作。

×年 5 月 10 日上午 10 时, × ×市公路建设工程有限公司项目部在离坍塌约 13m 处进行爆破作业(现场遗留痕迹判断为水平药壶爆破)。爆破作业后,挖掘机驾驶员程某某发现爆破上方有一块较大的危石(与山体约有 2 cm 的裂缝、离地面约 10 ~ 12 m 高),并将情况向现场的技术负责人胡某某作了汇报。胡某某和安全员李某某经商量后决定采用挖掘机清理危石方案。午饭后,另一挖掘机驾驶员朱某某开始驾驶装有钎头的挖掘机通过便道去处理该危石;在便道上行驶过程中,山上不断有碎石掉下来砸在挖掘机上,挖掘机便停了下来。下午 1 时许,朱某某与程某某及爆破员吕某某三人在便道上(半个月前曾在此边坡进行过凿岩爆破)商讨重修便道上去处理危石的方案,当时,程某某认为便道上有危石挂在外面,不安全,不能在此重做便道,但爆破员吕某某认为没关系。不久(约 14 时 15 分许),3 人所处位置路段的边坡岩石(高约 25m,宽约 40m,约 1 200m^3)突然发生坍塌(而原发现的危石处却未坍塌),造成吕某某、朱某某及骑乘摩托车路过此处的周某某被压身亡,程某某安全逃离。事故发生后,当地政府立即组织人员开展施救工作,死者尸体分别于 5 月 10 日 22:30、5 月 11 日 14:00 和 5 月 11 日 17:00 从乱石中挖出。

二、事故原因分析

1. 直接原因

根据有关专家技术分析：事故发生地岩石节理发育、节理构造产状与公路走向一致，边坡陡峭，易造成边坡岩体坍塌；据当地水利部门资料统计，事故发生前一天夜晚，当地降雨量达到57mm，雨水降低了岩石间的摩擦力、黏附力；在坍塌处曾进行过爆破作业，边坡开挖部分采用水平药壶爆破，此爆破方式药量集中、爆破地震震动危害较大，易对原长期趋稳的边坡危险结构面产生挠动，造成应力失衡；施工单位未采取有效防范措施，现场作业人员对事故现场危险性的预见不足。

2. 间接原因

(1)施工单位未认真制订针对性的施工方案，边坡开挖没有按自上而下的垂直凿岩的要求施工；封闭施工时段管理制度不落实，使行人进入作业区内；发现危石后，未采取有效的安全防范措施，便贸然进入危险区域作业；未切实做好安全教育工作，有关人员安全意识不强，对作业的危险性认识不足。

(2)监理单位在实施监理过程中，监理人员配备薄弱；发现施工地段存在安全事故隐患时，未以书面形式通知施工单位，并监督落实防范措施。

(3)建设单位对监理单位的监管不够到位，对本工程施工安全管理存在疏漏。

三、事故结论与经验教训

1)事故结论：重大责任事故。

2)事故责任分析及处理。

(1)施工单位

①工程项目部安全员李某某，在施工现场安全管理中，对边坡施工中存在的危险程度认识不足，安排人员进入危险区域作业，未真正尽到一名安全员的职责，对本起事故的发生负有重要责任。建议有关部门吊销其安全员资格证书。

②工程项目部爆破员吕某某，安全意识淡漠，安排人员进入危险区域作业，采用危险性相对较大的水平药壶爆破方案，对本起事故的发生负有重要责任。鉴于其已在本起事故中死亡，建议免于追究责任。

③工程项目部技术负责人胡某某，未根据施工路段的实际情况，制订针对性较强的边坡施工方案和技术措施，并予以落实，安排人员进入危险区域作业，对本起事故的发生负有一定的责任，建议安全生产监督管理部门给予其经济处罚。

④工程项目部经理胡某某，未真正做好项目部的各项安全生产工作，对项目安全监管力，对本起事故的发生负有领导责任。建议有关部门暂停其项目经理执业资格。

⑤××市公路建设工程有限公司主要负责人董某某，未切实履行好本单位安全生产工作的管理职责，未切实加强安全生产教育培训工作，对本起事故的发生负有一定的领导责任。建议安全生产监督管理部门给予其经济处罚。

⑥××市公路 建设工程有限公司，未切实履行好公司所承接项目的管理责任，对本起事故的发生负有一定的责任。建议有关部门给予其经济处罚并暂扣安全生产许可证。

(2)监理单位

①工程项目监理总监蔡某某,未能切实履行职责,督促施工单位制订并落实针对性较强的施工方案和技术防范措施,对本起事故的发生负有一定的责任。建议有关部门按有关规定给予其经济处罚。

②工程项目驻地监理贺某某,对在检查过程中发现的安全隐患,没有以书面形式通知施工单位,并督促整改,对本起事故的发生负有一定的责任。建议××市公路水运监理咨询公司给予其行政处分。

③××市公路水运监理咨询公司,未切实做好对该项目监理的管理工作,对本起事故的发生负有管理责任。建议有关部门按有关规定对其予以经济处罚。

(3)建设单位

××市××区××公路改建工程指挥部,对监理单位的监管不够到位,对本工程施工安全管理存在疏漏。建议××区政府给予其通报批评,并责成公路改建工程指挥部副总指挥陈某某(公路安全领导小组组长)向区政府作出书面检查。

四、整改措施

(1)施工单位要认真吸取本次事故的沉痛教训,认真做好边坡施工方案和安全防范措施的制订和落实工作,严格按照国家有关规范自上而下凿岩施工。要加强施工现场的管理,严格执行各项目规章制度及当地政府部门对施工路段实行封道的有关文件要求。加强安全教育培训工作,切实提高作业及管理人员的安全生产意识,真正做到安全生产。建立健全安全生产责任制及符合本单位实际的各项安全生产管理制度与安全操作规程,并予以落实,切实履行管理职责。

(2)监理单位要建立健全并严格落实各项目监理工作制度,加强对工程项目施工过程中各个环节的监理,尤其是要加强施工现场的监理工作,督促、检查施工单位制订和落实安全技术专项措施,严格按国家或行业技术规范要求施工。对在监理过程中发现的问题,要认真督促施工单位予以落实。要加强项目人员配备工作,使监理人员的配备能满足工程的实际需要。要加强人员的培训教育,不得安排无监理资质的人员进行监理活动。要切实履行监理的法定职责,真正做到对业主负责,对工程质量和安全生产负责。

(3)建设单位要按照建筑行业有关规定的要求,切实履行好相应职责,加强对施工现场及施工、监理单位工作的检查,督促其认真履行职责,确保施工安全。

(4)××区公路建设行政主管部门,要加强道路建设工程的安全生产监管力度,督促施工、监理单位认真做好道路建设工程中的高边坡开挖、桥梁架设、隧道掘进的专项安全技术措施,防范和减少安全生产事故,确保人民群众生命财产安全,促进当地经济健康持续发展。

(5)××市××区政府要将本次事故通报全区,并针对所管辖区域内坡高路窄,全区还有许多类似地质条件路段的公路即将或正在扩建的实际,要进一步督促和支持交通、安监等部门加强对公路建设的安全生产监督管理工作,加强对类似工程项目安全隐患的检查整改力度,加强对施工路段附近居民的教育工作,协调处理好道路施工与附近群众生活交通的关系,防范和减少公路建设领域的伤亡事故。

案例十一　隧道坍塌事故(四)

一、事故经过

××高速公路 QA5 合同段由 K31 +900 至 K35 +341.57,长约 7.44km,技术标准为高速公路,总投资金额约 2.78 亿元,承包方为××工程有限公司,QA5 合同段经理为朱某某。11 月 5 日 14 时许,在隧道进口左洞出口已绑扎二衬钢筋总长达 25m,现由外向内绑到 20m 处时,该项目部隧道施工人员共四人在安装通风洞口,其中一人在安装接线盒,二人在挂通风带,一人要出洞口取东西。在场施工人员忽然听到"哗"的一声,隧道内 25m 的二衬钢筋向洞口外侧塌落,将四名施工人员压在钢筋底部,经过现场施工人员二十多分钟的全力抢救,四名施工人员全部被救出,并送往南安市医院,其中一名工人因抢救无效于 11 月 5 日 15 时许死亡,另外受伤三人在医院治疗观察。

二、事故原因分析

(1)QA5 合同段××隧道在施工过程中,对二衬钢筋绑扎完成后在大跨度又没有对承力部位进行挂吊和支撑的情况下,拖延了 15 天的时间没有及时衬砌,致使钢筋产生疲劳失稳。

(2)项目部主要负责人、安全管理人员安全意识淡薄,没有充分考虑不安全因素,严格落实各项安全检查制度,现场管理不到位,发现施工人员在没有衬砌的钢筋结构下进行施工时,没有及时采取有效措施加固。

(3)隧道二衬钢筋绑扎 2 板约 25m 后,在没有任何支撑受力的情况下,各种施工车辆二衬台车由其下面通过产生的震动对二衬钢筋的结构产生影响,由于车速车辆通过二衬钢筋下时产生的风动力造成钢筋的变形,钢筋结构整体的稳定性变差。

(4)隧道在洞内施工挖掘的过程中反复进行爆破作业产生的冲击波(向洞口方向)对二衬钢筋产生的冲击造成结构变形,当变形达到钢筋无法承受的弯曲极限时,发生失稳突然塌落。

三、事故结论与经验教训

11 月 6 日,××市安监局、检察院、监察局、总工会、公安局立即成立事故调查组依法对该起事故进行调查取证,通过事故调查组及有关专家对现场的勘察、调查有关目击者和证人、查阅有关资料,形成处理意见如下:

QA5 合同段项目部经理朱某某在二衬绑扎完成并经监理签字验收后,在无法对钢筋的承力部位进行支撑或挂吊的情况下,没有立即组织施工队进行衬砌,对该起事故应负主要责任。泉三高速公路 QA5 合同段应依法承担支付死者、伤者的赔偿金。

隧道一队队长林某某在招收施工人员从事高危行业作业时,没有对工人进行必要的安全教育。对事故的发生负有一定的责任,给予罚款处理。

现场安全管理员薛某某,安全意识不强、督促检查不到位,没有及时消除生产安全隐患。按照该公司的有关规定给予罚款处理,并且在参加安全教育后,方可再上岗。

QA5 合同段项目部经理承担在事故中受伤的三名工人的工伤社会保险和民事责任，依法承担在事故中死亡工人的赔偿金。

四、整改措施

(1)高速公路 QA5 合同段应认真吸取事故的教训，积极开展安全教育工作，督促检查本项目的安全生产工作，及时消除各种安全隐患，防制类似事故的发生。

(2)施工作业人员要严格按照“三级安全教育”的要求进行岗位培训。

(3)登高等特种作业人员必须经专门的安全作业培训，取得特种作业操作资格证方可上岗作业。

(4)安全管理人员要切实负起责任，发现安全隐患及时督促整改。

案例十二　起重伤害事故(二)

一、事故经过

×年7月4日下午3时许，××高速公路××标段 K109+240 处发生一起伤害事故，受伤1人，经龙泉市人民医院救治后转丽水市人民医院治疗，于7月7日10时左右在丽水市人民医院治疗无效死亡。

1. 工程概况

××高速公路××标段原为一级公路，全长4.24km，省交通厅批准一级改建为高速公路。改建为高速公路后，将原一级公路分为二个部分：K108+200~K110+000 段为高速公路，K110+000~K112+440 段为高速公路连接线。该标段有桥梁2座：即 K109+477.86 桥、K109+240 桥。K109+240 桥全长48m，分三跨，每跨长16m、22片梁板，每片梁板重约14t。工程施工单位为××交通建设有限公司，法定代表人王某某，项目部主持工作副经理曹某某。工程监理单位为××公路工程咨询监理公司，驻地总监阮某某，现场监理徐某某。桥梁施工队队长蔡某某。

2. 事故经过

×年7月4日下午3时许，××标段 K109十240 桥在吊装梁板，一块梁板由运梁拖车从梁场运往 K109+240 桥途中，梁板撞到一台12t吊车右后支腿，使梁板侧翻倒地。然后使用一台12t吊车和一台16t吊车将倒地梁板翻正装车，起吊时，12t吊车和16t吊车起吊未同步，造成梁板向12t吊车方向摆动，洪某某见势向前用双手推梁板，因梁板摆力过大，一端撞向洪某某，并将其推向12t吊车尾部，造成挤压，臀部被吊车吊钩抵伤，胯骨骨折出血。洪某某被立即送往龙泉市人民医院救治，手术后于7月5日转丽水市人民医院治疗。7月7日10时左右在丽水市人民医院治疗无效死亡。

二、事故原因分析

1. 直接原因

司索工洪某某手推摆动梁板，被梁板撞到12t吊车后部，造成挤压。

2. 间接原因

(1)桥梁工队对吊装作业施工组织安全管理不到位,对作业人员安全教育不够。

(2)梁板吊装现场负责人周某某对工人违章作业制止不力。

(3)九标段项目经理部对吊装作业安全管理制度、操作规程落实未到位,安全管理不够。

(4)××公路工程咨询监理公司对吊装作业现场监理不到位。

三、事故结论与经验教训

根据对事故的原因分析,该起事故为责任事故。

事故责任及处理意见如下:

(1)司索工洪某某安全意识淡薄,自我保护意识不强,冒险进入危险场所冒险作业,徒手推摆动梁板,被梁板撞到12t吊车后部,造成挤压,对该起事故负直接责任,鉴于其在事故中死亡,建议不予追究责任。

(2)桥梁工队队长蔡某某对吊装施工组织安全管理不到位,对作业人员安全教育不够,对该起事故负主要责任,责成××交通建设有限公司根据有关规章制度对其进行处分。

(3)梁板吊装现场负责人周某某对工人违章冒险作业制止不力,对该起事故负一定责任,责成××交通建设有限公司根据有关规章制度对其进行处分。

(4)九标段项目经理部对吊装作业安全管理制度、操作规程落实未到位,安全管理不够,项目部主持工作副经理曹某某对该起事故负领导责任,建议××市安全生产监督管理局对××交通建设有限公司××高速公路×标段项目经理部及其责任人进行经济处罚。

(5)××公路工程咨询监理公司驻地总监阮某某、现场监理徐某某对吊装作业现场监理不到位,对该起事故负有一定责任,建议市××市安全生产监督管理局对××公路工程咨询监理公司进行经济处罚,责成××公路工程咨询监理公司对阮某某、徐某某进行相应处分。

四、整改措施

(1)责成××交通建设有限公司××高速公路××段×标项目部立即停工整顿,认真总结发生死亡事故的教训,切实加强安全生产管理,杜绝类似事故的发生。

(2)责成××公路工程咨询监理公司进一步加强对工程施工现场的安全生产监理。

(3)建议××高速公路××段工程建设指挥部进一步加强对各标段安全监管,认真吸取这次事故教训,开展全面的安全生产教育和事故隐患大排查,并督促事故隐患及时整改,确保各标段安全有序施工。

案例十三　立柱模板坍塌事故

一、事故经过

×年11月17日10时6分许,××大桥4号桥墩4-2立柱浇筑混凝土施工时,发生立柱钢模板整体坍塌事故,造成1人死亡、1人重伤,直接经济损失28.46万元。

事故发生前,大桥正处于下部结构施工阶段,大桥4号桥墩4-1、4-2两根立柱,钢筋骨架已施工完毕，待安装钢模板后进行混凝土浇筑。11 月 16 日上午，××交通建设工程有限公司松坑口大桥下部基础工程劳务施工队（以下简称“本劳务分包工程施工队”）木工许某某、王某某在吊车配合下，从 6 时 40 分开始到 12 时结束，将 4 号桥墩 4-1、4-2 两根立柱的钢模板（直径均为 1.6m、总高均为 13m，分上下两节，由四块 ϕ1.6m×6.5m 半圆形钢模板用 M14×60 碳钢螺栓紧固拼接成一体）安装完毕并进行了自检。11 月 16 日下午，项目部桥梁下部质检员邢某某、驻地办现场监理员张某某、项目部专职安全员陈某某和本劳务分包工程施工队观场安全员熊某某四人一起，对 4 号桥墩的施工放样、钢筋骨架、立柱模板进行并通过了现场检查验收。11 月 17 日上午，本劳务分包工程施工队泥工许某某、郭某某和一名吊车操作员、一名小工，约 7 时 30 分到 4 号桥墩施工现场，进行施工准备后于 8 时正式开始对 4-2 立柱进行混凝土浇筑。其间，另有两名驾驶员各自驾驶混凝土罐车从预制场轮流拉混凝土到施工现场，小工负责将罐车拉来的混凝土放入料斗，吊车操作员负责将料斗从地面提升到模顶上方，模顶操作平台上共有三人一起作业，其中许某某、郭某某负责将料斗提升上来的混凝土灌入模板，许某某负责混凝土振捣，每灌完一罐车混凝土就进入模板内振捣一回。10 时 6 分许，当第五罐车第一斗混凝土灌入模板时（立柱浇了一半多），突然，“叭！叭！叭！……”连续响起鞭炮般的响声，下节模板南侧纵向拼接缝瞬间全部胀裂，连接螺栓有的滑牙、有的断裂飞散落地，混凝土顿时从模板裂口喷涌出来。见状，吊车操作员迅速离开操作室，跑到约 10m 远的混凝土罐车旁躲避喷涌出来的混凝土。模顶操作平台上，许某某听到响声后看见模板慢慢倾斜，意识到模板将要坍塌，便迅速抓住模顶上方的料斗，并连忙喊叫“模板倒了！模板倒了！”，许某某、郭某某也随即去抓料斗，但因身体被安全带系在模顶作业平台上，两人被继续倾斜的模板拉了下去，随着模板整体坍塌坠落地面失去知觉，悬挂在空中的许某某被吊车及时降到地面幸免坠落。事故发生后，在场的其余民工将许某某、郭某某抬上混凝土罐车，立即送往碧湖医院抢救。许某某因左侧多发肋骨骨折、心脏破裂，经抢救无效于当天死亡，郭某某也因伤势较重，经一个多月救治无效，于 12 月 19 日死亡。

二、事故原因分析

1. 直接原因

依据事故现场勘察和螺栓取样检测，经分析认定，事故直接原因为模板部分连接螺栓多次重复使用性能老化，致使模板连接件强度降低，随着混凝土浇筑高度增加，下节模板连接件不能承受混凝土侧向压力引起的张拉力，造成连接螺栓滑牙、断裂，导致模板胀裂、重心失衡最终整体坍塌。

2. 间接原因

（1）模板安装人员缺乏模板安装安全技术知识，特别是缺乏螺栓强度知识，仅以螺纹好坏判断旧螺栓能否继续用，误用多次重复使用、性能老化的旧螺栓拼装模板，留下模板胀裂隐患。

（2）模板安装过程缺乏现场安全监控措施：安装质量验收缺少连接强度验收内容，只强调连接螺栓是否上全、上紧，忽视螺栓老化引起连接强度降低，未能预先察觉安装过程留下的模板胀裂隐患。

（3）模板使用过程缺乏现场安全监控措施，立柱混凝土浇筑现场无专人监视模板承压变化情况、未能尽早察觉模板胀裂预兆而撤离施工人员。

(4)本劳务分包工程施工队施工管理人员力量不足,安全生产责任制、规章制度和操作规程落实不到位,对民工施工前的安全技术交底不到位,施工现场安全控制不力,模板安装使用过程安全失控。

(5)工程施工总承包单位项目部在施工组织和施工安全统一管理及安全技术措施编制审查、针对性安全技术培训教育方面工作不到位,对本劳务分包工程模板安装使用过程监督检查不力。

(6)工程监理单位驻地办未切实履行安全监理职责,对安全技术措施审查不严。未严格履行旁站监理规定,对模板安装使用过程监督不力,发现模板连接螺栓性能老化等隐患未立即下达通知督促整改。

三、事故结论与经验教训

经调查分析认定本起事故属安全生产责任事故。

根据事故原因分析认定:本起事故由工程劳务施工分包单位承担主要责任,工程施工总承包单位承担连带责任,工程监理单位承担监理责任。具体责任认定及处理建议如下:

(1)本劳务分包工程施工队模板安装人员许某某、王某某误用多次重复使用性能老化的旧螺栓拼装模板,致使模板连接件强度降低不能承受张拉力,直接导致模板胀裂隐患产生,对事故负有直接责任。

(2)本劳务分包工程施工队负责人胡某某对落实施工现场安全措施组织不力,对民工施工前的安全技术交底不到位,模板安装和立柱混凝土浇筑过程安全失控,致使模板胀裂坍塌、人员伤亡,对事故负有主要责任。

(3)本劳务分包工程施工队现场安全员熊某某对施工现场安全检查不力,参与模板安装质量验收把关不严,对用性能老化旧螺栓拼装模板、浇筑立柱混凝土现场无专人监视模板承压变化情况视而不觉、不加制止,致使模板胀裂坍塌、人员伤亡,对事故负有重要责任。

(4)工程劳务施工分包单位总经理金某某对本劳务分包工程重视不够,在原公司副总经理、本劳务分包工程施工队负责人李某遇车祸身亡后,未及时充实施工管理人员,对本劳务分包工程安全生产督促检查不力,致使模板安装使用过程安全失控,导致模板胀裂坍塌、人员伤亡,对事故负有主要领导责任。

(5)工程施工总承包单位项目部专职安全员陈某某对本劳务分包工程施工现场监督检查不力,参与模板安全质量验收把关不严,对本劳务分包工程模板安装使用过程出现的安全失控状况视而不觉、不加制止对事故负有直接连带责任。

(6)工程施工总承包单位项目部安全科长章某某对本劳务分包工程模板安装使用安全技术措施审查、施工人员针对性安全技术培训教育、现场监督检查工作不到位,对事故负有重要连带责任。

(7)工程施工总承包单位项目部总工程师兼分管安全生产副经理金某某在组织本劳务分包工程模板安装使用安全技术措施编制审查、安全技术交底、现场监督检查方面工作不到位,对事故负有连带领导责任。

(8)工程施工总承包单位项目部经理裘某某在落实本劳务分包工程施工组织和施工安全统一管理方面工作不到位,对事故负有连带领导责任。

(9)工程监理单位驻地办现场监理员张某某对模板安装使用过程现场监理不力,未严格履行旁站监理规定，参与模板安全质量验收把关不严，对本劳务分包工程模板安装使用过程出现的安全失控状况视而不觉、不加制止，对事故负有直接监理责任。

(10)工程监理单位驻地办专职安全监理工程师乔某某对本劳务分包工程模板安装使用安全技术措施审查不到位，发现模板连接螺栓性能老化等隐患未立即下达通知督促整改，对事故负有重要监理责任。

(11)工程监理单位驻地办驻地监理工程师祁某某、副驻地监理工程师王某某未能全面落实安全监理责任制，在督促检查监理人员履行监理职责、避免监理失职方面工作不到位，对事故负有监理领导责任。

根据事故责任认定，建议××市安全生产监督管理局对××交通建设工程有限公司总经理金某某及其本劳务分包工程施工队负责人胡某某、××交通工程建设集团有限公司××合同项目部经理裘某某、总工程师兼副经理金某某、××公路水运工程监理有限公司××高速公路××段第一监理驻地办驻地监理工程师祁某某、副驻地监理工程师王某某分别依法处以罚款。

建议××交通建设工程有限公司、××省交通工程建设集团有限公司、××公路水运工程监理有限公司对上述及其他责任人员给予批评教育。并依照本单位有关规章制度给予相应处分。

四、整改措施

(1)工程建设单位、工程施工总承包单位、工程劳务施工分包单位、工程监理单位都必须认真吸取本起事故的沉痛教训，严格遵守安全生产法律、法规和工程建设强制性标准规定，全面依法履行工程建设安全生产主体责任，科学安排施工进度，保证建设工程安全生产。当前必须针对事故中暴露出来的问题，深刻反思，举一反三，查漏补缺，防微杜渐，进一步完善和落实工程建设各项安全措施，防止类似事故发生。

(2)××省交通工程建设集团有限公司、××交通建设工程有限公司均须加强对本项目安全生产定期和专项检查，督促项目部、施工队进一步落实安全生产责任制、规章制度和操作规程，严格执行工程建设强制性标准，根据工程特点制订和全面落实安全施工措施，消除事故隐患，杜绝违章指挥、违章操作和无知蛮干行为。要进一步明确项目部与各工程分包单位各自安全生产权利、义务，项目部要切实加强对施工现场施工组织和施工安全的统一管理，加强对各工程分包单位施工队伍施工现场活动的监督检查。各工程分包单位及其施工队伍必须服从项目部对施工组织和施工安全的统一管理，防止工程分包后出现安全管理脱节现象。必须进一步强化针对性安全技术培训教育，细化施工组织设计、专项施工方案、安全技术措施、安全操作细则、安全技术交底和现场监督检查，严格规范临时施工用电、场内机械设备和特种作业人员管理，对各种易发生事故的施工部位和环节，要严密监控并制订和落实应急救援预案。

(3)××公路水运工程监理有限公司必须进一步制订和落实安全监理责任制、安全监理工作制度，进一步细化和落实安全监理实施方案，增强监理人员责任意识，督促监理人员切实履行监理职责；严格按照工程建设强制性标准实施安全监理，切实保证经审查批准的施工组织设计中安全技术措施或专项施工方案符合工程建设强制性标准，强化对施工过程的动态安全监理，督促施工单位根据施工条件进一步完善和改进施工作业方式和组织。不具备安全生产条件的施工项目及其分部(分项)工程不得准予开工，要配足现场监理人员，加强对易发生事故的施工部位和环节的安全监理，切实加强旁站、巡视和平行检验，对施工过程实施全面控制、严格把关。在实施监理过程中，发现事故隐患必须立即督促施工单位整改，情节严重的必须立即要求施工单位暂停施工。

(4) × ×高速公路× ×段工程建设指挥部要切实加强对施工单位、监理单位的监督管理，正确处理工程进度与施工安全的关系，针对本次事故中暴露出来的有关问题，督促相关责任单位限期改正。同时要更加严格地审查建设工程安全施工措施，加大对施工现场的监督检查力度，督促施工单位、监理单位各方依法履行安全生产主体责任，严格按照工程建设强制性标准组织施工和监理，严防生产安全事故发生。

(5)建议× ×市交通局对模板坍塌伤亡事故进行通报批评，并加强行业监管力度，切实加强对公路建设工程安全生产的行业监管，督促工程建设单位、工程施工单位、工程监理单位各方依法履行安全生产主体责任，完善和落实各项施工安全措施，防范公路建设生产安全事故的发生。

案例十四　物体打击事故

一、事故经过

×年4月24日，× ×路桥集团公路一局一公司在挖孔桩施工过程中，电动升降机杆件突然断裂，吊桶下落，砸死1人 。

4月24日14:30贺家坪互通4号桥(AK2 +285)挖孔桩1-B号桩施工过程中，当电动升降机提渣至距井底7m左右时，固定钢丝绳的卡口突然断裂，致使吊桶下落击中孔内施工人员头部，造成重伤。事故发生后，项目部迅速将伤者送至贺家坪医院，医院诊断为颅脑机能障碍，因伤势过重，于当晚抢救无效死亡。

二 、事故原因分析

(1)项目部及现场安全检查不到位，未及时发现施工设备所存在的安全隐患。

(2)项目部必要的安全生产投入不够，未在井下设置安全防护措施，减少意外事故对施工人员造成的危害性。

(3)项目部的安全生产管理工作不到位，现场安全管理人员责任意识淡薄，管理不到位，忽视对特种设备的安全管理。

三、事故经验教训

(1)项目部应加强日常的安全检查。定期或不定期对施工人员、机械、场地进行安全检查。尤其对桩孔提升设备每天必须进行例行检查，及时发现问题排除隐患。

(2)项目部应加大对安全生产的投入。充分体现以人为本的安全理念，在所有可能危及施工作业人员安全的区域，加大安全生产投入，采取各种防护措施，保护作业人员生命安全。

(3)项目部必须高度重视安全管理工作，全面落实安全生产责任制，同时还应加强对特殊设备的日常维护与管理，做到防患于未然。

案例十五　应急处置范例

——××地铁××线××合同段盾构工程高处坠落或物体打击事故现场处置方案

一、事故特征

地铁工程涉及起重作业、高处作业等，因此在施工中若不遵守安全操作规程或员工安全意识淡薄都可能造成高处坠落或物体打击事故。发生此类事故极易导致人员伤害甚至死亡。

高处坠落事故最易出现在盾构端头井及周围预留孔洞处，此类事故发生没有任何征兆，可预测性差。盾构井内预留钢筋较多，如果人员从高处跌落至井内，后果不堪设想。

盾构施工涉及管片、渣土及其他施工材料的起吊运输，因此极易发生物体打击事故。此类事故一般发生在盾构井内、管片存储厂及临时出土口。此类事故有可能导致人员伤亡或者设备损坏。

二、应急组织及职责

1. 应急组织体系

应急组织体系如图1所示。

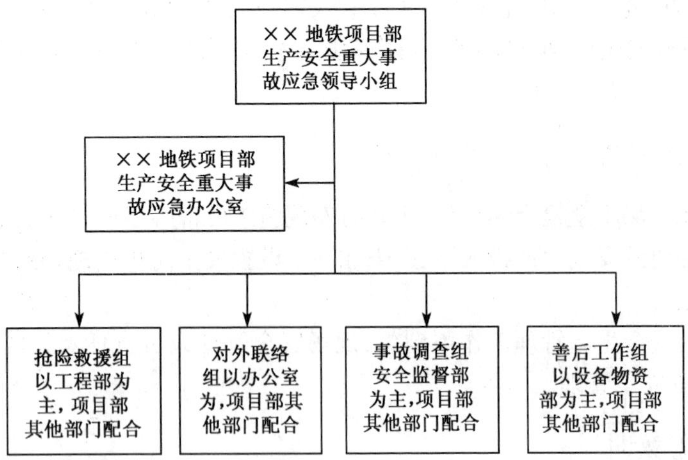

图1　应急组织体系图

2. 指挥机构及职责

(1)指挥机构及职责

××地铁三号线第××合同段项目经理部成立生产安全重大事故应急领导小组，由项目经理、常务副经理、安全副经理、总工程师及工程部、设备物资部、安全监督部、计合部、财务部、综合办公室等部门负责人组成。下设应急办公室、抢险救援组、对外联络组、事故调查组、善后工作组。

总指挥：×××

总指挥职责：负责全面管理和协调工作，负责本项目应急预案的启动实施、小组人员分工、向上级单位请示启动上级部门应急预案等。

副总指挥：×××

副总指挥职责：协助总指挥工作，在总指挥不在场的情况下行使总指挥权力、协调处理相关工作，具体负责各分工区生产安全的现场管理，恢复和保证生产正常进行。

(2)应急办公室

生产安全重大事故应急领导小组下设应急办公室，日常工作由安全监督部负责。

主任：×××

主要职责：

①根据项目部生产安全重大事故应急领导小组指令组织实施应急预案；

②负责组织应急预案的演习、操练和讲解活动；

③完成项目经理部生产安全重大事故应急领导小组交办的各项工作。

(3)抢险救援组

组长：×××

以工程部为主、其他有关部门配合，组成抢险救援组。

负责维持事故现场秩序，保护事故现场，提供抢险通信、车辆、医疗、物资等。负责排除险情、抢救遇难遇险人员及国家财产。

(4)对外联络组

组长：×××

以综合办公室为主，其他有关部门配合，组成对外联络组。

负责对外联系求援、情况报告、传达上级指示要求。

(5)事故调查组

组长：×××

以安全监督部为主，其他有关部门配合，组成安全监督组。

负责配合上级有关部门，按照事故处理“四不放过”的原则，查清事故原因，查明事故性质及责任，总结事故教训，提出整改措施，并对事故责任者提出处理意见。

(6)善后工作组

组长：×××

以设备物资部为主，其他有关部门配合，组成善后工作组。

负责做好事故伤亡人员家属的安抚工作，按照国家政策负责遇难者及家属的善后处理和受伤人员善后工作。

(7)应急领导小组联系电话

应急领导小组联系电话如表1所示

应急领导小组成员电话 1

姓　名	应急领导小组职务	电　话
×××	总指挥	××
×××	副总指挥	××
×××	应急办公室主任	××
×××	抢险救援组组长	××
×××	对外联络组组长	××
×××	事故调查组组长	××
×××	善后工作组组长	××
×××	成员	××
×××	成员	××
×××	成员	××
×××	成员	××
×××	成员	××
×××	成员	××

三、应急处置

1. 事故应急处置程序

施工现场若发生一起建安类三级及以上重大事故或环境污染与破坏重大事故及以上事故，第一发现人首先报告项目部应急办公室，项目部应急办公室立即向城交分公司应急办公室报告事故情况，同时启动应急预案，立即组织人员展开救援工作。如果需要可申请启动上级部门应急预案。生产安全事故响应流程如图2所示。

2. 现场应急处置措施

高处坠落或物体打击事故发生后，事故发现者应立即大声呼救，并报告施工现场负责人。施工现场负责人立即报告应急办公室。

生产安全重大事故应急领导小组接到事故报告并确认事故发生以后应以最快的速度赶到事故现场，并组织现场医疗救护人员对伤员进行应急医疗救护，同时拨打120急救电话，并说明施工发生地点及受伤人数。将受伤程度较轻的伤员送往××市第四中心医院救治。

在急救中心专业救护人员未到之前，现场医疗救护人员首先对伤员进行初步医疗救护：观察伤者的受伤情况、部位、伤害性质，如伤员发生休克，应先处理休克。遇呼吸、心跳停止者，应立即进行人工呼吸，胸外心脏挤压。处于休克状态的伤员要让其安静、保暖、平卧、少动，并将下肢抬高约20°左右，尽快送医院进行抢救治疗。

出现颅脑损伤，必须维持呼吸道畅通。昏迷者应平卧，脸部转向一侧，以防舌根下坠或分泌物、呕吐物吸入，发生喉阻塞。有骨折者，应初步固定后再搬运。遇有凹陷性骨折、严重的颅底骨折及严重的脑损伤症状出现，创伤处用消毒的纱布或清洁布等覆盖伤口，用绷带或布条包扎后，及时送就近有条件的医院治疗。

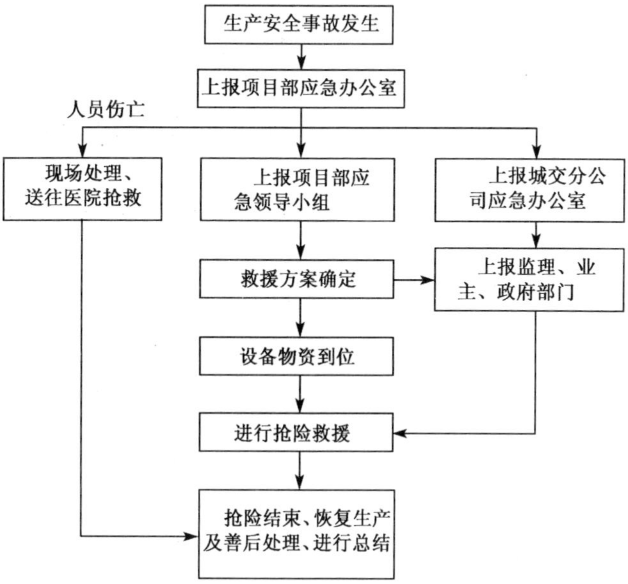

图2　生产安全事故响应流程图

发现脊椎受伤者，创伤处用消毒的纱布或清洁布等覆盖伤口，用绷带或布条包扎。搬运时，将伤者平卧放在帆布担架上或硬板上，以免受伤的脊椎移位、断裂造成截瘫，导致死亡。抢救脊椎受伤者的搬运过程中严禁只抬伤者的两肩与两腿或单肩背运。

发现伤者手足骨折，不要盲目搬动伤者。应在骨折部位用夹板把伤者受伤部位临时固定，使断端不再移位或刺伤肌肉、神经或血管。固定方法：以固定骨折处上下关节为原则，可就地取材，用木板、竹子等，在无材料的情况下，上肢可固定在身侧，下肢与腱侧下肢缚在一起。

遇有创伤性出血的伤员，应迅速包扎止血，使伤员保持在头低脚高的卧位，并注意保暖。

动用最快的交通工具或其他措施，及时把伤员送往临近医院抢救，运送途中尽量减少颠簸。同时，密切注意伤者的呼吸、脉搏、血压及伤口的情况。当打击物损伤到施工用具时应及时在技术人员和相关人员的指挥下进行修复，并且及时进行监测，以免造成更大损失。

四、注意事项

（1）现场医疗救护人员必须经过训练并考核合格。

（2）发生事故后，首先拨打“120”急救电话，在急救中心专业医护人员未到时，现场医疗救护人员对伤者进行初步的医疗救护。

（3）对于受伤较轻的伤员，现场医疗救护人员对其伤口进行初步处理后，将伤员送往最近有条件的医院进行救治。

（4）对事故原因进行仔细的调查，对现场客观因素立即排除。

（5）做好伤者及家属的安抚工作。

参考文献

[1] 中华人民共和国行业标准.(JTJ 076—95)公路工程施工安全技术规程.北京:人民交通出版社,1995.

[2] 中华人民共和国行业标准.(JGJ 46—2005)施工现场临时用电安全技术规范.北京:中国建筑工业出版社,2005.

[3] 中华人民共和国国家标准.(GB 6722—2003)爆破安全规程.北京:中国标准出版社,2004.

[4] 中华人民共和国交通部.交通建设工程安全生产管理人员培训教材(公路分册).北京:人民交通出版社,2005.

[5] 中国公路建设行业协会.交通建设工程安全生产管理人员安全培训补充教材(公路分册).北京:人民交通出版社,2007.

[6] 刘左军,洪伟.《中华人民共和国安全生产法》释义及实用指南.北京:中国民主法制出版社,2002.

[7] 王斐民.《建设工程安全生产管理条例》释义.北京:中国法制出版社,2004.

[8] 住房和城乡建设部工程质量安全监管司.建设工程安全生产法律法规,2010.

[9] 周连起,刘学应.建筑工程质量与安全管理.北京:北京大学出版社,2010.

[10] 白锋.建筑工程质量检验与安全管理.北京:机械工业出版社,2007.

[11] 缪长江.建设工程施工管理.北京:中国建筑工业出版社,2007.

[12] 王玮.公路工程施工安全生产指南.北京:人民交通出版社,2003.

[13] 中国公路学会筑养路机械分会.公路筑养路机械机务管理手册.北京:人民交通出版社,2001.